『Excel을 이용한 현대통계학』 정오표

쪽	위치	수정 전	수정 후
29	연습문제 1.10	168 514 301 175 292 533 467 772 150 608 652 1571 1170 2091 757 2510 1247 618 729 680 476 1305 612 285 575 1264 1391 2235 1229 3621 1544 2551 1537 2287 542 634 950 819 1502 1076 571 347 365 14[illegible] ·100 [illegible] 267 [illegible] ·100 [illegible]26 625 299 236 153 150 222 281 283 945 239 439 675	168 514 301 175 292 533 467 772 150 608 652 1571 1170 2091 757 2510 1247 618 729 680 476 1305 612 285 575 1264 1391 2235 1229 3621 1544 2551 1537 2287 542 634 950 819 1502 1076 571 347 365 142 131 267 45 426 625 299 236 153 150 222 281 283 945 239 439 675
48	위 5줄	$= P(A_1)P(A_2 \mid A_1)P(A_3 \bigcap A_1 \bigcap A_2)$	$= P(A_1)P(A_2 \mid A_1)P(A_3 \mid A_1 \bigcap A_2)$
60	위 12줄	$P(A_1 \cup A_2 \cap A_3) = 0.01$	$P(A_1 \cap A_2 \cap A_3) = 0.01$
64	위 2줄	$P(C \mid B \cap A^c) = 0.6$	$P(C \mid A \cap B^c) = 0.6$
65	위 8줄	확률은 0.15, 0.2, 0.4, 0.3이다.	확률은 0.1, 0.2, 0.4, 0.3이다.
74	위 6줄	(4) $P(-1 \leq X \leq 1)$	(4) $P(-1 < X \leq 1)$
74	위 13줄	(4) $P(-1 \leq X \leq 1) =$	(4) $P(-1 < X \leq 1) =$
82	위 2줄	$\mu E(\overline{X})X)$	$\mu = E(X)$
87	이항확률변수 박스 안	$b(x;n,p)$로 표기한다	$b(x;n,p)$ 또는 $B(n,p)$로 표기한다
96	위 3줄	$= \frac{1}{2}\left(4; \frac{1}{2}\right)^3 = \frac{1}{16}$	$= \frac{1}{2}\left(\frac{1}{2}\right)^{4-1} = \frac{1}{16}$
99	예제 3.28	$= \sum^{5} p(x; 500, 0.002)$	$= \sum^{5} b(x; 500, 0.002)$

쪽	위치	수정 전	수정 후
237	예제 8.4 풀이 ②	1.893	-1.893
238	예제 8.5	평균시간이 50분이었고, 표준편차는 10분이었다.	평균시간이 50분이었다.
240	풀이 마지막	$2\times P[Z\le \|-17.89\|]$	$2\times P[Z\ge \|-17.89\|]$
240	풀이 마지막	주장은 받아들여지지 않는다.	주장은 강하게 받아들여진다.
247	예제 8.10 풀이 ② 5번째 줄	30<10	30>10
309	예제 10.3 3줄	[그림 8.4]	[그림 10.4]
354	예제 11.5 1줄	$f(x)=\frac{1}{10}$	$f(x)=\frac{x}{10}$
355	예제 11.5 마지막 줄	$f(x)=\frac{1}{10}$	$f(x)=\frac{x}{10}$
355	아래 3줄	i번째 행의 칸에	j번째 열($j=1,2,\cdots,J$)의 칸에
383	1.5	(a) 14.53 (b) 2.519 (c) 2.519	(a) 14.527 (b) 4.964 (c) 4.964
383	1.9	단위: 10	단위: 100
385	2.29	(a) 0.054	(a) 0.54

390	7.11	(b) (0.2808, 0.3592) (c) (0.2685, 0.3715)	(b) [0.2808, 0.3592] (c) [0.2685, 0.3715]
390	7.13	(a) (0.0956, 0.1524)	(a) [0.0956, 0.1524]
390	해답 추가		7.23 $\frac{\sigma_1^2}{\sigma_2^2} \in [\sqrt{0.36}, \sqrt{7.9488}] = [0.6, 2.819]$ 이므로 $\sigma_1 = \sigma_2$는 정당화된다. 7.25 0.01 7.27 $[-36.4, 11.8]$
391	8.1	(a) 0.1018	(a) 0.0607
391	8.3	0.11	0.058
391	8.7	$z_0 = 3.14 \notin W_\alpha$, H_0를 기각할 수 있다.	$z_0 = 3.14 \in W_\alpha$, H_0를 기각할 수 있다.
391	8.11	$z_0 = 2.62 \notin W_\alpha$, H_0를 기각할 수 있다.	$z_0 = 2.62 \in W_\alpha$, H_0를 기각할 수 있다.

113	아래 2줄	$=\frac{1}{3}+\frac{3}{4}=\frac{13}{14}=1.08$	$=\frac{1}{3}+\frac{3}{4}=\frac{13}{12}=1.08$
117	예제 4.9 풀이	$P(5 \le X \le 10)=F(10;0.2)-F(5;2)$	$P(5 \le X \le 10)=F(10;0.2)-F(5;0.2)$
162	정리 6.2	$\sigma_{\overline{X}}=\sqrt{\frac{N-n}{N-1}\frac{\sigma}{\sqrt{n}}}$	$\sigma_{\overline{X}}=\sqrt{\frac{N-n}{N-1}}\cdot\frac{\sigma}{\sqrt{n}}$
170	예제 6.5 풀이 1줄	$\nu=4,\ \alpha=0.05$	$\nu=5,\ \alpha=0.05$
171	위 7줄	$X \to N(\mu=n,\ \sigma^2=n)$	$X \to N(\mu=n,\ \sigma^2=2n)$
192	예제 7.13 풀이(2)	90% 신뢰구간 안에 포함되므로 옳은 주장으로 볼 수 있다.	90% 신뢰구간 안에 포함되지 않으므로 옳은 주장으로 볼 수 없다.
195	마지막 박스	여여기서	여기서
199	박스 안	(σ_1^2과 σ_2^2이 알려지지 않은 경우)	(σ_1^2과 σ_2^2이 알려진 경우)
202	위 1줄	$=\frac{1}{10+10-2}\left(\frac{1}{10}\cdot 0.8^2+\frac{1}{10}\cdot 0.69^2\right)$	$=\frac{1}{10+10-2}(9\cdot 0.8^2+9\cdot 0.69^2)$
206	아래 5줄	$1.49-2.365\left(\frac{1.92}{\sqrt{8}}\right)$	$-1.49-2.365\left(\frac{1.92}{\sqrt{8}}\right)$
207	아래 박스	$\hat{p} \pm z_{\alpha/2}\frac{\hat{p}-p}{\sqrt{\frac{\hat{p}\hat{q}}{n}}}$	$\hat{p} \pm z_{\alpha/2}\sqrt{\frac{\hat{p}\hat{q}}{n}}$
215	위 9줄	$F_{0.99}(9,7)=\frac{1}{F_{0.99}(7,9)}=5.61$이므로	$\frac{1}{F_{0.99}(9,7)}=F_{1-0.99}(7,9)=5.61$이므로

Excel을 이용한

현대통계학

차경준 · 동경화 · 최정순 · 박영선 지음

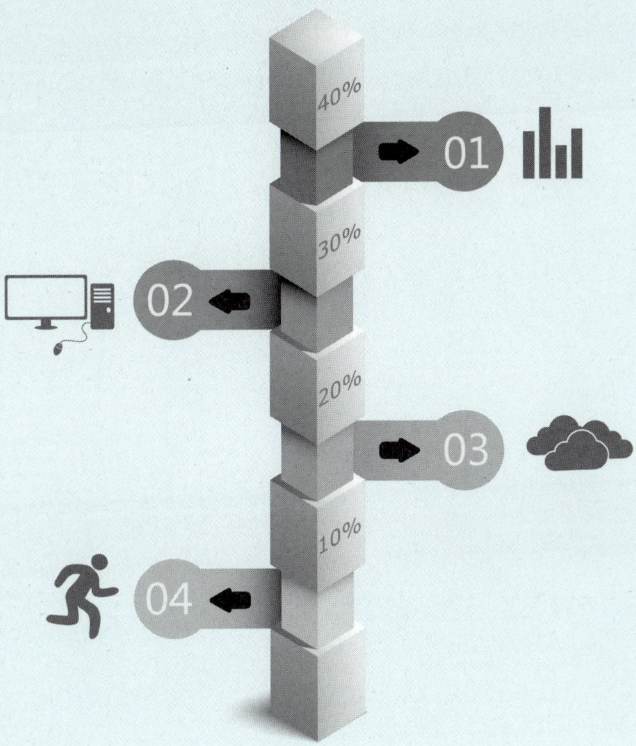

자유아카데미

머리말

현대 통계학은 자연과학뿐만 아니라 인문 · 사회과학 · 공학 · 의학 등 모든 분야에서 널리 이용되고 있으며, 컴퓨터의 발달과 더불어 그 활용도 계속 증가 추세에 있다. 이러한 추세에 부흥하여 누구나 쉽게 접할 수 있고 다루기 쉬운 Excel을 이용해, 전공자 외에 많은 비전공자들도 통계학에 쉽게 접근할 수 있도록 하였다.

저자들의 다년간 학부 강의를 토대로, 고등수학의 배경 없이도 통계학을 더욱 쉽고 이해하기 편하도록 집필하였다. 먼저 기본적이고 중요한 개념들을 소개한 후 이에 연관된 예제들을 다루었고 Excel을 이용한 통계처리 방법을 각 절마다 수록하였다. 별도의 Excel 매뉴얼 없이 메뉴(menu) 방식의 창(window)을 통해 보여 줌으로써 독자들이 스스로 해결할 수 있도록 편의를 제공하였다.

여기에 수록된 모든 내용을 한 학기에 다루기는 힘들 것이며, 다음과 같은 방법을 택하면 좋을 것이다. 1장에서 8장까지는 통계학의 기초가 되는 내용으로 기술통계학 분야와 추측통계학 분야를 다루고, 9장부터는 시간이 허용하는 대로 선택하여 다룰 것을 권장한다. 그리고 두 학기 동안 강의하는 경우에는 1장부터 시작하여 표본이론에 대한 내용인 6장까지 자세히 다룬 후, 두 번째 학기에는 통계적 추론과 응용방법에 대한 7장부터 9장까지 다루고, 필요에 따라 10장과 11장을 마치는 것이 좋을 것이다.

책을 발간할 때마다 부족한 부분에 대한 아쉬움이 남는다. 더욱이 크고 작은 오류는 여전히 남아 있으리라 생각되지만, 앞으로 개정 및 증보를 더해가며 좋은 책이 되도록 부단히 노력할 것을 약속한다. 출간 후에라도 수정사항이 있을 경우에는 자유아카데미 홈페이지(www.freeaca.com) 자료실에 제공할 예정이다.

끝으로 많은 분량의 원고를 처리해 준 자유아카데미 직원 여러분들 및 원고 교정과 분석 작업에 참여한 통계정보분석센터 김종현, 장대일, 이선경, 강다연, 홍소진 등의 연구원들에게 감사의 인사를 드린다.

2016년 8월
저자 씀

차례

1장 서론 및 기술통계학

통계학이란 자료조사방법과 자료의 표현 및 요약, 그리고 자료로부터 일반적인 성질을 끌어내어 의사결정에 활용하는 원리들과 방법론을 제공하는 학문이다. 또한 통계학은 관심 있는 집단의 일부를 추출하여 이를 통해 관심 있는 집단의 성질을 추론하는 데 중점을 두고 있다. 일반적으로 통계학은 자료의 정리 및 요약을 다루는 기술통계학과 관측된 자료를 이용하여 미지의 성질을 추론하여 새로운 정보를 만들어내는 추측통계학으로 나누어진다.

통계적 개념들과 방법들은 우리 주변에서 일어나는 현상들을 이해하는 데 유용하게 쓰일 뿐 아니라 없어서는 안 된다. 통계학은 현재 공학이나 과학을 포함한 모든 분야에서 특정한 연구와 응용을 위해 활용되고 있다. 통계학을 활용함으로써 불확실성과 변동을 내포하는 경우에 정확한 판단과 결론을 내릴 수 있게 된다. 불확실성과 변동이 없다면 통계적 방법들과 통계학자의 필요성도 없을 것이다.

1.1 모집단과 표본

우리 주변에서는 일상적인 활동에서도 많은 통계조사가 이루어지며, 공학이나 과학분야에서도 전문적인 통계조사가 지속적으로 이루어지고 있다. 이런 통계조사에서 조사의 대상이 되는 집단을 **모집단(population)**이라고 한다. 예를 들어 어떤 연구에서는 올해 국내에서 판매된 자동차 전부가 모집단인 경우도 있으며, 연구기간 동안 공과대학에서 학위를 받은 사람들 전부가 모집단일 수도 있다.

제한된 시간과 비용, 그 밖의 부족한 자료들로 인해 모집단의 관측값을 모두 사용하는 것은 비실용적이며 실행을 불가능하게 하는 일이다. 대신에, 모집단의 한 부분인 **표본(sample)**을 추출하여 이를 이용한다. 따라서 국내에서 판매된 자동차의 일부를 표본으로 하는 경우나 일부 공과대학에서 학위를 받은 사람을 표본으로 하는 경우도 있다.

우리는 모집단에서 특성관측값, 즉 포장지 표면의 금이 간 수, 캡슐벽의 두께, 공과대학 졸업자의 성별, 졸업생들의 개인별 나이 등등에 관심이 있게 된다. 특성은 성별이나 고장의 유형 등과 같은 범주형인 경우와 자연수와 같은 수적인 경우가 된다. 전자의 경우 특성을 나타내는 변수는 범주형(즉, 여성 또는 남성)인 반면, 후자를 나타내는 변수는 숫자(즉, 나이 = 23살 또는 지름 = 0.502cm)가 된다. **변수(variable)**는 모집단 안에서 임의의 특성을 갖고 있는 관측값을 다른 값으로 바꾼 값이다. 아래와 같이 알파벳의 마지막 부분 글자로 변수들을 표기한다.

x = 공과대학 졸업생의 성별
y = 새로 제작된 자동차의 주결함 수
z = 특정 조건 아래서 자동차의 제동 거리

관측된 자료들은 일반적으로 **범주형 자료(categorical data)**와 **수치 자료(numerical data)**로 나눌 수 있다. 성별이나 혈액형과 같은 자료는 범주형 자료이며, 키, 몸무게, 자동차의 주결함 수, 자동차의 제동 거리 등은 수치 자료이다.

범주형 자료는 **순서형 자료(ordinal data)**와 **명목형 자료(nominal data)**로 구분할 수 있다. 순서형 자료는 범주 간 순서가 있는 경우인데, 예를 들어 특정 제품에 대한 선호도에 대하여 '매우 좋다', '좋다', '그저 그렇다', '싫다', '매우 싫다'와 같이 5개의 범주가 순서가 있는 경우, 이 자료는 범주형 자료 중에서 특히 순서형 자료이다. 만약 혈액형과 같이 특별한 순서가 없는 경우는 명목형 자료라고 한다.

수치 자료는 **이산형 자료(discrete data)**와 **연속형 자료(continuous data)**로 나눌 수 있는데, 이산형 자료는 자동차의 주결함 수, 교통사고 건수와 같이 관측값이 셀 수 있는 경우를 말한다. 반면 연속형 자료는 키와 몸무게처럼 관측값이 연속적인 값으로 특정 구간에서 가능한 값인 경우를 의미한다. 따라서 연속형 자료는 일반적으로 측정값들인 경우가 대부분이다.

관측된 자료들은 단일 변수를 갖거나 또는 동시에 2개 이상의 변수를 갖기도 한다. **단일 자료(univariate data)** 집합은 단일 변수를 갖는 관측값들로 구성된다. 예를 들면, 변속기의 종류, 자동(A) 또는 수동(M)을 결정하는 문제처럼 특정 대리점에서 최근에 판매된 자동차의 범주형 자료는 다음과 같다.

M A A A M A A M A A

아래의 표본은 수적 단일 자료 집단으로 특정 상표의 배터리 수명(시간)을 나타낸 것이다.

5.1 5.1 6.2 6.0 5.8 6.5 5.8 5.5

이변수 자료(bivariate data)는 관측값이 2개의 변수로 얻어진다. 자료집합이 어느 농구팀의 각 선수별 (키, 몸무게)의 관측값이라면 (72, 168), (75, 212) 등으로 나타낸다. 범주형 자료와 수치 자료가 섞여 있는 관측값으로는 'x = 구성요소의 수명'과 'y = 구성요소의 실패의 원인'이 있다. **다변수 자료(multivariate data)**는 관측값이 2개보다 많은 변수로 구성되어 있는 경우이다. 예를 들면, 내과의가 특정 연구에 참가한 환자 각각의 수축기혈압, 확장기혈압, 혈청의 콜레스테롤 수치를 측정하였다. 각각의 관측값은 3개의 숫자, 즉 (120, 80, 146)처럼 나타낸다. 대다수의 다변수 자료집합은 몇 개의 변수는 수치로, 나머지는 범주형으로 나타내는 경우가 많다. 예를 들어, 자동차 정기 간행물에 실린 소비자 보고서는 자동차의 종류(소형, 스포츠카, 중형, 대형), 시내 연비율(mpg), 고속도로 연비율(mpg), 자동차 유형(전륜, 후륜, 사륜) 등과 같이 변수를 포함하고 있다.

통계학의 분야

통계학은 조사된 자료를 표현하고 요약하는 방법을 다루는 **기술통계학(descriptive statistics)** 분야가 있고, 관측된 자료를 이용하여 합리적 원리와 논리적인 이론을 바탕으로 모집단의 미지의 성질을 추론하여 새로운 정보를 만들어 내는 **추측통계학(inferential statistics)** 분야가 있다.

기술통계학에서는 자료를 요약하여 특정 측도로 보여 주거나 시각적 기법을 이용하는 두 가지 방법이 주로 사용된다. 1.2절과 1.3절에서는 일반적으로 사용되는 측도를 소개하며, 1.4절에서는 시각적 기법을 소개한다.

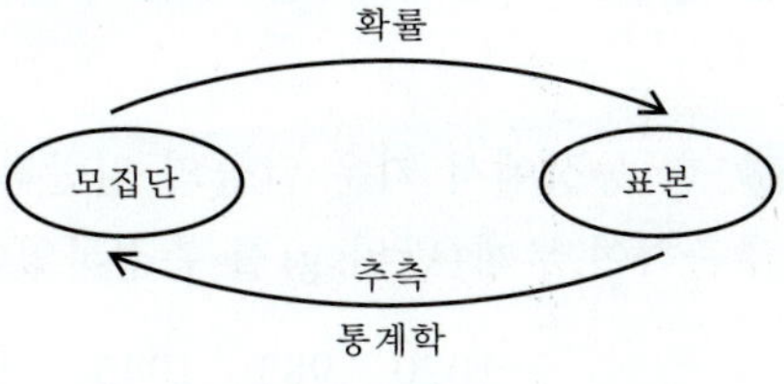

그림 1.1 확률과 추측통계학의 관계

1.2 위치측도

자료를 보기 좋게 정리하는 것은 자료를 처음 접할 때 얻는 정보에 대한 중요한 역할을 하게 된다. 특히, 정리된 자료로부터 두드러진 현상이나 특성들을 조사하는 기초를 제공받을 수도 있다.

n개의 연속형 자료 $x_1, x_2, \cdots, x_n$이 있다고 하자. 이때 이 자료로부터 가장 중요한 특성 중 하나는 위치, 특히 자료의 중심에 관한 것이다. 이 절에서는 자료의 위치를 기술하는 방법들을 소개하고자 한다.

평균

$x_1, x_2, \cdots, x_n$이 주어진 자료 집합인 경우, 가장 친숙하고 많이 사용되는 측도가 중심, 즉 산술평균이다. 표본의 평균 $\overline{x}$를 x_i들의 산술평균으로 표기한다.

표본평균(sample mean)은 $\overline{x}$로, 관측값이 $x_1, x_2, \cdots, x_n$일 때 다음과 같이 구한다.

$$\overline{x} = \frac{x_1 + x_2 + \cdots + x_n}{n} = \frac{\sum_{i=1}^{n} x_i}{n}$$

$\overline{x}$의 분자는 $\sum x_i$로도 표현하며, n은 관측값의 총수이다.

모평균(population mean)은 μ로, 관측값이 모집단일 때 다음과 같이 구한다.

$$\mu = \frac{x_1 + x_2 + \cdots + x_N}{N} = \frac{\sum_{i=1}^{N} x_i}{N}$$

μ의 분자는 $\sum x_i$로도 표현하며, N은 모집단의 총수이다.

예제 1.1 한 농장에서 키운 닭들의 일반적인 무게를 알기 위해 10마리의 닭을 임의로 추출하여 무게(단위: g)를 측정하였다. 그 결과 다음 자료를 얻었다.

1020	983	1045	975	1000
993	980	1011	1005	995

표본평균을 계산하여라.

풀이 위의 자료는 표본이므로

$$\overline{x} = \frac{1020 + 983 + 1045 + 975 + 1000 + 993 + 980 + 1011 + 1005 + 995}{10}$$
$$= 1000.7.$$

평균의 특징

① 수량으로 구한 모든 자료에 대해 적용 가능하다.
② 자료의 수에 상관없이 항상 유일한 값을 갖는다.
③ 극단값에 영향을 많이 받는다.
④ 확장성이 좋다.

중앙값

중앙값은 중위수라고도 하며, 가운데라는 뜻으로 관측값을 작은 값부터 큰 순서로 나열했을 때 가운데 위치하는 값이다. 관측값이 $x_1, x_2, \cdots, x_n$ 인 경우 표본의 중앙값은 $\tilde{x}$ 로 표기한다.

표본중앙값(sample median)은 n개의 관측값을 작은값부터 큰 순서로 나열했을 때 다음과 같이 얻는다.

$$\tilde{x} = \begin{cases} n \text{ 이 홀수인 경우 } = \left(\frac{n+1}{2}\right) \text{번째 값} \\ n \text{ 이 짝수인 경우 } = \left(\frac{n}{2}\right) \text{번째와 } \left(\frac{n}{2}+1\right) \text{번째의 평균} \end{cases}$$

예제 1.2 한 택시회사가 어떤 종류의 타이어 10개를 표본으로 추출하여 그것의 주행가능거리(단위: km)를 측정한 결과이다. 이 자료의 중앙값을 구하여라.

48,000	53,000	45,000	61,000	59,000
56,000	63,000	49,000	53,000	54,000

풀이 주행가능 거리를 크기순으로 나열하면

45,000	48,000	49,000	53,000	53,000
54,000	56,000	59,000	61,000	63,000

이다. 자료의 개수가 10개이므로 중앙값은 53,000과 54,000의 평균이다. 따라서,

$$\tilde{x} = \frac{53,000 + 54,000}{2} = 53,500$$

이다.

중앙값의 특징

① 수량으로 구한 자료에만 적용된다.
② 자료의 크기와 상관없이 항상 유일한 값을 갖는다.
③ 극단값에 영향을 받지 않는다.
④ 확장성이 없다.

사분위수, 백분위수

자료의 양이 많을 때는 중위수의 개념을 확대하여 크기 순서에 따라 배열한 자료를 4등분하는 값들을 정의할 수 있는데, 이를 **사분위수(quartile)** 라고 한다. 이 중 첫 번째 값(가장 작은 값)을 제1사분위수, 두 번째 값을 제2사분위수, 세 번째 값을 제3사분위수라고 하며, 다음과 같이 정의한다. [그림 1.2]는 무한 모집단의 사분위수를 나타낸 것으로, 그림에서 표시된 25%는 해당 구간에 전체자료의 25%가 포함되어 있음을 나타낸다.

사분위수

① 제1사분위수 Q_1은 전체자료에서 중위수보다 작은 자료값들의 중앙값
② 제2사분위수 Q_2은 전체자료에서의 중위수
③ 제3사분위수 Q_3은 전체자료에서 중위수보다 큰 자료값들의 중앙값

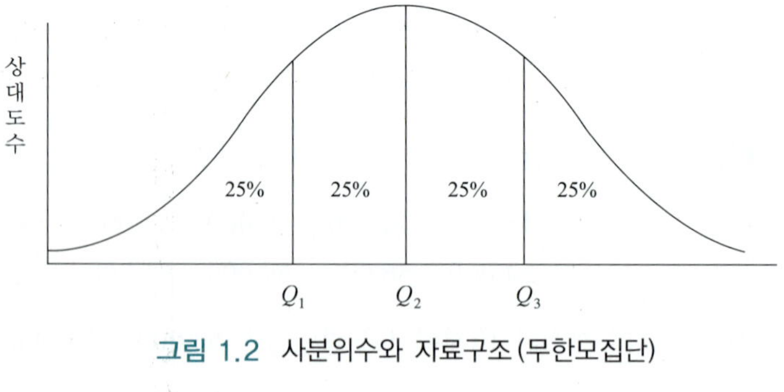

그림 1.2 사분위수와 자료구조(무한모집단)

예제 1.3 어느 학과 학생들 25명의 시험 총점이 다음과 같이 크기순으로 나열되었다. 이 자료의 사분위수 Q_1, Q_2, Q_3을 구하여라.

35	37	38	41	47	50	50	53	55	58
61	65	69	70	71	72	74	79	83	85
90	93	95	97	99					

풀이 자료의 수가 25개이므로 Q_2의 위치는 $(25+1)/2=13$번째 위치에 해당하는 자료값이므로 $Q_2=69$이다. 중위수보다 작은 자료값들이 12개이므로 Q_1은 이들 12개의 중앙값에 해당하는 값이다. 따라서 Q_1은 6번째와 7번째 값의 평균값이므로 $Q_1=(50+50)/2=50$이다. Q_3은 중위수보다 큰 12개의 자료들의 중앙값이므로 19번째와 20번째에 해당하는 값의 평균값이다. 따라서 $Q_3=(83+85)/2=84$이다. ●

예제 1.4 [표 1.1]의 자료에서 Q_1을 구하여라.

표 1.1 크기 순서로 된 자동차 배터리 수명표(년)

1.6	2.6	3.1	3.2	3.4	3.7	3.9	4.3
1.9	2.9	3.1	3.3	3.4	3.7	3.9	4.4
2.2	3.0	3.1	3.3	3.5	3.7	4.1	4.5
2.5	3.0	3.2	3.3	3.5	3.8	4.1	4.7
2.6	3.1	3.2	3.4	3.6	3.8	4.2	4.7

풀이 자료가 40개이므로 $\left(\frac{25}{100}\right)\times 40=10$개를 아래로부터 포함하고 있는 위치값이 필요하다. 10번째 자료와 11번째 측정값이 모두 3.1년이므로 이 값의 평균은 3.1년이다. 즉 $(3.1+3.1)/2=3.1$(년)이다. ●

백분위수(percentile)는 사분위수의 확장으로 전체자료를 100등분하는 값이다. 자료의 크기가 대략 30보다 큰 자료에서 사용되며, n개의 자료를 크기순으로 나열했을 때, 제 p 백분위수는 $np/100$ 번째에 해당하는 자료값으로 정의된다.

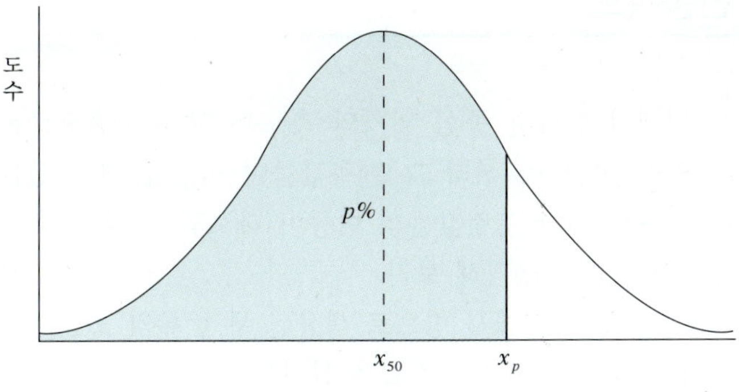

그림 1.3 x_{50}과 제 p 백분위수 x_p (무한모집단)

제 p 백분위수

자료값 중 $p\%$가 그 값보다 작거나 같고 $(1-p)\%$가 그 값보다 크거나 같은 값

따라서 앞에서 논의된 중위수는 제 2사분위수 또는 제 50백분위수와 동일하다. [그림 1.3]은 무한모집단에서 중위수와 제 p 백분위수를 나타낸 것이다.

제 p 백분위수 구하는 방법

① 관측값들을 크기순으로 정렬한다.

② 관측값의 개수 n에 $p/100$을 곱한다.

$$\text{제 } p \text{ 백분위수} = \begin{cases} \dfrac{np}{100} \text{ 가 정수인 경우} = \left(\dfrac{np}{100}\right)\text{번째와 } \left(\dfrac{np}{100}+1\right)\text{번째의 평균} \\ \dfrac{np}{100} \text{ 가 정수가 아닌 경우} = \left(\dfrac{np}{100}\text{의 정수 부분}+1\right)\text{번째 값} \end{cases}$$

예제 1.5 [예제 1.4] 자료에서 제20백분위수와 제50백분위수인 중앙값을 구하여라.

풀이 제20백분위수는 $np/100=(40)(20)/100=8$이 정수이므로 8번째와 9번째 값의 평균값으로 주어진다. 따라서 제20백분위수는 8번째와 9번째 값이 모두 3.0이므로 이 값의 평균인 3.0이다. 즉, 제20백분위수$=3.0$(년)이다.

제50백분위수는 $np/100=(40)(50)/100=20$이 정수이므로 20번째와 21번째 값의 평균값이다. 따라서 제50백분위수$=(3.4+3.4)/2=3.4$(년)이다.

1.3 변동측도

앞 절에서 언급한 중심 위치의 측도는 그 자체만으로는 자료를 적절히 기술할 수 없다. 평균으로부터 그 관측값들이 어떻게 퍼져 있는가를 생각할 필요가 있다. 평균에 대한 측정값들의 변동이 다르면서, 같은 평균과 중앙값을 갖는 두 관측값의 집합을 생각해 보자.

두 회사 A와 B에서 병으로 생산된 두 종류의 오렌지 주스의 표본에 대하여 단위가 리터(l)인 아래 측정값을 살펴보자.

표본 A	0.97	1.00	0.94	1.03	1.06
표본 B	1.06	1.01	0.88	0.91	1.14

두 표본은 평균이 $1l$로 같지만 A회사 오렌지 주스병의 내용물이 B회사 것보다 균일하게 들어 있음을 알 수 있다. 우리는 이때 평균으로부터 관측값들의 변동 또는 산포가 표본 B보다 표본 A가 작다라고 한다. 그러므로 A회사의 제품을 구입했을 때, 광고에서 알려준 양과 가까운 양을 골랐다고 생각할 수 있다. 자료집합의 변동을 측정하는 데 가장 중요한 통계량들은 범위와 분산이다.

범위

범위(Range)

$$R = \text{자료의 최댓값} - \text{자료의 최솟값}$$

예제 1.6 한 참치 통조림 회사제품에서 7개의 캔을 임의로 추출하여 각 캔에 들어있는 불순물의 함유량을 측정하였다.

1.8 2. 1.7 1.0 0.9 2.7 1.8

이 자료의 범위를 구하여라.

풀이 불순물의 범위는 $R = X_{max} - X_{min} = 2.7 - 0.9 = 1.8$이다.

사분위수 범위

사분위수 범위(Interquartile range: IQR)

$$IQR = Q_3 - Q_1$$

사분위수 범위는 자료의 가운데 50%를 포함하는 구간의 길이를 측정하는 것으로 극단값의 영향을 덜 받는다.

분산과 표준편차

표본분산 (sample variance)

$$S^2 = \frac{1}{n-1}\sum(x_i - \overline{x})^2 = \frac{S_{xx}}{n-1} = \frac{1}{n-1}\left\{\sum x_i^2 - \frac{(\sum x_i)^2}{n}\right\}$$

표본표준편차 (sample standard deviation)

$$S = \sqrt{S^2}$$

산포도란 어떤 자료집단 내에서 각 자료들이 퍼져 있는 정도를 나타낸다. 만일 자료값들이 서로 근접해 있다면 해당 자료집단의 산포는 작을 것이고, 그 중심에 있는 평균값과 각 자료의 차이도 작을 것이다. 반대로, 자료값들이 서로 멀리 떨어져 있다면 산포는 크고, 자료범위 내에 있는 평균값과 각 자료들의 차이는 클 것이다. 여기서 각 자료값과 평균의 차이를 **편차 (deviation)** 라고 한다. 그러나 불행하게도 편차의 합은 항상 '0'이 된다.

$$\sum(x_i - \overline{x}) = \sum x_i - \sum \overline{x} = \sum x_i - n\overline{x} = \sum x_i - n\left(\frac{1}{n}\sum x_i\right) = 0$$

따라서 $\sum|x_i - \overline{x}|/n$을 평균편차로 정의하고, $\sum(x_i - \overline{x})^2/n$은 편차 제곱의 평균이며, 이는 **분산 (variance)** 으로 사용한다. 분산에는 자료집합이 표본인 경우 n 대신 $n-1$을 사용하는 표본분산 (S^2) 과 모집단이 대상인 경우 n을 사용하는 모분산 (σ^2) 이 있다.

모분산 (population variance)

$$\sigma^2 = \frac{1}{N}\sum(x_i - \mu)^2$$

모표준편차 (population standard deviation)

$$\sigma = \sqrt{\sigma^2}$$

예제 1.7 어떤 호수에서 6명의 어부들을 확률표본으로 하여 그들이 잡은 송어의 수를 나타내는 자료가 3, 4, 5, 6, 6, 7이다. 이 자료의 분산을 구하여라.

풀이 표의 형태로 나타내면

x_i	x_i^2
3	9
4	16
5	25
6	36
6	36
7	49
$\sum x_i = 31$	$\sum x_i^2 = 171$

$$
\begin{aligned}
s^2 &= \frac{s_{xx}}{n-1} \\
&= \frac{1}{n-1}\left\{\sum x_i^2 - \frac{(\sum x_i)^2}{n}\right\} \\
&= \frac{n\sum x_i^2 - (\sum x_i)^2}{n(n-1)} \\
&= \frac{(6)(171)-(31)^2}{(6)(5)} = \frac{13}{6}
\end{aligned}
$$

이다.

S^2의 다른 몇 가지 성질을 이용하여 아래와 같이 연산에 적용할 수 있다.

> $x_1, x_2, \cdots, x_n$을 표본값이라 하고, C는 0이 아닌 상수이다.
>
> 1. $y_1 = x_1 + C,\ y_2 = x_2 + C,\ \cdots,\ y_n = x_n + C$이면 $S_y^2 = S_x^2$이고,
> 2. $y_1 = Cx_1,\ y_2 = Cx_2,\ \cdots,\ y_n = Cx_n$이면 $S_y^2 = C^2S_x^2,\ S_y = |C|S_x$이다.
>
> 여기서 S_x^2은 x의 표본분산이고, S_y^2은 y의 표본분산이다.

1.4 단일변수자료의 정리

자료의 종류에 따라 이를 정리하는 방법도 서로 상이할 수 있다. 일반적으로 범주형 자료인 경우, 각 범주의 횟수를 요약함으로써 자료의 특성을 파악할 수 있다. 예를 들어 도수분포표(frequency table), 원형그래프(pie chart), 막대그래프(bar chart) 등이 있다.

예제 1.8 한 학과 40명 학생의 최종 성적이 다음과 같을 때, 이 자료를 이용하여 도수분포표, 원형그래프, 막대그래프를 그려라.

A	B	A	B	B	C	D	C	C	B
C	A	B	B	D	F	C	B	C	D
A	C	B	B	C	B	C	C	D	D
F	A	C	B	D	C	D	C	C	C

풀이 이 자료에서 A학점을 받은 학생은 5명, B학점을 받은 학생은 11명, C학점을 받은 학생은 15명, D학점을 받은 학생은 7명, F학점을 받은 학생은 2명이다. 따라서 A, B, C, D, F학점의 상대도수는 각각 12.5 %, 27.5 %, 37.5 %, 17.5 %, 5 %이다. 이 결과를 도수분포표로 정리하면 다음과 같다.

학점	도수	상대도수 (%)
A	5	12.5
B	11	27.5
C	15	37.5
D	7	17.5
F	2	5.0
합계	40	100.0

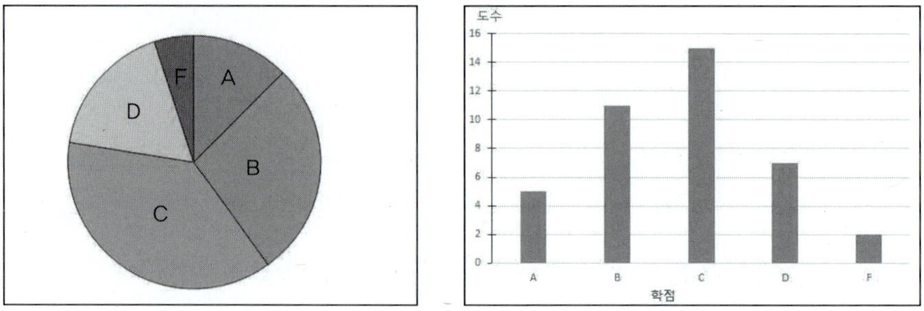

그림 1.4 학점에 대한 원형그래프와 막대그래프

수치 자료를 시각적으로 표현하는 방법에는 히스토그램 (histogram), 줄기–잎 그림 (stem–and–leaf plot), 상자그림 (box plot) 등이 있다.

히스토그램

자료가 이산형인 경우, 특정한 x값의 도수 (frequency)는 자료집단에서 발생되는 횟수를 의미한다. 상대도수 (relative frequency)는 다음과 같이 발생하는 횟수의 비율을 뜻한다.

$$\text{상대도수} = \frac{\text{발생된 횟수}}{\text{자료 집단의 관측값 총수}}$$

예를 들어, 총 관측값의 수가 200이고, x = 특정 타입의 새 자동차에 대한 주요 결함의 수라고 하자. 만일 1이라고 대답한 사람의 수가 70이면,

$$x\text{가 1인 경우의 도수} = 70$$
$$x\text{가 1인 경우의 상대도수} = \frac{70}{200} = 0.35$$

상대도수에 100을 곱하여 퍼센트를 얻는다. 즉, 결함문제에서 자동차 표본의 35%가 주요결함을 1개 가지고 있다고 응답한 결과이다. 상대도수나 퍼센트가 도수 자체보다 더 관심 있는 대상이 된다. 이론적으로는 상대도수의 합은 1이어야 하지만 실제로는 1의 주변값을 갖는 경우도 있다.

이산형 자료의 히스토그램 작성법

우선, 각 x값의 도수와 상대도수를 결정한다. 가능한 x값을 수평상에 지정하고 각 값에 대하여 도수(혹은 상대도수)를 나타내는 높이를 사각형으로 그린다.

이때 사각형의 면적이 상대도수의 비율이 된다. 만일 $x = 1$과 $x = 5$에 대응되는 상대도수가 0.35와 0.07이라면, $x = 1$에 대응되는 사각형의 면적이 $x = 5$일 때 사각형 면적의 5배가 된다.

연속형 자료의 히스토그램 작성법

도수와 상대도수를 결정한 후, 다음 식을 이용하여 각 사각형의 높이를 계산한다.

$$\text{사각형의 높이} = \frac{\text{계급의 상대도수}}{\text{계급폭}}$$

사각형 높이의 결과를 흔히 밀도라고 한다. 계급폭이 일정한 경우도 같은 방법이다.

히스토그램의 형태

히스토그램은 [그림 1.5]와 같이 여러 가지 형태를 갖는다.

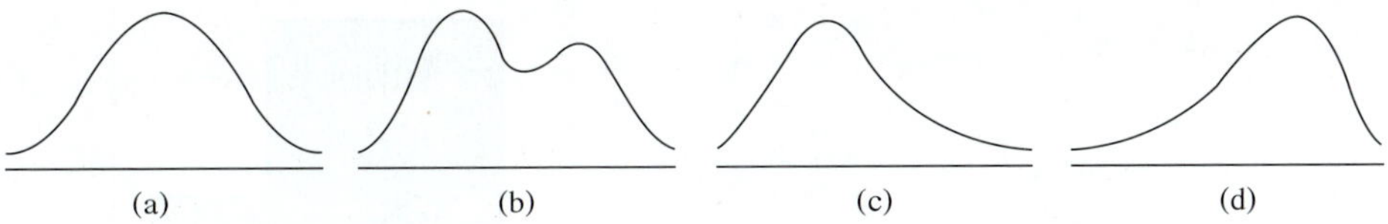

그림 1.5 (a) 단봉형, (b) 쌍봉형, (c) 양의 비대칭형, (d) 음의 비대칭형

[그림 1.5]에서 보듯이 **단봉형(unimodal)**은 한 개의 정점을 갖고, **쌍봉형(bimodal)**은 두 개의 다른 정점을 갖는다. 쌍봉형일 경우 만일 두 종류의 다른 관측값에 대한 자료에서 볼 수 있는데, 예를 들어 대학생 키의 히스토그램을 생각해

보면 여학생의 키와 남학생의 키가 두 개의 정점을 의미하게 된다. 이렇듯 두 개 이상의 정점을 갖게 되면 **다중봉형(multimodal)** 의 히스토그램이라고 한다. 또한 **비대칭(skewed)** 인 경우는 오른쪽 꼬리가 길면 **양의 비대칭(positive skewed)**, 왼쪽 꼬리가 길면 **음의 비대칭(negative skewed)** 이라고 한다.

예제 1.9 한 공장에서 생산되는 제품 21개를 랜덤하게 추출하여 크기(단위: cm)를 측정한 결과 다음의 자료를 얻었다. 이 자료를 이용하여 히스토그램을 그려라.

27.5 27.6 27.6 30.3 28.8 22.9 26.6 31.8 28.4 26.9
30.0 31.2 29.4 28.0 26.8 26.9 28.4 28.8 28.5 26.3 29.8

풀이 자료의 최솟값이 22.9, 최댓값이 31.8이어서 범위는 8.9이다. 계급폭을 2로 가정하고, 계급구간을 22 이상 24 미만, 24 이상 26 미만, 26 이상 28 미만, 28 이상 30 미만, 30 이상 32 미만으로 총 5개 고려하였다. 즉, 이를 이용하여 연속형 자료의 도수분포표를 정리하면 다음과 같다.

계급구간	도수	계급값
22이상 24미만	1	23
24이상 26미만	0	25
26이상 28미만	8	27
28이상 30미만	8	29
30이상 32미만	4	31
합계	21	

이를 이용하여 히스토그램을 그리면 다음과 같다.

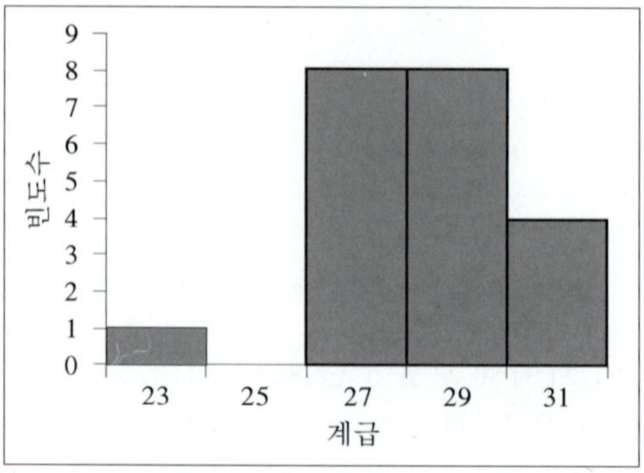

그림 1.6 제품의 크기에 대한 히스토그램

줄기-잎 그림(Stem-and-Leaf plot)

줄기-잎 그림은 특별한 노력없이 수치적 자료를 정리하는 효과적인 방법이다. 이 방법은 관측값을 두 가지 부분으로 분리한다. (1) 줄기, 하나 이상의 중심 수치로 구성. (2) 잎, 남은 수치로 구성. 예를 들어, 자료값이 54라면 이는 $54 = 5 \times 10 + 4$로 표현되므로 이때 줄기는 5, 그리고 잎은 4가 된다. 그리고 단위란 줄기와 잎을 결합하여 얻을 수 있는 수치의 단위를 말하며, 이는 생략이 가능하나 주어진 자료에서 단위가 명확하지 않을 경우는 반드시 명시해야 한다.

줄기-잎 그림의 작성 방법

① 자료의 각 값들을 줄기와 잎으로 구분
② 순차적인 줄기와 잎을 작성
- 줄기는 작은 값부터 위에서 아래로 기록
- 각 잎을 나타낼 때 동일된 간격 유지
- 잎의 순서는 어느 것이 먼저와도 무관하다. 순차적(오름차순 또는 내림차순)으로 적어주는 것이 편리

③ 도수를 기록
- 제1도수: 단순 도수 기록
- 제2도수(depth): 중간도수(괄호로 표시)를 중심으로 앞과 뒤(그림의 위와 아래)에서 누적도수를 기록

④ 단위와 합계를 명시

예제 1.10 [예제 1.9]의 자료를 이용하여 줄기-잎 그림을 그려라.

풀이 이 자료의 첫 번째 숫자 27.5에서 27과 0.5를 분할하여 27을 줄기로 하게 되면 0.5는 27이라는 줄기에 속한 잎이 된다. 다시 말하여 27.5라는 관측값은 다음과 같이 분할될 수 있다.

27	5
↓	↓
줄기	잎

또한 27이라는 줄기에 속한 관측값들은 27.5, 27.6, 27.6이고, 각 관측값들의 잎들은 각각 0.5, 0.6, 0.6이 된다. 이와 같은 과정을 거쳐서 정리하면 다음과 같은 줄기-잎 그림을 만들 수 있다.

제2 도수	제1 도수	줄기 ↓	잎 ↓					
1	1	22	9					
1	0	23						
1	0	24						
1	0	25						
6	5	26	6	9	8	9	3	
9	3	27	5	6	6			
(6)	6	28	8	4	0	4	8	5
6	2	29	4	8				
4	2	30	3	0				
2	2	31	8	2				

단위:1

합계 21

그림 1.7 줄기-잎 그림

제2 도수	제2 도수	줄기 ↓	잎 ↓					
1	1	22	9					
1	0	23						
1	0	24						
1	0	25						
6	5	26	3	6	8	9	9	
9	3	27	5	6	6			
(6)	6	28	0	4	4	5	8	8
6	2	29	4	8				
4	2	30	0	3				
2	2	31	2	8				

단위:1

그림 1.8 (오름차순으로) 정리된 줄기-잎 그림

[그림 1.8]을 정리된 줄기-잎 그림(ordered stem-and-leaf plot)이라고 하며, 대부분의 경우 정리된 그림이 더 다양한 정보를 제공한다.

줄기-잎 그림은 자료의 개수가 그리 많지 않은 경우 수작업이 용이하다.

두 가지 자료집합을 비교할 때도 사용한다. 예를 들어, 두 반의 시험 성적을 비교하고자 할 때는 비교 줄기-잎 그림(comparative stem-and-leaf plot)을 사용한다. 이때 두 반 성적의 비슷한 정도나 차이를 쉽게 알 수 있다. [그림 1.9]의 예를 보면, 양쪽이 다소 비슷하나 오른쪽이 반대편보다 한 줄(약 10점) 정도 높은 것을 알 수 있다.

	9	6 5 8 6 1 8
9 4 4 7	8	1 3 7 5 4 3 8 0
2 2 0 8 9 6 5 6 5 5	7	5 3 1 2 2 6 7
2 4 3 2 8 7 5	6	4 5 1 0 4
5 8 8 2	5	9

그림 1.9 시험 성적에 대한 비교 줄기-잎 그림

줄기-잎 그림에서 관찰할 수 있는 자료의 특성

① 특정값이나 대푯값의 정의
② 집중도가 높은 구간과 수치 파악
③ 자료의 빈 구간 파악
④ 자료의 대칭성 여부
⑤ 특정한 값에 대해 구간의 퍼진 정도 파악
⑥ 특이점의 존재 여부

상자와 수염도형(Box-and-whisker plot)

줄기-잎 그림이 포함하고 있는 정보를 기반으로 추가로 위치와 변동과 관련된 측도를 고려하여 만든 그림으로, 분포의 중심위치와 산포 정도, 그리고 극단값 유무 등를 한눈에 알아볼 수 있다.

상자와 수염도형 작성 방법

① 자료를 정렬하여 최솟값, 최댓값, Q_1, Q_2, Q_3, IQR를 구함.
② Q_1과 Q_3을 네모난 상자로 연결한 다음 Q_2에서 직선을 연결함.
③ 아래 울타리(lower fence) = $Q_1 - 1.5 \times IQR$와 위 울타리(upper fence) = $Q_3 + 1.5 \times IQR$를 계산함.
④ 관측값 중에서 아래 울타리 값보다 큰 최솟값을 Q_1과 연결하고, 관측값 중에서 위 울타리 값보다 작은 최댓값을 Q_3에 연결한다.
⑤ 울타리를 벗어나는 관측값들은 개별적으로 * 표시를 하고, 이를 이상점(outlier)이라고 한다.

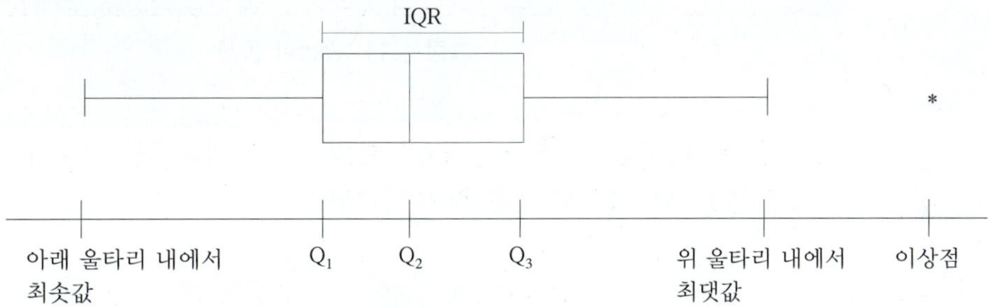

그림 1.10 상자와 수염도형

Excel을 이용한 분석

주어진 자료로 엑셀을 이용하여 다양한 데이터 분석을 위해서는 [데이터] ⇒ [데이터 분석]이라는 메뉴가 필요하다. 이 메뉴가 없으면, 다음 [그림 1.11]과 같은 방법으로 추가 설치하면 된다. 이 장에서는 히스트그램을 그리는 데 사용될 것이다.

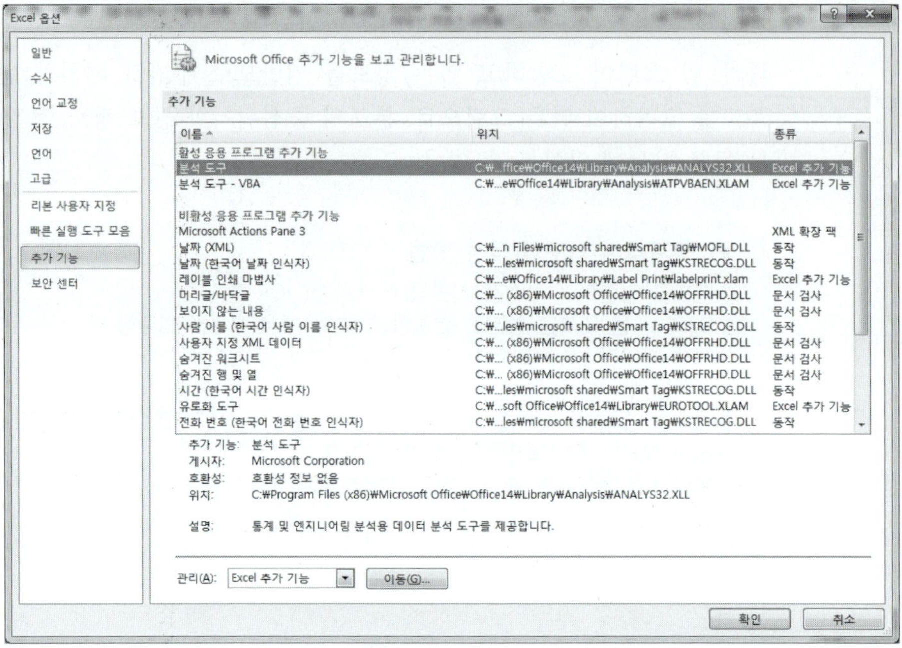

그림 1.11 Excel 옵션

[파일] ⇒ [옵션] ⇒ [추가 기능]을 클릭하여 분석도구를 클릭하고 [이동] 버튼을 누르면 [그림 1.12]와 같은 창이 나타난다.

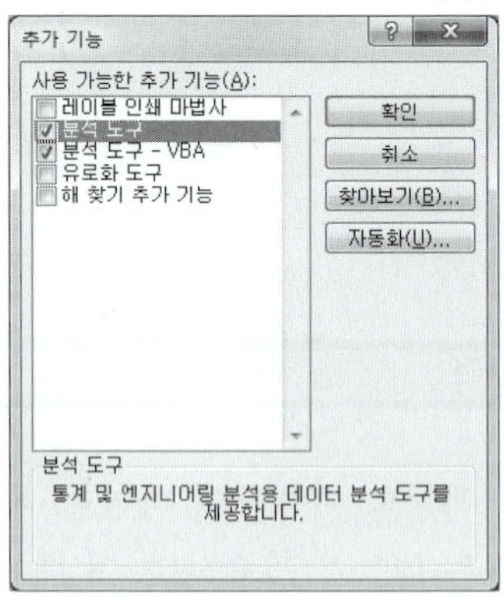

그림 1.12 추가 기능

분석도구를 클릭하고 [확인] 버튼을 누르면, [그림 1.13]과 같이 데이터 탭에 데이터 분석 항목이 나타난다.

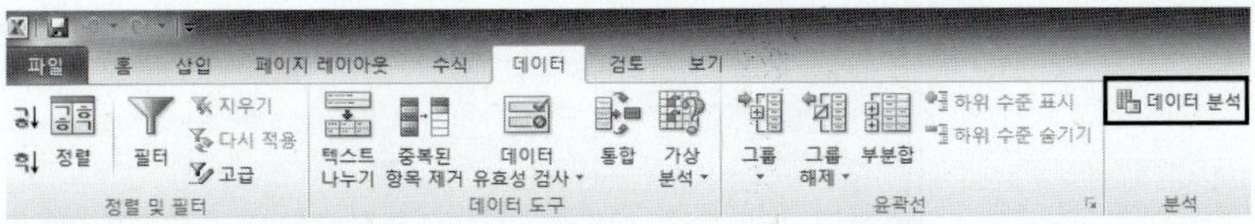

그림 1.13 데이터 분석 추가 설치

Excel 활용 ❶

[예제 1.9]에 주어진 자료를 가지고 엑셀을 이용하여 평균, 중앙값, Q_1, Q_3, 분산과 표준편차를 계산하여라. 계산에 필요한 함수는 다음과 같다.

평균: AVERAGE
중앙값: MEDIAN
Q1, Q3: QUARTILE.INC
표본분산: VAR.S
표본표준편차: STDEV.S
모분산: VAR.P
모표준편차: STDEV.P

풀이

(1) 평균

[예제 1.9]의 자료를 임의의 열에 입력한 후 [수식] ⇒ [함수삽입]을 선택하고, [그림 1.14]와 같이 함수 마법사 대화상자에서 AVERAGE를 입력하고 검색한 후 [확인]을 클릭한다.

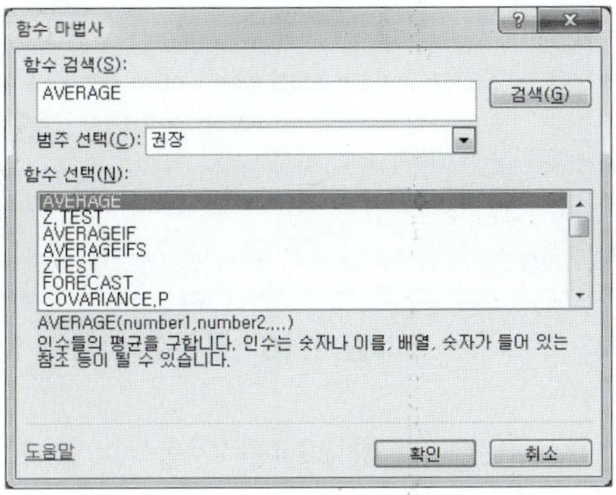

그림 1.14 함수 마법사 대화상자

다음으로 [그림 1.15]와 같이 함수 인수 대화상자에서, 위에서 입력한 자료의 영역을 선택하고, [확인]을 클릭하면 평균 28.2143을 얻을 수 있다.

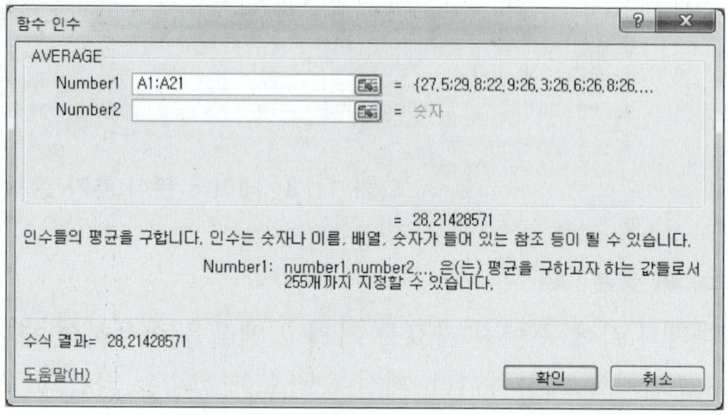

그림 1.15 평균의 함수 인수 대화상자

(2) 중앙값

(1)과 같은 방법으로 함수 마법사 대화상자를 띄운 뒤, MEDIAN을 검색하고 [확인]을 클릭한다. 다음으로 함수 인수 대화상자에서 (1)에서와 같은 영역을 선택하고 [확인]을 클릭한다. 이를 통해 중앙값 28.4를 얻을 수 있다.

(3) Q_1, Q_3

위에서와 같은 방법으로 함수 마법사 대화상자를 띄운 뒤, QUARTILE.INC를 검색하고 [확인]을 클릭한다. 다음으로 [그림 1.16]과 같이 함수 인수 창에서 입력변수들을 입력한다. 이때 Array에는 해당 데이터의 영역을, Quart에는 1을 입력한다. 입력 후 [확인]을 클릭하면, Q_1 의 값 26.9를 얻을 수 있다.

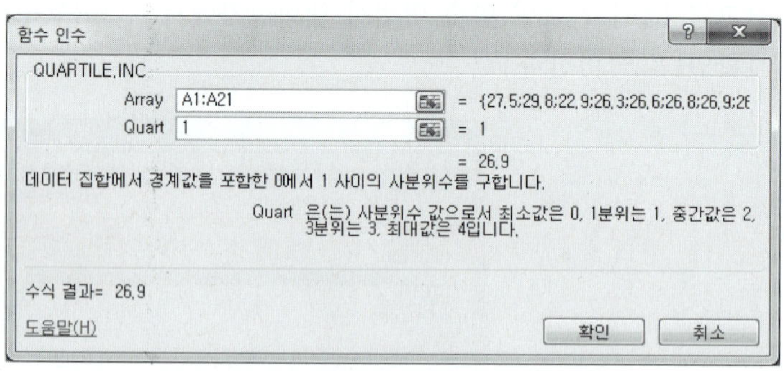

그림 1.16 분위수의 함수 인수 대화상자

같은 방법으로, Q_3 의 값 29.4를 얻을 수 있다. 이 경우에는 함수 인수 대화상자에서 1 대신 3을 입력한다.

(4) 분산과 표준편차

위에서와 같은 방법으로 함수 마법사 대화상자를 띄우고, VAR.S를 검색하고

[확인]을 클릭한다. 함수 인수 대화상자에서 자료의 영역을 선택하고 [확인]을 클릭하면, 분산값 3.76729를 얻을 수 있다.

표준편차를 구하는 경우에는 VAR.S의 함수명 대신 STDEV.S를 사용한다. 같은 방법으로 표준편차 1.94095를 얻을 수 있다.

Excel 활용 ❷

[예제 1.8]에 주어진 자료를 가지고 엑셀을 이용하여 도수분포표, 원형그래프, 막대그래프를 그려라.

풀이 (1) 도수분포표

	A	B	C	D	E
1	학점		학점	도수	
2	A		A		
3	B		B		
4	A		C		
5	B		D		
6	B		F		
7	C		합계		
8	D				
9	C				

그림 1.17 데이터 입력

먼저 [그림 1.17]과 같이 40개의 자료를 셀 A2:A41에 입력한다. 학생들의 학점은 A, B, C, D, F 총 5가지이므로, 셀 C2:C6에 학점 이름을 입력한다.

COUNTIF 함수를 이용하여 학점에 해당하는 학생수를 계산할 수 있다. 우선, 셀 D2를 선택하고, [수식] ⇒ [함수삽입]을 눌러 함수 마법사 대화상자에서 COUNTIF 함수를 찾고 [확인]을 누른다.

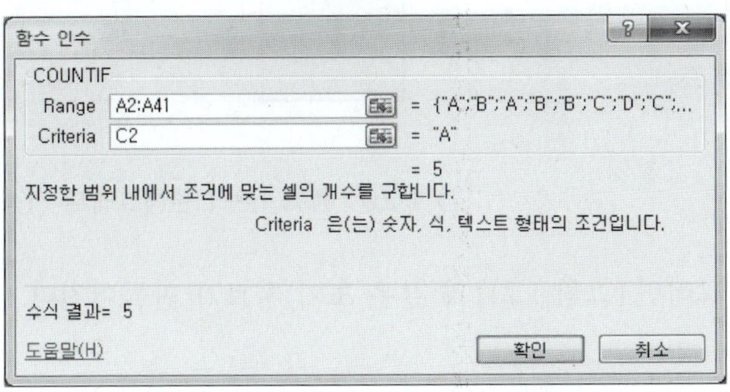

그림 1.18 도수의 함수 인수 대화상자

[그림 1.18]과 같이 대화상자가 나타나면, Range 박스에 자료가 입력된 셀 A2:A41을 입력한다. A학점을 받는 학생수를 계산하기 위해, Criteria 박스에는 셀 C2를 입력하고 [확인]을 누른다. 셀 D2를 D3:D6으로 복사하면 [그림 1.19]와 같이 각 학점에 해당되는 도수가 계산된다. 이때 합계는 SUM 함수를 이용하여, 셀 D2:D6의 값을 계산하여 구할 수 있다.

C	D
학점	도수
A	5
B	11
C	15
D	7
F	2
합계	40

그림 1.19 예제 1.8의 도수분포표

(2) 원형그래프

(1)에서 작성한 도수분포표를 이용하여 원형그래프와 막대그래프를 작성할 수 있다. 먼저, 도수분포표의 셀 C1:D6을 선택한다. [그림 1.20]과 같이 [삽입] ⇒ [원형] 메뉴를 선택하고 원하는 차트 모양을 클릭한다. 이 예제에서는 '2차원 원형'의 첫 번째 '원형' 차트를 선택한다.

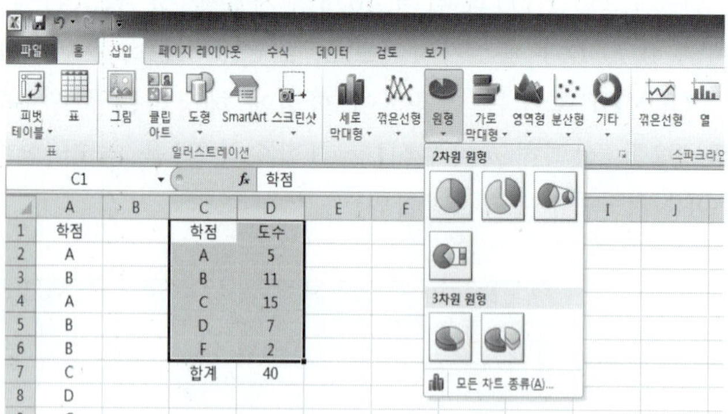

그림 1.20 예제 1.8의 원형그래프 작성의 절차

그러면 [그림 1.21]과 같은 초기 차트가 만들어진다.

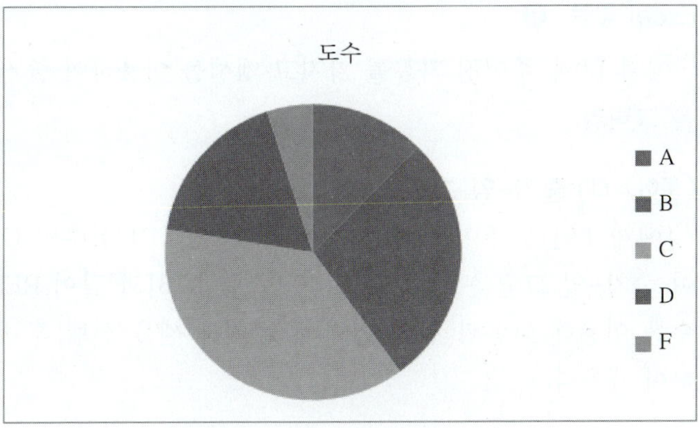

그림 1.21 예제 1.8의 원형그래프

차트를 마우스로 클릭하면 리본 메뉴에 디자인 탭이 나타나는데, 여기서 원하는 형태의 레이아웃을 마우스로 클릭하여 쉽게 바꿀 수 있다. 차트 제목 및 각 축의 제목 수정은 각 제목의 이름을 클릭하여 바꿀 수 있다.

(3) 막대그래프

(2)에서 원형그래프 작성하는 것과 똑같이 하면 되며, 여기서 차이점은 [삽입] ⇒ [세로막대형] 차트를 선택하는 것이다. 세로막대형 차트 역시 다양한 형태가 있는데, 이 예제에서는 '2차원 세로막대형'의 첫 번째 '묶은 세로막대형' 차트를 선택하였다.

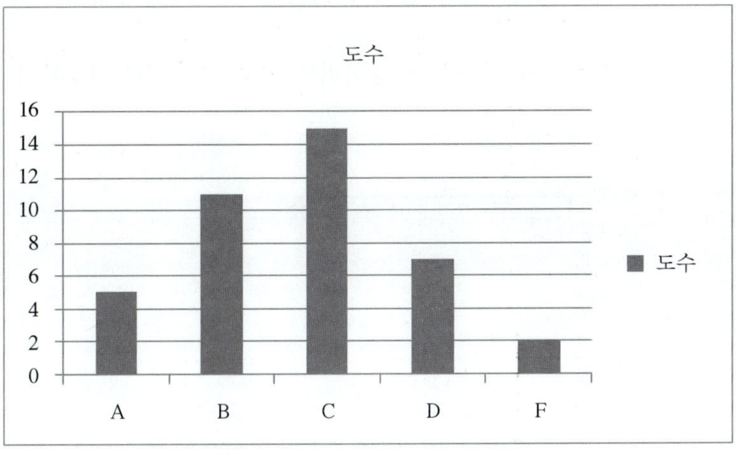

그림 1.22 예제 1.8의 막대그래프

Excel 활용 ❸

예제 1.9에 주어진 자료를 가지고 엑셀을 이용하여 줄기-잎 그림과 히스토그램을 그려라.

(풀이) (1) 줄기-잎 그림

[예제 1.9]에 주어진 자료를 입력하고, REPT 함수와 COUNTIF 함수를 이용하여 줄기-잎 그림을 그릴 수 있다. [그림 1.23]과 같이 REPT 함수와 COUNTIF 함수를 이용해 다음과 같이 입력하고, 해당 셀을 선택 후 원하는 영역까지 드래그하여 채운다.

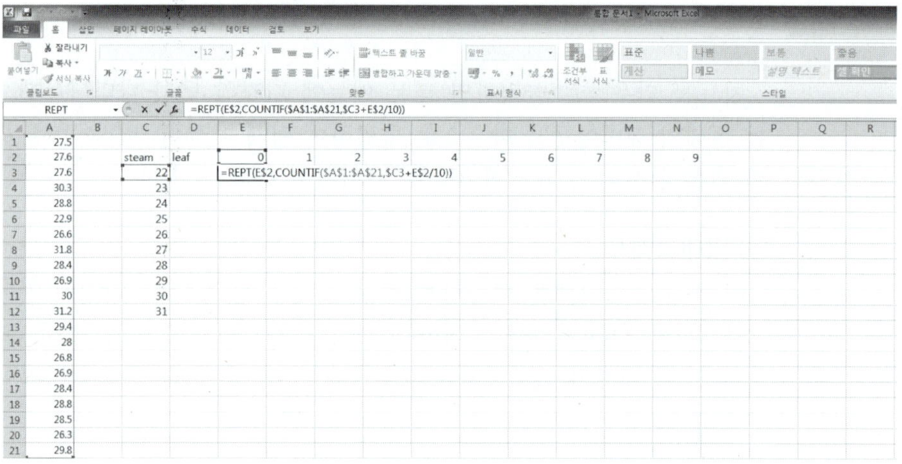

그림 1.23 줄기-잎 그림 REPT 함수와 COUNTIF 함수 이용

다음으로, leaf 부분을 완성하려면 해당 셀에 [그림 1.24]와 같이 입력한다.

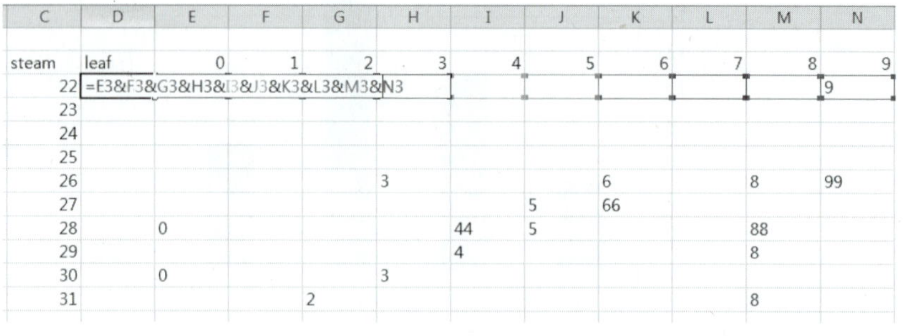

C	D	E	F	G	H	I	J	K	L	M	N
steam	leaf	0	1	2	3	4	5	6	7	8	9
22	=E3&F3&G3&H3&I3&J3&K3&L3&M3&N3										9
23											
24											
25											
26					3			6		8	99
27							5	66			
28		0				44	5			88	
29						4				8	
30		0			3						
31				2						8	

그림 1.24 잎 채우기 함수 이용

입력 후, 해당영역의 아래로 드래그하면 [그림 1. 25]와 같이 leaf 부분이 채워지게 된다.

C	D	E	F	G	H	I	J	K	L	M	N	O
steam	leaf	0	1	2	3	4	5	6	7	8	9	
22	9										9	
23												
24												
25												
26	36899				3			6		8	99	
27	566						5	66				
28	044588	0				44	5			88		
29	48					4				8		
30	03	0			3							

그림 1.25 줄기-잎 그림

(2) 히스토그램

자료의 최솟값이 22.9, 최댓값이 31.8이어서 범위는 8.9이므로, 계급폭을 2로 하고 총 5개의 계급구간을 고려한다. 구간 설정을 위하여 셀 C2:C6까지 각 구간의 상한값을 입력한다. D2에 빈도를 계산하는 함수 FREQUENCY를 이용하여, "= FREQUENCY(A2:A22, C2:C6)를 입력하여 도수를 계산한다. 다음에 셀 D2에서 D6까지 범위를 지정하고, 수식 입력줄로 이동하여 Ctrl+Shift+Enter 키를 동시에 누르면 각 구간별로 빈도가 계산된다.

	A	B	C	D	E
1	제품 크기		구간	도수	
2	27.5		23.9	1	
3	27.6		25.9	0	
4	27.6		27.9	8	
5	30.3		29.9	8	
6	28.8		31.9	4	
7	22.9		합계	21	
8	26.6				
9	31.8				
10	28.4				

그림 1.26 예제 1.9의 계급별 도수

히스토그램을 그리기 위하여 [데이터] ⇒ [데이터 분석]을 누르면 [그림 1.27]과 같이 나타나는데, 히스토그램을 누르고 [확인]을 선택한다.

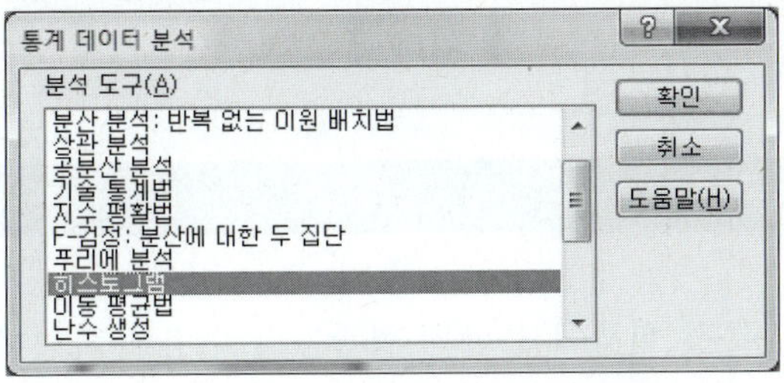

그림 1.27 통계 데이터 분석 대화상자

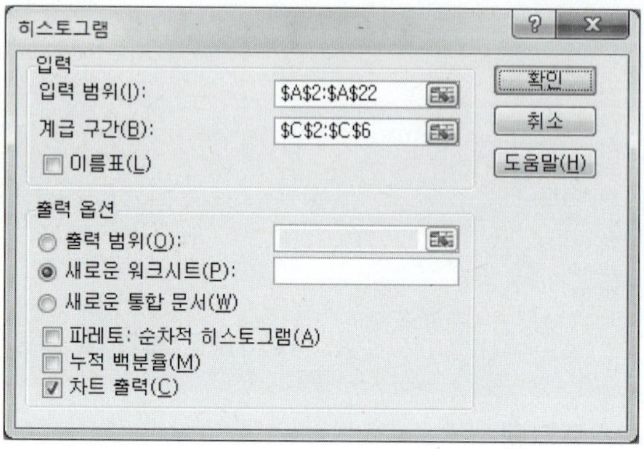

그림 1.28 히스토그램 대화상자

입력 범위 박스에는 데이터 영역인 셀 A2:A22을, 계급구간에는 셀 C2:C6을 입력한 후에, 임의로 출력 범위를 지정하고 차트출력을 체크한 후 [확인]을 누르면 [그림 1.29]와 같이 도수분포표와 함께 히스토그램이 출력된다. 그리고, 각 구간의 상한값으로 썼던 계급값을 본래 계급값으로 수정하면 된다.

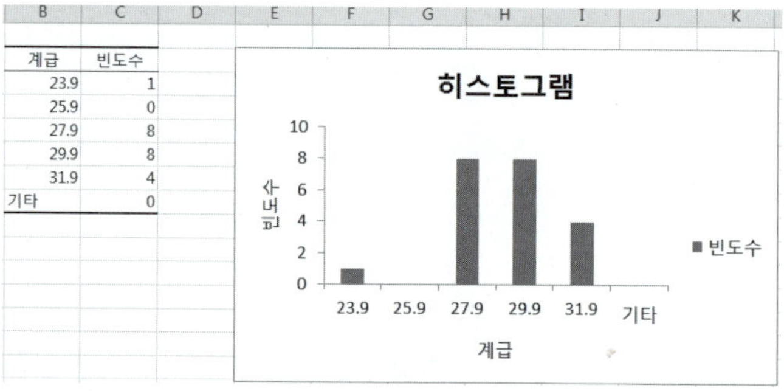

그림 1.29 히스토그램

출력 범위를 지정해주는 것 이외에 새로운 워크시트나 통합문서에 출력하기를 원하면 해당되는 곳을 선택한다. 또한 원하는 그림의 종류에 따라 [파레토], [누적백분율] 등을 선택할 수 있다.

연습문제

1.1 특정 회사에서 만든 형광등의 수명을 확인하기 위하여 10개의 표본을 임의로 추출하여 수명을 측정하였다. (단위: 일)

50 48 65 51 55 47 40 61 57 49

(a) 평균값을 계산하여라.

(b) 중앙값을 계산하여라.

1.2 **가중평균(weighted mean)** 각각이 서로 다른 의미를 갖는 k개의 양 x_1, $x_2, \cdots, x_k$의 평균을 구하자. k개 값의 가중값은 $w_1, w_2, \cdots, w_k$라 하고, 가중값은 상대적 중요성의 측도를 나타낸다. 가중평균은 μ_w, 또는 $\overline{x}_w$로 나타내고 $\sum_{i=1}^{k} w_i x_i / \sum_{i=1}^{k} w_i$로 계산한다. 가중값이 같으면 k개의 관측값들의 산술평균으로 나타난다.

(a) 처음 3번의 시험결과는 85, 76, 82점이고 가중값이 다른 시험에 비하여 3배인 기말고사 결과가 79점인 학생의 점수에 대한 평균을 구하여라.

(b) 어느 가족이 휴가 여행 중에 l당 1,200원인 휘발유를 $21.3l$ 사고, l당 1,300원인 휘발유를 $18.7l$ 사고, 또 l당 1,250원인 휘발유를 $23.5l$ 샀다. l당 평균적으로 지불한 휘발유 가격을 구하여라.

(c) 신용조합에서 첫 번째 차를 살 때는 500만 원을 이자 10.5%로, 두 번째 차를 살 때는 630만 원을 10.8%, 세 번째 차는 450만 원을 11% 이자로 대출 받았다면, 이들 대부금에 대한 평균 이자율은 얼마인가?

1.3 **g-g 절단평균(trimmed mean)** 자료를 정렬하여 가장 작은 관측값 g개와 가장 큰 관측값 g개를 제거한 후 나머지 관측값의 평균을 g-g 절단평균이라고 한다. 한 도시의 가구별 월 소득을 알아보기 위하여 다음 표본을 추출하였다. (단위: 만 원)

10 50 150 150 170 200 250 280 350 500 1000 3000

(a) 평균값을 계산하여라.

(b) 중앙값을 계산하여라.

(c) 1-1 절단평균값을 계산하여라.

(d) 계산된 평균값, 중앙값, 1-1 절단평균값을 서로 비교하여라.

1.4 연습문제 1.3에서 주어진 자료를 이용하여 사분위수 범위(IQR)를 계산하여라.

1.5 서울시의 미세먼지 농도를 확인하기 위해 임의의 15개의 관측소를 선택하여 특정 날짜에 미세먼지 농도를 측정한 후 이 농도값에 5를 뺀 변환된 값이 다음과 같다.

2.1 10.5 7.3 15.8 8.9 4.3 8.3 4.9 5.3 21.6 11.9 12.1 9.3 7.4 13.2

(a) 원 자료의 평균값을 계산하여라.

(b) 변환된 자료의 표본표준편차를 계산하여라.

(c) 원 자료의 표본표준편차를 계산하여라.

1.6 **변동계수(coefficient of variation)** 표준편차는 그 자체로는 하나의 자료집합의 변동을 충분히 설명할 수 없다. 보다 더 적합한 측도인 변동계수는 다음과 같이 정의한다.

$$v = \frac{s}{\bar{x}} \cdot 100 \text{ 또는 } v = \frac{\sigma}{\mu} \cdot 100$$

이것은 표준편차를 평균에 대한 백분율로서 나타낸다. v는 백분율로 나타낸 상대변동의 측도이므로, 관측값들이 측정단위가 다르게 표현되었을 때, 두 개 이상의 자료집합의 변동을 비교하기 위해 변동계수가 사용될 수 있다. 어떤 회사가 10박스의 곡물 식품의 무게가 평균 278 g이고 표준편차가 9.64 g이다. 이 박스는 10개의 각각 다른 상점으로 팔렸고 박스당 평균 12,900원이고 표준편차 900원이었다. 무게에 대한 변동이 가격 변동과 일치한다고 결론내릴 수 있는가?

1.7 어느 학교 학생들 중 임의로 50명을 선택하여 혈액형 검사를 실시한 결과가 다음과 같다.

A	O	AB	B	A	O	O	B	A	AB
O	B	B	A	AB	O	B	A	AB	O
B	AB	O	B	A	AB	A	B	B	O
AB	O	A	A	O	O	B	AB	B	A
A	B	AB	B	O	A	O	A	O	B

(a) 이 자료를 이용하여 도수분포표를 작성하여라.

(b) 이 자료를 이용하여 원형그래프를 그려라.

1.8 어느 병원에 입원한 환자들 중에서 임의로 일부를 선택하여 그들이 병원에 입원한 날짜를 기록한 결과가 다음과 같다. 이 자료를 이용하여 도수분포표, 막대그래프를 그려라.

1	3	2	6	10	2	4	5	2	5
4	5	7	2	6	5	16	9	7	3
2	8	3	30	7	2	6	8	7	4

1.9 다음은 특정 회사의 일별 주가지수이다.

8900	8600	8620	9040	8955	8970	9160	9360	9100	9150
9870	9940	9790	10080	10160	9995	9955	9885	9915	9930
9995	9955	9885	9915	9930	9560	9500	9660	9700	9610

이 자료를 이용하여 줄기-잎 그림을 그려라.

1.10 다음은 각 지하철역별 특정시간대 승차인원수이다.

168	514	301	175	292	533	467	772	150	608
652	1571	1170	2091	757	2510	1247	618	729	680
476	1305	612	285	575	1264	1391	2235	1229	3621
1544	2551	1537	2287	542	634	950	819	1502	1076
571	347	365	142	[illegible]	267	[illegible]	426	625	299
236	153	150	222	281	283	945	239	439	675

(a) Q_1, Q_2, Q_3, IQR을 계산하여라.

(b) 평균을 계산하여 중앙값과 비교하여라.

(c) 상자와 수염도형을 그려라.

2장 확률

인기 있는 도박 게임인 블랙잭을 할 때, 게임에서 이긴다는 것이 얼마나 불확실한 결과인지를 알 수 있다. 또한 채권, 증권에 투자하는 것 역시 성공이 불확실한 모험이다(사실, 어떤 사람들은 투자는 지식, 경험, 판단력이 승산을 높여주는 교육화된 도박의 한 형태라고 주장한다).

블랙잭이나 투자에서처럼 표본자료에 근거하여 이끌어낸 추론 또한 상당히 불확실하다. 표본은 그것이 선택된 모집단에 대한 완벽하고 정확한 설명을 해 주지는 않는다. 어느 특정한 정치 후보자에 대한 사람들의 선호도를 조사한다거나, 소비자 생산품의 선호도를 조사한 표본자료는 항상 오차의 여지가 있다(여론 조사원은 항상 표본자료의 오차를 말해 준다). 마찬가지로, 자동차 타이어 자료의 평균도 실제 모집단의 평균과는 차이가 있을 것이다. 따라서 추정과 관련된 불확실성의 척도인 확률은 통계적 추론에서 중요한 역할을 한다.

사건과 관련된 불확실성을 어떻게 측정할 수 있을까? 매일 방송 뉴스를 시청해 온 사람이면 그 대답을 할 수 있다. 대답은 **확률(probability)**이다. 예를 들면, 일기예보에서 어떤 날 비가 올 확률이 20%라고 보도될 수 있다. 그러한 진술은 그 날 비가 올 확률의 불확실성을 인정하고 있으며, 기상 캐스터는 그것의 발생 가능성을 20%로 예측한다.

이 장에서는 확률의 의미를 고찰하고, 통계에서 유용하게 쓰이는 확률의 성질에 대해 알아볼 것이다.

2.1 사상과 표본공간

지금부터 간단한 예를 통해 중요한 정의를 소개하고, 확률의 개념을 좀 더 쉽게 전개해 나갈 것이다.

예를 들어, 동전을 한 번 던져서 나온 표면을 기록하기로 하자. 이것을 **관측값(observation)** 또는 **측정값(measurement)** 이라고 한다. 관측값을 얻거나 생성하는 과정을 실험이라고 한다. 여기서 실험의 정의는 물리학에서 사용되는 것보다 더 광범위하다. 통계적인 실험들의 몇몇 예를 들어 보자.

- 한 회사에서 개발된 두 개의 핸드폰에 대한 고객의 선호도를 조사한다.
- 중요한 정치적 문제에 관한 투표자의 의견을 조사한다.
- 오염된 강에서 용해된 산소의 양을 측정한다.
- 주식거래소의 종가를 측정한다.
- 재고목록에서 오류의 수를 측정한다.
- 새 살충제에 의해 죽은 곤충의 분류를 관찰한다.

이러한 통계적 실험들은 많지만, 요점은 실험의 정의는 광범위하다는 것이다.

실험(experiment)은 관측을 하거나 관찰을 하는 절차이다.

주사위를 던져서 나오는 눈의 수를 관찰해 보자. 만약 이 실험이 한 번 행해진다면, 6개의 결과 중 오직 한 가지만을 관찰할 수 있다. 이 결과들의 특징은 가능성이 다른 결과들에 의해 분해될 수 없다는 것이다.

이 실험에서 가장 기본적인 가능한 결과를 **근원사상(elementary event)** 또는 **단순사상(simple event)** 이라고 한다.

근원사상은 실험의 기본 결과이며, 더 이상 다른 결과에 의해 분해될 수 없다.

즉, 위 실험에서 근원사상은

$$1 \quad 2 \quad 3 \quad 4 \quad 5 \quad 6$$

이다.

예제 2.1 2개의 동전을 던져서 나오는 표면을 기록하자(앞면 H, 뒷면 T). 이 실험의 모든 근원사상을 나열해 보자.

풀이 간단한 실험이라 할지라도 근원사상을 기술하는 데 주의를 기울여야만 한다. 우선 2개의 앞면과, 2개의 뒷면, 1개의 뒷면과 1개의 앞면을 볼 수 있다. 그러나 마지막 결과를 좀 더 관찰해 보면, 동전 1에서 앞면, 동전 2에서 뒷면, 그리고 동전 2에서 앞면, 동전 1에서 뒷면으로 분해될 수 있다. 그러므로 근원사상은

$$HH \quad HT \quad TH \quad TT$$

이다(첫 번째 H는 동전 1에서 앞면을 의미하고 두 번째 H는 동전 2에서 앞면을 의미한다). ●

한 실험의 근원사상들의 모임을 언급할 때가 있다. 이 모임을 **표본공간(sample space)** 이라고 한다. 예를 들면, 주사위를 던지는 실험과 관계된 표본공간의 근원사상은 여섯 개이다.

> 표본공간은 한 실험에서 나올 수 있는 근원사상들의 모임이다.

그래프가 자료를 그림으로 나타내는 것처럼, 표본공간과 근원사상을 나타내기 위하여 그림으로 표현하는 방법도 종종 유용할 것이다.

[그림 2.1]은 각각의 실험에 대하여 그리는 방법으로 표현하였다. 각각의 경우에 표본공간은 닫힌 모양으로서 S로 표기하며, **표본점(sample point)** 들의 모임으로 나타낸다. 표본점이란 각각의 점이 한 개의 근원사상을 나타낸다. 표본공간 S에서 표본점들의 개수는 각각의 실험에 관계된 근원사상의 개수와 같다는 것을 유념하자. 예를 들어 동전 한 개를 던질 때는 두 개의 점, 한 개의 주사위를 던질 때는 여섯 개의 점, 두 개의 동전을 던질 때는 네 개의 점을 그리고, 각 사건 A에 대응하는 점들을 찾아 둘레에 동그라미를 치고 A라고 표시한다. 이와 같이 표현된 그림을 **벤 다이어그램(Venn diagram)** 이라고 한다.

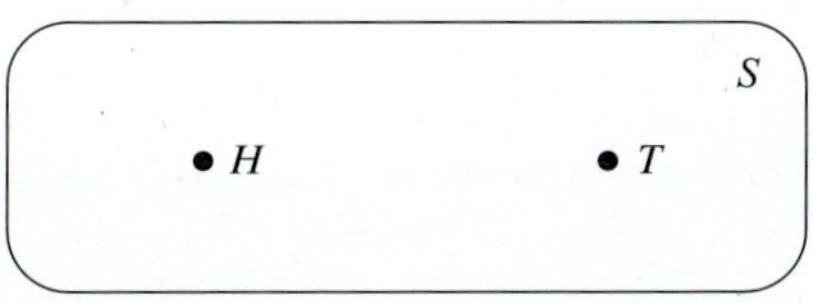

a. 실험: 한 개의 동전을 던져서 나오는 표면에 대한 관측값

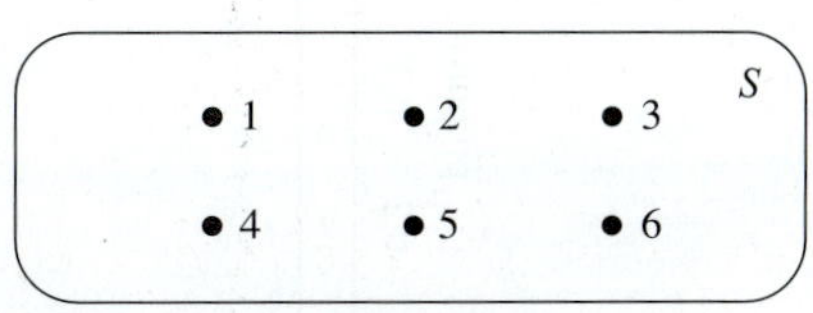

b. 실험: 주사위 눈의 수에 대한 관측값

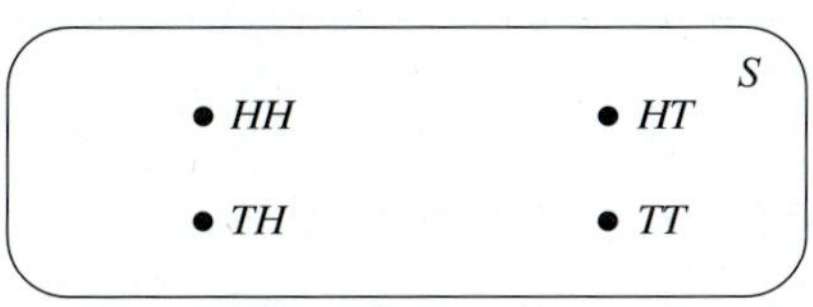

c. 실험: 두 개의 동전을 던져서 나오는 표면에 대한 관측값

그림 2.1 세 실험에 대한 벤 다이어그램

2.2 확률의 정의와 성질

이 절에서는 확률에 관해 정의하고 관련 성질들에 대해 다루고자 한다.

우선, 앞의 절에서 이야기 한 근원사상의 확률에 대해 생각해 보자. 확률에 대한 몇몇 직관적인 관념을 가지고 확률이라는 말을 사용해 왔다. 확률은 '가능성', '승산'과 같은 비슷한 개념으로 사용되었다. 이러한 변칙적인 개념의 확률에 대해 우선 이야기해 보자. 예를 들어, 근원사상의 확률이 동일한 동전을 던졌다면, 앞면이 나오거나 뒷면이 나오는 두 근원사상이 발생할 확률이 같음을 의미한다. 즉, "앞면이 나올 확률은 50% 또는 $\frac{1}{2}$" 또는 "앞면을 볼 수 있는 가능성은 50대 50"이라고 말해야 한다.

앞면이 나올 확률이 $\frac{1}{2}$이라고 말하는 것은 무엇을 의미하는가? 그것은 동전을 수없이 많이 반복하여 던졌을 때 앞면이 나올 확률이 $\frac{1}{2}$이라는 것을 의미한다.

앞면이 나올 확률이 $\frac{1}{2}$이라는 것은 동전을 던져 반이 정확히 앞면이 나오는 것을 의미하지는 않는다. 예를 들면, 동전을 두 번 던져서 그 중 정확히 한 번 앞면이 나올 것이라고 생각하지는 않으며, 동전을 열 번 던져서 그 중에 정확히 다섯 번이 앞면이 나올 것이라고 예상하지도 않는다. 다만, 시행횟수를 증가시킬 때 변화하는 앞면이 나올 비율이 점점 $\frac{1}{2}$에 가까워진다고 예상한다. 이러한 성질은 [그림 2.2]의 그래프에서 볼 수 있다.

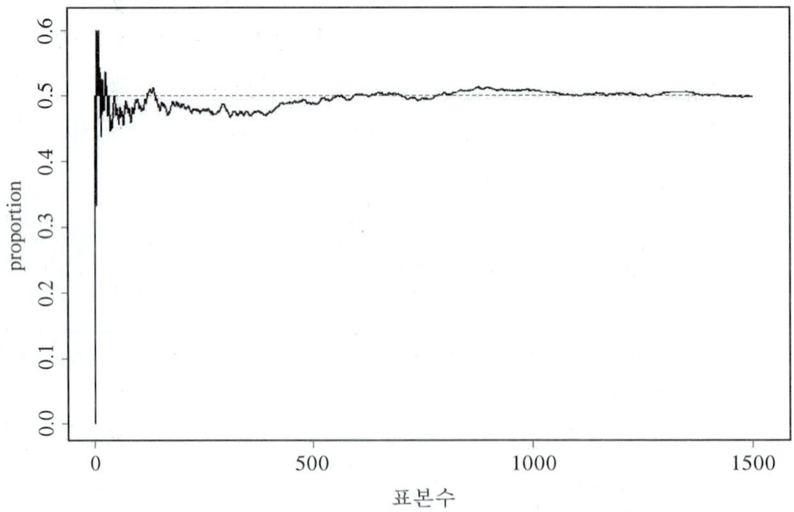

그림 2.2 동전을 n번 던질 때 앞면의 비

[그림 2.2]는 동전을 던지는 실험의 반복을 모의 실험한 후 관찰된 앞면의 비율을 보여 준다. 동전을 던진 횟수는 그래프의 가로축을 따라 표시되어 있고, 대응

되는 앞면의 비율이 각 n의 값에 세로축 위에 점으로 표시되어 있다. 우리는 n이 커질수록(그래프의 오른쪽으로 이동할수록) 앞면이 나올 확률이 0.5에 가까워짐을 알 수 있다.

근원사상의 확률은 실험이 시행될 때 발생하는 사상의 가능성을 추정하는 수로, 근원사상을 E라고 하면, 근원사상의 확률은 $P(E)$로 표시한다. 여기서, 확률은 실험을 무수히 많이 시행할 때 관찰된 근원사상의 횟수의 비율이다.

$$P(E) = \frac{n(E)}{n(N)}$$

$n(N)$은 전체 시행한 실험의 횟수이며 $n(E)$은 전체 시행한 실험의 횟수 중 관찰된 근원사상의 횟수이다.

대개 확률은 실험이 무수히 많이 시행될 때 관찰된 근원사상의 횟수의 비율이지만, 어떤 실험은 절대 반복되지 못할 수도 있다. 예를 들면, 만약 한 회사가 석유탐사에 투자한다면, 그 투자가 성공할 확률은 반복적인 실험에 의해 계산될 수 없는 알려지지 않은 값이다. 그 사상이 발생할 확률은 몇몇 값을 가질 수는 있지만 그 값이 알려지지는 않는다. 그 값을 추정하기 위해 할 수 있는 최선의 방법은 성공했던 유사한 투자의 비율을 구하여 이것을 알려고 하는 확률의 근삿값으로 채택한다. 반복적인 실험을 행할 수 없음에도 불구하고 확률에서 상대도수의 결정은 직관이 필요하다.

한 실험에서 근원사상의 확률이 정해지면 정해진 확률은 다음과 같이 주어진 두 성질을 따라야만 한다.

근원사상의 확률에 대한 법칙

$E_1, E_2, \cdots, E_k$를 한 표본공간의 근원사상이라고 정의하자.

1. 모든 근원사상의 확률은 반드시 0과 1 사이에 있어야 한다.

$$0 \le P(E_i) \le 1 \qquad \text{여기서 } i = 1, 2, \cdots, k$$

2. 한 표본공간 안의 모든 근원사상의 확률의 합은 1이다.

$$\sum_{i=1}^{k} P(E_i) = 1$$

때때로 근원사상 중 특정 조건을 만족하는 경우의 발생에 관심을 두기도 한다. 예를 들어, 주사위를 던지는 실험에서 3의 배수의 근원사상에 관심을 둘 수도 있다. 즉, 근원사상 중 3 또는 6의 발생에만 관심이 있는 것이다. 이처럼 어떤 특성을 갖는 근원사상들의 모임을 **사상(event)**이라고 정의한다.

사상은 근원사상들의 특정한 모임이다.

위 예의 사상은 {3, 6} 이 된다.

사상의 확률은 그것이 포함하는 근원사상들의 확률의 합에 의해 계산된다. 이 규칙은 [예제 2.2] 에서 기술한 것처럼, 확률의 상대도수 개념과 일치한다.

사상의 확률 (probability of an event)

사상 A의 확률은 사건 A의 근원사상들의 확률의 합과 같다.

사상의 확률을 계산하는 데 있어서 필요한 몇 가지 집합의 개념을 간단히 정리해 보자.

두 사상 A와 B에 대하여

1. A와 B의 합사상 (union): $A \cup B$
2. A와 B의 곱사상 (intersection): $A \cap B$
3. A의 여사상 (complementary event): A^c ($A \cup A^c = S$)
4. 사상 $A_1, A_2, A_3, \cdots$ 이 $A_i \cap A_j = \varnothing$, $i \neq j$ 을 만족하면 이 사상들은 서로 배반사상들 (mutually exclusive events)이다.

합사상이나 곱사상, 여사상 역시 그 자체가 하나의 사상이기 때문에 그것들을 구성하는 근원사상들의 확률의 합으로서 확률을 계산할 수 있다.

예제 2.2 2개의 동전을 던지는 실험을 생각해 보자. 만약 그 동전들이 균형이 잡혀 있다면, 근원사상과 관련된 사상의 정확한 확률은 다음과 같다.

사상을 다음과 같이 정의할 때,

근원사상	확률
HH	1/4
HT	1/4
TH	1/4
TT	1/4

A : 정확히 1개의 앞면을 관찰하는 경우.

B : 적어도 1개의 앞면을 관찰하는 경우.

A와 B의 확률을 구하여라.

풀이 동전들이 균형이 잡혀 있다고 하였기 때문에, 각 4개의 근원사상들은 같은 확률을 가진다. 즉, 2개의 동전 던지기 실험을 무수히 많이 반복하면, 상대도수가 각 근원사상에 대해 거의 1/4를 가짐을 예상한다.

사상 A는 HT 또는 TH 중의 하나이므로, 그때 사상 A의 확률은 두 근원사상의 확률의 합으로 나타낼 수 있기 때문에

$$\begin{aligned} P(A) &= P(TH) + P(HT) \\ &= 1/4 + 1/4 = 1/2 \end{aligned}$$

사상 B는 근원사상 HT, TH, HH를 포함하므로 세 사건 중의 어느 하나만 일어나도 발생됨을 안다. 따라서 $P(B)$ 역시 각 근원사상의 합으로 나타내면

$$\begin{aligned} P(B) &= P(TH) + P(HT) + P(HH) \\ &= 1/4 + 1/4 + 1/4 = 3/4 \end{aligned}$$

이다.

예제 2.3 주사위 2개를 던져서 나오는 숫자의 합이 4의 배수일 확률을 구하여라.

풀이 주사위 2개를 던졌을 때, 나올 수 있는 근원사상을 (x, y)로 표현하자. 여기서 x는 첫번째 주사위에서 나온 숫자이고 y는 두 번째 주사위에서 나온 숫자라고 하자. 가능한 모든 근원사상을 나타내면 다음과 같다.

$$\begin{aligned} \{&(1,1), (1,2), (1,3), (1,4), (1,5), (1,6), \\ &(2,1), (2,2), (2,3), (2,4), (2,5), (2,6), \\ &(3,1), (3,2), (3,3), (3,4), (3,5), (3,6), \\ &(4,1), (4,2), (4,3), (4,4), (4,5), (4,6), \\ &(5,1), (5,2), (5,3), (5,4), (5,5), (5,6), \\ &(6,1), (6,2), (6,3), (6,4), (6,5), (6,6)\} \end{aligned}$$

이며, 각 근원사상은 같은 확률을 가지기 때문에 각 근원사상의 확률은 1/36이다.

이 중에서 나타난 숫자의 합이 4의 배수가 되는 경우는

$$\{(1,3), (2,2), (2,6), (3,1), (3,5), (4,4), (5,3), (6,2), (6,6)\}$$

이므로, 구하고자 하는 사상을 A라고 한다면

$$\begin{aligned} P(A) = {} & P(1, 3) + P(2, 2) + P(2, 6) + P(3, 1) + P(3, 5) \\ & + P(4, 4) + P(5, 3) + P(6, 2) + P(6, 6) \end{aligned}$$

$$= \frac{1}{36}(9) = \frac{1}{4}$$

이다.

예제 2.4 한 컴퓨터 프로그래머는 수행하여야 하는 5개의 작업 중 3개를 임의로 선택하여 오늘 수행하고자 한다. 각 작업에 요구되는 시간이 서로 다르다고 한다.

(1) 프로그래머가 가장 적은 시간이 요구되는 2개의 작업을 선택할 확률을 구하여라.

(2) 프로그래머가 가장 긴 시간이 요구되는 3개의 작업을 선택할 확률을 구하여라.

풀이 J_1을 가장 짧은 시간이 요구되는 작업이라고 하고, J_2, J_3, J_4를 순서대로 하여 J_5를 가장 긴 시간이 요구되는 작업이라고 표시하자. 5개의 작업 중 임의로 3개 선택된 근원사상을 나열하며 다음과 같다.

단순사상	확률	단순사상	확률
$J_1J_2J_3$	0.1	$J_1J_4J_5$	0.1
$J_1J_2J_4$	0.1	$J_2J_3J_4$	0.1
$J_1J_2J_5$	0.1	$J_2J_3J_5$	0.1
$J_1J_3J_4$	0.1	$J_2J_4J_5$	0.1
$J_1J_3J_5$	0.1	$J_3J_4J_5$	0.1

3개의 작업들을 선택할 확률은 모두 같을 것으로 가정하면, 10개의 근원사상 각각의 확률은 0.1이다. 본 예제에서 사상 A와 B를 다음과 같이 정의하면

A : 프로그래머는 가장 적은 시간이 요구되는 2개의 작업을 선택한다.

B : 프로그래머는 가장 긴 시간이 요구되는 3개의 작업을 선택한다.

각 사상 A와 B의 확률은 다음과 같이 계산된다.

$$P(A) = P(J_1J_2J_3) + P(J_1J_2J_4) + P(J_1J_2J_5)$$
$$= 0.1 + 0.1 + 0.1 = 0.3$$
$$P(B) = P(J_3J_4J_5) = 0.1$$

예제 2.5 한 개의 주사위를 던졌을 때, 다음과 같이 사상을 정의하자.

A: 짝수인 경우

B: 4 이상인 경우

C: 2보다 작은 경우

(1) 확률 $P(A \cap B)$를 구하여라.

(2) 확률 $P(A \cup B \cup C)$를 구하여라.

풀이 (1) A와 B의 곱사상은 주사위가 짝수이면서 4 이상이 발생하는 사상이다. 즉, 주사위에서 짝수인 2, 4, 6 중에서 4 이상인 경우는 4와 6이므로

$$A \cap B = \{4, 6\}$$

이다. 따라서, $A \cap B$의 확률은 각 근원사상들의 확률의 합으로 표현이 되기 때문에

$$P(A \cap B) = P(4) + P(6) = \frac{1}{6} + \frac{1}{6} = \frac{1}{3}$$

이다.

(2) A와 B와 C의 합사상은 A, B, C 중에서 어느 한 사상이라도 일어나는 사상들을 의미하기 때문에, A 사상인 경우 발생하는 근원사상은 2, 4, 6이며, B 사상은 4, 5, 6, 그리고 C 사상은 1이기 때문에 $A \cup B \cup C$는 다음과 같다.

$$A \cup B \cup C = \{1, 2, 4, 5, 6\}$$

$P(A \cup B \cup C)$은 각 근원사상들의 확률의 합이므로

$$\begin{aligned} P(A \cup B \cup C) &= P(1) + P(2) + P(4) + P(5) + P(6) \\ &= \frac{1}{6} + \frac{1}{6} + \frac{1}{6} + \frac{1}{6} + \frac{1}{6} = \frac{5}{6} \end{aligned}$$

이다.

지금까지 논의된 실험에서 근원사상의 확률을 이용하여 특정 사상의 확률을 구하는 것은 쉬웠다. 하지만 좀 더 복잡한 실험에서 주어진 사상에 대한 확률을 구하는 것이 경우에 따라서는 쉽지 않을 수도 있다. 따라서 위의 근원사상에 대한 확률의 성질들을 모두 포함하는 일반적인 확률에 대해 다음과 같이 정의한다.

확률의 정의

표본공간 S와 그의 부분집합들로 이루어진 사상에서 정의된 실수값 함수 P가 다음의 세 가지 성질을 만족하면 확률이라고 한다.

1. 임의의 사상 A에 대하여 $0 \le P(A) \le 1$
2. $P(S) = 1$
3. $A_1, A_2, A_3, \cdots$가 표본공간 S의 부분집합이며 $A_i \cap A_j = \phi$, $i \ne j$일 때 (즉, 서로 배반사상인 경우),

$$P\left(\bigcup_{i=1}^{\infty} A_i\right) = \sum_{i=1}^{\infty} P(A_i) = P(A_1) + P(A_2) + \cdots$$

앞에서 소개된 근원사상의 확률에 대한 법칙도 위 확률의 정의를 만족함을 알 수 있다. 즉, 모든 근원사상은 표본공간 S의 부분집합이고 각각을 사상이라고 한다면, 각 근원사상의 확률은 확률의 정의 중 첫 번째 조건을 만족한다. 또한, 각 근원사상들은 서로 배반사상이므로 모든 근원사상의 합은 확률의 세 번째 조건에 의해

$$\sum_{i=1}^{k} P(E_i) = P(\bigcup_{i=1}^{k} E_i)$$

으로 나타낼 수 있으며, 모든 근원사상의 합사상은 표본공간 S가 되기 때문에, 확률의 두 번째 조건에 의해 $P(\bigcup_{i=1}^{k} E_i) = P(S) = 1$을 만족한다. 따라서 근원사상의 확률에 대한 두 번째 법칙 역시 일반적 확률의 정의에 의해 표현할 수 있음을 알 수 있다.

정리 2.1

확률의 성질

1. A의 여사상 A^c의 확률은 다음과 같다.

$$P(A^c) = 1 - P(A)$$

2. $P(\phi) = 0$
3. $A \subset B$이면 $P(A) \leq P(B)$

증명 1. A의 여사상은 표본공간에서 사상 A에 속하지 않는 모든 근원사상들로 구성된 사상이므로, A와 A^c은 서로 배반사상이며 $S = A \cup A^c$이다. 따라서 확률의 세 번째 조건을 이용하여

$$P(S) = P(A \cup A^c) = P(A) + P(A^c)$$

이고, 확률의 두 번째 조건인 $P(S) = 1$을 이용하여, $P(A^c) = 1 - P(A)$임을 알 수 있다.

2. 위 1번의 성질에서 $A = S$이라고 한다면 A^c는 ϕ이 되기 때문에, 확률의 두 번째 성질을 이용하여

$$P(\phi) = 1 - P(S) = 1 - 1 = 0$$

임을 알 수 있다.

3. $A \subset B$이면, 두 사상의 관계를 아래의 벤 다이어그램으로 표현할 수 있다.

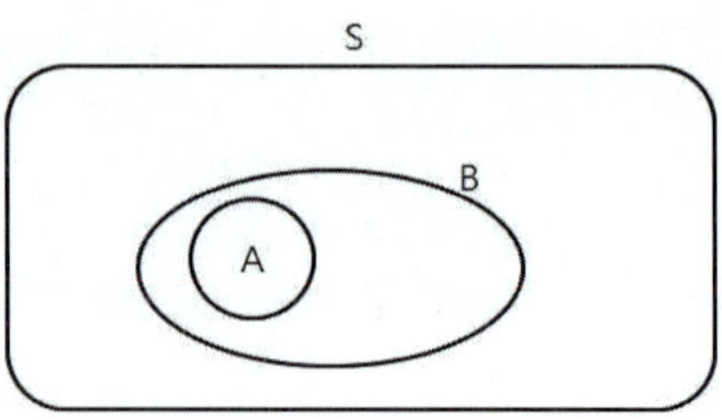

또한, 사상 B는 A와 $B - A = B \cap A^c$의 합사상으로 표현 가능하다. 즉,

$$B = A \cup (B \cap A^c)$$

이고, 두 사상 A와 $(B \cap A^c)$는 서로 배반사상이므로 확률의 세 번째 조건을 이용하면

$$P(B) = P(A \cup (B \cap A^c)) = P(A) + P(B \cap A^c)$$

이다. 확률의 첫 번째 조건에 의해 항상 $0 \le P(B \cap A^c) \le 1$이므로

$$P(B) = P(A) + P(B \cap A^c) \ge P(A)$$

을 만족한다.

예제 2.6 3개의 동전을 던지는 실험을 생각해 보자. 적어도 한 개의 앞면이 나오는 사상의 확률을 구하여라.

풀이 사상 A를 적어도 한 개의 앞면이 나오는 경우라고 정의하면 사상 A의 여사상은 3개의 동전 모두에서 뒷면이 나오는 경우이다. 즉, 사상 A의 확률은 사상 A의 여사상을 이용하면 쉽게 구해질 수 있다. 동전의 앞면을 H, 뒷면을 T라고 한다면 $A^c = \{TTT\}$이고

$$P(A^c) = \frac{1}{8}$$

이므로, 확률의 성질을 이용하여

$$P(A) = 1 - P(A^c) = 1 - \frac{1}{8} = \frac{7}{8}$$

이다.

확률의 덧셈법칙(additive rule of probability)

사상 A와 B의 합사상의 확률은 사상 A와 B의 확률을 합해서 사상 A와 B의 곱사상의 확률을 빼주면 된다. 즉,

$$P(A \cup B) = P(A) + P(B) - P(A \cap B)$$

확률의 덧셈법칙은 [그림 2.3]의 벤 다이어그램을 통해 보다 쉽게 이해할 수 있다.

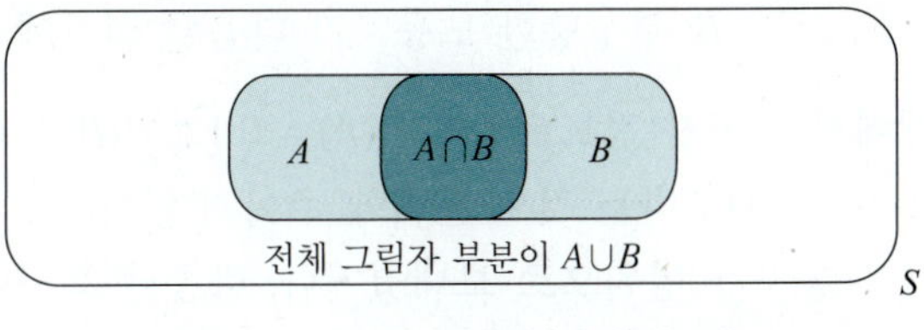

그림 2.3 합사상의 벤 다이어그램

또한 확률의 덧셈법칙을 통해 곱사상의 확률도 다음과 같이 손쉽게 구할 수 있다.

$$P(A\cap B) = P(A) + P(B) - P(A\cup B)$$

만약 사상 A와 B가 서로 배반사상이면 $A\cap B = \phi$이므로,

$$P(A\cap B) = P(\phi) = 0$$

이기 때문에, 사상 A와 B의 합사상의 확률은 다음과 같이 정리할 수 있으며 [그림 2.4]의 벤 다이어그램을 통해 두 배반사상의 관계를 쉽게 표현할 수 있다.

서로 배반사상에서의 덧셈법칙 (additive rule for mutually exclusive events)

사상 A와 B가 서로 배반사상이면, A와 B의 합사상의 확률은 사상 A와 B의 확률을 더한 것과 같다.

$$P(A\cup B) = P(A) + P(B)$$

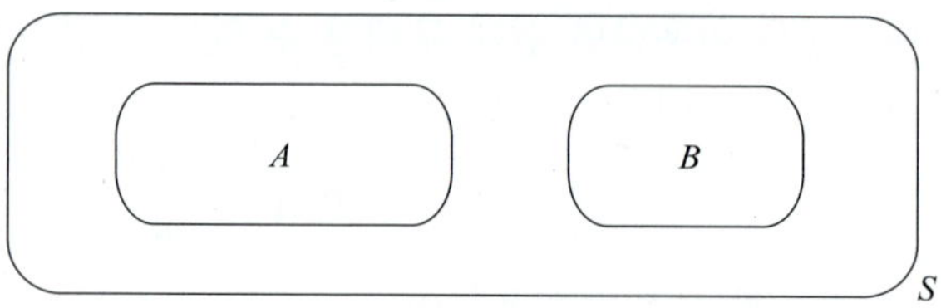

그림 2.4 배반사상의 벤 다이어그램

예제 2.7 한 건설회사에서 사고가 발생하였을 때 부상당한 노동자의 12%가 치료를 받기 위해 병원으로 보내지고, 부상당한 노동자의 16%는 경미한 부상으로 다음날 회사에 복귀한다. 또한 부상당한 노동자 중 2%는 병원에서 치료를 받고 다음날 회사로 복귀한다. 만약 한 노동자가 부상을 당했다면, 그 노동자가 병원으로 보내졌거나, 다음날 회사에 나오거나, 또는 둘 다 일어났을 확률을 구하여라.

풀이 사상 A와 B를 다음과 같이 정하자.

A: 부상당한 노동자가 치료를 위해 병원으로 보내지는 경우.
B: 부상당한 노동자가 다음날 회사에 복귀하는 경우.

문제에서 주어진 정보로부터 $P(A) = 0.12$, $P(B) = 0.16$이라는 것을 안다. 그리고, $P(A\cap B) = 0.02$라는 것도 문제에 주어져 있다.

그 노동자가 병원으로 보내졌거나, 다음날 회사에 나오거나, 또는 둘 다 일어났을 확률인 합사상 $A\cup B$는 확률의 덧셈법칙으로 구할 수 있다.

$$P(A \cup B) = P(A) + P(B) - P(A \cap B)$$
$$= 0.12 + 0.16 - 0.02 = 0.26$$

그러므로 그 노동자가 병원으로 보내졌거나, 다음날 회사에 나오거나, 또는 둘 다 일어났을 확률인 합사상 $A \cup B$의 확률은 26%이다. ●

예제 2.8 한 시스템에는 두 종류의 결함을 가질 수 있다고 한다. $A_i (i = 1, 2)$는 그 시스템이 i의 결함이 있는 사상이라고 하며 각 결함이 발생할 확률은 $P(A_1) = 0.03$과 $P(A_2) = 0.10$이라고 하자.

(1) 두 결함이 모두 발생할 확률이 0.01이라면 A_1이나 A_2 결함을 갖는 사상의 확률을 구하여라.

(2) 두 결함이 모두 발생할 가능성이 없다면 A_1이나 A_2 결함을 갖는 사상의 확률을 구하여라.

풀이 (1) 두 결함이 모두 발생할 확률이 0.01이므로 $P(A_1 \cap A_2) = 0.01$이다. 따라서 확률의 덧셈법칙을 이용하여

$$P(A_1 \cup A_2) = P(A_1) + P(A_2) - P(A_1 \cap A_2)$$
$$= 0.03 + 0.10 - 0.01 = 0.12$$

이다. 즉, A_1이나 A_2 결함을 갖는 사상의 확률은 0.12이다.

(2) 두 결함이 모두 발생할 가능성이 없다면 두 사상 A_1와 A_2가 배반사상이므로

$$P(A_1 \cup A_2) = P(A_1) + P(A_2)$$
$$= 0.03 + 0.10 = 0.13$$

이므로 A_1이나 A_2 결함을 갖는 사상의 확률은 0.13이다. ●

예제 2.9 광고회사의 직원채용 공고에 10명의 지원자 중에서 6명의 남자 지원자, 4명의 여자 지원자가 있다. 또 10명 지원자 중 3명이 관련 분야의 인턴 경험이 있는 사람들이었다. 또한 지원자 중 여성 지원자이거나 인턴 경험이 있는 사람은 5명이었다. 만약 한 명을 채용하는데 인턴 경험이 있는 여성이 채용될 확률을 구하여라.

풀이 사상 A와 B를 다음과 같이 정의하자.

A: 여성 지원자가 채용될 경우

B: 인턴 경험이 있는 지원자가 채용될 경우

문제에서 $P(A) = 0.4$이고 $P(B) = 0.3$임을 손쉽게 알 수 있다. 또한 여성 지원자

이거나 인턴 경험이 있는 사람이 10명의 지원자 중 5명이기 때문에 $P(A \cup B) = 0.5$이다. 즉, 인턴 경험이 있는 여성이 채용될 확률은

$$\begin{aligned} P(A \cap B) &= P(A) + P(B) - P(A \cup B) \\ &= 0.4 + 0.3 - 0.5 = 0.2 \end{aligned}$$

이다.

2.3 조건부확률과 독립

지금까지 거론된 사상의 확률은 그 실험이 무수히 많이 시행될 때 사건발생의 상대도수를 나타낸다. 이것은 **비조건부확률(unconditional probability)** 이다. 왜냐하면, 그 실험을 정의하는 것 외의 특별한 조건이 없기 때문이다.

때때로, 결과에 영향을 미칠 수도 있는 어떤 추가 지식을 가지고 있을 때, 그 사상의 확률계산을 변경하고 싶어할지 모른다. 이 변경된 확률을 그 사상의 **조건부확률(conditional probability)** 이라고 한다. 예를 들면, 한 개의 주사위를 한 번 던져서 나온 눈의 수가 짝수(사상 A)일 확률은 1/2이다. 만약 특별한 방법에 의해 그 주사위를 던지면 결과가 3 이하의 눈(사상 B)이 나오는 정보가 주어졌다고 하자. 여전히 그 주사위를 던져서 나온 눈의 수가 짝수일 확률이 1/2이라고 생각하는가? 만약 사상 B가 발생해왔다는 가설이 표본공간의 크기를 6개의 근원사상에서 3개의 근원사상으로 줄게 한다고 판단되었다면, 줄어든 표본공간을 [그림 2.5]에서 볼 수 있다.

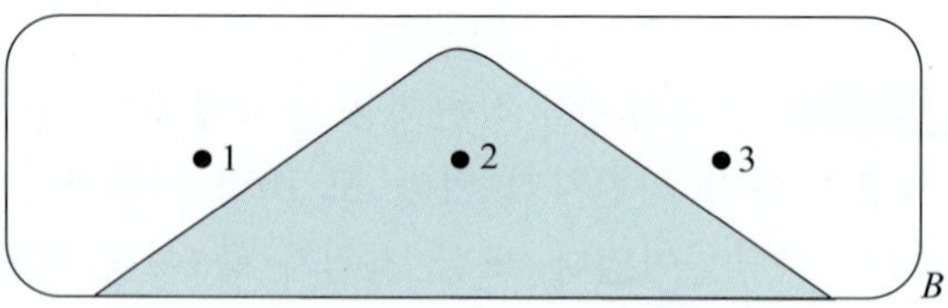

그림 2.5 동전을 던지는 실험에서 사상 B가 발생했다는 전제하에 줄어든 표본공간

줄어든 사상 B의 표본공간에서 세 개의 수 중 짝수는 오로지 2 하나이고, 확률이 같은 주사위이기 때문에 사상 B가 일어난다는 전제하에 사상 A가 일어날 확률은 1/3이다. 사상 B가 일어난다는 전제하에 사상 A가 일어날 확률을 기호로 $P(A \mid B)$로 표시한다. 따라서 주사위를 던지는 위 실험에서 $P(A \mid B) = 1/3$이다.

사상 B가 일어난다는 전제하에 사상 A가 일어날 확률을 구하기 위해서, 줄어든

사상 B의 표본공간에 속하는 A의 부분 확률인 $P(A \cap B)$를 줄어든 표본공간의 확률 $P(B)$로 나눈다. 그러므로 사상 A와 사상 B가 일어나는 주사위를 던지는 실험의 예에서 다음과 같음을 알 수 있다.

$$P(A \mid B) = \frac{P(A \cap B)}{P(B)} = \frac{P(2)}{P(1) + P(2) + P(3)} = \frac{\frac{1}{6}}{\frac{3}{6}} = \frac{1}{3}$$

조건부확률 공식

사상 B가 일어난다는 전제하에 사상 A가 일어날 확률을 구하기 위하여 사상 A와 B 모두 일어나는 확률을 사상 B가 일어나는 확률로 나눈다. 즉,

$$P(A \mid B) = \frac{P(A \cap B)}{P(B)}, \quad P(B) \neq 0$$

예제 2.10 노트북을 생산하는 한 회사는 기본 모델과 고급 모델 두 종류를 생산한다. 지난해에 팔린 노트북의 40%는 기본 모델이었고, 이 모델을 산 사람의 30%가 보증기간 연장을 신청했다. 반면에 고급 모델을 구입한 고객의 40%가 보증기간 연장을 신청했다. 만약 임의로 선택된 구매자가 보증기간 연장을 신청했다면, 그 구매자가 기본 모델을 샀을 확률을 구하여라.

풀이 우선, 아래와 같이 사상 A와 B를 정의하자.

A: 기본 모델을 구매하는 경우
B: 보증기간을 연장하는 경우

위 정의에 의해 A^c는 고급 모델을 구입하는 경우가 된다. 기본 모델과 고급 모델을 구매할 확률은 각각 $P(A) = 0.4$와 $P(A^c) = 0.6$이다. 기본 모델을 구매한 사람 중에서 보증기간을 연장한 경우가 30%이기 때문에, 조건부확률의 정의를 이용하여 $P(B \mid A) = 0.3$이다. 마찬가지로 고급 모델을 구매한 사람 중에서 보증기간을 연장한 경우가 40%이므로, $P(B \mid A^c) = 0.4$이다. 두 조건부확률값과 정의를 이용하면

$$P(B \mid A) = \frac{P(A \cap B)}{P(A)} = \frac{P(A \cap B)}{0.4} = 0.3$$

$$P(B \mid A^c) = \frac{P(A^c \cap B)}{P(A^c)} = \frac{P(A^c \cap B)}{0.6} = 0.4$$

이므로, $P(A \cap B) = 0.12$와 $P(A^c \cap B) = 0.24$이다. 이를 통해 보증기간을 연장할

확률은 각 근원사상들의 합과 같기 때문에,

$$P(B) = P(A \cap B) + P(A^c \cap B) = 0.12 + 0.24 = 0.36$$

이며, 임의로 선택된 구매자가 보증기간 연장신청을 했다면 그 구매자가 기본 모델을 샀을 확률은

$$P(A \mid B) = \frac{P(A \cap B)}{P(B)} = \frac{0.12}{0.36} = \frac{1}{3}$$

이다. 따라서, 보증기간 연장을 한 사람들 중에서는 1/3이 기본 모델 구매자이며, 나머지 2/3는 고급 모델 구매자임을 알 수 있다. ●

예제 2.11 가전제품을 생산하는 회사에서 판매된 제품에 대한 소비자 불만에 대한 조사를 실시하였다. 이때 소비자 불만이 제품 구매 후 1년 이내인지 그 이후에 발생하였는지에 대하여, 3가지 항목에 대한 불만도를 [표 2.1]에서와 같이 알게 되었다. 만약 제품 구매 후 1년 초과한 후 불만이 발생한 소비자를 임의로 선택하였을 때, 불만의 원인이 기계적 결함일 확률은 얼마일까?

표 2.1 소비자 불만에 관한 조사

	불만사항			합계
	외형	기계적 결함	AS 불만	
구매 후 1년 이내	18 %	10 %	20 %	48 %
구매 후 1년 초과	12 %	25 %	15 %	52 %
합계	30 %	35 %	35 %	100 %

풀이 사상 I를 제품 구매 후 1년 이내 불만이 발생한 사상이라고 한다면, I^c는 제품 구매 후 1년 초과하여 불만이 발생한 사상이 된다. 그리고 사상 A는 외형에 의한 불만인 경우라고 하고, B는 기계적 결함이 의한 불만사항인 경우, C는 AS에 대한 불만사항이라고 하자.

[표 2.1]을 보면, 구매 후 1년 이내 불만이 발생할 확률은 $P(I) = (0.18 + 0.10 + 0.20) = 0.48$이므로, $P(I^c) = 0.52$이다. 따라서 1년 초과한 후 불만이 발생한 소비자를 임의로 선택한다는 가정하에서 기계적 결함 때문에 불만이 생길 확률은

$$P(B \mid I^c) = \frac{P(B \cap I^c)}{P(I^c)} = \frac{0.25}{0.52} = 0.48$$

이다.

마찬가지로 구매 후 1년 초과한 시점에 발생한 불만이 외형과 AS 불만일 확률이

$$P(A \mid I^c) = \frac{P(A \cap I^c)}{P(I^c)} = \frac{0.12}{0.52} = 0.23$$

$$P(C \mid I^c) = \frac{P(C \cap I^c)}{P(I^c)} = \frac{0.15}{0.52} = 0.29$$

이므로, 제품 구매 후 1년이 지난 후 소비자의 가장 큰 불만은 기계적 결함에 의한 불만인 것으로 알 수 있다. ●

조건부확률의 공식에서 만약 $P(A) > 0$ 이고 $P(B) > 0$ 이면,

$$P(A \mid B) = \frac{P(A \cap B)}{P(B)} \text{ 이면서 } P(B \mid A) = \frac{P(A \cap B)}{P(A)}$$

을 만족한다. 이 식에서 양변에 각각 $P(B)$와 $P(A)$를 곱하면,

$$P(A \cap B) = P(A \mid B)P(B) \text{ 과 } P(A \cap B) = P(B \mid A)P(A)$$

이 된다. 즉, 두 사상 A와 B의 곱사상을 조건부확률을 이용하여 계산할 수 있다. 이를 확률의 곱셈법칙이라고 하며 다음과 같이 정리할 수 있다.

확률의 곱셈법칙(mutiplicative rule of probability)

$$P(A \cap B) = P(A \mid B)P(B) = P(B \mid A)P(A), \quad P(A) > 0,\ P(B) > 0$$

일반적으로 사상 $A_1, A_2, \cdots, A_k$에 대하여 $P(A_1 \cap A_2 \cap \cdots \cap A_{k-1}) > 0$ 인 경우,

$$P(A_1 \cap A_2 \cap \cdots \cap A_k) = P(A_1)P(A_2 \mid A_1)P(A_3 \mid A_1 \cap A_2) \cdots P(A_k \mid A_1 \cap \cdots \cap A_{k-1})$$

이 성립한다.

예제 2.12 52장짜리 카드 한 벌에서, 비복원추출로 3장의 카드를 연속적으로 뽑을 때, 처음 카드는 붉은색 에이스, 두 번째 카드는 10 또는 잭, 세 번째 카드는 3보다 크고 7보다 작은 카드일 확률을 구하여라.

풀이 먼저 사상 A_1, A_2, A_3를 다음과 같이 정의하자.

A_1: 첫 번째 뽑은 카드가 붉은색 에이스일 사상

A_2: 두 번째 뽑은 카드가 10 또는 잭일 사상

A_3: 세 번째 뽑은 카드가 3보다는 크고 7보다는 작을 사상

그러면,

$$P(A_1) = \frac{2}{52},$$

$$P(A_2 \mid A_1) = \frac{8}{51},$$

$$P(A_3 \mid A_1 \cap A_2) = \frac{12}{50}$$

이다. 따라서 확률의 곱셈법칙에 의하여

$$\begin{aligned} P(A_1 \cap A_2 \cap A_3) &= P(A_1)P(A_2 \mid A_1)P(A_3 \cap A_1 \cap A_2) \\ &= \left(\frac{2}{52}\right)\left(\frac{8}{51}\right)\left(\frac{12}{50}\right) \\ &= \frac{8}{5525}. \end{aligned}$$

예제 2.13 어느 주유소에서 고객의 40%가 보통의 휘발유(A_1)를 주입하고, 30%가 상급의 휘발유(A_2)를 주입하며, 30%가 최상급의 휘발유(A_3)를 주입한다. 보통의 휘발유를 주입하는 고객들 중 30%만이 연료를 가득 채우고(사건 B), 상급의 휘발유를 주입하는 고객들 중 60%가 연료를 가득 채우며, 최상급의 휘발유를 주입하는 고객들 중 50%가 연료를 가득 채운다고 하자.

(1) 다음 고객이 상급의 휘발유를 주입하고, 연료를 가득 채울 확률을 구하여라.
(2) 다음 고객이 연료를 가득 채울 확률을 구하여라.
(3) 만약 다음 고객이 연료를 가득 채운다면, 보통의 휘발유가 주입되었을 확률, 상급의 휘발유가 주입되었을 확률, 최상급의 휘발유가 주입되었을 확률을 각각 구하여라.

풀이 (1) 3개의 서로 다른 휘발유를 주입할 확률은

$$P(A_1) = 0.40, \quad P(A_2) = 0.30, \quad P(A_3) = 0.30$$

이며, 각 휘발유 종류에 따라 연료를 가득 채울 확률은 조건부확률의 정의를 이용하여

$$P(B \mid A_1) = 0.30, \quad P(B \mid A_2) = 0.60, \quad P(B \mid A_3) = 0.50$$

이다.

따라서 상급의 휘발유를 주입하고 연료를 가득 채울 확률은 확률의 곱셈법칙을 활용하여

$$P(A_2 \cap B) = P(A_2)P(B \mid A_2) = 0.3 \times 0.6 = 0.18$$

이다.

(2) 연료를 가득 채울 확률은 각 휘발유 종류에 따라 연료를 가득 채울 확률의 합, 즉 각 근원사상의 합으로 표현할 수 있다. 즉,

$$P(B) = P(A_1 \cap B) + P(A_2 \cap B) + P(A_3 \cap B)$$

이다. (1)의 결과에서 $P(A_2 \cap B) = 0.18$ 이고, 같은 방법으로 $P(A_1 \cap B)$와 $P(A_3 \cap B)$를 구하면

$$P(A_1 \cap B) = P(A_1)P(B \mid A_1) = 0.40 \times 0.30 = 0.12$$
$$P(A_3 \cap B) = P(A_3)P(B \mid A_3) = 0.30 \times 0.50 = 0.15$$

이다. 따라서 연료를 가득 채울 확률은

$$\begin{aligned} P(B) &= P(A_1 \cap B) + P(A_2 \cap B) + P(A_3 \cap B) \\ &= 0.12 + 0.18 + 0.15 = 0.45 \end{aligned}$$

이다.

(3) 다음 고객이 연료를 가득 채운다면, 이때 채워진 연료가 보통 휘발유인 경우의 확률은

$$P(A_1 \mid B) = \frac{P(A_1 \cap B)}{P(B)} = \frac{0.12}{0.45} = 0.267$$

이다. 같은 방법으로, 다음의 확률을 계산할 수 있다.

$$P(A_2 \mid B) = \frac{P(A_2 \cap B)}{P(B)} = \frac{0.18}{0.45} = 0.40$$

$$P(A_3 \mid B) = \frac{P(A_3 \cap B)}{P(B)} = \frac{0.15}{0.45} = 0.333$$

즉, 고객이 연료를 가득 채운다면 이때 보통의 휘발유가 주입되었을 가능성은 26.7 %, 상급의 휘발유가 주입되었을 가능성은 40 %, 최상급의 휘발유가 주입되었을 가능성은 33.3 %임을 알 수 있다. ●

예제 2.14 근원사상이 나올 확률이 동일한 한 개의 동전을 두 번 던져서, 나오는 면을 기록하는 실험을 생각해 보자. 다음과 같이 사상을 정의한다.

A : 첫 번째 던진 동전이 앞면이 나올 경우
B : 두 번째 던진 동전이 앞면이 나올 경우

사상 A가 발생하는 것은 사상 B의 확률에 영향을 미치는가?

풀이 직관적으로, 그 대답은 "아니오"이다. 왜냐하면, 첫 번째 던져서 나온 결과

는 어느 형태이든 두 번째 던져서 나온 결과에 영향을 미칠 수 없기 때문이다. 이것을 식으로 확인해 보자.

이 실험의 표본공간을 나열해 보자.

1. HH 2. HT 3. TH 4. TT

이 근원사상들 각각의 확률은 1/4이다. 그러므로

$$P(A) = P(HT) + P(HH) = \frac{1}{4} + \frac{1}{4} = \frac{1}{2}$$

$$P(B) = P(HH) + P(TH) = \frac{1}{4} + \frac{1}{4} = \frac{1}{2}$$

이다.

그러면 $P(B \mid A)$는 무엇일까?

$$P(B \mid A) = \frac{P(A \cap B)}{P(A)} = \frac{P(HH)}{P(A)}$$

$$= \frac{\frac{1}{4}}{\frac{1}{2}} = \frac{1}{2}.$$

$P(B) = 1/2$이고 $P(B \mid A) = 1/2$이라는 것을 알았다. 첫 번째 동전을 던져서 앞면이 나오는 결과는 두 번째 동전을 던져서 앞면이 나오는 결과에 아무런 영향을 미치지 않는다. 첫 번째의 결과가 어떻든 그 확률은 1/2이다. 이런 두 사상 A와 B를 **독립(independence)**이라고 한다.

독립사상

만약 사상 B의 발생이 사상 A의 발생 확률에 영향을 미치지 않는다면, 즉 $P(A \mid B) = P(A)$이 성립한다면 사상 A와 B는 독립(independence)이다. 사상 A와 B가 독립이면 $P(B \mid A) = P(B)$이 성립한다. 그렇지 않으면, A와 B는 종속(dependence)이다.

예제 2.15 근원사상이 나올 확률이 동일한 한 개의 주사위를 던지는 실험을 생각해 보자. 다음과 같이 사상 A와 B를 정의한다.

A : 주사위의 눈이 짝수인 경우

B : 주사위의 눈이 4 이하인 경우

사상 A와 B는 독립인가?

풀이 이 실험에 대한 벤 다이어그램을 [그림 2.6]에 나타냈다. 먼저 다음과 같이 계산할 수 있다.

$$P(A) = P(2) + P(4) + P(6) = \frac{1}{2}$$
$$P(B) = P(1) + P(2) + P(3) + P(4) = \frac{4}{6} = \frac{2}{3}$$
$$P(A \cap B) = P(2) + P(4) = \frac{2}{6} = \frac{1}{3}$$

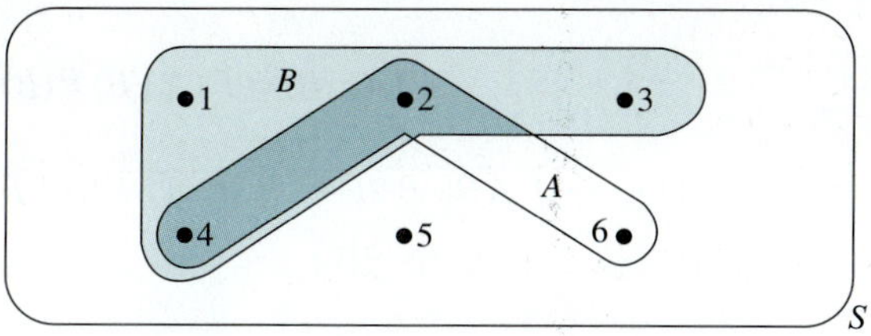

그림 2.6 예제 2.15의 벤 다이어그램

사상 B가 발생했다는 전제하에 A가 일어날 조건부확률은

$$P(A \mid B) = \frac{P(A \cap B)}{P(B)} = \frac{\frac{1}{3}}{\frac{2}{3}} = \frac{1}{2} = P(A)$$

이다.

사상 B의 발생은 짝수의 눈을 관찰하는 데 아무런 영향을 주지 않는다. 그러므로 사상 A와 B는 독립이다. 만약 A가 일어났다는 전제하에 B가 일어날 조건부확률을 구해 보면 다음과 같은 결과를 얻는다.

$$P(B \mid A) = \frac{P(A \cap B)}{P(B)} = \frac{\frac{1}{3}}{\frac{1}{2}} = \frac{2}{3} = P(B).$$

예제 2.16 [예제 2.13]에서 고객이 상급의 휘발유를 주유하는 사상인 A_2와 고객이 연료를 가득 채울 사상인 B가 독립인가?

풀이 만약 $P(A_2 \mid B) = P(A_2)$라면, 사상 A_2와 B는 독립이다. 예제 2.13에서 계산한 바에 의하면, $P(A_2) = 0.3$이고 $P(A_2 \mid B) = 0.4$이므로, $P(A_2 \mid B)$와 $P(A_2)$는 같지 않다. 따라서 사상 A_2와 B는 서로 독립사상이 아니다.

독립에 관한 세 가지의 중요한 요지를 정리할 수 있다. 우선, 두 사상이 독립일 성질은 배반인 성질과는 다르게 벤 다이어그램을 보고 직관적으로 알 수 없다. 일반적으로, 독립을 확인하는 유일한 방법은 독립사상의 성질을 만족하는지를 계산해 보는 것이다.

두 번째 요지는 서로 배반인 사상과 독립인 사상의 성질 사이의 관계이다. 만약 사상 A와 B가 서로 배반사상이라고 하자. 이때 두 사상은 독립인가, 아니면 종속인가? 즉, 사상 B가 발생했다는 가정이 사상 A의 확률에 영향을 미치는가? 당연히 그렇다. 왜냐하면, 사상 B가 발생한다는 가정을 하면 동시에 사상 A가 발생할 수 없기 때문이다. 그러므로 서로 배반사상은 종속이다.

세 번째 요지는 독립사상의 곱사상의 확률은 쉽게 계산할 수 있다. 곱사상의 확률을 계산하는 식을 보면, 우리는

$$P(A \cap B) = P(A \mid B)P(B)$$

이라는 것을 안다. 사상 A와 B가 독립일 때, $P(A \mid B) = P(A)$이기 때문에 다음과 같이 유용한 법칙을 도출할 수 있다.

독립사상에서의 곱셈법칙 (multiplicative rule for independent events)

만약 사상 A와 B가 독립이면, A와 B의 곱사상의 확률은 A와 B의 확률의 곱이다. 즉,

$$P(A \cap B) = P(A)P(B)$$

일반적으로, 사상 $A_1, \cdots A_n$가 서로 독립이면 $P(A_1 \cap A_2 \cap \cdots \cap A_n) = P(A_1)P(A_2) \cdots P(A_n)$이 성립한다.

예제 2.17 어떤 인구집단에서 혈액형의 비율이 다음과 같다.

혈액형	A	B	AB	O
비율	0.42	0.10	0.04	0.44

무작위로 추출된 두 명의 혈액형이 서로 독립이라고 가정하자.
(1) 두 혈액형이 모두 O형일 확률을 구하여라.
(2) 두 명의 혈액형이 같을 확률을 구하여라.

풀이 (1) 사상 O를 한 명을 추출하였을 때 혈액형이 O형인 경우라고 하자. 두 명의 혈액형이 서로 독립이기 때문에 혈액형이 모두 O형일 확률은 독립사상의 곱셈법칙을 이용하여 구할 수 있다.

$$P(O \cap O) = P(O)P(O) = (0.44)(0.44) = 0.1936$$

이므로, 두 혈액형이 모두 O형일 확률은 0.1936이다.

(2) 두 명의 혈액형이 같은 경우는 모두 A형이거나, 모두 B형, 모두 AB형, 혹은 모두 O형인 경우이다. (1)의 결과처럼, 같은 혈액형일 확률은 독립사상의 곱셈 법칙을 통해 아래와 같이 구할 수 있다.

$$P(A \cap A) = P(A)P(A) = (0.42)(0.42) = 0.1764$$
$$P(B \cap B) = P(B)P(B) = (0.10)(0.10) = 0.0100$$
$$P(AB \cap AB) = P(AB)P(AB) = (0.04)(0.04) = 0.0016$$

두 명의 혈액형이 같은 사상인 경우를 E라고 하고, E의 확률은 각각의 동일 혈액형이 나올 사상의 합으로 표현이 가능하기 때문에

$$\begin{aligned} P(E) &= P(A \cap A) + P(B \cap B) + P(AB \cap AB) + P(O \cap O) \\ &= 0.1764 + 0.0100 + 0.0016 + 0.1936 \\ &= 0.3816 \end{aligned}$$

이다. 따라서 두 명의 혈액형이 같을 확률은 0.3816이다. ●

예제 2.18 한 보일러는 네 개의 동일한 형태의 밸브를 가지고 있다. 어떤 밸브가 요구에 의해 열릴 확률은 0.85이다. 밸브들의 개폐는 독립적이라고 하자.
(1) 적어도 한 밸브가 열릴 확률을 구하여라.
(2) 적어도 한 밸브가 닫힐 확률을 구하여라.

풀이 (1) 적어도 한 밸브가 열릴 확률은 여사상인 모든 밸브가 닫히는 경우의 확률을 이용하여

$$P(\text{적어도 한 밸브가 열린다}) = 1 - P(\text{모든 밸브가 닫힌다})$$

이다.

i번째 밸브가 닫힐 사상을 $A_i (i = 1, 2, 3, 4)$라고 하며 각 밸브가 닫힐 확률은

$$P(A_i) = 1 - 0.85 = 0.15$$

이다. 밸브들의 개폐는 서로 독립이기 때문에 네 개의 모든 밸브가 닫힐 확률은

$$\begin{aligned} P(A_1 \cap A_2 \cap A_3 \cap A_4) &= P(A_1)P(A_2)\cdots P(A_4) \\ &= (0.15)(0.15)\cdots(0.15) \\ &= 0.15^4 = 0.0005 \end{aligned}$$

이다. 따라서, 적어도 한 밸브가 열릴 확률은

$$P(\text{적어도 한 밸브가 열린다}) = 1 - 0.0005 = 0.9995.$$

(2) 적어도 한 밸브가 닫힐 확률은 모든 밸브가 열릴 확률을 이용하여

$$P(\text{적어도 한 밸브가 닫힌다}) = 1 - P(\text{모든 밸브가 열린다})$$

이다. 따라서 모든 밸브가 열릴 확률은

$$\begin{aligned} P(A_1^c \cap A_2^c \cap A_3^c \cap A_4^c) &= P(A_1^c)P(A_2^c)P(A_3^c)P(A_4^c) \\ &= (0.85)(0.85)(0.85)(0.85) \\ &= 0.85^4 = 0.522 \end{aligned}$$

이기 때문에 적어도 한 밸브가 닫힐 확률은

$$P(\text{적어도 한 밸브가 닫힌다}) = 1 - 0.522 = 0.478$$

이다.

2.4 베이즈 법칙

추론을 하는 데 확률을 사용한 초기의 시도는 베이지안 통계방법(Bayesian statistical method)으로 알려진 통계방법에 근거를 둔다. 이는 영국 철학가 Thomas Bayes(1702~1761)에 의해 제안된 베이즈 법칙(Bayes' Rule)을 활용한다.

예제 2.19 시골의 어떤 지역에서 과거의 경험으로부터 암에 걸린 성인을 선택할 확률은 0.02임을 알고 있다. 어떤 사람이 암에 걸렸을 때, 암환자로 옳게 진단할 확률은 0.78이고, 암에 걸리지 않았는데 암으로 진단할 확률은 0.06이다. 어떤 사람이 암에 걸린 것으로 진단 받을 확률은 얼마인가? 그리고 암에 걸린 것으로 진단을 받은 사람이 실제로 암을 가지고 있을 확률은 얼마인가?

풀이 암에 걸린 환자를 선택하는 사상을 C라고 하자. 암환자로 진단하는 사상을 T라고 하자.

$P(C) = 0.02$ $\qquad P(C^c) = 0.98$

$P(T|C) = 0.78$ $\qquad P(T|C^c) = 0.06$

여기서 암환자로 판병되는 사건의 확률은 $P(T \cap C)$와 $P(T \cap C^c)$의 합사상이다. 그러므로

$$\begin{aligned} P(T) &= P(T \cap C) + P(T \cap C^c) \\ &= P(C)P(T|C) + P(C^c)P(T|C^c) \end{aligned}$$

$$= (0.02)(0.78) + (0.98)(0.06)$$
$$= 0.0156 + 0.0588 = 0.0744$$

이다.

조건부확률 공식을 이용하여 다음을 얻을 수 있다.

$$P(C \mid T) = \frac{P(C \cap T)}{P(T)}$$
$$= \frac{P(C \cap T)}{P(T \cap C) + P(T \cap C^c)}$$
$$= \frac{0.0156}{0.0744} = 0.2097$$

[예제 2.19]에서 이용한 방법은 사상 E가 일어났다는 전제하에서 서로 배반적이며 표본공간을 이루는 사상 $A_1, A_2, \cdots, A_k$ 중 오직 하나가 일어나는 경우에 적용된다. 즉, 이 관계를 벤 다이어그램으로 그리면 [그림 2.7]이다.

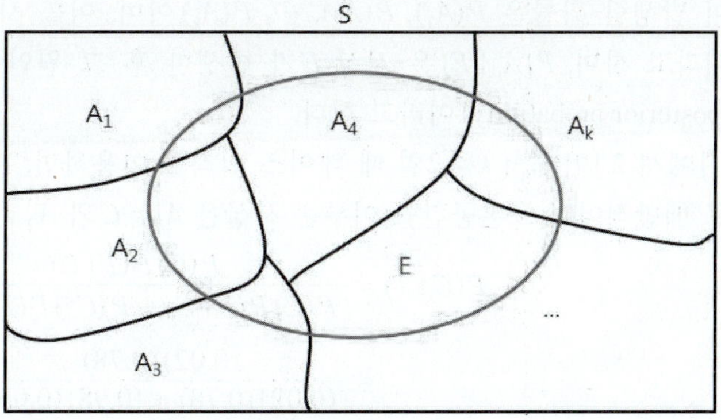

그림 2.7 표본공간 S를 이루는 사상 $A_1, A_2, \cdots, A_k$와 사상 E의 관계

[그림 2.7]에서 사상 $A_1, A_2, \cdots, A_k$는 배반사상이면서($A_i \cap A_j = \varnothing, i \neq j$) 모든 사상 $A_1, A_2, \cdots, A_k$의 합사상이 표본공간이면($A_1 \cup A_2 \cup \cdots \cup A_k = S$) 사상 $A_1, A_2, \cdots, A_k$을 S의 분할(partition)이라고 한다. 여기서 사상 E는 $E \cap A_1$, $E \cap A_2$, $\cdots$, $E \cap A_k$의 사상들로 나타낼 수 있기 때문에 사상 E의 확률은 다음과 같이 표현된다.

$$P(E) = P[(E \cap A_1) \cup (E \cap A_2) \cup \cdots \cup (E \cap A_k)]$$
$$= P(E \cap A_1) + P(E \cap A_2) + \cdots + P(E \cap A_k)$$
$$= P(A_1)P(E \mid A_1) + P(A_2)P(E \mid A_2) + \cdots + P(A_k)P(E \mid A_k)$$
$$= \sum_{i=1}^{k} P(A_i)P(E \mid A_i)$$

위 식에서 사상 $E\cap A_1$, $E\cap A_2$, $\cdots$, $E\cap A_k$이 서로 배반사상이기 때문에, 각 사상의 확률의 합으로 $P(E)$가 표현이 되며 확률의 곱셈법칙을 이용하여 $P(E)$를 $P(A_i)$와 $P(E\mid A_i)$로 표현할 수 있다. 이 표현법을 이용하여 베이즈 법칙은 다음과 같이 정의된다.

베이즈 법칙(Bayes' Rule)

k개의 서로 배반적이며 표본공간을 이루는 $A_1, A_2, \cdots, A_k$의 사상과 사상 E가 주어질 때, $P(A_i\mid E)$는

$$P(A_i\mid E) = \frac{P(A_i\cap E)}{P(E)}, \quad P(E)>0,\ P(A_i)>0,\ i=1,2,\cdots,k$$

$$= \frac{P(A_i)P(E\mid A_i)}{P(A_1)P(E\mid A_1)+P(A_2)P(E\mid A_2)+\cdots+P(A_k)P(E\mid A_k)}$$

베이즈 법칙에서 $A_1, A_2, \cdots, A_k$을 k개의 서로 다른 원인이라고 할 때, 각 원인이 발생할 확률은 $P(A_1)$, $P(A_2)$, $\cdots$, $P(A_k)$이며, 이를 사전확률(prior probability)이라고 하며, $P(A_i\mid E)$은 사상 E가 발생한 후 그 원인이 A_i일 확률로 사후확률(posterior probability)이라고 한다.

[예제 2.19]에서 $k=2$일 때 베이즈 법칙을 이용하면, 관찰된 사상 $E=T$이고 서로 배반적이며 표본공간을 이루는 사상은 $A_1=C$와 $A_2=C^c$이다. 그러므로

$$\begin{aligned}P(C\mid T) &= \frac{P(C)P(T\mid C)}{P(C)P(T\mid C)+P(C^c)P(T\mid C^c)}\\ &= \frac{(0.02)(0.78)}{(0.02)(0.78)+(0.98)(0.06)}\\ &= 0.2097\end{aligned}$$

이다.

예제 2.20 어떤 회사가 연휴기간에 직원들에게 숙박시설을 제공하기 위해 3개의 지방 호텔을 사용한다. 과거의 경험에 의하면, 직원의 20%가 A호텔에 예약을 하고, B호텔에 50%, C호텔에 30%의 예약을 하는 것으로 알고 있다. A호텔 객실의 5%, B호텔 객실의 4%, C호텔 객실의 8%의 비율로 수도가 고장 났다.

(1) 어떤 직원이 고장 난 수도가 있는 방에 예약할 확률을 구하여라.

(2) 수도가 고장 난 방에 숙박하게 된 직원이 C호텔을 예약했을 확률을 구하여라.

풀이 (1) 각 호텔에 직원이 예약할 확률은

$$P(A)=0.20, \quad P(B)=0.50, \quad P(C)=0.30$$

이다. 수도가 고장 나는 사상을 E라고 하면, 각 호텔별로 수도가 고장 날 확률은 조건부확률을 이용하여

$$P(E \mid A) = 0.05, \quad P(E \mid B) = 0.04, \quad P(E \mid C) = 0.08$$

이다. 위 확률들을 이용하여 어떤 직원이 고장 난 수도가 있는 방에 예약할 확률은

$$\begin{aligned} P(E) &= P(A)P(E \mid A) + P(B)P(E \mid B) + P(C)P(E \mid C) \\ &= (0.20)(0.05) + (0.50)(0.04) + (0.30)(0.08) \\ &= 0.054 \end{aligned}$$

이다.

(2) 수도가 고장 난 방에 숙박하게 된 직원이 C호텔을 예약했을 확률은 베이즈 법칙을 이용하여

$$\begin{aligned} P(C \mid E) &= \frac{P(C \cap E)}{P(E)} = \frac{P(E \mid C)P(C)}{P(E)} \\ &= \frac{(0.08)(0.30)}{0.054} = 0.444 \end{aligned}$$

이다. 따라서 수도가 고장 난 방에 숙박하게 된 직원이 C호텔을 예약했을 확률은 44.4%임을 알 수 있다. ●

연습문제

2.1 다음 각 표본공간들의 원소들을 나열하여라.

(a) 1과 30 사이에서 4의 배수들의 집합

(b) $S = \{x \mid x^2 + 4x - 5 = 0\}$의 집합

(c) 하나의 동전을 뒷면이 두 번 나올 때까지 또는 앞면이 한 번 나올 때까지 던질 때, 결과들의 집합

(d) 두 개의 주사위를 던졌을 때, 두 수의 합이 짝수이면서 두 수의 곱이 20 이하인 집합

2.2 숫자 1 또는 6이 나올 때까지 주사위를 계속 던지는 실험을 한다.

(a) 이 실험에 대한 표본공간 S를 나타내어라.

(b) 다섯 번 이전에 1이나 6이 나올 사상을 E라고 하면 E의 원소를 구하여라.

2.3 동전 2개를 동시에 던져 나오는 결과가 서로 같으면 주사위를 한 번 던지고, 나오는 면이 서로 다른 결과이면 주사위를 두 번 던지는 실험을 한다. 예를 들면, 동전 2개를 던져서 (H, H)가 나오고 주사위를 던져 나오는 값이 3이면 $HH3$이라고 나타내고, 동전 2개를 던져서 (T, H)가 나오고 주사위를 던져 나오는 값이 (5,3)이면 $TH53$으로 나타낸다.

(a) 이 실험에 대한 표본공간 S를 나타내어라.

(b) 2개의 동전을 던졌을 때 결과가 서로 다르면서 주사위를 두 개를 던졌을 때는 서로 같은 결과가 나올 사상을 A라고 하면 A의 원소를 구하여라.

2.4 다음의 각 문장에서 틀린 곳이 있으면 찾아라.

(a) 내일 비가 올 확률은 0.30이고 눈이 올 확률은 0.20, 눈이나 비가 오지 않을 확률은 0.52이다.

(b) 통계학 교재에서 각 페이지에서 0, 1, 2, 3 혹은 그 이상의 오타가 있을 확률은 각각 0.19, 0.34, −0.25, 0.43, 0.29이다.

(c) 자동차 대리점에서 일주일동안 자동차를 0, 1, 2, 3대 이상을 팔 확률은 0.19, 0.38, 0.29, 0.14이다.

2.5 벤 다이어그램을 이용하여 다음을 증명하여라.

(a) $(A \cap B) \cup (A \cap B^c) = A$

(b) $A^c \cup (B^c \cup C) = (A \cap B^c) \cup (A^c \cup C)$

2.6 어떤 학생이 방학동안 인턴을 하기 위해 A, B, C 회사에서 면접을 보았다. 각 회사로부터 합격 통보를 받을 사상을 각각 A, B, C라고 하자. 다음에 해당하는 사상을 벤 다이어그램을 이용하여 나타내어라.

(a) A와 B 회사에서 모두 합격 통보를 받을 사상

(b) A와 C 회사에서는 합격 통보를 받았으나, B 회사에서는 불합격 통보를 받을 사상

(c) B와 C 회사에서 불합격 통보를 받을 사상

2.7 아래의 그림과 같이 한 시스템을 형성하기 위한 3개의 보조시스템이 있다. 2번과 3번의 보조시스템은 평행하게 놓여 있어서, 2개 중 하나만 기능을 하여도 이 시스템은 작동한다. 전체의 시스템이 모두 작동하기 위하여 1번은 기능을 해야만 하고, 2번과 3번 역시 기능을 해야만 한다. 각각의 보조시스템의 기능상태에 따른 실험을 하자[S(성공) : 보조시스템이 기능을 함, F(실패) : 보조시스템이 기능을 하지 않음].

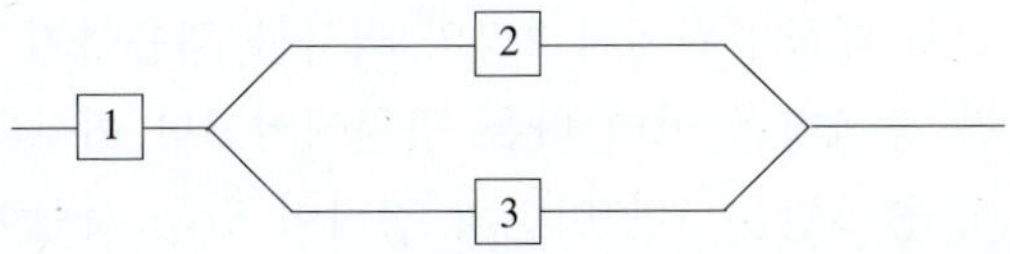

(a) 3개 중 적어도 2개가 기능을 하는 사건을 A라고 할 때, 가능한 사상 A의 결과는?

(b) 시스템이 작동하는 사건을 C라고 할 때, 가능한 사상 C의 결과는?

2.8 52장의 카드 한 벌에서 1장을 뽑는 실험을 한다.

A: 9나 10, 혹은 잭을 뽑으면서 검은색인 경우
B: 하트를 뽑는 경우
C: 잭, 퀸, 킹을 뽑을 경우

다음의 확률을 각각 구하여라.

(a) $P(A \cap B)$
(b) $P(B \cup C)$
(c) $P(A^c \cup C)$

2.9 한 학교에서는 기초통계학을 1년 교과과정으로, 1학기와 2학기에 기초통계학 1과 기초통계학 2과목이 각각 개설된다. 기초통계학 1을 수강하는 학생들은 모두 기초통계학 2를 수강한다고 하자. 기초통계학 1을 수강한 학생이 A학점을 받을 사상을 A_1, B학점을 받을 사상을 B_1이라고 하자. 기초통계학 2를 수강한 학생이 A학점을 받을 사상을 A_2, B학점을 받을 사상을 B_2라고 하자.

$P(A_1) = 0.30$ $\quad$ $P(B_1) = 0.50$
$P(A_2) = 0.15$ $\quad$ $P(B_2) = 0.40$
$P(A_1 \cap A_2) = 0.05$ $\quad$ $P(B_1 \cap B_2) = 0.30$
$P(A_1 \cap B_2) = 0.20$ $\quad$ $P(B_1 \cup A_2) = 0.55$

(a) 기초통계학 1 또는 2에서 A학점을 받을 확률을 구하여라.
(b) 기초통계학 1에서는 B학점을 받았지만 기초통계학 2에서는 A학점을 받을 확률을 구하여라.
(c) 기초통계학 1보다 기초통계학 2에서 더 좋은 학점을 받을 확률을 구하여라.
(d) 기초통계학 1과 기초통계학 2에서 같은 학점을 받을 확률을 구하여라.

2.10 신설 대학병원에서 2명의 의사를 채용하기 위하여 모집공고를 냈다. 지원자 중 4명은 이미 다른 병원에서 3년 이상의 경력이 있는 사람이고, 지원자 중 3명은 3년 미만의 경력이 있는 사람이다. 각 지원자를 채용할 확률은 동일하다고 가정하자.

(a) 채용된 2명의 의사가 3년 이상의 경력을 소지할 확률을 구하여라.
(b) 채용된 2명의 의사 중 적어도 한명은 3년 미만의 경력이 있는 사람일 확률을 구하여라.

2.11 한 시스템은 세 종류의 결함을 가질 수 있다고 한다. $A_i (i = 1, 2, 3)$는 그 시스템이 i의 결함이 있는 사상이라고 하자. 확률이 다음과 같다고 할 때,

$P(A_1) = 0.12$ $P(A_2) = 0.07$ $P(A_3) = 0.05$
$P(A_1 \cup A_2) = 0.13$ $P(A_1 \cup A_3) = 0.14$
$P(A_2 \cup A_3) = 0.10$ $P(A_1 \cup A_2 \cap A_3) = 0.01$

다음 사상의 확률을 구하여라.

(a) 그 시스템이 1번의 결함을 갖지 않는 사상
(b) 그 시스템이 1번과 2번 모두의 결함을 갖는 사상
(c) 그 시스템이 1번과 2번의 결함을 가지고 3번의 결함은 갖지 않는 사상
(d) 그 시스템이 많아야 2개의 결함을 갖는 사상

2.12 연습문제 2.6에서 다음과 같은 확률이 주어졌다.

$P(A) = 0.22$ $P(B) = 0.25$ $P(C) = 0.28$
$P(A \cap B) = 0.11$ $P(A \cap C) = 0.05$ $P(B \cap C) = 0.07$
$P(A \cap B \cap C) = 0.01$

다음 사상의 확률을 구하여라.

(a) $A \cup B$
(b) $A^c \cap C^c$
(c) $A \cup B \cup C$
(d) $(A^c \cap B^c) \cup C$

2.13 새로 출시된 핸드폰은 기본형과 고급형이 있다. 핸드폰 매장에서 하루에 6명이 새 핸드폰을 구매한다고 하자.

(a) 만약 이 고객들 중에서 많아야 1명이 고급형을 구매할 확률이 0.08이라면, 적어도 2명이 고급형 핸드폰을 구매할 확률을 구하여라.

(b) 만약 모든 고객이 기본형을 구매할 확률이 0.05이고 모든 고객이 고급형을 구매할 확률은 0.01이라면, 적어도 두 종류가 하나씩 구매될 확률을 구하여라.

2.14 한 강의는 학부 학생과 대학원 학생이 같이 수강할 수 있어 총 60명의 학생이 이 과목을 수강신청하였다. 수강생 중 35명은 남자이고, 15명은 대학원생인데 대학원생 중 10명은 여자이다. 만약 이 과목을 수강한 학생 중 한 명을 임의로 선택하였을 때, 학부학생이 선택될 확률과 남자 대학원생이 선택될 확률을 구하여라.

2.15 자동차 구매 시 세 가지 선택사양에는 자동변속기어(A), 선루프(B), 네비게이션(C)이 있다고 한다. 모든 구매자의 80%가 A를, 70%가 B를, 50%가 C를 택하며, 90%는 A 혹은 B, 95%는 A 혹은 C, 85%는 B 혹은 C, 99%는 A 혹은 B 혹은 C를 택한다고 한다면, 다음 사상의 확률을 계산하여라.

(a) 다음 구매자가 세 선택사양 중 적어도 한 가지를 선택하는 사상
(b) 다음 구매자가 세 선택사양 중 하나도 선택하지 않는 사상
(c) 다음 구매자가 A만 선택하고 나머지 두 개는 선택하지 않는 사상
(d) 다음 구매자가 세 선택사양 중 단 하나만 선택하는 사상

2.16 두 사상 A와 B에 대하여 $P(A) = 0.51$, $P(B) = 0.32$, $P(A \cap B) = 0.15$인 경우 다음의 확률을 구하여라.

(a) B는 일어나고, A는 일어나지 않는다.
(b) A와 B가 모두 일어나지 않는다.

2.17 연습문제 2.11의 문제에서 다음 확률을 구하여라.

(a) 그 시스템이 적어도 하나의 결함을 가졌다는 전제하에, 단 하나의 결함을 가질 확률
(b) 그 시스템이 1번과 2번의 결함을 가졌다는 전제하에, 3번의 결함을 갖지 않을 확률
(c) 그 시스템이 1번의 결함을 가졌다는 전제하에, 3가지의 결함을 모두 가질 확률

2.18 통계학과 수업을 듣는 학생들의 생일이 속한 달과 성별을 조사하였다.

	생일이 속한 달			
	1–3월 (B_1)	4–6월 (B_2)	7–9월 (B_3)	10–12월 (B_4)
남자(M)	0.10	0.15	0.10	0.12
여자(F)	0.08	0.15	0.12	0.18

다음 확률을 구하여라.

(a) $P(M)$와 $P(M \cap B_2)$를 구하여라.

(b) 임의로 한 명의 학생을 선택하였을 때, 그 학생이 남학생이면서 1월에서 3월, 혹은 7–9월 생일일 확률을 구하여라.

2.19 $P(C) > 0$을 만족하는 사상 A, B, C에 대하여 $P(A \cup B \mid C) = P(A \mid C) + P(B \mid C) - P(A \cap B \mid C)$이 성립함을 증명하여라.

2.20 $P(B) > 0$을 만족하는 사상 A, B에 대하여, $P(A \mid B) + P(A^C \mid B) = 1$임을 증명하여라.

2.21 연습문제 2.15를 이용하여 다음 확률을 구하여라.

(a) $P(B \mid A)$

(b) $P(A \cap B \mid C)$

(c) $P(B \cup C \mid A)$

2.22 연습문제 2.18에서 다음의 확률을 구하여라.

(a) 임의로 선택된 학생이 남학생이라는 전제하에 4–6월 사이에 생일일 확률

(b) 임의로 선택된 학생이 여학생이라는 전제하에 1–3월 사이의 생일이 아닐 확률

2.23 다음 표는 당뇨병 환자에 대한 자료이다.

	남자		여자	
	부모의 당뇨병 여부		부모의 당뇨병 여부	
	예	아니오	예	아니오
40세 미만	0.15	0.10	0.05	0.03
40세 이상	0.25	0.12	0.20	0.10

임의로 한 명의 당뇨병 환자를 선택할 때, 다음의 확률을 구하여라.

(a) 만약 선택된 당뇨병 환자가 40세 미만이면서 여자일 확률

(b) 만약 선택된 당뇨병 환자가 남자이면서 40세 이상이라는 전제하에 추가로 부모님이 당뇨병 환자일 확률

(c) 선택된 당뇨병 환자가 여자라고 한다. 이때 그 환자가 40세 미만이면서 부모님이 당뇨병환자가 아닐 확률

(d) 선택된 당뇨병 환자가 40세 이상이라면, 이 환자의 부모님이 당뇨병 환자일 확률

2.24 어느 공장의 생산라인을 통해 물건이 만들어지고, 이렇게 만들어진 물건의 20%는 불량품이라고 가정하자.

(a) 만약 두 개 모두 불량품일 확률을 구하여라.

(b) 만약 k개 모두 불량품일 확률을 구하여라.

2.25 어느 지역의 성인 중 10%가 폐질환을 가지고 있으며, 이 중 60%는 흡연자이다. 반면 폐질환을 가지고 있지 않는 성인의 30%가 흡연자이다.

(a) 이 지역에서 성인 한 명을 임의로 선택하였을 때, 흡연자일 확률을 구하여라.

(b) 이 지역에서 성인 한 명을 임의로 선택한 사람이 비흡연자라면, 이 사람이 폐질환 환자가 아닐 확률을 구하여라.

2.26 사상 A와 B에 대하여 $P(A)=0.5$, $P(B)=0.5$, $P(A\cup B)=0.8$이다.

(a) 두 사상 A와 B는 독립인가?

(b) 두 사상은 서로 배반사상인가?

2.27 사상 A, B, C가 서로 배반인 사상이고 $P(A) = 0.2$, $P(B) = 0.3$, $P(C) = 0.2$일 때, 다음의 확률을 구하여라.

(a) $P(A\cup B\cup C)$ (b) $P[A^c\cap(B\cup C)]$ (c) $P(B\cup C^c)$

2.28 사상 A와 B가 독립이라고 하면, A^c와 B도 독립사상이고, A^c와 B^c도 독립사상임을 보여라.

2.29 중고차를 판매하는 대리점에서 중고차를 구매한 고객에 대하여 다음과 같이 사상을 정의하였다.

A: 구매한 중고차는 국산차이다.
B: 구매 시 일시불 결제를 하였다.
C: 구매 시 보증기간을 연장하였다.

다음과 같이 확률을 정의한다.

$P(A) = 0.75$ $P(B \mid A) = 0.9$ $P(B \mid A^c) = 0.8$
$P(C \mid A \cap B) = 0.8$ $P(C \mid B \cap A^c) = 0.6$
$P(C \mid A^c \cap B) = 0.7$ $P(C \mid A^c \cap B^c) = 0.3$

(a) $P(A \cap B \cap C)$를 구하여라.
(b) $P(B \cap C)$를 구하여라.
(c) $P(C)$를 구하여라.
(d) $P(A \mid B \cap C)$를 구하여라.

2.30 사상 A와 B가 배반 사상이고 $P(A) = 0.2$, $P(B) = 0.5$일 때, 다음의 확률을 구하여라.

(a) $P(A \cup B)$
(b) $P(A^c \cap B)$
(c) $P(A \mid B^c)$

2.31 다음 그림과 같이 4개의 구성요소가 한 시스템을 형성한다. 1번과 2번의 구성요소는 평행하게 연결되어 있어서 그 시스템이 작동한다는 것은 1번 또는 2번이 작동한다는 것이며, 3번과 4번의 구성요소는 일렬로 연결되어 있기 때문에 그 시스템이 작동한다는 것은 3번과 4번이 모두 작동한다는 것이다. 만약 구성요소가 서로 독립적으로 작동하고, P(구성요소가 작동한다)$=0.9$ 라면, P(시스템이 작동한다)를 구하여라.

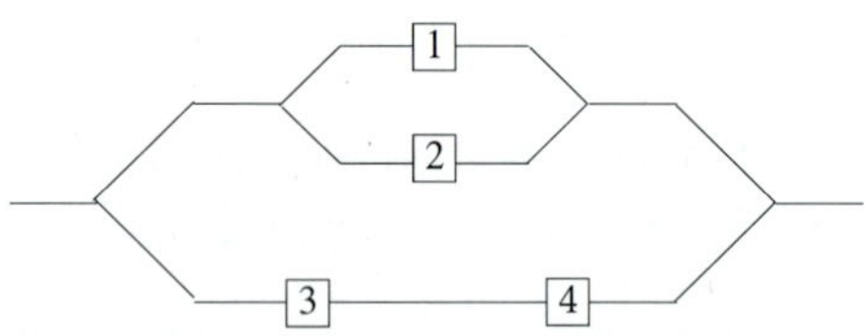

2.32 한 병원의 암이 의심되는 환자들이 MRI를 이용하여 실제 암환자를 찾아낼 확률이 70%라고 하자. 환자 각각의 검사 결과는 서로 독립이다.

(a) MRI 검사를 한 3명의 환자가 모두 실제 암환자일 확률을 구하여라.
(b) MRI 검사를 한 3명의 환자 중 많아도 한 명의 환자만 실제 암환자일 확률을 구하여라.
(c) MRI 검사를 한 3명의 환자 모두 실제 암환자가 아닐 확률을 구하여라.
(d) MRI 검사를 한 3명의 환자 중 적어도 한 명의 환자가 실제 암환자라는 전제하에, 실제 3명 모두 암환자일 확률을 구하여라.

2.33 하루 동안 특정 지역에서 오토바이 사고가 0, 1, 2, 3, 4 건 발생할 확률이 각각 0.15, 0.35, 0.28, 0.17, 0.05 라고 한다.

(a) 하루 동안 3건 이상의 오토바이 사고가 발생할 확률을 구하여라.
(b) 하루 동안 최대 2건의 교통사고가 발생할 확률을 구하여라.

2.34 경찰이 국립공원 내 4곳의 서로 다른 위치에서 속도측정기를 이용하여 속도위반단속을 강화하는 계획을 세웠다. 4개의 지역 L_1, L_2, L_3, L_4 에서의 측정기가 각각 40 %, 40 %, 30 %, 25 % 의 확률로 적절히 작동을 한다고 한다. 속도 제한을 위반한 사람이 이 4개 지역을 통과할 확률은 0.15, 0.2, 0.4, 0.3이다.

(a) 임의로 선택된 사람이 속도위반딱지를 받을 확률을 구하여라.
(b) 속도위반딱지를 받은 사람이 L_2 지역을 통과했을 확률을 구하여라.

2.35 어떤 아파트의 주 전기 공급장치가 고장 날 확률은 0.002이다. 또한 주 전기 공급장치가 작동하지 않을 경우를 대비하여 보조 전기 공급장치가 있는데, 이 보조 공급장치가 고장 날 확률은 0.011이다. 이 아파트의 전체 전기 공급장치가 작동할 확률을 구하여라.

2.36 일반적으로 하루 동안 소아과에 방문하는 비율은 전체 소아 인구 대비 5 %라고 하자. 어느 날 소아과에 방문한 환자 중에서 감기 환자는 40 %, 피부질환 환자는 30 %, 기타 다른 질병의 환자가 30 %라고 하자. 임의로 한 명의 소아를 선택하였더니 감기 환자로 이 환자가 소아과를 방문할 확률을 구하여라.

2.37 자동차 보험회사는 보험 가입자를 대상으로 사고 위험률이 높음, 보통, 낮음으로 분류하는데, 이들이 차지하는 비율은 각각 35 %, 50 %, 15 % 이다. 또한 각 분류에서 1년 동안 실제 사고를 낼 확률은 각각 0.10, 0.25, 0.20이다. 한 보험 가입자가 1년 동안 한 번도 사고를 일으키지 않았다면, 그가 사고 위험률이 높은 그룹에 속하는 사람일 확률을 구하여라.

2.38 용의자에게 투여된 혈청은 용의자가 유죄라면 80 %, 용의자가 무죄라면 99 %의 신뢰도를 가지고 있다고 한다. 만약 4 % 만이 죄를 범한 용의자의 그룹에서 한 명의 용의자가 선택되었고, 그 용의자에 의해 투여된 혈청이 그 용의자가 유죄임을 나타낸다면, 그가 무죄일 확률을 구하여라.

2.39 다음의 표에서 나타난 것처럼 구별이 되지 않는 3개의 상자 속에 색이 칠해진 공들이 있다고 하자.

	상자		
	1	2	3
붉은공	2	4	3
흰공	3	1	4
파란공	5	3	3

한 개의 상자를 무작위로 선택하여 무작위로 한 개의 공을 꺼냈다.

(a) 꺼낸 공이 붉은공일 확률을 구하여라.

(b) 꺼낸 공이 붉은공이라는 조건하에서, 3번 상자에서 선택되었을 확률은 얼마인가?

2.40 공장에는 제품을 생산하는 동일한 기계가 3대 있다. 각 기계별 불량이 나올 확률은 각각 1%, 3%, 5%라고 하자. 각 기계에서 하루 동안 생산량은 동일하다고 가정할 때, 하루 동안 전체 불량률을 구하여라. 그리고 만일 하나의 불량품이 나왔다면, 이것이 3번째 기계에서 만들어진 제품일 확률을 구하여라.

3장

이산확률변수와 확률분포

실험에 의해 얻어진 관측값이 질적자료이든지 양적자료이든지 우리의 관심은 표본비율, 표본평균, 표본표준편차 등과 같은 자료의 수리적인 개념에 집중이 된다. 우리는 확률변수의 개념을 통하여 실험의 결과 자체뿐만 아니라 결과값들의 수리적인 함수까지도 이해할 수 있게 된다. 확률변수는 이산확률변수와 연속확률변수 두 가지로 분류된다. 이 장에서는 이산형확률변수에 대한 기본적인 개념들과 중요한 몇 가지 예제들을 다루기로 한다. 또한 이산형분포들 중에서 베르누이 분포, 이항분포, 초기하분포와 음이항분포, 포아송분포에 대하여 살펴보기로 한다.

3.1 이산확률변수와 확률분포

이 절에서는 이산확률변수와 확률분포를 정의하고, 이에 대한 개념에 대해 살펴본다.

통계적 실험에서 실험의 결과보다는 그 결과들의 함수 관계에 관심을 갖게 되는 경우가 있으며, 또한 실험의 모든 가능한 결과의 표본공간과 확률을 나타내는 것이 매우 복잡한 경우가 있다.

확률변수의 개념을 설명하기 위하여, 동전을 한 번 던져서 나타나는 면을 관측하는 경우를 생각해 보자. 실험에서 앞면이 나오는 사상을 H, 뒷면이 나오는 사상을 T라고 하면, 표본공간은 $S = \{H, T\}$가 되며, H, T가 각각 표본점이 된다. 이때

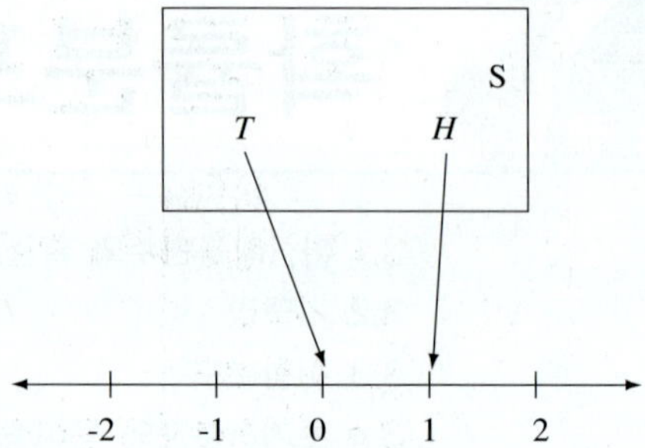

그림 3.1 확률변수

$$X = \begin{cases} 1, & (H\text{가 나오는 경우}) \\ 0, & (T\text{가 나오는 경우}) \end{cases}$$

으로 함수 X를 정의하면 확률은

$$P(X=1) = P(\{H\}) = \frac{1}{2}$$

$$P(X=0) = P(\{T\}) = \frac{1}{2}$$

이다. 즉, X는 표본공간 S에서 정의된 함수로서 '$X = 0$'과 '$X = 1$'에 대응하는 확률은 $\frac{1}{2}$이라고 할 수 있다. 이와 같이 우리가 관심을 갖고 있는 대상, 즉 표본공간에서 정의된 각 표본점들을 실수값으로 변환하는 함수를 확률변수라고 한다.

확률변수

표본공간 S에서 각 표본점들에 실수값을 대응시키는 함수를 **확률변수 (random variable)** 라고 한다.

일반적으로 확률변수를 나타낼 때는 영어 알파벳의 대문자 X, Y 등을 사용하며, 확률변수가 취하는 특정한 값을 나타내는 경우는 소문자 x, y 등을 사용한다. 동전을 한 번 던지는 위의 예에서 확률변수 X가 취할 수 있는 값은 단지 0과 1뿐이며, $X = 1$은 앞면이 나오는 경우의 사상에 해당하고, 확률은 $P(X=1) = \frac{1}{2}$임을 알 수 있다.

예제 3.1 동전 세 개를 던지는 시행에서, 표본공간은 $S = \{HHH, HHT, HTH, THH, HTT, THT, TTH, TTT\}$가 되며, X를 앞면이 나오는 횟수라고 하면 X는 0, 1, 2, 3 중 어느 한 값을 취하는 확률변수가 된다.

표본공간	HHH	HHT	HTH	THH	HTT	THT	TTH	TTT
X	3	2	2	2	1	1	1	0

예제 3.2 윗면에 숫자 1이 나올 때까지 주사위를 계속하여 던지는 시행에서, 윗면에 숫자 1이 나오면 S, 나오지 않으면 F로 나타낼 때, 표본공간은

$$S = \{S, FS, FFS, FFFS, \cdots\}$$

가 된다. 이때 확률변수 X를 윗면에 1이 나올 때까지 주사위를 던진 횟수라고 하면

$$X(S) = 1, X(FS) = 2, X(FFS) = 3, X(FFFS) = 4, \cdots$$

이다.

표본공간	S	FS	FFS	$FFFS$	$\cdots$
X	1	2	3	4	$\cdots$

확률변수 X가 취할 수 있는 값은 임의의 양의 정수이므로 가능한 값들의 집합은 무한이다. ●

예제 3.3 4개의 붉은공과 4개의 검은공을 포함하는 주머니로부터 비복원추출로 2개의 공이 연속적으로 추출되었다. 확률변수 X를 붉은공의 개수라고 하면 X의 값 x의 가능한 결과들은 다음과 같다.

표본공간	RR	RB	BR	BB
X	2	1	1	0

●

이산확률변수

확률변수가 취할 수 있는 값이 유한하거나 혹은 무한히 많더라도 하나씩 셀 수 있는 경우를 이산확률변수(discrete random variable)라고 한다.

앞의 [예제 3.1, 3.2, 3.3]은 확률변수가 취하는 값이 이산이므로 각 확률변수는 이산확률변수임을 알 수 있다.

이산확률변수 X가 갖는 값은 일반적으로 $x_1, x_2, x_3, \cdots$와 같이 나타내며, 각 x_i에 대한 확률값은 $P(X = x_i)$이다.

확률질량함수

이산확률변수 X에 대하여

$$f(x) = p(x) = \begin{cases} P(X = x), & x = x_1, x_2, \cdots \\ 0 & , \text{기타} \end{cases}$$

를 X의 **확률질량함수**(probability mass function) 혹은 **확률함수**라고 하고, X가 취할 수 있는 값 $x_1, x_2, x_3, \cdots$의 각각에 대하여 확률 $P(X = x_1), P(X = x_2), P(X = x_3), \cdots$를 대응시켜 주는 관계를 **이산형 확률분포**(discrete probability distribution)라고 한다.

이산확률변수 X의 확률함수값 $p(x_i)$는 $P(X = x_i)$이므로, 확률의 정의에 의하여 음수가 될 수 없다. 또한 X가 x_i값들 중 한 값을 갖기 때문에 모든 확률값은 더하면 1이 된다. 따라서 확률질량함수는 다음과 같은 성질을 갖는다.

확률질량함수의 성질

이산확률변수 X의 확률질량함수 $p(x_i) = P(X = x_i)$에 대하여 다음이 성립한다.

① $0 \le p(x) \le 1, x = x_1,\ x_2, \cdots$

② $\sum_{x = x_i} p(x) = 1$

예제 3.4 [예제 3.3]에서 주어진 확률변수 X의 확률분포를 구하여라.

풀이 [예제 3.3]에서 확률변수 X는 0, 1, 2의 값을 취할 수 있고, 이때 확률값들은

$$P(X = 0) = P(\{BB\}) = \left(\frac{4}{8}\right)\left(\frac{3}{7}\right) = \frac{3}{14}$$

$$P(X = 1) = P(\{RB, BR\}) = (2)\left(\frac{4}{8}\right)\left(\frac{4}{7}\right) = \frac{4}{7}$$

$$P(X = 2) = P(\{RR\}) = \left(\frac{4}{8}\right)\left(\frac{3}{7}\right) = \frac{3}{14}$$

이 된다. 그러므로 다음과 같은 확률분포표를 얻는다.

X의 확률분포표

x	0	1	2	합
$P(X = x)$	$\frac{3}{14}$	$\frac{4}{7}$	$\frac{3}{14}$	1

예제 3.5 하나의 동전을 3번 던져서 나오는 앞면의 수에서 뒷면의 수를 뺀 수를 확률변수 X라고 하자. X의 확률분포를 구하여라.

풀이 동전의 앞면을 H, 뒷면을 T라고 하면, 동전을 3번 던질 경우 표본공간은

$$S = \{HHH, HHT, HTH, THH, TTH, THT, HTT, TTT\}$$

이 된다. 확률변수 X는 $-3, -1, 1, 3$의 값을 취할 수 있고, 이때 확률값들은

$$P(X=-3) = P(\{TTT\}) = \frac{1}{8}$$

$$P(X=-1) = P(\{TTH, THT, HTT\}) = \frac{3}{8}$$

$$P(X=1) = P(\{HHT, HTH, THH\}) = \frac{3}{8}$$

$$P(X=3) = P(\{HHH\}) = \frac{1}{8}$$

이 된다. 그러므로 [표 3.1]과 같은 확률분포표를 얻는다.

표 3.1 X의 확률분포표

x	-3	-1	1	3	합
$P(X=x)$	$\frac{1}{8}$	$\frac{3}{8}$	$\frac{3}{8}$	$\frac{1}{8}$	1

또, 선 그래프로 나타내면 [그림 3.2]와 같다.

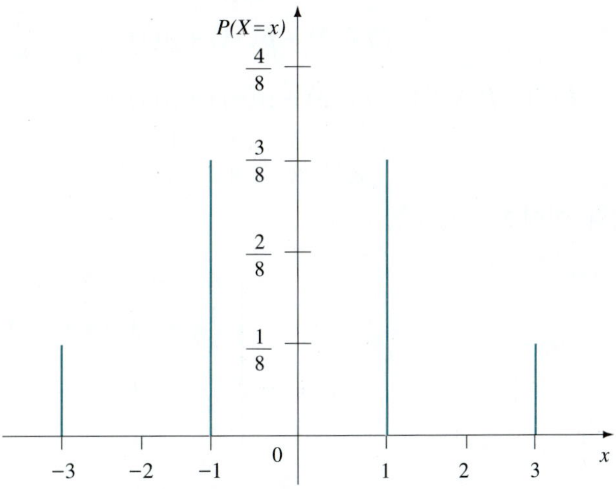

그림 3.2 확률변수 X의 선 그래프

누적분포함수

이산확률변수 X에 대하여

$$F(x) = P(X \le x) = \sum_{\{y;\, y \le x\}} p(y) = 1$$

를 확률변수 X의 **누적분포함수**(cumulative distribution function, c.d.f.) 또는 간단히 **분포함수**(distribution function)라고 한다. 즉, $F(x)$는 확률변수 X가 x이하의 값을 취할 확률이다.

예제 3.6 앞의 [예제 3.5]에서 확률변수 X의 분포함수를 구하고 분포함수의 그래프를 그려라.

풀이 [예제 3.5]에서 X의 확률질량함수는

x	-3	-1	1	3
$p(x)$	$\frac{1}{8}$	$\frac{3}{8}$	$\frac{3}{8}$	$\frac{1}{8}$

이고, 각각의 값 $-3, -1, 1, 3$에 대하여 $F(x)$를 구하면

$$F(-3) = P(X \le -3) = P(X = -3) = p(-3) = \frac{1}{8}$$

$$F(-1) = P(X \le -1) = P(X = -3) + P(X = -1) = p(-3) + p(-1) = \frac{1}{8} + \frac{3}{8} = \frac{4}{8}$$

$$\begin{aligned} F(1) = P(X \le 1) &= P(X = -3) + P(X = -1) + P(X = 1) \\ &= p(-3) + p(-1) + p(1) = \frac{1}{8} + \frac{3}{8} + \frac{3}{8} = \frac{7}{8} \end{aligned}$$

$$\begin{aligned} F(3) = P(X \le 3) &= p(-3) + p(-1) + p(1) + p(3) \\ &= \frac{1}{8} + \frac{3}{8} + \frac{3}{8} + \frac{1}{8} = 1 \end{aligned}$$

이다. 이때 X의 분포함수는

$$F(x) = \begin{cases} 0, & x < -3 \\ \frac{1}{8}, & -3 \le x < -1 \\ \frac{4}{8}, & -1 \le x < 1 \\ \frac{7}{8}, & 1 \le x < 3 \\ 1, & 3 \le x \end{cases}$$

이고, 이를 그래프로 나타내면 [그림 3.3]과 같다.

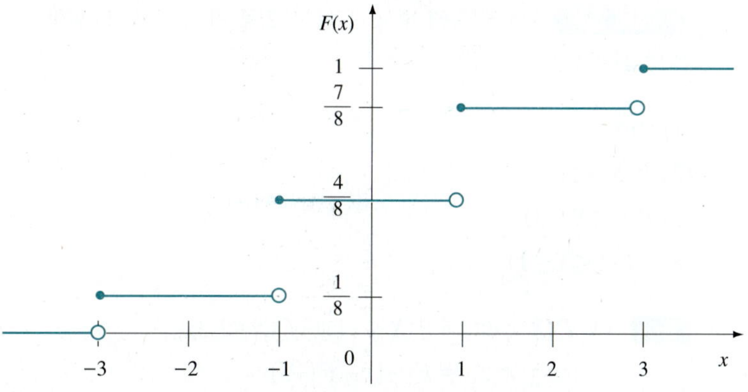

그림 3.3 예제 3.6의 분포함수의 그림

이산확률변수 X에 대하여 $F(x)$의 그래프는 X의 모든 가능한 값에서 점프(jump)를 하게 되고, 가능한 값들 사이에서는 평평하게 된다. 따라서 분포함수 $F(x)$는 **계단함수(step function)** 이다.

분포함수 $F(x)$가 가지고 있는 성질은 다음과 같다.

분포함수의 성질

① $F(x)$는 x의 비감소함수(nondecreasing function)이다.
즉, $a < b$이면 $F(a) \le F(b)$이다.

② $\lim_{x \to \infty} F(x) = F(\infty) = 1$

③ $\lim_{x \to -\infty} F(x) = F(-\infty) = 0$

④ $F(x)$는 오른쪽 연속함수(right continuous function)이다.

모든 $a < b$에 대해

$$P(a < X \le b) = F(b) - F(a)$$

이다. 이 식은 사상 $\{X \le b\}$를 상호 배반인 사상 $\{X \le a\}$와 $\{a < X \le b\}$의 합으로 나타내어 밝힐 수 있다. 즉,

$$\{X \le b\} = \{X \le a\} \cup \{a < X \le b\}$$

이므로

$$P(X \le b) = P(X \le a) + P(a < X \le b)$$

가 성립된다. 위의 결과로부터 $P(a < X \le b) = F(b) - F(a)$, $(a < b)$가 된다.

예제 3.7 [예제 3.6]에서 주어진 확률변수 X의 분포함수 $F(x)$를 이용하여 다음의 확률을 구하여라.

(1) $P(X=-1)$
(2) $P(X>2)$
(3) $P(1<X\le 4)$
(4) $P(-1\le X\le 1)$

풀이 (1) $P(X=-1) = P(X\le -1) - P(X\le -3)$

$$= F(-1) - F(-3)$$

$$= \frac{4}{8} - \frac{1}{8} = \frac{3}{8}$$

(2) $P(X>2) = 1 - P(X\le 2) = 1 - F(2)$

$$= 1 - \frac{7}{8} = \frac{1}{8}$$

(3) $P(1<X\le 4) = F(4) - F(1) = 1 - \frac{7}{8} = \frac{1}{8}$

(4) $P(-1\le X\le 1) = F(1) - F(-1)$

$$= \frac{7}{8} - \frac{4}{8} = \frac{3}{8}$$

3.2 기댓값

이 절에서는 이산확률변수의 기댓값과 기댓값의 성질들에 대하여 살펴보기로 한다. 일반적으로 확률분포의 중심, 즉 확률변수의 평균을 기댓값이라고 하고, 간단히 μ라고 표기한다.

예를 들어 한 개의 주사위를 던져서 나오는 결과값을 X라고 한다면

$$P(X=1) = P(X=2) = \cdots = P(X=6) = \frac{1}{6}$$

이며, X의 확률분포는 [표 3.2]와 같이 된다.

표 3.2 X의 확률분포표

x	1	2	3	4	5	6	합
$P(X=x)$	$\frac{1}{6}$	$\frac{1}{6}$	$\frac{1}{6}$	$\frac{1}{6}$	$\frac{1}{6}$	$\frac{1}{6}$	1

이때 X의 평균, 즉 평균적으로 사람이 주사위를 던질 때 나타나는 숫자를 생각해 보자. X의 평균값은 X가 취할 수 있는 값에 확률을 곱하여 더하면

$$\mu = (1)\left(\frac{1}{6}\right) + (2)\left(\frac{1}{6}\right) + \cdots + (6)\left(\frac{1}{6}\right) = 3.5$$

이 된다. 이것은 어떤 실험자가 끝없이 반복적으로 한 개의 주사위를 던지는 실험을 했을 때, 평균적으로 3.5가 나타난다는 것을 의미한다. 이러한 개념에서 확률변수 X의 평균을 기댓값이라고 한다. 또한 이산확률변수의 기댓값은 확률분포의 중심이 어디에 위치하고 있는지를 나타내는 자료가 된다.

이산확률변수의 기댓값

이산확률변수 X가 확률함수 $p(x)$를 가질 때, X의 기댓값(expected value) 또는 평균(mean) $E(X)$는

$$E(X) = \mu_X = \sum_x x \cdot p(x)$$

로 정의한다.

예제 3.8 1개의 동전을 계속하여 3번 던지는 시행에서 앞면이 나오는 횟수를 X라고 하면, X의 기댓값을 구하여라.

풀이 동전의 앞면을 H, 뒷면을 T라고 하면, 동전을 3번 던질 경우 표본공간은

$$S = \{HHH, HHT, HTH, THH, TTH, THT, HTT, TTT\}$$

이 된다. 확률변수 X는 0, 1, 2, 3의 값을 취할 수 있고, 이때 확률값들은

$$P(X = 0) = P(\{TTT\}) = \frac{1}{8}$$

$$P(X = 1) = P(\{HTT, THT, TTH\}) = \frac{3}{8}$$

$$P(X = 2) = P(\{HHT, HTH, THH\}) = \frac{3}{8}$$

$$P(X = 3) = P(\{HHH\}) = \frac{1}{8}$$

임을 알 수 있다. 따라서 X의 기댓값은

$$E(X) = \mu_x = (0)\left(\frac{1}{8}\right) + (1)\left(\frac{3}{8}\right) + (2)\left(\frac{3}{8}\right) + (3)\left(\frac{1}{8}\right) = \frac{3}{2}.$$

예제 3.9 4개의 100원 동전과 2개의 500원 동전이 들어 있는 상자로부터 3개의 동전이 비복원추출로 선택된다. 선택된 3개 동전의 합 T에 대한 기댓값을 구하여라.

풀이 100원 동전을 A, 500원 동전을 B라고 하면 가능한 결과에 대한 표본공간은

$$S = \{AAA, AAB, ABA, BAA, BBA, BAB, ABB\}$$

이다. 여기서 선택된 3개 동전의 합이 T이므로, T가 취할 수 있는 값은 300, 700, 1100이다. 각 경우의 확률은

$$P(T = 300) = P(\{AAA\}) = \frac{{}_4C_3}{{}_6C_3} = \frac{1}{5}$$

$$P(T = 700) = P(\{AAB, ABA, BAA\}) = \frac{{}_4C_2 \cdot {}_2C_1}{{}_6C_3} = \frac{3}{5}$$

$$P(T = 1100) = P(\{BBA, BAB, ABB\}) = \frac{{}_4C_1 \cdot {}_2C_2}{{}_6C_3} = \frac{1}{5}$$

이므로 T의 기댓값은

$$E(T) = (300)\left(\frac{1}{5}\right) + (700)\left(\frac{3}{5}\right) + (1100)\left(\frac{1}{5}\right) = 700$$

이다. 따라서 4개의 100원 동전과 2개의 500원 동전을 반복적으로 비복원추출로 3개의 동전을 선택한다면 평균적으로 동전의 합은 700원이 될 것이다.

이제 확률변수 X 자체보다는 오히려 확률변수 X의 함수 $g(X)$에 대한 기댓값을 구하는 문제를 생각해 보자.

예를 들어, 확률변수 X가 $x = -1, 0, 1, 2$에 대하여 $y = g(X) = 3x - 1$이라고 하면 $y = g(X)$도 역시 확률변수이므로,

$$P[g(X) = -4] = P(X = -1) = p(-1)$$
$$P[g(X) = -1] = P(X = 0) = p(0)$$
$$P[g(X) = 2] = P(X = 1) = p(1)$$
$$P[g(X) = 5] = P(X = 2) = p(2)$$

이다. 따라서 확률변수의 기댓값의 정의에 의하면 $g(X)$의 기댓값은

$$\begin{aligned}\mu_{g(X)} &= E[g(X)] = \Sigma g(x_i) P[g(x_i)] \\ &= (-4)p(-1) - (1)p(0) + (2)p(1) + (5)p(2) \\ &= [(3)(-1) - 1] \cdot p(-1) + [(3)(0) - 1] \cdot p(0) \\ &\qquad + [(3)(1) - 1] \cdot p(1) + [(3)(2) - 1] \cdot p(2)\end{aligned}$$

$$= \sum_{i=1}^{4} g(x_i) \cdot p(x_i), \qquad x_1 = -1, x_2 = 0, x_3 = 1, x_4 = 2$$

이 결과는 다음의 [정리 3.1]로 일반화된다.

정리 3.1

확률변수 X를 다음의 확률분포를 갖는 이산확률변수라고 하자.

x	x_1	x_2	······	x_n
$P(X=x)$	$p(x_1)$	$p(x_2)$	······	$p(x_n)$

확률변수 $g(X)$의 기댓값 또는 평균은

$$\mu_{g(X)} = E[g(X)] = \sum_{i=1}^{n} g(x_i) p(x_i)$$

이다.

예제 3.10 어느 자동차 정비공장에서 1시간 동안 수리하는 자동차의 수를 X라고 할 때, X의 확률분포는 다음과 같다.

x	4	5	6	7	8	9	합
$P(X=x)$	$\frac{1}{12}$	$\frac{1}{12}$	$\frac{1}{4}$	$\frac{1}{4}$	$\frac{1}{6}$	$\frac{1}{6}$	1

확률변수 $g(X) = 2X - 1$을 이 정비공장의 시간당 수입금액이라고 할 때 [$g(X)$의 단위: 만 원], 이 정비공장의 시간당 평균수입 $E[g(X)]$를 구하여라.

풀이 $g(X) = 2X - 1$이라고 하면, $Y = g(X)$의 기댓값은

$$\begin{aligned}
E(Y) &= E[g(X)] \\
&= \sum_{x=4} g(x) p(x) \\
&= \sum_{x=4}^{9} (2x-1) p(x) \\
&= 7 \cdot \frac{1}{12} + 9 \cdot \frac{1}{12} + 11 \cdot \frac{1}{4} + 13 \cdot \frac{1}{4} + 15 \cdot \frac{1}{6} + 17 \cdot \frac{1}{6} \\
&= 12.67(\text{만 원})
\end{aligned}$$

이다.

예제 3.11 X를 다음과 같은 확률분포를 갖는 확률변수라고 하자.

x	-3	0	3	6
$P(X=x)$	$\frac{1}{6}$	$\frac{1}{4}$	$\frac{1}{3}$	$\frac{1}{4}$

$E[(X-\mu)^2]$과 $E(3X+2)$을 구하여라.

풀이 먼저 μ를 구해야 한다. 따라서

$$\mu = E(X) = -3 \cdot \frac{1}{6} + 0 \cdot \frac{1}{4} + 3 \cdot \frac{1}{3} + 6 \cdot \frac{1}{4} = 2$$

$E[(X-\mu)^2] = E[(X-2)^2]$이므로,

$$\begin{aligned} E[(X-2)^2] &= \sum_{i=1}^{4} (x_i - 2)^2 \cdot p(x_i) \\ &= (-5)^2 \cdot p(-3) + (-2)^2 \cdot p(0) + (1)^2 \cdot p(3) + (4)^2 \cdot p(6) \\ &= 25 \cdot \frac{1}{6} + 4 \cdot \frac{1}{4} + 1 \cdot \frac{1}{3} + 16 \cdot \frac{1}{4} = \frac{57}{6} \end{aligned}$$

이 된다. 다음으로 $E(3X+2)$을 구하면

$$\begin{aligned} E(3X+2) &= \sum_{i=1}^{4} (3x_i + 2) \cdot p(x_i) \\ &= (-7) \cdot p(-3) + (2) \cdot p(0) + (11) \cdot p(3) + (20) \cdot p(6) \\ &= -7 \cdot \frac{1}{6} + 2 \cdot \frac{1}{4} + 11 \cdot \frac{1}{3} + 20 \cdot \frac{1}{4} = 8 \end{aligned}$$

이 된다.

기댓값의 성질

이제는 확률변수들의 평균을 간단하게 계산하는 몇 가지 유용한 성질들을 다루기로 한다. 이러한 성질들은 이미 알려져 있거나 또는 계산된 다른 기댓값들의 항을 이용하여 구하고자 하는 기댓값을 계산하는 데 용이하다. 여기에 나타나는 모든 결과들은 이산확률변수와 4장에서 다룰 연속확률변수 두 가지에 모두 적용된다.

정리 3.2

확률변수 X에 대하여 a, b가 상수일 때 $aX+b$의 기댓값은

$$E(aX+b) = aE(X) + b \text{ (또는 } \mu_{aX+b} = a \cdot \mu_X + b)$$

이다.

증명 확률변수의 기댓값 정의에 의하여

$$\begin{aligned}E(aX+b) &= \sum_{\text{모든 } x} (ax+b)p(x) \\ &= a\sum_{\text{모든 } x} xp(x) + b\sum_{\text{모든 } x} p(x) \\ &= aE(X)+b\end{aligned}$$

예제 3.12 [예제 3.10]에서 [정리 3.2]를 이용하면

$$E(2X-1) = 2E(X) - 1$$

과 같이 쓸 수 있다.

이제

$$\begin{aligned}\mu = E(X) &= \sum_{x=4}^{9} xp(x) \\ &= 4\cdot\frac{1}{12} + 5\cdot\frac{1}{12} + 6\cdot\frac{1}{4} + 7\cdot\frac{1}{4} + 8\cdot\frac{1}{6} + 9\cdot\frac{1}{6} \\ &= \frac{41}{6}\end{aligned}$$

이다. 따라서

$$E(2X-1) = 2\cdot\frac{41}{6} - 1 = 12.67\,(\text{만 원})$$

으로 전과 동일한 결과를 얻는다. ●

앞에서는 분포의 중심위치를 나타내는 측도로서 확률변수의 평균에 대하여 알아보았다. 여기에서는 확률분포의 흩어진 정도를 나타내는 측도로서 분산에 대해 다루기로 한다.

확률변수 X의 평균을 μ라고 하면, X의 분포가 중심위치의 측도인 μ로부터 떨어진 정도를 나타내는 양으로

$$E[(X-\mu)^2]$$

을 생각할 수 있다. 이를 확률변수 X의 분산이라고 하고, 기호로는 $\text{Var}(X)$ 또는 $V(X)$로 나타낸다.

확률변수 X의 분산은 $(X-\mu)^2$의 기댓값이므로, X와 그의 분산의 단위가 다르게 된다. 그러나 같은 단위에서의 산포에 대한 측도가 자주 요구되므로, 분산의 양의

제곱근을 구하여 이를 표준편차라고 한다. 표준편차에 대한 기호로는 $SD(X)$를 사용한다.

확률변수의 분산과 표준편차

$f(x)$를 확률변수 X의 확률함수라고 하고, μ를 X의 기댓값이라고 한다.
확률변수 X의 **분산(variance)**은

$$\sigma^2 = \text{Var}(X) = E[(X-\mu)^2] = \sum (x_i - \mu) f(x_i)$$

이고, X의 **표준편차(standard deviation)**는

$$\sigma = SD(X) = \sqrt{\text{Var}(X)}$$

이다.

예제 3.13 하루 동안 특정도시에서 교통사고로 인한 사망자 수를 X라고 할 때, 확률변수 X가 다음과 같은 이산형 질량함수 $f(x)$를 갖는다고 한다. 이때 확률변수 X의 분산과 표준편차를 구하여라.

x	0	1	2	3
$f(x)$	0.1	0.5	0.3	0.1

풀이 확률변수 X의 평균 μ를 구하면

$$\mu = \sum_{x=0}^{3} x \cdot f(x) = (0)(0.1) + (1)(0.5) + (2)(0.3) + (3)(0.1) = 1.4$$

이고, 따라서 분산은

$$\sigma^2 = \text{Var}(X) = \sum_{x=0}^{3} (x-\mu)^2 f(x) = (0-1.4)^2(0.1) + (1-1.4)^2(0.5) + (2-1.4)^2(0.3) + (3-1.4)^2(0.1) = 0.64$$

이다. X의 표준편차는 $\sqrt{0.64} = 0.8$이다.

확률변수 X의 확률분포가 모집단의 분포에 대한 모형으로 사용될 때에는 X의 분산 σ^2과 X의 표준편차 σ를 각각 **모분산(population)**과 **모표준편차**

(population standard deviation) 라고 한다.

또한 확률변수 X 의 분산은 다음 정리를 이용하면 보다 간편하게 계산할 수 있다.

정리 3.3

분산의 간편 계산식

$$\sigma^2 = \mathrm{Var}(X) = E(X^2) - [E(X)]^2$$
$$= \sum x_i^2 \cdot f(x_i) - \mu^2$$

증명 기댓값의 정의와 성질에 의하여

$$\begin{aligned}\mathrm{Var}(X) &= E[(X-\mu)^2] \\ &= E(X^2 - 2\mu X + \mu^2) \\ &= E(X^2) - 2\mu E(X) + \mu^2 \\ &= E(X^2) - \mu^2\end{aligned}$$

예제 3.14 [예제 3.13]에서 확률변수 X 의 분산을 [정리 3.3]을 이용하여 구하여라.

풀이 X 의 평균은 $\mu = 1.4$이고,

$$\begin{aligned}E(X^2) &= \sum_{x=0}^{3} x^2 f(x) \\ &= (0)(0.1) + 1^2(0.5) + 2^2(0.3) + 3^2(0.1) \\ &= 2.6\end{aligned}$$

이다. 따라서

$$\begin{aligned}\sigma^2 &= \mathrm{Var}(X) = E(X^2) - \mu^2 \\ &= 2.6 - (1.4)^2 = 0.64\end{aligned}$$

를 얻는다.

예제 3.15 자동차 대리점에서 일주일간 판매되는 자동차 대수를 X 라고 할 때, X 의 평균과 분산을 계산하여라.

x	0	1	2	3	계
$f(x)$	$\frac{1}{8}$	$\frac{3}{8}$	$\frac{3}{8}$	$\frac{1}{8}$	1

풀이 X의 평균은

$$\mu E(\bar{X})X) = (0)\left(\frac{1}{8}\right) + (1)\left(\frac{3}{8}\right) + (2)\left(\frac{3}{8}\right) + (3)\left(\frac{1}{8}\right) = 1.5$$

이고, 또

$$\begin{aligned} E(X^2) &= \sum x_i^2 f(x_i) \\ &= 0^2\left(\frac{1}{8}\right) + 1^2\left(\frac{3}{8}\right) + 2^2\left(\frac{3}{8}\right) + 3^2\left(\frac{1}{8}\right) \\ &= 3 \end{aligned}$$

따라서 X의 분산은

$$\begin{aligned} \sigma^2 &= E(X^2) - \mu^2 \\ &= 3 - (1.5)^2 = 0.75 \end{aligned}$$

이다.

확률변수 X와 관련된 확률변수의 함수 $g(X)$의 분산은 다음의 정리를 이용하여 계산된다.

정리 3.4

확률변수 함수의 분산

X를 아래와 같은 확률분포를 갖는 이산확률변수라고 하자.

x	x_1	x_2	……	x_n
$f(x)$	$f(x_1)$	$f(x_2)$	……	$f(x_n)$

확률변수 $g(X)$의 분산은

$$\begin{aligned} \sigma_{g(X)}^2 &= \mathrm{Var}[g(X)] = E\{[g(X) - E[g(X)]]^2\} \\ &= \sum_{i=1}^{n} \{g(x_i) - E[g(X)]\}^2 \cdot f(x_i) \end{aligned}$$

이다.

이제 분산과 표준편차를 계산할 때, 유용한 정리 두 가지를 소개하고 이 절을 끝내기로 한다.

정리 3.5

X가 확률변수이고 a, b가 상수이면

$$\mathrm{Var}(aX+b) = \sigma^2_{aX+b} = a^2 \cdot \sigma^2_X$$
$$\sigma_{aX+b} = |a| \cdot \sigma_X$$

증명 [정리 3.4]에 의하여,

$$\begin{aligned}\mathrm{Var}(aX+b) &= \sigma^2_{aX+b} \\ &= E\{[aX+b-(a\mu+b)]^2\} \\ &= E[a^2(X-\mu)^2] \\ &= a^2 E[(X-\mu)^2] \\ &= a^2\sigma^2_X\end{aligned}$$

이고, $\sigma_{aX+b} = \sqrt{\mathrm{Var}(aX+b)} = |a| \cdot \sigma^2_X$ 이 된다.

앞의 정리의 결과에 의하면 확률변수에 임의의 상수를 더하거나 빼도 분산은 변함이 없다는 것을 알 수 있다. 상수를 더하거나 빼는 것은 X의 값을 오른쪽이나 왼쪽으로 이동시킬 뿐이지 X값의 변동에는 변화가 없다. 또 확률변수에 상수가 곱해지거나 나누어지면 분산은 주어진 상수의 제곱이 곱해지거나 나누어진다는 것을 알 수 있다.

3.3 이항분포

어떤 실험이 오직 두 가지의 상호배반적인 결과만을 가질 때 이 실험을 **베르누이 시행(Bernoulli trial)**이라고 한다. 동전 하나를 던지는 실험에서 나타나는 면은 앞면과 뒷면이며, 이 두 결과는 상호배반적인 결과이기 때문에, 이 실험은 베르누이 시행의 예가 될 수 있다. 또한, 주사위를 한 번 던져서 윗면에 나타나는 수가 짝수인지 홀수인지 관찰하는 실험, 활을 쏘아서 표적을 맞추거나 그렇지 못하는 경우, 어떤 공장에서 생산되는 공산품의 불량 여부를 판정하는 경우 등이 베르누이 시행이 된다.

베르누이 시행에서 상호배반적인 2개의 사상을 각각 '성공', '실패'로 나타내고, X를 성공이면 1, 실패이면 0의 값을 취하는 확률변수라고 하자.

$X=1$인 확률과 $X=0$일 확률은 각각

$$P(X=1)=p\,,\ P(X=0)=1-p$$

와 같이 정의하면, 베르누이 확률분포는 다음과 같다.

정리 3.6

베르누이 분포

확률변수 X가 0, 1의 값을 취하고 다음과 같은 확률질량함수를 가질 때 X의 분포는 **베르누이 분포 (Bernoulli distribution)** 이다.

$$f(x)=P(X=x)=\begin{cases} p^x(1-p)^{1-x}, & x=0,\ 1 \\ 0 & ,\ \text{기타} \end{cases}$$

예제 3.16 불량률이 10 % 인 어떤 공장의 생산공정에서 1개의 제품을 검사하여 불량품이면 $X=1$, 양품이면 $X=0$ 으로 나타낼 때

$$P(X=1)=0.1,\ P(X=0)=0.9$$

이므로, 확률변수 X의 이산형 질량함수 $f(x)$는 다음과 같은 베르누이 분포이다.

$$\text{즉, } f(x)=(0.1)^x(0.9)^{1-x},\ \ x=0,\ 1$$

●

예제 3.17 1부터 10까지 숫자가 적힌 카드 10장이 들어 있는 상자에서 무작위로 1장을 뽑았을 때, 4보다 작으면 $X=1$, 그렇지 않으면 $X=0$ 으로 나타낼 때 확률변수 X의 확률질량함수를 구하여라.

풀이 X가 1과 0일 때 확률값은

$$P(X=1)=0.3,\ \ P(X=0)=0.7$$

이므로, 확률변수 X의 확률질량함수 $f(x)$는 다음의 베르누이 분포를 따른다.

$$f(x)=(0.3)^x(0.7)^{1-x},\ \ x=0,\ 1$$

●

정리 3.7

베르누이 분포의 평균과 분산

확률변수 X가 베르누이 분포를 따를 때 평균과 분산은

$$E(X) = p \quad \mathrm{Var}(X) = pq$$
$$(\text{단, } p: \text{성공의 확률, } p + q = 1)$$

이다.

증명 X의 평균은

$$\begin{aligned} E(X) &= \sum_{x=0}^{1} x f(x) \\ &= (0)(q) + (1)(p) = p \end{aligned}$$

이다.

$$\begin{aligned} E(X^2) &= \sum_{x=0}^{1} x^2 f(x) \\ &= (0^2)(q) + (1^2)(p) = p \end{aligned}$$

이므로, X의 분산은

$$\begin{aligned} \mathrm{Var}(X) &= E[X^2] - (E[X])^2 \\ &= E(X^2) - [E(X)]^2 = pq \end{aligned}$$

이다.

이제, 한 번의 시행에서 '성공' 또는 '실패'라 불리는 두 개의 가능한 결과가 나타나고, 이때 성공의 확률이 p인 베르누이 시행을 독립적으로 n번 반복하는 실험을 생각해 보자.

동전을 5번 던지는데, 그때마다 앞면이나 뒷면이 나오는 것은 당연한 사실이다. 여기서 두 가지 결과 중 하나를 성공이라 정의하기도 한다. 만일 카드 한 벌에서 5장을 계속하여 뽑을 때, 카드가 붉은색인지 검은색인지에 따라 각 시행을 '성공'이나 '실패'로 부를 수 있을 것이다. 각 카드는 뽑은 후 다시 집어넣어 다음 뽑기 전에 잘 섞는다면 여기서 반복되는 시행들은 모두 독립이며, 매 시행에서 성공일 확률은 $\frac{1}{2}$이다. 이와 같은 형태의 실험들을 **이항실험(binomial experiment)**이라고 한다. 만약 카드를 뽑는 문제에서 그 카드들을 뽑은 후 다시 넣지 않으면 반복해서 뽑을 때 성공일 확률은 달라짐을 알 수 있다. 즉, 첫 번째 카드를 뽑을 때 붉은색 카드를 뽑을 확률이 $\frac{1}{2}$이면, 두 번째 카드를 뽑을 때는 첫 번째 카드의 색깔에 따라 조건부 확률이 $\frac{26}{51}$이거나 $\frac{25}{51}$가 된다. 이런 경우는 각 시행이 독립적으로 이루어진 것이 아니기 때문에 이항실험이 아니다.

이항실험은 다음과 같은 성질들을 갖는다.

1. 실험은 n번 반복시행을 한다.
2. 각 시행의 결과는 성공(S) 또는 실패(F)로 나타나게 된다.
3. 성공일 확률은 각 시행마다 상수 p를 갖는다.

4. 반복시행들은 서로 독립이다. 즉, 어느 한 시행이 다른 시행의 결과에 영향을 미치지 않는다.

동전을 3번 던질 때, 앞면이 나타나면 성공이 되는 이항실험을 생각하여 본다. 성공 횟수는 0부터 3까지의 자연수를 취하는 확률변수이다. X에 따라서 나타날 수 있는 8가지 경우는 다음과 같다.

출현결과	TTT	HTT	THT	TTH	HHT	HTH	THH	HHH
x	0	1	1	1	2	2	2	3

각 시행들은 성공일 확률이 $\frac{1}{2}$로 같고, 서로 독립이기 때문에

$$P(HTH) = P(H)P(T)P(H) = \left(\frac{1}{2}\right)\left(\frac{1}{2}\right)\left(\frac{1}{2}\right) = \frac{1}{8}$$

이다. 같은 방법으로, 다른 결과들도 확률이 모두 $\frac{1}{8}$이다. 그러므로 X의 확률분포는 다음과 같이 주어진다.

x	0	1	2	3	합
$P(X=x)$	$\frac{1}{8}$	$\frac{3}{8}$	$\frac{3}{8}$	$\frac{1}{8}$	1

또한 식으로 표현하면

$$f(x) = \binom{3}{x}\frac{1}{8}, \qquad x = 0, 1, 2, 3$$

이다.

위의 예를 일반화하여 성공(S)의 확률이 p인 이항실험을 3회 반복한다면 '성공'의 횟수 X의 값과 이에 대응하는 확률값들은 [표 3.3]과 같이 된다.

표 3.3 이항실험을 3회 실시한 경우의 확률분포

출현결과	FFF	FFS	FSF	SFF	FSS	SFS	SSF	SSS
x	0	1	1	1	2	2	2	3
확률값	$(1-p)^3$	$p(1-p)^2$	$p(1-p)^2$	$p(1-p)^2$	$p^2(1-p)$	$p^2(1-p)$	$p^2(1-p)$	p^3

[표 3.3]에서 알 수 있는 바와 같이,

$$\begin{aligned} P(SFF) &= P(S)\cdot P(F)\cdot P(F) \\ &= p\cdot(1-p)\cdot(1-p) \\ &= p(1-p)^2 \end{aligned}$$

이고, $X=1$인 경우의 수는 $\binom{3}{1}=3$이다. 따라서 $X=1$일 확률은 다음과 같이 얻어진다.

$$\begin{aligned} P(X=1) &= P(FFS)+P(FSF)+P(SFF) \\ &= p(1-p)^2+p(1-p)^2+p(1-p)^2 \\ &= 3p(1-p)^2=\binom{3}{1}p(1-p)^2 \end{aligned}$$

그리고 $X=x$, $x=0, 1, 2, 3$인 경우의 수는 $\binom{3}{x}$이고, '성공'이 x회, '실패'가 $3-x$회 나타나는 경우이므로, $X=x$일 확률은 $p^x(1-p)^{3-x}$에 경우의 수 $\binom{3}{x}$를 곱한 것이 된다. 즉,

$$p(X=x)=\binom{3}{x}p^x(1-p)^{3-x}, \quad x=0, 1, 2, 3$$

이 된다.

이항확률변수

시행횟수가 n회인 이항실험에서, 성공(S)의 횟수를 X로 나타낼 때 확률변수 X를 **이항확률변수 (binomial random variable)** 라고 하고, 이러한 이산형 확률변수의 확률분포를 **이항분포 (binomial distribution)** 라고 한다. 또한 X의 확률분포는 시행횟수 n과 성공의 확률 p에 의존하기 때문에 $b(x\ ;\ n, p)$로 표기한다.

일반적으로 '성공'의 확률이 p인 베르누이 시행은 독립적으로 n번 반복시행하였을 때, 확률변수 X가 '성공의 횟수'를 나타낸다고 하면, X가 취할 수 있는 값은 0, 1, 2, ⋯, n이고 n회의 베르누이 시행 가운데서 x회의 성공과 $(n-x)$회의 실패가 있을 경우의 수는 $\binom{n}{x}$가지이다. 따라서 이항분포의 확률질량함수는

$$p(X=x)=\binom{n}{x}p^x(1-p)^{n-x}, x=0, 1, 2, \cdots, n$$

이고, 이항분포를 다음과 같이 정의한다.

이항분포

성공일 확률이 p, 실패일 확률이 $q=1-p$인 이항실험을 n번 독립시행하여 성공 횟수를 X로 나타낼 때 이항확률변수 X의 분포는 다음과 같다.

$$f(x)=P(X=x)=b(x; n, p)=\binom{n}{x}p^x q^{n-x}, x=0, 1, 2, \cdots, n$$

확률변수 X가 시행횟수 n, 성공 확률이 p인 이항분포를 따를 때, 간단히 $X \sim B(n, p)$라 표시하기도 하며, 이때 $X = x$의 확률질량함수는 $b(x; n, p)$로 표기한다.

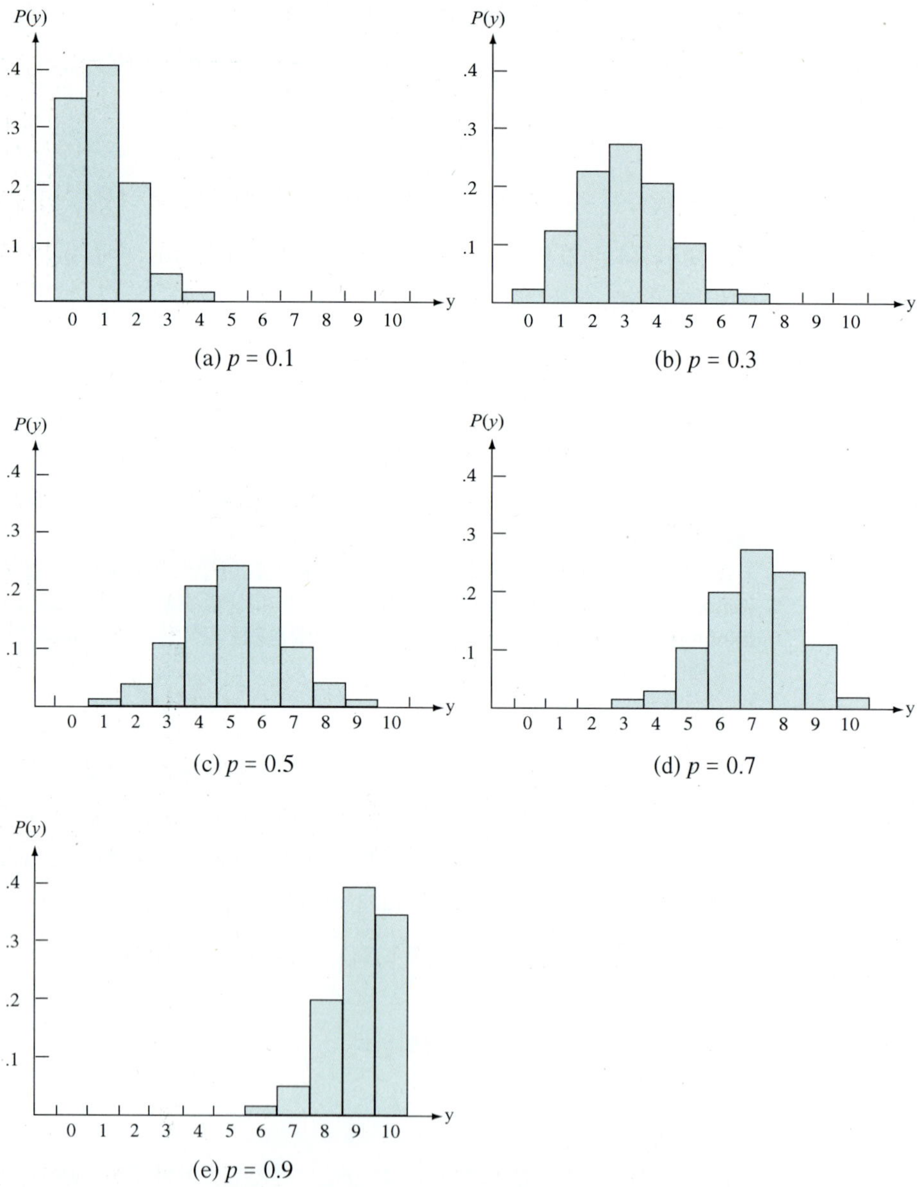

그림 3.4 $n = 10$일 때 이항분포의 그래프

특히 $n=3$ 이고 $p=\frac{1}{2}$ 이면

$$b\left(x;3,\frac{1}{2}\right)=\binom{3}{x}\left(\frac{1}{2}\right)^{x}\left(\frac{1}{2}\right)^{3-x}=\binom{3}{x}\frac{1}{8},\qquad x=0,1,2,3$$

이다. 또 p 의 값에 따라 분포의 모양이 어떻게 다른가를 보기 위해 $n=10$ 일 때, $p=0.1,\ 0.3,\ 0.5,\ 0.7,\ 0.9$ 에 대한 이항분포의 그래프를 [그림 3.4]에 나타내었다.

[그림 3.4]에서 보는 바와 같이 $p=0.5$ 일 때는 대칭이고, p 가 작은 값일 때는 왼쪽으로 치우친 형태이며, p 가 큰 값일 때는 오른쪽으로 치우친 형태이다.

예제 3.18 어느 야구선수가 안타를 칠 확률은 0.3이며, 한 게임에서 총 5번 출전하여 3번 안타를 칠 확률을 구하여라.

풀이 확률변수 X 를 5번 중에서 안타를 치는 횟수라고 하면 X 는 $n=5,\ p=0.3$ 인 이항분포를 따른다. 즉, $X \sim B(5,\ 0.3)$ 이므로, X 의 확률질량함수는

$$b(3;\ 5,\ 0.3)=\binom{5}{3}0.3^{3}0.7^{2}=0.1323$$

이다. ●

이항분포에 대한 여러 가지 확률을 알고자 하는 경우에는 [부록 표 1]에 있는 이항분포의 누적확률분포표를 이용하면 매우 간편하다. 이 표에는 $P(X\le x)=B(x;\ n,\ p)=\sum_{y=0}^{x} b(y;n,p),\ x=0,\ 1,\ 2,\ \cdots,n$ 의 값들이 $n,\ p,\ x$ 들의 값에 대하여 주어져 있다. 다음 예제에서 [부록 표 1]을 이용하는 문제를 다루었다.

예제 3.19 공장에서 생산된 핸드폰의 불량률이 0.4이다. 만일 15개의 핸드폰을 무작위로 선택한다면 다음의 확률은 얼마인가?

(1) 5개가 불량일 확률을 구하여라.

(2) 3개 이상, 8개 이하의 핸드폰이 불량일 확률을 구하여라.

(3) 최대 4개의 핸드폰이 불량일 확률을 구하여라.

풀이 확률변수 X 를 불량 핸드폰 수라고 하면 X 는 $n=15,\ p=0.4$ 인 이항분포를 따른다. 즉, $X \sim B(15,\ 0.4)$

(1) $P(X=5)=b(5\ ;\ 15,\ 0.4)$

$$=\sum_{x=0}^{5} b(x;15,\ 0.4)-\sum_{x=0}^{4} b(x;15,\ 0.4)$$

$$= 0.402 - 0.217$$
$$= 0.185$$

(2) $P(3 \le X \le 8) = \sum_{x=3}^{8} b(x; 15, 0.4)$

$$= \sum_{x=0}^{8} b(x; 15, 0.4) - \sum_{x=0}^{2} b(x; 15, 0.4)$$
$$= 0.905 - 0.027$$
$$= 0.878$$

(3) $P(X \le 4) = \sum_{x=0}^{4} b(x; 15, 0.4)$

$$= 0.217$$

정리 3.8

이항분포의 평균과 분산

확률변수 X가 이항분포 $B(n, p)$를 따를 때 평균, 분산 표준편차는 다음과 같다.

$$E(X) = np, \ \mathrm{Var}(X) = np(1-p) = npq, \ \sigma_X = \sqrt{npq}$$

증명 $Y_1, Y_2, \cdots, Y_n$을 각각 성공의 확률이 p인 독립인 베르누이 시행을 나타내는 확률변수들이라고 하자. 이항확률변수 $X \sim B(n, p)$는

$$X = Y_1 + Y_2 + \cdots + Y_n$$

으로 나타낼 수 있다. 또한 정리 3.7에서 베르누이 분포의 평균과 분산은 각각 $E(Y_i) = p$, $\mathrm{Var}(Y_i) = pq$, $i = 1, 2, \cdots, n$이므로, 기댓값의 성질에 의하여

$$E(X) = E(Y_1 + Y_2 + \cdots + Y_n)$$
$$= p + p + \cdots + p = np$$

가 된다. 또 $Y_1 + Y_2 + \cdots + Y_n$은 독립인 확률변수이므로

$$\mathrm{Var}(X) = \mathrm{Var}(Y_1 + Y_2 + \cdots + Y_n)$$
$$= \mathrm{Var}(Y_1) + \mathrm{Var}(Y_2) + \cdots + \mathrm{Var}(Y_n)$$
$$= pq + pq + \cdots + pq$$
$$= npq$$

이다. 따라서 표준편차는 $SD(x) = \sigma_x = \sqrt{\mathrm{Var}(X)} = \sqrt{npq}$ 이다.

예제 3.20 [예제 3.19]에서 확률변수 X의 평균과 분산을 구하여라.

풀이 [예제 3.19]에서 X는 $n = 15, p = 0.4$ 인 이항분포 $B(15, 0.4)$를 따르므로

$$E(X) = np = (15)(0.4) = 6$$
$$\mathrm{Var}(X) = npq = (15)(0.4)(0.6) = 3.6$$
●

예제 3.21 전체 교통사고 건수 중에서 자동차 운전자의 과실로 사고가 발생할 확률은 0.1이라고 한다. 하루 동안 20건의 교통사고가 발생하였다면, 평균 운전자의 과실로 인한 사고 건수와 분산을 구하여라.

풀이 확률변수 X를 20건의 교통사고 발생 중에서 운전자 과실로 인한 사고 건수라 한다면, $X \sim B(20, 0.1)$이 된다. 따라서 X의 평균과 분산은 다음과 같다.

$$E(X) = (20)(0.1) = 2$$
$$\mathrm{Var}(X) = (20)(0.1)(0.9) = 1.8$$
●

3.4 초기하분포와 음이항분포

무한모집단에서 표본을 비복원추출하거나 유한모집단에서 복원추출하는 경우에는 독립적으로 반복하는 베르누이 시행의 조건을 만족하므로 이항분포를 사용할 수 있다. 그러나 유한모집단에서 비복원추출을 할 때 각각의 베르누이 시행은 독립이 아니므로 이항분포를 적용할 수 없게 되며, 이러한 경우에 초기하분포가 사용된다. 초기하분포를 설명하기 위해 다음의 예를 생각해 보자.

52장의 카드 한 벌에서 비복원추출로 5장의 카드를 뽑는 경우, 26장의 카드에서 3장의 붉은색 카드를 뽑은 후 나머지 2장의 검은색 카드를 뽑는 확률을 생각해 보자.

5장을 뽑을 때, 3장이 붉은색이고 2장이 검은색일 경우는 $\binom{26}{3}\binom{26}{2}$가지이고, 52장의 카드로부터 5장의 카드를 뽑는 경우의 수는 $\binom{52}{5}$이다. 따라서 비복원추출로 5장의 카드를 뽑을 때, 3장이 붉은색이고 2장이 검은색일 확률은

$$\frac{\binom{26}{3}\binom{26}{2}}{\binom{52}{5}} = \frac{\frac{26!}{3!23!}\cdot\frac{26!}{2!24!}}{\frac{52!}{5!47!}} = 0.3251$$

이다.

일반적으로 크기가 N인 유한모집단으로부터 크기 n인 확률표본을 뽑을 때 '성공'이라고 불리는 M개의 항목 가운데 x개를 뽑고, '실패'라고 이름붙인 $N-$

M개의 항목으로부터 $n-x$개를 뽑는 실험을 **초기하실험(hypergeometric experiment)** 이라고 한다.

초기하실험에서 초기하분포를 유도하기 위한 가정은 다음과 같다.

1. 모집단을 구성하고 있는 원소의 수가 유한 개인 N개의 원소로 구성되어 있고 N개 중에는 '성공(또는 속성 A)'이라고 하는 항목의 원소의 수가 M개이고, 나머지 $N-M$개의 원소는 '실패(또는 속성 B)'를 가지고 있다.
2. N개의 원소들 가운데 n개를 비복원으로 추출할 때 뽑힐 가능성은 같다.

초기하실험에서 성공의 개수 X를 **초기하확률변수(hypergeometric random variable)** 라고 하고, 초기하확률변수의 분포를 초기하분포라고 한다. 이제 초기하분포의 확률질량함수를 유도해 보자.

먼저 N개의 원소로 구성된 유한모집단에서 n개를 추출하는 경우의 수는 $\binom{N}{n}$이다. 그리고 n번의 시행 중에서 성공의 횟수가 x번인 경우의 수는 M개 중에서 x개를 뽑고 나머지 $(N-M)$개 중에서 $(n-x)$개를 뽑는 경우의 수이므로 $\binom{M}{x}\binom{N-M}{n-x}$개가 된다.

따라서 초기하확률변수 X가 x를 취할 확률은

$$P(X=x)=\frac{\binom{M}{x}\binom{N-M}{n-x}}{\binom{N}{n}}$$

가 된다.

그리고 X의 확률분포는 N, n, M에 의하여 결정되므로 $P(X=x)=h(x; N, n, M)$으로 나타내기도 한다.

초기하분포

확률변수 X가 다음의 확률함수 $f(x)$를 가질 때 X는 **초기하분포(hypergeometric distribution)** 를 따른다고 한다.

$$f(x)=P(X=x)=\frac{\binom{M}{x}\binom{N-M}{n-x}}{\binom{N}{n}},\quad x=0,1,2,\cdots,\min(n,\ m)$$

예제 3.22 집주인이 장미 2뿌리와 튤립 5뿌리가 들어 있는 상자로부터 무작위로 3모종을 심었다. 이때 장미 2모종을 심을 확률을 구하여라.

풀이 확률변수 X를 선택된 장미 모종 수라고 하면, X는 $N = 7$, $n = 3$, $M = 2$ 인 초기하분포를 따르면 장미 2모종을 심을 확률은

$$f(2) = P(X = 2) = \frac{\binom{2}{2}\binom{5}{1}}{\binom{7}{3}} = \frac{1}{7}$$

이다. ●

정리 3.9

초기하분포의 평균과 분산

확률변수 X가 초기하분포 $h(x;\ N,\ n,\ M)$을 따를 때, 평균과 분산은 다음과 같다.

$$E(X) = n \cdot \frac{M}{N}$$

$$V(x) = \left(\frac{N-n}{N-1}\right) \cdot n \cdot \frac{M}{N} \cdot \left(1 - \frac{M}{N}\right)$$

정리 3.9에서 $\frac{M}{N}$은 모집단에서의 성공의 비이다. 만일 $\frac{M}{N} = p$라고 하면 평균과 분산은

$$E[X] = np$$

$$Var(X) = \left(\frac{N-n}{N-1}\right) \cdot np(1-p)$$

가 된다. 따라서 위 식을 정리 3.8의 이항분포 평균과 분산 식과 비교하면 평균은 같은 형태이고, 분산은 **유한모집단 수정계수(finite population correction factor)** $\frac{N-n}{N-1}$만큼 차이가 난다. 이 계수는 1보다 작으므로 초기하확률분포의 분산은 이항분포의 분산보다 작다. 또 N에 비하여 n이 상대적으로 작을 때 $\frac{N-n}{N-1} \approx 1$이 되어 분산도 같게 된다. 따라서 초기하분포에서 N이 무한히 커짐에 따라 n이 상대적으로 작다면 매 시행에서 성공의 항목을 뽑을 확률은 별로 차이가 없을 것이다. 따라서 초기하분포에서 $p = \frac{M}{N}$으로 취하면 초기하분포의 확률값 $h(x;\ N,\ n,\ M)$은 이항확률분포의 확률값 $b(x;\ n,\ p)$를 사용하여 근사적으로 계산될 수 있다.

예제 3.23 전화회사에 따르면 가정에서 사용하는 전화기의 5,000대 가운데 4,000대는 발신자 확인이 가능한 전화기를 사용하고 있다고 한다. 만일 20명에 무작위로 전화를 걸었을 때, 5명이 발신자 확인이 되지 않는 전화기로 받을 확률은 얼마인가?

풀이 표본 $n = 20$에 대하여 모집단 $N = 5000$은 크기 때문에 이항분포를 이용하여 구하고자 하는 확률을 근사화하여 보자. 발신자 확인이 되지 않는 전화를 걸 확률은 0.2이다. 그러므로 5명이 발신자 확인이 되지 않는 전화기로 받을 확률은

$$\begin{aligned} h(5;5000, 20, 1000) &\approx b(5;20, 0.2) \\ &= \sum_{x=0}^{5} b(x;20, 0.2) - \sum_{x=0}^{4} b(x;20, 0.2) \\ &= 0.804 - 0.630 \\ &= 0.174 \end{aligned}$$

이다. ●

음이항분포

다음 조건을 만족하는 실험을 **음이항실험(negative binomial experiment)**이라고 한다.

1. 실험은 연속적으로 발생하는 독립인 시행들로 이루어진다.
2. 각각의 시행은 성공(S)과 실패(F) 중 어느 하나로 나타낼 수 있다.
3. 각 시행에서 성공의 확률은 p이다. 즉, $P(i$번째 시행에서 성공$) = p$, $i = 1, 2, 3, \cdots$
4. k번의 성공이 일어날 때까지 실험은 계속된다.

음이항실험에서 k번째 성공이 나타날 때까지의 총 시행횟수를 확률변수 X라고 하면, X를 **음이항확률변수(negative binomial random variable)**라고 하고, 그것의 확률분포를 음이항분포라고 한다. 이 X의 확률은 성공횟수와 주어진 시행에서 성공의 확률에 의존하기 때문에 $Nb(x;\, k,\, p)$라는 기호로 나타낸다. 또한 확률변수 X가 취할 수 있는 값은 최소한 k보다 크거나 같아야 한다. 이는 k번 만큼의 시행을 이루어져야 하기 때문이다.

$Nb(x;\, k,\, p)$에 대한 일반적인 식을 얻기 위해 어떤 정해진 순서에 의해 $k-1$번 성공과 $x-k$번 실패 후 x번째의 시행에서 성공이 일어날 확률에 대해 생각해 보자. 시행들은 독립이기 때문에 각각 바라는 결과에 따라 모든 확률들을 곱할 수 있다. 각각의 성공은 확률 p를 갖고 일어나고 각각의 실패는 확률 $q = 1-p$를 갖고 일어난다. 그러므로 정해진 순서에 따라 성공으로 끝나는 확률은 $p^{k-1}q^{x-k}p = p^k q^{x-k}$이다. $k-1$번 성공과 $x-k$번 실패가 어떤 순서에 의해 일어난 후 성공으로 끝나는 실험에서 표본수의 총 숫자는 한 그룹에 $k-1$번 성공을 갖고 있고 다른 그룹에 $x-k$번 실패를 갖고 있는 2개의 그룹에서 $x-1$번 시행 중 성공횟수를 뽑는 조합의 수와 같다. 이 수는 $\binom{x-1}{k-1}$의 항으로 주어지며, 모두 서로 독립이고, 똑같

이 $p^k q^{x-k}$의 확률을 갖고 일어난다. 그래서 일반식은 $p^k q^{x-k}$에 $\binom{x-1}{k-1}$을 곱함으로써 얻는다.

음이항분포 (negative binomial distribution)

만일 독립적인 반복시행에서 성공일 확률 p와 실패일 확률 $q = 1 - p$를 얻을 수 있다면, k번째의 성공이 나타날 때까지의 시행횟수를 X라고 하면, 확률변수 X의 확률분포는

$$f(x) = P(X = x) = Nb(x; k, p) = \binom{x-1}{k-1} p^k q^{x-k}, \quad x = k, k+1, k+2, \cdots\cdots$$

이다.

예제 3.24 어떤 사람이 주사위를 던지는데 5번째 시행에서 두 번째로 3의 배수가 나올 확률을 구하여라.

풀이 음이항분포를 이용하면 $x = 5$, $k = 2$, 그리고 $p = \frac{1}{3}$이다. 따라서

$$\begin{aligned} Nb\left(5; 2, \frac{1}{3}\right) &= \binom{4}{1}\left(\frac{1}{3}\right)^2\left(\frac{2}{3}\right)^3 \\ &= \frac{32}{243} \end{aligned}$$

이다.

만일 $k = 1$인 경우의 음이항분포의 특별한 경우를 생각해 보면, 단 한 번의 성공이 요구되는 시행횟수에 대한 확률분포를 얻게 된다. 예로는 동전의 앞면이 나올 때까지 던지는 경우이다. 4번째 던졌을 때, 처음 동전의 앞면이 나오는 확률에 관심을 가져 보자. 음이항분포는 $x = 1, 2, 3, \cdots$에 대해 $Nb(x; 1, p) = pq^{x-1}$의 형태로 변할 것이다. 성공이 일어나는 항들은 기하적 수열로 구성되기 때문에 관례상 이런 특별한 경우를 기하분포라고 하고 $g(x; p)$로 표기한다.

기하분포 (geometric distribution)

반복이 있는 독립시행에서 성공일 확률이 p이고 실패일 확률이 $q = 1 - p$라면, 첫 번째 성공이 나타날 때까지의 시행횟수인 확률변수 X의 확률분포는

$$P(X = x) = g(x; p) = pq^{x-1}, \quad x = 1, 2, 3, \cdots$$

이다.

예제 3.25 어떤 사람이 앞면이 나오도록 동전을 4번 던질 확률을 구하여라.

풀이. 기하분포를 이용하면, $x = 4$ 이고 $p = 1/2$ 이므로

$$g\left(4; \frac{1}{2}\right) = \frac{1}{2}\left(4; \frac{1}{2}\right)^3 = \frac{1}{16}$$

이다.

3.5 포아송분포

주어진 시간간격이나 면적 또는 지정된 영역 안에서 발생하는 사건들의 수를 확률변수 X의 값으로 하는 실험들을 종종 **포아송실험(Poisson experiment)** 이라고 한다. 주어진 단위시간간격은 일 분, 하루, 한 주, 혹은 1년과 같은 길이가 될 수도 있고, 지정된 영역은 단위길이, 면적, 부피 또는 물질의 한 조각이 될 수도 있다.

포아송실험은 아래의 성질을 만족해야 한다:

1. 서로 겹치지 않는 시간간격이나 영역 안에서 일어난 사건들의 수는 서로 독립이다.
2. 아주 짧은 시간간격이나 작은 영역에서 둘 이상의 결과가 일어날 확률은 0 이라고 가정할 수 있다.
3. 아주 짧은 시간간격이나 작은 영역에서 단 하나의 사건이 일어날 확률은 시간간격의 길이나 영역의 크기에 비례한다.

포아송실험에서 일어나는 결과들의 횟수를 확률변수 X로 나타내면 X의 확률분포를 **포아송분포(Poisson distribution)** 라고 한다. 확률은 주어진 시간간격 안에서나 또는 주어진 영역 안에서 일어나는 사건들의 평균 발생횟수 λ에 의존하기 때문에 $p(x; \lambda)$로 표기한다. 위에서 나열된 포아송실험에 기초를 둔 $p(x; \lambda)$에 대한 식의 유도는 이 책의 수준을 벗어나므로 아래에 그 결과만 제시한다.

포아송분포

확률변수 X가 다음과 같은 이산질량함수를 가질 때 X는 **포아송분포(Poisson distribution)** 를 따른다고 한다.

$$P(X = x) = p(x; \lambda) = \frac{e^{-\lambda}\lambda^x}{x!}, \quad x = 0, 1, 2, \cdots (\lambda > 0)$$

위의 포아송분포 확률함수에서 e는 $e = 2.71828\cdots$ 의 무리수로 자연대수(natural logarithm)를 취할 때 밑(base)으로 사용되는 수이다. 그리고 누적 포아송분포의 누적확률값 $F(X;\lambda) = \sum_{y=0}^{x} \frac{e^{-\lambda}\lambda^{y}}{y!}$ 은 [부록 표 2]에 수록되어 있으며, 이항분포의 확률값 표를 이용할 때와 같은 방법으로 포아송분포의 확률을 구하는 데 사용된다.

일반적으로 포아송분포를 따르는 확률변수의 몇 가지 예를 들면 다음과 같다.

1. 어떤 책 한 페이지에 있는 오타 수
2. 사무실에 하루 동안 걸려온 전화 수
3. 백화점에 아침 개점 후 한 시간 동안 들어오는 고객의 수
4. 특정 지역에서 발생한 교통사고 건수

예제 3.26 어느 도시에서 일주일 동안 발생한 특정 질병 건수가 평균적으로 4건이라고 한다. 이 도시에서 일주일 동안 특정 질병 발생 건수가 3이 될 확률을 구하여라.

풀이 확률변수 X는 일주일 동안 특정 질병 발생 건수라고 하면, 평균적으로 4건이 발생하기 때문에, 확률변수 X는 $\lambda = 4$ 인 포아송분포를 따른다. 따라서 질병 발생 건수가 3이 될 확률은

$$P(X = 3) = \frac{e^{-4}4^{3}}{3!} = 0.195$$

이다. 또 [부록 표 2]로부터 다음과 같이 구할 수도 있다.

$$\begin{aligned} p(3;4) &= \sum_{x=0}^{3} p(x;4) - \sum_{x=0}^{2} p(x;4) \\ &= 0.433 - 0.238 \\ &= 0.195. \end{aligned}$$

포아송분포의 평균과 분산

확률변수가 X가 모두 λ를 잊는 포아송분포를 따를 때, X의 평균과 분산은 각각 다음과 같다.

$$E(X) = \lambda, \quad \mathrm{Var}(X) = \lambda$$

위의 결과에서 알 수 있는 바와 같이 포아송분포의 평균과 분산은 모두 λ와 같다.

모수가 (n, p) 인 이항확률변수에서 n이 크고 np가 적당한 크기가 되도록 p가 충

분히 작을 때, 이항확률변수는 근사적으로 포아송분포를 따른다. n이 상당히 큰 경우에는 이항분포의 확률값을 포아송분포를 이용하여 근사적으로 구할 수 있다.

이항분포의 포아송근사

확률변수 X가 n과 p를 갖는 이항분포를 따르고 성공의 확률 p가 상당히 작을 때, 시행횟수 n이 커짐에 따라 이항분포의 확률질량함수는 포아송분포의 확률질량함수에 수렴한다. 즉,

$$b(x; n, p) = \binom{n}{x} p^x (1-p)^{n-x}$$

$$\approx \frac{e^{-\lambda}\lambda^x}{x!} = p(x; \lambda) \qquad (\text{단}, n \to \infty, \lambda = np)$$

일반적으로 $n \geq 20$이고 $p \leq 0.05$이면, 이 근사를 충분히 이용할 수 있으며, 확률값을 포아송분포의 확률값에 의하여 구할 때 매우 잘 근사하는 것으로 알려져 있다.

예제 3.27 책을 출판하는 어느 인쇄소에서 제본하는 책 가운데 2%는 제본에 결함이 있다고 한다. 이 인쇄소에서 출판된 100권의 책 가운데 3권의 책에 제본의 결함이 있을 확률을 구하여라.

(1) 이항분포를 이용하여 구하여라.

(2) 이항분포에 대한 포아송 근사를 이용하여 구하여라.

풀이 (1) X를 결함이 있는 책의 수라 하면 X는 $n = 100$이고 $p = 0.02$인 이항분포를 따른다고 할 수 있다. 따라서 구하고자 하는 확률은

$$P(X=3) = b(3; 100, 0.02) = \binom{100}{3}(0.02)^3(0.98)^{97} = 0.182$$

이다.

(2) $p = 0.02$로 상당히 작고 $n = 100$으로 충분히 크므로, $\lambda = np = 100(0.02) = 2$인 포아송분포를 이용하여 근사적으로 구할 수 있으며, 포아송분포의 누적확률값 [부록 표 2]를 이용하면

$$\begin{aligned} b(3; 100, 0.02) \fallingdotseq p(3; 2) = \frac{e^{-2}2^3}{3!} &= \sum_{x=0}^{3} p(x; 2) - \sum_{x=0}^{2} p(x; 2) \\ &= 0.857 - 0.677 \\ &= 0.18 \end{aligned}$$

가 된다.

예제 3.28 500명 중 한 명이 평균적으로 자신의 수입에 대한 세금환불서류를 준비하는 과정에 숫자적 오류를 범한다고 한다. 무작위로 1,000명의 서류를 뽑아서 조사해 보면 3건, 4건 또는 5건의 오류가 있을 확률을 구하여라.

풀이 확률변수 X를 세금환불서류에서의 숫자적 오류 건수라고 하면, X는 $n = 1000$ 이고 $p = 0.002$ 인 이항분포를 따른다고 할 수 있다. 여기서 n은 충분히 크며 p는 상당히 작기 때문에 확률변수 X는 근사적으로 $\lambda = np = 1000 \times 0.002 = 2$인 포아송분포를 이용하여 주어진 확률값을 구할 수 있다. 따라서 구하고자 하는 확률은

$$P(3 \le X \le 5) = \sum_{x=3}^{5} p(x; 500, 0.002) \backsimeq \sum_{x=3}^{5} p(x; 2)$$

$$= \sum_{x=0}^{5} p(x; 2) - \sum_{x=0}^{2} p(x; 2)$$

$$= 0.983 - 0.677$$

$$= 0.306$$

이다.

Excel을 이용한 분석

엑셀에서 이산확률분포의 확률값을 구하는 함수로서 다음과 같은 함수가 있다. 이들 함수의 사용법은 도움말을 보면 쉽게 이해할 수 있을 것이다.

이항분포: BINOM.DIST
초기하분포: HYPERGEOM.DIST
음이항분포: NEGBINOM.DIST
포아송분포: POISSON.DIST

Excel 활용 ❶

3.3절의 [예제 3.19]의 확률을 엑셀을 이용하여 계산하여 보자.

풀이

(1) $n = 15$, $p = 0.4$인 이항분포에서 X가 5 이하의 누적확률에서 4 이하의 누적확률을 빼는 문제이다. [수식] - [함수삽입]을 선택하고, [그림 3.5]와 같이 함수 마법사 창에서 BINOM.DIST를 입력하고 검색한다.

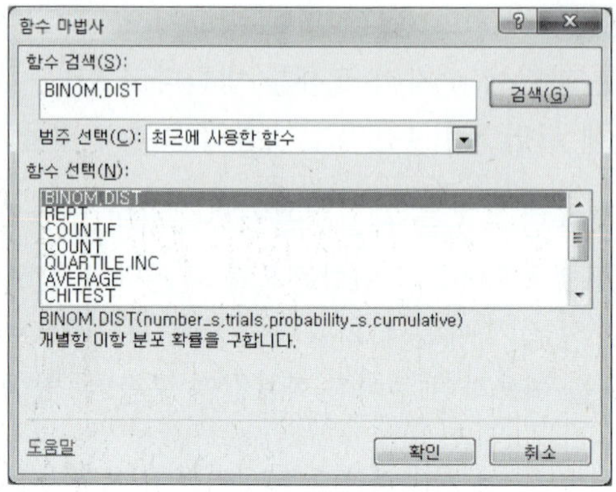

그림 3.5 함수 마법사 창

[그림 3.6]과 같이 입력부분을 지정하면 X가 5 이하의 누적확률인 0.4032를 얻을 수 있다. 같은 방법으로 X가 4 이하의 누적확률을 구하면, 0.2173을 얻을 수 있다. 따라서 구하고자 하는 확률값은 0.4032 − 0.2173 = 0.1859이다.

(2), (3)에서도 같은 방식으로 값을 구할 수 있다.

Excel 활용 ❷

3.5절의 [예제 3.26]의 확률을 엑셀을 이용하여 계산하여 보자.

(풀이)

$\lambda = 4$인 포아송분포에서 $X = 3$일 때의 확률값을 구하는 문제이다.
Excel 활용 1에서와 같은 방법으로 POISSON.DIST 함수를 선택하여 [그림 3.7]과 같이 입력부분을 지정하면 확률값 0.195를 구할 수 있다.

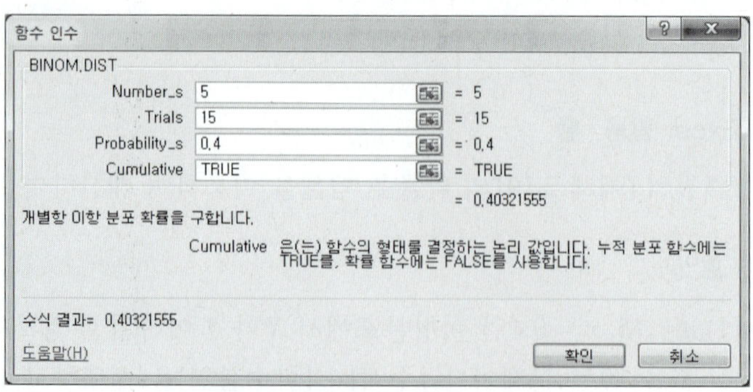

그림 3.6 이항분포의 대화상자

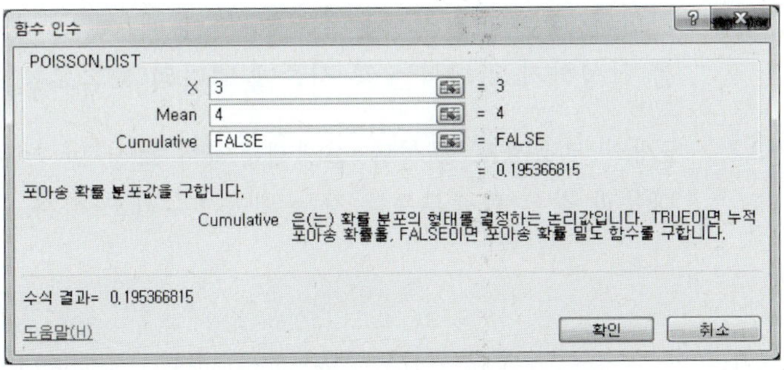

그림 3.7 포아송분포의 대화상자

연습문제

3.1 새로 출시된 핸드폰에 대한 선호도가 종전의 핸드폰 선호도보다 2배 더 크다고 알려져 있다. 4명을 임의로 뽑아서 새로 출시된 핸드폰을 선호하는 사람의 수를 확률변수 X라고 할 때, X의 확률분포를 구하여라.

3.2 1에서 12까지 숫자가 적힌 카드 12장에서 임의로 3장을 복원추출로 선택할 때, 3의 배수가 적힌 카드 수에 대한 확률분포를 구하고, 이 확률분포를 그래프로 나타내어라.

3.3 오렌지 3개, 사과 12개, 바나나 3개가 들어 있는 바구니에서 4개의 과일을 선택하는 표본을 생각하자. 선택된 과일 중에서 바나나의 개수를 X라고 할 때, 확률분포를 구하고 선택된 평균 바나나수를 구하여라.

3.4 두 개의 주사위가 있는데, 첫 번째 주사위는 2와 3의 숫자가 각각 3면에 있으며, 두 번째 주사위는 0에서 5까지 숫자가 각각 한 면에 적혀져 있다. 각 주사위를 던져서 나오는 숫자의 합을 W라고 할 때, 이 확률분포를 구하여라.

3.5 어떤 게임에서 참가자가 3개의 동전을 던졌을 때, 모두 뒷면 또는 모두 앞면이 나오면 5,000원을 받고, 한 번 또는 두 번 앞면이 나오면 3,000원을 잃는다. 돈을 벌어들일 기댓값을 구하여라.

3.6 어느 카레이서가 경주시즌 동안 5천만 원의 보험에 가입하기를 원한다. 보험회사는 확률 0.001을 갖고 전체 손실이 일어나고, 확률 0.02를 갖고 50%의 손실이 일어나며, 확률 0.1을 갖고 20%의 손실이 발생한다고 평

가한다. 다른 부분적인 손실은 무시할 때, 보험회사가 50만 원의 평균이익을 달성하기 위해서는 각 시즌에 얼마의 보험료를 부과해야만 하는가?

3.7 3개의 부품으로 구성된 전제제품에서 고장 난 부품의 수를 X라고 할 때, 다음과 같은 확률분포를 갖는 확률변수라고 하자.

x	0	1	2	3
$P(X = x)$	0.3	0.1	0.4	0.2

이때 $g(X) = (2X + 1)^2$에 대한 평균과 분산을 구하여라.

3.8 한 학과에서 올해 개설된 강좌수가 20이라고 하자. 이 중 15개 강좌는 각각 25명의 학생이 수강하고, 3개의 강좌는 각각 60명의 학생이 수강하며, 2개의 강좌는 각각 200명의 학생이 수강한다고 하자. 한 강좌에 대한 평균 수강생의 수를 구하여라.

3.9 희귀 혈액병에 감염되었을 때 환자가 회복될 확률은 0.3이다. 만일 15명이 이 질병에 감염된 것을 알고 있다면, 다음의 확률을 각각 구하여라.
(a) 3명의 회복될 확률을 구하여라.
(b) 5명 이상, 8명 이하가 회복될 확률을 구하여라.
(c) 최소한 9명이 회복될 확률을 구하여라.

3.10 병원에서 독감 백신을 두 개의 제약회사에서 공급받는다. A 제약회사에서 전체 필요량의 30%와 B 제약회사에서 70%를 각각 공급받는다. 15개의 백신을 임의로 선택하여 4개가 A 제약회사에서 제공받은 백신을 확률을 구하여라. 또한 15개의 백신 중 A 제약회사에서 제공받는 평균 백신의 수와 분산을 구하여라.

3.11 어느 회사의 인사담당 책임자는 3명의 여성과 5명의 남성으로 구성된 지원자들 중에서 두 명을 채용하고자 한다. 이때 한 명의 여성이 신입사원으로 채용될 확률을 구하여라.

3.12 5,000가구가 속해 있는 특정 도시를 두 개의 도시로 분할하고자 하는 내용을 담은 탄원서에 대해 거주자들의 1/3가구가 분할을 반대한다고 알려졌다. 무작위로 20가구를 선택하여, 최소 5가구가 도시의 분할에 찬성할 확률을 구하여라.

3.13 어떤 사람이 사후세계에 대한 이야기를 믿을 확률을 0.4라고 가정하자. 다음의 확률은 얼마인가?

(a) 여섯 번째로 이 이야기를 들은 사람이 세 번째로 믿는 사람이 될 확률

(b) 네 번째로 이 이야기를 들은 사람이 그곳을 믿는 첫 번째 사람이 될 확률

3.14 대학생 중 노트북을 소유하고 있는 학생의 비율이 0.2로 알려져 있다. 임의의 10명의 대학생과 인터뷰를 하였을 때, 세 번째 학생이 노트북을 소유하고 있을 확률을 구하여라.

3.15 세 명이 동전을 한 개씩 던져서 다른 면이 나오는 한 사람이 커피값을 지불하기로 했다. 만일 동전들이 같은 면으로 나오면 다시 던지기로 한다. 4번보다 작게 던질 확률을 구하여라.

3.16 특정지역에서 수면제를 복용하는 2,000명 중 2/3가 여자라고 한다. 이 수치가 믿을 만하다고 가정하면, 어느 날 하루 동안에 의사가 수면제를 여섯 번째로 처방전을 내렸을 때,

(a) 여자에게 첫 번째로 처방전을 준 경우인 확률을 구하여라.

(b) 여자에게 네 번째로 처방전을 준 경우인 확률을 구하여라.

3.17 강원도 어느 도시에 있는 한 학교는 겨울에 눈 때문에 1년에 평균적으로 3일 휴교한다고 한다. 이 도시에서 겨울 동안 휴교한 날짜가 5일이 될 확률을 구하여라.

3.18 특정 지역에서 하루 동안 교통사고 발생 건수가 평균적으로 2건이라고 한다. 이 지역에서 하루 동안 교통사고 건수가 한 건도 없을 확률과 4건 이상일 확률을 구하여라.

3.19 복권을 구입하는 2,000명 중 평균 한 명이 당첨된다는 결과가 있다. 복권을 구입하는 사람을 무작위로 1,500명 선택하여 3명 이상이 복권에 당첨될 확률을 구하여라.

3.20 독감 백신 접종으로 인한 부작용이 발생할 확률은 0.005라고 알려져 있다. 만약 1,000명이 독감 예방접종을 한다면, 이 중 한 명에게서 부작용이 발생할 확률과 5명 이상에게서 부작용이 발생할 확률을 구하여라.

4장 연속확률변수와 확률분포

3장에서는 셀 수 있는 관측값을 갖는 이산확률변수와 관련 개념 등에 대해 알아보았다. 이 장에서는 키, 몸무게, 온도 등과 같이 셀 수 없는 관측값을 갖는 연속형 확률변수에 대하여 다루기로 한다. 또한 연속형 확률분포 중에서 가장 기본이 되는 균일분포, 수명분포에 응용되는 지수분포, 확률통계에서 가장 중요하고 유용한 정규분포에 대하여 살펴보기로 한다. 더불어 응용분야에서 자주 이용되는 몇 개의 또 다른 연속분포에 대하여 다루기로 한다.

4.1 연속확률변수와 확률분포

이 절에서는 연속확률변수와 확률분포에 대하여 정의하고자 한다. 만약 확률변수가 취할 수 있는 값이 특정구간에서의 실수값 전체인 경우 이를 연속확률변수라고 한다. 예를 들어 어떤 호수의 생태계를 관찰하고자 할 때, 임의의 선택된 위치에서 호수의 깊이를 측정할 수 있고, 이때 확률변수 X를 선택된 위치에서 측정된 깊이라고 하면 X는 연속확률변수이다. 또한 일별 미세먼지 농도를 확률변수 X라고 한다면, 이 값은 0보다 크거나 같은 실수값을 가지기 때문에 X는 연속확률변수이다.

연속확률변수

확률변수 X가 주어진 실수구간 내에 속하는 어떠한 실수도 취할 수 있을 때, 확률변수 X를 **연속확률변수 (continuous random variable)** 라고 한다.

만일 확률변수 X의 측정규모를 원하는 어떤 범위까지 쪼갤 수 있다면, 그 확률변수는 연속이다. 그러나 그렇지 않다면, 그 확률변수는 이산이다. 예를 들면, 확률변수 X가 높이 또는 길이를 나타낸다면, X의 단위는 킬로미터, 미터, 센티미터, 밀리미터로 측정될 수 있고, 따라서 그 확률변수 X는 연속확률변수이다.

관심 있는 확률변수 X를 어떤 호수에서 임의로 선택한 지점의 수면에서부터의 깊이라고 하자. M이 호수의 최대깊이(단위: 미터)를 나타낸다고 하면, 구간 $[0, M]$에 있는 어떤 수도 X의 모든 가능한 값이 될 수 있다. 만일 미터 단위로 측정한 깊이를 이산확률변수 X로 나타낸다면 가능한 값들은 M보다 작거나 같은 음이 아닌 정수들이 될 것이다. 깊이에 대한 이산형 분포는 확률 히스토그램을 이용하여 나타낼 수 있다. 히스토그램을 그릴 때 어떤 가능한 정수 k 위에서의 직사각형의 면적은 호수의 깊이 k에 비례한다면, 모든 직사각형의 총 면적은 1이 된다. [그림 4.1(a)]에 가능한 히스토그램이 나타나 있다.

또 [그림 4.1(a)]에 나타낸 동일한 축에 대하여 깊이에 대한 측정단위를 센티미터로 나타낸다면, 확률 히스토그램에서 각각의 사각형은 훨씬 좁게 되고 모든 직사각형들의 총 면적은 여전히 1이 되며, 가능한 히스토그램이 [그림 4.1(b)]에 나타나 있다. [그림 4.1(b)]는 [그림 4.1(a)]와 비교하여 훨씬 부드러운 곡선 모양에 접근하게 되고, [그림 4.1(c)]와 같이 나타낼 수 있으며, 역시 부드러운 곡선 아래의 면적은 1이 된다. 임의로 택한 깊이 a와 b 사이의 확률은 곡선 아래의 a와 b 사이의 면적이 된다. [그림 4.1(c)]에 나타난 곡선의 형태는 연속확률분포의 특정한 하나의 예이다.

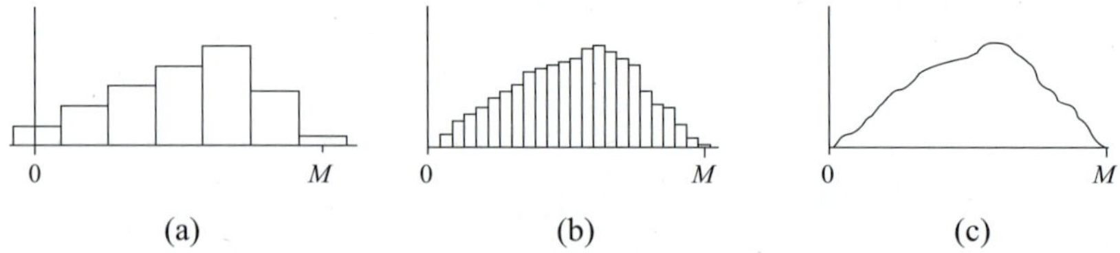

그림 4.1 확률 히스토그램과 이산 히스토그램의 연속의 극한곡선

○ 확률밀도함수

확률변수 X가 연속확률변수일 때, 임의의 두 수 $a, b\,(a \le b)$에 대하여

$$P(a \le X \le b) = \int_a^b f(x)\,dx$$

를 만족하는 함수 $f(x)$를 X의 **확률밀도함수(probability density function)** 또는 **확률분포(probability distribution)**라고 한다. 즉, X가 구간 $[a, b]$에서 임의의 값을 취할 확률은 확률밀도함수의 곡선 아래의 면적이다([그림 4.2] 참조). $f(x)$의 그래프를 **확률밀도곡선(probability density curve)**이라고도 한다.

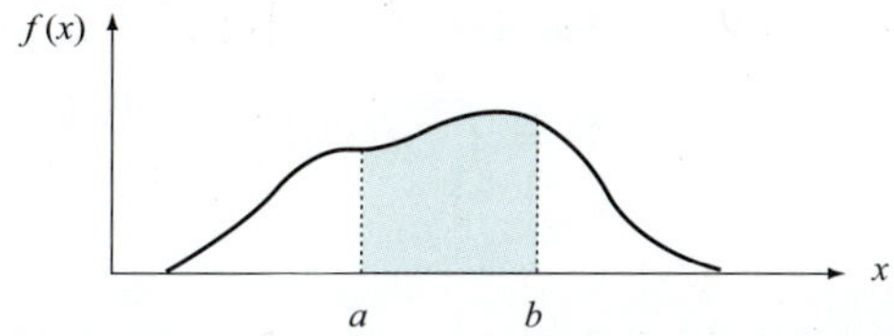

그림 4.2 $P(a \leq X \leq b)$ = 곡선 아래 a와 b 사이의 면적

○ 확률밀도함수의 성질

연속확률변수 X에 대하여 $f(x)$가 확률밀도함수가 되기 위해서는 다음의 두 가지 조건을 만족하여야 한다.

1. 모든 x에 대하여 $f(x) \geq 0$
2. $\int_{-\infty}^{\infty} f(x)\,dx = 1$

예제 4.1 버스를 이용하여 직장에 출근한다고 할 때, 버스가 10분 간격으로 버스 정거장에 도착한다고 하자. 버스를 기다리는 시간 X는 연속확률변수가 된다. X가 취할 수 있는 값은 구간 [0, 10]의 임의의 값이 되고, X에 대한 가능한 확률밀도함수는

$$f(x) = \begin{cases} \dfrac{1}{10}, & 0 \leq x \leq 10 \\ 0\ , & \text{기타} \end{cases}$$

이다.

이때 확률밀도함수 $f(x)$는 [그림 4.3(a)]와 같이 나타낸다.

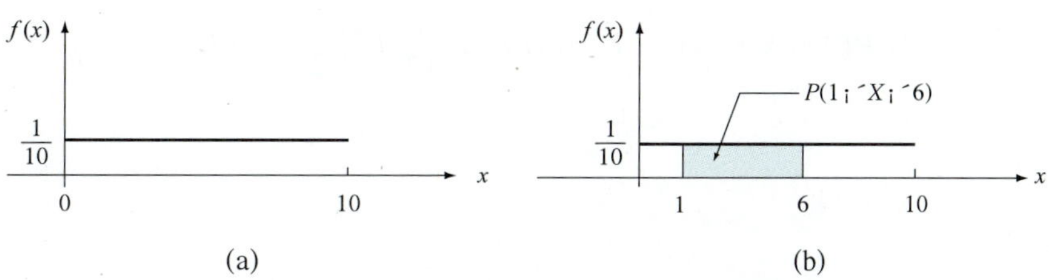

그림 4.3 예제 4.1에 대한 확률밀도함수

명백하게 $f(x) \geq 0$이고, 그래프 아래의 총 면적은 $10 \cdot \left(\frac{1}{10}\right) = 1$이다. 특히, 1분 이상 6분 이하로 버스를 기다릴 확률을 구하면

$$P(1 \leq X \leq 6) = \int_1^6 f(x)dx = \int_1^6 \frac{1}{10}dx = \frac{1}{2}$$

이다([그림 4.3(b)] 참조). 비슷한 방법으로, $P(2 \leq X \leq 4) = \frac{1}{5}$ 이 된다.

또한 이 사람이 적어도 4분 이상 기다릴 확률을 구하면 다음과 같다.

$$P(X \geq 4) = \int_4^{\infty} f(x)\,dx = \int_4^{10} \frac{1}{10}\,dx + \int_{10}^{\infty} 0\,dx = \frac{3}{5}$$

●

> X를 연속확률변수라고 하면, 임의의 상수 c에 대하여
>
> $$P(X = c) = 0$$
>
> 이다. 또 두 수 a와 $b\,(a < b)$에 대하여
>
> $$\begin{aligned} P(a \leq X \leq b) &= P(a < X \leq b) \\ &= P(a \leq X < b) = P(a < X < b) = \int_a^b f(x)\,dx \end{aligned}$$

예제 4.2 연속확률변수 X는 다음 확률밀도함수를 갖는다.

$$f(x) = \begin{cases} c\left(\frac{1}{2} + x\right), & 2 < x < 5 \\ 0, & \text{기타} \end{cases}$$

(1) c의 값을 구하여라.
(2) 확률 $P(3 \leq X < 4)$를 구하여라.

풀이 (1) $f(x)$가 확률밀도함수이므로 $\int_{-\infty}^{\infty} f(x)\,dx = 1$ 이어야 한다. 따라서

$$c\int_2^5 \left(\frac{1}{2} + x\right)dx = c\left[\frac{1}{2}x + \frac{1}{2}x^2\right]_2^5 = 1$$

이므로 $c = \dfrac{1}{12}$이 된다.

(2) $$P(3 \leq X < 4) = \int_3^4 f(x)\,dx = \frac{1}{12}\int_3^4 \left(\frac{1}{2} + x\right)dx = \frac{1}{3}$$

이다. ●

예제 4.3 고장나기 전까지의 컴퓨터의 작동시간 X가 다음과 같은 확률밀도함수를 갖는 연속확률변수라고 하자.

$$f(x) = \begin{cases} \lambda e^{-x/100}, & x \geq 0 \\ 0, & x < 0 \end{cases}$$

(1) 컴퓨터가 고장나기 전에 50시간 이상, 150시간 이하 동안 작동할 확률을 구하여라.

(2) 컴퓨터가 100시간 미만 작동할 확률을 구하여라.

풀이 (1) $f(x)$가 확률밀도함수이므로 $\int_{-\infty}^{\infty} f(x)\,dx = 1$이다. 따라서

$$\int_{-\infty}^{\infty} f(x)\,dx = \lambda \int_{0}^{\infty} e^{-x/100}\,dx = -\lambda\left[(100)e^{-x/100}\right]_0^{\infty} = 100\lambda = 1$$

이므로 $\lambda = \frac{1}{100}$이다.

따라서 고장이 일어나기 전 컴퓨터의 작동시간이 50시간 이상 150시간 이하일 확률은

$$\begin{aligned} P(50 \le X \le 150) &= \int_{50}^{150} \frac{1}{100} e^{-x/100}\,dx = \left[-e^{-x/100}\right]_{50}^{150} \\ &= e^{-1/2} - e^{-3/2} \approx 0.3834 \end{aligned}$$

이다.

(2) 유사한 방법으로

$$P(X < 100) = \int_{0}^{100} \frac{1}{100} e^{-x/100}\,dx = 1 - e^{-1} \approx 0.6321$$

이다. 즉, 컴퓨터가 100시간 사용 전에 고장 날 확률은 약 63.21%이다. ●

앞 장에서 이산확률변수 X에 대하여 누적분포함수 $F(x)$는 $P(X \le x)$으로 정의하였다. 즉, $y \le x$를 만족하는 모든 가능한 값 y의 확률 $p(y)$들을 합하여 구할 수 있다. 연속확률변수 X의 누적분포함수도 $P(X \le x)$으로 정의하고, $[-\infty, x]$ 사이의 확률밀도함수 $f(y)$를 적분함으로써 얻을 수 있다.

누적분포함수

연속확률변수 X에 대하여 **누적분포함수(cumulative distribution function, c.d.f)** 또는 **분포함수** $F(x)$는 모든 실수 x에 대해

$$F(x) = P(X \le x) = \int_{-\infty}^{x} f(y)\,dy$$

로 정의한다. 즉, $F(x)$는 확률변수 X가 x 이하의 값을 가질 확률이고 x의 왼쪽 확률밀도곡선 아래의 면적이 된다. [그림 4.4]와 같이 x가 증가할 때 $F(x)$는 단조증가한다.

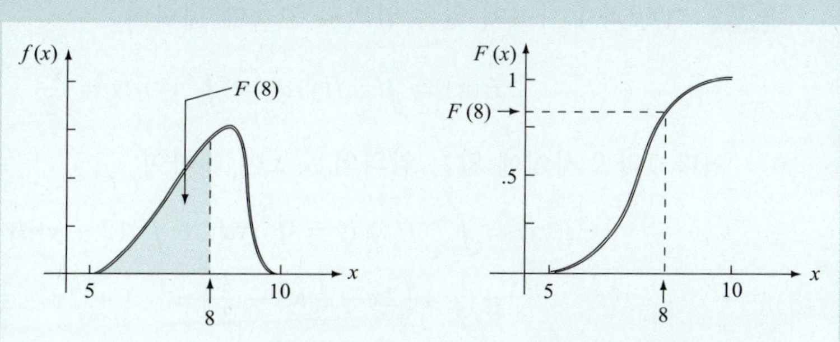

그림 4.4 확률밀도함수와 누적분포함수의 그래프

이산확률변수에서와 마찬가지로 분포함수 $F(x)$ 또는 $F(x)$의 표로부터 다양한 구간들의 확률을 얻을 수 있기 때문에 분포함수는 매우 중요하다.

> X를 확률밀도함수 $f(x)$와 분포함수 $F(x)$를 갖는 연속확률변수라고 하자.
> 임의의 수 a에 대해
>
> $$P(X > a) = 1 - F(a)$$
>
> 이고, 임의의 두 수 a와 $b(a < b)$에 대하여,
>
> $$P(a \le X \le b) = F(b) - F(a)$$
>
> 이 된다.

[그림 4.5]는 복잡한 적분 계산이 아닌 누적확률을 이용하여 a와 b 사이의 확률 $P(a \le X \le b)$를 얻을 수 있음을 보여 준다.

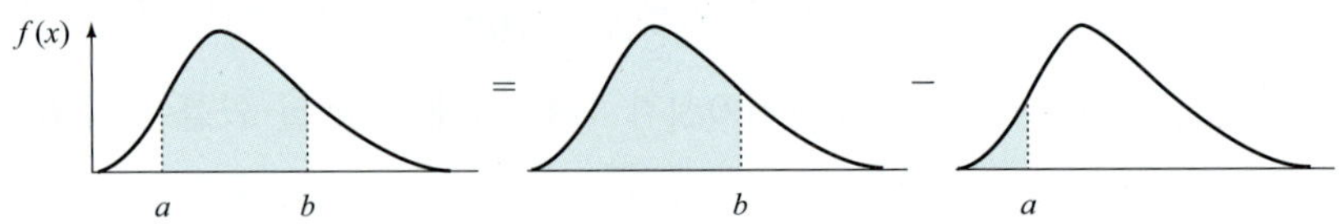

그림 4.5 누적확률로부터 $P(a \le X \le b)$의 계산

예제 4.4 연속확률변수 X의 확률밀도함수가 다음과 같다고 하자.

$$f(x) = \begin{cases} x \ , & 0 \le x < 1 \\ 2 - x, & 1 \le x < 2 \\ 0 \ , & \text{기타} \end{cases}$$

(1) 분포함수 $F(x)$를 구하여라.

(2) $P(0.5 \le X < 1.2)$를 구하여라.

(3) $P(X > 1.5)$를 구하여라.

풀이 (1) 0과 1 사이에 있는 임의의 수 x에 대하여

$$F(x) = \int_{-\infty}^{x} f(y)\,dy = \int_{0}^{x} (y)\,dy = \frac{x^2}{2}$$

이다. 1과 2 사이에 있는 임의의 수 x에 대하여

$$\begin{aligned} F(x) &= \int_{-\infty}^{x} f(y)\,dy = \int_{0}^{1} y\,dy + \int_{1}^{x} (2-y)\,dy \\ &= \frac{1}{2} + \left(2x - \frac{1}{2}x^2 - \frac{3}{2}\right) = -1 + 2x - \frac{1}{2}x^2 \end{aligned}$$

이다. 따라서 분포함수는

$$F(x) = \begin{cases} 0 & , \ x < 0 \\ \dfrac{x^2}{2} & , \ 0 \le x < 1 \\ -1 + 2x - \dfrac{1}{2}x^2, & 1 \le x < 2 \\ 1 & , \ 2 \le x \end{cases}$$

(2) $P(0.5 \le X < 1.2) = F(1.2) - F(0.5)$

$$= \left[(-1) + (2)(1.2) - \left(\frac{1}{2}\right)(1.2)^2\right] - \left[\left(\frac{1}{2}\right)(0.5)^2\right]$$

$$= \frac{111}{200} = 0.555$$

(3) $P(X \ge 1.5) = 1 - P(X < 1.5)$

$$= 1 - F(1.5)$$

$$= 1 - \left[(-1) + (2)(1.5) - \left(\frac{1}{2}\right)(1.5)^2\right] = \frac{1}{8}$$

$$= 0.125$$

다음의 결과는 분포함수 $F(x)$가 주어졌을 때 확률밀도 $f(x)$를 구하는 데 유용한 결과이다.

> X가 확률밀도함수 $f(x)$와 누적분포함수 $F(x)$를 갖는 연속확률변수라고 하면, 도함수 $F'(x)$가 존재하는 모든 x에서
>
> $$F'(x) = \frac{d}{dx}\int_{-\infty}^{x} f(y)dy = f(x)$$
>
> 가 성립한다.

4.2 기댓값

3장에서 이산확률변수 X에 대한 기댓값을 다음과 같이 정의하였다.

$$E(X) = \sum_x x \cdot p(X = x)$$

여기에서는 연속확률변수의 기댓값을 구하기 위해 합의 기호 대신에 적분기호로, 확률질량함수 대신에 확률밀도함수로 바꾸면 된다.

연속확률변수의 기댓값

확률밀도함수 $f(x)$를 갖는 연속확률변수 X의 **기댓값(expected value)** 또는 **평균값 (mean value)**은

$$\mu_X = E(X) = \int_{-\infty}^{\infty} xf(x)\,dx$$

으로 정의한다.

예제 4.5 [예제 4.2]에서 정의된 연속확률변수 X의 평균 $E(X)$를 구하여라.

풀이 X의 평균은

$$\begin{aligned} E(X) &= \int_{-\infty}^{\infty} xf(x)\,dx = \int_2^5 x\frac{1}{12}\left(\frac{1}{2}+x\right)dx \\ &= \frac{1}{12}\int_2^5\left(\frac{1}{2}x+x^2\right)dx = \frac{1}{12}\left[\left(\frac{1}{4}x^2+\frac{1}{3}x^3\right)\right]_2^5 \\ &= \frac{177}{48} \end{aligned}$$

이다.

가끔은 확률변수 X의 함수 $g(X)$에 대한 기댓값을 구하고자 할 때가 있다. X의 함수 $g(X)$를 새로운 확률변수 Y로 생각한다면 기댓값의 정의에 의하여 $E(Y)$를 계산할 수 있고, 이산확률변수에서와 마찬가지로 $E[g(X)]$를 쉽게 계산할 수 있다.

X가 확률밀도함수 $f(x)$를 갖는 연속확률변수이고 $g(X)$를 X의 함수라고 하면 $g(X)$의 기댓값은

$$E[g(X)] = \mu_{g(X)} = \int_{-\infty}^{\infty} g(x)\cdot f(x)\,dx$$

으로 정의된다.

분산, 표준편차

X를 확률밀도함수 $f(x)$를 갖는 연속확률변수라고 하면 X의 **분산(variance)**은

$$\begin{aligned} \sigma_X^2 &= \mathrm{Var}(X) = E[(X-\mu)^2] = \int_{-\infty}^{\infty}(x-\mu)^2 f(x)\,dx \\ &= E(X^2) - [E(X)]^2 \end{aligned}$$

이 성립하고, X의 **표준편차(standard deviation)**는

$$\sigma_X = \sqrt{\mathrm{Var}(X)}$$

로 정의된다.

또한 임의의 상수 a와 b에 대하여

$$E(aX+b) = aE(X)+b$$

이고

$$\mathrm{Var}(aX+b) = a^2\mathrm{Var}(X)$$

가 성립한다.

예제 4.6 다음 확률밀도함수를 갖는 연속확률변수를 X라고 하자. X의 분산 $\mathrm{Var}(X)$을 구하여라.

$$f(x) = \begin{cases} \frac{3}{2}\left(x - \frac{1}{2}x^2\right), & 0 < x < 2 \\ 0 & , \text{ 기타} \end{cases}$$

풀이 X의 분산을 구하기 위하여 X의 기댓값 $E(X)$와 $E(X^2)$을 구하면

$$\begin{aligned} E(X) &= \int_{-\infty}^{\infty} x f(x)\, dx = \int_0^2 x\, \frac{3}{2}\left(x - \frac{1}{2}x^2\right) dx \\ &= \frac{3}{2}\int_0^2 \left(x^2 - \frac{1}{2}x^3\right) dx = 1 \end{aligned}$$

$$\begin{aligned} E(X^2) &= \int_{-\infty}^{\infty} x^2 f(x)\, dx = \int_0^2 x^2\, \frac{3}{2}\left(x - \frac{1}{2}x^2\right) dx \\ &= \frac{3}{2}\int_0^2 \left(x^3 - \frac{1}{2}x^4\right) dx = \frac{6}{5} \end{aligned}$$

이다. 이 결과를 이용하여 분산을 구하면

$$\begin{aligned} \mathrm{Var}(X) &= E(X^2) - [E(X)]^2 \\ &= \frac{6}{5} - 1^2 = \frac{1}{5} \end{aligned}$$

이다.

예제 4.7 X를 어떤 주유소에서 주당 휘발유의 수요를 나타낸다고 하고 X의 확률밀도함수가 다음과 같을 때, 이 주유소의 수입이 $g(X) = 3X + 1$(단위: 만 원)이라고 할 때, 주유소의 평균수입 $E[g(X)]$를 구하여라.

$$f(x) = \begin{cases} x\ , & 0 \le x \le 1 \\ \frac{1}{2}, & 1 < x \le 2 \\ 0\ , & \text{기타} \end{cases}$$

풀이 기댓값의 정의와 성질을 이용하면, X의 기댓값은

$$\begin{aligned} E(X) &= \int_{-\infty}^{\infty} x f(x)\, dx \\ &= \int_0^1 x(x)\, dx + \int_1^2 x\left(\frac{1}{2}\right) dx \\ &= \int_0^1 x^2\, dx + \int_1^2 \frac{1}{2}x\, dx \\ &= \left[\frac{1}{3}x^3\right]_0^1 + \frac{1}{2}\left[\frac{1}{2}x^2\right]_1^2 = \frac{1}{3} + \frac{3}{4} = \frac{13}{14} = 1.08 \end{aligned}$$

이다. 따라서 $E(3X + 1) = 3 \cdot E(X) + 1 = (3)(1.08) + 1 = 4.24$ 이다.

4.3 균일분포

만일 확률변수 X의 확률밀도함수가

$$f(x) = \begin{cases} 1, & 0 < x < 1 \\ 0, & \text{기타} \end{cases}$$

으로 주어지면 확률변수가 구간 (0, 1)에서 균일하게 분포되어 있다고 한다. $f(x)$는 $x \in (0, 1)$에 대하여 일정하므로, X가 구간 (0, 1) 내의 어떤 값의 근방일 가능성은 모두 동일하다. 이를 일반적으로 나타내면 다음과 같이 정의할 수 있다.

균일분포

확률변수 X의 확률밀도함수가

$$f(x) = \begin{cases} \dfrac{1}{b-a}, & a < x < b \\ 0, & \text{기타} \end{cases}$$

으로 주어지면, X는 구간 (a, b)에서 **균일분포(uniform distribution)**를 갖는다고 한다.

확률변수 X가 (a, b)에서 균일하게 분포되어 있을 때 X의 분포함수는

$$F(x) = \begin{cases} 0, & x \le a \\ \dfrac{x-a}{b-a}, & a < x < b \\ 1, & x \ge b \end{cases}$$

이고, 균일분포 X의 확률밀도함수 $f(x)$와 분포함수 $F(x)$의 그래프는 [그림 4.6]과 같이 나타낸다.

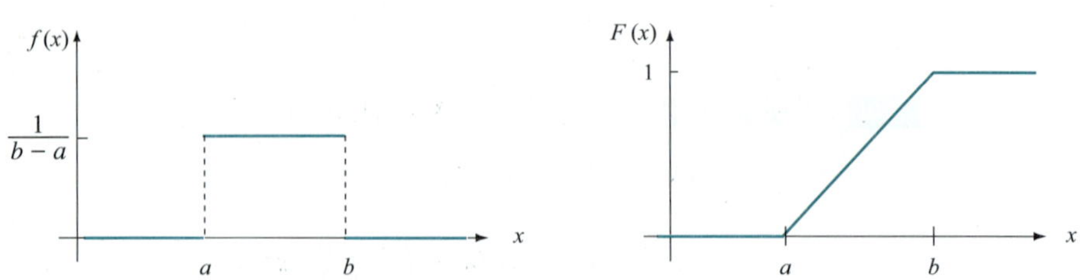

그림 4.6 균일분포의 확률밀도함수와 분포함수 그래프

정리 4.1

확률변수 X가 (a, b)에서 균일분포를 따를 때, X의 평균과 분산은 다음과 같다.

$$E(X) = \frac{a+b}{2}, \quad \mathrm{Var}(X) = \frac{(b-a)^2}{12}$$

증명 기댓값의 정의에 의하여 X의 평균은

$$\begin{aligned} E(X) &= \int_{-\infty}^{\infty} xf(x)\,dx = \int_a^b x\left(\frac{1}{b-a}\right)dx \\ &= \left(\frac{1}{b-a}\right)\left(\frac{b^2-a^2}{2}\right) = \frac{a+b}{2} \end{aligned}$$

이다. X의 분산을 구하기 위해 $\mathrm{Var}(X) = E(X^2) - [E(X)]^2$을 이용하면

$$E(X^2) = \int_a^b x^2\left(\frac{1}{b-a}\right)dx = \left(\frac{1}{b-a}\right)\left(\frac{b^3-a^3}{3}\right) = \frac{b^2+ab+a^2}{3}$$

이므로 X의 분산은

$$\mathrm{Var}(X) = \frac{b^2+ab+a^2}{3} - \left(\frac{a+b}{2}\right)^2 = \frac{(b-a)^2}{12}$$

이다.

예제 4.8 통근열차가 오전 7시부터 20분 간격으로 역에 도착한다고 하자. 즉, 열차의 도착시간은 7시, 7시 20분, 7시 40분, ⋯ 등이다. 만약 한 승객이 7시와 8시 사이에 균일하게 분포된 어느 시간에 역에 도착한다고 할 때,

(1) 그 승객이 열차를 10분 미만 기다릴 확률을 구하여라.
(2) 그 승객이 열차를 15분 이상 기다릴 확률을 구하여라.

풀이 (1) X를 승객이 7시가 지나서 정류장에 도착한 시간(단위: 분)이라고 하자. 7시와 8시 사이에 균일하게 승객이 역에 도착하기 때문에 확률변수 X의 확률밀도함수는 다음과 같이 나타낼 수 있다.

$$f(x) = \begin{cases} \dfrac{1}{60}, & 0 < x < 60 \\ 0, & \text{기타} \end{cases}$$

승객이 열차를 10분 미만 기다리기 위해서는 7시 10분에서 7시 20분 사이, 7시 30분에서 7시 40분 사이, 또는 7시 50분에서 8시 사이에 역에 도착하여야 하므로, 구하고자 하는 확률은

$$\begin{aligned} &P(10 < X < 20) + P(30 < X < 40) + P(50 < X < 60) \\ &= \int_{10}^{20} \frac{1}{60}dx + \int_{30}^{40} \frac{1}{60}dx + \int_{50}^{60} \frac{1}{60}dx = \frac{1}{2} \end{aligned}$$

이다.

(2) (1)과 비슷한 방법으로, 15분 이상 열차를 기다릴 확률은

$$P(0 < X < 5) + P(20 < X < 25) + P(40 < X < 45)$$
$$= \int_0^5 \frac{1}{60}dx + \int_{20}^{25} \frac{1}{60}dx + \int_{40}^{45} \frac{1}{60}dx = \frac{1}{4}$$

이다.

4.4 지수분포

수명분포에 응용되는 지수분포는 공학과 과학분야에서 매우 폭넓게 사용된다. 이 절에서는 지수분포에 대하여 살펴본다.

지수분포

확률변수 X의 확률밀도함수 $f(x)$가

$$f(x; \lambda) = \begin{cases} \lambda e^{-\lambda x}, & x \geq 0, \ \lambda > 0 \\ 0, & x < 0 \end{cases}$$

로 주어질 때, X는 **지수분포(exponential distribution)**를 갖는다고 한다.

지수분포는 4.6절의 감마분포의 확률밀도함수에서 $\alpha = 1$이고 $\beta = \frac{1}{\lambda}$인 특수한 경우의 분포이다. 따라서 지수분포의 확률밀도함수를 $\frac{1}{\beta}e^{-x/\beta}$로 나타내기도 한다.

정리 4.2

확률변수 X가 모수 λ를 갖는 지수분포를 따를 때, 평균과 분산은 다음과 같다.

$$\mu = E(X) = \frac{1}{\lambda} \quad \sigma^2 = \mathrm{Var}(X) = \frac{1}{\lambda^2}$$

위의 정리에서 지수분포의 평균과 표준편차는 $\frac{1}{\lambda}$로 같다는 것을 알 수 있으며, [그림 4.7]에 상수 λ가 변함에 따라 지수분포의 확률밀도함수 그래프가 나타나 있다.

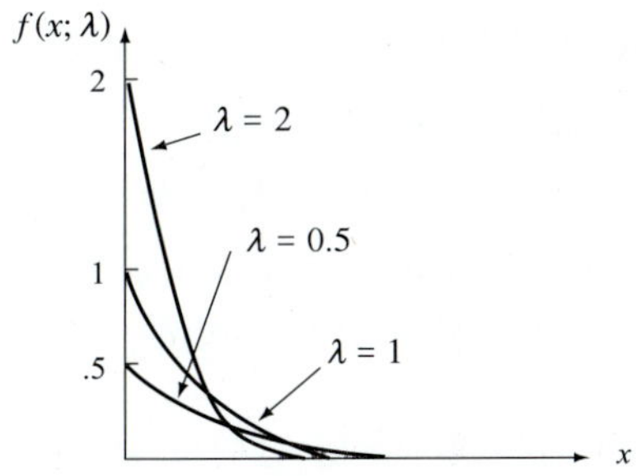

그림 4.7 지수분포의 그래프

확률변수 X가 모수 λ를 갖는 지수분포를 따를 때, X의 누적분포함수(cdf)는 다음과 같다.

$$F(x;\lambda) = \begin{cases} 0 &, \ x < 0 \\ 1 - e^{-\lambda x}, & x \geq 0 \end{cases}$$

예제 4.9 확률변수 X를 인터넷에 연결된 컴퓨터 단말기의 반응시간(즉, 사용자의 조회가 끝난 시점과 반응의 시작시간)이라고 하면, X는 평균반응시간이 5초인 지수분포를 따른다고 한다. 반응시간이 10초보다 작을 확률을 구하여라. 또 반응시간이 5초와 10초 사이일 확률을 구하여라.

풀이 $E(X) = \dfrac{1}{\lambda} = 5$이므로 $\lambda = 0.2$이다. 따라서 X는 $\lambda = 0.2$인 지수분포를 따르게 된다. 따라서 구하고자 하는 확률은 지수분포의 분포함수를 이용하여 다음과 같이 구할 수 있다.

$$P(X \leq 10) = F(10; 0.2) = 1 - e^{-(0.2)(10)} = 1 - 0.135 = 0.865$$

$$P(5 \leq X \leq 10) = F(10; 0.2) - F(5; 2)$$

$$= (1 - e^{-2}) - (1 - e^{-1}) = e^{-1} - e^{-2} = 0.233$$

지수분포는 연속적인 사건들이 발생할 때 다음 사건이 발생할 때까지의 걸린 시간의 분포에 대한 모형으로 자주 사용된다. 예를 들어, 한 번 전화가 걸려온 후에 다음 전화가 걸려올 때까지 걸린 시간, 식당에 첫 번째 손님이 들어온 이후 두 번째 손님이 올 때까지 걸린 시간 등이 모두 지수분포를 따르는 경우이다. 따라서 지수분포는 포아송분포와 매우 밀접한 관계가 있다.

임의의 t시간 동안에 발생하는 사건들의 수는 모수 αt인 포아송분포를 따른다고 하고(여기서 α는 주어진 1단위시간에 발생하는 사건들의 평균횟수) 겹치지 않는 시간 동안 발생하는 사건들의 수는 서로 독립이라고 하자. 연속적으로 발생하는 두 사건 사이 경과시간의 분포는 $\lambda = \alpha$인 지수분포를 따른다.

예제 4.10 특정지역에서 1일 평균 교통사고 발생이 2건이라고 하고 교통사고 발생건수 X는 포아송분포를 따른다고 하자. 교통사고가 발생한 후 다음 교통사고가 발생할 때까지의 걸리는 시간을 확률변수 Y라고 한다면, Y의 분포를 구하고, 2일 이내에 교통사고가 발생하지 않을 확률을 구하여라. 또, 교통사고가 한 번 발생하는 데 걸리는 평균 시간은 얼마인가?

풀이 시간의 기본단위를 일 단위로 할 때, $X \sim \text{Poisson}(2)$이다. 따라서 Y는 $\lambda = 2$인 지수분포를 따른다. 따라서 Y의 확률밀도함수는

$$f(y) = 2e^{-2y}, \quad y > 0$$

이다. 2일 이내에 교통사고가 발생하지 않을 확률은

$$\begin{aligned} P(Y > 2) &= 1 - P(Y \leq 2) \\ &= 1 - F(2; 2) \\ &= e^{-4} = 0.0183 \end{aligned}$$

이다. 또한 $\lambda = 2$이므로

$$E[Y] = \frac{1}{\lambda} = \frac{1}{2} = 0.5$$

이다. 즉, 교통사고가 한 번 발생하는 데 걸리는 평균 시간은 0.5일이다. ●

예제 4.11 소방서로 걸려오는 긴급전화가 평균 3시간에 1건이라고 하고, 한 시간 동안 소방서로 걸려오는 긴급전화 건수에 대한 분포를 포아송분포라고 하자. 긴급전화가 걸려온 후 다음 긴급전화가 걸려오는 시간을 확률변수 X라고 한다면, 1시간 이내에 긴급전화가 걸려올 확률과 평균 1건의 긴급전화가 걸려오는 데 걸리는 시간을 구하여라.

풀이 시간의 기본단위를 시간이라고 한다면, $\lambda t = 1$에서 $t = 3$이므로 $\lambda = 1/3$이다. 즉, 긴급전화가 걸려온 후 다음 긴급전화가 걸려오는 시간을 X라고 한다면, X는 $\lambda = 1/3$인 지수분포를 따른다. 따라서 1시간 이내에 긴급전화가 걸려올 확률은

$$\begin{aligned} P(X \leq 1) &= F(1; 1/3) \\ &= 1 - e^{-1/3} = 0.2835 \end{aligned}$$

이다. 또한 $\lambda = 1/3$이므로

$$E[X] = \frac{1}{\lambda} = 3$$

이다. 즉 소방서에 한 건의 긴급전화가 걸려오는 데 걸리는 평균 시간은 3시간이다. ●

지수분포가 수명분포에 많이 이용되는 또 다른 이유는 다음의 무기억성을 갖기 때문이다.

> 만일 모든 $s, t \geq 0$ 에 대하여
> $$P(X > s + t \mid X > t) = P(X > s) \tag{4.1}$$
> 이면, 음이 아닌 확률변수 X는 **무기억성(memoryless property)**을 만족한다고 한다.

만일 X를 어떤 기계의 수명으로 생각하면, 위의 식 (4.1)은 기계가 이미 t시간 동안 사용된 상태에서 적어도 $s+t$시간 동안 작동할 확률은 최초 기계가 적어도 s시간 동안 작동할 확률과 같다. 다시 말하면, 기계를 이미 t시간 동안 사용했다면, 그 기계가 작동될 나머지 시간의 분포는 원래의 수명분포와 같다는 것이다. 즉, 마치 t시간 동안 이미 사용했다는 사실을 기억하지 못하는 것과 같다.

식 (4.1)은 다음과 같은 식으로 나타낼 수도 있다.

$$\frac{P(X > s + t,\ X > t)}{P(X > t)} = P(X > s)$$

또는

$$P(X > s + t) = P(X > s)\,P(X > t) \tag{4.2}$$

이다.

X가 지수분포를 따를 때 식 (4.2)가 만족되므로(왜냐하면, $e^{-\lambda(s+t)} = e^{-\lambda s}e^{-\lambda t}$이므로), 지수분포를 따르는 확률변수는 무기억성질을 갖는다.

4.5 정규분포

정규분포는 모든 통계학분야에서 가장 중요한 부분 가운데 하나이다. 그 이유는 키, 체중 등과 같은 물리적인 특성이나, 과학적인 실험들에서 측정값들의 오차, 또는 사회과학실험에서 반응시간, 그리고 다양한 경제척도와 경제지표 등의 자연현상, 산업현장 그리고 다양한 연구분야에서 얻어지는 자료들의 분포들이 적절한 정규곡선에 의해 잘 적합될 수 있기 때문이다. 심지어 이산형 분포인 경우에도 가끔은 정규곡선에 의해 뛰어난 근사를 나타내고, 게다가 정규분포를 따르지 않는 확률변수들도 변수들의 합과 변환에 의하여 적절한 조건 아래서 근사적인 정규분포를 따르기 때문에 정규분포는 특히 통계적 추론의 중추적 역할을 하고 있다.

정규분포

만일 X의 확률밀도함수가

$$f(x;\mu,\sigma)=\frac{1}{\sqrt{2\pi}\,\sigma}e^{-\frac{(x-\mu)^2}{2\sigma^2}},\quad -\infty<x<\infty$$

이면, 연속확률변수 X가 모수 $\mu(-\infty<\mu<\infty)$와 $\sigma^2(0<\sigma<\infty)$ 를 갖는 **정규분포(normal distribution)**를 갖는다고 한다.
여기서 $e=2.71828\cdots$이고 $\pi=3.141592\cdots$이다.

확률변수 X가 모수 μ와 σ^2인 정규분포를 따를 때, 간단히

$$X\sim N(\mu,\,\sigma^2)$$

으로 나타내기도 한다.

명백하게 임의의 x에 대하여 $f(x;\mu,\,\sigma^2)>0$이고, 또한 $\int_{-\infty}^{\infty}f(x;\mu,\,\sigma^2)\,dx=1$이 된다는 것을 확인할 수 있다. 또한 $E(X)=\mu$이고 $\mathrm{Var}(X)=\sigma^2$을 보일 수 있기 때문에 모수 μ와 σ^2이 각각 X의 평균과 분산이다.
다음의 [그림 4.8, 4.9, 4.10]은 서로 다른 $(\mu,\,\sigma^2)$의 쌍들에 대하여 $f(x;\mu,\,\sigma^2)$의 그래프를 나타내었다. 각각의 그래프는 평균 μ에 대하여 대칭이고, 종모양의 형태를 하기 때문에 대칭이 되는 점, 즉 종의 중심이 분포의 평균이고 중앙값이 된다. 표준편차 σ는 평균 μ에서 곡선의 변곡점까지의 거리가 된다. 만일 σ의 값이 크다면 μ에 대하여 상당히 퍼진 그래프가 되고, 반면에 σ의 값이 작다면 곡선이 좀 더 뾰족하고 곡선 아래의 대부분의 영역이 μ의 근처에 집중되는 특징을 나타낸다.

[그림 4.8]에서 같은 표준편차를 갖고 평균이 다른 두 개의 정규곡선을 그려 보았다.

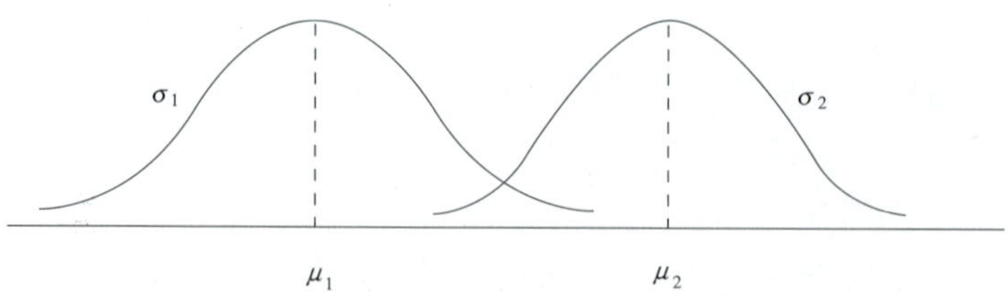

그림 4.8 $\mu_2\neq\mu_2,\ \sigma_1=\sigma_2$인 정규곡선들

[그림 4.9]에서는 평균은 같으나 표준편차가 다른 두 개의 정규곡선을 그려 보았다. 수평축 위의 같은 위치에 중심을 갖고 있으나 표준편차가 큰 곡선은 낮고 넓게 퍼져 있음을 알 수 있다.

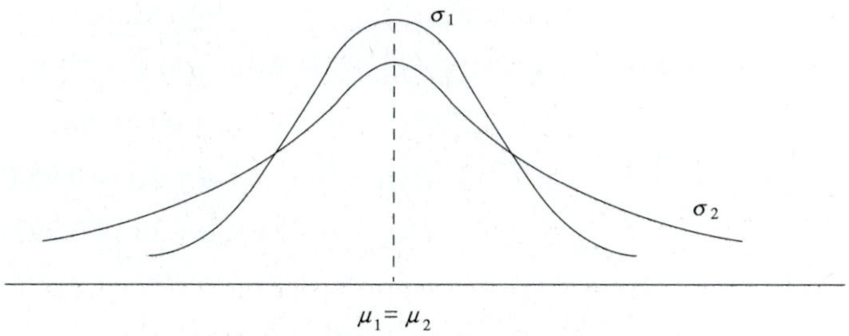

그림 4.9 $\mu_1 = \mu_2,\ \sigma_1 < \sigma_2$ 인 정규곡선들

[그림 4.10]은 서로 다른 평균과 표준편차를 갖는 두 정규곡선을 그린 결과이다. 수평축 위에서 다른 위치에 중심이 있고, 두 개의 다른 σ 값을 반영한 형태임을 명확히 보여 준다.

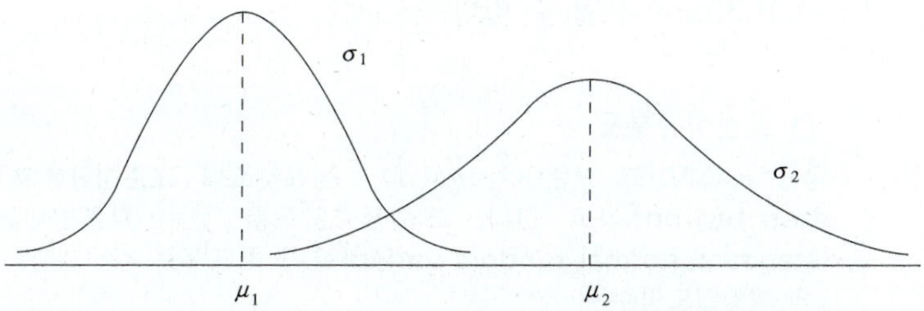

그림 4.10 $\mu_1 \neq \mu_2,\ \sigma_1 < \sigma_2$ 인 정규곡선들

경험적으로 정규분포의 확률밀도함수의 형태와 대표적인 범위의 면적을 [그림 4.11]에서와 같이 나타낸다.

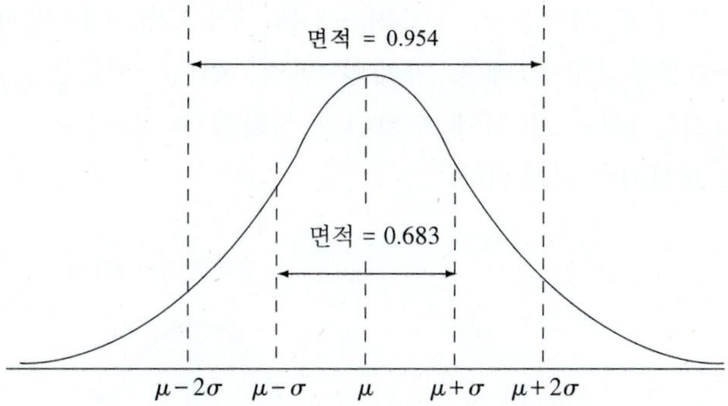

그림 4.11 정규분포의 확률밀도곡선

확률변수 X가 (근사적으로) 정규분포 $N(\mu, \sigma^2)$을 따를 때, 다음 확률값이 성립한다.

$$P(\mu-\sigma<X<\mu+\sigma)=0.683$$
$$P(\mu-2\sigma<X<\mu+2\sigma)=0.954$$
$$P(\mu-3\sigma<X<\mu+3\sigma)=0.997$$

X가 모수 μ와 σ^2을 갖는 정규분포일 때, $P(a \leq X \leq b)$를 구하기 위해서는

$$\int_a^b \frac{1}{\sqrt{2\pi}\,\sigma} e^{-\frac{(x-\mu)^2}{2\sigma^2}} dx$$

를 계산하여야 한다. 그러나 위의 정적분 계산이 쉽지 않기 때문에 $\mu=0$, $\sigma=1$인 경우에 임의의 a와 b값에 대한 확률들이 수리적인 방법에 의해 계산되어 [부록 표 3]에 정리되어 있다. 또한 임의의 μ와 σ에 대하여도 적당한 변환에 의해 [부록 표 3]을 이용할 수 있다.

표준정규분포

평균 $\mu=0$이고 표준편차 $\sigma=1$인 정규분포를 **표준정규분포(standard normal distribution)**라고 한다. 표준정규분포를 갖는 확률변수를 **표준정규확률변수(standard normal random variable)**라 하고 Z로 나타낸다.
Z의 확률밀도함수는

$$f(z;0,1)=\frac{1}{\sqrt{2\pi}}e^{-\frac{z^2}{2}}, \quad -\infty<z<\infty$$

으로 주어지고, Z의 누적분포함수는 $\Phi(z)=P(Z\leq z)=\int_{-\infty}^{z} f(y;0,1)dy$ 이다.

표준정규분포는 자연적인 모집단 분포의 모형으로는 흔하지 않지만 얻어질 수 있는 다른 정규분포들에 대한 정보를 얻을 수 있는 기준이 되는 분포이다.

[부록 표 3]에는 $z=-3.49, -3.48, \cdots, 3.48, 3.49$에 대한 각 z값의 왼쪽부분의 표준정규밀도 그래프 아래의 면적, $\Phi(z)=P(Z\leq z)$이 수록되어 있다. [그림 4.12]는 [부록 표 3]에 수록된 누적확률(면적)이 곡선 아래의 진한 영역의 형태로 표현됨을 나타낸다.

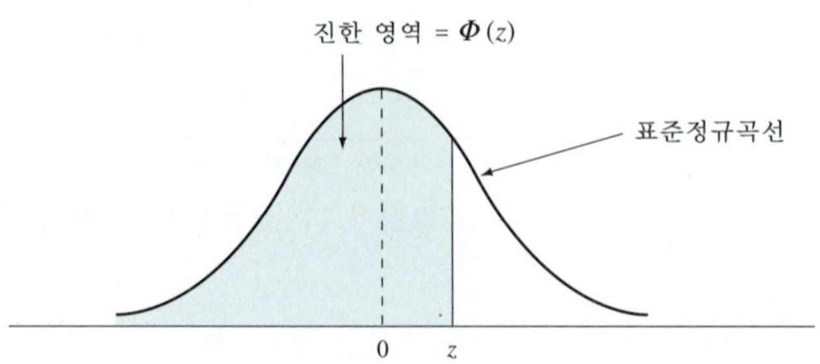

그림 4.12 [부록 표 3]에 수록된 표준정규 누적면적

예제 4.12 표준정규확률변수 Z에 대하여 다음의 확률을 계산하여라.

(1) $P(Z \leq 0.85)$ (2) $P(Z > 0.85)$ (3) $P(Z \leq -0.85)$ (4) $P(-0.85 \leq Z \leq 0.21)$

풀이 (1) [부록 표 3]에서 $Z = 0.85$에 대응하는 값을 읽으면 0.8023이므로 $P(Z \leq 0.85) = 0.8023$이고 [그림 4.13(a)]에서 진하게 표시된 영역의 면적과 같다.

(2) $P(Z > 0.85) = 1 - P(Z \leq 0.85)$이고, (1)의 결과에서 $P(Z \leq 0.85) = 0.8023$이므로 $P(Z > 0.85) = 1 - 0.8023 = 0.1977$이다. $P(Z > 0.85)$는 [그림 4.13(b)]에서 진하게 표시된 영역의 면적과 같다.

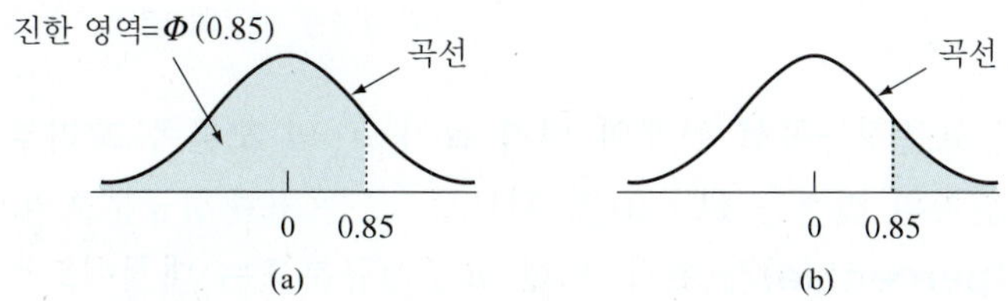

그림 4.13 예제 4.12에 대한 정규곡선의 면적

(3) [부록 표 3]에서 $\Phi(-0.85) = P(Z \leq -0.85) = 0.1977$이다. 또 다른 방법으로 표준정규곡선은 $\mu = 0$에서 좌우대칭이므로 $P(Z \leq -0.85) = P(Z \geq 0.85)$이고, (2)의 결과에서 $P(Z \geq 0.85) = 0.1977$이므로 $P(Z \leq -0.85) = 0.1977$이 된다.

(4) $P(a \leq X \leq b) = F(b) - F(a)$를 이용하면, $P(-0.85 \leq Z \leq 0.21) = \Phi(0.21) - \Phi(-0.85) = 0.5832 - 0.1977 = 0.3855$가 되고, [그림 4.14]에서 곡선 아래의 −0.85와 0.21 사이의 면적으로 표현된다.

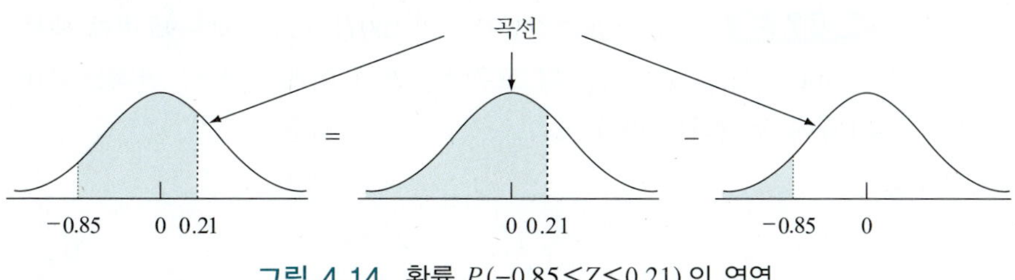

그림 4.14 확률 $P(-0.85 \leq Z \leq 0.21)$의 영역

통계적 추론에서는 위에서의 누적확률을 이용하는 것보다 표준정규곡선의 오른쪽 꼬리영역으로 표현하는 z_α가 주로 사용되며, z_α는 [그림 4.15]에서와 같이 $P(Z \geq z_\alpha) = \alpha$ 되는 z를 z_α라고 표기하며, 표준정규곡선 아래의 z_α값 오른쪽 꼬리의 면적이 α임을 의미한다.

예를 들어, $z_{0.10}$값 오른쪽 꼬리의 면적은 0.10이고, $z_{0.05}$값 오른쪽 꼬리의 면적은 0.05를 나타낸다.

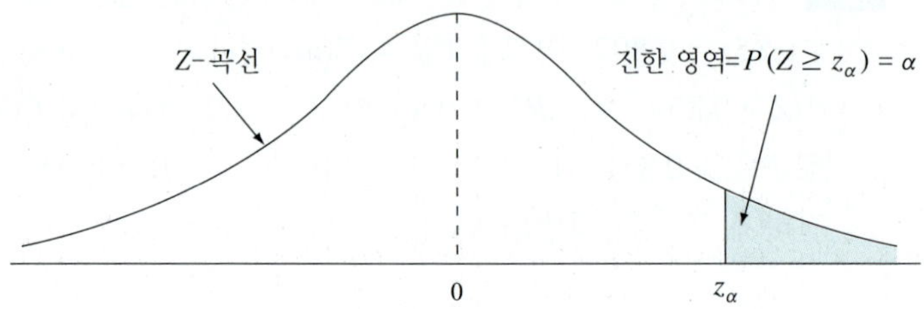

그림 4.15 z_α의 영역

표준정규곡선 아래의 면적 α가 z_α의 오른쪽 꼬리부분에 있기 때문에 z_α의 왼쪽의 면적은 $(1-\alpha)$가 되므로 z_α는 표준정규분포의 $100(1-\alpha)$번째 **백분위수(percentile)**가 된다. 또한 표준정규분포는 대칭이므로 $-z_\alpha$의 왼쪽 꼬리부분의 면적도 α가 된다. 따라서 z_α값들을 z **기각값(z-critical value)**이라고도 한다. 다음의 [표 4.1]에는 표준정규분포에서 가장 유용하게 쓰이는 백분위수와 z_α값들이 나타나 있다.

표 4.1 표준정규분포의 백분위수와 기각값

백분위수	90	95	97.5	99	99.5	99.9	99.95
α(꼬리면적)	0.1	0.05	0.025	0.01	0.005	0.001	0.0005
$z_\alpha = 100(1-\alpha)$번째 백분위수	1.28	1.645	1.96	2.33	2.58	3.08	3.27

예제 4.13 $z_{0.05}$는 표준정규분포의 $100(1-\alpha)$번째 = 95번째 백분위수이므로 $z_{0.05} = 1.645$이다. 또한 $-z_{0.05}$의 표준정규곡선 아래 왼쪽의 면적도 0.05가 되고, [그림 4.16]에 잘 나타나 있다.

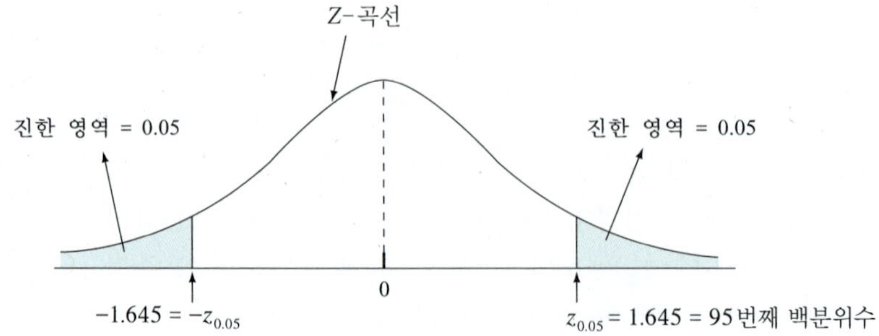

그림 4.16 $z_{0.05}$ 값의 위치

확률변수 X가 평균 μ, 분산 σ^2인 정규분포를 따를 때, 적분에 의하여 확률을 계산하는 것이 쉽지 않기 때문에, X를 $Z=\dfrac{X-\mu}{\sigma}$로 변환하면 Z는 표준정규확률변수가 되고 X와 Z의 변환관계는 [그림 4.17]과 같이 된다.

일반적인 정규분포, 즉 $X \sim N(\mu, \sigma^2)$일 때 $Z=\dfrac{X-\mu}{\sigma}$에 의하여 평균은 μ에서 0으로 이동하게 되어 $Z \sim N(0, 1)$이 성립하게 되므로, 일반적인 정규분포에 대한 확률은 [부록 표 3]을 이용함으로써 계산할 수 있다.

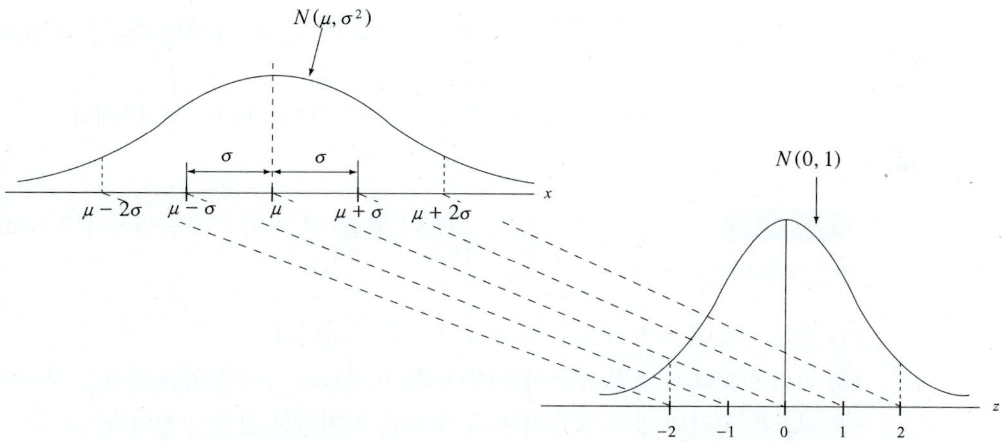

그림 4.17 $N(\mu, \sigma^2)$과 $N(0, 1)$의 변환관계

X의 분포가 $N(\mu, \sigma^2)$이면 $Z=\dfrac{X-\mu}{\sigma}$의 분포는 $N(0, 1)$이므로

$$P(a \le X \le b) = P\left(\frac{a-\mu}{\sigma} \le Z \le \frac{b-\mu}{\sigma}\right) = \Phi\left(\frac{b-\mu}{\sigma}\right) - \Phi\left(\frac{a-\mu}{\sigma}\right)$$

$$P(X \le a) = \Phi\left(\frac{a-\mu}{\sigma}\right)$$

$$P(X \ge b) = 1 - \Phi\left(\frac{b-\mu}{\sigma}\right)$$

가 성립한다.

예제 4.14 평균이 18이고 표준편차가 3인 정규분포를 따르는 확률변수 X에 대하여 다음을 구하여라.

(1) $P(X<15)$

(2) $P(12<X<21)$

(3) $P(X<k) = 0.3050$을 만족하는 k값

풀이 $X \sim N(18, 3^2)$ 이므로 $\mu = 18$, $\sigma = 3$ 이다.

(1) $P(X<15) = P\left(Z<\dfrac{15-18}{3}\right) = P(Z<-1)$

$= \Phi(-1) = 0.1587$

(2) $P(12<X<21) = P\left(\dfrac{12-18}{3}<Z<\dfrac{21-18}{3}\right) = P(-2<Z<1)$

$= \Phi(1) - \Phi(-2) = 0.8413 - 0.0228 = 0.8185$

(3) $P(X<k) = P\left(Z<\dfrac{k-18}{3}\right) = 0.3050$이므로 [부록 표 3]에서 확률값 0.3050값을 갖는 z값은 $z = -0.51$이다. 즉, $\dfrac{k-18}{3} = -0.51$이므로 $k = 16.47$ 이다. ●

예제 4.15 피스톤 고리의 안쪽 지름이 평균 10 cm이고 표준편차가 0.3 cm인 정규분포를 따른다고 한다.

(1) 안쪽 지름이 10.075 cm를 초과할 확률을 구하여라.
(2) 피스톤 고리의 안쪽 지름이 9.97 cm와 10.03 cm 사이에 있을 확률을 구하여라.
(3) 피스톤 고리의 안쪽 지름이 아래 10 %를 차지하는 값을 구하여라.

풀이 확률변수 $X \sim N(10, 0.3^2)$이므로 $\mu = 10$, $\sigma = 0.3$이다.

(1) $P(X>10.075) = P\left(Z>\dfrac{10.075-10}{0.3}\right) = P(Z>0.25)$

$= 1 - P(Z\le 0.25) = 1 - \Phi(0.25)$

$= 1 - 0.5987 = 0.4013$

(2) $P(9.97<X<10.03) = P\left(\dfrac{9.97-10}{0.3}<Z<\dfrac{10.03-10}{0.3}\right) = P(-0.1<Z<0.1)$

$= \Phi(0.1) - \Phi(-0.1) = 0.5398 - 0.4602 = 0.0796$

(3) 하위 10 %에 해당하는 표준정규분포 확률변수 z값을 먼저 찾아야 한다. 하위 10 %에 해당하는 z값은 $z = -1.28$ 이다. 즉, $P(Z\le -1.28) = 0.10$ 이다. 그리고 표준화된 z의 값을 원래의 확률변수 X값으로 환원하면

$$z = \frac{x-\mu}{\sigma} = \frac{x-10}{0.3} = -1.28$$

로부터 $x = 9.616$ 이다. 따라서 피스톤 고리의 안쪽 지름이 9.616 cm 이하이면 이 제품은 하위 10 % 이하에 속한다. ●

정규분포와 이산모집단

정규분포는 이산형 분포에 대한 근사분포로도 자주 이용된다. 다음의 예제를 통하여 이산형 분포의 정규분포로의 근사를 살펴보자.

예제 4.16 어떤 특정집단에서 IQ는 근사적으로 평균 $\mu = 100$이고 표준편차 $\sigma = 15$인 정규분포를 따른다고 알려져 있다고 할 때, 임의로 선택된 사람의 IQ가 적어도 125 이상일 확률을 구하여라.

풀이 X를 임의로 선택된 사람의 IQ라고 하고, $P(X \geq 125)$를 구한다.
앞의 예제와 같이 $X \geq 125$를 표준화시켜 구할 수 있을 것이다. 그러나 IQ값들은 정수이므로 IQ의 모집단은 정확히 이산형이고, 따라서 [그림 4.18]에서와 같이 정규곡선은 이산확률 히스토그램에 근사한다.
히스토그램의 사각형들은 정수값들에 중심이 있고, 그러므로 [그림 4.18]에서 진하게 표시된 것처럼 적어도 125가 되는 IQ들은 124.5에서 시작하는 사각형들에 대응한다.

따라서 구하고자 하는 확률은 $P(X \geq 124.5) = P(Z \geq 1.63) = 0.0516$이 된다. 또 $P(X \geq 125) = P(Z \geq 1.67) = 0.0475$가 된다. 125와 124.5에 의한 확률의 차이는 크지 않지만 0.0516이 보다 정확한 값이 된다. 같은 방법으로 $P(X = 125)$를 구하고자 한다면 한 점 125 위에서 정규곡선 아래의 확률값은 0이므로 $P(X = 125)$은 $P(124.5 \leq X \leq 125.5)$에 근사하게 된다.

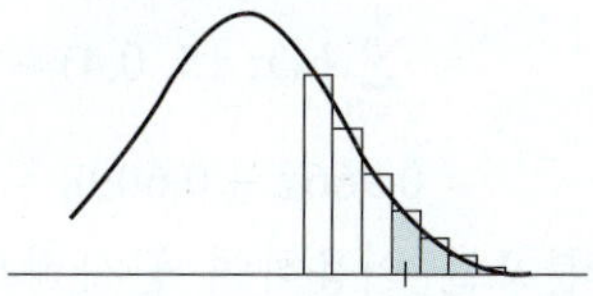

그림 4.18 이산분포에 대한 정규근사

이항분포의 정규분포근사

확률변수 X가 모수 n과 p를 갖는 이항분포를 따를 때 $X \sim B(n, p)$라고 표현하며, X의 평균과 분산은 각각

$$E(X) = np$$
$$V(X) = npq, \quad q = 1 - p$$

임을 알고 있다. 이러한 이항분포에서 n이 크고 p가 $\frac{1}{2}$에 가까운 경우에 X의 분포는 평균 np와 분산 npq를 갖는 정규분포와 근사적으로 동일하다고 할 수 있으며, X에 대한 확률을 $N(np, npq)$를 이용하여 근사적으로 구할 수 있다.

이항분포의 정규분포근사

확률변수 X가 n과 p를 갖는 이항분포에 따를 때 다음의 확률변수 Z는

$$Z = \frac{X - np}{\sqrt{np(1-p)}}$$

n이 무한히 커짐에 따라 표준정규분포를 따르게 된다.

위의 정리를 이용하여 이항분포의 확률값을 표준정규분포를 이용하여 근사적으로 구하는 경우, n이 충분히 크고 p가 $\frac{1}{2}$에 가까울 때 근삿값은 매우 정확하다는 것이 알려져 있다. 또한 p가 0이나 혹은 1에 가까운 값이 아닌 경우, n이 작은 경우에도 근삿값은 비교적 정확하다. 일반적으로 이항분포 확률값을 정규분포를 이용하여 근사적으로 구할 때, $np \geq 5$이고 $nq \geq 5$일 때 근삿값이 비교적 정확하다는 것이 알려져 있다.

예제 4.17 $X \sim B(15, 0.4)$일 때 $P(7 \leq X \leq 9)$의 값을 구하여라.

풀이 먼저 이항분포를 이용하여 정확히 구하면

$$\begin{aligned} P(7 \leq X \leq 9) &= \sum_{x=7}^{9} b(x; 15, 0.4) \\ &= \sum_{x=0}^{9} b(x; 15, 0.4) - \sum_{x=0}^{6} b(x; 15, 0.4) \\ &= 0.9662 - 0.6098 = 0.3564 \end{aligned}$$

이고, 표준정규분포를 이용하여 근사적으로 구하면 $\mu = np = 15(0.4) = 6$, $\sigma^2 = np(1-p) = 3.6$이므로 $\sigma = \sqrt{3.6} = 1.9$가 된다. 따라서 다음과 같이 된다.

$$\begin{aligned} P(7 \leq X \leq 9) &\approx P\left(\frac{7-6}{1.9} \leq \frac{X-6}{1.9} \leq \frac{9-6}{1.9}\right) \\ &= P(0.53 \leq Z \leq 1.58) \\ &= P(0 \leq Z \leq 1.58) - P(0 \leq Z \leq 0.53) \\ &= 0.4429 - 0.2019 = 0.241. \end{aligned}$$

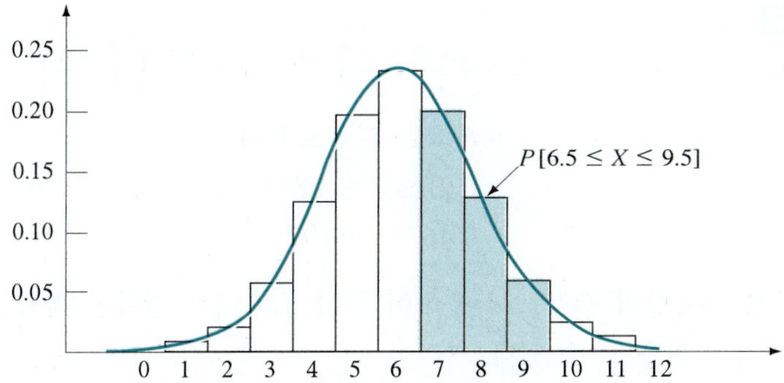

그림 4.19 $X \sim B(15, 0.4)$ 확률의 정규분포근사

위의 [예제 4.17]에서 보는 바와 같이 이항분포 확률값을 구할 때 정확한 확률값은 0.3564이고 표준정규분포를 이용하여 근사적으로 구한 값은 0.241로서 근삿값이 정확하지 않음을 알 수 있다. 이렇게 부정확한 이유는 $n = 15$로서 충분히 크지 않은 점도 있지만, 근사적으로 구하는 방법이 정밀하지 않는 점에도 기인한다. 이항분포 확률함수 $b(x; 15, 0.4)$의 확률분포를 그래프로 나타내면 [그림 4.19]에서와 같이 히스토그램 형태로 나타낼 수 있고, 이 히스토그램을 부드러운 곡선으로 연결시킨 것이 근사적인 정규분포의 확률분포가 될 것이다.

따라서 $P(7 \le X \le 9)$를 정규분포에 의하여 근사적으로 구하기 위해서는 색칠한 면적 $P(6.5 \le X \le 9.5)$가 보다 정확한 값이 된다. 이와 같이 7과 9에서 각 0.5를 빼고, 더해 주는 것은 이산형 분포인 이항분포 확률값을 연속형 분포인 정규분포를 사용하여 근사적으로 구할 때 수정해 주는 것으로서, 이를 **연속성의 수정(continuity correction)**이라고 한다. 따라서 다음과 같이 근사적으로 구하는 방법이 보다 정확하다.

연속성의 수정을 이용한 이항분포 확률근사

$X \sim B(n, p)$일 때, 확률은 표준정규분포를 이용하여 다음과 같이 근사적으로 구할 수 있다.

$$P(a \le X \le b) \approx P\left(\frac{a - 0.5 - np}{\sqrt{np(1-p)}} \le Z \le \frac{b + 0.5 - np}{\sqrt{np(1-p)}}\right)$$

$$P(X = b) \approx P\left(\frac{b - 0.5 - np}{\sqrt{np(1-p)}} \le Z \le \frac{b + 0.5 - np}{\sqrt{np(1-p)}}\right)$$

예제 4.18 $X \sim B(15, 0.4)$일 때 연속성의 수정을 사용하여 $P(7 \le X \le 9)$와 $P(X = 4)$를 구하여라.

풀이

$$P(7 \leq Z \leq 9) \approx P\left(\frac{7-0.5-6}{1.9} < Z < \frac{9+0.5-6}{1.9}\right)$$
$$= P(0.26 \leq Z \leq 1.84)$$
$$= P(0 \leq Z \leq 1.84) - P(0 \leq Z \leq 0.26)$$
$$= 0.4671 - 0.1026 = 0.3645$$

따라서 연속성의 수정을 사용하여 구한 0.3654가 정확한 확률값 0.3564에 비교적 가까운 것을 알 수 있다. 그리고

$$P(X=4) \approx P\left(\frac{4-0.5-6}{1.9} \leq Z \leq \frac{4+0.5-6}{1.9}\right)$$
$$= P(-1.32 \leq Z \leq -0.79)$$
$$= P(-1.32 \leq Z \leq 0) - P(-0.79 \leq Z \leq 0)$$
$$= 0.4066 - 0.2852 = 0.1214$$

이고, $P(X=4)$를 이항분포를 이용하여 정확히 구하면

$$b(4;\,15,\,0.4) = \sum_{x=0}^{4} b(x;\,15,\,0.4) - \sum_{x=0}^{3} b(x;\,15,\,0.4) = 0.1258$$

이 된다.

4.6 그 밖의 연속분포

감마분포

연속확률변수 X의 확률밀도함수가

$$f(x;\alpha,\beta) = \begin{cases} \dfrac{1}{\Gamma(\alpha)\beta^{\alpha}} x^{\alpha-1}, & x \geq 0 \\ 0, & x < 0 \end{cases}$$

일 때, X는 모수가 (α, β), $\alpha > 0, \beta > 0$인 **감마분포(gamma distribution)**를 따른다고 한다.

특히, 위의 감마분포의 밀도함수에서 $\beta = 1$인 경우를 **표준 감마분포(standard gamma distribution)**라고 하며, 확률밀도함수는 식 (4.4)와 같이 나타낸다. 또, 감마함수 $\Gamma(\alpha)$는 다음과 같이 정의한다.

면 약 0.2835를 얻을 수 있다.

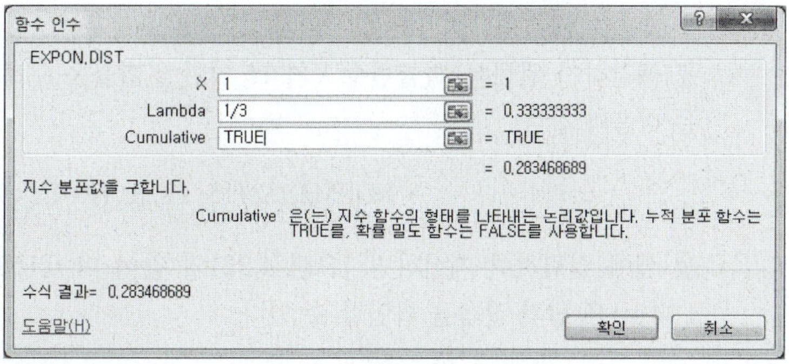

그림 4.21 지수분포의 대화 상자

Excel 활용 ❷

4.5절의 [예제 4.14]를 엑셀을 이용하여 계산하여 보자.

평균이 18이고 표준편차가 3인 정규분포를 따르는 확률변수 X에 대하여 다음을 구하여라.

(1) $P(X<15)$

(2) $P(12<X<21)$

(3) $P(X<k) = 0.3050$ 을 만족하는 k값

풀이

NORM.DIST(x, mean, standard_dev, cumulative): x 이하의 확률
NORM.INV(a, mean, standard_dev): 아래에서 a의 확률에 해당하는 경계값
X: 확률분포를 구하려는 변량의 값
Mean: 확률분포의 산술평균
Standard_dev: 확률분포의 표준편차
Cumulative: 함수의 형태를 결정하는 논리값으로 TRUE이면 NORM.DIST는 누적분포함수를 FALSE이면 확률밀도함수를 제공
표준정규분포에 관한 함수는 NORM.S.DIST와 NORM.S.INV이다.

함수 NORM.DIST는 정규분포에서의 확률을 구하는 경우, 함수 NORM.INV는 정규

분포의 역함수 값을 구하는 경우에 사용한다. 아래의 구문에서 보면 분산 대신 표준편차가 입력되는 점에 유의하여야 한다.

(1) 확률변수 X는 평균이 18이고 표준편차가 3인 정규분포를 따른다. 주어진 문제를 해결하기 위해서, 확률변수 X가 15 미만일 확률을 구하면 된다. 구하는 방법은 다음과 같다.

"= NORM.DIST(15, 18, 3, TRUE)"

을 셀에 입력하여 계산하면, [그림 4.22]와 같이 약 0.1587을 얻게 되어 예제 4.14(a)의 답과 같음을 확인할 수 있다.

A	B	C
정규분포에서의 확률		
"=NORM.DIST(15, 18, 3, TRUE)"	0.1587	

그림 4.22 정규분포에서의 확률함수 NORM.DIST 1

(2) 확률변수 X가 12 초과 21 미만일 확률을 얻기 위해서, 21 미만일 확률에서 12 이하일 확률을 구해 빼준다면 원하는 값을 얻을 수 있다. 각각을 구하는 방법은 다음과 같다.

"= NORM.DIST(21, 18, 3, TRUE)"
"= NORM.DIST(12, 18, 3, TRUE)"

을 각 셀에 입력하여 계산하면, 약 0.8413과 0.0228을 얻게 되며 따라서 우리가 원하는 값은 [그림 4.23]과 같이 약 0.8185가 됨을 알 수 있다.

A	B	C
정규분포에서의 확률		
"=NORM.DIST(21, 18, 3, TRUE)"	0.8413	
"=NORM.DIST(12, 18, 3, TRUE)"	0.0228	
"=B2-B3"	0.8186	

그림 4.23 정규분포에서의 확률함수 NORM.DIST 2

(3) 확률값을 주고 경계값을 구하는 문제이므로 정규분포에서 역함수를 구하는 문제이다. 하위 30.5%에 해당하는 값이므로, 셀에 직접 "=NORM.INV(0.3050,

18, 3)"를 입력하면 [그림 4.24]와 같이 약 16.47을 구할 수 있다. 이는 예제의 풀이와 동일한 값을 확인할 수 있다.

A	B	C
정규분포에서의 역함수값		
"=NORM.INV(0.3050, 18, 3)"	16.4698	

그림 4.24 정규분포에서의 역함수 NORM.INV

연습문제

4.1 연속확률변수 X는 다음의 확률밀도함수를 갖는다고 하자.

$$f(x)=\begin{cases} c(4x-2x^2), & 0<x<2 \\ 0, & \text{기타} \end{cases}$$

(a) 확률밀도함수가 되기 위하여 c 값을 구하여라.

(b) 확률 $P(X>1)$을 구하여라.

4.2 확률변수 X의 확률밀도함수가 다음과 같다고 하자.

$$f(x)=\begin{cases} \frac{1}{8}+\frac{3}{8}x, & 0\le x\le 2 \\ 0, & \text{기타} \end{cases}$$

(a) 분포함수 $F(x)$를 구하여라.

(b) $P(1\le X\le 1.5)$를 구하여라.

(c) $P(X>1)$를 구하여라.

4.3 $0\le x\le 1$에서 연속확률변수 X가 확률밀도함수

$$f(x)=c(1-x^2)$$

일 때, c 값을 구하고 X의 평균과 분산을 구하여라.

4.4 표준정규확률변수 Z에 대하여 다음의 확률을 계산하여라.

(a) $P(Z\le 1.30)$

(b) $P(Z>-0.74)$

(c) $P(-0.38\le Z\le 1.20)$

4.5 평균이 4이고 표준편차가 5인 정규확률변수인 X에 대하여 다음의 확률과 k 값을 구하여라.

(a) $P(-2 \le X \le 6)$

(b) $P(|X-4|<10)$

(c) $P(|X-4|<k) = 0.9545$

4.6 연속확률변수 X의 분포함수가 다음과 같다고 하자.

$$F(x) = \begin{cases} 0 \ , & x \le -c \\ \frac{1}{16}x^3, & -c < x < c \\ 1 \ , & x \ge c \end{cases}$$

(a) $F(x)$가 분포함수가 되기 위하여 c값을 구하여라.

(b) 확률밀도함수 $f(x)$를 구하여라.

(c) $g(X) = 3X^2 - 4X + 1$의 기댓값을 구하여라.

4.7 가전제품 서비스센터에 방문하는 고객이 10분 내에 임의로 한 명 도착한다고 하자. 여기서 확률변수 X는 10분 내에 고객이 도착하는 시간(단위: 분)이라고 하고 이 확률변수는 범위가 0에서 10 사이인 균일분포를 따른다고 할 때 다음을 구하여라.

(a) $P(2 \le X < 8)$

(b) $E(X)$

(c) $\mathrm{Var}(2X)$

4.8 한 전기회사에서 평균수명이 800시간이고 분산이 1,500시간인 정규분포를 따르는 전구를 생산한다고 한다.

(a) 전구의 수명이 778시간과 834시간 사이에 있을 확률을 구하여라.

(b) 이 회사에서는 전구의 수명이 하위 5%에 속하는 제품을 불량품으로 생각하여 파기하려고 한다. 수명이 몇 시간 이하면 파기하여야 하는가?

4.9 자동차를 생산하는 공장의 기계가 평균 1개월에 3번씩 고장을 일으킨다. 기계가 고장나서 고친 후에 다시 고장이 발생할 때까지 걸리는 시간을 측정하는 분포를 구하고, 1개월 이내에 한 번도 고장나지 않을 확률을 구하여라.

4.10 통계학 시험 점수는 평균이 72점이고 표준편차가 8로, 근사적으로 정규분포를 따른다고 할 때 다음을 구하여라.

(a) 하위 5% 학생들에서 F학점을 준다면 몇 점을 받아야 F학점을 면할 수 있는가?

(b) 상위 10% 학생들에서 A학점을 준다면 B학점을 받는 점수 중 최고 점수는 몇 점인가?

4.11 장난감 무게는 평균 4kg과 표준편차 0.8kg인 정규분포를 따른다고 하자. 아래 장난감 무게에 대한 확률을 구하여라.

(a) 5.1kg 초과되는 확률

(b) 3.5kg 이상과 4.3kg 이하가 되는 확률

(c) 기껏해야 3.5kg이 되는 확률

4.12 일반적으로 시민들의 40%가 흰색 자동차를 선호한다고 하자. 이 시에 등록된 자동차 1,500대의 자동차 중 다음의 확률을 구하여라.

(a) 570대 이상, 650대 이하가 흰색 자동차일 확률

(b) 최대 550대가 흰색 자동차일 확률

4.13 여행사에서는 일반적으로 예약 취소율이 평균 10%라 300명의 단체 여행 프로그램에 320명의 예약을 받았다. 예약한 사람 모두가 여행 프로그램에 참석할 수 있을 확률은 얼마인가?

4.14 모수 λ인 지수분포의 평균과 분산이 각각 $1/\lambda$와 $1/\lambda^2$ 임을 보여라.

4.15 두 개의 주사위를 300번 던져서 나오는 숫자의 합이 6으로 나온 횟수를 X라 하자.

(a) X가 40 이상, 55 이하의 값을 가질 확률을 구하여라.

(b) X가 30 미만의 값을 가질 확률을 구하여라.

4.16 홈쇼핑 전화상담사는 하루에 평균 3건의 주문 실수를 범한다고 한다. 두 주문 실수 간의 시간을 X라고 하고 지수분포를 따른다고 가정하면, 4시간 동안 주문실수가 전혀 없을 확률을 구하여라.

4.17 $\sum_{x=1}^{4} b(x; 20, 0.25)$을 정규곡선에 근사시킬 때, 나타나는 오차를 구하여라.

4.18 관측값의 집합이 정규분포를 따른다고 한다면 다음은 몇 %인지 구하여라.

(a) 관측값들이 평균으로부터 1.3σ보다 클 때

(b) 관측값들이 평균으로부터 0.52σ보다 작을 때

4.19 평균이 $1/\lambda$ 인 지수분포를 따르는 확률변수 X에 대해 다음의 무기억성 성질을 만족하는지 보여라.

$$P(X > s + t \mid X > t) = P(X > s)$$

4.20 하루 동안 병원에 오는 응급환자의 수는 평균 2명이며 포아송분포를 따른다고 하자. 연속확률변수 X를 첫 번째 응급환자가 올 때까지 걸린 시간(단위: 시)이라고 하고 지수분포를 따른다고 가정하자.

(a) X의 분포함수를 구하여라.

(b) 확률 $P(X > 9)$를 구하여라.

5장 결합확률분포

하나의 확률변수보다는 두 개 이상의 확률변수가 관심의 대상이 되는 실험들이 많이 있다. 예를 들어 신체검사에서 키와 체중, 기업에서 광고비와 매출액, 환경 분야에서는 미세먼지 농도와 교통량과의 관계 등이다. 이 장에서는 두 개의 확률변수에 대한 결합확률분포, 조건부확률분포와 두 확률변수의 독립, 그리고 두 확률변수의 기댓값, 공분산, 상관계수에 관해 살펴보기로 한다.

5.1 결합확률변수와 결합분포

두 개의 이산확률변수의 결합확률분포와 연속확률변수의 결합확률분포에 대하여 생각해 보고, 두 개 이상의 확률변수의 결합확률분포에 대하여 살펴보자.

결합확률질량함수

X와 Y를 표본공간 S 위에서 정의된 이산확률변수라고 하자. **결합확률질량함수(joint probability mass function)** $p(x, y)$는

$$p(x,\ y) = P(X = x,\ Y = y)$$

으로 정의된다. A를 (x, y)의 쌍들로 구성된 임의의 집합이라고 하면 A의 확률은

$$p[(X,\ Y) \in A] = \sum_{(x,\ y) \in A}\sum p(x,\ y)$$

으로 정의된다.

예제 5.1 3개의 동전을 던질 때 X를 앞면의 수라고 하고, Y를 앞면의 수에서 뒷면의 수를 뺀 수라고 할 때 X와 Y의 결합확률질량함수를 구하여라.

풀이 3개의 동전을 던질 때 앞면을 H, 뒷면을 T라고 한다면 표본공간은

$$S = \{HHH, HHT, HTH, THH, TTH, THT, HTT, TTT\}$$

이며,

$$P(\{HHH\}) = P(X = 3, Y = 3) = 1/8$$
$$P(\{HHT, HTH, THH\}) = P(X = 2, Y = 1) = 3/8$$
$$P(\{TTH, THT, HTT\}) = P(X = 1, Y = -1) = 3/8$$
$$P(\{TTT\}) = P(X = 0, Y = -3) = 1/8$$

이다. 이 확률들은 아래의 [표 5.1]과 같이 나타낼 수 있다.

표 5.1 $P(X = i, Y = j)$

i \ j	-3	-1	1	3	행의 합 $= P(X = i)$
0	1/8	0	0	0	1/8
1	0	3/8	0	0	3/8
2	0	0	3/8	0	3/8
3	0	0	0	1/8	1/8
열의 합 $= P(Y = j)$	1/8	3/8	3/8	1/8	1

예제 5.2 오렌지가 3개, 사과가 4개, 바나나가 3개 들어 있는 가방에서 4개의 과일을 선택하는 표본을 생각하자. 선택한 과일 중에서 오렌지의 개수를 X, 사과의 개수를 Y라고 할 때, X와 Y의 결합확률질량함수를 구하여라.

풀이 X와 Y의 결합확률질량함수를 $p(i, j) = P(X = i, Y = j)$이라고 하자.

$$p(0, 1) = \frac{{}_4C_1 \times {}_3C_3}{{}_{10}C_4} = \frac{4}{210}, \qquad p(0, 2) = \frac{{}_4C_2 \times {}_3C_2}{{}_{10}C_4} = \frac{18}{210}$$

$$p(0, 3) = \frac{{}_4C_3 \times {}_3C_1}{{}_{10}C_4} = \frac{12}{210}, \qquad p(0, 4) = \frac{{}_4C_4}{{}_{10}C_4} = \frac{1}{210}$$

$$p(1, 0) = \frac{{}_3C_1 \times {}_3C_3}{{}_{10}C_4} = \frac{3}{210}, \qquad p(1, 1) = \frac{{}_3C_1 \times {}_4C_1 \times {}_3C_2}{{}_{10}C_4} = \frac{36}{210}$$

$$p(1, 2) = \frac{{}_3C_1 \times {}_4C_2 \times {}_3C_1}{{}_{10}C_4} = \frac{54}{210}, \qquad p(1, 3) = \frac{{}_3C_1 \times {}_4C_3}{{}_{10}C_4} = \frac{12}{210}$$

$$p(2, 0) = \frac{{}_3C_2 \times {}_3C_2}{{}_{10}C_4} = \frac{9}{210}, \qquad p(2, 1) = \frac{{}_3C_2 \times {}_4C_1 \times {}_3C_1}{{}_{10}C_4} = \frac{36}{210}$$

$$p(2, 2) = \frac{{}_3C_2 \times {}_4C_2}{{}_{10}C_4} = \frac{18}{210}, \qquad p(3, 0) = \frac{{}_3C_3 \times {}_3C_1}{{}_{10}C_4} = \frac{3}{210}$$

$$p(3, 1) = \frac{{}_3C_3 \times {}_4C_1}{{}_{10}C_4} = \frac{4}{210}$$

이다. 이 확률들은 아래의 [표 5.2]와 같이 나타낼 수 있다.

표 5.2 $P(X = i, Y = j)$

i \ j	0	1	2	3	4	행의 합 = $P(X = i)$
0	0	4/210	18/210	12/210	1/210	35/210
1	3/210	36/210	54/210	12/210	0	105/210
2	9/210	36/210	18/210	0	0	63/210
3	3/210	4/210	0	0	0	7/210
열의 합 = $P(Y = j)$	15/210	80/210	90/210	24/210	1/210	1

X의 확률질량함수는 행의 합을 계산하여 구하고, 반면에 Y의 확률질량함수는 열의 합을 계산하여 구할 수 있다. X와 Y 각각의 확률들은 표의 주변에 나타나 있기 때문에, 그들을 종종 X와 Y 각각의 주변확률질량함수라고 한다.

주변확률질량함수

결합확률질량함수 $p(x, y)$를 가지는 이산확률변수 X와 Y가 있을 때, X와 Y의 **주변확률질량함수**(marginal probability mass function)는 다음과 같다.

$$p(x) = P(X = x) = \sum_y p(x, y), \qquad p(y) = P(Y = y) = \sum_x p(x, y)$$

예제 5.3 [예제 5.2]에서 X와 Y의 주변확률질량함수를 구하여라.

풀이 X의 주변확률은 다음과 같이 구해진다.

$$\begin{aligned} p_X(0) &= \sum_{\text{모든 } y} p(0, y) \\ &= p(0, 1) + p(0, 2) + p(0, 3) + p(0, 4) \\ &= \frac{4}{210} + \frac{18}{210} + \frac{12}{210} + \frac{1}{210} = \frac{35}{210} \end{aligned}$$

$$\begin{aligned} p_X(1) &= \sum_{\text{모든 } y} p(1, y) \\ &= p(1, 0) + p(1, 1) + p(1, 2) + p(1, 3) \end{aligned}$$

$$= \frac{3}{210} + \frac{36}{210} + \frac{54}{210} + \frac{12}{210} = \frac{105}{210}$$

$$p_X(2) = \sum_{\text{모든 } y} p(2, y)$$
$$= p(2, 0) + p(2, 1) + p(2, 2)$$
$$= \frac{9}{210} + \frac{36}{210} + \frac{18}{210} = \frac{63}{210}$$

$$p_X(3) = \sum_{\text{모든 } y} p(3, y)$$
$$= p(3, 0) + p(3, 1)$$
$$= \frac{3}{210} + \frac{4}{210} = \frac{7}{210}$$

유사한 방법으로 Y의 주변확률을 구할 수 있다.

$$p_Y(0) = \sum_{\text{모든 } x} p(x, 0)$$
$$= p(1, 0) + p(2, 0) + p(3, 0)$$
$$= \frac{3}{210} + \frac{9}{210} + \frac{3}{210} = \frac{15}{210}$$

$$p_Y(1) = \sum_{\text{모든 } x} p(x, 1)$$
$$= p(0, 1) + p(1, 1) + p(2, 1) + p(3, 1)$$
$$= \frac{4}{210} + \frac{36}{210} + \frac{36}{210} + \frac{4}{210} = \frac{80}{210}$$

$$p_Y(2) = \sum_{\text{모든 } x} p(x, 2)$$
$$= p(0, 2) + p(1, 2) + p(2, 2)$$
$$= \frac{18}{210} + \frac{54}{210} + \frac{18}{210} = \frac{90}{210}$$

$$p_Y(3) = \sum_{\text{모든 } x} p(x, 3)$$
$$= p(0, 3) + p(1, 3)$$
$$= \frac{12}{210} + \frac{12}{210} = \frac{24}{210}$$

$$
\begin{aligned}
p_Y(4) &= \sum_{\text{모든 } x} p(x, 4) \\
&= p(0, 4) \\
&= \frac{1}{210}
\end{aligned}
$$

위 [예제 5.3]을 통해, $P(Y \geq 3) = p_Y(3) + p_Y(4) = \frac{24}{210} + \frac{1}{210} = \frac{25}{210}$을 얻을 수 있다.

결합확률밀도함수

X와 Y를 연속확률변수라고 하자. 임의의 이차원집합 A에 대하여

$$P[(X, Y) \in A] = \iint_A f(x, y)\, dxdy$$

가 성립하면 $f(x, y)$를 X와 Y의 **결합확률밀도함수**라고 한다. 특히 A가 직사각형 영역 $\{(x, y) \mid a \leq x \leq b,\ c \leq y \leq d\}$ 라면

$$P[(X, Y) \in A] = P(a \leq X \leq b,\ c \leq Y \leq d) = \int_a^b \int_c^d f(x, y)\, dydx$$

으로 정의한다.

결합확률밀도함수 $f(x, y)$는 다음의 성질을 만족하여야 한다.

1. $f(x, y) \geq 0$, 모든 x, y에 대하여
2. $\int_{-\infty}^{\infty} \int_{-\infty}^{\infty} f(x, y)\, dxdy = 1$

위의 정의에서 확률 $P\left[(X, Y) \in A\right]$는 기하학적으로 해석하면 [그림 5.1]에서와 같이 직사각형 영역 A 위로 그리고 곡면 $f(x, y)$ 아래로 둘러싸인 입체의 부피(체적)를 나타낸다.

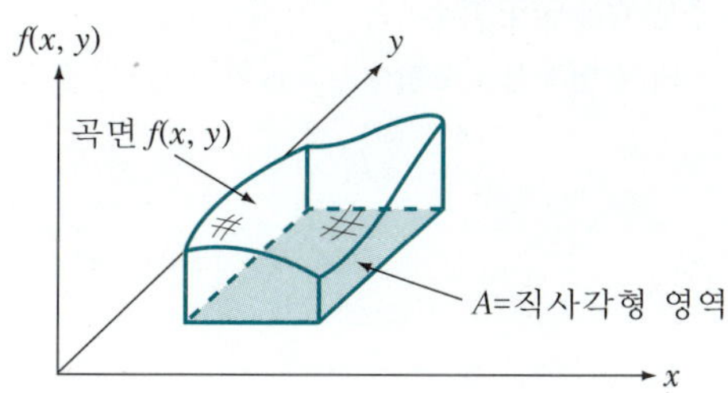

그림 5.1 확률 $P\left[(X, Y) \in A\right]$의 기하학적 표현

예제 5.4 X와 Y의 결합확률밀도함수 $f(x, y)$가

$$f(x,y)=\begin{cases}\frac{6}{5}(x+y^2), & 0\le x\le 1, 0\le y\le 1\\ 0 & , \text{기타}\end{cases}$$

로 주어질 때

(a) $\int_{-\infty}^{\infty}\int_{-\infty}^{\infty} f(x, y)\,dxdy = 1$ 이 성립함을 보여라.

(b) $P(0 \le X \le \frac{1}{4},\ 0 \le Y \le \frac{1}{4})$ 을 구하여라.

풀이 (a) $f(x,y) \ge 0\ \ (0 \le x \le 1, 0 \le y \le 1)$ 이 성립함을 알 수 있고, 따라서

$$\begin{aligned}\int_{-\infty}^{\infty}\int_{-\infty}^{\infty} f(x, y)\,dxdy &= \int_0^1\int_0^1 \frac{6}{5}(x+y^2)\,dxdy\\ &= \int_0^1\int_0^1 \frac{6}{5}x\,dxdy + \int_0^1\int_0^1 \frac{6}{5}y^2\,dxdy\\ &= \int_0^1 \frac{3}{5}dy + \int_0^1 \frac{6}{5}y^2\,dy\\ &= \frac{3}{5}+\frac{2}{5} = 1\end{aligned}$$

(b)
$$\begin{aligned}P(0 \le X \le \frac{1}{4}, 0 \le Y \le \frac{1}{4}) &= \int_0^{\frac{1}{4}}\int_0^{\frac{1}{4}} \frac{6}{5}(x+y^2)\,dxdy\\ &= \frac{6}{5}\int_0^{\frac{1}{4}}\int_0^{\frac{1}{4}} x\,dxdy + \frac{6}{5}\int_0^{\frac{1}{4}}\int_0^{\frac{1}{4}} y^2\,dxdy\\ &= \frac{6}{20}\left[\frac{x^2}{2}\right]_0^{\frac{1}{4}} + \frac{6}{20}\left[\frac{y^2}{3}\right]_0^{\frac{1}{4}}\\ &= \frac{7}{640} = 0.0109\end{aligned}$$

주변확률밀도함수

X와 Y의 주변확률밀도함수 $f_X(x)$와 $f_Y(y)$는 각각 다음과 같이 정의된다.

$$f_X(x)=\int_{-\infty}^{\infty} f(x, y)\,dy, \quad -\infty < x < \infty$$

$$f_Y(y)=\int_{-\infty}^{\infty} f(x, y)\,dx, \quad -\infty < y < \infty$$

예제 5.5 위의 예제 5.4에서 주어진 결합확률밀도함수 $f(x, y)$에 대하여 X의 주변확률밀도함수 $f_X(x)$와 Y의 주변함수 $f_Y(y)$를 구하고, $P\left(\frac{1}{4} \le Y \le \frac{3}{4}\right)$를 구하여라.

풀이 X의 주변확률밀도함수는

$$f_X(x) = \int_{-\infty}^{\infty} f(x, y)\,dy = \int_0^1 \frac{6}{5}(x + y^2)\,dy = \frac{6}{5}x + \frac{2}{5},$$

그러므로

$$f_X(x) = \begin{cases} \frac{6}{5}x + \frac{2}{5}, & 0 \le x \le 1 \\ 0 & , \text{기타} \end{cases}$$

유사한 방법으로 Y의 주변확률밀도함수는

$$f_Y(y) = \begin{cases} \frac{6}{5}y^2 + \frac{3}{5}, & 0 \le y \le 1 \\ 0 & , \text{기타} \end{cases}$$

이다. 따라서

$$P\left(\frac{1}{4} \le Y \le \frac{3}{4}\right) = \int_{\frac{1}{4}}^{\frac{3}{4}} f_Y(y)\,dy = \int_{\frac{1}{4}}^{\frac{3}{4}} \left(\frac{6}{5}y^2 + \frac{3}{5}\right)dy = \frac{37}{80} = 0.4625$$

5.2 조건부확률분포와 독립

두 확률변수의 독립과 조건부확률분포에 관해 살펴보자.

두 확률변수 X와 Y는 결합확률분포가 각각의 확률변수에 대한 주변분포의 곱으로 표현될 수 있을 때 서로 확률적으로 독립이라고 한다.

확률변수의 독립성

두 확률변수 X, Y가 모든 (x, y)에 대하여

$$p(x, y) = p_X(x) \cdot p_Y(y), \quad X, Y\text{가 이산확률변수일 때},$$

또는

$$f(x, y) = f_X(x) \cdot f_Y(y), \quad X, Y\text{가 연속확률변수일 때}$$

가 성립되면 X, Y는 확률적으로 **독립 (independent)** 이라고 하고, 그렇지 않은 경우는 X, Y는 **종속적 (dependent)** 또는 독립이 아니라고 한다.

예제 5.6 이산확률변수 X, Y의 결합확률분포가 다음과 같을 때, X와 Y가 독립인가를 확인하여라.

y	x	
	2	4
1	0.10	0.15
3	0.20	0.30
5	0.10	0.15

풀이 $X = 2$일 때

$$P(X=2, Y=1) = p(2, 1) = 0.10 = P(X=2)P(Y=1) = (0.4)(0.25)$$
$$P(X=2, Y=3) = p(2, 3) = 0.20 = P(X=2)P(Y=3) = (0.4)(0.50)$$
$$P(X=2, Y=5) = p(2, 5) = 0.10 = P(X=2)P(Y=5) = (0.4)(0.25)$$

이고, 같은 방법으로 $X = 4$일 때

$$P(X=4, Y=1) = p(4, 1) = 0.15 = P(X=4)P(Y=1) = (0.6)(0.25)$$
$$P(X=4, Y=3) = p(4, 3) = 0.30 = P(X=4)P(Y=3) = (0.6)(0.50)$$
$$P(X=4, Y=5) = p(4, 5) = 0.15 = P(X=4)P(Y=5) = (0.6)(0.25)$$

임을 알 수 있다.

그러므로 두 확률변수 X와 Y는 독립임을 알 수 있다. ●

예제 5.7 X와 Y의 결합확률밀도함수가

$$f(x, y) = \begin{cases} 6e^{-2x-3y}, & x > 0,\ y > 0 \\ 0 \quad , & \text{기타} \end{cases}$$

일 때, X와 Y가 독립인가를 확인하여라.

풀이 X의 주변확률밀도함수는

$$f_X(x) = \int_0^\infty 6e^{-2x-3y}\,dy = 2e^{-2x}$$

이므로

$$f_X(x) = \begin{cases} 2e^{-2x}, & x > 0 \\ 0 \quad , & \text{기타} \end{cases}$$

또한 같은 방법으로 Y의 주변확률밀도함수는

$$f_Y(y) = \begin{cases} 3e^{-3y}, & y > 0 \\ 0 \quad , & \text{기타} \end{cases}$$

따라서

$$f(x, y) = 6e^{-2x-3y} = 2e^{-2x}3e^{-3y} = f_X(x)f_Y(y)$$

가 성립하므로 두 확률변수 X와 Y는 서로 독립이다. ●

연속확률변수 X와 Y의 **결합확률밀도함수 (joint pdf)** 를 $f(x, y)$, X의 주변확률밀도함수를 $f_X(x)$라 하면, $X=x$가 주어졌을 때 Y의 **조건부확률밀도함수 (conditional pdf)** 는

$$f_{Y|X}(y|x) = \frac{f(x, y)}{f_X(x)}, \quad -\infty < y < \infty$$

으로 정의된다.
만일 X와 Y가 이산확률변수인 경우 확률질량함수(pmf)로 대신하여 같은 방법으로 정의한다.

예제 5.8 [예제 5.3]에서 $X = x$가 주어졌을 때, Y의 조건부확률질량함수를 구하여라.

풀이 $X = 0$일 때,

$$p_{Y|X}(y|0) = \frac{p(0, y)}{p_X(0)} = \frac{p(0, y)}{35/210}$$

이므로

$$p_{Y|X}(1|0) = \frac{p(0, 1)}{p_X(0)} = \frac{4/210}{35/210} = \frac{4}{35}$$

$$p_{Y|X}(2|0) = \frac{p(0, 2)}{p_X(0)} = \frac{18/210}{35/210} = \frac{18}{35}$$

$$p_{Y|X}(3|0) = \frac{p(0, 3)}{p_X(0)} = \frac{12/210}{35/210} = \frac{12}{35}$$

$$p_{Y|X}(4|0) = \frac{p(0, 4)}{p_X(0)} = \frac{1/210}{35/210} = \frac{1}{35}$$

이고, $X = 1$인 경우

$$p_{Y|X}(0|1) = \frac{p(1, 0)}{p_X(1)} = \frac{3/210}{105/210} = \frac{3}{105}$$

$$p_{Y|X}(1|1) = \frac{p(1, 1)}{p_X(1)} = \frac{36/210}{105/210} = \frac{36}{105}$$

$$p_{Y|X}(2|1) = \frac{p(1, 2)}{p_X(1)} = \frac{54/210}{105/210} = \frac{54}{105}$$

$$p_{Y|X}(3|1) = \frac{p(1, 3)}{p_X(1)} = \frac{12/210}{105/210} = \frac{12}{105}$$

이고, $X = 2$인 경우

$$p_{Y|X}(0|2) = \frac{p(2, 0)}{p_X(2)} = \frac{9/210}{63/210} = \frac{9}{63}$$

$$p_{Y|X}(1|2) = \frac{p(2, 1)}{p_X(2)} = \frac{36/210}{63/210} = \frac{36}{63}$$

$$p_{Y|X}(2|2) = \frac{p(2, 2)}{p_X(2)} = \frac{18/210}{63/210} = \frac{18}{63}$$

이고, $X = 3$인 경우

$$p_{Y|X}(0|3) = \frac{p(3, 0)}{p_X(3)} = \frac{3/210}{7/210} = \frac{3}{7}$$

$$p_{Y|X}(1|3) = \frac{p(3, 1)}{p_X(3)} = \frac{4/210}{7/210} = \frac{4}{7}$$

이다. ●

예제 5.9 두 확률변수 X와 Y의 결합확률밀도함수가 다음과 같이 주어졌을 때,

$$f(x, y) = \begin{cases} \frac{2}{3}(x + 2y), & 0 < x < 1, \quad 0 < y < 1 \\ 0 & , \text{기타} \end{cases}$$

$Y = y$가 주어졌을 때, X의 조건부확률밀도함수를 구하여라.

풀이 먼저, Y의 주변확률밀도함수를 구하면

$$f_Y(y) = \int_0^1 \frac{2}{3}(x + 2y)\,dx = \frac{1}{3}(1 + 4y), \quad 0 < y < 1$$

이고 $f_Y(y) = 0$(그 밖에서)이다. 그러므로 조건부확률밀도함수의 정의에 의하여

$$f_{X|Y}(x|y) = \frac{f(x, y)}{f_Y(y)} = \frac{\frac{2}{3}(x + 2y)}{\frac{1}{3}(1 + 4y)} = \frac{2x + 4y}{1 + 4y}$$

이다. 따라서 $Y = y$가 주어졌을 때 X의 조건부확률밀도함수는

$$f_{X|Y}(x|y) = \begin{cases} \frac{2x + 4y}{1 + 4y}, & 0 < x < 1, \quad 0 < y < 1 \\ 0 & , \quad x \le 0, \quad x \ge 1, \quad 0 < y < 1 \end{cases}$$

이다. ●

5.3 두 확률변수의 기댓값, 공분산, 상관계수

이 절에서는 두 확률변수의 기댓값과 두 변수 간의 선형 관계성을 나타내는 공분산과 상관계수에 관해 살펴보자.

확률변수 X와 Y의 함수 $h(X, Y)$에 대한 기댓값은 다음과 같이 정의된다.

$h(X, Y)$를 확률변수 X와 Y의 함수라고 하면 $h(X, Y)$의 기댓값(expected value)은 다음과 같이 정의된다.

$$\mu_{h(X,Y)} = E[h(X,Y)] = \begin{cases} \sum\sum h(x, y)\cdot p(x, y) & x, y\text{: 이산형 확률변수} \\ \int_{-\infty}^{\infty}\int_{-\infty}^{\infty} h(x, y)\cdot f(x, y)\,dx\,dy & x, y\text{: 연속형 확률변수} \end{cases}$$

예제 5.10 X와 Y의 결합확률질량함수가 다음과 같이 주어졌을 때,

$$f(x, y) = \frac{(x+y)}{30}, \quad x = 0, 1, 2, 3;\ y = 0, 1, 2$$

$h(X, Y) = XY$의 기댓값을 구하여라.

풀이 위의 정리에 의해 $h(X, Y)$의 기댓값은

$$\begin{aligned} E(XY) &= \sum_{x=0}^{3}\sum_{y=0}^{2}(xy)\frac{(x+y)}{30} = \sum_{x=0}^{3}\frac{x}{30}\sum_{y=0}^{2}y(x+y) \\ &= \sum_{x=0}^{3}\frac{x}{30}\{(x+1)+2(x+2)\} \\ &= \sum_{x=0}^{3}\frac{x}{30}(3x+5) = \frac{8+(2)(11)+(3)(14)}{30} = \frac{12}{5} \end{aligned}$$

예제 5.11 X와 Y의 결합확률밀도함수가

$$f(x, y) = \begin{cases} 24xy, & 0 \le x \le 1,\ 0 \le y \le 1,\ x + y \le 1 \\ 0\ , & \text{기타} \end{cases}$$

일 때, $h(X, Y) = X + Y$의 기댓값을 구하여라.

풀이 $h(X, Y)$의 기댓값은

$$\begin{aligned} E[h(X, Y)] &= \int_{-\infty}^{\infty}\int_{-\infty}^{\infty} h(x, y)f(x, y)\,dx\,dy \\ &= \int_0^1\int_0^{1-x}(x+y)\,24xy\,dy\,dx \\ &= \frac{4}{5} = 0.8 \end{aligned}$$

두 확률변수 X와 Y가 독립이 아닐 때 하나의 변수가 다른 변수에 어느 정도의 크기로 영향을 미치는가를 나타내는 것이 **공분산(covariance)** 이다. 공분산에 대하여 살펴보기로 한다.

공분산

두 확률변수 X와 Y의 공분산

$$
\begin{aligned}
Cov(X,Y) &= E[(X-\mu_X)(Y-\mu_Y)] \\
&= \begin{cases} \sum\sum (x-\mu_X)(y-\mu_Y)\cdot p(x,y) & x, y\text{: 이산형} \\ \int_{-\infty}^{\infty}\int_{-\infty}^{\infty} h(x-\mu_X)(y-\mu_Y)f(x,y)\,dxdy & x, y\text{: 연속형} \end{cases}
\end{aligned}
$$

공분산이 나타내는 의미는 다음과 같다. X가 μ_X보다 클 때 Y도 μ_Y보다 큰 경향이 있거나, 또는 X가 μ_X보다 작을 때 Y도 μ_Y보다 작은 경향이 있으면 $Cov(X, Y)$의 값은 양이 되며 [그림 5.2]의 (a)와 같이 나타내어지고, 반대로 X가 μ_X보다 클 때 Y가 μ_Y보다 작은 경향이 있거나, 또는 X가 μ_X보다 작을 때 Y가 μ_Y보다 큰 경향이 있으면 $Cov(X, Y)$는 음의 값을 갖고, [그림 5.2]의 (b)와 같이 나타내어진다. 또 $Cov(X, Y)$의 값이 양 또는 음으로 크면 상관의 정도가 크다고 하고, 0에 가까우면 상관의 정도가 작다고 하며, (c)와 같이 나타내어진다.

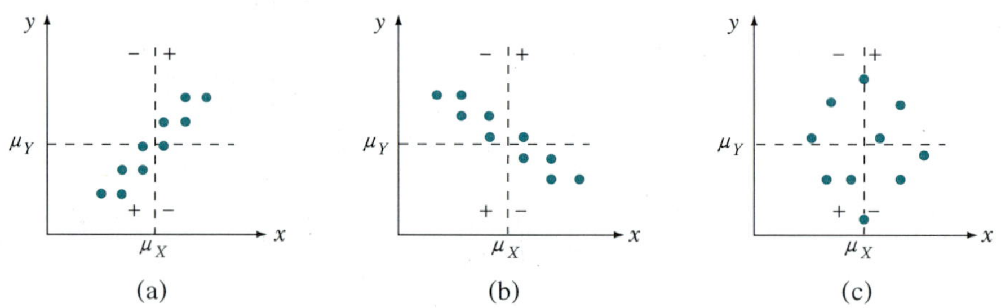

그림 5.2 공분산의 예

공분산이 두 확률변수 사이의 결합의 방향을 측정하는 반면에, 결합의 강도를 측정하는 값으로는 **상관계수(correlation coefficient)** 가 있다.

상관계수

두 확률변수 X와 Y 사이의 상관계수는 다음과 같다.

$$\rho_{X\cdot Y} = \frac{Cov(X,Y)}{\sqrt{\mathrm{Var}(X)\cdot \mathrm{Var}(Y)}}$$

상관계수는 $-1 \leq \rho_{X \cdot Y} \leq 1$ 인 값을 갖는다. $\rho = 1$은 두 확률변수가 완전히 양의 상관을 가지는 경우를 말하며, $\rho = -1$은 역시 두 확률변수가 완전한 음의 상관을 가지는 경우이며, $\rho = 1$ 또는 $\rho = -1$이라면 Y는 X에 대하여 $Y = aX + b$의 선형 관계가 존재하여야 한다. 또한 $\rho = 0$은 Y가 X의 변화에 아무런 영향을 받지 않는 경우를 말한다. 다음의 정리는 공분산을 계산하는 데 간편한 방법을 제공한다.

정리 5.1

μ_X와 μ_Y를 평균으로 하는 두 확률변수 X와 Y의 공분산은

$$Cov(X, Y) = E(XY) - \mu_X \cdot \mu_Y$$

와 같다.

증명 공분산 정의에 의해

$$\begin{aligned} Cov(X, Y) &= E[(X - \mu_X)(Y - \mu_Y)] \\ &= E(XY - \mu_Y X - \mu_X Y + \mu_X \mu_Y) \\ &= E(XY) - \mu_Y \mu_X - \mu_X \mu_Y + \mu_X \mu_Y \\ &= E(XY) - \mu_X \mu_Y \end{aligned}$$

이다.

만일 X와 Y가 독립인 확률변수이면, $E[XY] = E(X)E(Y)$이므로 위의 정리를 이용하면 X와 Y가 독립이면 $Cov(X, Y) = 0$임을 알 수 있다. 그러나 그 역이 반드시 성립하는 것은 아니다. 이를 정리하면 X와 Y가 독립이면 $\rho = 0$이지만, $\rho = 0$이 두 확률변수의 독립을 의미하지는 않는다. 다음의 예제는 공분산이 0이지만 독립이 아닌 경우를 증명하는 예제이다.

예제 5.12 X와 Y의 결합확률분포가

		X			$P(Y=y)$
		-1	0	1	
Y	-1	$\frac{1}{8}$	$\frac{1}{8}$	$\frac{1}{8}$	$\frac{3}{8}$
	0	$\frac{1}{8}$	0	$\frac{1}{8}$	$\frac{2}{8}$
	1	$\frac{1}{8}$	$\frac{1}{8}$	$\frac{1}{8}$	$\frac{3}{8}$
$P(X=x)$		$\frac{3}{8}$	$\frac{2}{8}$	$\frac{3}{8}$	1

일 때, X와 Y의 공분산을 구하고 X와 Y가 독립인가를 확인하여라.

풀이 명백하게 $E(X) = E(Y) = 0$이고, $E(XY) = 0$이 된다. 따라서

$$Cov(X, Y) = E(XY) - \mu_X \cdot \mu_Y = 0$$

이고, $\rho_{X \cdot Y} = 0$이다. 그러나

$$P(X = -1, Y = -1) = \frac{1}{8} \neq P(X = -1, Y = -1) = \left(\frac{3}{8}\right)\left(\frac{3}{8}\right)$$

이므로, X와 Y는 독립이 아니다.

예제 5.13 자동차 대리점에서 구매상담과 판매건수 간의 상관성을 보고자 한다. X를 어느 날 구매상담 건수라고 하고 Y를 판매건수라고 할 때, X와 Y의 결합확률분포는

$$\begin{aligned} &p(0,0)=0.04, \quad p(2,0)=0.20, \\ &p(1,0)=0.16, \quad p(2,1)=0.30, \\ &p(1,1)=0.10, \quad p(2,2)=0.20, \end{aligned}$$

이라고 하면 X와 Y의 상관계수를 구하여라.

풀이 먼저 $E(XY)$를 구하면

$$\begin{aligned} E(XY) &= \Sigma\Sigma xy\, p(x, y) \\ &= (0)(0)p(0, 0) + (1)(0)p(1, 0) + (1)(1)p(1, 1) + (2)(0)p(2, 0) \\ &\quad + (2)(1)p(2, 1) + (2)(2)p(2, 2) \\ &= 1.50 \end{aligned}$$

이다. 또, X와 Y의 주변분포는 다음과 같다.

x	0	1	2	합
$p(x)$	0.04	0.26	0.70	1

y	0	1	2	합
$p(y)$	0.40	0.40	0.20	1

그러므로 $\mu_X = 1.66$이고, $\mu_Y = 0.80$이다. 따라서

$$\begin{aligned} Cov(X, Y) &= E(XY) - \mu_X \cdot \mu_Y \\ &= 1.50 - (1.66)(0.80) \\ &= 0.172 \end{aligned}$$

이다. X와 Y의 주변분포로부터 X와 Y의 분산은

$$\begin{aligned} \text{Var}(X) &= E(X^2) - \mu_X^2 \\ &= 3.06 - (1.66)^2 = 0.30 \end{aligned}$$

이고, 같은 방법으로 $\text{Var}(Y) = 0.56$ 이 된다. 따라서

$$\rho = \frac{Cov(X, Y)}{\sqrt{\text{Var}(X) \cdot \text{Var}(Y)}} = \frac{0.172}{\sqrt{(0.30)(0.56)}} = 0.42$$

즉, 구매상담의 건수와 판매건수 사이에는 완만한 양의 상관이 존재한다. ●

연습문제

5.1 빨간색 공 3개, 흰색 공 4개, 파란색 공 5개가 들어 있는 바구니에서 무작위로 3개의 공을 추출한다고 하자. X를 선택된 공 중에서 빨간색 공의 수, Y를 선택된 공 중에서 흰색 공의 수라고 하자.

(a) X와 Y의 결합확률질량함수를 구하여라.

(b) 확률 $P(X \geq 2)$을 구하여라.

(c) X의 모든 값에 대하여 $p(x \mid 1)$를 구하여라.

5.2 확률변수 X와 Y에 대한 결합확률분포가 다음과 같이 주어졌다.

$$p(x, y) = cxy, \quad x = 1, 2, 3;\ y = 1, 2$$

(a) 결합확률분포가 되도록 c값을 구하여라.

(b) 확률 $P(X \leq 2, Y = 1)$을 구하여라.

(c) 확률 $P(X + Y = 2)$을 구하여라.

(d) 확률 $P(X < Y)$을 구하여라.

5.3 확률변수 X와 Y에 대한 결합확률분포가 다음과 같이 주어졌다.

$$p(x, y) = c \mid x - y \mid, \quad x = -2, 0, 2;\ y = 1, 3$$

(a) 결합확률분포가 되도록 c값을 구하여라.

(b) X의 주변확률분포를 구하여라.

(c) Y의 주변확률분포를 구하여라.

(d) X와 Y의 상관계수를 구하여라.

5.4 X와 Y가 다음과 같은 결합확률분포를 따른다고 하자.

y	x		
	1	2	3
1	0	$\frac{1}{6}$	$\frac{1}{12}$
3	$\frac{1}{5}$	$\frac{1}{9}$	0
5	$\frac{2}{15}$	$\frac{1}{4}$	$\frac{1}{18}$

(a) 두 확률변수 X와 Y는 서로 독립인가?

(b) $g(X, Y) = XY$의 기댓값을 구하여라.

(c) 두 확률변수의 상관계수를 구하여라.

5.5 X와 Y의 결합확률밀도함수가 다음과 같이 주어졌다.

$$f(x, y) = cx\left(x + \frac{y}{3}\right), \quad 0 < x < 1,\ 0 < y < 3$$

(a) 결합확률분포가 되도록 c 값을 구하여라.

(b) Y의 주변확률밀도분포를 구하여라.

(c) 확률 $P(X > 0.5)$을 구하여라.

(d) $g(X, Y) = X + Y$의 기댓값을 구하여라.

5.6 A와 B 두 사람은 같은 회사 동료이다. A는 아침에 버스를 타고 회사에 7시와 8시 사이에 도착하며, B는 아침에 지하철을 타고 회사에 7시와 8시 30분 사이에 도착한다. X는 A가 회사에 도착하는 시간이라고 하고, Y는 B가 회사에 도착하는 시간이라고 하자. X와 Y는 서로 독립이며, 각각 균일분포를 따른다고 가정하자.

(a) X와 Y의 결합확률분포를 구하여라.

(b) 두 사람이 모두 7시에서 7시 30분 사이에 회사에 도착할 확률을 구하여라.

(c) B가 A보다 10분 이내로 일찍 회사에 도착할 확률을 구하여라.

5.7 X와 Y의 결합확률밀도함수가 다음과 같이 주어졌다.

$$f(x, y) = cx(x^2 + y), \quad 0 < x < 1,\ 0 < y < 1$$

(a) 확률분포가 되도록 c값을 구하여라.

(b) 확률 $P(0 < X < 0.5 \mid 0 < Y < 0.3)$을 구하여라.

(c) 확률 $P(|X - Y| < 0.3)$을 구하여라.

5.8 A도시의 하루 평균 교통사고 건수를 확률변수 X라고 하고, 하루 평균 1건의 교통사고가 발생하며 포아송분포를 따른다고 알려져 있다. B도시의 하루 평균 교통사고 건수를 확률변수 Y라고 하고, 하루 평균 3건의 교통사고가 발생하며 포아송분포를 따른다고 알려져 있다. X와 Y가 서로 독립일 때, 다음을 구하여라.

(a) X와 Y의 결합확률분포를 구하여라.

(b) 하루 동안 두 도시에서 발생한 교통사고 건수가 2건이 될 확률을 구하여라.

6장 표본분포

이 장에서는 n개의 확률변수들 $X_1, X_2, \cdots, X_n$의 함수들과 특히 $\overline{X}$에 대하여 살펴보고 표본의 크기가 통계적 추론의 절차에서 매우 유용하게 쓰이는 중심극한정리에 대하여 알아보며, 정규분포로부터 얻어진 표본분포인 χ^2, F 그리고 t분포에 대하여 살펴본다.

6.1 확률표본과 표본분포

통계조사의 목적은 관찰값의 모든 집합을 조사하기 불가능한 경우에 대해서도 모집단들에 대한 정보를 알아내는 것이다. 모집단에 대한 정보(information)란 모집단의 평균 μ, 모집단의 분산 σ^2 또는 모집단의 비율 p와 같은 모집단의 특성값을 말하며, 이러한 모집단의 특성값을 **모수(parameter)** 라고 한다. 모집단에 관한 추론을 하기 위해서는 모집단 전체를 조사해야만 알 수 있다. 그러나 대부분의 연구에서는 모집단 전체를 조사한다는 것이 불가능하기 때문에 모집단으로부터 추출한 관측값의 부분집합, 즉 표본에 의존해야만 한다. 이때 표본으로부터 계산되는 표본의 평균 $\overline{X}$, 표본의 분산 S^2과 같은 표본의 특성값을 **통계량(statistic)** 이라 하고, 이 통계량을 이용하여 모집단의 모수를 추정하게 된다.

표본조사에 의하여 모집단의 성질을 알기 위해서는 먼저 표본을 뽑는 방법이 중요하며, 표본이 모집단을 대표할 수 있어야 한다. 조사자의 주관에 의하지 않고, 추첨을 하거나 난수표를 사용하는 방법 등 기계적으로 뽑는 방법을 **임의추출**, **확률추출** 또는 **무작위추출(random sampling)** 이라고 한다. 이 추출방법에 의하여 뽑혀진 표본을 **확률표본(random sample)** 이라고 한다.

확률표본

모집단에서 n개의 관찰값의 각 표본이 같은 확률로 독립적으로 추출되는 표본을 **단순 확률표본**(simple random sample) 또는 간단히 **확률표본**(random sample)이라고 한다.

어떤 모집단으로부터 크기 n인 특정표본이 추출되었다면 확률표본 $X_1, X_2, \cdots, X_n$의 값들은 결정되는 것이고, 이 특정 표본값을 소문자 $x_1, x_2, \cdots, x_n$으로 표기한다. 위에서 언급한 바와 같이 모집단의 특성을 파악하기 위하여 모집단으로부터 얻어진 표본으로부터 계산된 평균 $\overline{X}$, 분산 S^2과 같은 표본의 특성값인 통계량에는 값이 알려져 있지 않은 모수들이 포함되어 있지 않아야 하며, 관측가능한 확률변수들의 값이어야 한다.

통계량

통계량이란 알려져 있지 않은 모수들을 포함하지 않으며 관측가능한 확률변수들 $X_1, X_2, \cdots, X_n$의 실수값 함수를 말한다.

중요한 통계량들로는 표본평균과 표본분산이 있다.

$X_1, X_2, \cdots, X_n$이 확률표본일 때

$$\overline{X} = \frac{1}{n}\sum_{i=1}^{n} X_i$$

를 **표본평균**(sample mean)이라고 하고,

$$S^2 = \frac{1}{n-1}\sum_{i=1}^{n}(X_i - \overline{X})^2$$

을 **표본분산**(sample variance)이라고 한다. 특히 표본분산을 n으로 나누지 않고 $n-1$로 나눈 것을 택한 이유는 7장의 통계적 추정에서 설명할 것이다.

모집단에서 추출된 표본에서 통계량을 계산하고, 이 통계량으로 모집단의 특성값, 즉 모수값에 대하여 추측을 하게 된다. 동일한 크기의 확률표본들이 동일한 모집단으로부터 추출될 수 있고, 이들 표본으로 통계량을 계산할 수 있으므로 통계량은 확률변수이다. 확률변수에 대한 표시는 적절한 통계량을 나타내기 위해 대문자를 사용하고 그들 값은 소문자를 사용한다. 즉, 표본평균은 $\overline{X}$, 실현값은 $\overline{x}$로 나타내며, 표본중앙값은 $\widetilde{X}$으로, 그의 값을 $\tilde{x}$, 표본분산은 S^2으로, 그의 값은 s^2으로 표시한다. 통계량은 확률변수이므로 확률분포를 갖는다. 따라서 통계량의 확률분포를 표본분포라고 한다.

> **표본분포와 표준오차**
> 통계량의 확률분포를 **표본분포**(sampling distribution)라고 한다. 표본평균 $\overline{X}$의 확률분포인 **표본평균의 분포**(sampling distribution of the mean) 또한 표본분포이며, 표본분포의 표준편차를 **표준오차**(standard error)라고 한다.

6.2 표본평균 $\overline{X}$의 분포와 중심극한정리

모평균 μ에 대한 통계적 추론에서 흔히 이용되는 분포가 표본평균 $\overline{X}$의 분포이다. 무한모집단 또는 복원추출하는 유한모집단으로부터 크기 n인 표본 $(X_1, X_2, \cdots, X_n)$을 추출하면 표본의 평균 $\overline{X}$는 $\overline{X} = \frac{1}{n}\sum X_i$이며, 이는 n개의 확률변수 $X_1, X_2, \cdots, X_n$의 함수로서 또한 확률변수이고, 다음 $\overline{X}$의 평균과 분산에 관한 정리가 성립한다.

정리 6.1

$\overline{X}$의 평균과 분산(무한모집단인 경우)

모평균이 μ, 모분산이 σ^2인 무한모집단 또는 복원추출인 유한모집단으로부터 임의추출한 크기 n인 표본평균 $\overline{X}$의 평균과 분산 $E(\overline{X})$, $V(\overline{X})$는 다음과 같다.

$$E(\overline{X}) = \mu, \quad V(\overline{X}) = \frac{\sigma^2}{n}$$

증명 기댓값과 분산의 성질을 이용한다.

$$E(\overline{X}) = E\left(\frac{X_1 + \cdots + X_n}{n}\right) = \frac{1}{n}[E(X_1) + \cdots + E(X_n)] = \mu,$$

$$V(\overline{X}) = V\left(\frac{X_1 + \cdots + X_n}{n}\right) = \frac{1}{n^2}[V(X_1) + \cdots + V(X_n)] = \frac{\sigma^2}{n}.$$

위 정리를 실제 수치로 예를 들어 설명하자.
크기 $N = 4$인 모집단이 $\{1, 2, 3, 4\}$이고, 이들이 표본으로 추출될 확률은

$$f(x) = \frac{1}{4}, \quad x = 1, 2, 3, 4$$

이고, 이산균등모집단에 대한 확률 히스토그램은 [그림 6.1]과 같다.

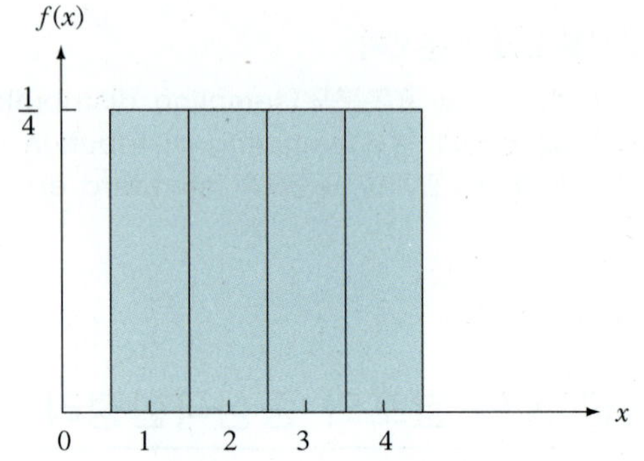

그림 6.1 이산균등모집단에 대한 확률 히스토그램

모평균과 모분산은

$$\mu = E(X) = \sum_{x=1}^{4} xf(x) = 1 \cdot \frac{1}{4} + 2 \cdot \frac{1}{4} + 3 \cdot \frac{1}{4} + 4 \cdot \frac{1}{4} = \frac{5}{2},$$

$$\sigma^2 = E[(X-\mu)^2] = E(X^2) - (E(X))^2 = \sum_{x=1}^{4} x^2 f(x) - \left(\frac{5}{2}\right)^2$$

$$= 1^2 \cdot \frac{1}{4} + 2^2 \cdot \frac{1}{4} + 3^2 \cdot \frac{1}{4} + 4^2 \cdot \frac{1}{4} - \frac{25}{4} = \frac{5}{4}$$

이며, 이 모집단으로부터 크기 $n = 2$인 표본 X_1, X_2를 복원추출하여 표본평균 $\overline{X} = \frac{X_1 + X_2}{2}$와 그의 분포를 구하면 다음 [표 6.1], [표 6.2]와 같다.

표 6.1 복원추출인 경우 $\overline{X} = \frac{X_1 + X_2}{2}$의 평균

x_1,	x_2	$\overline{x}$	x_1,	x_2	$\overline{x}$	x_1,	x_2	$\overline{x}$	x_1,	x_2	$\overline{x}$
1	1	1.0	2	1	1.5	3	1	2.0	4	1	2.0
1	2	1.5	2	2	2.0	3	2	2.5	4	2	3.5
1	3	2.0	2	3	2.5	3	3	3.0	4	3	3.0
1	4	2.5	2	4	3.0	3	4	3.5	4	4	4.5

[표 6.1]에서 표본평균 $\overline{X}$의 평균과 분산을 계산하면

표 6.2 복원추출인 경우 표본평균 $\overline{X}$의 분포

$\overline{x}$	1.0	1.5	2.0	2.5	3.0	3.5	4.0	합계
빈도수	1	2	3	4	3	2	1	12
$f(\overline{x})$	1/16	2/16	3/16	4/16	3/16	2/16	1/16	1

$$E(\overline{X}) = \mu_{\overline{X}} = \sum \overline{x} f(\overline{x})$$
$$= 1.0 \cdot \frac{1}{16} + 1.5 \cdot \frac{2}{16} + 2.0 \cdot \frac{3}{16} + 2.5 \cdot \frac{4}{16} + 3.0 \cdot \frac{3}{16} + 3.5 \cdot \frac{2}{16} + 4.0 \cdot \frac{1}{16}$$
$$= \frac{5}{2} = \mu = E(X)$$

$$V(\overline{X}) = \sigma^2_{\overline{X}} = \sum \left(\overline{x} - \frac{5}{2}\right)^2 = E(\overline{X}^2) - \left(\frac{5}{2}\right)^2$$
$$= 1.0^2 \cdot \frac{1}{16} + 1.5^2 \cdot \frac{2}{16} + 2.0^2 \cdot \frac{3}{16} + 2.5^2 \cdot \frac{4}{16} + 3.0^2 \cdot \frac{3}{16} + 3.5^2 \cdot \frac{2}{16} + 4.0^2 \cdot \frac{1}{16} - \frac{25}{4}$$
$$= \frac{5}{8} = \frac{\frac{5}{4}}{2} = \frac{\sigma^2}{n}$$

을 얻는다. $\overline{X}$ 의 확률 히스토그램은 [그림 6.2]에 나타나 있다.

위 실제 예에서와 같이 정리 6.1이 성립함을, 즉 $E(\overline{X}) = \mu$, $V(\overline{X}) = \sigma^2 / n$임을 알 수 있다. 위 정리 6.1이 갖는 뜻은 중요하다. 표본평균 $\overline{X}$ 의 분포는 $\overline{X}$ 의 평균이 모평균 μ와 같고 $\overline{X}$ 의 분산은 모분산 σ^2 의 $1/n$에 불과하므로 표본의 크기 n이 크면 $\overline{X}$ 의 분산은 σ^2 / n이어서 아주 작아진다. 만일 표본의 크기 $n = 100$이라면 $\overline{X}$ 의 분산은 $\sigma^2 / 100$이어서 모분산 σ^2 의 $1/100$에 불과한 아주 작은 값이 되어 $\overline{X}$ 의 분포는 모평균 μ에 밀집하게 되므로 표본조사에 의해서 모수를 추정할 때 표본오차가 작게 되는 것이다. 즉, 표본의 크기 n이 크게 되면 표준오차 $\sqrt{\sigma^2 / n}$은 작게 된다.

앞에서는 복원추출(유한모집단이라도 무한모집단과 같음)인 경우였으나 여기서는 비복원추출(유한모집단)의 경우에 표본평균 $\overline{X}$ 를 계산하고, $\overline{X}$ 의 분포를 구하면 다음 [표 6.3], [표 6.4]와 같이 된다.

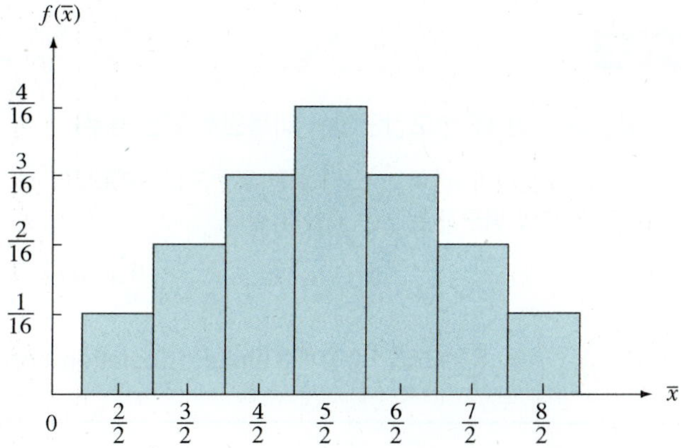

그림 6.2 표본평균 $\overline{X}$ 의 확률 히스토그램

표 6.3 비복원추출인 경우 $\overline{X}$의 값

x_1,	x_2	$\overline{x}$	x_1,	x_2	$\overline{x}$	x_1,	x_2	$\overline{x}$	x_1,	x_2	$\overline{x}$
1	2	1.5	2	1	1.5	3	1	2.0	4	1	2.5
1	3	2.0	2	3	2.5	3	2	2.5	4	2	3.0
1	4	2.5	2	4	3.0	3	4	3.5	4	3	3.5

표 6.4 비복원추출인 경우 표본평균 $\overline{X}$의 분포

$\overline{x}$	1.5	2.0	2.5	3.0	3.5	합계
빈도수	2	2	4	2	2	12
$f(\overline{x})$	2/12	2/12	4/12	2/12	2/12	1

앞에서의 복원추출인 경우와 같이 표본평균 $\overline{X}$의 평균과 분산을 구하고 모평균, 모분산과 비교해 보자.

$$\begin{aligned} E(\overline{X}) &= \mu_{\overline{X}} = \sum \overline{x} f(\overline{x}) \\ &= 1.0 \cdot \frac{2}{12} + 2.0 \cdot \frac{2}{12} + 2.5 \cdot \frac{4}{12} + 3.0 \cdot \frac{2}{12} + 3.5 \cdot \frac{2}{12} + 3.5 \cdot \frac{2}{12} \\ &= \frac{5}{2} = \mu = E(X), \end{aligned}$$

$$\begin{aligned} V(\overline{X}) &= \sigma_{\overline{X}}^2 = \sum \left(\overline{x} - \frac{5}{2}\right)^2 = E(\overline{X}^2) - \left(\frac{5}{2}\right)^2 \\ &= 1.5^2 \cdot \frac{2}{12} + 2.0^2 \cdot \frac{2}{12} + 2.5^2 \cdot \frac{4}{12} + 3.0^2 \cdot \frac{2}{12} + 3.5^2 \cdot \frac{2}{12} + 3.5^2 \cdot \frac{2}{12} - \frac{25}{4} \\ &= \frac{5}{12} = \frac{2}{3} \cdot \frac{\frac{5}{4}}{2} = \frac{4-2}{4-1} \cdot \frac{\frac{5}{4}}{2} = \frac{N-n}{N-1} \cdot \frac{\sigma^2}{n} \end{aligned}$$

위 예에서 보듯이 유한모집단에서 비복원추출인 경우에는 다음 정리가 성립함을 알 수 있다.

정리 6.2

$\overline{X}$의 평균과 분산 (유한모집단에서 비복원추출인 경우)

모평균이 μ, 모분산이 σ^2이고, 크기 N인 유한모집단으로부터 크기 n인 표본을 비복원추출할 때, 표본평균 $\overline{X}$의 평균과 분산은 다음과 같다.

$$E(\overline{X}) = \mu_{\overline{X}}, \quad V(\overline{X}) = \sigma_{\overline{X}}^2 = \frac{N-n}{N-1}\frac{\sigma^2}{n}, \quad \sigma_{\overline{X}} = \sqrt{\frac{N-n}{N-1}}\frac{\sigma}{\sqrt{n}}$$

여기서 $\frac{N-n}{N-1}$을 **유한모집단 수정계수 (finite population correction factor)** 라고 한다.

표본평균에 관한 중요한 정리를 증명 없이 소개하겠다.

> **정규모집단으로부터의 표본평균**
>
> 정규모집단 $N(\mu, \sigma^2)$으로부터의 크기 n인 표본 $(X_1, X_2, \cdots, X_n)$의 평균 $\overline{X}$의 분포는 $N\left(\mu, \frac{\sigma^2}{n}\right)$을 하고, $Z = \frac{\overline{X}-\mu}{\sigma/\sqrt{n}}$는 **표준정규분포 $N(0, 1)$**을 따른다.

위의 사실을 입증하기 위하여 다음의 모의 실험결과를 살펴보자.

[그림 6.3]은 평균 $\mu = 8.25$이고 표준편차 $\sigma = 0.75$인 정규분포 $N(8.25, 0.75^2)$의 확률밀도함수의 그래프이다.

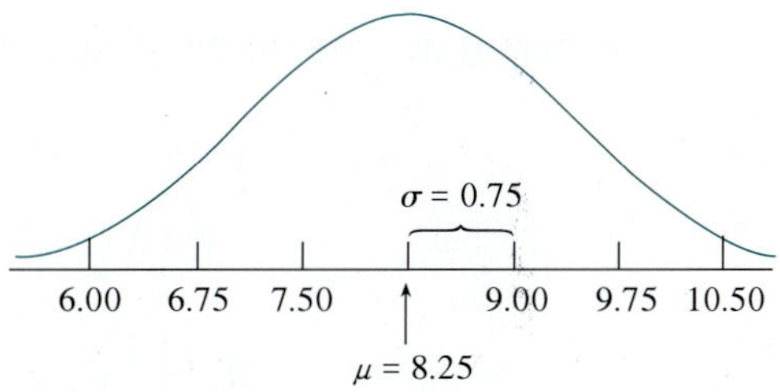

그림 6.3 평균 $\mu = 8.25$이고 표준편차 $\sigma = 0.75$인 정규분포

모집단이 정규분포 $N(8.25, 0.75^2)$으로부터 표본의 수 n을 5, 10, 20, 30으로 하여 각각 500번씩을 반복하여 얻어진 표본에 대하여 표본평균 $\overline{X}$의 확률 히스토그램이 [그림 6.4]와 [그림 6.5]에 나타나 있다. 그림을 살펴보면 표본의 수 $n=5$에서 $n=30$으로 n이 커짐에 따라 $\overline{X}$의 분포는 모집단의 평균 $\mu = 8.25$에 훨씬 더 근접해 간다는 것을 알 수 있다.

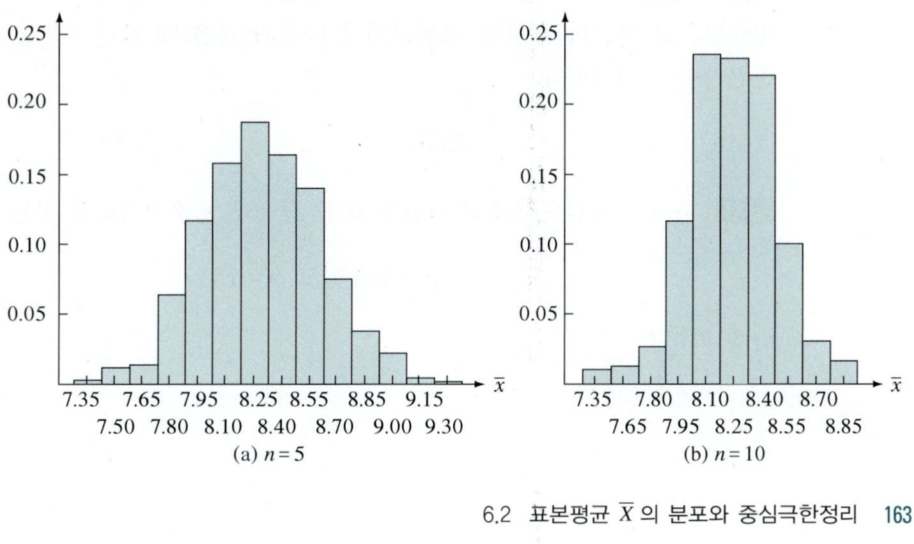

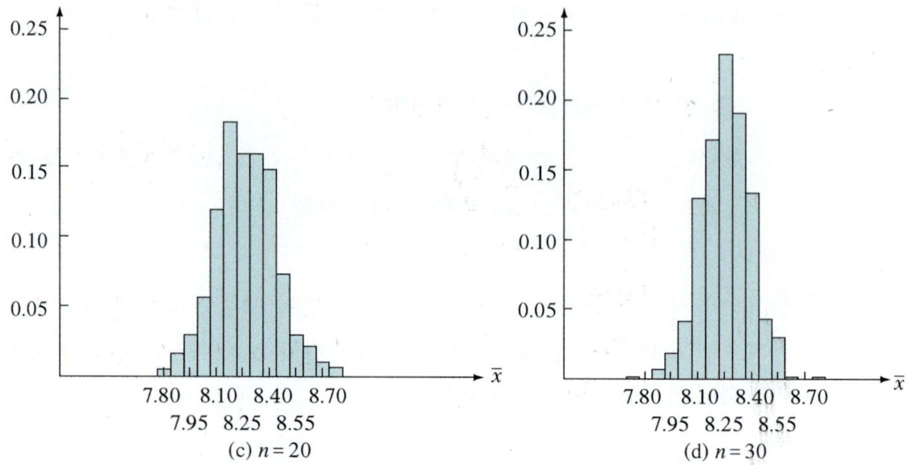

그림 6.4 $n = 5, 10, 20, 30$ 일 때 $\overline{X}$ 의 확률 히스토그램

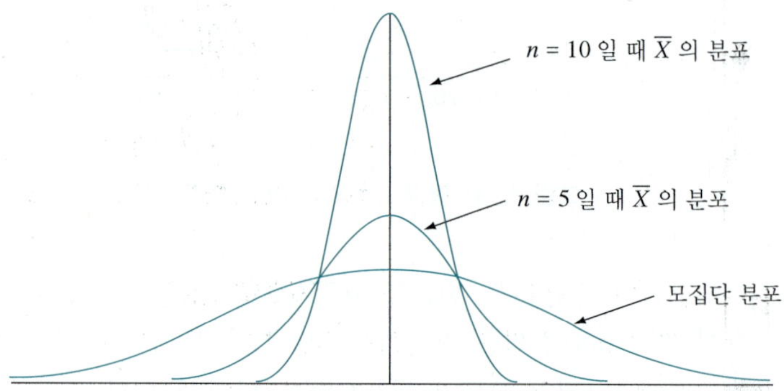

그림 6.5 정규분포와 표본평균 $\overline{X}$ 의 비교

예제 6.1 모집단의 평균이 904점, 표준편차가 153점이고, 모집단의 분포는 정규분포를 따른다고 하자. 표본크기가 다음과 같을 때 표본평균 $\overline{X}$ 의 평균과 표준편차를 계산하여라.

(1) 16　　　　(2) 50　　　　(3) 100

풀이 X를 시험점수라고 하고 μ 와 σ 를 평균과 표준편차라고 하면

$$\mu = 904 \text{ 이고 } \sigma = 153$$

이다. 따라서

(1) 표본크기가 16 일 때, $\overline{X}$ 의 평균과 표준편차는

$$\mu_{\overline{X}} = \mu = 904 \text{ 이고 } \sigma_{\overline{X}} = \frac{\sigma}{\sqrt{n}} = \frac{153}{\sqrt{16}} = 38.25 \text{ 이다.}$$

(2) 표본크기가 50 일 때, $\overline{X}$ 의 평균과 표준편차는

$$\mu_{\overline{X}} = \mu = 904 \text{ 이고 } \sigma_{\overline{X}} = \frac{\sigma}{\sqrt{n}} = \frac{153}{\sqrt{50}} = 21.637 \text{ 이다.}$$

(3) 표본크기가 100 일 때, $\overline{X}$ 의 평균과 표준편차는

$$\mu_{\overline{X}} = \mu = 904 \text{ 이고 } \sigma_{\overline{X}} = \frac{\sigma}{\sqrt{n}} = \frac{153}{\sqrt{100}} = 15.300 \text{ 이다.}$$

따라서 표본크기가 커질수록 표본평균의 표준편차가 작아지며 표본분포의 곡선은 점점 뾰족해지는 것을 알 수 있다. ●

다음의 **중심극한정리(central limit theorem)**는 정규분포가 아닌 모집단, 즉 비정규모집단의 경우이며, 여기에서는 표본의 크기 n이 클 때 표본평균은 정규분포에 근사함을 보여 주는 아주 유용한 정리이다.

정리 6.3

중심극한정리(central limit theorem)

평균 μ, 분산 σ^2인 임의의 모집단으로부터 크기 n인 표본 $(X_1, X_2, \cdots, X_n)$의 평균 $\overline{X}$의 분포는 $n \to \infty$일 때

$$\overline{X} \sim N\left(\mu, \frac{\sigma^2}{n}\right), \quad Z = \frac{\overline{X} - \mu}{\sqrt{\sigma^2 / n}} \sim N(0, 1)$$

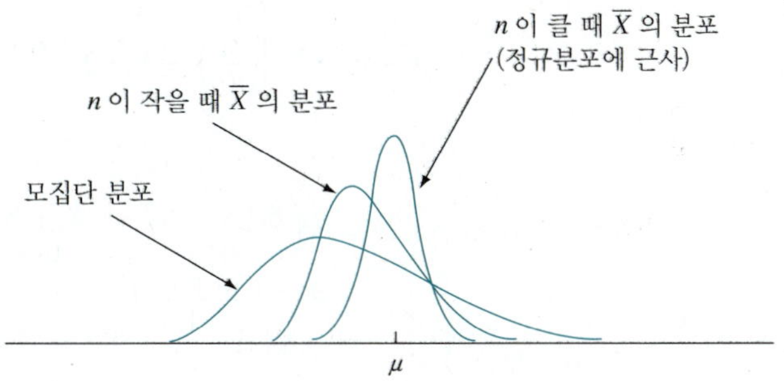

그림 6.6 중심극한정리의 예

위의, [그림 6.6]은 비정규모집단으로부터 표본을 추출하였을 때 모집단의 분포와 n이 작을 때의 $\overline{X}$의 분포, n이 클 때의 $\overline{X}$의 분포를 나타내며, n이 커짐에 따라 $\overline{X}$의 분포는 정규분포에 근사함을 알 수 있다.

앞의 정리에서 모집단이 유한모집단이고, 비복원추출인 경우에도 표본의 크기 n이 충분히 크면 표본평균 $\overline{X}$는 근사적으로 $N\left(\mu, \frac{N-n}{N-1}\frac{\sigma^2}{n}\right)$인 분포를 한다.

예제 6.2 평균이 82이고 분산이 144인 임의의 모집단으로부터 다음과 같은 표본을 추출하였을 때 물음에 답해보자.

(1) 크기가 64인 표본을 랜덤추출할 때, 표본평균이 80.8에서 83.2 사이에 있을 확률은 얼마인가?

(2) 표본의 크기가 100일 때 표본평균이 구간 [80.8, 83.2]에 있을 확률은 얼마인가?

풀이 $X_1, X_2, \cdots, X_n$을 $\mu = 82$, $\sigma^2 = 144$인 임의의 모집단으로부터 추출된 표본이라고 하자. 이때 $n = 64$ 혹은 100인 경우는 표본의 크기가 상당히 크다고 할 수 있으므로, 표본평균 $\overline{X}$의 분포는 중심극한정리에 의해 근사적으로 $N\left(82, \frac{144}{n}\right)$를 따른다.

(1) 표본크기가 $n = 64$일 때는 근사적으로

$$\overline{X} \sim N\left(82, \frac{144}{64}\right) = N\left(82, \left(\frac{3}{2}\right)^2\right)$$

이다. 따라서 Z를 표준정규분포를 따르는 확률변수라고 하면

$$\begin{aligned} P(80.8 \le \overline{X} \le 83.2) &= P\left(\frac{80.8-82}{3/2} \le \frac{\overline{X}-82}{3/2} \le \frac{83.2-82}{3/2}\right) \\ &\approx p(-0.8 \le Z \le 0.8) \\ &= 0.7881 - 0.2119 = 0.5762 \end{aligned}$$

(2) 표본크기가 $n = 100$인 경우에는 근사적으로

$$\overline{X} \sim N\left(82, \frac{144}{100}\right) = N\left(82, \left(\frac{6}{5}\right)^2\right)$$

이므로

$$\begin{aligned} P(80.8 \le \overline{X} \le 83.2) &= P\left(\frac{80.8-82}{6/5} \le \frac{\overline{X}-82}{6/5} \le \frac{83.2-82}{6/5}\right) \\ &\approx p(-1 \le Z \le 1) \\ &= 0.8413 - 0.1587 = 0.6826 \end{aligned}$$

[예제 6.2]의 (1), (2) 두 경우를 비교해 보면 표본평균이 모평균 μ주변의 어떤 특정 구간 안에 있을 확률이 표본의 크기가 커짐에 따라 증가함을 알 수 있다. 즉, 표본의 크기가 커짐에 따라 표본평균의 분산이 작아져서 분포가 모집단의 기댓값 μ를 중심으로 더욱 밀집하게 된다.

예제 6.3 과거의 경험으로 볼 때, 어느 특정 노선의 비행기 승객 1인당 평균 짐의 무게는 18kg이고, 분산이 9kg^{2}이라고 한다. 어느 특정한 날에 이 비행기를 탑승하는 승객 가운데 랜덤 추출한 승객 36명의 평균 짐의 무게가 17kg 이상일 확률은 얼마인가?

풀이 $X_1, X_2, \cdots, X_{36}$을 승객들 짐의 무게라고 하면 모평균과 모분산은 각각 $\mu = 18$, $\sigma^2 = 9$이다. $n = 36$으로 충분히 크므로 중심극한정리에 의해 $\overline{X} \sim N\left(18, \frac{9}{36}\right)$이 성립한다. 그러므로,

$$P(\overline{X} \geq 17) = P\left(\frac{\overline{X} - 18}{3/6} \geq \frac{17 - 18}{3/6}\right) = P(Z \geq -2) = P(Z \leq 2) = 0.9772$$

이다. ●

다음은 표본비율에 대하여 논의하자. 성공확률, 즉 모비율이 $\hat{p}$인 어느 사건 A가 크기 n인 독립표본 가운데 X개가 나타났다면 X/n는 **표본비율(sample proportion)**이다. n회의 독립시행 중에서 사건 A가 X회 나타나는 경우도 X/n는 표본비율이다.

이항분포에서 어떤 사건의 성공률 $\hat{p}$를 모비율이라고 하고, n회의 독립시행 중 X회 성공하였다면 X/n를 표본비율이라고 하며 $\hat{p}$으로 표시한다. 즉 $\hat{p} = X/n$이며 표본비율 $\hat{p}$의 평균과 분산은 다음과 같다.

정리 6.4

표본비율의 평균과 분산

어떤 사건에 관한 모비율 p인 모집단으로부터의 크기 n인 독립표본 가운데, 그 사건의 표본비율 $\hat{p} = X/n$의 평균과 분산은 다음과 같다.

$$E(\hat{p}) = p, \quad V(\hat{p}) = \frac{pq}{n}, \quad q = 1 - p$$

증명 확률변수 X는 이항분포를 따르므로

$$E(\hat{p}) = E\left(\frac{X}{n}\right) = \frac{E(X)}{n} = \frac{np}{n} = p$$

$$V(\hat{p}) = V\left(\frac{X}{n}\right) = \frac{V(X)}{n^2} = \frac{npq}{n^2} = \frac{pq}{n}$$

● 표본비율의 분포

모비율 p인 어떤 사건이 크기 n인 독립표본 가운데 X개가 나타났다면 표본비율 $\hat{p} = X/n$의 분포는 $n \to \infty$일 때

$$\hat{p} = \frac{X}{n} \sim N\left(p, \frac{pq}{n}\right), \quad Z = \frac{\hat{p} - p}{pq/n} \sim N(0, 1)$$

단, $np \geq 5$와 $nq \geq 5$를 만족해야 한다.

위의 정리 결과는 모비율의 추정과 검정에 쓰인다.

예제 6.4 어떤 TV 방송국에서 특집 프로그램을 방영하고 있는데 시청률이 30%라고 한다. 전국에서 1,000명을 임의로 추출하여 이 특집 프로그램을 시청하고 있는 비율을 $\hat{p}$라고 하자.

(1) $\hat{p}$의 표본분포는?

(2) $\hat{p}$이 32% 이상일 확률을 구하여라.

풀이 (1) 문제에서

$$n = 1000, p = 0.3$$

이다. 따라서 $np = 300 > 5$이고 $nq = n(1-p), np = 700 > 5$이므로, 대수의 법칙에 따르면 $\hat{p}$의 표본분포는 평균이 $p = 0.30$이고 표준편차가 $\sqrt{\frac{pq}{n}} = 0.015$인 정규분포로 근사한다.

(2) (1)의 결과를 이용하면,

$$P(\hat{p} \geq 0.32) = P\left(Z \geq \frac{0.32 - 0.30}{0.015}\right) = P(Z \geq 1.33) = 0.0918$$

이 된다. 즉 1,000명 중 320명 이상이 이 특집 프로그램을 시청할 확률이 0.0918이다. ●

6.3 χ^2, F 그리고 t 분포

정규모집단으로부터 추출된 표본평균, 표본비율 외에도 통계적 추론분야에 응용이 되는 표본의 통계량에 대하여 여러 가지 중요한 표본분포인 χ^2, F, 그리고 t 분포들에 대하여 다루고자 한다. 먼저 **카이제곱분포(chi-square distribution)**에 대하여 알아본다.

χ^2 분포

정규모집단 $N(\mu, \sigma^2)$으로부터 크기 n인 표본 $(X_1, X_2, \cdots, X_n)$을 추출했을 때

$$\chi^2 = \frac{\sum_{i=1}^{n}(X_i - \overline{X})^2}{\sigma^2} = \frac{(n-1)S^2}{\sigma^2}$$

은 **자유도(degree of freedom)** $n-1$인 χ^2분포를 한다.

확률변수 X가 자유도 n인 카이제곱분포를 하면 $X \sim \chi^2(n)$으로 표시한다. χ^2 분포는 통계적 추론분야에서 모집단의 분산에 대한 추정과 검정, 범주형 자료분석에서 이용된다.

확률변수 X가 자유도 n인 카이제곱분포 $\chi^2(n)$을 따를 때 X의 확률밀도함수 $f(x)$는 다음과 같이 주어진다.

$$f(x) = \frac{1}{\Gamma\left(\frac{n}{2}\right)2^{\frac{n}{2}}} x^{\frac{n}{2}-1} e^{-\frac{x}{2}}, \quad 0 \le x < \infty$$

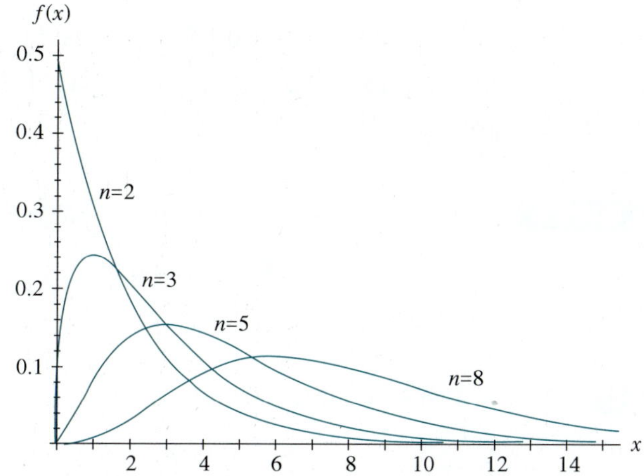

그림 6.7 $n = 2, 3, 5, 8$일 때의 카이제곱 확률밀도함수.

위의 [그림 6.7]은 자유도의 변화에 따른 카이제곱분포를 나타낸 것으로, 자유도 n이 $n = 2, 3, 5, 8$ 인 경우에 있어서 카이제곱분포의 곡선이 그려져 있으며, 자유도 n이 커짐에 따라 곡선이 대칭화됨을 알 수 있다.

다음과 같이 정의되는 $\chi^2(n)$ 분포의 백분위수는 통계적 추론분야에서 매우 유용하다. 즉, $\chi^2_\alpha(n)$은

$$P(X \geq \chi^2_\alpha(n)) = \alpha$$

를 만족하는 $\chi^2(n)$ 분포의 제 $100(1-\alpha)$ 백분위수이고, $\chi^2_{1-\alpha}(n)$은

$$P(X \geq \chi^2_{1-\alpha}(n)) = \alpha$$

를 만족하는 $\chi^2(n)$ 분포의 제 100α 백분위수이다 ([그림 6.8] 참조).

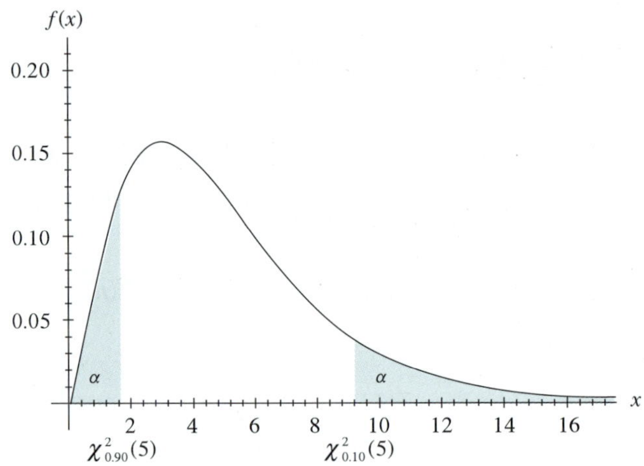

그림 6.8 자유도 $n = 5$일 때 $\alpha = 0.1$의 꼬리

예를 들어, 자유도가 5일 때 $\alpha = 0.1$은 [부록 표 5]에서 $\chi^2_{0.1}(5) = 9.236$이고 $1 - \alpha = 0.9$는 역시 $\chi^2_{0.9}(5) = 9.236$을 찾을 수 있다. 이러한 값들은 [그림 6.8]에서와 같이 나타내어진다.

예제 6.5 확률변수 X가 자유도 5인 카이제곱분포를 따를 때

$$P(X \geq x) = 0.05$$

가 성립하는 x의 값을 구하여라.

풀이 [부록 표 5]에서 $\nu = 4, \alpha = 0.05$인 경우이므로

$$P(X \geq 11.070) = 0.05$$

가 되고, 따라서 $x = 11.070$가 된다.

또한, 확률변수 X가 자유도 10인 카이제곱분포를 따를 때

$$P(X \geq 18.307) = 0.05$$

가 된다. 이와 같이 자유도가 커짐에 따라서 카이제곱분포의 곡선은 점점 정규곡선에 가까워지는 성질이 있다.

X가 자유도 n인 카이제곱분포라고 했을 때, 평균 $E(X) = n$, 분산 $V(X) = 2n$이며 n이 점점 커짐에 따라서 $Z = \dfrac{X - n}{\sqrt{2n}}$은 근사표준정규분포를 따른다.

즉, $X \sim \chi^2(n)$일 때 $n \to \infty$이면 $X \to N(\mu = n, \sigma^2 = n)$이며, $n \to \infty$이면 $Z = \dfrac{X - n}{\sqrt{2n}} = N(0, 1)$이다.

다음의 F 분포는 두 개의 독립인 χ^2 분포를 하는 확률변수를 각각의 자유도로 나눈 것의 비로 정의되는 분포로서, 다음과 같이 정의할 수 있다.

F 분포 (Fisher의 F 분포)

U와 V를 각각 자유도가 n_1, n_2인 χ^2분포를 하는 독립인 확률변수라 하면 확률변수

$$F = \frac{U/n_1}{V/n_2}$$

는 분자의 자유도 n_1, 분모의 자유도 n_2인 **F 분포**를 하며, $F(n_1, n_2)$로 표시한다.

F 분포는 두 모집단의 분산의 비에 대한 추정과 검정, 분산분석, 회귀분석 등에서 모수의 추론을 하는 데 널리 쓰인다.

확률변수 X가 자유도 n_1과 n_2인 F 분포를 갖는다면 X의 확률밀도함수 $f(x)$는 다음과 같다.

$$f(x) = \frac{\Gamma\left(\frac{n_1 + n_2}{2}\right)}{\Gamma\left(\frac{n_1}{2}\right)\Gamma\left(\frac{n_2}{2}\right)}\left(\frac{n_1}{n_2}\right)^{\frac{n_1}{2}} x^{\frac{n_1}{2} - 1}\left(1 + \frac{n_1}{n_2}x\right)^{-\frac{n_1 + n_2}{2}}, \quad x > 0$$

확률변수 X가 위와 같은 분포를 갖는다면 간단히 $X \sim F(n_1, n_2)$로 표시한다.

F 분포 역시 자유도에 따라 그 모양이 다르게 나타나며, [그림 6.9]는 자유도 n_1과 n_2의 변화에 따른 F 분포의 곡선모양이 나타나 있다.

[부록 표 9]에는 자유도 (n_1, n_2)에 대하여

$$P[F \geq F_\alpha(n_1, n_2)] = \alpha$$

를 만족하는 α에 대한 $F_\alpha(n_1, n_2)$값([그림 6.10] 참조)들이 주어져 있으며 F 분포에 대한 여러 가지 확률들을 계산하는 데 이용할 수 있다.

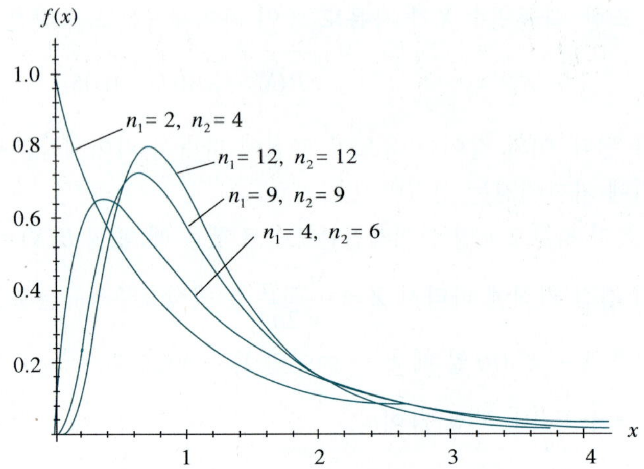

그림 6.9 자유도 n_1, n_2의 변화에 따른 F 분포

예제 6.6 확률변수 F가 자유도 (7, 10)인 F 분포를 따를 때

$$P(F \geq f) = 0.05$$

인 f의 값을 구하여라.

풀이 [부록 표 7]에서 $n_1 = 7$, $n_2 = 10$, $\alpha = 0.05$인 경우이므로

$$P(F \geq 3.14) = 0.05$$

를 만족하는 $f = 3.14$의 값을 얻는다.

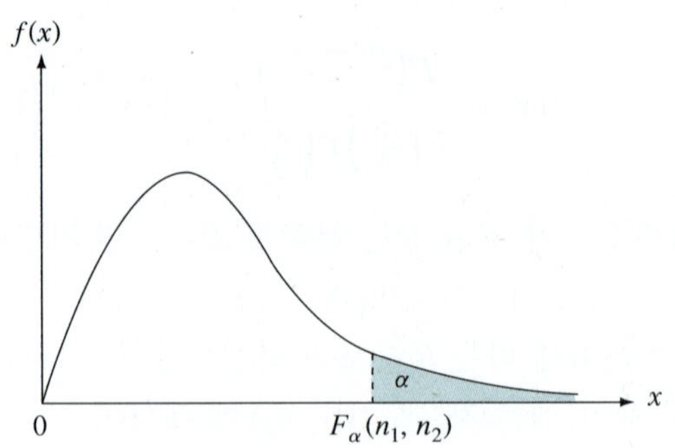

그림 6.10 $F_\alpha(n_1, n_2)$의 분포

F 분포에 대한 정리

1) 두 정규모집단 $N(\mu_1, \sigma_1^2)$, $N(\mu_2, \sigma_2^2)$로부터 각각 크기 n_1, n_2인 표본 $(X_1, X_2, \cdots, X_{n_1})$, $(Y_1, Y_2, \cdots, Y_{n_2})$을 추출하였을 때 표본분산 S_1^2, S_2^2는

$$S_1^2 = \frac{\sum(X_i - \overline{X})^2}{n_1 - 1}, \quad S_2^2 = \frac{\sum(Y_i - \overline{Y})^2}{n_2 - 1}$$

이며, 이들의 비 S_1^2 / S_2^2의 분포는

$$F = \frac{S_1^2/S_2^2}{\sigma_1^2/\sigma_2^2} \sim F(n_1 - 1, n_2 - 1)$$

2) 확률변수 F는 분포가 $F(n_1, n_2)$를 따를 때 $\frac{1}{F} \sim F(n_2, n_1)$이 성립한다. 즉,

$$F_{1-\alpha}(n_1, n_2) = \frac{1}{F_\alpha(n_2, n_1)}$$

모집단의 평균에 대한 추정 또는 검정을 할 때, 모분산 σ^2이 알려져 있지 않는 경우에는 $Z = \frac{\overline{X} - \mu}{\sigma/\sqrt{n}}$의 분포를 이용할 수 없다. 그러나 표본의 크기가 $n \geq 30$일 때는 σ^2 대신 표본분산 S^2을 사용하여도 근사적으로

$$\frac{\overline{X} - \mu}{S/\sqrt{n}} \sim N(0, 1)$$

임이 알려져 있으나, 표본의 크기가 $n < 30$일 때는 정규분포에 적합하지 않고

$$T = \frac{\overline{X} - \mu}{S/\sqrt{n}}$$

는 자유도 $n-1$인 **t 분포(t-distribution)**를 사용하여야 한다. t분포는 영국의 통계학자 W. S. Gosset가 처음으로 Student라는 가명으로 발표한 후 통계적 추론에서 중요하게 쓰이고 있다.

t 분포

$X_1, X_2, \cdots, X_n$이 정규분포 $N(\mu, \sigma^2)$에서 확률표본일 때

$$T = \frac{\overline{X} - \mu}{S/\sqrt{n}}$$

은 자유도 $n-1$인 **t 분포(t-distribution)**를 따른다.

확률변수 X가 자유도 n인 t분포를 갖는다면, X의 확률밀도함수는 다음과 같다.

$$f(x) = \frac{\Gamma\left(\frac{n+1}{2}\right)}{\Gamma\left(\frac{n}{2}\right)\sqrt{n\pi}}\left(1 + \frac{x^2}{n}\right)^{-\frac{n+1}{2}}, \ \infty < x < \infty$$

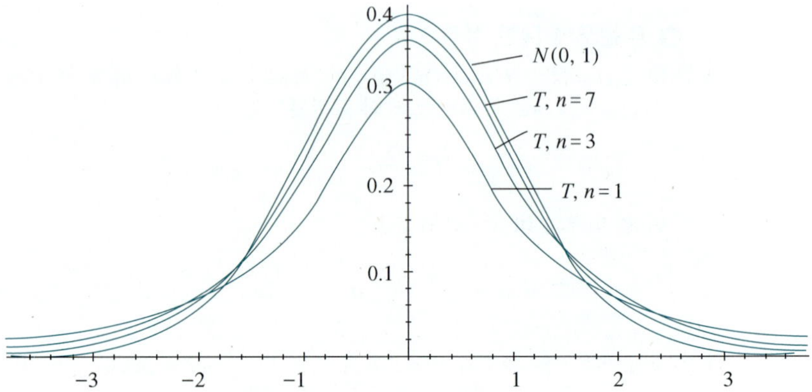

그림 6.11 t 분포와 표준정규분포곡선

t 분포의 모양은 표준정규분포와 마찬가지로 0을 중심으로 좌우 대칭이다. 그러나 표준정규분포보다는 두터운 꼬리를 갖고 있다. t 분포의 곡선도 카이제곱분포나 F 분포와 마찬가지로 자유도 n에 따라 모양이 다르게 나타나며, [그림 6.11]은 자유도 n이 $n = 1, 3, 7$인 경우에 대하여 t 분포의 곡선이 나타나 있으며, 또한 표준정규분포의 곡선이 동시에 비교되어 나타나 있다. 즉, t 분포는 자유도 n이 증가함에 따라 표준정규분포에 접근하게 되며, 이 장의 마지막 부분의 정리에 나타나 있다.

자유도가 n인 t분포를 $t(n)$으로 나타내며, 자유도 n인 t분포에서

$$P[T \geq t_\alpha(n)] = \alpha$$

인 $t_{0.1}(7)$ 값이 [그림 6.12]에 나타나 있다.

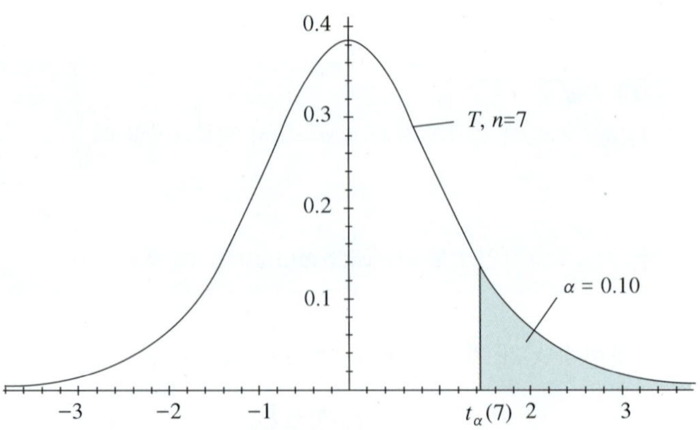

그림 6.12 자유도 $n = 7$, $\alpha = 0.1$인 t 분포

예제 6.7 T는 자유도가 10인 t 분포를 가진다고 하자. [부록 표 6]에서

$$P(T \geq 1.40) = 0.096$$

이므로

$$P(T \leq -1.40) = P(T \geq 1.40) = 0.096$$

이다.

예제 6.8 자유도가 $n = 20$일 때

$$P(T \geq t) = 0.025$$

인 t를 구하여라.

풀이 T는 자유도 $n = 20$, $\alpha = 0.025$이므로 [부록 표 4]에서

$$P(T \geq 2.086) = 0.025$$

를 만족하므로 $t = 2.086$이 된다.

1) Z는 $N(0, 1)$인 확률변수이고, U는 $\chi^2(n)$인 확률변수이며, Z와 U가 독립이면

$$T = \frac{Z}{\sqrt{U/n}}$$

는 자유도 n인 t 분포를 한다.

2) t분포는 자유도 n이 커짐에 따라 표준정규분포 $N(0, 1)$에 가까워간다.
즉, $n \to \infty$ 이면 $t(n) \to N(0.1)$

모분산 σ^2이 알려져 있지 않고, 표본의 크기 n이 작을 때는 정규분포 대신 t 분포를 많이 사용한다. 일반적으로 실험에 의한 통계적 추론을 할 때는 많은 표본을 얻을 수 없기 때문에 t 분포가 유용하게 사용된다.

Excel을 이용한 분석

Excel 활용 ❶

엑셀을 이용하여 6.3절의 [예제 6.5]를 만족하는 x를 구해보자.

풀이 엑셀에서는 χ^2, t, F 분 포의 값을 구하는 함수로서 다음과 같은 함수가 있다. 4장의 정규분포를 구하는 NORMDIST와 NORMINV와 마찬가지로 각 분포

에서의 확률 및 역함수의 값을 구할 수 있다. 이들 함수의 사용법은 도움말을 보면 쉽게 이해할 수 있을 것이다.

χ^2 분포: CHIDIST, CHIINV
t 분포 : TDIST, TINV
F 분포 : FDIST, FINV

t 분포의 확률값을 계산해야 하는데, 이에 필요한 엑셀의 함수는 TDIST이다. 함수 TDIST의 사용 방법은 다음과 같다.

TDIST(x, degrees_freedom, tails)

여기서 x는 확률분포를 구하려는 변량의 값이고 $x > 0$의 값만 입력하여야 한다. 음수를 입력하면 오류가 발생한다. 또한 degrees_freedom는 자유도를 뜻하고, tails = 1 이면 단측, 2이면 양측 확률값을 계산해 준다.

카이제곱분포의 확률값 계산을 위해 필요한 엑셀 함수는 'CHIDIST' 이다. 함수 CHIDIST의 사용 방법은 다음과 같다.

CHIDIST(x, degrees_freedom)

t 분포와 마찬가지로 x와 degree는 변량의 값과 자유도를 나타내며 해당하는 값을 입력해 주면 된다.

F 분포의 확률값 계산을 위해 필요한 엑셀 함수는 'FDIST' 이다. 함수 FDIST의 사용 방법은 다음과 같다.

FDIST(x, degrees_freedom1, degrees_freedom2)

F 분포의 경우 x는 변량의 값을 의미하며, degrees_freedom1은 분자의 자유도를 뜻하고, degrees_freedom2는 분모의 자유도를 말한다.

또한 위의 확률은 각각 역 단측 확률검정을 위한 엑셀의 함수를 가지고 있으며, 각각

χ^2 분포: CHIINV, t 분포: TINV, F분포: FINV

의 형태를 가진다. 각 함수는 x 대신 각 분포의 확률값을 대입하면 해당하는 x값을 구할 수 있다.

주어진 예제를 살펴보면 자유도 $n = 5$ 인 카이제곱분포가 0.05를 갖도록 하는 x를 구하는 문제이므로 **[수식] ⇒ [함수삽입] ⇒ [통계] ⇒ [CHIINV]**을 선택하고 다음 [그림 6.13]과 같이 입력 부분을 지정하면 11.0705를 얻을 수 있다.

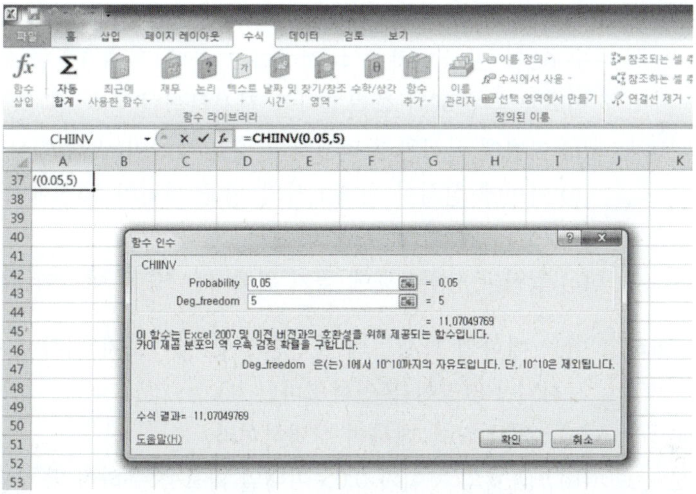

그림 6.13 χ^2 분포 대화상자

연습문제

6.1 주머니 속에 1, 2, 3, 3, 4, 4의 숫자가 적힌 구슬이 6개 들어 있다. 다음 물음에 답하여라.

(a) 주머니에서 한 개의 구슬을 선택하여 나온 숫자를 X라고 하면 X의 확률분포는 무엇인가?

(b) X의 모평균 μ를 구하여라. 6개의 숫자의 평균과 일치하는가?

(c) 주머니에서 4개의 구슬을 선택한다면 가능한 모든 표본을 나열하고 각 표본의 표본평균 $\overline{X}$를 계산하여라. $\overline{X}$의 표본분포를 구하여라.

(d) 철수가 4개의 구슬을 선택하니 1, 4, 4, 2가 나왔다. 표본평균을 계산하고 이때의 표본오차를 구하여라.

6.2 모집단 1, 1, 1, 2, 2, 3, 4, 5, 6, 6에서 비복원추출된 크기 $n = 5$인 표본 $(X_1, X_2, X_3, X_4, X_5)$에 대한 표본평균 $\overline{X}$의 분포의 평균과 분산을 구하여라.

6.3 $\overline{X}$를 $N(300, 400)$으로부터 추출된 크기 16인 표본의 평균이라고 할 때, $P(290 < \overline{X} < 310)$를 구하여라.

6.4 평균과 분산이 각각 $\mu = 68, \sigma^2 = 9$인 무한모집단으로부터 추출한 크기 36인 표본평균 $\overline{X}$가 67부터 69 사이에 들어갈 확률을 구하여라.

6.5 어느 중학교에서는 지금까지 3학년 학생들의 학년 초 학력고사 성적은 평균 62점, 표준편차가 40점이라고 한다. 올해 3학년에 진급한 학생 196명을 임의로 추출하여 학력고사를 실시하였다.

(a) 이번에 실시한 학력고사의 평균 성적이 68점 이상 될 확률을 구하여라.

(b) 이번에 실시한 학력고사의 평균 성적이 56점에서 68점 사이에 있을 확률을 구하여라.

(c) 성적이 상위 5%에 들기 위해서는 몇 점 이상이 되어야 하는가?

6.6 어느 대학의 학생들의 흡연율 p를 알아보기 위하여 학생들 중 225명을 조사하니 100명이 흡연하였다.

(a) $\hat{p}$ 의 분포에 대하여 설명하여라.

(b) $\hat{p}$ 과 p 의 차이가 0.05 이내일 확률을 구하여라.

6.7 어떤 회사에서 어느 해에 회사원의 입원일수가 평균 5.4일, 표준편차 2.8일이라고 한다. 이 회사에서 랜덤하게 추출한 49명의 평균 입원일이 다음과 같은 경우의 확률을 구하여라.

(a) 4일보다 적을 경우

(b) 4일과 6일 사이일 경우

(c) 6일보다 클 경우

6.8 노동자의 악력의 분포가 평균 110, 표준편차 10을 가진다고 가정하자. 75명 노동자의 표본평균에 대해 다음을 답하여라.

(a) 109와 112 사이에 있을 확률을 구하여라.

(b) 111보다 클 확률을 구하여라.

6.9 어떤 자판기에서 판매되는 음료수의 용량은 모평균이 150 mL, 모표준편차가 5 mL인 정규분포를 따른다고 한다. 이 자동판매기에서 100개를 임의로 추출하여 표본평균 $\overline{X}$ 를 구했을 때, $P(149 \leq \overline{X} \leq 151)$ 의 값을 구하여라.

6.10 어느 제조회사에서 생산되는 제품 중 합격품의 비율을 90%이다. 100개의 제품을 랜덤표본으로 추출했을 때, 표본비율이 모비율로부터 5% 이내의 범위에 있을 확률을 구하여라.

6.11 고등학생 20명의 모집단에서 다섯 명을 표본으로 뽑아서 대학에 진학하려는 학생의 비율을 조사한다. 모비율은 60%이다.

(a) 표본비율분포의 평균을 구하여라.

(b) 표본비율의 표준편차를 구하여라.

6.12 표본크기가 18일 때, 다음 확률을 구하여라.

(a) $P(|t|>1.740)$

(b) $P(t<-1.740)$

(c) $P(|t|<2.898)$

(d) $P(0<t<2.898)$

6.13 표본크기가 10일 때, 다음을 만족하는 상수 c 의 값을 구하여라.

(a) $P(t>c) = 0.1$

(b) $P(t<c) = 0.05$

6.14 자유도 19의 χ^2 분포에서 다음 확률을 구하여라.

(a) $P(\chi^2 < 30.14)$

(b) $P(\chi^2 < 36.19)$

(c) $P(6.84 < \chi^2 < 38.58)$

6.15 다음을 만족하는 상수 c 값을 구하여라.

(a) $P(\chi^2(14)>c) = 0.05$

(b) $P(\chi^2(14)<c) = 0.05$

(c) $P(4.66<\chi^2(14)<c) = 0.98$

6.16 X 가 카이제곱분포 $\chi^2(7)$ 을 따를 때 $P(a<X<b) = 0.95$ 를 만족하는 a와 b 의 값을 부록의 표에서 구하여라.

6.17 다음 F 분포의 확률을 구하여라.

(a) $P(F(6, 7)>3.87)$

(b) $P(2.83<F(6, 7)<3.87)$

6.18 다음을 만족하는 상수 c 값을 구하여라.

(a) $P(F(1, 10)>c) = 0.10$

(b) $P(F(10, 1)>c) = 0.90$

6.19 모분산이 같은 정규분포에서 표본의 크기가 $n_1 = 6, n_2 = 10$ 인 독립인 표본을 추출하였다. 각각의 표본분산을 S_1^2, S_2^2 이라 할 때 $P\left(\frac{S_1^2}{S_2^2} > 3.48\right)$ 을 구하여라.

6.20 X 가 자유도 $v_1 = 8, v_2 = 10$ 인 F 분포를 따를 때 $P(a \le F \le b) = 0.90$ 인 a, b 를 구하여라.

6.21 어느 대기업에서 작년 한 해 동안 2일 이상 질병으로 결근한 직원들이 40%였다. 100명을 무작위로 조사할 경우 질병으로 2일 이상 결근한 직원이 30명에서 45명 사이일 확률을 구하여라.

6.22 기차표를 예매한 사람들의 예약 취소율이 평균 20%라고 한다. 100명의 예약한 사람 중에 25명 이상이 취소할 확률을 구하여라.

7장 추정

과학자, 교육, 기업 또는 정부의 각 분야에서 활동하고 있는 행정가, 그리고 정치와 관련된 여론조사를 하는 사람 등 모두가 **추정(estimation)** 문제에 관심을 갖고 있다. 새로운 화학요법에 의한 질병치료약의 효능을 추정하거나, 향후 10년 동안 대학에 들어가는 학생 수를 추정한다거나, 돌아오는 국회의원 선거에서 세 명의 후보에 대한 유권자들의 지지율을 추정하는 데에 모집단의 모수에 관한 **통계적 추론(statistical inference)**을 필요로 한다.

표본자료에 의해 제공되는 정보로부터 모집단의 미지의 모수값들을 추정하는 절차는 6장에서 논의된 표본분포이론에 기초를 둔다. 이와 같은 표본분포들은 특정 수준의 신뢰도를 갖고 모집단의 모수를 올바르게 추정하는 **통계량(statistic)**에 얼마만큼의 믿음을 둘 수 있는가를 설명할 수 있게 해 준다.

7.1 추정량

미지의 모수를 추정하거나 또는 모수의 가정된 값에 대한 어떤 결정을 내리는 두 가지 경우에 모집단의 모수에 대한 추론이 만들어질 수 있다.

예를 들면, 자료처리 센터에 시간당 접수되는 평균구직자 수 μ의 추정을 원하거나, 평균구직자 수 μ가 어떤 값, 말하자면 60을 초과하는지 결정하기를 원할 수 있다.

통계적 가설검정(statistical test of hypothesis)이라고 하는 하나 또는 그 이상의 모수에 대한 결정을 하는 방법이 8장의 주제가 된다. 따라서 이 장은 추정에 대해서만 언급할 것이다.

θ라고 표기되는 모수를 추정하기를 원한다고 하자. 예를 들어, θ는 모평균 μ나 모분산 σ^2일 수도 있고, 또는 모집단으로부터 추출된 임의의 관측값이 a와 같거나 작다는 확률이 될 수도 있다.

$\hat{\theta}$ (모수의 추정량을 나타내기 위해 모수 위에 '^'을 사용하였다.) 에 의해 표시되는 **점추정량(point estimator)**이란 θ의 **추정값(estimate)** 역할을 하는 하나의 숫자를 계산하기 위해 표본에 있는 관측값들을 이용하는 방법을 말해 주는 규칙 혹은 공식이다.

예를 들어, 모집단으로부터 크기 n의 확률표본 $X_1, X_2, \cdots, X_n$의 표본평균 $\overline{X}$는 모평균 μ의 점추정량이 된다. 즉,

$$\hat{\mu} = \overline{X}$$

마찬가지로 표본분산 S^2은 σ^2의 점추정량이 된다. 즉,

$$\hat{\sigma}^2 = S^2$$

> **점추정량**
>
> 표본에 포함된 측정값들로부터 수치적인 추정값들을 계산하기 위한 방법을 말해 주는 규칙 혹은 공식이다. 계산의 결과로부터 생긴 하나의 숫자가 바로 **점추정값(point estimate)**이 된다.

모수 θ를 추정하기 위한 또 다른 방법은 구간추정량을 이용하는 것이다. **구간추정량(interval estimator)**이란 표본자료로부터 두 개의 점을 계산하는 규칙이다. 그 목적은 높은 신뢰수준과 함께 θ를 포함하는 구간을 구성하는 것이다.

예를 들어, 자료처리 센터에 시간당 접수되는 평균 구직자 수 μ가 40에서 60 사이에 있다고 추정한다면 40에서 60까지의 구간이 μ의 구간추정값이 된다.

> **구간추정량**
>
> 모수를 추정하는 구간을 계산하기 위해 표본자료를 이용하는 방법을 말해 주는 규칙 혹은 공식이다.

이 장에서 점추정량과 구간추정량의 바람직한 성질들을 확인할 것이며, 단일 모수에 대한 두 개 혹은 그 이상의 추정량들을 비교하는 방법도 설명할 것이다. 그리고 단일추정값이 실제로 얼마나 좋은지를 측정하는 방법을 설명할 것이다.

또한, 구간추정량을 찾는 방법들과 어떤 유용한 추정량들에 대한 공식을 제공하고, 그들이 실제적인 상황에서 어떻게 사용될 수 있는지 보게 될 것이다.

7.2 점추정량의 성질

점추정량이 표본으로부터 계산되기 때문에 그것은 표본분포를 가지게 된다. 점추정량의 표본분포는 그것의 성질들을 완벽하게 설명해 준다. 예를 들어, 중심극한 정리에 따르면 30 혹은 그 이상의 표본크기에 대하여 표본평균에 대한 표본분포는 평균 μ와 표준오차 $\frac{\sigma}{\sqrt{n}}$를 갖는 정규분포에 근사하게 됨을 보여 준다([그림 7.1] 참조).

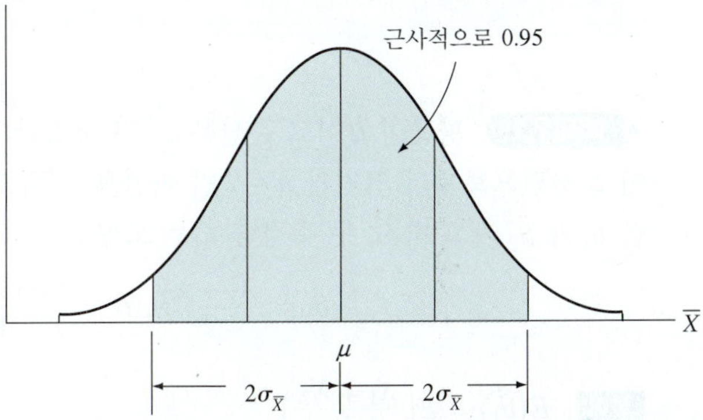

그림 7.1 큰 크기의 표본에 대한 표본평균의 표본분포

이 그림은 표본평균 $\overline{X}$가 μ의 위 또는 아래에 거의 동등하게 놓여지고, μ로부터 $2\sigma_{\overline{X}} = \frac{2\sigma}{\sqrt{n}}$ 이상 벗어나지 않을 확률이 근사적으로 0.95라는 것을 보여 준다.

[그림 7.1]에 나타낸 특징들은 추정량의 가장 바람직한 두 가지 성질을 확인시켜 준다.

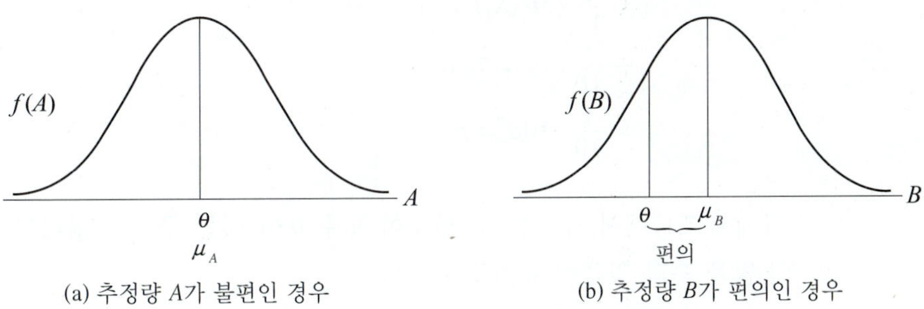

그림 7.2 θ의 불편추정량과 편의추정량에 대한 표본분포

첫째로, 추정되는 모수에 중심을 두는 추정량의 표본분포를 선호할 것이다.

만약, 추정량 $\hat{\theta}$의 표본분포의 평균이 추정되는 모수 θ와 동일하다면, 그 추정량을 불편(unbiased)이라고 하고, 그렇지 않다면 편의(biased)라고 한다. 따라서 표본평균은 모평균 μ의 불편추정량이 된다. 불편추정량과 편의추정량에 대한 표본분포는 각각 [그림 7.2a]와 [그림 7.2b]에서 나타나 있다.

불편성: Unbiasedness

모수 θ에 대한 추정량 $\hat{\theta}$의 평균이 $E(\hat{\theta}) = \theta$이면, 추정량 $\hat{\theta}$을 모수 θ의 불편추정량이라고 한다. 반면에 $E(\hat{\theta}) \neq \theta$이면, 모수 θ의 편의추정량이라 하며 $\text{Bias}(\hat{\theta}) = E(\hat{\theta}) - \theta$를 추정량 $\hat{\theta}$의 편의(bias)라고 한다.

예제 7.1 평균이 μ이고 분산은 σ^2인 모집단의 모평균 μ를 추정하기 위하여 이 모집단으로부터 크기가 $n = 2$인 확률표본 X_1, X_2에 의해 정의되는 두 추정량을 $\hat{\theta}_1$과 $\hat{\theta}_2$라고 하자. 두 추정량 모두 모평균 μ의 불편추정량임을 보여라.

$$\hat{\theta}_1 = \frac{X_1 + X_2}{2},\ \hat{\theta}_2 = \frac{3X_1 + 7X_2}{10}$$

풀이

$$\begin{aligned} E(\hat{\theta}_1) &= E\left(\frac{X_1 + X_2}{2}\right) \\ &= \frac{1}{2}E(X_1 + X_2) \\ &= \frac{1}{2}\{E(X_1) + E(X_2)\} \\ &= \frac{1}{2} \cdot 2\mu = \mu \\ E(\hat{\theta}_2) &= E\left(\frac{3X_1 + 7X_2}{10}\right) \\ &= \frac{1}{10}E(3X_1 + 7X_2) \\ &= \frac{1}{10}\{3E(X_1) + 7E(X_2)\} \\ &= \frac{1}{10}(3\mu + 7\mu) \\ &= \frac{1}{10} \cdot 10\mu = \mu \end{aligned}$$

●

[예제 7.1]에서 유추할 수 있듯이 모수 θ에 대한 구체적 형태의 불편추정량들이 많을 수가 있음에 유의해야 한다.

예제 7.2 평균이 μ이고 분산은 σ^2인 임의유한모집단으로부터 크기 n인 확률표본 $X_1, X_2, \cdots, X_n$에 의해 정의되는 표본평균과 표본분산을 각각 $\overline{X}$와 S^2이라고 하자. 이때 $\overline{X}$와 S^2은 각각 모평균 μ와 모분산 σ^2의 불편추정량, 즉 $E(\overline{X}) = \mu$이고 $E(S^2) = \sigma^2$ 됨이 알려져 있다. ●

예제 7.3 [예제 7.2]에서 통계량 $U = \dfrac{\sum_{i=1}^{n}(X_i - \overline{X})^2}{n}$은 모분산 σ^2의 불편추정량이 아니다. 즉, $E(U) = \dfrac{n-1}{n}\sigma^2 \neq \sigma^2$ 이며, 따라서 U은 모분산 σ^2의 편의추정량(biased estimator)임이 알려져 있다. ●

[예제 7.2]와 [예제 7.3]에서 알 수 있듯이 $S^2 = \dfrac{\sum_{i=1}^{n}(X_i - \overline{X})^2}{n-1}$은 모분산 σ^2의 불편추정량이 되지만 $U = \dfrac{\sum_{i=1}^{n}(X_i - \overline{X})^2}{n}$은 모분산 σ^2의 편의추정량이다. 따라서 앞에서 표본분산을 정의할 때, $\sum_{i=1}^{n}(X_i - \overline{X})^2$을 표본크기 n으로 나누지 않고 $(n-1)$로 나눈 이유가 바로 여기에 있다.

예제 7.4 [예제 7.2]에서 표본표준편차 S는 모표준편차 σ의 불편추정량이 아니다. 즉, $E(S) \neq \sigma$ 임이 알려져 있다. ●

예제 7.5 모비율이 p인 이항모집단으로부터 크기가 n인 확률표본 $X_1, X_2, \cdots, X_n$에 의해 정의되는 표본비율 $\hat{p} = \dfrac{\sum_{i=1}^{n}X_i}{n}$는 모비율 p의 불편추정량이다. 즉, $E(\hat{p}) = p$가 됨이 알려져 있다. ●

불편성에 더해서, **최소분산(minimum variance)**을 갖는 추정량의 표본분포를 선호할 것이다. 즉, 추정값들이 θ에 가깝게 놓이도록 하는 작은 분산을 갖는 표본분포를 원한다. [그림 7.3]은 두 개의 불편추정량 A와 B의 표본분포를 나타낸다. 여기서, A는 B보다 더 작은 분산을 갖는다. 모든 불편추정량들 중에서 최소분산을 가지는 불편추정량을 **최소분산불편추정량(minimum variance unbiased estimator, MVUE)**이라고 한다.

예를 들어, $\overline{X}$는 μ에 대한 최소분산불편추정량이다. 즉, $V(\overline{X}) = \dfrac{\sigma^2}{n}$는 μ의 불편추정량 중에서 가장 작은 분산을 갖는다(증명 생략).

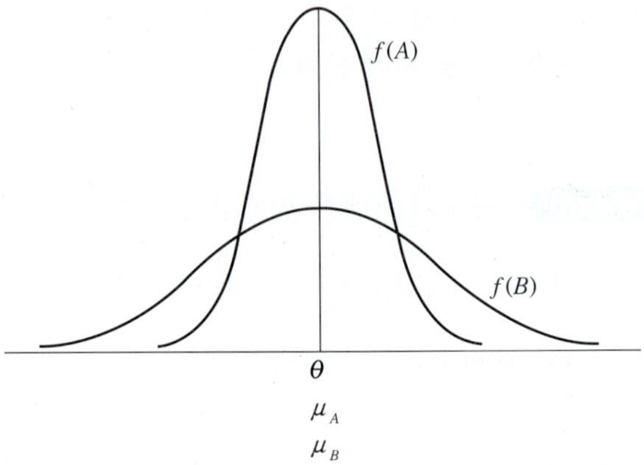

그림 7.3 서로 다른 분산을 가지고 있는 θ의 두 불편추정량에 대한 표본분포

유효성: Efficiency

모수 θ에 대한 불편추정량들 중에서 분산이 제일 작은 불편추정량을 모수 θ의 유효추정량 혹은 최소분산불편추정량이라고 한다.

그러나 하나의 추정량이 불편성과 최소분산성을 동시에 만족시키지 못할 수도 있다. 예를 들어, [그림 7.4]는 근소한 편의를 가지고 있으면서 최소분산불편추정량 B보다 더 작은 분산을 갖는 편의 추정량 A를 보여 준다.

그러한 경우에 θ와 $\hat{\theta}$ 사이의 제곱편차의 평균인 **평균제곱오차(mean squared error)** $E[(\hat{\theta}-\theta)^2]$를 최소화시키는 추정량을 선호하게 된다.

이것은 다음과 같이 표현될 수 있다(증명 생략).

$$E[(\hat{\theta}-\theta)^2]=V(\hat{\theta})+\text{Bias}^2(\hat{\theta})$$

따라서 만약 $\hat{\theta}$이 불편추정량이라면, 즉 $\text{Bias}(\hat{\theta})=0$이라면 제곱평균오차는 $V(\hat{\theta})$와 같아진다. 더욱이 $\text{Bias}(\hat{\theta})=0$일 때 가장 작은 평균제곱오차를 갖는 추정량 $\hat{\theta}$ 역시 θ에 대한 최소분산불편추정량이 된다.

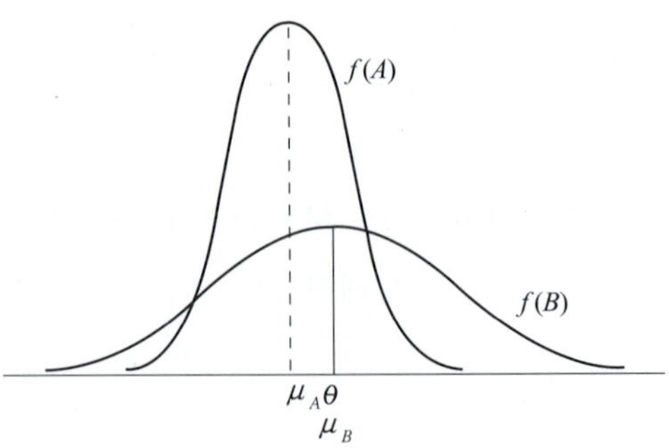

그림 7.4 불편추정량 A와 MVUE B에 대한 표본분포

또한 2개의 불편추정량들만의 분산을 비교하는 경우가 때때로 있는데 이때 분산이 작은 불편추정량을 상대적으로 유효한 추정량(relatively efficient esfimator)이라고 한다.

예제 7.6 평균이 μ이고 분산이 σ^2인 정규모집단으로부터 크기가 n인 확률표본 $X_1, X_2, \cdots, X_n$에 의해 정의되는 표본평균과 표본분산을 각각 $\overline{X}$와 S^2이라고 하자. 이때 $\overline{X}$와 S^2은 각각 모평균 μ와 모분산 σ^2의 유효추정량임이 알려져 있다. ●

예제 7.7 [예제 7.1]에서 모평균 μ의 추정량 $\hat{\theta}_1$이 추정량 $\hat{\theta}_2$에 비하여 상대적으로 유효한 추정량이다.

풀이

$$V(\hat{\theta}_1) = V\left(\frac{X_1 - X_2}{2}\right) = \frac{1}{4}\{V(X_1) + V(X_2)\}$$

$$= \frac{1}{4} \cdot 2\sigma^2 = \frac{\sigma^2}{2},$$

$$V(\hat{\theta}_2) = V\left(\frac{3X_1 + 7X_2}{10}\right) = \frac{9}{100}V(X_1) + \frac{49}{100}V(X_2)$$

$$= \frac{9}{100}\sigma^2 + \frac{49}{100}\sigma^2 = \frac{58}{100}\sigma^2 > V(\hat{\theta}_1).$$ ●

충분성: Sufficiency

표본에 포함되어 있는 모수 θ에 관한 모든 정보를 직접 이용하는 추정량 $\hat{\theta}$을 모수 θ에 대한 충분추정량이라고 한다.

예제 7.8 어떤 모집단의 모평균 μ에 대한 추정량으로 표본평균 $\overline{X}$와 표본중위수(sample median) $\widetilde{X}$을 고려하자. 이때 표본평균 $\overline{X}$는 표본관측값들 $X_1, X_2, \cdots, X_n$ 전체를 직접 이용하므로 모평균 μ의 충분추정량이 된다. 그러나 표본관측값들 전체를 직접 이용하지 않고 관측값들의 순위만을 이용하는 표본중위수 $\widetilde{X}$은 모평균 μ의 충분추정량이 아니다. ●

지금까지 추정량의 성질들로 불편성, 유효성, 충분성에 대해 살펴보았다. 이들은 모두 표본의 크기가 n으로 유한한 경우일 때 적용된다. 만일 표본크기 n이 무한으로 커지는 경우 추정량의 바람직한 성질 중 하나인 일차성에 대해 알아보자.

일치성: Consistency

모수 θ 의 추정량 $\hat{\theta}$ 이 다음을 만족시킨다면, 이 추정량 $\hat{\theta}$ 을 모수 θ 의 일치추정량이라 고 한다.

$$\lim_{n \to \infty} P(|\hat{\theta} - \theta| \leq \varepsilon) = 1 \quad (\varepsilon > 0)$$

일치성은 표본크기 n 이 무한일 때 추정량 $\hat{\theta}$ 의 값이 모수 θ 와 같아짐을 말하며, 추정량의 성질 중 하나이다.

예제 7.9 [예제 7.2]에서 표본평균 $\overline{X}$ 는 모평균 μ 의 일치추정량이고 [예제 7.5]에서 표본비율 $\hat{p}$ 은 모비율 p 의 일치추정량임이 알려져 있다. ●

예제 7.10 [예제 7.2]에서 표본분산 S^2 과 표본표준편차 S는 각각 모분산 σ^2 과 모표준편차 σ 의 일차추정량임이 알려져 있다. ●

끝으로 모수의 종류에 따라 일반적으로 이용되는 추정량들을 정리하면 다음과 같다.

표 7.1 모수의 종류에 따라 일반적으로 이용되는 추정량

모수	추정량
μ	$\overline{X}$
σ^2	S^2
σ	S
p	$\hat{p}$

7.3 구간추정량을 구하는 방법

7.1절에서 표본자료로부터 두 개의 점을 계산하는 방법이라고 구간추정량을 정의하였다. 여기서 구간으로 정의된 두 점은 높은 신뢰수준을 갖고 추정되는 모수를 포함할 것이다. 이때 추정된 확률구간(구간의 양 끝점을 계산하기 위해 확률표본들이 사용되므로 확률변수가 된다. 따라서 확률이란 단어를 사용한다.)에 확률표본의 관측값들을 대입한 구간을 **신뢰구간(confidence interval)**이라고 한다. 그리고 모수를 포함하는 확률(표본추출에 앞서)을 **신뢰계수(confidence coefficient)**라고 한다.

만일 신뢰구간이 0.95와 동일한 신뢰계수를 가진다면, 그것을 95% 신뢰구간이라고 한다. 신뢰구간에 대한 신뢰계수의 실용적인 서술은 이 절 나중에 언급할 것이다.

모수 θ의 신뢰구간을 구하기 위한 한 가지 방법은 적절한 확률변수를 이용하는 것이다. 이 확률변수는 단일 모수 θ와 표본들의 함수이다. 많은 확률변수들이 표본의 크기가 커질 때 정규분포에 근사하기 때문에 (중심극한정리에 의해), 표준정규확률변수 Z와 같은 확률변수를 이용하여 그들의 기댓값에 대한 신뢰구간을 만들어낼 수 있다.

$\hat{\theta}$ 이 큰 표본에 대하여 평균 $E(\hat{\theta}) = \theta$와 표준오차 $\sigma_{\hat{\theta}}$ 을 갖는 정규분포에 근사하는 임의의 통계량이라고 하자. 그러면 $Z = \dfrac{\hat{\theta} - \theta}{\sigma_{\hat{\theta}}}$ 는 표준정규확률변수가 된다.

Z가 모수 θ와 표본 통계량 $\hat{\theta}$ 만의 함수이기 때문에, 확률변수로서 Z를 사용할 것이다. θ에 대한 신뢰구간을 유도하기 위하여, 첫째로 확률변수에 대한 확률적인 표현을 만들게 된다. 확률적 표현을 만들기 위해 $z_{\alpha/2}$ 와 $-z_{\alpha/2}$ 라는 값을 정하게 되는데, 이것은 Z분포의 양 꼬리부분에 있는 $\alpha/2$ 확률 면적이다 ([그림 7.5] 참조). 즉, $P[Z>z_{\alpha/2}] = \alpha/2$ 이고, $P[-z_{\alpha/2} \le Z \le z_{\alpha/2}] = 1 - \alpha$의 의미 역시 [그림 7.5]에 잘 나타난다.

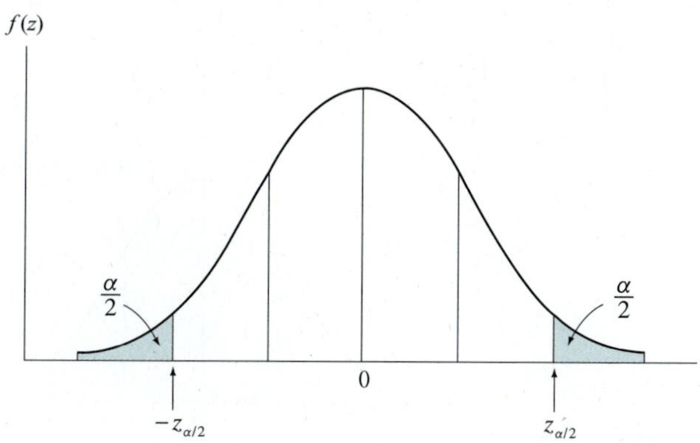

그림 7.5 신뢰구간에 대한 $z_{\alpha/2}$ 의 위치

Z에 대한 전개식에서 간단한 대수적인 연산을 통해 다음과 같은 식을 얻게 된다.

$$
\begin{aligned}
P[-z_{\alpha/2} \le Z \le z_{\alpha/2}] &= P\left[-z_{\alpha/2} \le \frac{\hat{\theta} - \theta}{\sigma_{\hat{\theta}}} \le z_{\alpha/2}\right] = P[-z_{\alpha/2}\,\sigma_{\hat{\theta}} \le \hat{\theta} - \theta \le z_{\alpha/2}\,\sigma_{\hat{\theta}}\,] \\
&= P[-\hat{\theta} - z_{\alpha/2}\,\sigma_{\hat{\theta}} \le -\theta \le -\hat{\theta} + z_{\alpha/2}\,\sigma_{\hat{\theta}}\,] \\
&= P[\hat{\theta} - z_{\alpha/2}\,\sigma_{\hat{\theta}} \le \theta \le \hat{\theta} + z_{\alpha/2}\,\sigma_{\hat{\theta}}\,] \\
&= 1 - \alpha.
\end{aligned}
$$

따라서 $\hat{\theta} - z_{\alpha/2}\,\sigma_{\hat{\theta}}$ 와 $\hat{\theta} + z_{\alpha/2}\sigma_{\hat{\theta}}$ 에 의해서 형성된 구간이 θ를 포함하는 확률은 $1-\alpha$와 같아지고, 이들 각각을 하한(lower)과 상한(upper) **신뢰한계(confidence limit)** 라고 한다. θ에 대한 큰 표본의 $100(1-\alpha)\%$ 신뢰구간에 대한 유도는 정리 7.1에 요약되어 있다.

정리 7.1

$\hat{\theta}$이 큰 표본에 대하여 평균 $E(\hat{\theta}) = \theta$와 표준오차 $\sigma_{\hat{\theta}}$을 갖는 근사정규분포를 따른다고 하면 θ에 대한 $100(1-\alpha)\%$ 신뢰구간은 $\hat{\theta} - z_{\alpha/2}\,\sigma_{\hat{\theta}}$ 에서 $\hat{\theta} + z_{\alpha/2}\,\sigma_{\hat{\theta}}$ 까지가 된다.

큰 표본의 신뢰구간은 [그림 7.6]을 고찰해 봄으로써 직관적으로 얻을 수 있다. 면적 A에 대응되는 z 값(즉, z 값은 Z 분포의 위쪽 꼬리부분에 있는 면적 $\frac{\alpha}{2} = 0.025$에 위치한다.)은 $z_{0.025} = 1.96$이다([부록 표 3] 참조). 따라서 $\hat{\theta}$이 θ의 $1.96\sigma_{\hat{\theta}}$ 이내에 놓여 있을 확률은 0.95이다.

$\hat{\theta}$가 구간 $\theta \pm 1.96\sigma_{\hat{\theta}}$ 내에 놓여질 것이라는 것을 [그림 7.6]으로부터 알 수 있고, 구간 $\hat{\theta} \pm 1.96\sigma_{\hat{\theta}}$ 은 θ를 포함하게 될 것이다. 따라서 $\hat{\theta} \pm 1.96\sigma_{\hat{\theta}}$ 은 θ에 대한 95% 신뢰구간을 만들게 된다.

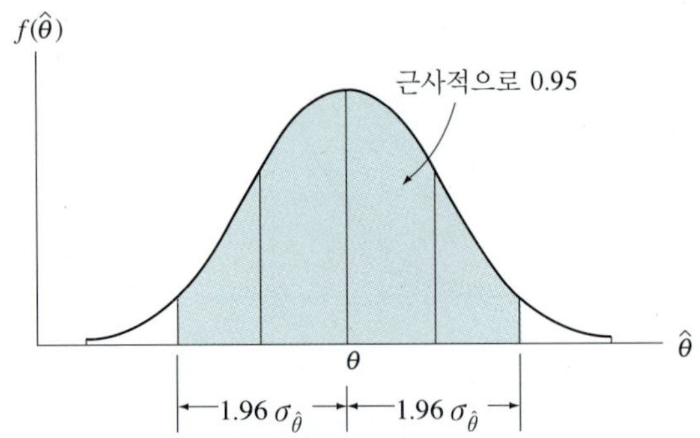

그림 7.6 큰 표본에 대한 θ의 표본분포

실제적인 경우 이 신뢰구간을 적용하려고 시도했을 때, 약간의 난관에 봉착하게 될지도 모른다. $\sigma_{\hat{\theta}}$가 모수 θ의 함수인 경우 그것을 추정하려고 시도하게 되는 경우가 종종 그런 상황이다. 그러나 표본의 크기 n이 커질 경우에는(우리는 전체 유도과정에서 그렇게 가정해 왔다), $\sigma_{\hat{\theta}}$에 대한 근삿값을 얻기 위해 모수 θ에 대한 추정값으로 $\hat{\theta}$을 대체시킬 수 있다.

다음 [예제 7.2]와 [예제 7.3]에서처럼 표본의 크기가 작을 때($n < 30$), μ에 대

한 신뢰구간을 구하기 위해 확률변수를 사용할 것이다.

예제 7.11 평균 μ와 알려진 분산 σ^2을 갖는 정규분포로부터 추출된 크기 n의 확률표본의 표본평균을 $\overline{X}$라고 하자.

이때 μ에 대한 $100(1-\alpha)\%$ 신뢰구간을 구하여라.

풀이 $\overline{X} \sim N\left(\mu, \frac{\sigma^2}{n}\right)$이므로, $Z = \dfrac{\overline{X}-\mu}{\sigma/\sqrt{n}} \sim N(0,1)$이 성립함을 6장에서 다룬 바 있다. 따라서 확률변수로서 Z를 사용하면,

$$P\left(-z_{\alpha/2} \le \frac{\overline{X}-\mu}{\sigma/\sqrt{n}} \le z_{\alpha/2}\right) = 1-\alpha$$

즉,

$$P\left(\overline{X} - z_{\alpha/2}\frac{\sigma}{\sqrt{n}} \le \mu \le \overline{X} + z_{\alpha/2}\frac{\sigma}{\sqrt{n}}\right) = 1-\alpha$$

이므로 μ에 대한 $100(1-\alpha)\%$ 신뢰구간은

$$\left[\overline{x} - z_{\alpha/2}\frac{\sigma}{\sqrt{n}},\ \overline{x} + z_{\alpha/2}\frac{\sigma}{\sqrt{n}}\right]$$

이다. 여기서 $z_{\alpha/2}$는 그 값의 오른쪽에 면적 $\frac{\alpha}{2}$를 남기는 z값이다. ●

예제 7.12 평균 μ와 미지의 분산 σ^2을 갖는 정규분포로부터 추출된 크기 n의 확률표본의 표본평균과 표본분산을 각각 $\overline{X}$와 S^2이라고 하자. 이때 μ에 대한 $100(1-\alpha)\%$ 신뢰구간을 구하여라.

풀이 $T = \dfrac{\overline{X}-\mu}{S/\sqrt{n}}$가 자유도가 $n-1$인 t 분포를 따른다는 사실은 6장에서 다룬 t 분포의 정의를 이용하면 얻을 수 있다. 따라서 확률변수 T를 사용하면,

$$P\left[-t_{\alpha/2}(n-1) \le \frac{\overline{X}-\mu}{S/\sqrt{n}} \le t_{\alpha/2}(n-1)\right] = 1-\alpha$$

즉,

$$P\left[\overline{X} - t_{\alpha/2}(n-1)\frac{S}{\sqrt{n}} \le \mu \le \overline{X} + t_{\alpha/2}(n-1)\frac{S}{\sqrt{n}}\right] = 1-\alpha$$

이므로 μ에 대한 $100(1-\alpha)\%$ 신뢰구간은

$$\left[\overline{x} - t_{\alpha/2}(n-1)\frac{S}{\sqrt{n}},\ \overline{x} + t_{\alpha/2}(n-1)\frac{S}{\sqrt{n}}\right]$$

이다. 여기서 $t_{\alpha/2}(n-1)$는 그 값의 오른쪽에 면적 $\frac{\alpha}{2}$를 남기는 자유도 $n-1$인 t 분포의 값이다. ●

이제 [예제 7.11]과 [예제 7.12]에서 유도된 신뢰구간을 실제적인 상황에 적용해 보자.

예제 7.13 자전거 제조회사에서 사용하는 부품의 길이가 과거의 경험에 따르면 $\sigma = 0.12$(인치)이고 근사 정규분포를 따른다고 알려져 있다. 대리점에서 표본 10개를 선택하여 조사한 길이가 다음과 같다.

11.90 11.94 13.05 12.07 11.97 12.01 12.08 12.05 12.12 12.14

(1) 90% 신뢰수준으로 이 부품의 평균 길이를 구간추정하여라.
(2) 이 부품의 평균길이가 12인치라고 주장하는 것이 옳은지 판단하여라.

풀이 (1) 부품의 길이를 X라고 하면 $X \sim N(\mu, \sigma = 0.12)$에서 모표준편차를 아는 경우로 $\overline{X} \sim N\left(\mu, \frac{\sigma^2}{n}\right)$, 즉 표본의 평균분포는 정규분포를 따른다. 표본평균 $\overline{x}$ = 12.133이므로 표준정규분포에 신뢰수준 90%를 고려하여

$$P\left(-1.645 \le \frac{12.133-\mu}{0.12/\sqrt{10}} \le 1.645\right) = 0.90$$

에서 $\mu \in \left[12.133 \pm 1.645\frac{0.12}{\sqrt{10}}\right]$를 통해서 $\mu \in [12.07, 12.20]$를 얻게 된다. 즉, 이 부품의 평균 길이가 12.07인치와 12.20인치 사이에 놓여 있다고 90% 확신한다.

(2) 따라서 주장하는 부품의 평균 길이 12인치는 90% 신뢰구간 안에 포함되므로 옳은 주장으로 볼 수 있다. ●

신뢰수준으로는 흔히 99%, 95%, 90% 등을 많이 사용하며, 이에 대응하는 백분위수는 각각 $z_{0.005} = 2.58$, $z_{0.025} = 1.96$, $z_{0.05} = 1.645$이다. 위에서 소개된 신뢰구간은 신뢰수준이 $1-\alpha$인 신뢰구간 중에서 그 길이가 최소인 성질을 갖는 것으로 알려져 있다.

예제 7.14 다음은 베어링의 평균 지름을 알아보기 위한 9개의 표본에 대한 자료이다.

$$3.4 \quad 3.3 \quad 4.2 \quad 4.4 \quad 3.7 \quad 4.5 \quad 4.6 \quad 3.8 \quad 4.1$$

평균 지름에 대한 95% 신뢰구간을 구하여라(단, 모집단은 정규분포를 따른다).

풀이 표본평균 $\bar{x} = 4.0$, 표준편차 $S^2 = \dfrac{\sum_{i=1}^{9}(x_i - 4.0)^2}{9-1} = 0.225$, 자유도는 8인 t 분포표를 이용하여 95% 신뢰구간을 얻는다.

$$P\left[-t_{0.025}(8) \le \frac{4.0 - \mu}{\sqrt{0.225/9}} \le t_{0.025}(8)\right] = 0.95$$

$$P\left[-2.31 \le \frac{4.0 - \mu}{\sqrt{0.225/9}} \le 2.31\right] = 0.95$$

μ 에 대한 95% 신뢰구간은 $\left[4.0 \pm 2.31\dfrac{0.4743}{3}\right] = [4.0 \pm 0.37]$ 이다. ●

이제 신뢰수준의 의미를 알아보기 위해, $\sigma = 10$ 이고 평균이 $\mu = 100$ 인 정규모집단으로부터 크기 7인 확률표본을 택하여 신뢰구간 $\left[\bar{x} - 1.645\dfrac{10}{\sqrt{7}},\ \bar{x} + 1.645\dfrac{10}{\sqrt{7}}\right]$ 을 형성하는 과정을 10번 행한다고 하자. 이 실험의 결과가 [그림 7.7]에 주어져 있다. 세로축에 평행한 선분들은 각 경우에 관측된 신뢰구간 $\left[\bar{x} - 1.645\dfrac{10}{\sqrt{7}},\ \bar{x} + 1.645\dfrac{10}{\sqrt{7}}\right]$ 을 나타내며, 이들 선분의 중점은 $\overline{X}$ 의 관측값 $\bar{x}$ 를 나타낸다. 이 그림에서 10개의 구간 중에 9개가 μ 의 참값인 100을 포함하고 있음을 알 수 있다. 즉, 신뢰수준

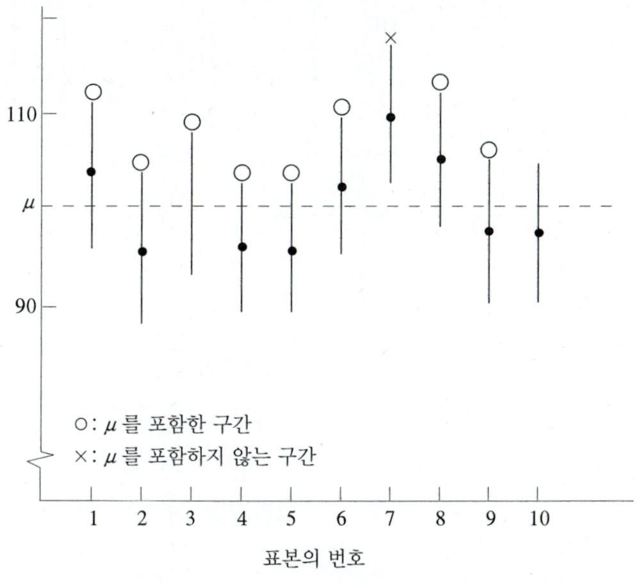

그림 7.7 신뢰수준의 의미

90%의 의미는 신뢰구간 $\left[\bar{x} - 1.645\frac{\sigma}{\sqrt{n}},\ \bar{x} + 1.645\frac{\sigma}{\sqrt{n}}\right]$을 사용하여 반복적으로 μ에 대한 구간추정을 행한다고 할 때, 이들 중 대략 90%에 해당하는 신뢰구간들이 참값 μ를 포함할 것이라는 의미이다.

따라서 [예제 7.13]에서 구한 신뢰구간 [11.57, 12.02]에 대하여, μ가 이 구간에 속할 확률이 0.9라고 하는 것은 옳지 않은 표현이다. 우리가 말할 수 있는 것은 사용된 구간추정방법 $\left[\bar{X} - 1.645\frac{\sigma}{\sqrt{n}},\ \bar{X} + 1.645\frac{\sigma}{\sqrt{n}}\right]$가 참값을 포함하는 신뢰구간을 형성하는 것이 100번 중 90번 정도이므로 관측된 신뢰구간 [11.57, 12.02]도 이 중의 하나일 것으로 기대할 수 있다는 것뿐이다.

[예제 7.14]의 경우에도 신뢰수준의 의미는 모분산이 알려진 경우와 마찬가지로 해석하여야 한다. [그림 7.8]은 실제 평균이 $\mu = 100$인 정규모집단으로부터 크기 7인 확률표본을 택하여 신뢰구간 $\left[\bar{x} - t_{0.05}(6)\frac{s}{\sqrt{7}},\ \bar{x} + t_{0.05}(6)\frac{s}{\sqrt{7}}\right]$을 형성하는 과정을 10번 행하는 것을 나타내고 있다. 이때 각 신뢰구간의 길이는 $2t_{0.05}(6)\frac{s}{\sqrt{7}} = 1.469s$로서 각 구간의 길이가 다름을 알 수 있다. 모분산 σ^2이 알려지지 않은 경우에 소개된 신뢰구간은 신뢰수준이 $100(1-\alpha)\%$인 신뢰구간 중에서 그 길이의 기댓값이 최소로 되는 성질을 갖는 것으로 알려져 있다.

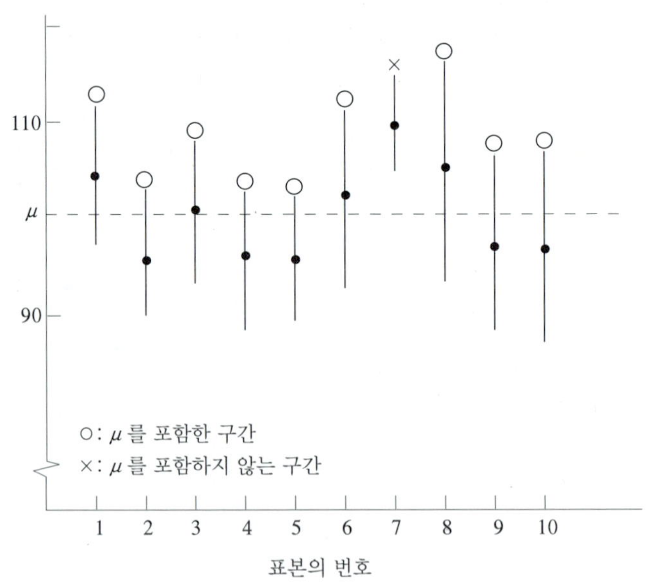

그림 7.8 t 분포에 대한 신뢰구간

신뢰계수(Confidence Coefficient) $1-\alpha$의 이론적인 설명

만일 모집단으로부터 크기 n의 표본을 반복적으로 추출하고 각각의 표본에 대한 신뢰구간 $100(1-\alpha)\%$를 구했다면, 실제 모수값을 포함하는 구간들의 비율이 $100(1-\alpha)\%$가 된다고 확신할 수 있다.

모평균 이외의 다른 모수들에 대한 신뢰구간도 이 절에서 묘사한 핵심방법을 사용하여 유도할 수 있다. 모수들에 대한 많은 추정량과 확률변수는 잘 알려져 있다. 7.4~7.9절을 통해서 우리는 실질적인 상황에서 일반적으로 만나게 되는 몇몇 모수들에 대한 신뢰구간 공식을 보게 될 것이다.

7.4 모평균의 구간추정

7.2절로부터, 모평균 μ에 대한 유용한 점추정량이 표본평균 $\overline{X}$라는 것을 알고 있다. 또한, 중심극한정리에 따르면(정리 6.3), n이 충분히 클 때 표본평균 $\overline{X}$의 표본분포는 $E(\overline{X})=\mu, V(\overline{X})=\dfrac{\sigma^2}{n}$을 갖는 정규분포에 근사하게 된다는 것을 알고 있다.

$E(\overline{X})=\mu$라는 사실은 $\overline{X}$가 μ의 불편추정량이라는 것을 의미한다. 더욱이, $\overline{X}$는 μ의 모든 불편추정량들 중에서 가장 작은 분산을 가지고 있다(증명 생략). 따라서 $\overline{X}$는 μ에 대한 최소분산불편추정량이다. 그러므로 $\overline{X}$가 μ의 가장 좋은 추정량이라고 간주되는 것은 놀랄만한 사실이 아니다. $\overline{X}$가 큰 n에 대하여 정규분포에 근사하기 때문에, μ에 대한 큰 표본 $100(1-\alpha)\%$ 신뢰구간을 구성하기 위해 정리 7.1을 적용할 수 있다. 정리 7.1에 주어진 신뢰구간 공식에 $\hat{\theta}=\bar{x}$와 $\sigma_{\hat{\theta}}=\dfrac{\sigma}{\sqrt{n}}$로 대입하면 다음의 주어진 공식을 얻게 된다.

대표본에서 모평균 μ에 대한 $100(1-\alpha)\%$ 신뢰구간

$$\bar{x}\pm z_{\alpha/2}\sigma_{\bar{x}}=\bar{x}\pm z_{\alpha/2}\left(\frac{\sigma}{\sqrt{n}}\right)\approx\bar{x}\pm z_{\alpha/2}\left(\frac{s}{\sqrt{n}}\right)$$

여기서 $z_{\alpha/2}$는 오른쪽 꼬리에 $\dfrac{\alpha}{2}$의 면적을 남기는 z값이고, σ는 표본이 추출되었던 모집단의 표준편차이다. 그리고 n은 표본의 크기이며, $\bar{x}$는 표본평균값이다.

[주의: σ의 값이 미지일 때, 표본표준편차값 s는 신뢰구간에 의한 공식에서 σ의 근삿값으로 사용될 수 있다. 그 근사는 일반적으로 $n\geq 30$일 때 아주 만족스럽다.]

가정

전혀 없다. (중심극한정리는 표본이 추출된 모집단의 분포에 관계없이 $\overline{X}$의 분포를 정규분포에 근사시키기 때문이다.)

[주의: $\overline{X}$ 의 표본분포를 정규분포에 근사시키기 위해 요구되는 표본크기 n 의 값은 대상 모집단의 분포 모양에 따라 변할 것이다. 경험으로부터, 표본의 크기가 30 혹은 그 이상이면 중심극한 정리가 적용되기 위해 충분히 크다고 간주될 수 있다.]

예제 7.15 어느 과수원에서 수확한 배의 평균 무게를 알아보기 위해서 36개의 배를 추출하여 무게를 측정하였더니 $\overline{x} = 342\text{g}$, $s = 20\,\text{g}$ 이 나왔다고 하자. 이 과수원에서 수확한 배의 평균무게를 95% 와 99% 로 구간추정하여라.

풀이 μ 에 대한 점추정값은 $\overline{x} = 342$ 이다. 표본의 크기가 크기 때문에 모표준편차를 모르지만 근사정규분포에 의하여 다음과 같이 95% 의 신뢰도를 갖는 구간을 추정할 수 있다.

$$342 - (1.96)\left(\frac{20}{\sqrt{36}}\right) \le \mu \le 342 + (1.96)\left(\frac{20}{\sqrt{36}}\right)$$

이 되고 정리하면 $\mu \in [342 \pm 6.53] = [335.47, 348.53]$
또한 99% 신뢰구간은 다음과 같다.

$$342 - (2.576)\left(\frac{20}{\sqrt{36}}\right) \le \mu \le 342 + (2.576)\left(\frac{20}{\sqrt{36}}\right)$$

이 되고 정리하면 $\mu \in [342 \pm 8.53] = [333.41, 350.59]$

위의 결과를 보면 95% 신뢰구간보다 99% 신뢰구간이 더 길다는 것을 알 수 있다. ●

때때로, 시간이나 비용의 규제는 μ 를 추정하는 데 있어 얻어진 표본관측값의 수를 제한시킬 수 있다. 소표본 $(n < 30)$ 의 경우에, 아래와 같은 두 가지 문제가 야기된다.

1. 중심극한정리는 오직 대표본에서만 적용되기 때문에 $\overline{X}$ 의 표본분포가 정규분포에 근사한다고 가정할 수 없다. 따라서 정리 7.1을 적용할 수 없다. 소표본에 대해서 $\overline{X}$ 의 표본분포는 모집단의 상대도수분포의 특정한 형태에 의존한다.
2. 만약 표본의 크기가 작다면 표본표준편차값 s 는 모표준편차 σ 에 대한 만족스러운 근삿값이 되지 못할 수도 있다.

다행스럽게도, 만약 표본이 추출된 모집단이 근사정규분포를 가지고 있다고 가정할 수 있다면 소표본의 크기에 기초한 추정방법을 계속해 나갈 수 있다. 만약, 이 가정이 타당하다면 μ 에 대한 신뢰구간을 구성하기 위해 [예제 7.12] 의 절차를 사용할 수 있다.

소표본에서 모평균 μ에 대한 $100(1-\alpha)\%$ 신뢰구간(σ^2이 알려지지 않은 경우)

$$\bar{x} \pm t_{\alpha/2}(n-1)\frac{s}{\sqrt{n}}$$

여기서 $t_{\alpha/2}(n-1)$은 자유도 $(n-1)$인 t 분포에서 오른쪽 꼬리 면적 $\frac{\alpha}{2}$를 갖는 t 값이다.

가정

표본이 추출된 모집단은 정규분포에 근사한다.

예제 7.16 다음은 베어링의 평균 지름을 알아보고자 9개의 표본을 조사한 것이다.

3.4 3.3 4.2 4.4 3.7 4.5 4.6 3.8 4.1

평균 지름에 대한 95% 신뢰구간을 구하여라. (단, 모집단은 근사정규분포를 따른다.)

풀이 주어진 자료에 대한 표본평균값과 표준편차값은

$$\bar{x} = 4.0,\ s = 0.4743$$

이다. [부록 표 5]를 이용하면, 자유도 $\nu = 8$에 대해서 $t_{0.025}(8) = 2.31$을 얻는다. 따라서 μ에 대한 95% 신뢰구간은

$$4.0 - (2.31)\left(\frac{0.4743}{\sqrt{9}}\right) \le \mu \le 4.0 + (2.31)\left(\frac{0.4743}{\sqrt{9}}\right)$$

이고 간단히 하면 $3.63 \le \mu \le 4.37$이 된다. ●

이 절을 마치기 전에 두 가지 언급이 필요하다.

첫 번째는 모집단이 정규분포를 따른다는 가정이다. 실제로, 모집단이 정확히 정규분포를 따르는지 아닌지에 대해서 거의 알지 못한다. 그러나 경험적인 연구는 그 가정으로부터 약간의 이탈이 소표본의 신뢰구간에 대한 신뢰계수에 걱정할 만큼 영향을 끼치지 않는다는 것을 알려준다.

예를 들어, 만일 [예제 7.16]의 베어링지름에 대한 모집단이 정규분포는 아니지만 흙무덤 모양의 어떤 분포를 갖는다면 95% 신뢰구간에 대한 실제 신뢰계수는 최소한 실제로 사용하기에 충분히 0.95에 가깝게 나타난다.

결론적으로, 위 상자 내에서 주어진 소표본에 대한 신뢰구간은 분포의 형태가

흙무덤이거나 적절히 비스듬하게 치우친 경우에 정규분포가 아닌 분포의 모평균을 추정하고자 할 때 실험자들에 의해 종종 사용된다.

정규성에 크게 벗어난 모집단에 대해서는 **비모수적 방법(distribution-free method)**과 같은 다른 추정방법을 추천할 수 있으나, 이 책에서는 다루지 않는다.

두 번째 언급은 σ가 알려져 있느냐 그렇지 않느냐에 대해 초점을 맞춘다. σ가 알려져 있고 모집단이 정규분포를 따를 때([예제 7.11]), $\overline{X}$의 표본분포는 표본의 크기에 상관없이 정규분포를 따른다는 것을 보았다. 즉, 만약 σ의 값과 정규모집단으로부터 표본이 추출되었다는 것을 알고 있다면 신뢰구간을 구성하는 데 있어서 t 분포보다 오히려 z 분포를 사용할 수 있다. 그러나 실제 상황에서는 σ가 거의 알려져 있지 않다.

결론적으로, 신뢰구간 공식에서 σ 대신 s를 항상 사용하고, $\overline{X}$의 표본분포는 t 분포가 될 것이다. 이것은 이 절 초반부에 주어진 대표본 신뢰구간에 대한 공식이 단지 근사적인 이유이다. 많은 통계 소프트웨어 패키지는 σ가 미지일 때 t 분포에 의존하는 정확한 신뢰구간에 대한 결과를 제시한다. 그러나 실제적인 이유 때문에 표본의 크기가 크든 작든 z와 t 신뢰구간들을 구별할 것이다.

7.5 두 모평균 차이의 구간추정

두 개의 모집단이 각각 평균 μ_1과 μ_2, 분산 σ_1^2과 σ_2^2을 갖고 있다고 하면 μ_1과 μ_2의 차이에 대한 하나의 점추정량은 통계량 $\overline{X}_1 - \overline{X}_2$에 의해 주어진다. 그러므로 $\mu_1 - \mu_2$에 대한 점추정값을 얻기 위해서는 각각의 모집단으로부터 크기가 n_1과 n_2인 두 개의 독립인 확률표본을 뽑고 표본평균값들의 차 $\bar{x}_1 - \bar{x}_2$를 계산할 것이다.

만약 독립인 표본들이 모두 정규분포에서 뽑혔거나 그렇지 않은 경우 n_1과 n_2가 모두 30 이상이면 $\overline{X}_1 - \overline{X}_2$의 표본분포를 고려하면서 $\mu_1 - \mu_2$에 대한 신뢰구간을 만들 수 있다.

6.2절의 정리 6.1에 의하면 $\overline{X}_1 - \overline{X}_2$의 표본분포는 근사적으로 평균이 $\mu_{\overline{X}_1 - \overline{X}_2} = \mu_1 - \mu_2$이고 표준편차가 $\sigma_{\overline{X}_1 - \overline{X}_2} = \sqrt{(\sigma_1^2/n_1) + (\sigma_2^2/n_2)}$인 정규분포를 따른다. 이처럼,

$$Z = \frac{(\overline{X}_1 - \overline{X}_2) - (\mu_1 - \mu_2)}{\sqrt{(\sigma_1^2/n_1) + (\sigma_2^2/n_2)}}$$

라고 하면,

$$P(-z_{\alpha/2} \le Z \le z_{\alpha/2}) = 1 - \alpha$$

라고 쓸 수 있다. Z를 대입하면

$$P\left[-z_{\alpha/2} \le \frac{(\overline{X}_1 - \overline{X}_2) - (\mu_1 - \mu_2)}{\sqrt{(\sigma_1^2/n_1) + (\sigma_2^2/n_2)}} \le z_{\alpha/2}\right] = 1 - \alpha$$

이 되고 $\mu_1 - \mu_2$에 대한 다음과 같은 $100(1-\alpha)\%$ 신뢰구간을 얻게 된다.

● 대표본에서 $\mu_1 - \mu_2$에 대한 $100(1-\alpha)\%$ 신뢰구간(σ_1^2과 σ_2^2이 알려지지 않은 경우)

σ_1^2과 σ_2^2이 알려져 있는 두 개의 모집단들에서 각각 크기가 n_1과 n_2인 독립인 확률표본들의 평균값들을 $\overline{x}_1$과 $\overline{x}_2$라 하면, $\mu_1 - \mu_2$에 대한 $(1-\alpha)100\%$ 신뢰구간은

$$(\overline{x}_1 - \overline{x}_2) - z_{\alpha/2}\sqrt{\frac{\sigma_1^2}{n_1} + \frac{\sigma_2^2}{n_2}} \le \mu_1 - \mu_2 \le (\overline{x}_1 - \overline{x}_2) + z_{\alpha/2}\sqrt{\frac{\sigma_1^2}{n_1} + \frac{\sigma_2^2}{n_2}}$$

에 의해 주어진다. 단, $z_{\alpha/2}$는 오른쪽꼬리에 $\frac{\alpha}{2}$의 면적을 남기는 z값이다.

신뢰도는 표본이 정규분포를 따르는 모집단에서 뽑혔을 때는 정확하다. 정규분포를 따르지 않는 모집단에 대해서는 n_1과 n_2가 모두 30을 초과할 때, 아주 좋은 근사적인 신뢰구간을 얻게 된다. 이전과 같이 σ_1^2과 σ_2^2이 알려져 있지 않고 표본의 크기가 충분히 크다면, σ_1^2과 σ_2^2를 각각 s_1^2과 s_2^2으로 대체할 수 있는데 이것은 신뢰구간에 어떤 영향을 주지 않는다.

예제 7.17 두 회사에서 A 상표 전구와 B 상표 전구를 생산하고 있다. 생산된 A 상표 전구와 B 상표 전구의 평균수명을 비교하기 위하여 각각 독립적으로 40개와 50개의 표본을 임의로 추출하여 조사한 결과가 다음과 같다. 각 표본의 평균 수명 시간은 $\overline{x} = 418$(시간)과 $\overline{y} = 402$(시간)이고, 두 상표 전구의 수명시간은 각각 정규분포를 따르고 모표준편차가 $\sigma_1 = 26$(시간)과 $\sigma_2 = 22$(시간)임이 알려져 있다. 두 상표 전구의 모평균수명시간의 차 $\mu_1 - \mu_2$에 대한 95% 신뢰구간을 구하여라.

풀이 두 모집단의 모분산이 알려져 있는 경우이므로

$$\begin{cases} n_1 = 40 \\ \overline{x} = 418 \\ \sigma_1^2 = 26^2 \end{cases}, \quad \begin{cases} n_2 = 50 \\ \overline{y} = 402 \\ \sigma_2^2 = 22^2 \end{cases}, \quad \alpha = 0.05$$

[부록 표 4]에 의해 $z_{\alpha/2} = z_{0.025} = 1.96$ 이다. 따라서 신뢰구간은 다음과 같이 구해진다.

$$(\bar{x}-\bar{y}) - z_{\alpha/2}\sqrt{\frac{\sigma_1^2}{n_1}+\frac{\sigma_2^2}{n_2}} \le \mu_1-\mu_2 \le (\bar{x}-\bar{y}) + z_{\alpha/2}\sqrt{\frac{\sigma_1^2}{n_1}+\frac{\sigma_2^2}{n_2}}$$

에 대입하면

$$(418-402) - 1.96\sqrt{\frac{26^2}{40}+\frac{22^2}{50}} \le \mu_1-\mu_2$$

$$\le (418-402) + 1.96\sqrt{\frac{26^2}{40}+\frac{22^2}{50}}$$

이고 간단히 하면

$$5.895 \le \mu_1-\mu_2 \le 26.105$$

이 된다. ●

두 개의 평균 차이의 추정에 대한 앞에서의 절차는 σ_1^2과 σ_2^2이 알려지거나 σ_1^2과 σ_2^2이 대표본으로부터 추정될 수 있을 때 적용이 가능하다. 만약 표본크기가 작다면, 모집단이 근사적으로 정규분포에 따를 때 유효한 신뢰구간을 얻기 위해 t 분포에 또 다시 의존해야 한다.

이제 σ_1^2과 σ_2^2이 알려져 있지 않고 n_1과 n_2가 30보다 작다고 가정하자. 만약 $\sigma_1^2 = \sigma_2^2 = \sigma^2$ 이면, 다음 표준정규분포를 따르는 확률변수

$$Z = \frac{(\bar{X}_1-\bar{X}_2)-(\mu_1-\mu_2)}{\sqrt{\sigma^2\left(\frac{1}{n_1}+\frac{1}{n_2}\right)}}$$

을 얻는다. 여기서 σ^2는 표본분산들을 결합 또는 합동시켜서 추정된다. **합동추정량(pooled estimator)**을 S_p^2로 표현하면,

$$S_P^2 = \frac{(n_1-1)S_1^2+(n_2-1)S_2^2}{n_1+n_2-2}$$

이 된다.

σ^2에 S_p^2을 대입하고 S_p^2의 분모가 n_1+n_2-2라는 것을 생각하면 자유도 $\nu = n_1+n_2-2$를 갖는 t 분포를 따르는 확률변수

$$T = \frac{(\bar{X}_1-\bar{X}_2)-(\mu_1-\mu_2)}{S_P\sqrt{\frac{1}{n_1}+\frac{1}{n_2}}}$$

을 얻게 된다.

[그림 6.12]에 의해

$$P[-t_{\alpha/2}(v) \leq T \leq t_{\alpha/2}(v)] = 1-\alpha$$

라는 것을 알 수 있다. 여기서 $t_{\alpha/2}(v)$는 자유도가 n_1+n_2-2인 t 분포에서 이 값보다 큰 부분의 면적이 $\frac{\alpha}{2}$인 t값이다.

부등식에 있는 T에 대입하면

$$P\left[-t_{\alpha/2}(\nu) \leq \frac{(\overline{X}_1-\overline{X}_2)-(\mu_1-\mu_2)}{S_p\sqrt{\frac{1}{n_1}+\frac{1}{n_2}}} \leq t_{\alpha/2}(\nu)\right] = 1-\alpha$$

라고 쓸 수 있다. 흔히 사용되는 수학적인 기교를 수행한 후, 표본평균값들의 차 x_1-x_2과 합동표본분산값

$$s_P^2 = \frac{(n_1-1)S_1^2+(n_2-1)S_2^2}{n_1+n_2-2}$$

이 계산되면 다음과 같은 $\mu_1-\mu_2$에 대한 $100(1-\alpha)\%$ 신뢰구간을 얻는다.

○ 소표본에서 $\mu_1-\mu_2$에 대한 $100(1-\alpha)\%$ 신뢰구간($\sigma_1^2=\sigma_2^2$이 알려지지 않은 경우)

모분산들이 알려져 있지 않으나 같은 분산을 갖는 근사적으로 정규분포들을 따르는 모집단들로부터 각각 크기가 n_1과 n_2인 독립인 소표본들의 평균값들이라고 하면 $\mu_1-\mu_2$에 대한 $100(1-\alpha)\%$ 신뢰구간은

$$(\overline{x}_1-\overline{x}_2)-t_{\alpha/2}(v)s_P\sqrt{\frac{1}{n_1}+\frac{1}{n_2}} \leq \mu_1-\mu_2 \leq (\overline{x}_1-\overline{x}_2)+t_{\alpha/2}(v)s_P\sqrt{\frac{1}{n_1}+\frac{1}{n_2}}$$

에 의해 주어진다. 단, s_p는 모집단의 표준편차에 대한 합동추정값이고 $t_{\alpha/2}(v)$는 그 값의 오른쪽에 $\alpha/2$의 면적을 남기는 자유도 $\nu=n_1+n_2-2$인 t값이다.

예제 7.18 어느 산부인과 병원에서 남아와 여아의 신생아 체중에 차이가 있는지를 알아보기 위해 남녀 신생아를 각각 10명씩 임의로 선택하여 조사한 결과가 다음과 같다. 남아의 평균 체중과 표준편차는 각각 $\overline{x}=3.67$ kg, $s_1=0.8$ kg이고, 여아의 평균 체중과 표준편차는 각각 $\overline{y}=3.14$ kg, $s_2=0.69$ kg이다. 남아와 여아의 평균 체중 차이에 대해 99% 신뢰구간을 구하여라. (단, 남녀 신생아 체중이 각각 정규분포를 따르고 분산이 같다고 가정하자.)

풀이 μ_1을 남자 신생아의 평균 체중, μ_2를 여자 신생아의 평균 체중이라고 하자. 두 모집단이 정규분포를 따르고 두 모분산이 같지만 알려져 있지 않으므로 t 분포를 이용한다. 합동표본분산을 구하면

$$s_P^2 = \frac{1}{10+10-2}\left(\frac{1}{10}\cdot 0.8^2 + \frac{1}{10}\cdot 0.69^2\right) = 0.558$$

이고 [부록 표 4]에서 자유도 $\nu = n_1 + n_2 - 2 = 18$에 대한 $t_{0.01/2}(18) = 2.878$을 구하게 된다. 그러므로 $\mu_1 - \mu_2$에 대한 99% 신뢰구간은

$$(3.67-3.14) - 2.878\sqrt{0.558}\sqrt{\frac{1}{10}+\frac{1}{10}} \le \mu_1 - \mu_2 \le (3.67-3.14) + 2.878\sqrt{0.558}\sqrt{\frac{1}{10}+\frac{1}{10}}$$

이고 간단히 하면

$$-0.431 \le \mu_1 - \mu_2 \le 1.491$$

이 된다. 신뢰구간에 0을 포함하게 되어서 남녀 신생아의 평균체중은 차이가 난다고 볼 수 없다. ●

소표본으로부터 $\mu_1 - \mu_2$에 대한 신뢰구간을 구하는 과정에서 모집단이 정규분포를 따르고 모집단의 분산이 같다고 가정한다. 이런 가정들 중 어느 하나가 약간 빗나가는 경우에도 구간에 대한 신뢰도는 심각할 정도로 바뀌지는 않는다. 8장에서는 표본분산에 의해 제공되는 정보에 근거해서 두 개의 알려지지 않은 모집단의 분산들의 동일성을 검정하는 방법이 주어진다. 만약 모집단의 분산들이 상당히 다르다면 $n_1 = n_2$인 가정하에서 모집단들의 정규분포를 따를 때 여전히 좋은 결과를 얻는다. 그러므로 계획된 실험에서는 표본의 크기를 같게 하기 위해 모든 노력을 다해야만 한다.

이제 알려지지 않은 모집단의 분산들이 같지 않고 같은 크기의 표본을 뽑는 것이 불가능할 때 소표본에 대한 $\mu_1 - \mu_2$의 구간추정값을 찾는 문제를 생각해 보자. 이런 경우에 아주 흔히 사용되는 확률변수는

$$T' = \frac{(\overline{X}_1 - \overline{X}_2) - (\mu_1 - \mu_2)}{\sqrt{\dfrac{S_1^2}{n_1} + \dfrac{S_2^2}{n_2}}}$$

이고 T'은 근사적으로 자유도 ν를 갖는 t 분포를 따른다. 여기서

$$\nu = \frac{\left(\dfrac{S_1^2}{n_1} + \dfrac{S_2^2}{n_2}\right)^2}{\left[\left(\dfrac{S_1^2}{n_1}\right)^2 \Big/ (n_1 - 1)\right] + \left[\left(\dfrac{S_2^2}{n_2}\right)^2 \Big/ (n_2 - 1)\right]}$$

이다. v가 거의 모든 경우에 정수가 아니기 때문에 자유도는 v의 가우스정수 $[v]$를 사용한다. 확률변수 T'을 사용하면서

$$P\left[-t_{\alpha/2}([v]) \le T' \le t_{\alpha/2}([v])\right] \simeq 1-\alpha$$

라고 쓸 수 있다. 여기서 $t_{\alpha/2}([v])$는 그 위쪽으로 $\alpha/2$의 면적을 갖는 자유도 $[v]$인 t값이다. 부등식에서 T'을 대입하고 이전과 같은 정확한 과정을 따르면 다음과 같은 최종적인 결론에 이르게 된다.

소표본에서 $\mu_1-\mu_2$에 대한 $100(1-\alpha)\%$ 신뢰구간($\sigma_1^2 \ne \sigma_2^2$이 알려지지 않은 경우)

분산들이 알려지지 않고 같지 않은 근사적 정규분포들로부터 각각 크기가 n_1과 n_2인 독립인 소표본들의 평균과 분산을 $\bar{x}_1$와 s_1^2, 그리고 $\bar{x}_2$와 s_2^2이라고 하면, $\mu_1-\mu_2$에 대한 근사적 $100(1-\alpha)\%$ 신뢰구간은

$$(\bar{x}_1-\bar{y}_2)-t_{\alpha/2}([\nu])\sqrt{\frac{s_1^2}{n_1}+\frac{s_2^2}{n_2}} \le \mu_1-\mu_2 \le (\bar{x}_1-\bar{y}_2)+t_{\alpha/2}([\nu])\sqrt{\frac{s_1^2}{n_1}+\frac{s_2^2}{n_2}}$$

이다. 단, $t_{\alpha/2}([\nu])$는 오른쪽에 $\alpha/2$의 면적을 남기는 자유도 $[\nu]$인 t 값이다. 여기서

$$v=\frac{\left(\frac{s_1^2}{n_1}+\frac{s_2^2}{n_2}\right)^2}{\left[\left(\frac{s_1^2}{n_1}\right)^2/(n_1-1)\right]+\left[\left(\frac{s_2^2}{n_2}\right)^2/(n_2-1)\right]}$$

이다.

예제 7.19 보건복지부에서 A 상표와 B 상표 담배의 평균 니코틴함유량들의 차이를 추정하고자 한다. 이를 위해 보건복지부는 생산된 A 상표 담배와 B 상표 담배 중에서 독립적으로 각각 10개피와 8개피를 임의로 추출하여 이들의 니코틴 함유량을 추정단위 mg으로 조사하여 다음과 같은 결과를 얻었다.

A 상표	B 상표
$n_1 = 10$	$n_2 = 8$
$\bar{x} = 3.1\text{mg}$	$\bar{y} = 2.7\text{mg}$
$s_1 = 0.5\text{mg}$	$s_2 = 0.7\text{mg}$

두 대상모집단의 모분산들은 알려지지 않고 다르다고 가정했을 때 두 모평균들의 차 $\mu_1-\mu_2$에 대한 95% 근사신뢰구간을 구하여라(단, 모집단들은 근사정규분포를 따른다).

풀이 알려지지 않은 두 모분산들이 다른 두 정규모집단들 $N(\mu_1, \sigma_1^2)$과 $N(\mu_2, \sigma_2^2)$을 대상으로 독립적으로 두 특정 확률표본들이 추출되었으므로 먼저 자유도를 구하면 다음과 같다.

$$\nu = \frac{\left(\frac{s_1^2}{n_1} + \frac{s_2^2}{n_2}\right)^2}{\frac{(s_1^2/n_1)^2}{n_1 - 1} + \frac{(s_2^2/n_2)^2}{n_2 - 1}} = \frac{\left(\frac{0.5^2}{10} + \frac{0.7^2}{8}\right)^2}{\frac{(0.5^2/10)^2}{10 - 1} + \frac{(0.7^2/8)^2}{8 - 1}}$$
$$= 12.29 \approx 12$$

[부록 표 4]에 의해 $t_{0.05/2}(12) = 2.179$이며 근사신뢰구간은 다음과 같이 구해진다.

$$(\overline{x} - \overline{y}) - t_{0.05/2}([\nu])\sqrt{\frac{s_1^2}{n_1} + \frac{s_2^2}{n_2}} \leq \mu_1 - \mu_2 \leq (\overline{x} - \overline{y}) + t_{0.05/2}([\nu])\sqrt{\frac{s_1^2}{n_1} + \frac{s_2^2}{n_2}}$$

에 의해서

$$(3.1 - 2.7) - 2.179\sqrt{\frac{0.5^2}{10} + \frac{0.7^2}{8}} \leq \mu_1 - \mu_2$$
$$\leq (3.1 - 2.7) + 2.179\sqrt{\frac{0.5^2}{10} + \frac{0.7^2}{8}}$$

을 간단히 하면

$$-0.240 \leq \mu_1 - \mu_2 \leq 1.040$$

을 얻는다. ●

지금까지는 두 정규모집단들을 대상으로 하였다. 이제부터는 각 모평균이 μ_1과 μ_2이고 모분산 σ_1^2과 σ_2^2은 유한인 두 임의의 모집단들을 대상으로 하나, 각 표본크기 n_1과 n_2가 충분히 큰 경우에 독립인 두 확률표본들을 이용해서 두 모평균들의 차 $\mu_1 - \mu_2$에 대한 $(1 - \alpha)\ 100\%$ 근사신뢰구간을 설정하도록 하자. 표본크기가 통상적으로 $n_1 \geq 30$이고 $n_2 \geq 30$이면 모분산들 σ_1^2과 σ_2^2이 알려져 있는 경우에는 임의의 두 모집단의 모평균들의 차 $\mu_1 - \mu_2$에 대한 $(1 - \alpha)\ 100\%$ 근사신뢰구간은 $(\overline{X} - \overline{Y}) \pm Z_{\alpha/2}\sqrt{\frac{\sigma_1^2}{n_1} + \frac{\sigma_2^2}{n_2}}$을 흔히 사용한다. 한편 모분산들 σ_1^2과 σ_2^2이 알려져 있지 않는 경우에는 각각의 표본분산 s_1^2과 s_2^2을 대체한 구간 $(\overline{X} - \overline{Y}) \pm Z_{\alpha/2}\sqrt{\frac{s_1^2}{n_1} + \frac{s_2^2}{n_2}}$을 이용해도 무난한 것으로 알려져 있다. 여기서 표본의 크기가 큰 경우에는 중심극한정리에 의해 대상모집단의 분포형태에 관해 특정한 가정이 필요없게 됨에 유의하기 바란다.

다음으로 두 개의 모집단들의 분산들이 같지 않고 표본들이 독립이 아닐 때, 두 개의 평균의 차이에 대한 추정과정을 생각해 보는 것으로써 이 절을 마무리한다. 이러한 현상은 두 개의 표본에서의 관측값들이 서로 연관이 있으면서 쌍으로 되어 있는 경우에 일어난다. 예를 들어 15명의 사람들에게 새로운 다이어트법에 대한 실험을 한다면, 실험 전과 후의 체중들은 두 개의 표본을 생성한다. 동일한 사람에 대해 만들어진 두 개의 표본 안에 있는 관측값들은 연관되고 쌍을 형성한다. 그 다이어트법이 효과가 있는지 결정하기 위해 쌍으로 된 관측값의 차이 d_i를 생각해야만 한다. 이런 차이들은 평균이 μ_D 이고 알려지지 않은 분산 σ_D^2 을 갖는 정규분포를 따른다고 가정되는 모집단으로부터 뽑은 확률표본의 관측값들 $d_1, d_2, \cdots, d_n$ 이다. σ_D^2 은 표본값들로 구성된 차들의 분산 s_d^2에 의해 추정된다. 그러므로 s_d^2 은 확률표본들에 따라 변동하는 통계량 S_D^2 의 관측값이다. 한편 $\mu_1 - \mu_2 = \mu_D$ 의 점추정값은 $\bar{d}$ 로 주어진다.

쌍으로 된 표본들에 대한 $\bar{D}$ 의 분산은 독립인 확률표본들에 대한 $\bar{X}_1 - \bar{X}_2$ 의 분산보다 작기 때문에 $\bar{D}$ 에 근거한 모든 $\mu_1 - \mu_2$에 관한 통계적 추론은 훨씬 민감할 것이다. 이런 이유 때문에 쌍으로 맺는 것을 의도적으로 미리 정하는 실험을 계획하는 것이 종종 바람직할 때가 있다. 이것은 n 개의 다른 대상들에 대해 X_1과 X_2의 측정값을 기록함으로써 달성될 수 있고 그 대상들은 사람이거나 동물이거나 또는 식물이 될 수 있다. 이처럼 확률변수들은 계획된 다이어트 실험의 전과 후에 얻어지는 n 개의 개체들의 각각에 대한 무게를 나타낼 수 있다. 또한 IQ, 나이, 혈통 등과 같은 비슷한 특성을 가지고 한 쌍을 이루고 있는 사람들의 n 개의 쌍을 뽑은 후, 각 쌍에 대해 하나를 임의로 택하여 X_1 의 값으로 하고 다른 하나를 X_2 의 값이라고 할 수 있다. 이 경우에 $X_1 X_2$ 가 IQ가 같은 두 사람 중 한 명은 전통적인 강의 방법을 사용하는 반에 임의로 배당되고 다른 한 명은 계획된 자료를 사용하는 반에 배당되었을 때 두 사람이 얻은 점수를 나타낼 수 있다.

μ_D 에 대한 $100(1-\alpha)\%$ 신뢰구간은

$$P[-t_{\alpha/2}(n-1) \le T \le t_{\alpha/2}(n-1)] = 1 - \alpha$$

에 의해 구해질 수 있다. 여기서

$$T = \frac{\bar{D} - \mu_D}{S_D / \sqrt{n}}$$

이고 $t_{\alpha/2}(n-1)$는 이전처럼 자유도 $n-1$을 갖는 t 분포의 값이다.

이제 일상적 절차로 정의에 의해 T를 위의 부등식에 대입하고 $\mu_1 - \mu_2 = \mu_D$ 에 대한 $100(1-\alpha)\%$ 신뢰구간을 만드는 수학적인 단계를 시행한다.

◉ 쌍으로 된 표본들에 대하여 $\mu_D = \mu_1 - \mu_2$ 에 대한 $100(1-\alpha)\%$ 신뢰구간

$\overline{d}$ 와 s_d 가 n 개의 확률표본쌍들의 차이의 평균값과 표준편차값이라면, $\mu_D = \mu_1 - \mu_2$ 에 대한 $100(1-\alpha)\%$ 신뢰구간은

$$\overline{d} - t_{\alpha/2}(v)\frac{s_d}{\sqrt{n}} \le \mu_D \le \overline{d} + t_{\alpha/2}(v)\frac{s_d}{\sqrt{n}}$$

이다. 여기서 $t_{\alpha/2}(v)$ 는 오른쪽꼬리에 $\alpha/2$ 의 면적을 남기는 자유도 $\nu = n-1$ 인 t 값이다.

예제 7.20 어느 제약회사에서 신약을 개발하여 그 효과를 측정하고자 한다. 이 실험을 위해 8명의 환자를 대상으로 기존의 약을 복용하게 한 후에 특정 수치를 추정하고, 또한 새로운 약을 복용한 후에 특정 수치를 추정하였다. 각 환자에게 어느 약을 먼저 투여할 것인가 하는 순서는 임의로 정하였고 먼저 투여한 약의 효과가 사라진 후에 다른 약을 투약하여 얻은 결과가 다음과 같다. 기존 약과 새로운 약의 평균 반응치 차이를 추정하고 반응치 차이가 정규분포를 따른다고 할 때, 95% 신뢰구간을 구하여라.

환자	기존약(x)	새로운 약(y)	차이($d = x - y$)
1	42.6	43.8	−1.2
2	37.2	41.3	−4.1
3	50.0	49.7	0.3
4	43.9	45.7	−1.8
5	53.6	52.5	1.1
6	32.5	36.8	−4.3
7	46.5	47.0	−0.5
8	39.3	40.7	−1.4

풀이 자료로부터 $\overline{d} = -1.49$, $s_d = 1.92$ 를 구할 수 있고 $t_{0.05/2}(7) = 2.365$ 이므로 신뢰구간을 구하면

$$1.49 - 2.365\left(\frac{1.92}{\sqrt{8}}\right) \le \mu_d \le -1.49 + 2.365\left(\frac{1.92}{\sqrt{8}}\right)$$

이 되고 간단히 하면

$$-3.095 \le \mu_d \le 0.115$$

임을 얻는다. 위의 결과로 우리는 위의 수준 5% 아래서 신약과 기존약이 차이가 난다고 결론 내릴 수 없다. ●

7.6 모비율의 구간추정

성공에 대한 비율 p(즉, 하나의 모집단에 어떤 특성을 갖고 있는 원소들의 비율)를 추정하는 방법을 생각해 보자. 예를 들어, 품질관리조사단은 생산 라인에서 생산된 불량품의 비율에 관심이 있을 수 있고, 난방기름의 공급자는 천연가스에 의해 뜨겁게 데워진 그들의 공급지역에 있는 가정의 비율에 관심을 가질 수 있다.

모비율 p의 점추정량에 대한 하나의 객관적인 후보는 표본 비율 $\hat{p} = \frac{X}{n}$가 될 수 있다. 여기서 X는 크기 n의 표본에 있는 관심있는 특성을 갖는 원소의 수(즉, 성공의 횟수)이다.

정리 6.4에서 큰 n에 대해 $\hat{p}$는 평균 $E(\hat{p}) = p$와 분산 $V(\hat{p}) = \frac{pq}{n}$를 갖는 정규분포에 근사한다는 것을 보았다.

이때 $\hat{p}$은 p의 불편추정량이 되며, 모든 불편추정량들 중에서 가장 작은 분산을 갖는다(증명 생략). 즉, $\hat{p}$은 p에 대한 최소분산불편추정량이다. $\hat{p}$의 분포가 정규분포에 근사하기 때문에, 아래 상자에서처럼 확률변수 $\frac{\hat{p}-p}{\sigma_{\hat{p}}} \approx \frac{\hat{p}-p}{\sqrt{\frac{\hat{p}\hat{q}}{n}}}$를 사용하여 p에 대한 대표본신뢰구간에 대한 공식을 유도하기 위해 정리 7.1을 적용할 수 있다.

대표본에서의 모비율 p에 대한 $100(1-\alpha)\%$ 신뢰구간

$$\hat{p} \pm z_{\alpha/2}\sigma_{\hat{p}} \approx \hat{p} \pm z_{\alpha/2}\frac{\hat{p}-p}{\sqrt{\frac{\hat{p}\hat{q}}{n}}}$$

여기서, $\hat{p}$은 관심이 되는 특성을 가진 관측값들의 표본비율이며, $\hat{q} = 1-\hat{p}$이다.

[주의 : $\sigma_{\hat{p}} = \sqrt{\frac{pq}{n}}$의 p와 q를 표본비율 $\hat{p}$와 $\hat{q}$로 대체시키기 때문에 구간은 근사적인 구간이 된다.]

가정

근사공식이 타당하다고 하기 위하여 표본의 크기 n은 충분히 크다고 가정한다. 특히, 경험으로부터 $n\hat{p} \geq 5$이고 $n\hat{q} \geq 5$이면 조건은 만족될 것이다. ($n\hat{p} \geq 10$이고 $n\hat{q} \geq 10$이면 근사정리가 좋다고 본다.)

신뢰구간을 구성하기 위해 $\sigma_{\hat{p}} = \sqrt{\frac{pq}{n}}$에 대한 공식에서 p와 q를 각각 $\hat{p}$와 $\hat{q}$ 대체시켜야만 한다.

이 근사공식은 표본의 크기가 충분히 크다라는 조건에서 유효하다. 만약 구간 $\hat{p} \pm z_{\alpha/2}\sqrt{\frac{\hat{p}\hat{q}}{n}}$이 0 또는 1을 포함하지 않는다면 n이 충분히 크다는 경험으로부터 얻어진 이 근사공식을 채택하게 된다. 이러한 경험적인 결과는 $n\hat{p} \geq 5$이고 $n\hat{q} \geq 5$이면 만족된다.

예제 7.21 어느 제조공장에서 단순임의추출방법으로 제품의 파손을 조사하려고 한다. 225개의 표본 중 18개의 제품이 이송 중 파손되었다면 95% 신뢰도를 갖고 이 제품의 이송 중 파손율을 구간추정하여라.

풀이 $n\hat{p} = 18 > 10$, $n(1-\hat{p}) = 225 - 18 = 207 > 10$이고, 주어진 표본은 SRS(simple random sampling) 방법에 의한 것이며, 표본은 모집단의 10% 이내라고 가정하자. 표본비율은 $\hat{p} = \dfrac{18}{225} = 0.08$이고 표본비율의 표준편차는

$$\sigma_{\hat{p}} = \sqrt{\frac{(0.08)(0.92)}{225}} = 0.0181$$

이므로 95% 신뢰구간을 구하면

$$0.08 - 1.96(0.0181) \leq p \leq 0.08 + 1.96(0.0181)$$

이고 간단히 하면

$$0.045 \leq p \leq 0.115$$

가 된다.

만일 전체 이송분량이 50,000개라면 실제 제품의 수로 변환하면

$$0.045(50{,}000) = 2{,}250\text{과} \quad 0.115(50{,}000) = 5{,}756$$

이고, 우리는 전체 이송제품 중 파손되는 제품의 수량이 2,250개에서 5,750개에 이른다는 것을 95% 확신할 수 있다. ●

소표본절차는 모비율 p의 추정에 대해서도 유효하다. 이러한 방법들은 모평균 μ를 추정하는 것에 대한 소표본과정과 유사하다($\hat{p} = \dfrac{X}{n}$는 0 ~ 1 베르누이 결과들의 표본평균으로 같이 생각될 수 있다).

7.7 두 모비율 차이의 구간추정

두 개의 이항모수 p_1과 p_2의 차이를 추정하는 문제를 생각해 보자. 예를 들면, 폐암 환자 중 흡연자의 비율을 p_1, 금연자의 비율을 p_2라고 하자. 이때 두 비율의 차

이를 추정하는 문제를 생각한다. 우선 각각 평균 p_1과 p_2, 분산 p_1q_1과 p_2q_2를 갖는 두 개의 베르누이 분포로부터 크기 n_1과 n_2의 독립인 확률표본들을 뽑은 후 각 표본에 있는 폐암 환자의 수 X_1과 X_2를 결정하고 비율 $\hat{p}_1 = \frac{x_1}{n_1}$과 $\hat{p}_2 = \frac{x_2}{n_2}$를 형성한다. 두 비율의 차이 $p_1 - p_2$의 점추정량은 통계량 $\hat{p}_1 - \hat{p}_2$에 의해 주어진다.

$p_1 - p_2$에 대한 신뢰구간은 $\hat{p}_1 - \hat{p}_2$의 표본분포를 통해 얻어질 수 있다. 앞 절로부터 충분히 큰 n_1과 n_2에 대하여 $\hat{p}_1$과 $\hat{p}_2$는 각각 평균이 n_1과 p_2이고 분산이 p_1q_1/n_1과 p_2q_2/n_2를 갖는 근사적인 정규분포를 따른다는 것을 알고 있다. 두 모집단으로부터 독립인 표본들을 뽑으므로 확률변수들 $\hat{p}_1$과 $\hat{p}_2$는 독립이고 6.2절에서 확립된 정규분포의 재생산적인 성질에 의해 $\hat{p}_1 - \hat{p}_2$이

$$\text{평균: } \mu_{\hat{p}_1 - \hat{p}_2} = p_1 - p_2$$

$$\text{분산: } \sigma^2_{\hat{p}_1 - \hat{p}_2} = \frac{p_1q_1}{n_1} - \frac{p_2q_2}{n_2}$$

를 갖는 근사적인 정규분포를 따른다고 결론지을 수 있다. 그러므로 우리는 $P(-z_{\alpha/2} < Z < z_{\alpha/2}) = 1 - \alpha$라고 단언할 수 있다. 여기서

$$Z = \frac{(\hat{p}_1 - \hat{p}_2) - (p_1 - p_2)}{\sqrt{\frac{p_1q_1}{n_1} + \frac{p_2q_2}{n_2}}}$$

이고 $z_{\alpha/2}$는 우측으로 면적이 $\alpha/2$인 표준정규곡선의 값이다. Z에 대입하면

$$Z\left[-z_{\alpha/2} \le \frac{(\hat{p}_1 - \hat{p}_2) - (p_1 - p_2)}{\sqrt{\frac{p_1q_1}{n_1} + \frac{p_2q_2}{n_2}}} \le z_{\alpha/2}\right] \approx 1 - \alpha$$

라고 쓸 수 있다.

통상적인 수학적 계산을 한 후에 n_1과 n_2가 모두 크다면 근호안의 p_1과 p_2를 각각 $\hat{p}_1$과 $\hat{p}_2$로 바꾼다. 그러면 $p_1 - p_2$에 대한 다음과 같은 근사적 $100(1-\alpha)\%$ 신뢰구간이 얻어진다.

대표본에서 $p_1 - p_2$에 대한 $100(1-\alpha)\%$ 신뢰구간

$\hat{p}_1$과 $\hat{p}_2$가 각각 크기가 n_1과 n_2인 확률표본들에서 성공의 비율이고 $\hat{q}_1 = 1 - \hat{p}_1$이며 $\hat{q}_2 = 1 - \hat{p}_2$일 때, 두 이항모수들의 차이인 $p_1 - p_2$에 대한 근사적 $(1-\alpha)100\%$ 신뢰구간은

$$(\hat{p}_1 - \hat{p}_2) - z_{\alpha/2}\sqrt{\frac{\hat{p}_1\hat{q}_1}{n_1} + \frac{\hat{p}_2\hat{q}_2}{n_2}} \le p_1 - p_2 \le (\hat{p}_1 - \hat{p}_2) + z_{\alpha/2}\sqrt{\frac{\hat{p}_1\hat{q}_1}{n_1} + \frac{\hat{p}_2\hat{q}_2}{n_2}}$$

이다. 단, $z_{\alpha/2}$는 오른쪽꼬리에 $\alpha/2$의 면적을 남기는 z 값이다.

예제 7.22 어느 대학교에서 남녀 학생들의 흡연율을 알아보기로 하였다. 남학생과 여학생을 각각 100명씩 뽑아서 조사한 결과 남학생들의 경우 흡연자가 78명, 여학생들의 경우 37명으로 조사되었다. 남녀 각각의 흡연율의 차이에 대한 95% 신뢰구간을 구하여라.

풀이 남학생의 흡연율 p_1, 여학생의 흡연율을 p_2라고 하면 점추정치는 각각 $\hat{p}_1 = \frac{78}{100} = 0.78$, $\hat{p}_2 = \frac{37}{100} = 0.37$이므로 $p_1 - p_2$에 대한 95% 신뢰구간을 구하면

$$P\left[-1.96 \le \frac{(0.78-0.37)-(p_1-p_2)}{\sqrt{\frac{(0.78)(0.22)}{100}+\frac{(0.37)(0.63)}{100}}} \le 1.96\right] \approx 0.95$$

에서

$$0.41 - 1.96\sqrt{\frac{(0.78)(0.22)}{100}+\frac{(0.37)(0.63)}{100}} \le p_1 - p_2$$

$$\le 0.41 + 1.96\sqrt{\frac{(0.78)(0.22)}{100}+\frac{(0.37)(0.63)}{100}}$$

이고, 간단히 하면

$$0.285 \le p_1 - p_2 \le 0.535$$

를 얻는다.

7.8 모분산의 구간추정

이 절에서는 모분산 σ^2의 구간추정을 논의할 것이다. 평균이나 비율과는 다르게 분산에 대한 확률변수는 정규분포나 t 분포를 갖지 않고, 표본의 크기에 상관없이 요구되는 가정들이 있다.

평균이 μ이고 분산이 σ^2인 정규분포로부터의 확률표본을 $X_1, X_2, \cdots, X_n$이라고 하자. 6.3절로부터 $\chi^2 = \frac{(n-1)S^2}{\sigma^2}$은 자유도 $n-1$의 카이제곱분포를 따른다는 사실을 알 수 있다. 분산에 대한 신뢰구간은 확률변수 χ^2에 기초하게 된다.

카이제곱분포의 위쪽 꼬리면적은 [부록 표 5]에 주어진다. z나 t 분포와는 다르게, 카이제곱분포는 0에 관하여 대칭이 아니다. 분포의 아래 꼬리영역에 있는 면적 α를 갖는 χ^2의 값을 구하기 위해, $P[\chi^2 \ge \chi^2_\alpha(n-1)] = \alpha$을 만족하는 $\chi^2_\alpha(n-1)$을 찾아야만 한다.

예를 들어, 자유도 9일 때 분포의 오른쪽 꼬리부분에 면적 $\alpha = 0.05$인 χ^2의 값은 $\chi^2_{0.05}(9) = 16.919$이다([부록 표 5] 참조).

다음에 확률변수 χ^2에 대한 확률적인 설명을 하기 위해 이 사실을 사용한다.

$$P[\chi^2_{1-\alpha/2}(n-1) \le \chi^2 \le \chi^2_{\alpha/2}(n-1)] = 1-\alpha$$

여기서 $\chi^2_{\alpha/2}(n-1)$과 $\chi^2_{1-\alpha/2}(n-1)$은 자유도 $n-1$인 카이제곱분포의 각 꼬리부분에 면적 $\frac{\alpha}{2}$를 갖는 χ^2의 값이다([그림 7.9] 참조).

위의 확률적 설명에서 χ^2에 $\frac{(n-1)S^2}{\sigma^2}$을 대입하고 간단한 대수적 계산을 하면, 다음과 같은 식을 얻을 수 있다.

$$P\left[\chi^2_{1-\alpha/2}(n-1) \le \frac{(n-1)S^2}{\sigma^2} \le \chi^2_{\alpha/2}(n-1)\right]$$
$$= P\left[\frac{\chi^2_{1-\alpha/2}(n-1)}{(n-1)S^2} \le \frac{1}{\sigma^2} \le \frac{\chi^2_{\alpha/2}(n-1)}{(n-1)S^2}\right],$$
$$P\left[\frac{(n-1)S^2}{\chi^2_{\alpha/2}(n-1)} \le \sigma^2 \le \frac{(n-1)S^2}{\chi^2_{1-\alpha/2}(n-1)}\right] = 1-\alpha$$

따라서 σ^2에 대한 $100(1-\alpha)\%$ 신뢰구간은 $\frac{(n-1)S^2}{\chi^2_{\alpha/2}(n-1)} \le \sigma^2 \le \frac{(n-1)S^2}{\chi^2_{1-\alpha/2}(n-1)}$이 된다.

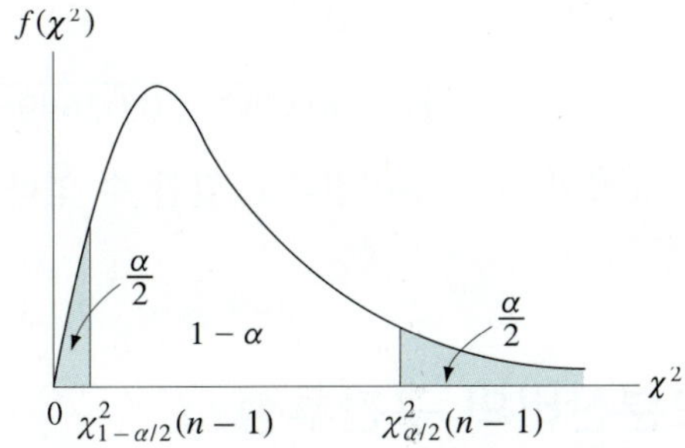

그림 7.9 카이제곱분포에 대한 $\chi^2_{\alpha/2}(n-1)$와 $\chi^2_{1-\alpha/2}(n-1)$의 위치

모분산 σ^2에 대한 $100(1-\alpha)\%$ 신뢰구간

$$\frac{(n-1)S^2}{\chi^2_{\alpha/2}(n-1)} \le \sigma^2 \le \frac{(n-1)S^2}{\chi^2_{1-\alpha/2}(n-1)}$$

여기서 $\chi^2_{\alpha/2}(n-1)$와 $\chi^2_{1-\alpha/2}(n-1)$는 자유도 $n-1$을 가지는 카이제곱분포에서 오른쪽과 왼쪽에 면적 $\frac{\alpha}{2}$를 갖는 χ^2 값이다.

가정

표본이 추출되는 모집단은 정규분포에 근사한다.

이러한 추정방법은 표본의 크기와 상관없이 적용되고, 정규성에 대한 가정은 어느 쪽이든지 모두 요구된다는 것을 유의하자.

예제 7.23 어느 베어링 생산 공장에서는 베어링 지름의 크기를 $\sigma = 0.05\,\text{mm}$로 품질관리를 하고 있다. 다음 10개의 표본으로부터 추정된 베어링 지름의 값이다. 이 자료로부터 모집단의 표준편차를 95% 신뢰도를 갖고 구간추정하고, 공정이 잘 이루어지고 있는지 알아보아라.

7.41 7.44 7.65 7.46 7.48 7.38 7.42 7.55 7.54 7.61

풀이 표본이 10개이므로 자유도는 $10 - 1 = 9$이고, $s^2 = \frac{1}{n-1}\sum_{i=1}^{n}(X_i - \overline{X})^2 = 0.0081$이다. [부록 표 5]로부터

$\chi^2_{0.025}(9) = 19.0228$, $\chi^2_{0.975}(9) = 2.7004$를 얻는다. 따라서

$$P\left[2.7004 \le \frac{(10-1)(0.0081)}{\sigma^2} \le 19.0228\right] = 0.95$$

이고 간단히 하면

$$P\left[\frac{(9)(0.0081)}{19.0228} \le \sigma^2 \le \frac{(9)(0.0081)}{2.7004}\right] = 0.95$$

따라서 σ의 95% 신뢰구간은

$$[\sqrt{0.003832}, \sqrt{0.026996}] = [0.062, 0.164]$$

이므로 공정이 잘 이루어진다고 말할 수 없다.

7.9 두 모분산비의 구간추정

두 개의 모집단의 분산들의 비율 σ_1^2/σ_2^2의 점추정값은 표본분산값들의 비율 s_1^2/s_2^2로써 주어진다. 이처럼 확률변수 S_1^2/S_2^2은 σ_1^2/σ_2^2의 추정량이다. σ_1^2과 σ_2^2이 정규모집단들의 분산들이라면 σ_1^2/σ_2^2의 신뢰구간은 F분포를 갖는 확률변수

$$F = \frac{S_1^2/S_2^2}{\sigma_1^2/\sigma_2^2}$$

을 사용함으로써 구해질 수 있다.

정리 7.2

F 확률변수(F random variable) S_1^2과 S_2^2가 각각 분산이 σ_1^2과 σ_2^2, 정규모집단들로부터 뽑힌 크기가 n_1과 n_2인 확률표본들의 표본분산들이면

$$F = \frac{S_1^2/\sigma_1^2}{S_2^2/\sigma_2^2} = \frac{S_1^2/S_2^2}{\sigma_1^2/\sigma_2^2}$$

은 자유도 $\nu_1 = n_1 - 1$과 $\nu_2 = n_2 - 1$을 갖는 F 분포를 갖는다.

$F_\alpha(\nu_1, \nu_2)$를 그 위에 α와 같은 면적을 갖는 F 분포의 값이라고 하자. [부록 표 7]은 단지 자유도 ν_1과 ν_2의 다양한 결합에 대해 $\alpha = 0.05$와 $\alpha = 0.01$에 대한 $F_\alpha(\nu_1, \nu_2)$ 값들을 준다.

이처럼 우측으로 0.05의 면적을 남기는 자유도가 6과 10을 갖는 F 분포의 값은 $F_{0.05}(6, 10) = 3.22$이다. 다음 정리에 의해서 [부록 표 7]은 $F_{0.95}(\nu_1, \nu_2)$와 $F_{0.99}(\nu_1, \nu_2)$의 값을 찾는 데 사용될 수 있다.

정리 7.3

$$F_{1-\alpha}(\nu_1, \nu_2) = \frac{1}{F_\alpha(\nu_2, \nu_1)}$$

그러므로 오른쪽으로 0.95의 면적을 남기는 자유도 6과 10을 갖는 F 값은

$$F_{0.95}(6, 10) = \frac{1}{F_{0.05}(10, 6)} = \frac{1}{4.06} = 0.246$$

이다.

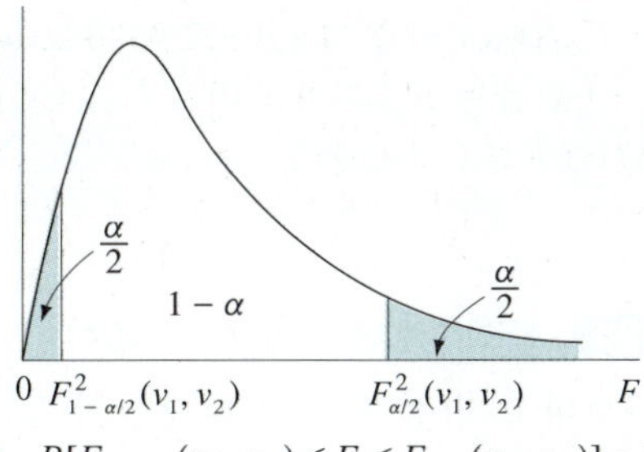

그림 7.10 $P[F_{1-\alpha/2}(\nu_1, \nu_2) \le F \le F_{\alpha/2}(\nu_1, \nu_2)] = 1 - \alpha$

σ_1^2/σ_2^2에 대한 신뢰구간을 설정하기 위해 [그림 7.10]을 참조하면 각각 $F_{1-\alpha/2}(\nu_1, \nu_2)$과 $F_{\alpha/2}(\nu_1, \nu_2)$가 오른쪽으로 $1-\alpha/2$과 $\alpha/2$의 면적을 남기는 자유도 ν_1과 ν_2를 갖는 F분포의 값일 때

$$P[F_{1-\alpha/2}(\nu_1, \nu_2) \le F \le F_{\alpha/2}(\nu_1, \nu_2)] = 1-\alpha$$

라고 쓸 수 있다. F를 대입하면

$$P\left[F_{1-\alpha/2}(\nu_1, \nu_2) \le \frac{S_1^2/S_2^2}{\sigma_1^2/\sigma_2^2} \le F_{\alpha/2}(\nu_1, \nu_2)\right] = 1-\alpha$$

가 된다. 부등식의 각 항에 $\dfrac{S_1^2}{S_2^2}$을 곱한 후, 각 항의 역수를 취하면

$$P\left[\frac{S_1^2}{S_2^2}\frac{1}{F_{\alpha/2}(\nu_1, \nu_2)} \le \frac{\sigma_1^2}{\sigma_2^2} \le \frac{S_1^2}{S_2^2}\frac{1}{F_{1-\alpha/2}(\nu_1, \nu_2)}\right] = 1-\alpha$$

을 얻는다. 정리 7.3에 의해 $F_{1-\alpha/2}(\nu_1, \nu_2)$를 $\dfrac{1}{F_{\alpha/2}(\nu_2, \nu_1)}$으로 바꿔 쓸 수 있다. 그러므로

$$P\left[\frac{S_1^2}{S_2^2}\frac{1}{F_{\alpha/2}(\nu_1, \nu_2)} \le \frac{\sigma_1^2}{\sigma_2^2} \le \frac{S_1^2}{S_2^2}F_{\alpha/2}(\nu_2, \nu_1)\right] = 1-\alpha$$

이 된다. 두 개의 정규모집단으로부터 뽑은 크기가 n_1과 n_2인 두 개의 독립인 확률표본들에 대해 표본분산값들의 비 s_1^2/s_2^2이 계산되면 σ_1^2/σ_2^2에 대한 다음의 $100(1-\alpha)\%$ 신뢰구간이 얻어진다.

● σ_1^2/σ_2^2에 대한 $100(1-\alpha)\%$ 신뢰구간

s_1^2과 s_2^2이 정규분포들로부터 뽑은 각각 크기가 n_1과 n_2인 독립인 표본들의 분산값들이라면, σ_1^2/σ_2^2에 대한 $100(1-\alpha)\%$ 신뢰구간은

$$\frac{s_1^2}{s_2^2}\frac{1}{F_{\alpha/2}(\nu_1, \nu_2)} \le \frac{\sigma_1^2}{\sigma_2^2} \le \frac{s_1^2}{s_2^2}F_{\alpha/2}(\nu_2, \nu_1)$$

이다. 단, $F_{\alpha/2}(\nu_1, \nu_2)$를 그 값의 오른쪽으로 $\alpha/2$의 면적을 남기는 자유도 $\nu_1 = n_2 - 1$과 $\nu_2 = n_2 - 1$를 갖는 F 분포의 값이고 $F_{\alpha/2}(\nu_2, \nu_1)$은 자유도 $\nu_2 = n_2 - 1$과 $\nu_1 = n_1 - 1$을 갖는 유사한 F 분포의 값이다.

예제 7.24 앞의 [예제 7.19]에서 주어진 자료에 따르면 두 대상 모집단의 모분산들이 다르다고 가정한 것이 타당한지 두 모분산비 σ_1^2/σ_2^2에 대한 98% 신뢰구간을 구하고 조사하여라.

풀이 두 정규모집단들을 대상으로 두 확률표본들이 독립적으로 추출되었으므로 [부록 표 7]에 의하여 $F_{0.01}(9,7) = 6.72$와 $F_{0.01}(7,9) = 5.61$을 얻는다. 주어진 자료는 다음과 같다.

$$\begin{cases} n_1 = 10 \\ s_1^2 = 0.25 \end{cases}, \quad \begin{cases} n_2 = 8 \\ s_2^2 = 0.49 \end{cases}, \quad \alpha = 0.02$$

$$P\left[F_{0.99}(9,7) \le \frac{s_1^2/s_2^2}{\sigma_1^2/\sigma_2^2} \le F_{0.01}(9,7)\right] = 0.98$$

이고, 정리하면

$$P\left[\frac{s_1^2/s_2^2}{F_{0.01}(9,7)} \le \frac{\sigma_1^2}{\sigma_2^2} \le \frac{s_1^2/s_2^2}{F_{0.99}(9,7)}\right] = 0.98$$

여기서, $F_{0.01}(9,7) = 6.72$, $F_{0.99}(9,7) = \dfrac{1}{F_{0.99}(7,9)} = 5.61$이므로

$$\left(\frac{0.25}{0.49}\right)\left(\frac{1}{6.72}\right) \le \frac{\sigma_1^2}{\sigma_2^2} \le \left(\frac{0.25}{0.49}\right)(5.61)$$

이고, 간단히 하면

$$0.076 \le \frac{\sigma_1^2}{\sigma_2^2} \le 2.862$$

를 얻는다. 따라서 $\sigma_1^2 = \sigma_2^2$을 예측할 수 있으므로 두 모분산비가 다르다고 가정한 것은 타당하지 않다. ●

7.10 표본크기의 선택

실제 상황에서 통계량을 적용할 때 만나게 되는 최초의 문제들 중의 하나는 표본에 포함되는 측정값들의 수를 결정하는 것이다. 이 문제에 대한 해답은 아래의 질문에 따라 달라진다.

- 대략 어느 정도 길이의 신뢰구간을 원하는가?
- 어떤 신뢰계수를 원하는가?

앞 절에서 나타난 신뢰구간의 반쪽 길이가 표본크기와 사용된 점추정량의 표준오차의 함수라는 사실을 알았을 것이다.

예를 들어, μ에 대한 소표본 $100(1-\alpha)\%$ 신뢰구간의 반쪽 길이 H는

$$H = t_{\alpha/2}(n-1)\left(\frac{s}{\sqrt{n}}\right)$$

이며, $\overline{x}$가 μ의 추정값으로 사용되면 오차의 크기 $\mu-\overline{x}$는 H를 초과하지 않는다고 $100(1-\alpha)\%$ 확신할 수 있다는 것을 의미한다. 여기서 $t_{\alpha/2}(n-1)$는 표본의 크기 n에 의존하고, s는 표본자료로부터 계산된 통계량값이다.

표본을 추출하기 전에 s를 알지 못하고 그 값을 제어하지 못하기 때문에 신뢰구간의 길이를 감소시키는, 즉 오차의 크기를 감소시키는 가장 쉬운 방법은 표본의 크기를 증가시키는 것이다. 일반적으로, 표본의 크기가 커질수록 더 많은 정보를 얻게 되고, 신뢰구간의 길이는 더 줄어들 것이다. 다음 [예제 7.25]와 [예제 7.26]에서 표본의 크기를 선택하는 과정을 설명한다.

예제 7.25 앞의 [예제 7.16]에서 오차 한계를 0.2 이내로 줄이려면 표본 수 n은 얼마가 되어야 하는가? (단, $\sigma = 0.4$로 알려졌다고 하자.)

풀이 오차 한계(Margin of Error, M.E.)는 $Z_{\frac{\alpha}{2}}\frac{\sigma}{\sqrt{n}}$이고, $\alpha = 0.05$이므로

$$M.E. = 1.96\frac{0.4}{\sqrt{n}} \le 0.2$$

이고, n을 구하면

$$n \ge \frac{(1.96)^2(0.4)^2}{(0.2)^2} = 15.3664$$

이므로 n은 16개 이상이 되어야 한다. ●

예제 7.26 어느 정당의 후보자에 대한 지지율은 30%를 유지한다고 알려져 왔다. 다음 선거시즌을 대비하여 지지율을 다시 예측하기 위해 유권자 중 임의로 표본을 택하여 설문조사를 실시하려고 한다. 지지율의 오차범위를 3% 이내로 얻기 위해서는 몇 명의 유권자를 선택하여 설문조사를 해야 하는가? ($\alpha = 0.05$로 하여라).

풀이 $M.E. = 1.96\sqrt{\frac{pq}{n}} \le 0.05$

이므로, n을 구하면

$$n \ge \frac{(1.96)^2(0.3)(0.7)}{(0.03)^2} = 896.3733$$

이므로 897명 이상을 설문조사하여야 한다. ●

예제 7.26의 계산으로부터 $\sigma_{\hat{p}}$가 미지의 p 값에 의존한다는 것을 알 수 있다. 사실 $p = 0.5$일 때 요구되는 표본크기 n은 가장 크다. 그러므로 만약 p의 근삿값에 대한 어떤 사전 정보도 가지고 있지 않다면, $\sigma_{\hat{p}}$에 대한 공식에서 $p = 0.5$를 사용하고, 만약 p가 실제로 0.5에 가깝다면 n의 결과값은 정확할 것이다. 만일 p가 0.5와 상당히 다르다면 n에 대한 해는 필요 이상으로 커질 것이다. 결론적으로, n에 대한 해를 구할 때 $p = 0.5$를 사용하는 것은 표본의 크기 n이 필요 이상으로 커질 것이기 때문에 신중한 선택이 된다.

모수 μ와 p의 추정에 대해 요구되는 표본크기의 계산에 대한 공식은 아래 상자들에 요약되어 있다. 분산에 대한 표본의 크기 계산은 좀 더 심오한 기법을 필요로 하며, 이 교재의 범위를 벗어나는 내용이다.

확률 $1-\alpha$를 갖고 H 단위 이내로 모평균 μ를 추정하기 위한 표본크기의 선택

$$n = \left(z_{\alpha/2}\frac{\sigma}{H}\right)^2$$

[주의: 모표준편차 σ는 흔히 근사되어야 할 것이다.]

확률 $1-\alpha$를 갖고 H 단위 이내로 모비율 p를 추정하기 위한 표본크기의 선택

$$n = \left(\frac{z_{\alpha/2}}{H}\right)^2 pq$$

여기서, p는 추정하려는 모비율의 값이며, $q = 1 - p$이다.
[주의: 이 방법은 p와 q의 예비추정값을 요구한다. 만일 아무 것도 유효하지 않다면, n에 대한 신중한 선택을 위하여 $p = q = 0.5$를 사용한다.]

Excel을 이용한 분석

Excel 활용 ❶

엑셀을 이용하여 7.3절의 [예제 7.13]에서 말하는 자전거 부품의 길이에 대한 90% 신뢰 구간을 구해보자(표준편차 $\sigma = 0.12$).

풀이 평균에 대한 90% 신뢰구간, $\bar{x} \pm z_{0.05}\frac{\sigma}{\sqrt{n}}$은 엑셀에서 함수 CONFIDENCE(alpha, standard_dev, size)을 이용하여 $z_{0.05}\frac{\sigma}{\sqrt{n}}$을 구하면 된다. 문제에서 주어진

표본의 평균은 12.133, 표준편차는 0.12, 관측 수는 10이므로 [그림 7.11]과 같이 "=CONFIDENCE(0.1,0.12,10)"을 셀에 직접 입력해서 구해 보면 0.0624라는 값을 얻을 수 있다. 따라서 구하고자 하는 신뢰구간은 [12.0706, 12.1954]가 된다.

	A	B	C
1	신뢰수준		
2	"=CONFIDENCE(0.1,0.12,10)"	0.062418	
3			
4	신뢰구간		
5	"12.133-신뢰수준"	12.07058	
6	"12.133+신뢰수준"	12.19542	
7			
8			

그림 7.11 함수 CONFIDENCE와 신뢰구간

Excel 활용 ❷

[예제 7.13]에서 임의로 선택한 10곳의 대리점에서 조사한 길이가 다음과 같을 때, 이 부품의 평균길이가 12인치라고 주장하는 것이 옳은 것인지 엑셀을 이용하여 판단해 보자.

12.02, 11.91, 12.15, 12.03, 11.87, 11.95, 12.22, 12.05, 11.86, 11.92

풀이 주어진 자료를 엑셀에 입력 후 **[데이터] ⇒ [데이터 분석] ⇒ [기술 통계법]**을 선택하고 아래 그림과 같이 신뢰수준을 90%로 지정한 후 [확인]을 누르면 [그림 7.12]의 오른쪽과 같이 요약통계량을 구할 수 있다.

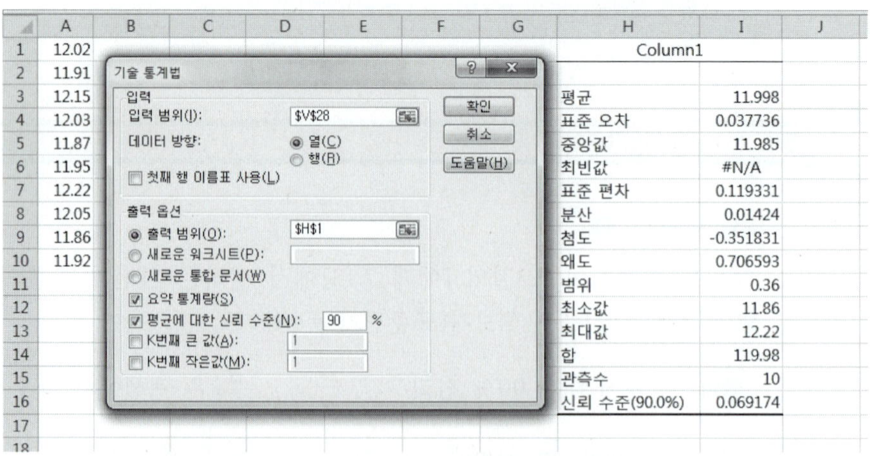

그림 7.12 예제 7.5에서 주어진 자료에 대한 기술통계법의 입력과 결과

위의 요약통계량에 나온 쉬인 평균에 신뢰수준값을 가감하면 신뢰구간은 [11.9288, 12.0672]이 되어 이 부품의 평균길이를 12인치라고 주장할 수 있다.

연습문제

7.1 평균 μ와 분산 σ^2을 갖는 분포로부터 추출된 크기 n의 확률표본을 $X_1, X_2, \cdots, X_n$이라고 하자. 다음과 같은 가정을 할 경우 모분산 σ^2의 불편추정량이 표본분산 S^2임을 보여라.

(a) 표본이 정규모집단을 따르는 모집단으로부터 추출된 경우

(b) 표본이 추출된 모집단의 분포가 알려져 있지 않는 경우

7.2 X가 모수 n과 p를 갖는 이항분포를 따른다고 하자.

(a) $\hat{p} = \dfrac{X}{n}$가 p의 불편추정량임을 보여라.

(b) $\hat{p}$의 분산을 구하여라.

7.3 다음은 저점도 페인트(low-viscosity paint)의 코팅 두께에 대한 관찰값들의 표본이다.

0.83	0.88	0.88	1.04	1.09	1.12	1.29	1.31
1.48	1.49	1.59	1.62	1.65	1.71	1.76	1.86

코팅 두께의 분포가 정규분포라고 가정하자.

(a) 코팅 두께의 평균값에 대한 점추정값을 구하여라. 그리고 사용된 추정량을 설명하여라.

(b) 코팅 두께의 분포에서 중간값에 대한 점추정값을 구하여라. 그리고 사용된 추정량을 설명하여라.

(c) 1.5보다 작은 두께의 값들의 확률 $P(X < 1.5)$를 구하여라.

(d) 문제 (b)에서 사용된 추정량의 표준오차를 구하여라.

7.4 분산이 $\sigma^2 = 225$인 정규모집단으로부터 25개의 표본을 임의로 추출하여 다음과 같은 자료를 얻었고, 이들 표본평균은 $\bar{x} = 64.32$가 되었다.

55	47	85	71	76	53	71	38	67	73	69	49	73
70	55	52	87	70	81	63	78	52	33	89	51	

(a) 모평균 μ에 대한 95% 신뢰구간을 구하여라.

(b) (a)에서 오차한계를 구하여라.

(c) (b)에서 구한 오차한계를 3 이하가 되도록 표본크기를 구하여라.

7.5 어느 제약회사에서 개발한 신약이 심장 박동수를 1분당 몇회 저하시키는가를 임의의 환자 50명을 대상으로 조사하였다. 조사결과 1분당 심박수를 평균 5.32회 줄여주고 표준편차는 2.49회로 측정되었다.

(a) 임의로 추출된 환자 50명의 결과로 1분당 심박수를 평균 얼마만큼 저하시키는가를 95% 신뢰도를 갖고 구간추정하여라.

(b) 신약이 1분당 평균 심박수를 5.32 ± 0.75회 저하시킨다는 것에 대한 신뢰도를 구하여라.

7.6 전구를 생산하는 어떤 제조업체에서는 전구를 밀봉하는 새로운 방법을 개발하였다. 이 업체는 새로운 밀봉방법에 의해 생산된 전구의 평균 수명시간 μ를 추정하기 위해 생산된 전구들 중에서 9개를 임의로 추출하여 수명시간을 시간단위로 측정한 결과로 다음을 얻었다.

5,000 5,100 5,400 5,200 5,400 5,000 5,300 5,200 5,200

전구들의 수명시간은 정규분포를 따른다고 가정했을 때 모평균수명시간 μ에 대한 95% 신뢰구간과 90% 신뢰구간을 구하고 비교하여라.

7.7 자판기에서 판매되는 청량음료의 양이 평균 8온수라고 알려져 있다. 일주일 동안 임의로 추출한 20컵의 양을 조사한 자료이다.

8.1 7.7 7.9 8.0 7.7 7.8 7.9 8.0 7.6 7.9
8.0 7.9 7.6 7.5 8.1 7.8 7.8 7.9 8.2 7.5

(a) 자판기에서 판매되는 청량음료 평균량의 95% 신뢰구간을 구하여라.

(b) 청량음료의 평균량이 8온스보다 적다고 주장하는 구매자들의 주장은 옳다고 생각되는가? 그 이유를 밝혀라.

7.8 원석을 가공하여 인조보석을 만드는 공정 중 6개의 원석의 무게를 측정하였더니 다음과 같았다. 단위는 carat이다.

0.43 0.52 0.46 0.49 0.60 0.56

모집단이 근사정규분포를 따른다는 가정 아래서 원석의 평균 무게에 대한 90% 신뢰구간을 구하여라.

7.9 다음은 출생아 15명의 머리둘레에 대한 자료이다. (단위: cm)

33.38 32.15 33.99 34.10 33.97 34.34 33.95 33.85
34.23 32.73 33.46 34.13 34.45 34.19 34.05

출생아의 평균 머리둘레 μ의 99% 신뢰구간을 구하여라. 단, 출생아의 머리둘레는 정규분포를 따른다고 가정한다.

7.10 어느 도시 성인 집단을 대상으로 구강 위생의 실행 태도에 관한 조사를 실시하였다. 성인 300명을 면접 조사한 결과 123명이 정기적으로 1년에 2번씩 구강검사를 한다고 대답하였다.

(a) 이 도시 성인이 정기적으로 1년에 2번씩 구강검사를 하는 비율 p의 점추정치는 무엇인가? 이 추정치의 95% 오차한계는 무엇인가?

(b) 이 도시 성인이 정기적으로 1년에 2번씩 구강검사를 하는 비율 p의 95% 신뢰구간을 구하여라.

7.11 어떤 모집단으로부터 추출된 500개의 표본에서 구한 표본비율이 0.32이다.

(a) 모비율 p의 90% 신뢰구간을 구하여라.

(b) 모비율 p의 95% 신뢰구간을 구하여라.

(c) 모비율 p의 99% 신뢰구간을 구하여라.

(d) 위에서 구한 신뢰구간의 폭이 신뢰수준이 감소함에 따라 감소하는가? 이유를 설명하여라.

7.12 어떤 모집단으로부터 추출된 표본에서 구한 표본비율이 0.67이다.

(a) 표본크기를 $n = 100$이라고 가정할 때, 모비율 p의 95% 신뢰구간을 구하여라.

(b) 표본크기를 $n = 600$이라고 가정할 때, 모비율 p의 95% 신뢰구간을 구하여라.

(c) 표본크기를 $n = 1500$이라고 가정할 때, 모비율 p의 95% 신뢰구간을 구하여라.

(d) 위에서 구한 신뢰구간의 폭이 표준크기가 증가함에 따라 감소하는가? 이유를 설명하여라.

7.13 한 달에 50만 원 이상의 보험료를 지불하는 사람들의 비율을 추정하기 위해 500명을 임의로 추출하여 조사한 결과 62명이 50만 원 이상의 보험료를 납부하는 것으로 나타났다.

(a) 모비율 p의 95% 신뢰구간을 구하여라.

(b) 모비율 p에 대한 95% 신뢰구간 추정치의 최대오차를 0.05로 하려면 표본크기를 얼마로 정해야 하는가?

7.14 어느 지역에서 의료혜택을 받지 못하는 가구의 비율을 추정하기 위한 조사를 하고자 한다. 모비율 p에 대한 99% 신뢰구간의 추정치의 최대오차를 0.03으로 하려고 한다. 이 최대오차에 해당되는 표본크기를 구하여라.

7.15 어느 심리학 실험에서 각 개인은 어떤 자극에 A 또는 B라는 두 가지 중 하나의 반응을 나타낸다. A 반응을 보인 사람의 비율 p를 추정하고자 한다. 다음의 각 경우에 대해 p에 대한 90% 신뢰구간 추정치의 최대오차를 0.04로 하려고 한다면 이 최대오차에 해당되는 표본크기를 구하여라.
(a) p가 0.2임을 알 때
(b) p의 값에 관한 지식이 전혀 없을 때

7.16 보건위생국은 어떤 도시에서 시각장애자의 비율 p를 추정하려고 한다. 다음 각각의 경우에 대해 p에 대한 95% 신뢰구간 추정치의 최대오차를 0.05로 하려고 한다면 이 최대오차에 해당되는 표본크기를 구하여라.
(a) p의 값이 0.3이라고 알고 있을 때
(b) p의 값에 관한 정보가 없을 때

7.17 오전 7시부터 오후 3시까지 근무하는 간호사는 SRS(Simple Random Sampling) 방법으로 추출한 125명 중 84%이고, 오후 11시부터 오전 7시까지 근무하는 간호사는 150명 중 72%였다. 낮근무하는 간호사와 밤근무를 하는 간호사의 비율차 $p_1 - p_2$의 90% 신뢰구간을 구하여라.

7.18 대형마트의 계산대에서 소량계산대를 이용하는 고객은 SRS 방법으로 85명 중 10명뿐이고, 일반 계산대를 이용하는 고객은 같은 방법으로 92명 중 37명임이 보고되었다. 두 계산대를 이용하는 고객의 비율차를 95% 신뢰도를 갖고 구간추정하여라.

7.19 표본분산이 연속 측정량이라고 가정하면서 분산 $\sigma^2 = 6$을 갖는 정규모집단으로부터 크기 25개의 확률표본에 대하여 다음 확률을 구하여라.
(a) $P[S^2 > 9.1]$
(b) $P[3.462 < S^2 < 10.745]$

7.20 수학에서의 대학 반배치 시험을 치른 30명의 학생의 확률 표본에서 $\bar{x} = 72$와 $s^2 = 16$을 얻었다. 점수가 정규분포를 따른다고 가정하고 σ^2에 대한 98% 신뢰구간을 구하여라.

7.21 (a) 자유도 $\nu = 18$일 때, $\chi^2_{0.01}$를 구하여라.
(b) 자유도 $\nu = 29$일 때, $\chi^2_{0.975}$를 구하여라.
(c) 자유도 $\nu = 4$일 때, $P(\chi^2 < \chi^2_\alpha) = 0.99$를 만족하는 χ^2_α를 구하여라.

7.22 두 개의 정규모집단으로부터 각각 크기가 $n_1 = 9$와 $n_2 = 16$인 독립인 확률표본의 평균이 $\bar{x}_1 = 64$와 $\bar{x}_2 = 59$이고 표준편차가 $s_1 = 6$과 $s_2 = 5$이다. $\sigma_1 = \sigma_2$라는 가정하에 $\mu_1 - \mu_2$에 대한 95% 신뢰구간을 구하여라.

7.23 연습문제 7.22에서 σ_1/σ_2에 대한 98% 신뢰구간을 구하여라. $\sigma_1 = \sigma_2$라고 가정한 것이 정당화되는가?

7.24 S_1^2과 S_2^2이 각각 분산 $\sigma_1^2 = 10$과 $\sigma_2^2 = 15$인 정규모집단으로부터 뽑은 크기가 $n_1 = 25$와 $n_2 = 31$이 독립인 확률표본들의 분산을 나타낸다. 여기서 $P(S_1^2/S_2^2 > 1.26)$을 구하여라.

7.25 S_1^2과 S_2^2이 분산이 같은 정규모집단들로부터 뽑은 각각 크기 $n_1 = 8$와 $n_2 = 12$인 독립인 확률표본들의 분산을 나타낸다면 $P(S_1^2/S_2^2 < 4.89)$를 구하여라.

7.26 정부는 새로운 품종의 두 종류의 밀에 대한 생산능력을 알아보기 위해 9개 대학의 농학과에 이 일을 맡겼다. 두 품종은 각 대학에서 같은 구역에 있는 땅에 심어졌고 수확되었다. 수확량은 아래와 같이 기록되었고 단위는 kg이다.

	대학								
	1	2	3	4	5	6	7	8	9
품종1	38	23	35	41	44	29	37	31	38
품종2	45	25	31	38	50	33	36	40	43

생산량이 근사적으로 정규분포를 따른다고 가정할 때 두 품종의 생산량의 평균의 차이에 대한 95% 신뢰구간을 구하여라. 이 문제에서 쌍으로 묶는 것이 왜 필요한지 설명하여라.

7.27 다음 자료는 두 영상회사에서 만든 필름의 수명을 나타낸다.

	수명(분)						
회사 I	103	94	110	87	98		
회사 II	97	82	123	92	175	88	118

두 회사 제품의 수명은 근사적으로 정규분포를 따르고 각 분포의 분산은 같지 않다고 가정한다. 두 회사에서 만든 필름의 평균수명의 차이에 대한 90% 신뢰구간을 구하여라.

7.28 연습문제 7.27에서 σ_1^2/σ_2^2에 대한 98% 신뢰구간을 구하여라.

8장 검정

표본으로부터의 정보를 이용하여 모집단의 관심사항에 대한 추측 또는 의사결정을 하게 되는 과정은 추정과 가설검정으로 구분된다. 여기서 논의하게 될 가설검정 또는 통계적 가설검정이란 모집단의 특성을 나타내는 모수 또는 모수의 함수로 정의되는 두 개의 가설을 설정한 다음, 어떤 것이 옳은가에 대한 판단기준을 제공하는 절차를 말한다. 이 장에서는 먼저 가설검정에서 사용되는 기본개념과 용어들을 설명한 후, 가설로 설정된 모집단의 특성에 관한 주장이나 타당성 여부를 표본관찰을 통해서 가장 널리 이용되는 모수에 대한 검정과정으로 가설검정 절차와 의사결정기준에 대하여 알아보도록 하자.

8.1 가설과 검정절차

통계적 가설 혹은 가설이란 하나 또는 그보다 많은 모집단의 모수에 대한 주장 혹은 추측이다. 아래에 몇 가지 가설들의 예를 소개하고자 한다.

1. 모수: p = 어떤 시스템으로부터 방사된 전자우편 중 배달되지 않은 메시지의 비율

   가설: $p < 0.01$

2. 모수들: μ_1 = 특정 상표 타이어의 실제 평균수명(마일)

   μ_2 = 가격이 낮은 상표 타이어의 실제 평균수명(마일)

   가설: $\mu_1 - \mu_2 > 10{,}000$

3. 모수들: p_1 = 특정 모집단에서 특정 유전자에 대하여 AA 유전자형을 가진 사람들의 비율

$p_2 = Aa$ 유전자형을 가진 사람들의 비율

$p_3 = aa$ 유전자형을 가진 사람들의 비율

가설: $p_1 = 0.25$, $p_2 = 0.50$, $p_3 = 0.25$

비교하자면, $\overline{x} \neq 100$ 이나 $s < 0.10$ 과 같은 가정은 가설이 아니다. 왜냐하면 $\overline{x}$ 와 s 는 모수라기보다는 통계량(표본에 근거를 둔)이기 때문이다.

어떤 가설검정 문제에 있어서, 가정 아래에 대립되는 가설은 두 가지가 있다. 하나의 가설이 $\mu = 1000$ 이면 다른 가설은 $\mu \neq 1000$ 이고, $\sigma = 0.10$ 의 대립은 $\sigma > 0.10$ 이 되는 경우이다. 만일 전체 모집단에 대하여 인구조사를 시행하면 두 개의 가설은 명확하겠지만 대부분의 경우는 표본자료의 정보에 기초를 두고 결론을 내리게 된다. **가설검정(test of hypotheses)** 은 표본자료를 이용하여 가정 아래서 두 개의 대립된 가설을 놓고 결론을 내리는 방법이다.

● 통계적 가설(Statistical hypothesis)

통계적 가설이란 대상모집단에서 정의되는 하나 이상의 확률변수의 분포에 대한 주장(assertion)이나 추측(conjecture)을 말한다. 대상모집단의 분포를 완전히 규정하는 통계적 가설을 단순 통계적 가설(simple statistical hypothesis)이라 하고, 그렇지 않은 통계적 가설을 복합 통계적 가설(composite statistical hypothesis)이라고 한다.

첫 번째 가설은 귀무가설로서, 기존의 정보가 맞다고 주장하는 것이다. 반면에 귀무가설을 반박하는 확신이 있다면 증거(표본자료)를 고려하여 귀무가설을 기각함으로써 주장을 내세우고자 하는 것이 대립가설이다.

● 귀무가설(null hypothesis)

하나 또는 그보다 많은 모집단에 대하여 처음부터 주장하는 것이 참이라고 가정한 것이며 H_0 로 표기한다.

● 대립가설(alternative hypothesis)

H_0 에 대립되는 주장으로 H_1 로 표기한다. 귀무가설은 표본자료를 통해 H_0 가 거짓인 경우 대립가설에 의해 기각된다. 만일 표본자료가 H_0 를 강하게 부정하지 않는다면 우리는 귀무가설이 참이라고 믿게 된다. 가설검정분석을 통하여 내릴 수 있는 결정은 H_0 를 기각하던지 H_0 를 기각할 수 없는 경우인지를 결정하는 일이다.

가설을 검정하는 것은 법정에서 판결을 내리는 경우와 비슷하다. 처음부터 참이라고 주장하는 귀무가설은 피고가 무죄("유죄가 밝혀지기 전까지는 무죄"임)라고 주장하는 것과 같다. 재판관은 유죄가 인정될 만한 중요하고 확실한 증거가 없다면 유죄라는 대립가설에 동의하지 않을 것이다. 피고가 유죄라는 증거를 대는 책임은 원고측에 있다. 가설검정에 있어서 원고측의 주장이 대립가설이 된다. H_0를 강하게 반박하여 H_1과 일치할 만한 증거가 부족한 경우에는 귀무가설을 계속 믿게 된다.

H_0가 참이라는 주장이 채택되었다면 우리는 H_1을 입증하기 위한 증거를 찾는 연구를 계속해야 할 것이다. 일반적으로, 조사자가 특정한 주장이 옳다고 결론짓기를 원하거나 결론을 내리기 전에 확실한 증거를 갖고 주장한다면, 이 주장은 H_1과 관련이 있음을 보여 주는 것이다. 과학분야에서는 기존에 받아들여지는 이론과 대립되는 새로운 이론을 연구하는 사람들이 종종 있다. 만일 기존의 학설을 H_0라 정의하면 새로운 이론은 H_1이 되고, 연구자가 새로운 이론이 맞다는 확실한 증거를 갖고 있다면 H_0는 기각될 수 있다.

예제 8.1 기계공정의 변동요인으로 특정기계에서 생산된 베어링의 지름은 일정하지 않다. μ를 최근에 생산된 베어링들의 평균 지름이라고 하자. 기계는 처음에는 $\mu = 0.5$가 되도록 설계된 구경을 측정하였으나 제조자는 이 규정을 더 이상 고려하지 않게 된다. 즉, 이제는 $\mu \neq 0.5$라는 가설을 생각해야 한다. 후자의 가설이 정말 옳다는 표본증거가 제시되면, 생산과정은 구경측정을 재조정하는 동안 중단되어야 할 것이다. 이는 제조자가 생산 전에 재구경측정이 필요하다고 확신하여 생산과정을 멈출만한 가치가 있는 것이다.

이와 같은 상황 아래서, 선택된 가설은 다음과 같다.

$$H_0 : \mu = 0.5 \text{(조정된 상태, 재구경측정이 필요하지 않음)}$$
$$H_1 : \mu \neq 0.5$$

오직 확실한 표본증거만이 H_0를 기각하고 H_1을 채택할 수 있게 된다. ●

많은 가설검정 문제들에서 귀무가설과 대립가설이 특별한 형태라는 가정을 하게 된다. H_0는

$$\text{모집단 혹은 특성 과정} = \text{어떤 가설의 측정값}$$

H_1은 H_0에서 "=" 대신에 세 가지의 부등호 중 하나($>$, $<$, 또는 $\neq$), 연구 목적에 따른 관련된 부등호 중 하나를 결과로 대치하면 된다. 예를 들면, $H_0 : \sigma = 0.002$ 대 $H_1 : \sigma < 0.002$로, 여기서 σ는 베어링 지름의 표준편차이다.

예제 8.2 특정 상표의 담배갑에는 "FTC 방법에 의한 담배 한 개비당 니코틴이 1.5 mg 함유되어 있다"라는 문구가 쓰여 있다. μ를 이 상표의 모든 담배에 대

해 한 개비당 함유되어 있는 니코틴의 함유량이라고 하자. 광고에서 주장하는 것은 $\mu = 1.5$라는 것이다. 이 상표의 담배를 피우는 사람들은 과도한 양의 니코틴은 건강에 해롭다는 사실을 알고 있기 때문에 담배회사에서 주장하는 니코틴의 양보다 실제 평균함유량이 더 많다면 아마 담배 구매를 주저할 수 있을 것이다. 담배회사의 주장이 틀렸다고 고발하기 전에 이로 인한 심각한 재정적 · 법적 결과들이 계속해서 일어날 수 있기 때문에 회사의 주장에 대한 표본의 증거가 매우 강력해야 한다. 이 문제는 다음과 같은 검정을 하여야 한다.

$$H_0 : \mu = 1.5 \text{ (광고 내용이 맞다)}$$

대립가설

$$H_1 : \mu > 1.5 \text{ (실제 니코틴 함유량은 광고 수치보다 높다)}$$

이 결론에 이르기 위해서 강력한 표본증거가 있다면 H_0를 기각하고 H_1을 받아들일 수 있다. ●

[예제 8.2]에서의 대립가설은 $\mu > 1.5$라고 주장하는 것이기 때문에 H_0가 $\mu \leq 1.5$라고 하는 편이 더 의미가 있을 수도 있겠다. 사실 이 주장이 암암리에 귀무가설을 의미하는 것이지만 우리는 H_0를 표면적으로는 등식으로 기술할 것이다.

첫째로, 검정과정의 절차는 H_0가 참일 때 μ가 단일값(혹은 σ, 또는 어떤 다른 모수라 하더라도)을 갖는다면 이해하기가 가장 쉬울 것이다. 둘째로, $\mu = 1.5$보다 $\mu > 1.5$를 지지하는 표본자료가 더 많다고 가정하자. 그러면 $\mu \leq 1.5$보다는 $\mu > 1.5$에 대한 기대가 더 클 것이다. 반면에 $\mu > 1.5$보다 $\mu = 1.5$에 더 가까운 자료라면, $\mu \leq 1.5$가 $\mu > 1.5$보다 더 신빙성 있게 여겨질 것이다. 따라서 $H_0 : \mu = 1.5$ 대 $H_1 : \mu > 1.5$를 검정할 때 결론은 이 대립가설에 대해 귀무가설이 $\mu \leq 1.5$라는 현실적 의미를 내포한다는 것과 같은 의미인 것이다. 같은 예로써, $H_0 : p = 0.1$ 대 $H_1 : p < 0.1$을 검정하고자 할 때 역시 어떤 결론이 내려지든 귀무가설이 $H_0 : p \geq 0.1$라고 묵시적으로 적용된다.

가설검정에서의 오류(Error in Hypothesis Testing)

일단 가설들이 공식화되면 H_0를 기각할지를 결정하기 위해서 표본자료를 이용하는 방법이 필요하다. 이런 목적을 위하여 사용되는 결정법칙을 **검정절차(test procedure)**라고 한다. 판사가 심의에서 잘못된 판결을 내릴 수 있는 것처럼 검정절차도 잘못된 결론을 내리는 경우가 있다. 법정에서 무죄인 사람에게 유죄판결을 내리는 잘못된 결과와 유죄인 사람을 방면하는 잘못도 있다. 마찬가지로 검정절차에서도 일어날 수 있는 두 가지 오류가 있다.

> 제1종 오류(A type Ⅰ error)는 H_0가 참인 경우에 H_0를 기각하는 오류이며 α로 표기한다.
> 제2종 오류(A type Ⅱ error)는 H_0가 거짓인 경우에 H_0를 기각하지 못하는 오류이며 β로 표기한다.

어떤 합리적인 검정절차도 두 가지 종류의 오류를 완벽하게 줄일 만한 것은 없으며, 이것이 표본자료에 대한 우리의 추론에 기초를 두고 나가야 할 목표이다.

예제 8.3 만일 자동차 타이어를 구매하려 하는데, 유명 상표의 타이어와 특정한 체인점에서만 판매하는 타이어만을 사야 하는 선택의 폭이 작다고 하자. 유명 상표의 타이어는 체인점 타이어보다 다소 비싸지만, 초과비용은 타이어 수명이 더 길기 때문인 것으로 여겨진다. 특정 검사 조건 아래서 μ_1을 유명 상표의 타이어 평균수명이라 하고, μ_2를 체인점에서 판매하는 타이어의 평균수명이라 하자. 초과비용은 μ_1과 μ_2의 차이가 10,000마일 이상일 때만 정당화되는 것이므로 이 초과비용을 지불하려면 설득력 있는 증거를 보여 주어야만 한다. 여기서 가설을 택하면 다음과 같다.

$$H_0: \mu_1 - \mu_2 = 10{,}000$$
$$H_1: \mu_1 - \mu_2 > 10{,}000$$

제1종 오류는 H_0를 기각하는 것이며, 이는 유명 상표의 타이어의 평균수명이 체인점의 타이어보다 10,000마일 이상 길게 오래 가지 않을 때 유명 상표의 타이어를 구입하는 경우이다. 제2종 오류는 H_0를 기각하지 않는 것으로, 실제로는 유명 상표의 타이어가 체인점의 타이어보다 평균 수명이 10,000마일 이상인 경우에 덜 비싼 체인점의 타이어를 구매하는 경우이다.

하나의 모집단 혹은 실험을 통한 표본조사를 살펴보는 실제로 표본의 변동은 늘 있게 마련이다. 특히 표본평균 $\bar{x}$는 μ값과 다소 차이가 나는 경우가 있다. 타이어 문제에서 $\mu_1 - \mu_2$가 10,000인 경우라도, 유명 상표의 타이어가 간혹 좋지 않은 경우지만 체인점의 타이어가 때로는 나쁘지 않아서 H_0를 기각하게 된다. 다시 말하면 $\mu_1 - \mu_2 = 120{,}000$인 경우 H_0는 거짓이다. 그러나 체인점의 표본이 간혹 좋지 않은 경우지만 유명 상표의 표본이 뛰어나게 우수한 상품이 아니라면 H_0는 기각되어서는 안 되는 것이다. ●

검정 절차가 제1종 오류나 제2종 오류를 일으키는 것을 막을 수 있도록 보장할 수는 없다. 다만 두 종류의 오류를 줄이는 것이 최선인 것이다.

표본자료에서 결론을 내릴 때 $\alpha = 0$와 $\beta = 0$가 되는 경우는 있을 수 없다. 실제에서 적용되는 검정절차는 검사자가 유의수준 α를 고정시켜 놓고 검정을 실시한다. 그래서 유의수준이 0.01처럼 작은 경우에 적용될 수 있을 때 유의수준을 0.1이나 0.05를 기준으로 해 두는 이유가 있다. 그럼 왜 항상 α의 값을 가장 작은 값으로 설정하지 않는 것인가? 그 이유는 두 종류의 오류가 서로 역관계를 갖기 때문이다.

검정절차에서 제1종 오류를 작게 하려고 하면 이는 마치 H_0가 거짓인 경우 제2종 오류를 더 일으키는 일과 같다(즉, 무죄인 사람에게 유죄판결을 유도하는 증거들은 유죄인 사람을 방면시키는 데 도움이 된다는 사실이다). 제1종 오류가 제2종 오류보다 더 심각하다면, α의 값을 줄이는 것이 더 타당하다. 제2종 오류가 덜 만족스러운 결과를 갖는다면 α를 좀 더 크게 하고 β를 조절하는 경우도 있다. 이로 인해 검정절차를 일일이 말해 주는 일반적인 성질을 다음과 같이 유도해 낼 수 있게 된다.

제1종 오류와 제2종 오류의 상대적 결과를 고려한다면, 주어진 조건을 견딜만한 가장 큰 α를 취한다. 검정 절차는 가장 큰 α값(작은 값보다 다소 큰)을 유의수준으로 이용한다(왜냐하면 작은 값은 β를 크게 하기 때문이다). 이런 성질을 이용하면 α값을 줄여가면서 β를 가능한 한 작게 할 수 있게 된다.

따라서 $\alpha = 0.05$가 견딜만 하다고 결정한다면 $\alpha = 0.01$이나 0.001은 사용해서는 안 된다. 왜냐하면 β를 크게 하기 때문이다. 실제로 가장 많이 사용되는 유의수준은 0.05와 0.01이다(이는 H_0가 참일 때 20번 중 한 번 또는 100번 중 한 번 H_0를 기각하는 경우이다). 그러나 일단 결정된 유의수준은 특정한 경우에 심각한 오류를 반영하게 된다.

α와 β

$\alpha = P$(제1종 오류) $= P(H_0$를 기각 | H_0가 사실)

$\beta = P$(제2종 오류) $= P(H_0$를 채택 | H_0가 거짓) $= P(H_0$를 채택 | H_1이 사실)

또한 $1-\beta$는 검정력(power of test)이며 제2종 오류를 만들지 않는 확률로 나타낸다. 즉, 참인 표본자료를 가지고 거짓인 H_0를 기각하는 확률을 나타낸다.

α와 β 모두 오류를 범할 확률이므로 작을수록 좋다. 예를 들어, A 전구회사에서 생산하는 전구의 평균수명 μ는 1,200시간으로 알려져 있다. 그러나 이 회사에서는 최근에 새로운 기술을 도입하여 전구의 수명이 1,200시간에서 1,500시간으로 연장되었다고 주장한다. 여기서 제1종 오류와 제2종 오류의 관계를 알아보자. 전구의 수명에 대한 가설을 설정하면 다음과 같다.

$$H_0 : \mu = 1{,}200\text{시간} \quad \text{대} \quad H_1 : \mu = 1{,}500\text{시간}$$

이 가설을 검정하기 위해 $N(\mu, 20^2)$을 따르는 모집단에서 n개의 확률표본을 추출했다고 하고, 표본을 관측하여 얻은 표본평균을 $\overline{x} = 1{,}320$이라고 하자. 그렇다면 귀무가설 H_0가 사실일 때 표본평균 $\overline{X}$의 분포는 $N(1{,}200,\ 20^2/n)$이고, 대립가설 H_1이 사실일 때 표본평균 $\overline{X}$의 분포는 $N(1{,}500,\ 20^2/n)$이 되며, 각 오류의 확률을 나타내면 [그림 8.1]과 같다.

두 오류의 확률 α와 β의 관계

① 주어진 표본크기 n 아래에서 α와 β는 동시에 줄일 수 없다. 즉, α를 크게 하면 β가 작아지고 α를 작게 하면 β가 커진다.
② α와 β를 동시에 줄이려면 표본크기 n을 증가시켜야 한다.

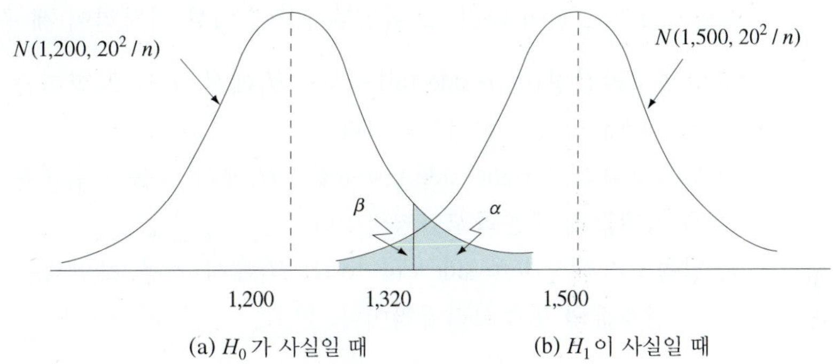

그림 8.1 α와 β의 관계

다음은 가설검정에 쓰여지는 용어에 대한 설명이다.

검정통계량(Test statistic)

검정통계량이란 각 표본결과에 따라 귀무가설 H_0의 기각여부를 지시해 주는 통계량을 말한다.

귀무가설 H_0의 기각역(Rejection region for H_0): W_α

귀무가설 H_0의 기각역이란 귀무가설 H_0를 기각시키는 검정통계량 값들의 범위를 말한다.

유의수준(Significance level)

유의수준이란 제1종 오류를 범하는 최대 확률을 말하며 α로 표기한다.

유의확률 혹은 P-값(Significance probability or P-value)

유의확률이라고도 하는 P-값이란 검정통계량의 값으로부터 계산된 확률로서 귀무가설 H_0를 기각할 수 있는 최소의 유의확률을 말한다.

임계값

주어진 유의수준 α 아래에서 귀무가설 H_0의 채택 또는 기각여부를 판정해 주는 기준.

z-검정인 경우의 임계값

① 양쪽꼬리검정: $\alpha = P(|Z|>z_{\alpha/2})$를 만족하는 $\pm z_{\alpha/2}$
② 오른쪽꼬리검정: $\alpha = P(Z>z_{\alpha})$를 만족하는 z_{α}
③ 왼쪽꼬리검정: $\alpha = P(Z<-z_{\alpha})$를 만족하는 $-z_{\alpha}$

대립가설의 설정에 따라 그 귀귀무가설에 대한 기각역이 세 종류로 나누어진다.

① 양쪽꼬리검정(two-side tail-test): H_1에서 $\neq$을 포함하는 경우로 H_0 기각역은 임계값의 양쪽꼬리영역이다.
② 우측꼬리검정(right-side tail-test): H_1에서 $>$을 포함하는 경우로 H_0 기각역은 임계값의 오른쪽꼬리영역이다.
③ 왼쪽꼬리검정(left-side tail-test): H_1에서 $<$을 포함하는 경우로 H_0 기각역은 임계값의 왼쪽꼬리영역이다.

다음으로 가설검정절차를 정리해 보면 아래와 같다.

가설검정절차

① 가설설정
분석하고자 하는 목적에 따라 귀무가설 H_0와 대립가설 H_1을 설정
② 검정통계량과 분포 결정
귀무가설 아래서 적절한 검정통계량 $t(x_1, x_2, \cdots, x_n)$를 결정
③ 임계값 결정
주어진 유의수준 α에 따라 임계값을 정하고 기각역 W_α를 결정
④ 검정통계량 계산
확률표본의 관측값을 이용하여 검정통계량값 $t_0(x_1, x_2, \cdots, x_n)$를 계산
⑤ P-값 결정
계산된 검정통계량으로부터 P-값을 결정
⑥ 의사결정
$t_0(x_1, x_2, \cdots, x_n) \in W_\alpha$이면 H_0를 기각 또는 P-값$\leq\alpha$이면 H_0를 기각
$t_0(x_1, x_2, \cdots, x_n) \notin W_\alpha$이면 H_0를 채택 또는 P-값$>\alpha$이면 H_0를 채택

검정통계량과 P–값(Testing Statistic and P–Values)

가설검정은 **검정통계량(testing statistic)**을 다루는 것이며, 계산된 자료의 함수는 H_0와 H_1을 결정하는 데 사용한다. 예를 들어, μ를 특정 형태의 콘크리트 빔의 평균굴곡강도라고 하자. 이 빔들은 μ가 600(psi)를 초과하지 않는 강도라면 실제로 쓸 수 없게 된다. 여기서 적절한 가설은 $H_0 : \mu = 600$ 대 $H_1 : \mu > 600$이 된다. 표본 빔들을 선택하여 각자의 강도를 측정한다.

표본평균 $\bar{x}$의 값이 μ의 값에 대한 확실한 정보를 줄 것이다. $\bar{x}$의 표본분포에 대해 다음과 같은 성질들을 살펴보자.

$$\mu_{\bar{x}} = \mu \text{(표본분포는 } \mu \text{를 중심으로 갖는다)}$$

n이 클 때, $\overline{X}$는 정규분포에 근사하며(중심극한정리)

$$\sigma_{\bar{x}} = \frac{\sigma}{\sqrt{n}} \quad \text{또는} \quad \frac{s}{\sqrt{n}}$$

로 추정된다.

표준화시키면

$$z = \frac{\bar{x} - \mu}{\sigma/\sqrt{n}} \quad \text{또는} \quad z = \frac{\bar{x} - \mu}{s/\sqrt{n}}$$

둘 다 표준화된 정규분포에 근사한다(z 곡선).

H_0가 참일 때, $\mu_{\bar{x}} = 600$인 반면에 H_0가 거짓일 때는 $\bar{x}$가 600보다 크다고 기대한다. $\bar{x} - 600$의 차이는 표본평균과 H_0가 참일 때 기대되는 값과의 차를 뜻한다. 다음의 검정통계량을 생각해 보자.

$$z_0 = \frac{\bar{x} - 600}{s/\sqrt{n}}$$

$s/\sqrt{n}$으로 나누는 것은 $\bar{x}$의 표준편차의 비로서 차이를 나타낸다. 예를 들어, $z = 3.0$이면 관측된 $\bar{x}$는 H_0가 참이라고 기대했던 것보다 3배 큰 표준편차를 갖는다는 것을 의미하며, 결과는 H_0와 일치하지 않는다. $\bar{x}$로부터 z값이 0.5가 되면 이는 귀무가설이 참일 때 기대되는 표준편차의 0.5배에 불과하다는 것을 뜻한다. 이 차는 H_0와 결코 모순되는 것이 아니다.

검정통계량을 결정하고 주어진 표본에 대해 계산을 하면서 다음과 같은 주요 질문들을 해 보아야 한다. 만일 H_0가 참이라면, 자료로부터 얻은 검정통계량이 H_0와 모순되도록 최소한 얼마만큼 비슷한 결과를 가져야 하는가? 만일 이 유사점이 매우 작다면, 검정통계량은 제시된 귀무가설과 H_0에 모순된다는 사실과 크게 차이가 있다는 뜻이다. 다시 말하면, H_0가 참일 때 발생하는 큰 차이를 얻는 경우가 있다면 이것은 자료값이 H_0와 일치한다는 의미인 것이다.

> P-값(P-value) 또는 관측된 유의수준(observed significance level: OSL)은 H_0가 참이라는 가정 아래, 실제 결과에서 H_0에 모순되는 것을 최소로 만드는 확률값이다. P-값이 작으면 작을수록 H_0와 더 많이 모순되는 자료이다. 귀무가설은 P-값이 아주 작다면 기각된다. 특히 유의수준(제1종 오류 확률) α가 주어졌을 때 결정 법칙은 다음과 같다.
>
> $$H_0 \text{ 기각} : P\text{-값} \leq \alpha$$
> $$H_0 \text{ 채택} : P\text{-값} > \alpha$$

Z-검정을 하는 경우 P-값은 H_1의 부등호에 따라 결정되는 z곡선의 면적이다.

H_a의 부등호	P-값	검정 종류
$>$	계산된 z_0값의 오른쪽 면적	오른쪽꼬리검정
$<$	계산된 z_0값의 왼쪽 면적	왼쪽꼬리검정
$\neq$	계산된 z_0값의 꼬리부분의 2배 면적	양쪽꼬리검정

위의 세 가지 경우는 [그림 8.2]에서 잘 나타난다.

1. 오른쪽꼬리검정: H_1이 부등호 $>$를 포함하는 경우
2. 왼쪽꼬리검정: H_1이 부등호 $<$를 포함하는 경우
3. 양쪽꼬리검정: H_1이 부등호 $\neq$를 포함하는 경우

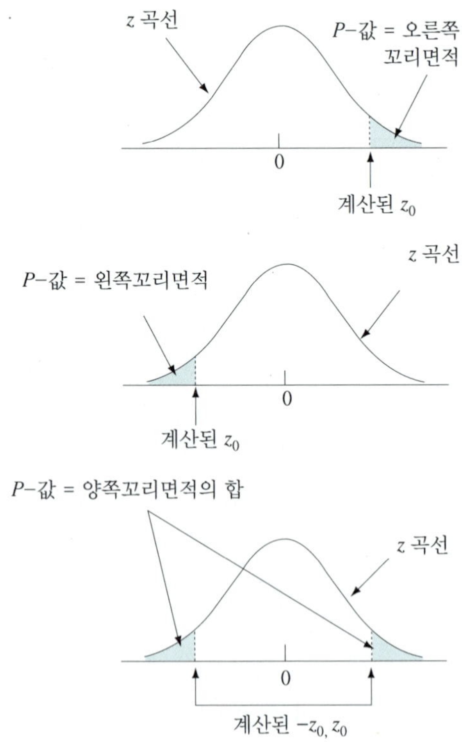

그림 8.2 검정통계량 z_0의 P-값 결정

8.2 모평균에 관한 가설검정

이 절에서는 단일모집단이나 단일과정에서 평균 μ에 관한 가설 또는 평균차 $\mu_1 - \mu_2$의 가설에 대해 생각하자. 검정절차는 귀무가설 H_0가 참일 때 검정통계량이 t분포에 따르거나 근사함을 알 수 있다.

이것은 검정에서 P-값(H_0가 참이라는 가정 아래 계산된 귀무가설에 모순되는 최소의 검정통계량이 갖는 확률)은 t곡선의 꼬리부분 면적이다. 특정 꼬리부분의 면적은 대립가설 H_1이 부등호 >, < 또는 ≠ 중 어떤 것을 갖고 있는지에 따라 결정된다.

t 검정의 P-값

H_1의 부등호	검정 종류	P-값의 결정
>	오른쪽꼬리검정	계산된 t_0값의 오른쪽 면적
<	왼쪽꼬리검정	계산된 t_0값의 왼쪽 면적
≠	양쪽꼬리검정	계산된 t_0값의 꼬리부분의 2배 면적

t곡선은 df에 따라 다르며, 위의 세 가지 경우는 [그림 8.3]에 잘 나타난다.

1. 오른쪽꼬리검정: H_1이 부등호 > 를 포함하는 경우

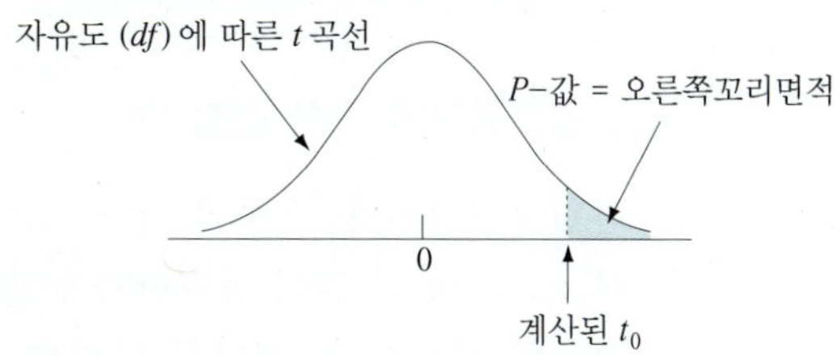

2. 왼쪽꼬리검정: H_1이 부등호 <를 포함하는 경우

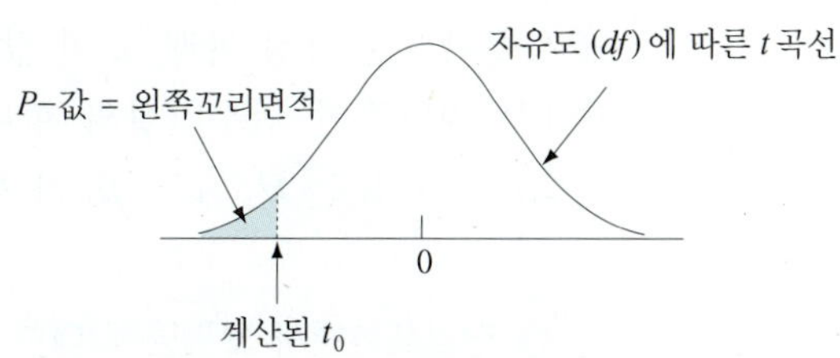

3. 양쪽꼬리검정: H_1이 부등호 ≠ 를 포함하는 경우

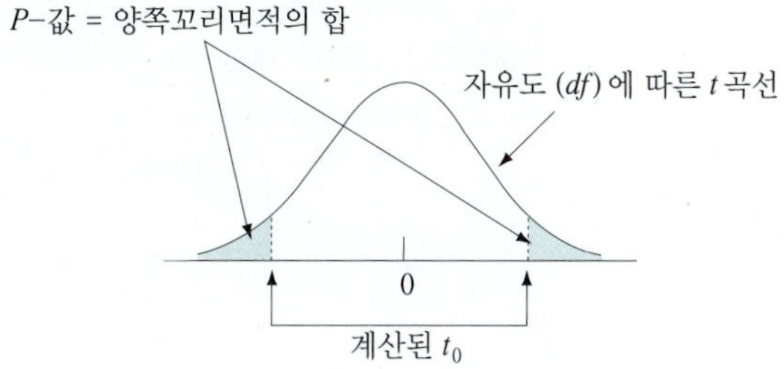

그림 8.3 t검정의 P-값

[부록 표 5]에 t곡선의 오른쪽꼬리부분의 면적이 자유도에 따라 나타나 있다. 예를 들면, $H_0 : \mu = 100$ 대 $H_1 : \mu > 100$의 검정에서 자유도 8인 t분포를 따른다고 하자. 검정통계량을 계산해서 $t_0 = 1.6$을 얻었다면, 이때 P-값은 오른쪽꼬리면적으로 0.074이다. 0.074는 0.05보다 크기 때문에 유의수준을 0.05라고 하면 H_0를 기각할 수 없게 된다. 만일 대립가설이 $H_1 : \mu < 100$이고 자유도가 20인 t분포를 따르며 $t_0 = -3.2$를 얻었다면, [부록 표 5]에 의해 P-값은 왼쪽꼬리부분으로 0.002를 얻는다. 이 값은 유의수준을 0.05나 0.01로 하더라도 귀무가설을 기각할 수 있게 된다. $H_0 : \mu_1 - \mu_2 = 0$ 대 $H_1 : \mu_1 - \mu_2 \neq 0$인 검정을 생각해 보자. 귀무가설은 두 모집단의 평균이 같은 값인 반면 대립가설은 어느 쪽이 큰가를 특별히 지정하지 않은 경우이다. 만일 자유도가 20이고 $t_0 = 3.2$라면, P-값은 양쪽꼬리검정에 의해 $2(0.002) = 0.004$가 되고 또한 $t_0 = -3.2$인 경우도 같은 P-값을 갖는다. 계산결과가 3.2보다 크거나 −3.2보다 작은 값 모두 H_0에 모순되기 때문에 꼬리면적의 두 배가 P-값이 되는 것이다.

만일 t_0값이 4.0을 초과하게 되면 자유도가 아주 작다고 하더라도 꼬리면적은 무시된다. 또한 표가 자유도 40부터 60, 120, ∞(z 또는 표준화된 정규곡선)으로 건너 뛰는 것을 볼 수 있다. 예를 들면, 자유도 45는 자유도 40과 60 사이의 값이면서 z곡선에 근사하기 때문이다.

단일모평균에 관한 검정

단일모집단이나 과정의 평균 μ에 관한 가설검정을 생각해 보자. 귀무가설은 $H_0 : \mu = 100$과 같이 동일한가에 관한 주장이 된다. 여기에 대립가설 H_1은 세 가지 가능한 부등식 중 하나를 나타낼 것이다. 일반적인 검정절차는 반드시 귀무가설이 사실이라는 가정 아래 μ의 값을 표기한다. 귀무가설의 값은 μ_0로 표기한다. 따라서 일반적인 귀무가설의 형태는 $H_0 : \mu = \mu_0$이고, 대립가설은 $H_1 : \mu > \mu_0$, $H_1 : \mu < \mu_0$ 또는 $H_1 : \mu \neq \mu_0$가 될 것이다.

단일표본에서 모평균에 대한 Z 검정절차

(모분산 σ^2이 알려져 있는 정규모집단 대상
임의의 모집단을 대상으로 하나 표본크기 n이 큰 경우)

① 가설설정: $\begin{cases} H_0 : \mu = \mu_0 \\ H_1 \begin{cases} ⓐ\ \mu \neq \mu_0 \\ ⓑ\ \mu > \mu_0 \\ ⓒ\ \mu < \mu_0 \end{cases} \end{cases}$

② Z-검정

검정통계량: $Z_0 = \dfrac{\overline{X} - \mu_0}{\sigma / \sqrt{n}}$ (σ^2을 아는 정규모집단이나 임의의 모집단 대상 대표본)

$Z_0 = \dfrac{\overline{X} - \mu_0}{S / \sqrt{n}}$ (σ^2을 모르는 정규모집단이나 임의의 모집단 대상 대표본)

③ H_0에 대한 기각역: W_α

ⓐ $W_\alpha = \{(-\infty, -Z_{\alpha/2}) \cup (Z_{\alpha/2}, \infty)\}$

ⓑ $W_\alpha = \{(Z_\alpha, \infty)\}$

ⓒ $W_\alpha = \{(-\infty, -Z_\alpha)\}$

④ P-값 = ⓐ $2 \times P[Z \geq |z_0|]$
ⓑ $P[Z \geq z_0]$
ⓒ $P[Z \leq z_0]$

⑤ 판정:

계산된 검정통계량 $z_0 \in W_\alpha$ 또는 P-값$\leq \alpha$이면 H_0를 기각할 수 있다.

예제 8.4 정규모집단의 모평균이 $\mu = 70$으로 알려져 왔으나 표본 $n = 25$인 자료에서 얻은 $\overline{X} = 64.32$의 결과로 조사자는 모평균 μ가 70보다 작다고 주장한다. $\sigma^2 = 15^2$으로 알려져 있다면 조사자의 입장에서 유의수준 $\alpha = 0.05$로 검정하여라.

풀이 ① 가설설정:

$H_0 : \mu = 70$ 대 $H_1 : \mu < 70$

② Z-검정:

검정통계량 $Z_0 = \dfrac{\overline{x} - \mu_0}{\sigma / \sqrt{n}}$

계산된 검정통계량 $z_0 = \dfrac{64.32 - 70}{15 / \sqrt{25}} = 1.893$

③ H_0 기각역: $W_\alpha = \{(-\infty, -1.645)\}$, $\alpha = 0.05$

④ P-값 $= P[Z \leq -1.893]$

$< P[Z \leq -1.89] = 0.0294$

$> P[Z \leq -1.90] = 0.0287$

⑤ 판정:

계산된 검정통계량 $-1.893 \in W_{\alpha = 0.05}$($H_0$ 기각역)에 포함되므로 H_0를 기각할 수 있고, 또한 P-값도 0.0287과 0.0294 사이 값으로 $\alpha = 0.05$보다 작아서 H_0를 기각할 수 있다.

단일표본에서 모평균에 대한 t 검정절차

(정규모집단에서 모분산 σ^2을 모르는 소표본 $n<30$인 경우)

① 가설설정: $\begin{cases} H_0 : \mu = \mu_0 \\ H_1 \begin{cases} ⓐ\ \mu \neq \mu_0 \\ ⓑ\ \mu > \mu_0 \\ ⓒ\ \mu < \mu_0 \end{cases} \end{cases}$

② t-검정:

검정통계량: $T_0 = \dfrac{\overline{X} - \mu}{S/\sqrt{n}} \sim t(n-1)$

③ H_0에 대한 기각역: W_α

$\begin{cases} ⓐ\ W_\alpha = \{(-\infty, -t_{\alpha/2}(n-1)) \cup (t_{\alpha/2}(n-1), \infty)\} \\ ⓑ\ W_\alpha = \{(t_\alpha(n-1), \infty)\} \\ ⓒ\ W_\alpha = \{(-\infty, -t_\alpha(n-1))\} \end{cases}$

④ P-값 = $\begin{cases} ⓐ\ 2 \times P[T \geq |t_0|] \\ ⓑ\ P[T \geq t_0] \\ ⓒ\ P[T \leq t_0] \end{cases}$

⑤ 판정:

계산된 검정통계량 $t_0 \in W_\alpha$ 또는 P-값$\leq \alpha$이면 H_0를 기각할 수 있다.

예제 8.5 어느 대학에서 학생들이 새학기 수강신청하는 데 걸리는 평균시간이 50분이었고, 표준편차는 10분이었다. 인터넷을 이용하여 새로운 등록 절차가 시도되고 있다. 새로운 시스템 아래에서 12명의 학생들로 이루어진 확률표본의 평균등록시간이 42분이고 표준편차가 11.9분이었다면 모평균이 50분보다 작다는 가설을 유의수준 $\alpha = 0.05$와 $\alpha = 0.01$을 사용하여 검정하여라. 단, 시간들의 모집단은 정규모집단이라고 가정하여라.

풀이 ① 가설설정:

$H_0 : \mu = 50$ 대 $H_1 : \mu < 50$

② t-검정:

검정통계량: $T_0 = \dfrac{\overline{X} - \mu_0}{S/\sqrt{n}} \sim t(n-1)$

계산된 검정통계량 $t_0 = \dfrac{42 - 50}{11.9/\sqrt{12}} = -2.33$, 자유도는 $n - 1 = 11$이다.

③ H_0 기각역: $W_{\alpha=0.05} = \{(-\infty, -1.796)\}$, $W_{\alpha=0.01} = \{-\infty, -2.718\}$이다.

④ 판정:

계산된 검정통계량 $t_0 = -2.33 \in W_{0.05}$이나 $t_0 = -2.33 \notin W_{0.01}$이다. 따라서 $\alpha =$ 0.05에서는 H_0를 기각할 수 있으나 $\alpha = 0.01$에서는 H_0를 기각할 수 없다.

이것은 본질적으로, 참평균이 50분보다 짧은 것 같으나, 컴퓨터를 작동하는 데 필요한 높은 비용을 감당할 만큼 충분히 다르지 않다는 것을 의미한다.

두 모평균 차이의 검정: 독립인 두 모집단

가설검정은 두 모집단을 비교하는데, 혹은 두 처리과정을 비교하는 자료로 자주 사용된다. 예를 들면, 자동차의 연비를 결정하는 데 자동차의 어떤 종류의 규격이 더 우수한지 혹은 두 가지 코팅제를 사용했을 때 어느 제품이 우수한지를 판정하는 문제에 사용된다. 다음은 검정절차에 쓰이는 용어들이다.

μ_1=첫 번째 모집단에 대한 처리과정의 평균

μ_2=두 번째 모집단에 대한 처리과정의 평균

두 모평균차 $\mu_1 - \mu_2$에 대한 Z-검정절차

(모분산 σ_1^2과 σ_2^2이 알려져 있는 독립인 두 정규모집단들 대상)

① 가설설정: $H_0 : \mu_1 - \mu_2 = 0$

H_1: ⓐ $\mu_1 - \mu_2 \neq 0$, ⓑ $\mu_1 - \mu_2 > 0$, ⓒ $\mu_1 - \mu_2 < 0$

② Z-검정:

검정통계량: $$Z_0 = \frac{(\overline{X} - \overline{Y}) - (\mu_1 - \mu_2)}{\sqrt{\frac{\sigma_1^2}{n_1} + \frac{\sigma_2^2}{n_2}}}$$

③ H_0에 대한 기각역: W_α

ⓐ $W_\alpha = \{(-\infty, -Z_{\alpha/2}) \cup (Z_{\alpha/2}, \infty)\}$

ⓑ $W_\alpha = \{(Z_\alpha, \infty)\}$

ⓒ $W_\alpha = \{(-\infty, -Z_\alpha)\}$

④ P-값 = ⓐ $2 \times P[Z \geq |z_0|]$, ⓑ $P[Z \geq z_0]$, ⓒ $P[Z \leq z_0]$

⑤ 판정:

계산된 검정통계량 $z_0 \in W_\alpha$ 또는 P-값$\leq \alpha$이면 H_0를 기각할 수 있다.

예제 8.6 어느 두 기업에서 나사를 생산하고 있다. 조사자는 A 회사와 B 회사 제품을 독립적으로 각각 100개씩 임의로 뽑아서 조사한 결과가 다음과 같다.

	A회사	B회사
표본평균지름	0.41	0.45
모분산	0.01^2	0.02^2

이 결과로 조사자는 두 회사 제품 나사의 모평균지름들에 차이가 있다고 주장한다. 이 주장을 조사자의 입장에서 유의수준 $\alpha = 0.05$ 로 검정하여라.

풀이 ① 가설설정:

$H_0 : \mu_1 - \mu_2 = 0$ 대 $H_1 : \mu_1 - \mu_2 \neq 0$

② Z-검정:

검정통계량: $Z_0 = \dfrac{(\overline{X} - \overline{Y}) - (\mu_1 - \mu_2)}{\sqrt{\dfrac{\sigma_1^2}{n_1} + \dfrac{\sigma_2^2}{n_2}}}$

계산된 검정통계량: $z_0 = \dfrac{(0.41 - 0.45) - 0}{\sqrt{\dfrac{0.01^2}{100} + \dfrac{0.02^2}{100}}} = -17.89$

③ $\alpha = 0.05$ 에서 H_0 에 대한 기각역은 $W_\alpha = \{(-\infty, -1.96) \cup (1.96, \infty)\}$이다.

④ 판정:

계산된 검정통계량이 W_α 에 속하므로 H_0 를 기각할 수 있다. 여기서 P-값 = 2 $\times P[Z \leq |-17.89|] \approx 0.0000$ 이므로 강력하게 H_0 를 기각할 수 있으며 조사자의 주장은 받아들여지지 않는다.

한편 두 대상모집단들의 각 분포가 $N(\mu_1, \sigma_1^2)$과 $N(\mu_2, \alpha_2^2)$을 따르나 모분산 σ_1^2과 α_2^2이 알려져 있지 않는 경우에는 두 모평균들의 차 $\mu_1 - \mu_2$에 대한 검정통계량은 Z_0를 이용할 수 없다. 이 경우에는 모르는 모분산을 표본분산값으로 대체하여 t-통계량을 사용하여 검정하여야 한다.

두 모평균차 $\mu_1 - \mu_2$에 대한 t-검정절차

(모분산을 $\sigma_1^2 = \sigma_2^2$(등분산)이 알려져 있지 않는 독립인 두 정규모집단들 대상)

① 가설설정: $\begin{cases} H_0 : \mu_1 - \mu_2 = 0 \\ H_1 \begin{cases} ⓐ\ \mu_1 - \mu_2 \neq 0 \\ ⓑ\ \mu_1 - \mu_2 > 0 \\ ⓒ\ \mu_1 - \mu_2 < 0 \end{cases} \end{cases}$

② t-검정:

검정통계량: $T_0 = \dfrac{(\overline{X} - \overline{Y}) - (\mu_1 - \mu_2)}{S_p\sqrt{\dfrac{1}{n_1} + \dfrac{1}{n_2}}} \sim t(n_1 + n_2 - 2)$

합동표본분산: $S_p^2 = \dfrac{1}{n_1 + n_2 - 2}\{(n_1 - 1)S_1^2 + (n_2 - 1)S_2^2\}$

③ H_0에 대한 기각역: W_α

$\begin{cases} ⓐ\ W_\alpha = \{(-\infty, -t_{\alpha/2}(n_1 + n_2 - 2)) \cup (t_{\alpha/2}(n_1 + n_2 - 2), \infty)\} \\ ⓑ\ W_\alpha = \{(t_\alpha(n_1 + n_2 - 2), \infty)\} \\ ⓒ\ W_\alpha = \{(-\infty, -t_\alpha(n_1 + n_2 - 2))\} \end{cases}$

④ P-값 = $\begin{cases} ⓐ\ 2\times P[T\geq |t_0|] \\ ⓑ\ P[T\geq t_0] \\ ⓒ\ P[T\leq t_0] \end{cases}$

⑤ 판정: 계산된 검정통계량 $t_0 \in W_\alpha$ 또는 P-값$\leq\alpha$이면 H_0를 기각할 수 있다.

예제 8.7 교육부는 서울지역 고등학생들과 지방고등학생들의 영어성적에 대한 평균점수 차이가 있는지를 알아보기 위해 각 지방에서 무작위로 선택한 학교에서 임의로 학생들을 선택하여 시험을 치른 결과가 다음과 같았다.

	도시	지방
표본크기	12명	10명
표본평균점수	83점	81점
표본표준편차	4점	5점

위 결과로 두 지역 고등학생들의 평균점수가 차이가 있는지를 유의수준 $\alpha = 0.05$로 검정하여라. 두 지역 고등학생 영어점수의 분포는 정규분포를 따르며 모분산이 서로 같다고 가정하여라.

풀이 ① 가설설정

$H_0 : \mu_1 - \mu_2 = 0$ 대 $H_1 : \mu_1 - \mu_2 \neq 0$

② t-검정

검정통계량: $T_0 = \dfrac{(\overline{X} - \overline{Y}) - (\mu_1 - \mu_2)}{S_p\sqrt{\dfrac{1}{n_1} + \dfrac{1}{n_2}}} \sim t(n_1 + n_2 - 2)$

여기서 합동표본분산

$$s_p^2 = \frac{1}{12 + 10 - 2} = \{(12 - 1)\,4^2 + (10 - 1)\,5^2\} = 20.05$$

이고, 자유도는 $n_1 + n_2 - 2 = 12 + 10 - 2 = 20$이다.

따라서 계산된 검정통계량은

$$t_0 = \frac{(83 - 81) - 0}{\sqrt{20.05\left(\dfrac{1}{12} + \dfrac{1}{10}\right)}} = 1.043$$

이다.

③ H_0 기각역 $W_\alpha = \{(-\infty, -t_{\alpha/2}(20)) \cup (t_{\alpha/2}(20), \infty)\}$ 일 때 유의수준 $\alpha = 0.05$에서 임계값은 $t_{0.05/2}(20) = 2.086$이다.

그러므로 $W_\alpha = \{(-\infty, -2.086) \cup (2.086, \infty)\}$ 가 된다.

④ 판정:

계산된 검정통계량 $t_0 = 1.043 \notin W_\alpha$ 이므로 H_0 는 기각할 수 없으며, 두 지역의 고등학생들의 평균 영어점수는 차이가 난다고 말할 수 없다. ●

두 모집단의 분산도 알려져 있지 않고 동일하지도 않으면서 두 표본의 크기가 작다면 다음의 검정통계량을 사용한다.

$$t_0 = \frac{(\overline{x} - \overline{x}_2) - (\mu_1 - \mu_2)}{\sqrt{\dfrac{s_1^2}{n_1} + \dfrac{s_2^2}{n_2}}}$$

여기서 자유도는 세터 스웨이트의 근사식에 의해 결정된다.

$$v = \frac{(s_1^2/n_1 + s_2^2/n_2)^2}{\sqrt{\dfrac{(s_1^2/n_1)^2}{n_1 - 1} + \dfrac{(s_2^2/n_2)^2}{n_2 - 1}}}, \qquad df = [v] : \text{가우스 정수}$$

○ 두 모평균차 $\mu_1 - \mu_2$에 대한 t-검정절차

($\sigma_1^2 \neq \sigma_2^2$이 알려져 있지 않는 독립인 두 정규모집단들 대상)

① 가설설정: $H_0 : \mu_1 - \mu_2 = 0$

H_1 ⓐ $\mu_1 - \mu_2 \neq 0$

ⓑ $\mu_1 - \mu_2 > 0$

ⓒ $\mu_1 - \mu_2 < 0$

② t-검정

검정통계량: $T_0 = \dfrac{(\overline{X} - \overline{Y}) - (\mu_1 - \mu_2)}{\sqrt{\dfrac{S_1^2}{n_1} + \dfrac{S_2^2}{n_2}}} \sim t([\nu])$

③ H_0에 대한 기각역: W_α

ⓐ $W_\alpha = \{(-\infty, -t_{\alpha/2}([v])) \cup (t_{\alpha/2}([v]), \infty)\}$

ⓑ $W_\alpha = \{(t_\alpha([v]), \infty)\}$

ⓒ $W_\alpha = \{(-\infty, -t_\alpha([v]))\}$

④ P-값 = ⓐ $2 \times P[T \geq |t_0|]$

ⓑ $P[T \geq t_0]$

ⓒ $P[T \leq t_0]$

⑤ 판정:

계산된 검정통계량 $t_0 \in W_\alpha$ 또는 P-값 $\leq \alpha$ 이면 H_0를 기각할 수 있다.

예제 8.8 앞의 [예제 8.7]에서 두 모집단의 모분산이 다르다고 가정했을 때 두 지역 고등학생들의 모평균 영어점수들에 차이가 있는지를 유의수준 $\alpha = 0.05$로 검정하여라.

풀이 ① 가설설정:

$H_0: \mu_1 - \mu_2 = 0$ 대 $H_1: \mu_1 - \mu_2 \neq 0$

② t-검정

검정통계량: $T_0 = \dfrac{(\overline{X} - \overline{Y}) - (\mu_1 - \mu_2)}{\sqrt{\dfrac{S_1^2}{n_1} + \dfrac{S_2^2}{n_2}}} \sim t([\nu])$

계산된 검정통계량: $t_0 = \dfrac{(83 - 81) - 0}{\sqrt{\dfrac{4^2}{100} + \dfrac{5^2}{100}}} = 1.022$ 이고

$$\nu = \frac{\left(\dfrac{S_1^2}{n_1} + \dfrac{S_2^2}{n_2}\right)^2}{\dfrac{(S_1^2/n_1)^2}{n_1 - 1} + \dfrac{(S_2^2/n_2)^2}{n_2 - 1}} = \frac{\left(\dfrac{4^2}{12} + \dfrac{5^2}{10}\right)^2}{\dfrac{(4^2/12)^2}{12 - 1} + \dfrac{(5^2/10)^2}{10 - 1}} \approx 17 \text{ 이고 자유도는 } 17\text{이다.}$$

③ H_0에 대한 기각역 W_α을 구하면 $\alpha = 0.05$에 대한 임계값 $t_{0.05/2}(17) = 2.110$이므로

$W_\alpha = \{(-\infty, -2.110) \cup (2.110, \infty)\}$이다.

④ 판정:

계산된 검정통계량 $t_0 = 1.022$는 H_0에 대한 기각역 W_α에 포함되지 않으므로 H_0를 기각할 수 없다. 따라서 두 지역 고등학생의 모평균 영어점수들에 차이가 있다고 말할 수 없다. ●

두 모평균차에 관한 검정: 쌍체표본

종속인 두 모집단 처리과정의 평균을 비교할 때 실험단위를 동질적인 쌍으로 묶은 다음 얻은 관측값의 차를 이용하는 경우가 종종 있다. μ_1과 μ_2를 두 모집단이나 처리과정의 평균값이라고 한다. 쌍체표본을 임의로 추출하여 평균차를 μ_d로 표기하자.

$$\mu_d = \mu_1 - \mu_2$$

여기서 μ_d에 관한 가설은 $\mu_1 - \mu_2$에 관한 가설과 일치한다. 즉, $\mu_1 - \mu_2 = 10$이라고 가정하는 것과 $\mu_d = 10$이라고 하는 것은 동일하다고 본다. 특히 차에 대한 분포가 정규분포를 따른다고 가정하면, 표본의 수에 따라 단일표본 t-검정($n < 30$)을 적용시킬 수 있다.

쌍체표본을 이용한 모평균 $\mu_D = \mu_1 - \mu_2$에 대한 t-검정절차(소표본 $n<30$)

(모분산을 σ_D^2이 알려져 있지 않은 종속인 정규모집단 대상)

① 가설설정: $\begin{cases} H_0 : \mu_D = 0 \\ H_1 \begin{cases} ⓐ\ \mu_D \neq 0 \\ ⓑ\ \mu_D > 0 \\ ⓒ\ \mu_D < 0 \end{cases} \end{cases}$

② t-검정

검정통계량: $T_0 = \dfrac{\overline{D} - \mu_D}{S_D / \sqrt{n}} \sim t(n-1)$

$\overline{D}$: 표본차의 평균

S_D: 표본차의 표준편차

③ H_0에 대한 기각역: W_α

$\begin{cases} ⓐ\ W_\alpha = \{(-\infty, -t_{\alpha/2}(n-1)) \cup (t_{\alpha/2}(n-1), \infty)\} \\ ⓑ\ W_\alpha = \{(t_\alpha(n-1), \infty)\} \\ ⓒ\ W_\alpha = \{(-\infty, -t_\alpha(n-1))\} \end{cases}$

④ P-값 $= \begin{cases} ⓐ\ 2 \times P[T \geq |t_0|] \\ ⓑ\ P[T \geq t_0] \\ ⓒ\ P[T \leq t_0] \end{cases}$

예제 8.9 어떤 약의 부작용으로 혈압강하의 효과가 있는지 알아보기 위해서 15명의 환자를 대상으로 약의 복용 전후의 이완기 혈압을 측정하였더니 그 결과가 다음과 같았다.

환자	1	2	3	4	5	6	7	8	9	10	11	12	13	14	15
전(x)	70	80	72	76	76	76	72	78	82	64	74	92	74	68	84
후(y)	68	72	62	70	58	66	68	52	64	72	74	60	74	72	74
$d = (x - y)$	2	8	10	6	18	10	4	26	18	−8	0	32	0	−4	10

위의 자료로부터 약을 복용하면 혈압이 떨어진다고 주장할 수 있는지를 유의수준 $\alpha = 0.01$로 검정하여라.

풀이 ① 가설설정:

$H_0 : \mu_D = 0$ 대 $H_1 : \mu_D > 0$

② t-검정

검정통계량: $T_0 = \dfrac{\overline{D} - \mu_D}{S_D / \sqrt{n}} \sim t(n-1)$

$\overline{d} = 8.8$이고, $s_d = 10.98$이며 자유도는 $n-1 = 15-1 = 14$이다.

계산된 검정통계량은 $t_0 = \dfrac{8.8-0}{10.98/\sqrt{15}} = 3.1$이다.

③ H_0에 대한 기각역: $W_\alpha = \{(t_{0.01}(14), \infty)\}$이고 여기서 $\alpha = 0.01$에서 임계값은 $t_{0.01}(14) = 2.624$이다.

④ 판정:

계산된 검정통계량 $t_0 = 3.1$은 H_0에 대한 기각역 $W_\alpha = \{(2.624, \infty)\}$에 포함되어서 H_0를 기각할 수 있다. 따라서 이 약을 복용하면 혈압이 저하된다고 말할 수 있다.

8.3 모비율에 관한 가설검정

단일모비율의 검정

모비율이 p인 이항모집단에서 임의추출한 크기 n인 확률분포에 의해서 정리되는 표본 비율 $\hat{p}$은 표본크기 n이 충분히 크면 $(np \geq 5,\ nq \geq 5)$ 중심극한정리에 의해 근사적으로 정규분포 $N(p, \frac{pq}{n})$를 따른다. 따라서 귀무가설 $H_0 : p = p_0$를 검정하기 위해 사용하는 검정통계량과 분포는 다음과 같다.

$$z_0 = \frac{\hat{p}-p_0}{\sqrt{\frac{p_0 q_0}{n}}} \sim N(0,1), \quad \text{여기서 } q_0 = 1-p_0$$

단일모비율 p에 대한 Z-검정절차

① 가설설정: $H_0 : p = p_0$, H_1: ⓐ $p \neq p_0$ ⓑ $p > p_0$ ⓒ $p < p_0$

② Z-검정($n\hat{p} \geq 5$와 $n\hat{q} \geq 5$이고, 표본은 모집단의 10%를 초과하지 않는다.)

검정통계량: $Z_0 = \dfrac{\hat{p}-p_0}{\sqrt{\frac{p_0 q_0}{n}}}$

③ H_0에 대한 기각역: W_α

ⓐ $W_\alpha = \{(-\infty, -Z_{\alpha/2}) \cup (Z_{\alpha/2}, \infty)\}$

ⓑ $W_\alpha = \{(Z_\alpha, \infty)\}$

ⓒ $W_\alpha = \{(-\infty, -Z_\alpha)\}$

④ P-값 = $\begin{cases} ⓐ\ 2\times P[Z\geq |z_0|] \\ ⓑ\ P[Z\geq z_0] \\ ⓒ\ P[Z\leq z_0] \end{cases}$

⑤ 판정:

계산된 검정통계량 $z_0 \in W_\alpha$ 또는 P-값$\leq\alpha$이면 H_0를 기각할 수 있다.

표 8.1 평균에 관한 검정들

H_0	검정통계량의 값	H_a	기각역
$\mu=\mu_0$	$z_0=\dfrac{\overline{x}-\mu_0}{\sigma/\sqrt{n}}$; σ (알려진 경우) $n\geq 30$	$\mu<\mu_0$ $\mu>\mu_0$ $\mu\neq\mu_0$	$z_0<-z_\alpha$ $z_0>z_\alpha$ $z_0<-z_{\alpha/2}$ 와 $z_0>z_{\alpha/2}$
$\mu=\mu_0$	$t_0=\dfrac{\overline{x}-\mu_0}{s/\sqrt{n}}$; $\nu=n-1$, σ (알려진 경우), $n<30$	$\mu<\mu_0$ $\mu>\mu_0$ $\mu\neq\mu_0$	$t_0<-t_\alpha$ $t_0>t_\alpha$ $t_0<-t_{\alpha/2}$ 와 $t_0>t_{\alpha/2}$
$\mu_1-\mu_2=d_0$	$z_0=\dfrac{(\overline{x}_1-\overline{x}_2)-d_0}{\sqrt{(\sigma_1^2/n_1)+(\sigma_2^2/n_2)}}$; σ_1과 σ_2 (알려진 경우)	$\mu_1-\mu_2<d_0$ $\mu_1-\mu_2>d_0$ $\mu_1-\mu_2\neq d_0$	$z_0<-z_\alpha$ $z_0>z_\alpha$ $z_0<-z_{\alpha/2}$ 와 $z_0>z_{\alpha/2}$
$\mu_1-\mu_2=d_0$	$t_0=\dfrac{(\overline{x}_1-\overline{x}_2)-d_0}{s_p\sqrt{(1/n_1)+(1/n_2)}}$; $\nu=n_1+n_2-2$, $\sigma_1=\sigma_2$ (모르는 경우) $s_p^2=\dfrac{(n_1-1)s_1^2+(n_2-1)s_2^2}{n_1+n_2-2}$	$\mu_1-\mu_2<d_0$ $\mu_1-\mu_2>d_0$ $\mu_1-\mu_2\neq d_0$	$t_0<-t_\alpha$ $t_0>t_\alpha$ $t_0<-t_{\alpha/2}$ 와 $t_0>t_{\alpha/2}$
$\mu_1-\mu_2=d_0$	$t_0'=\dfrac{(\overline{x}_1-\overline{x}_2)-d_0}{\sqrt{(s_1^2/n_1)+(s_2^2/n_2)}}$; $\nu=\dfrac{(s_1^2/n_1+s_2^2/n_2)^2}{\dfrac{(s_1^2/n_1)^2}{n_1-1}+\dfrac{(s_2^2/n_2)^2}{n_2-1}}$ $\sigma_1\neq\sigma_2$ (모르는 경우)	$\mu_1-\mu_2<d_0$ $\mu_1-\mu_2>d_0$ $\mu_1-\mu_2\neq d_0$	$t_0'<-t_\alpha$ $t_0'>t_\alpha$ $t_0'<-t_{\alpha/2}$ 와 $t_0'>t_{\alpha/2}$
$\mu_d=d_0$	$t_0=\dfrac{\overline{d}-d_0}{s_d/\sqrt{n}}$; $\nu=n-1$, 쌍으로 된 관측값	$\mu_d<d_0$ $\mu_d>d_0$ $\mu_d\neq d_0$	$t_0<-t_\alpha$ $t_0>t_\alpha$ $t_0<-t_{\alpha/2}$ 와 $t_0>t_{\alpha/2}$

예제 8.10 신경불안치료를 위한 기존의 약은 60 % 효과가 있는 것으로 알려져 있다. 어느 제약회사에서 새로운 약을 개발하여 신경불안증 환자들을 대상으로 100명을 임의로 선택하여 이 약을 투약한 결과 70명이 효과를 보았다고 보고되었다. 이 결과로 새로운 약이 기존의 약보다 치료효과가 우수하다고 할 수 있는지를 제약회사의 입장에서 유의수준 $\alpha = 0.05$로 검정하여라.

풀이 ① 가설설정:

$H_0 : p = 0.6$ 대 $H_1 : p > 0.6$

② Z-검정:

$n\hat{p} = (100)(0.7) = 70 > 10$

$n\hat{q} = (100)(0.3) = 30 < 10$을 만족한다.

검정통계량에서 $Z_0 = \dfrac{\hat{p} - p_0}{\sqrt{\dfrac{p_0 q_0}{n}}}$ 계산된 검정통계량은 $z_0 = \dfrac{0.7 - 0.6}{\sqrt{\dfrac{(0.6)(0.4)}{100}}} =$ 2.041이다.

③ H_0에 대한 기각역 $W_\alpha = \{(1.645, \infty)\}$이 된다.

④ 판정

계산된 검정통계량 $z_0 = 2.041$은 H_0 기각역 W_α에 포함되므로 H_0를 기각할 수 있다. 따라서 새로운 약의 효과가 더 우수하다고 할 수 있다. ●

두 모비율 차이의 검정

상호독립인 두 이항모집단의 모비율을 각각 p_1, p_2라고 하자. 이 두 모집단으로부터 임의추출한 크기 m, n인 표본 중에 관심 있는 대상이 각각 x, y회 나타났다고 하자. 이때 표본크기 m, n이 크면 중심극한정리에 의하여 이들 표본비율의 차의 분포는 근사적으로 다음과 같은 분포를 따른다.

$$\hat{p}_1 - \hat{p}_2 \sim N\left(p_1 - p_2, \frac{p_1 q_1}{m} + \frac{p_2 q_2}{n}\right), \text{ 여기서 } \hat{p}_1 - \hat{p}_2 = \frac{x}{m} - \frac{y}{n}$$

따라서

$$z = \frac{(\hat{p}_1 - \hat{p}_2) - (p_1 - p_2)}{\sqrt{\dfrac{p_1 q_1}{m} + \dfrac{p_2 q_2}{n}}} \sim N(0, 1)$$

여기서 귀무가설 $H_0 : p_1 = p_2 (p_1 - p_2 = 0)$는 두 이항모집단들이 공통모비율 p를 갖는다는 것을 뜻하고, 검정통계량에서는 합동표본비율 $\hat{p}$을 공통모비율

$p(=p_1=p_2)$의 합동추정량으로 사용하며 다음과 같다.

$$\hat{P}=\frac{x+y}{m+n}=\frac{n_1\hat{p}_1+n_2\hat{p}_2}{m+n}$$

두 모비율차 p_1-p_2에 대한 Z-검정절차

① 가설설정: $\begin{cases} H_0 : p_1-p_2=0 \\ H_1 \begin{cases} ⓐ\ p_1-p_2\neq 0 \\ ⓑ\ p_1-p_2>0 \\ ⓒ\ p_1-p_2<0 \end{cases} \end{cases}$

② Z-검정

검정통계량: $Z_0=\dfrac{(\hat{p}_1-\hat{p}_2)-(p_1-p_2)}{\sqrt{\hat{P}(1-\hat{P})\left(\frac{1}{m}+\frac{1}{n}\right)}}\sim N(0,1)$

③ H_0에 대한 기각역: W_α

$\begin{cases} ⓐ\ W_\alpha=\{(-\infty,\ -Z_{\alpha/2})\cup(Z_{\alpha/2},\ \infty)\} \\ ⓑ\ W_\alpha=\{(Z_\alpha,\ \infty)\} \\ ⓒ\ W_\alpha=\{(-\infty,\ -Z_\alpha)\} \end{cases}$

④ p-값 = $\begin{cases} ⓐ\ 2\times P[Z\geq|z_0|] \\ ⓑ\ P[Z\geq z_0] \\ ⓒ\ P[Z\leq z_0] \end{cases}$

⑤ 판정:

계산된 검정통계량 $z_0\in W_\alpha$ 또는 P-값$\leq\alpha$이면 H_0를 기각할 수 있다.

예제 8.11 건강에 대한 관심이 높아짐에 따라 육식보다는 채식을 선호하는 성향이 늘고 있다. 얼마나 많은 사람들이 식당에서 육류가 들어 있지 않은 채식을 선호하는지를 알아보기 위해 설문조사를 실시하였다. 20세 이상의 남자 747명과 여자 434명을 랜덤추출하여 조사한 결과 276명의 남자와 195명의 여자가 채식을 선호한다고 답하였다. 채식을 선호하는 남자와 여자의 비율을 각각 p_1, p_2라고 할 때 여자들이 남자들보다 건강과 미용에 더 신경을 쓰므로 채식을 선호하는 비율이 높을 것이라는 주장이 타당한지 알아보아라.

풀이 ① 가설설정:

$H_0 : p_1-p_2=0$ 대 $H_1 : p_1-p_2<0$

② Z-검정

검정통계량: $Z_0=\dfrac{(\hat{p}_1-\hat{p}_2)-(p_1-p_2)}{\sqrt{\hat{P}(1-\hat{P})\left(\frac{1}{m}+\frac{1}{n}\right)}}$

합동표본비율 $\hat{P} = \frac{276+195}{747+434} = 0.3988$ 이고 $\hat{p}_1 = \frac{276}{747} = 0.3695$, $\hat{p}_2 = \frac{195}{434}$ $= 0.4493$이다.

계산된 검정통계량 $z_0 = \frac{(0.3695 - 0.4493) - 0}{\sqrt{0.3988(1-0.3988)\left(\frac{1}{747}+\frac{1}{434}\right)}} = -2.7002$

이다.

③ P-값 $= P[Z \le -2.7002] < P[Z \le -2.7] = 0.0035$

④ 판정:

P-값이 약 0.0035이며 매우 작은 값이므로 유의수준을 $\alpha = 0.01$로 설정하더라도 더 작은 값으로 H_0를 기각할 수 있다. 따라서 여자들이 건강과 미용에 더 신경을 쓰며 채식을 선호한다고 볼 수 있다. ●

8.4 모분산에 관한 가설검정

이 절에서는 모분산 또는 모표준편차에 관한 가설을 검정하는 문제를 다루고자 한다. 즉, 모집단의 균일성에 관한 가설을 검정하거나, 한 모집단의 균일성을 다른 모집단과 비교하는 데 관심이 있다. 예를 들어, 임의의 과일 통조림 안의 불순물의 양이 지정된 값을 넘지 않는다는 가설 또는 특정 상표의 건물 외장 페인트의 수명이 다른 경쟁 상표의 수명과 같다는 가설을 검정하는 문제 등이 있다.

먼저 모분산 σ^2이 지정된 값 σ_0^2과 같다는 귀무가설 H_0에 대하여 일반적인 대립가설 $\sigma^2 < \sigma_0^2$, $\sigma^2 > \sigma_0^2$, 또는 $\sigma^2 \neq \sigma_0^2$ 중 하나에 대비하여 검증하는 문제를 생각해 보자. 여기서 결정을 내리는 적절한 통계량은 카이제곱확률변수이다. 따라서 표본이 추출되는 모집단의 분포가 적어도 근사적으로 정규분포에 따른다는 가정 아래 $\sigma^2 = \sigma_0^2$을 검정하기 위한 카이제곱값은

$$\chi_0^2 = \frac{(n-1)s^2}{\sigma_0^2}$$

으로 주어지는데, 여기서 n은 표본의 크기, s^2은 표본분산이며, σ_0^2은 귀무가설에 의해 주어진 σ^2의 값이다.

모분산 σ^2에 대한 χ^2-검정절차

① 가설설정: $\begin{cases} H_0 : \sigma^2 = \sigma_0^2 \\ H_1 \begin{cases} ⓐ\ \sigma^2 \neq \sigma_0^2 \\ ⓑ\ \sigma^2 > \sigma_0^2 \\ ⓒ\ \sigma^2 < \sigma_0^2 \end{cases} \end{cases}$

② χ^2-검정

검정통계량: $\chi_0^2 = \dfrac{(n-1)S^2}{\sigma_0^2} \sim \chi^2(n-1)$

③ H_0에 대한 기각역: W_α

$\begin{cases} ⓐ\ W_\alpha = \{(0, \chi^2_{1-\alpha/2}(n-1)) \cup (\chi^2_{\alpha/2}(n-1), \infty)\} \\ ⓑ\ W_\alpha = \{(\chi^2_\alpha(n-1), \infty)\} \\ ⓒ\ W_\alpha = \{(0, \chi^2_{1-\alpha}(n-1))\} \end{cases}$

④ p-값 = $\begin{cases} ⓐ\ 2\times P[\chi^2 \le \chi_0^2] \text{ 또는 } 2\times P[\chi^2 \ge \chi_0^2] \\ ⓑ\ P[\chi^2 \ge \chi_0^2] \\ ⓒ\ P[\chi^2 \le \chi_0^2] \end{cases}$

⑤ 판정:

계산된 검정통계량 $\chi_0^2 \in W_\alpha$ 또는 P-값$\le\alpha$이면 H_0를 기각할 수 있다.

예제 8.12 어느 볼베어링 생산 공정에서 지름의 크기를 $\sigma = 0.05\,\text{mm}$로 품질관리를 하고 있다. 다음은 10개의 시료에서 얻은 지름의 크기 자료이다. σ가 0.05보다 크다는 근거가 있는지 유의수준 $\alpha = 0.01$에서 검정하여라. (단, 모집단은 정규분포를 따른다.)

7.41 7.44 7.65 7.46 7.48 7.38 7.42 7.55 7.54 7.61

풀이 ① 가설설정:

$H_0 : \sigma^2 = 0.05^2$ 대 $H_1 : \sigma^2 > 0.05^2$

② χ^2-검정

검정통계량: $\chi_0^2 = \dfrac{(n-1)S^2}{\sigma_0^2} \sim \chi^2(n-1)$, 자유도 $n-1 = 10-1 = 9$이다.

주어진 자료에서 표본분산을 구하면 $s^2 = \dfrac{1}{n-1}\sum_{i=1}^{10}(X_i - \overline{X})^2 = 0.0081$이다.

계산된 검정통계량은 $\chi_0^2 = \dfrac{(10-1)(0.0081)}{(0.05)^2} = 29.16$이다.

③ H_0에 대한 기각역: $W_\alpha = \{(\chi^2_{0.01}(9), \infty)\}$이며, [부록 표 5]에서 $\chi^2_{0.01}(9) = 21.67$이다.

④ 판정:

계산된 검정통계량 $\chi^2_0 = 29.16 \in W_\alpha$이므로 H_0를 기각할 수 있으며 공정에 이상이 있다고 할 수 있다. ●

이제 두 모집단의 분산 σ^2_1과 σ^2_2의 동일성을 검정하는 문제를 생각해 보자. 즉, $\sigma^2_1 = \sigma^2_2$이라는 귀무가설 H_0에 대하여 $\sigma^2_1 < \sigma^2_2$, $\sigma^2_1 > \sigma^2_2$ 또는 $\sigma^2_1 \neq \sigma^2_2$ 중 하나를 대비하여 검정한 것이다. 두 모집단으로부터의 크기가 n_1과 n_2인 독립인 확률표본들에 대하여 $\sigma^2_1 = \sigma^2_2$을 검정하기 위한 f값은 비

$$f_0 = \frac{s^2_1}{s^2_2}$$

인데, 여기서 s^2_1과 s^2_2은 두 표본에서 얻은 분산들이고 $\nu_1 = n_1 - 1$과 $\nu_2 = n_2 - 1$을 갖는 F분포값이다.

○ 모분산비 σ^2_1/σ^2_2에 대한 F-검정절차

① 가설설정:

$$\begin{cases} H_0 : \sigma^2_1/\sigma^2_2 = 1 \\ H_1 \begin{cases} ⓐ\ \sigma^2_1/\sigma^2_2 \neq 1 \\ ⓑ\ \sigma^2_1/\sigma^2_2 > 1 \\ ⓒ\ \sigma^2_1/\sigma^2_2 < 1 \end{cases} \end{cases}$$

② F-검정

검정통계량: $F_0 = \dfrac{S^2_1}{S^2_2} \sim f(\nu_1, \nu_2)$

$\nu_1 = n_1 - 1, \nu_2 = n_2 - 1$

③ H_0에 대한 기각역: W_α

$$\begin{cases} ⓐ\ W_\alpha = \{(0, F_{1-\alpha/2}(\nu_1, \nu_2)) \cup (F_{\alpha/2}(\nu_1, \nu_2), \infty)\} \\ ⓑ\ W_\alpha = \{(F_\alpha(\nu_1, \nu_2), \infty)\} \\ ⓒ\ W_\alpha = \{(0, F_{1-\alpha}(\nu_1, \nu_2))\} \end{cases}$$

④ P-값 =

$$\begin{cases} ⓐ\ 2 \times P[F \leq f_0] \text{ 또는 } 2 \times P[F \geq f_0] \\ ⓑ\ P[F \geq f_0] \\ ⓒ\ P[F \leq f_0] \end{cases}$$

⑤ 판정:

계산된 검정통계량 $f_0 \in W_\alpha$ 또는 P-값$\leq \alpha$이면 유의수준 α 아래서 H_0를 기각할 수 있다.

예제 8.13 A 회사 제품의 디지털 혈압계는 정확도가 떨어지는 단점이 있었다. B 회사에서는 이에 대응하여 새로운 디지털 혈압계를 생산하였다. 두 제품을 비교하기 위해 한 개인에 대하여 두 혈압계로 수축기 혈압을 6회씩 반복 측정한 결과 아래의 자료를 얻었다. B 회사 제품의 산포가 A 회사 제품보다 적다고 할 수 있는가? 유의수준 5%에서 검정하여라.

수축기 혈압 자료						
A	125	128	132	141	105	122
B	123	125	128	121	117	124

풀이 ① 가설설정:

$$H_0 : \sigma_1^2/\sigma_2^2 = 1 \quad \text{대} \quad H_1 : \sigma_1^2/\sigma_2^2 > 1$$

② F-검정

검정통계량: $F_0 = \dfrac{S_1^2}{S_2^2} \sim f(5, 5)$

위의 자료에서 A 회사의 표본분산 $S_1^2 = \dfrac{1}{6-1}\sum_{i=1}^{6}(x_i - 125.5)^2 = 144.3$ 이고

B 회사의 표본분산 $S_2^2 = \dfrac{1}{6-1}\sum_{i=1}^{6}(x_i - 123)^2 = 14$ 이다. 따라서 계산된 검정통계량 $f_0 = \dfrac{144.3}{14} = 10.3$ 이다.

③ H_0 에 대한 기각역: $W_\alpha = \{(f_{0.05}(5, 5), \infty)\}$ 이고, 유의수준 $\alpha = 0.05$ 에서 임계값 $f_{0.05}(5, 5) = 5.05$ 이다.

④ 판정:

계산된 검정통계량 $f_0 = 10.3 \in W_\alpha$ 이므로 H_0 를 기각할 수 있다. 따라서 B 회사 제품이 더 정확도가 좋다고 할 수 있다. ●

Excel을 이용한 분석

Excel 활용 ❶

8.2절의 [예제 8.5]에 주어져 있는 자료를 가지고 엑셀을 이용하여 평균등록시간이 50분보다 작은가를 유의수준 $\alpha = 0.05$ 와 $\alpha = 0.01$ 를 이용하여 검정해 보자.

풀이 통계량은 다음에 [그림 8.4]와 같이 주어져 있다.

	A	B	C
1	표본수	12	
2	표본평균	42	
3	표본표준편차	11.9	
4			
5			

그림 8.4 요약 통계량

가설 $H_0 : \mu = 50$ 대 $H_a : \mu < 50$ 을 검정하기 위한 통계량 $t = \dfrac{\overline{x} - 50}{S/\sqrt{n}}$ 의 관측값 t_0 를 다음 [그림 8.5]에서와 같이 구할 수 있다. 여기서 단측검정문제이므로 P-값은 $P(t \le t_0)$ 이다.

I9 ▾ f_x

	A	B	C	D	E	F	G
1	표본수	12		t 통계량	=(B2-50)/(B3/SQRT(B1))		
2	표본평균	42		단측검정 p값			
3	표본표준편차	11.9			=TDIST(ABS(E1),11,1)		
4							
5				t 통계량	-2.328808		
6				단측검정 p값	0.0199765		
7							
8							
9							
10							

그림 8.5 검정통계량 및 P-값

P-값이 0.01997이므로 유의수 준 0.05에서는 귀무가설을 기각하지만 유의수준 0.01에서는 귀무가설을 기각할 수 없다. 따라서 평균등록시간은 50분보다 짧은 것 같으나 컴퓨터를 작도하는 데 필요한 높은 비용을 감당할 만큼 충분히 다르지 않다는 것을 의미한다.

Excel 활용 ❷

8.2절의 [예제 8.9]에 주어져 있는 자료를 가지고 엑셀을 이용하여 약을 복용한 후 혈압강하 효과가 있는지를 유의수준 $\alpha = 0.01$로 검정해 보자.

풀이 엑셀에 주어진 데이터를 입력하고 **[데이터] ⇒ [데이터 분석] ⇒ [t-검정: 쌍체 비교]**를 선택하여 [그림 8.6]과 같은 결과를 얻는다.

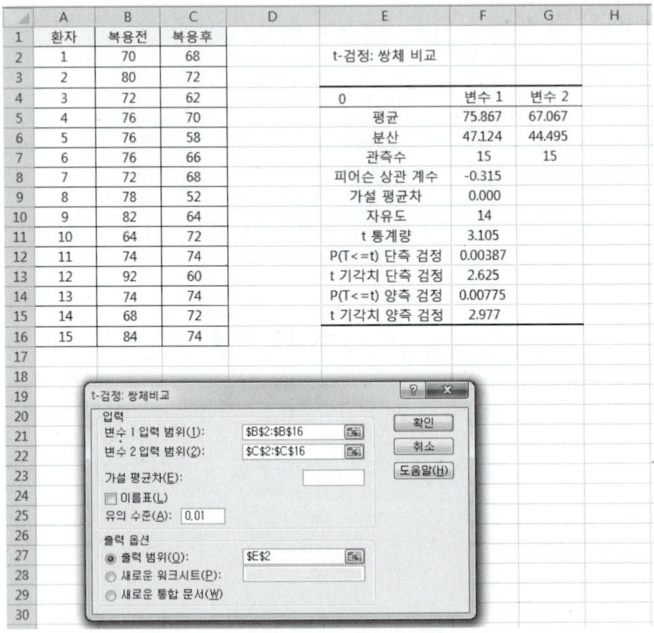

그림 8.6 [t–검정: 이분산 가정 두 집단]의 결과와 내용

검정결과는 P–값이 0.00775이므로 유의수준 0.01에서 귀무가설을 기각하게 된다. 따라서 약을 복용하면 혈압이 떨어진다고 주장 할 수 있다.

연습문제

8.1 어느 자동차는 시속 15km로 주행 시 정면 충돌하더라도 네 번에 한 번 정도는 눈에 보이는 손상이 나타나지 않는다. 그런데 이보다 더 성능이 좋다는 새로운 범퍼를 장착하려고 한다. 새로운 범퍼의 성능을 확인하기 위하여 20번 충돌시험을 하기로 하였다. 검정통계량은 20번 중에서 전혀 손상이 가지 않는 횟수로 잡았고, 이 횟수가 8번 이상이면 새로운 범퍼가 더 낫다고 결론내리기로 하였다.

(a) 제1종 오류 α를 구하여라.

(b) 만일 새로운 범퍼가 눈에 띄는 손상을 입지 않을 진짜 확률이 0.3이라면 제2종 오류의 확률 β의 값은 얼마인가?

(c) 또 새로운 범퍼가 눈에 띄는 손상을 입지 않을 진짜 확률이 0.5일 때 β의 값을 구하여라.

8.2 크기가 70인 표본으로부터 $\mu > 20$이라는 주장을 증명하고자 한다. 단 여기서 $\sigma = 5.6$은 주어졌다고 하자.

(a) 만약에 기각역이 $W_\alpha : \overline{X} \geq 21.31$이라고 하면, 이 검정의 유의수준 α는 무엇인가?

(b) 기각역 $W_\alpha : \overline{X} \geq c$인 검정의 유의수준이 5%가 되도록 c의 값을 구하여라.

8.3 어느 정당에 대한 지지율은 지난 몇 달간 50%를 유지하고 있었다. 새로운 정책의 발표로 지지율이 변한 것 같아 표본조사를 하여 확인하려고 한다. 모두 10명의 사람을 랜덤추출하여 지지 여부를 물어, 지지하는 사람수를 확률변수 X로 놓는다. 따라서 가설은 다음과 같이 세울 수 있다. 모집단의 지지율을 p라고 하면,

$$H_0 : p = 0.5 \quad \text{대} \quad H_1 : p \neq 0.5$$

다음과 같은 검정방법을 사용한다고 가정하자.

만일 $X \leq 2$ 거나 $X \geq 8$ 이면, H_0를 기각한다.

이때 제1종 오류를 범할 확률 α를 구하여라.

8.4 어느 타이어 회사에서는 승용차용 타이어의 평균 수명이 42,000 km 이상이라고 선전하고 있다. 소비자 보호 단체에서 이 주장이 사실인지 확인하기 위하여 랜덤으로 10개의 타이어를 선택하여 수명을 조사하였다. 1,000 km 단위의 관측값은 다음과 같다.

42 36 46 43 41 35 43 45 40 39

이 자료를 이용하여, 회사 측의 선전이 충분한 근거가 있는지 판정하여라. $\alpha = 0.05$이다.

8.5 몇 년 전 대통령 선거 당시, 한 일간신문에서 500명의 유권자를 랜덤추출하여 김 아무개 후보와 김모 후보 중 어느 후보에게 투표할지를 물었다. 이 결과 김 아무개 후보는 51.2 %, 김모 후보는 48.8 %의 결과를 얻었다. 신문에서는 김 아무개 후보가 앞서가고 있다고 대서특필하였다. 그러나 이 두 후보의 지지율에 과연 통계적으로 유의할 만한 차이가 있는지 유의수준 10 %에서 검정하여라.

8.6 어느 전구 생산회사의 품질관리 팀에서는 새로운 공법에 의한 전구의 수명이 기존의 평균 수명인 1,500시간보다 더 길다고 주장한다. 이를 확인하

기 위해 10개의 제품을 시험생산하였으며, 이들의 수명시간은 다음과 같다. 품질관리 팀의 주장을 인정할 수 있는지 유의수준 5%에서 검정하여라(단, 모집단은 정규분포를 따른다).

1,520 1,495 1,850 1,635 1,455 1,580 1,725 1,530 1,500 1,610

8.7 반도체의 전기적 특성은 제조과정에서 첨가되는 불순물의 양에 따라 정해진다. 반도체의 한 종류인 실리콘 다이오드는 0.60볼트의 가동전압이 요구되며, 이 기준에서 벗어나면 불순물 조절장치에 조정이 필요하다고 한다. 실리콘 다이오드의 제조공정에서 200개의 시료를 랜덤추출하여 가동전압을 조사한 결과 다음 결과를 얻었다. 가동전압이 0.60볼트에서 심각하게 벗어났다고 할 수 있는가? 유의수준 1%에서 검정하여라.

$$\bar{x} = 0.62,\quad s = 0.09$$

8.8 어느 나일론실 생산공정에서 새 공법이 개발되었으며, 새 공법에 의한 나일론실의 인장강도 (kg/cm^2) 가 기존의 나일론실보다 더 높은지 확인하기 위해 각각에서 10개의 시료를 추출했다. [표 8.2]는 이들의 관측자료이다. 새 공법이 기존의 공법보다 우수하다고 할 수 있는지 유의수준 5%에서 검정하여라(단, 두 모분산은 같고, 두 모집단이 정규분포를 따른다고 하자).

표 8.2 나일론실의 인장강도

새 공법	7.6	7.8	8.1	8.5	7.5	7.2	8.0	7.9	7.4	7.7
기존 공법	7.5	7.4	6.9	7.3	6.8	7.0	7.1	7.4	6.7	7.4

8.9 마리화나에 있는 두 가지 주성분 $\triangle^9$THS(A로 표시)와 11-OH-$\triangle^9$THC(B로 표시)가 환각효과에 미치는 영향을 조사하는 실험을 하였다. 건강상태가 비슷한 12명의 지원자를 랜덤하게 6명씩 두 그룹으로 나누고, 이들 각각에 A와 B를 정맥주사하였다. [표 8.3]의 자료는 환각을 느끼기 시작하는 순간까지의 주사량을 나타낸다. 데이터는 체중 1kg당 10^{-6}gr 단위로 나타낸 것이다. 환각에 필요한 두 주사량에 차이가 있는지 유의수준 5%에서 검정하여라(단, 두 모분산은 같고, 두 모집단이 정규분포를 따른다고 하자).

표 8.3 환각에 필요한 주사량

A	19.54	14.47	16.00	24.83	26.39	11.49
B	15.95	25.89	20.53	15.52	14.18	16.00

8.10 질산칼륨의 과다 섭취가 성장을 저해하는지 알아보기 위해 동물실험을 시행하였다. 16마리의 쥐를 랜덤하게 두 그룹으로 나누고, 한 그룹은 처리그룹으로 2,000 ppm의 질산칼륨을 섭취하도록 하였으며, 다른 그룹은 통제그룹으로 일상적인 식사를 하게 하였다. [표 8.4]의 자료는 일정기간 후에 체중 증가율(%)을 조사한 결과이다. 질산칼륨의 과다섭취가 성장을 저해하는지 유의수준 5%에서 검정하여라(단, 두 모집단은 정규분포를 따르고 두 모분산이 다르다고 하자).

표 8.4 체중 증가율(%) 자료

처리그룹	15.2	12.5	11.7	14.3	15.1	13.5	16.2	12.8
통제그룹	10.8	18.5	35.8	18.2	16.9	11.4	28.4	25.3

8.11 두 지역의 중학생 학력에 차이가 있는지 확인하기 위해 각 지역에서 120명씩 랜덤하게 선발하여 같은 시험을 시행하였다. 결과는 다음과 같았다. 두 지역의 학력이 다르다고 할 수 있는지 유의수준 5%에서 검정하여라.

	지역 A	지역 B
표본평균	$\overline{x}_1=82.3$	$\overline{x}_2=78.2$
표본표준편차	$s_1=13.6$	$s_2=10.4$

8.12 A, B 두 진정제의 효과를 비교하기 위하여 12명의 환자를 건강상태가 비슷한 환자끼리 묶어서 A와 B를 랜덤하게 적용하고 숙면시간을 조사하였다. [표 8.5]는 조사 결과이다. 두 진정제의 효과가 다르다고 할 수 있는지 유의수준 5%에서 검정하여라.

표 8.5 숙면시간 자료

진정제 A	5.2	4.5	5.7	6.3	3.0	3.5
진정제 B	6.8	5.5	5.8	6.2	4.9	4.4

8.13 어느 자동차 관련 연구소에서는 휘발유에 새로운 첨가제를 넣을 경우 주행거리가 증가하는지 알아보기 위해 10종류의 자동차에 실험을 시행하였다. [표 8.6]은 이 실험에서 얻어진 1리터당 주행거리를 나타낸다. 첨가제의 사용이 주행거리를 증가시킨다고 할 수 있는지 유의수준 5%에서 검정하여라.

표 8.6 주행거리 자료

참가 전	15.0	12.5	9.5	8.7	10.3	9.0	11.3	13.1	10.5	11.0
참가 후	14.8	13.8	10.7	9.8	11.2	8.7	12.0	12.9	10.9	12.5

8.14 어느 암 연구 센터에서는 40세 이상의 여성 중 28%가 정기적으로 유방조영술을 받는다고 주장한다. 500명을 대상으로 조사한 결과 151명이 긍정적인 대답을 하였다면 유의수준 5% 아래에서 암연구센터의 주장을 기각할 수 있는가?

8.15 어느 선거구에서 특정 후보에 대한 지지율을 전화응답방법으로 조사하였더니 임의로 선택된 800명 중 460명이 지지한다고 조사되었다. 선거 바로 전날 투표권자 중 임의로 선정된 1,000명을 조사하였더니 520명의 지지도를 얻었다면 이 후보자에 대한 지지율이 떨어졌다고 볼 수 있는가?

8.16 어느 자동차 공장에서 부품을 조립하는 과정 중 2개의 다른 생산라인을 따른다. 임의로 선택한 320대의 차량이 첫 번째 생산라인을 따르는 도중에 28대가 결함이 발생하고, 반면에 두 번째 생산라인을 거친 임의의 500대 차량 중 32대의 결함이 발생되었다. 두 생산라인을 거치는 동안에 발생되는 결함률의 차이가 있는가를 유의수준 10%로 검정하여라.

8.17 제조사에서는 에어컨의 하루 전기 소모량이 6.5km라고 주장한다. 그러나 소비자측 관련 단체에서는 평균 하루 전기 소모량은 더 높다고 주장한다. 임의로 50대를 조사한 결과 평균 하루 전기 소모량은 7.0km이고 표준편차가 1.4km임을 밝혔다면 제조사의 주장을 유의수준 5%와 1%로 검정하여라.

8.18 어느 지역의 부동산업체는 특정 아파트의 평균 매매가가 9억 원이라고 주장한다. 최근 거래된 8건의 매매가를 조사하니 다음과 같았다(단위: 만 원).

75,000 102,000 82,000 87,000 77,000 93,000 98,000 68,000

부동산업체의 주장이 옳은지 검정하여라.

8.19 두 모집단의 모평균 차이를 검정하기 위해 표본으로부터 얻은 결과가 다음과 같았다.

표본 1 : $n_1 = 10,\ \overline{x} = 10.37,\ s_1^2 = 0.105$
표본 2 : $n_2 = 10,\ \overline{y} = 9.83,\ s_2^2 = 0.058$

두 모집단의 분산이 같다는 가정이 타당한지 유의수준 10 %에서 검정하여라.

8.20 단일 기계에서 생산된 플라스틱 판 두께의 분포가 정규분포를 따른다고 하자. 완성된 플라스틱 판들에 대한 두께의 분산이 2.25 mm^2 이상이면, 이는 공정에 이상이 있는 것이라고 한다. 생산된 제품 중 10장의 확률표본을 추출하여 두께를 측정하였더니 다음과 같았다.

226 226 232 227 225 228 225 228 229 230

이 자료를 통해 모분산의 $\sigma^2 > 2.25$인지 여부를 유의수준 5 %로 검정하여라.

8.21 자동차 배터리 제조업자는 배터리 수명의 표준편차가 0.9년이라고 주장한다. 생산된 배터리 중 임의로 10개를 표본으로 하여 얻은 표본의 표준편차가 1.2년이라면 $\sigma > 0.9$년이라고 생각하는가? 유의수준 5 %로 검정하여라 (단, 모집단은 정규분포를 따른다고 하자).

9장 분산분석

일반적으로 양적 자료분석의 경우에 단일표본 또는 두 개의 모집단으로부터 추출된 표본을 비교분석하는 문제에 관심이 있다. 단일표본문제에서 자료는 각각의 반응 혹은 하나의 모집단으로부터 랜덤하게 추출된 실험 자료로부터 구성된다. 또한 두 개의 표본문제는 두 개의 모집단에서 관심 모수인 평균을 말한다. 이러한 내용은 앞의 7장과 8장에서 다루었다. 여기서는 두 모집단의 평균을 비교했던 방법을 확장하여 셋 이상의 모집단에서 뽑은 양적자료의 평균을 비교하는 통계적 방법을 다룬다. 이 방법을 분산분석이라고 하는데 분산분석은 그 활용범위가 넓어서 여러 가지 통계분석 방법들 가운데 회귀분석과 더불어 중요하게 자주 활용된다. 이 장에서는 하나의 변수를 기준으로 하여 평균을 비교하는 일원배치법과 두 변수를 기준으로 분류하여 각 변수에 따른 평균차이를 확인하는 이원배치법을 다룬다.

9.1 서론: 실험계획법과 분산분석

실험(experiment)이란 실험대상에 어떤 처리를 하여 나온 자료를 분석해 새로운 결과를 얻는 과정이라고 할 수 있으며, 실험목적을 성공적으로 달성하기 위해서는 실험의 면밀한 계획과 실행 그리고 실험결과로 얻어진 자료의 정확한 분석이 필수적이다. 실험은 우리 주위에서 수없이 많이 찾아볼 수 있다. 자동차 엔진 효율에서 가솔린 양과 차종에 따른 효과실험, 기업에서의 공정반응실험, 제품물성실험 등이 있고, 자연을 대상으로 하는 농작물재배실험, 기상실험 등, 그리고 의학연구소에서의 피실험자들에게 투여된 서로 다른 정제두통약들에 의한 통증완화 시간을 비교하는 실험 등이 있다.

예를 들어 인장강도가 높은 어떤 석유화학 직물 신제품을 개발하고자 할 때, 첨가제 비율을 변화시켜 가면서 시제품을 만들어 그 강도를 측정하고, 측정한 자료를 통계적 방법에 따라 분석하여 최적의 실험조건을 찾는 일련의 과정을 생각해 보자. 여기서 인장강도를 직물 제품의 특성값 또는 **반응변수(response variables)**, 첨가제를 **인자(factor)** 또는 요인, 선택된 첨가제의 각 비율을 **인자수준(factor level)** 또는 **처리(treatment)** 라고 한다. 인자는 $A, B, C, \cdots$ 등으로 나타내며, I개의 처리를 한 인자 A의 수준값들을 $A_1, A_2, A_3, \cdots, A_I$ 등으로 나타낸다.

실험은 실시하기 이전에 실험에 대한 충분한 계획 없이 원하는 실험목적을 달성하기 어렵다. **실험계획법(design of experiments)** 은 문제해결을 위하여, 또는 시스템의 성격을 알기 위하여 실험을 실시할 때 가능한 최소의 노력으로 최대의 정보를 얻을 수 있고 적법한 통계분석이 가능하도록 실험방법을 결정하는 통계방법이다. 이는 로널드 피셔(R.A. Fisher)가 1920년대에서 1930년대에 걸쳐 농업 실험에서 영감을 얻어 발전시켰으며, 이후 의학, 공학, 심리학과 사회학 등에서 널리 활용되고 있다.

실험에 의하여 정보가 효율적으로 획득되기 위해서 실험설계가 먼저 제대로 이루어져야 한다. 특히, 실험을 통한 정보의 효율적 획득과 적절한 통계분석을 가능하게 하는 기본원리로 **랜덤화(randomization)**, **반복(replication)**, **블록화(blocking)** 를 들 수 있다. 첫째로, 랜덤화는 실험단위의 배정 또는 실험순서들을 임의로, 또는 랜덤하게 결정하는 것으로 선택된 인자 외에 기타 원인들의 영향이 실험결과에 편향되게 미치는 것을 막기 위한 조치이다. 예를 들어 두 처리(이 경우는 비료) A, B의 효과를 비교하는 실험을 생각하기로 하자. 이를 위하여 세로 1m, 가로 5m인 두 고랑의 밭이 준비되었다고 하자. 실험자는 어느 특정작물을 재배하면서 비료 A는 윗 고랑에, 비료 B는 아랫 고랑에 심었고, 일정기간 후 추수하여 수확량을 측정하였다. 그 결과 윗 고랑에서는 100kg의 수확을 하였고 아랫 고랑에서는 120kg의 수확을 하였다면 단위면적(m^2)당 4kg의 수확량 차이가 있음을 알 수 있는데, 이를 비료 A와 비료 B의 효과에 기인한 것인지 생각해 볼 수 있다. 이 실험에서 고려하지 않은 원인(고랑에 따른 양질의 토질 여부 등)이 실험결과에 영향을 끼칠 수 있으므로 두 종류의 비료효과를 단언하기 어렵다. 반면에 실험을 랜덤한 순서로 행하면 선택된 인자 외에 기타 원인들의 영향을 어느 정도 상쇄시킬 수 있으므로 객관성을 유지할 수 있다.

둘째로, 반복은 동일한 조건하에서 실험을 두 번 이상 행함을 뜻한다. 동일한 조건하에서 수행한 실험이라도 실험결과가 반드시 동일하지는 않다. 제어 불가능한 오차가 항상 수반되기 때문이다. 반복실험을 하면 실험오차(experimental error)를 추정할 수 있게 되며, 실험오차의 추정값은 관측된 인자효과의 차이가 통계적으로 의미 있는 차이인지를 판단하는 근거가 된다. 또한 반복을 하면 인자효과를 추정하는 데 평균을 사용할 수 있으므로 좀 더 정밀한 효과의 추정량을 얻을 수 있다.

마지막으로, 실험 전체를 될 수 있는 한 동질적인 부분으로 나누어 여러 블록으로 나눈 후 각 블록 내에서 인자효과를 조사하는 것을 블록화라 하는데, 위의 예에서 여러 품종의 감자 수확량을 비교하고자 할 때, 땅의 비옥한 정도에 따라 수확량의 차이가 크다는 사실을 알고 있다면 비옥한 땅, 보통, 척박한 땅을 블록으로 잡으면 된다. 각 블록마다 모든 품종의 감자를 다 심고, 나중에 분석할 때 비옥한 정도의 차이 때문에 생긴 블록효과를 제거해 버리면 순수한 품종효과만 걸러지게 된다. 만약 블록화를 하지 않고 그대로 랜덤화하면, 어떤 품종은 척박한 땅에만 배치되는 등 제대로 비교가 안 될 수도 있다. 모든 실험설계마다 반드시 블록화를 해야 하는 것은 아니지만 블록효과가 실제로 큰 경우, 블록화를 하지 않는다면 실험오차가 과장되어 유의한 요인효과를 검출하지 못하는 경우가 있을 수 있다. 블록화를 하면 블록 내에서는 동질성이 유지되며 블록 간에는 이질적이 된다. 따라서 블록화는 관심 있는 인자의 효과 차이를 더 뚜렷하게 밝혀내기 위한 것으로 블록 간 차이가 크면 클수록 오차 분산을 줄일 수 있게 되어 블록화의 효율은 증대된다.

[그림 9.1]은 일련의 실험계획법의 순서를 나타낸다. 먼저, 실험의 목적을 설정한 후 대상 실험공정에 대한 실험으로부터 유용한 자료(반응치 또는 특성치)를 얻기 위해 실험에 영향을 끼치는 어떤 변수(요인 또는 인자)들을 선택하여 어떻게 변화시킬(처리 또는 수준) 것인가 등에 대한 실험계획 방법(배치)과 그 실험으로부터 얻어진 자료 중에서 실험오차에 의한 부분과 실제 의미 있는 변화 등을 구분하는 자료분석(data analysis), 그리고 그에 따른 조치 등으로 구성된다.

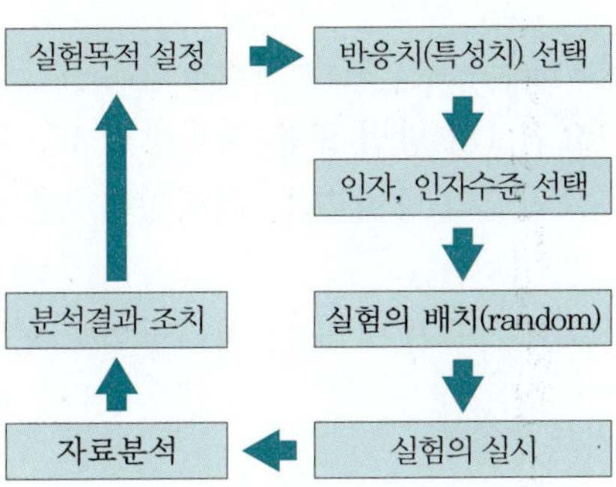

그림 9.1 실험계획법의 순서

실험계획에서 사용하는 통계분석기법은 **분산분석(Analysis of Variance, ANOVA)**이다. 가장 간단한 분산분석의 종류에는 하나의 인자, 하나의 분류가 있는 경우를 **일원분산분석(one-way ANOVA)**, 그리고 두 개의 모집단으로부터 나온 자료와 두 가지의 처리가 된 실험으로부터의 자료에 대한 분석인 **이원분산분석(two-way ANOVA)**이 있다. 특히 분산분석에서 비교대상인 모집단과 표본에 대한 기본 가정은 다음과 같다.

분산분석의 기본 가정

- 비교대상인 모집단은 각각 정규분포를 따른다(normality).
- 각 비교대상인 모집단은 동일한 분산을 갖는다(equal variance).
- 각 표본은 독립적으로 추출되었다(independence).

우리가 앞에서 배운 바와 같이 F 분포는 분산의 비교를 통해 얻어진 분포비율이다. 분산분석은 이 비율을 이용하여 각 정규모집단의 분산이 차이가 있는지에 대한 검정과 모집단평균이 차이가 있는지 검정하는 방법을 사용한다. 즉 F = (군간변동)/(군내변동)이다. 만약 군내변동이 크다면 집단 간 평균차이를 확인하는 것이 어렵다. 분산분석에서는 집단 간 분산의 동일성을 가정하고 있기 때문에 만약 분산의 차이가 크다면 그 차이를 유발한 변인을 찾아 제거해야 한다. 그렇지 못하면 분산분석의 신뢰도는 낮아지게 된다.

9.2 일원분산분석: 일원배치법

일원분산분석은 두 개 이상의 요인 또는 처리방법의 비교에 관심이 있다.

I = 비교되는 요인 또는 처리방법의 수
μ_1 = 요인 1의 방법 또는 처리방법 1을 취했을 때의 평균반응
μ_2 = 요인 2의 방법 또는 처리방법 2을 취했을 때의 평균반응
⋮
μ_I = 요인 I 의 방법 또는 처리방법 I 를 취했을 때의 평균반응

그러면 귀무가설은

$$H_0 : \mu_1 = \mu_2 = \cdots = \mu_I$$

이고 대립가설은

$$H_1 : \text{적어도 두 개의 } \mu_i \ (i = 1, 2, \cdots, I) \text{가 다르다.}$$

가 된다. 만약 $I=4$ 이면, H_0는 모든 4개의 μ_i가 동일할 때 성립한다. 예를 들어 $\mu_1 = \mu_2 \neq \mu_3 = \mu_4$, $\mu_1 = \mu_2 = \mu_3 \neq \mu_4$ 또는 4개 모두의 μ_i가 서로 다르면 H_0가 기각된다.

이러한 귀무가설의 검정은 각각의 요인과 처리방법의 랜덤화가 요구된다. 즉, 얻어진 실험 자료가 독립표본이라는 가정을 할 수 있도록 도와주는, 또는 만족하게 하는 가장 중요한 원칙이 실험의 랜덤화이다. 따라서 일원분산분석, 즉 일원배치법을 완전랜덤화기획법이라고 하며, **완전랜덤화 설계(Completely randomized design)** 라는 용어는 여러 모집단(여기에서 모집단이란 어떤 특정한 처리하에서 나타날 수 있는 반응값-실험값들의 전체 모임을 의미함)에서 독립적으로 표본을 추출하는 것과 동의어로 쓰인다. 처리의 수가 I이고 각 처리마다 n번씩 실험하도록 설계된 경우 모두 $N = nI$번의 실험을 하게 된다. 여기에서 완전랜덤화 설계라 함은 한 처리에서 N번의 실험을 연속적으로 수행하지 않고, N번의 실험의 순서를 랜덤화하는 것을 말한다. 예를 들어 네 가지$(I = 4)$ 처리 효과를 비교하기 위하여 다섯$(n = 5)$ 번씩의 실험을 하기로 결정하였다면, 20개의 난수를 생성하여 실험의 순서를 정할 수 있다.

다음의 [표 9.1]은 처리의 수가 I이고 각 처리에서 n번씩 실험한 반응값들로 이루어진 자료의 구조를 보여 준다. 여기에서 X_{ij}는 i번째 처리의 j번째 반응값을 나타내며, i번째 처리의 평균은 $\overline{X}_{i.}$이고, 총 평균은 $\overline{X} = \sum_{i=1}^{I}\sum_{j=1}^{n} X_{ij}/nI$이다. 그리고 i번째 처리집단의 표본분산은 $S_i^2 = \sum_{j=1}^{n}(X_{ij} - \overline{X}_{i.})^2/(n-1)$ 이다.

표 9.1 I개의 처리가 있는 완전랜덤화 설계의 자료구조

	관측자료	평균	제곱합
처리 1	$X_{11}, X_{12}, \cdots, X_{1n}$	$\overline{X}_{1.}$	$\sum_{j=1}^{n}(X_{1j} - \overline{X}_{1.})^2$
처리 2	$X_{21}, X_{22}, \cdots, X_{2n}$	$\overline{X}_{2.}$	$\sum_{j=1}^{n}(X_{2j} - \overline{X}_{2.})^2$
⋮	⋮	⋮	⋮
처리 I	$X_{I1}, X_{I2}, \cdots, X_{In}$	$\overline{X}_{I.}$	$\sum_{j=1}^{n}(X_{Ij} - \overline{X}_{I.})^2$
총평균 $\overline{X} = \dfrac{\text{관측값들의 총합계}}{\text{총자료의 수}} = \dfrac{\sum_{i=1}^{I}\sum_{j=1}^{n}X_{ij}}{nI}$			

일원분산분석 모형

일원분산분석을 위한 모형을 생각해 보자. 처리 i의 모평균을 μ_i라고 하면, i번째 처리에서의 j번째 관측값 X_{ij}는 다음과 같이 나타낼 수 있다.

$$X_{ij} = \mu_i + \epsilon_{ij},\ i = 1, 2, \cdots, I;\ \ j = 1, 2, \cdots, n$$

이때 오차 ϵ_{ij}는 서로 독립이고 평균이 0, 분산이 σ^2인 정규분포를 따른다고 가정한다. 여기서 처리 i의 모평균 μ_i를 전체 모평균 μ와 i번째 **처리효과(main effect)** $\alpha_i(= \mu_i - \mu)$의 합으로 표현하여 다음과 같이 나타내기도 한다.

$$X_{ij} = \mu + \alpha_i + \epsilon_{ij},\ i = 1, 2, \cdots, I;\ \ j = 1, 2, \cdots, n.$$

우리가 분산분석을 이용하여 밝히고자 하는 것은 다음의 가설

$$H_0 : \alpha_1 = \alpha_2 = \cdots = \alpha_I = 0 \text{ 대 } H_1 : \text{적어도 하나의 } i\text{에 대하여 } \alpha_i \neq 0$$

에 대한 검정이다. 즉, 처리효과가 있는지를 알아보고자 하는 것이다. 위 가설을 검정하기 위해서는 기본적으로 반응값의 분산을 두 가지 변동요인으로 나누어 이를 비교한다. 여기서 먼저 관측값 X_{ij}와 총평균 $\overline{X} = \sum_{i=1}^{I}\sum_{j=1}^{n} X_{ij}/nI$과의 차이인 총편차를 분해하면 아래와 같이 나타낼 수 있다.

$$(X_{ij} - \overline{X}) = (X_{ij} - \overline{X}_{i.}) + (\overline{X}_{i.} - \overline{X})$$

위 식의 우변에서 첫 번째 항은 i번째 처리를 받은 집단 내의 편차로 실험에서 처리집단 내의 불확실성을 나타내는 오차에 해당되며, 계급(집단) 내의 편차 또는 잔차라고 한다. 우변의 두 번째 항은 i번째 처리를 받은 집단의 평균과 총평균의 편차로서 이를 계급(집단) 간의 편차 또는 처리효과의 편차라고 한다. 위 식을 제곱하여 변변 더하면 아래와 같다.

$$\sum_{i=1}^{I}\sum_{j=1}^{n}(X_{ij} - \overline{X})^2 = \sum_{i=1}^{I}\sum_{j=1}^{n}(\overline{X}_{i.} - \overline{X})^2 + \sum_{i=1}^{I}\sum_{j=1}^{n}(X_{ij} - \overline{X}_{i.})^2$$

위의 관계식에서 $\sum_{i=1}^{I}\sum_{j=1}^{n}(\overline{X}_{i.} - \overline{X})^2 = \sum_{i=1}^{I}\sum_{j=1}^{n} n(\overline{X}_{i.} - \overline{X})^2$이고, 각 항은 제곱합의 형태를 이루는데, 각 항을 풀어 쓰면 다음과 같다.

- 총제곱합(total sum of square, *SST*):

$$SST = \sum_{i=1}^{I}\sum_{j=1}^{n}(X_{ij}-\overline{X})^2 = \sum_{i=1}^{I}\sum_{j=1}^{n}X_{ij}^2 - \frac{\left(\sum_{i=1}^{I}\sum_{j=1}^{n}X_{ij}\right)^2}{In}$$

- 처리제곱합(treatment sum of squares, *SStr*):

$$SStr = n\sum_{i=1}^{I}(\overline{X}_{i.}-\overline{X})^2 = n\sum_{i=1}^{I}\overline{X}_{i.}^2 - \frac{\left(\sum_{i=1}^{I}\sum_{j=1}^{n}X_{ij}\right)^2}{In}$$

- 오차제곱합(error sum of squares, *SSE*):

$$SSE = \sum_{i=1}^{I}\sum_{j=1}^{n}(X_{ij}-\overline{X}_{i.})^2 = \sum_{i=1}^{I}\sum_{j=1}^{n}X_{ij}^2 - n\sum_{i=1}^{I}\overline{X}_{i.}^2$$

따라서 위의 관계식은 다음과 같이 표현된다.

$$SST = SStr + SSE$$

F 분포를 이용한 검정

귀무가설 H_0 하에서는 각 처리의 모평균이 같으므로 각 처리에서의 표본평균도 총평균에 가까운 값을 갖는다. 한편 귀무가설이 맞지 않다면(H_0 기각) 처리효과가 존재하므로, 즉 모든 처리의 모평균이 같지 않으므로 표본평균들이 총평균과 차이가 나게 되어 *SStr*은 큰 값을 갖게 된다. 검정통계량은 이런 *SStr*을 포함하는 통계량으로 다음과 같이 정의한다.

$$F_0 = \frac{SStr/(I-1)}{SSE/I(n-1)}$$

검정통계량 F_0는 귀무가설하에서 자유도(df)가 $(I-1, I(n-1))$인 F 분포를 따름이 알려져 있다. 따라서 기각역은 W_α: $F_0 \geq F_\alpha(I-1, I(n-1))$가 된다. 이를 정리하면 다음과 같다.

◎ F 분포를 이용한 모평균의 동일성 검정

- 가설: $H_0 : \mu_1 = \mu_2 = \cdots = \mu_I$

  대 H_1 : 적어도 두 개의 i에 대하여 μ_i는 다르다.

- 검정통계량 : $F_0 = \dfrac{SStr/(I-1)}{SSE/I(n-1)} \sim F_\alpha(I-1, (I(n-1))$ (단, 유의수준 α)
- 기각역 W_α : $F_0 \ge F_\alpha(I-1, I(n-1))$

검정통계량 F_0를 좀 더 자세히 살펴보면, 분모와 분자의 제곱합은 각각 χ^2 분포를 따르고, 제곱합을 나누는 값 $(I-1)$과 $I(n-1)$은 각 제곱합의 자유도이다. 이렇게 제곱합을 그 자유도로 나눈 통계량을 평균세곱이라 하는데, 오차제곱합을 그 자유도로 나눈 것을 평균오차제곱(MSE)이라고 한다. 따라서 검정통계량 F_0는 간단히 $MStr/MSE$로 표현할 수 있다. 다음의 [표 9.2]는 I개의 처리효과를 비교하는 데 필요한 검정과정의 값을 표로 정리한 것으로, 이와 같은 표를 **분산분석표(ANOVA table)**라고 한다.

표 9.2 I개의 처리를 비교하기 위한 분산분석표

요인	제곱합	자유도	평균제곱	F_0
처리	$SStr = n\sum_i(\overline{X}_{i.} - \overline{X})^2$	$I-1$	$MStr = \dfrac{SStr}{I-1}$	$\dfrac{MStr}{MSE}$
오차	$SSE = \sum_i\sum_j(X_{ij} - \overline{X}_{i.})^2$	$I(n-1)$	$MSE = \dfrac{SSE}{I(n-1)}$	
합계	$SST = \sum_i\sum_j(X_{ij} - \overline{X})^2$	$nI-1$		

특히 검정통계량 F_0의 값 f에 대해서 귀무가설 H_0가 참이라면(μ_i가 모두 같다), 각각의 표본평균은 서로 유사한 값을 나타내므로 총평균에 근접하게 된다. 즉 $MStr$ 값이 작아진다. 그러나 μ_i가 어느 하나라도 다르다면, 어떤 i번째 처리의 평균 $\overline{X}_{i.}$은 총 평균 $\overline{X}$으로부터 떨어져 있다는 의미이다. 따라서 $MStr$의 값이 H_0가 사실인지 거짓인지에 대한 영향을 미치게 된다.

참고로, $MStr = \dfrac{SStr}{I-1} = \dfrac{n}{I-1}\sum_{j=1}^{n}(\overline{X}_{i.} - \overline{X})^2$이고, i번째 처리집단의 표본분산이 $S_i^2 = \dfrac{1}{n-1}\sum_{j=1}^{n}(X_{ij} - \overline{X}_{i.})^2$이므로 $MSE = \dfrac{SSE}{I(n-1)} = \dfrac{1}{I}\sum_{i=1}^{I}S_i^2$이 된다.

예제 9.1 다음의 자료는 철선을 생산하는 공장에서 공정에 따른 철선의 인장강도(kgf/m²)에 차이가 있는지를 알아보기 위하여 네 종류의 공정에서 생산된 철선 20개를 랜덤 추출하여 표본을 취하고 인장강도를 측정하여 얻은 것이다. 따라서 [표 9.3]은 4개의 공정$(I=4)$에 따른 인장강도 비교를 위한 일원분산분석 실험의 결과로 볼 수 있다.

표 9.3 인장강도 자료

A1	A2	A3	A4
46.8	51.2	50.2	21.4
58.0	62.4	38.2	22.1
51.4	30.6	46.8	28.2
61.0	46.0	26.7	42.7
45.8	48.8	22.7	25.2

μ_i는 공정 i에 대한 철선의 인장강도의 평균을 나타내는 것이며, 귀무가설은

$$H_0: \mu_1 = \mu_2 = \mu_3 = \mu_4 \ (I=4)$$

이고 대립가설은

$$H_1: \text{적어도 두 개의 } \mu_i \ (i=1, 2, 3, 4) \text{가 다르다}$$

이다.

주어진 4가지 공정의 철선 인장강도 평균을 살펴보면 첫 번째 값은 상대적으로 크고, 반면에 네 번째 공정의 강도는 확실히 작은 값을 보이고 있다. 이것은 H_0가 사실이 아닐 수 있다는 것을 암시한다. 그러나 이것은 H_0가 사실인지 아닌지는 불명확하다. 따라서 이러한 상황에서 정확한 통계적 검정절차가 요구된다. 실제로, 주어진 자료로부터 4개의 공정에 따른 인장강도의 평균을 구해 보면, 각각

$$\bar{x}_{1.} = \frac{(46.8 + 58.0 + \cdots + 45.8)}{5} = 52.60, \bar{x}_{2.} = 47.80, \bar{x}_{3.} = 36.92, \bar{x}_{4.} = 27.92$$

이므로 총평균은 $\bar{x} = 41.31$이다. 그리고 각 처리집단에서의 표준편차는 $s_1 = 6.73$, $s_2 = 11.45$, $s_3 = 12.07$, $s_4 = 8.69$이다.

이제 $I = 4, n = 5, \sum_{i=1}^{4} \sum_{j=1}^{5} x_{ij} = 826.20$ 이므로 각각의 제곱합을 계산하면

$$\begin{aligned} SST &= \sum_{i=1}^{4} \sum_{j=1}^{5} x_{ij}^2 - \frac{\left(\sum_{i=5}^{4} \sum_{j=1}^{5} x_{ij}\right)^2}{(4)(5)} \\ &= [(46.8^2 + 58.0^2 + \cdots + 45.8^2) + \cdots + \\ &\qquad (21.4^2 + 22.1^2 + \cdots + 25.2^2)] - \frac{(826.20)^2}{20} \\ &= 37,561.480 - 34,130.322 = 3,431.158, \end{aligned}$$

$$SStr = (5)\sum_{i=1}^{4}\bar{x}_{i.}^2 - \frac{\left(\sum_{i=1}^{4}\sum_{j=1}^{5}x_{ij}\right)^2}{(4)(5)}$$
$$= (5)(52.60^2 + 47.80^2 + 36.92^2 + 27.92^2) - \frac{(826.20)^2}{20}$$
$$= 35,971.064 - 34,130.322 = 1,840.742,$$

$$SSE = SST - SStr = 3,431.158 - 1,840.742 = 1,590.416$$

이다. 따라서 분산분석표를 작성하면 다음 [표 9.4]와 같다.

표 9.4 [예제 9.1] 자료의 분산분석표

요인	제곱합	자유도	평균제곱	f
처리	1,840.742	3	613.581	6.173
오차	1,590.416	16	99.401	
합계	3,431.158	19		

여기서 유의수준 $\alpha=0.05$를 설정한다면, [부록 표 7]에서

$$F_\alpha(I-1, I(n-1)) = F_{0.05}(4-1, 4(5-1)) = F_{0.05}(3, 16) = 3.24$$

이므로 $f=6.173>3.24=F_{0.05}(3, 16)$가 되어 H_0는 기각된다. 즉 4개의 공정에 따른 철선의 인장강도(kgf/m^2)는 동일하다고 보긴 힘들다. 사실 P-값은 $F(3, 16)$ 곡선에서 6.173의 오른쪽 꼬리부분 $P[F(3, 16)>6.173]$으로서 P-값$=0.00545$이고, 따라서 귀무가설 H_0는 유의수준 $\alpha=0.01$에서도 기각됨을 알 수 있다. ●

사실, 검정을 수행하기 전에 우리는 주어진 자료가 정규성을 만족하는지를 확인하는 절차가 필요하다. 분산분석의 기본가정을 검정하기 위해서는 일반적으로 **정규확률도(normal probability plot)**를 사용한다. I개로 분리된 그림은 그리지 않으며, 전체 nI의 변동에 대하여 단일화하여 그린다. [그림 9.2]는 [예제 9.1]의 자료에 대한 정규확률도를 그린 것으로서 패턴의 선형성은 정규성의 가정을 뒷받침해 준다. 만약 정규성 가정 혹은 등분산 가정이 받아들여지기 힘들다고 판단되면 F 검정을 사용하는 것보다 다른 분석방법을 사용해야 하며, 이러한 경우는 전문가의 조언을 구해야 한다.

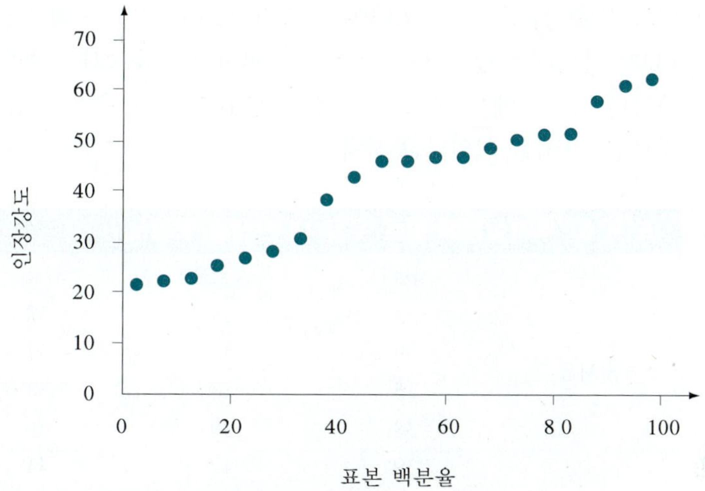

그림 9.2 [예제 9.1]의 자료에 대한 정규확률도

예제 9.2 우유는 물 87%, 지방 4%, 단백질 3.2%, 락토스(젖당) 5%, 미네랄 0.7% 정도로 구성되어 있다. 특히 우유 1(l)당 동물성 단백질 함량은 32(g)으로 알려져 있는데, 어느 낙농 연구소에서 우유 내 단백질 함량에 대한 사료의 효과를 알아보기 위해 실험을 설계하였다. 다음의 자료 [표 9.5]는 16마리의 젖소를 대상으로 4종류의 사료를 비교하기 위해, 즉 4종류의 처리에 대해 각각 4번의 반복실험으로 일원배치법을 사용하여 랜덤하게 4마리의 젖소가 4개의 처리에 대해 배치된 후, 한 달간 식이요법 후 채집된 우유의 단백질량(g/l)을 측정한 것이다.

표 9.5 4가지 사료에 대한 우유 내 단백질 함량(g/l)

사료1	사료2	사료3	사료4
35	44	38	41
39	35	37	38
35	38	38	45
38	39	40	46

[표 9.5]는 4개의 처리($I=4$)에 따른 단백질 함량 비교를 위한 반복수가 4인 일원분산 분석 실험의 결과로 볼 수 있다.

실제로, 주어진 자료로부터 4개의 처리에 따른 단백질 함량의 평균을 구해 보면, 각각

$$\bar{x}_{1.} = \frac{(35+39+35+38)}{4} = 36.75, \quad \bar{x}_{2.} = 39.00, \quad \bar{x}_{3.} = 38.25, \quad \bar{x}_{4.} = 42.50$$

이므로 총평균은 $\overline{x} = 39.13$이다. 또한 표본분산을 구해보면 각각 $s_1^2=4.25$, $s_2^2=14.00$, $s_3^2=1.58$, $s_4^2=13.67$로 분산의 편차가 매우 크다. 따라서 등분산 가정을 만족한다고 보기에는 무리가 있어 보인다. 따라서 추가 실험을 하여 다음과 같은 자료 [표 9.6]을 얻었다고 하자.

표 9.6 추가실험에 따른 우유 내 단백질 함량(g/l)

구분	사료1	사료2	사료3	사료4
원자료	35	44	38	41
	39	35	37	38
	35	38	38	45
	38	39	40	46
추가 실험자료	39	42	41	41
	33	39	33	42
	40	39	38	41
	37	39	40	42

이때 4개의 처리에 따른 단백질 함량의 평균을 구해 보면, 각각

$$\overline{x}_{1.} = \frac{(35 + 39 + \cdots + 37)}{4} = 37.00,\ \overline{x}_{2.} = 39.38,\ \overline{x}_{3.} = 38.13,\ \overline{x}_{4} = 42.00$$

로서 원자료의 평균과 큰 차이가 없지만, 표본분산에서는 각각 $s_1^2=6.00$, $s_2^2=7.13$, $s_3^2=6.13$, $s_4^2=6.29$ 등으로 표본분산의 편차가 크지 않으므로 등분산 가정을 만족한다고 볼 수 있다. 그리고 [그림 9.3]에서 보는 바와 같이 정규확률도의 선형적 패턴은 정규성의 가정을 뒷받침해 준다.

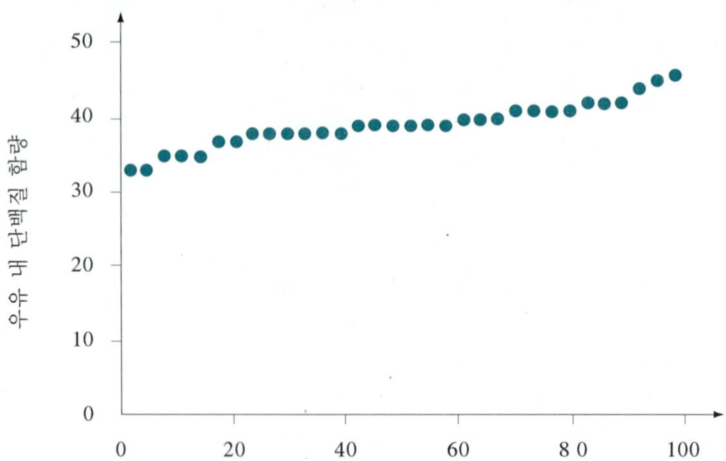

그림 9.3 [예제 9.2]의 자료에 대한 정규확률도

평균 μ_i는 처리 i에 대한 단백질 함량의 평균을 나타내는 것이며, 귀무가설은

$$H_0 : \mu_1 = \mu_2 = \mu_3 = \mu_4 \ (I = 4)$$

이고 대립가설은

$$H_1 : \text{적어도 두 개의 } \mu_i \ (i = 1, 2, 3, 4) \text{가 다르다}$$

이다. 이제 $I = 4$, $n = 8$, $\sum_{i=1}^{4} \sum_{j=1}^{8} x_{ij} = 1{,}252$이므로 각각의 제곱합을 계산하면

$$SST = \sum_{i=1}^{4} \sum_{j=1}^{8} x_{ij}^2 - \frac{\left(\sum_{i=1}^{4} \sum_{j=1}^{8} x_{ij}\right)^2}{(4)(8)}$$

$$= [(35^2 + 39^2 + \cdots + 37^2) + \cdots + (41^2 + 38^2 + \cdots + 42^2)] - \frac{(1,252)^2}{32}$$

$$= 49,274 - 48,984.5 = 289.500,$$

$$SStr = (8) \sum_{i=1}^{4} \overline{x}_{i.}^2 - \frac{\left(\sum_{i=1}^{4} \sum_{j=1}^{8} x_{ij}\right)^2}{(4)(8)}$$

$$= (8)(37.00^2 + 39.38^2 + 38.13^2 + 42.00^2) - \frac{(1{,}252)^2}{32}$$

$$= 49{,}095.25 - 48{,}984.5 = 110.750,$$

$$SSE = SST - SStr = 289.500 - 110.750 = 178.750$$

이다. 따라서 분산분석표를 작성하면 다음 [표 9.7]과 같다.

표 9.7 [예제 9.2] 수정 자료의 분산분석표

요인	제곱합	자유도	평균제곱	f
처리	110.750	3	36.917	5.783
오차	178.750	28	6.384	
합계	289.500	31		

여기서 유의수준 $\alpha = 0.05$를 설정한다면, [부록 표 7]에서

$$F_\alpha(I - 1, I(n - 1)) = F_{0.05}(4 - 1, 4(8 - 1)) = F_{0.05}(3, 28) = 2.95$$

이므로 $f = 5.783 > 2.95 = F_{0.05}(3, 28)$가 되어 H_0는 기각된다. 즉 4개의 처리에 따른 우유 내 단백질 함량은 동일하지 않다. 또한 P-값은 $F(3, 28)$ 곡선에서 5.783의 오른쪽 꼬리부분으로서 P-값 $= 0.00330$이고, 따라서 귀무가설 H_0는 유의수준 $\alpha = 0.01$에서도 기각된다. ●

9.3 이원분산분석: 반복이 없는 이원배치법

앞 절에서는 어느 한 반응값에 대해 한 개의 요인만을 고려하였다. 그러나 반응값에 미치는 요인은 한 가지가 아니라 여러 가지 요인들이 복합적으로 작용하여 반응값을 결정지을 수 있다. 이처럼 여러 가지의 요인이 반응값에 미치는 영향을 분석하는 통계적 기법을 **다요인 분산분석법(multifactor ANOVA)**이라고 하는데, 여기에서는 두 가지 요인을 대상으로 하는 경우를 알아보기로 한다.

먼저 반복이 없는 이원배치 분산분석모형을 알아보도록 하자. 다음의 [표 9.8]은 반복이 없는 **이원배치법(two-way ANOVA)**으로 실험된 반응값들로 이루어진 자료의 구조를 보여 준다. 여기에서 X_{ij}는 첫 번째 요인의 i번째 수준, 두 번째 요인의 j번째 수준의 반응값을 나타낸다.

표 9.8 반복이 없는 이원배치법의 자료구조
(두 요인 A, B: 요인 A에 I개의 수준, 요인 B에 J개의 수준이 있는 경우)

요인 A \ 요인 B	수준 1	수준 2	⋯	수준 J	평균
수준 1	X_{11}	X_{12}	⋯	X_{1J}	$\overline{X}_{1.}$
수준 2	X_{21}	X_{22}	⋯	X_{2J}	$\overline{X}_{2.}$
⋮	⋮	⋮	⋱	⋮	⋮
수준 I	X_{I1}	X_{I2}	⋯	X_{IJ}	$\overline{X}_{I.}$
평균	$\overline{X}_{.1}$	$\overline{X}_{.2}$	⋯	$\overline{X}_{.J}$	$\overline{X}$

위의 표에서 $\overline{X}_{i.}=\frac{1}{J}\sum_{j=1}^{J}X_{ij}$, $\overline{X}_{.j}=\frac{1}{I}\sum_{i=1}^{I}X_{ij}$, $\overline{X}=\frac{1}{IJ}\sum_{i=1}^{I}\sum_{j=1}^{J}X_{ij}$ 를 의미한다.

반복이 없는 이원분산분석모형

반복이 없는 이원배치 분산분석모형에서 첫 번째 요인(요인 A)의 수준 i와 두 번째 요인(요인 B)의 수준 j에서의 관측값 X_{ij}는 다음과 같이 나타낼 수 있다.

$$X_{ij}=\mu+\alpha_i+\beta_j+\epsilon_{ij},\ \ i=1, 2, \cdots, I;\ j=1, 2, \cdots, J$$

이때 오차 ϵ_{ij}는 서로 독립이고 평균이 0, 분산이 σ^2인 정규분포를 따른다고 가정한다. 여기서 α_i는 요인 A의 처리효과이고, β_j는 요인 B의 처리효과이다.

우리가 이원배치 분산분석기법을 이용하여 밝히고자 하는 것은 다음의 두 가설

$$H_0(A): \alpha_1=\alpha_2=\cdots=\alpha_I=0 \quad \text{대} \quad H_1: \text{적어도 하나의 } i\text{에 대하여 } \alpha_i\neq 0\text{이다,}$$

$$H_0(B): \beta_1 = \beta_2 = \cdots = \beta_J = 0 \quad \text{대} \quad H_1: \text{적어도 하나의 } j \text{에 대하여 } \beta_j \neq 0 \text{이다}$$

에 대한 검정이다. 즉 각 요인에서 처리효과가 있는지를 알아보고자 하는 것이다.

위 가설을 검정하기 위해서는 기본적으로 반응값의 분산을 세 가지 변동요인으로 나누어 비교한다. 여기에서는 자세한 설명은 생략하고 이 세 가지 변동요인과 관련된 다음의 관계식을 이용하여 검정통계량을 유도하고자 한다.

위의 관계식에서 각 항은 제곱합의 형태를 이루는데, 각 항을 풀어 쓰면 다음과 같다.

- 총제곱합 (total sum of squares, SST):

$$SST = \sum_{i=1}^{I}\sum_{j=1}^{J}(X_{ij} - \overline{X})^2 = \sum_{i=1}^{I}\sum_{j=1}^{J}X_{ij}^2 - \frac{\left(\sum_{i=1}^{I}\sum_{j=1}^{J}X_{ij}\right)^2}{IJ}$$

- 요인 A 제곱합 (sum of squares due to A, SSA):

$$SSA = J\sum_{i=1}^{I}(\overline{X}_{i.} - \overline{X})^2 = \sum_{i=1}^{I}\frac{\left(\sum_{j=1}^{J}X_{ij}\right)^2}{J} - \frac{\left(\sum_{i=1}^{I}\sum_{j=1}^{J}X_{ij}\right)^2}{IJ}$$

- 요인 B 제곱합 (sum of squares due to B, SSB):

$$SSB = I\sum_{j=1}^{J}(\overline{X}_{.j} - \overline{X})^2 = \sum_{j=1}^{J}\frac{\left(\sum_{i=1}^{I}X_{ij}\right)^2}{I} - \frac{\left(\sum_{i=1}^{I}\sum_{j=1}^{J}X_{ij}\right)^2}{IJ}$$

- 오차제곱합 (error sum of squares, SSE):

$$SSE = \sum_{i=1}^{I}\sum_{j=1}^{J}(X_{ij} - \overline{X}_{i.} - \overline{X}_{.j} - \overline{X})^2$$

$$= \sum_{i=1}^{I}\sum_{j=1}^{J}X_{ij}^2 - \sum_{i=1}^{I}\frac{\left(\sum_{j=1}^{J}X_{ij}\right)^2}{J} - \sum_{j=1}^{J}\frac{\left(\sum_{i=1}^{I}X_{ij}\right)^2}{I} + \frac{\left(\sum_{i=1}^{I}\sum_{j=1}^{J}X_{ij}\right)^2}{IJ}$$

따라서 위의 관계식은 다음과 같이 표현된다.

$$SST = SSA + SSB + SSE$$

F 분포를 이용한 검정

일원배치 분산분석에서 설명한 것처럼 앞의 두 가지 가설에 대한 검정은 해당하는 제곱합과 오차제곱합을 이용한다. 즉 귀무가설 $H_0(A) : \alpha_1 = \alpha_2 = \cdots = \alpha_I = 0$ 이 맞다면 요인 A의 각 수준에 따른 표본평균은 비슷한 값을 가질 것이다. 반대로 귀무가설이 거짓이고 요인 A의 처리효과가 존재한다면, 즉 각 수준에서의 모평균이 같지 않다면 표본평균이 총평균과 차이가 나게 되어 SSA는 큰 값을 가질 것이다. 가설 $H_0(A)$ 에 대한 검정통계량은 이런 SSA를 포함하는 통계량으로 다음과 같이 정의한다.

$$F_0 = \frac{SSA/(I-1)}{SSE/(I-1)(J-1)}$$

검정통계량 F_0는 귀무가설하에서 자유도가 $(I-1, (I-1)(J-1))$ 인 F 분포를 따름이 알려져 있다. 대립가설하에서 F_0는 SSA에 의해 큰 값을 가지므로 기각역은

$$W_\alpha : F_0 \geq F_\alpha(I-1, (I-1)(J-1))$$

이다. 또한 귀무가설 $H_0(B) : \beta_1 = \beta_2 = \cdots = \beta_J = 0$ 에 대해서도 같은 방법으로 검정할 수 있고, 이를 정리하면 다음과 같다.

반복이 없는 이원배치 분산분석에 대한 F 검정

- 두 가지 가설:
  (i) $H_0(A): \alpha_1 = \alpha_2 = \cdots = \alpha_I = 0$ 대 H_1: 적어도 하나의 i에 대하여 $\alpha_i \neq 0$
  (ii) $H_0(B): \beta_1 = \beta_2 = \cdots = \beta_J = 0$ 대 H_1: 적어도 하나의 j에 대하여 $\beta_j \neq 0$
- 각 가설에 대한 검정통계량:
  (i) $F_0 = \dfrac{SSA/(I-1)}{SSE/(I-1)(J-1)} \sim F(I-1,\ (I-1)(J-1))$ ($H_0(A)$가 참일 때)
  (i) $F_0 = \dfrac{SSB/(J-1)}{SSE/(I-1)(J-1)} \sim F(J-1,\ (I-1)(J-1))$ ($H_0(B)$가 참일 때)
- 기각역:
  (i) $W_\alpha : F_0 \geq F_\alpha(I-1,\ (I-1)(J-1))$
  (ii) $W_\alpha : F_0 \geq F_\alpha(J-1,\ (I-1)(J-1))$

일원배치 분산분석에서 정의한 것처럼 각 요인의 제곱합을 그 자유도로 나눈 것을 평균제곱(MSA, MSB)이라 하고, 오차제곱합을 그 자유도로 나눈 것을 평균오차제곱(MSE)이라고 한다.

다음의 [표 9.9]는 반복이 없는 이원배치에 대한 분산분석표를 정리한 것이다.

표 9.9 반복이 없는 두 요인의 각 수준을 비교하기 위한 분산분석표

요인	제곱합	자유도	평균제곱	F_0
요인 A	$SSA = J\sum_{i=1}^{I}(\overline{X}_{i.} - \overline{X})^2$	$I-1$	$MSA = \frac{SSA}{I-1}$	$\frac{MSA}{MSE}$
요인 B	$SSB = I\sum_{j=1}^{J}(\overline{X}_{.j} - \overline{X})^2$	$J-1$	$MSB = \frac{SSB}{J-1}$	$\frac{MSB}{MSE}$
오차	$SSE = \sum_{i=1}^{I}\sum_{j=1}^{J}(X_{ij} - \overline{X}_{i.} - \overline{X}_{.j} - \overline{X})^2$	$(I-1)(J-1)$	$MSE = \frac{SSE}{(I-1)(J-1)}$	
합계	$SST = \sum_{i=1}^{I}\sum_{j=1}^{J}(X_{ij} - \overline{X})^2$	$IJ-1$		

예제 9.3 비료처리(요인 A)와 밀의 품종(요인 B)에 따라 구획당 수확량을 알아보기 위하여 반복이 없는 이원배치모형의 실험을 하였다. 실험은 12회 완전 랜덤화하여 실시한 후 다음과 같은 자료를 얻었다.

비료처리 \ 밀의 품종	B_1	B_2	B_3	평균
A_1	64.3	71.8	73.8	69.97
A_2	55.2	57.3	47.6	53.37
A_3	59.3	65.7	58.1	61.03
A_4	57.9	57.6	52.8	56.10
평균	59.18	63.10	58.08	60.12

이 자료로부터 다음의 두 가지 경우에 유의수준 $\alpha = 0.05$에서 검정해 보자.

(1) 네 종류의 비료처리방법에 따라 수확량에 차이가 있다고 할 수 있는가?

(2) 세 종류의 밀의 품종에 따라 수확량에 차이가 있다고 할 수 있는가?

먼저, [그림 9.4]에서 보는 바와 같이 정규확률도의 선형적 패턴은 구획당 수확량 자료의 정규성 가정을 뒷받침해 준다.

우리가 이원배치 분산분석기법을 이용하여 밝히고자 하는 것은 다음의 두 가설

$$H_0(A): \alpha_1 = \alpha_2 = \alpha_3 = \alpha_4 = 0 \quad \text{대} \quad H_1: \text{적어도 하나의 } i\text{에 대하여 } \alpha_i \neq 0,$$
$$H_0(B): \beta_1 = \beta_2 = \beta_3 = 0 \quad \text{대} \quad H_1: \text{적어도 하나의 } j\text{에 대하여 } \beta_j \neq 0$$

에 대한 검정이다. 여기서 α_i는 요인 A의 처리효과이고, β_j는 요인 B의 처리효과이다.

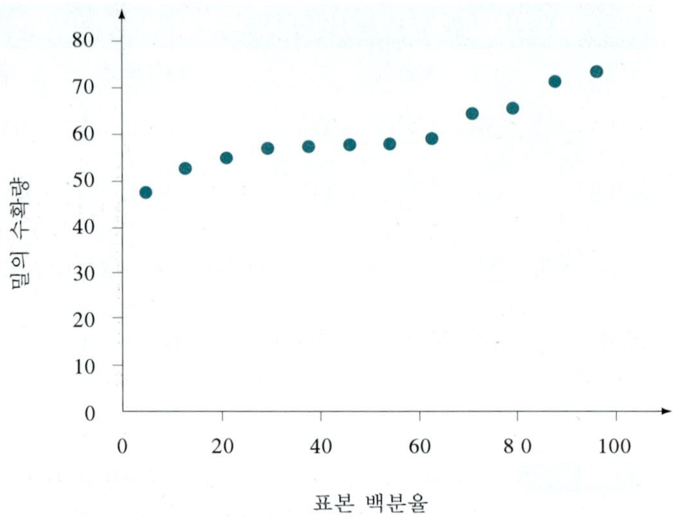

그림 9.4 [예제 9.3] 자료에 대한 정규확률도

이제 $I=4$, $J=3$, $\sum_{i=1}^{4}\sum_{j=1}^{3}x_{ij} = 721.4$ 이므로 각각의 제곱합을 계산하면

$$SST = \sum_{i=1}^{4}\sum_{j=1}^{3}x_{ij}^2 - \frac{\left(\sum_{i=1}^{4}\sum_{j=1}^{3}x_{ij}\right)^2}{(4)(3)}$$

$$=[(64.3^2+71.8^2+73.8^2)+\cdots+(57.9^2+57.6^2+52.8^2)] - \frac{(721.4)^2}{12}$$

$$=43{,}998.860 - 43{,}368.163 = 630.697,$$

$$SSA = \sum_{i=1}^{4}\frac{\left(\sum_{j=1}^{3}x_{ij}\right)^2}{3} - \frac{\left(\sum_{i=1}^{4}\sum_{j=1}^{3}x_{ij}\right)^2}{(4)(3)}$$

$$=\frac{(64.3+71.8+73.8)^2+\cdots+(57.9+57.6+52.8)^2}{3} - \frac{(721.4)^2}{12}$$

$$=43{,}846.840 - 43{,}368.163 = 478.677,$$

$$SSB = \sum_{j=1}^{3}\frac{\left(\sum_{i=1}^{4}x_{ij}\right)^2}{4} - \frac{\left(\sum_{i=1}^{4}\sum_{j=1}^{3}x_{ij}\right)^2}{(4)(3)}$$

$$=\frac{(64.3+55.2+59.3+57.9)^2+\cdots+(73.8+47.6+58.1+52.8)^2}{4} - \frac{(721.4)^2}{12}$$

$$=43{,}423.985 - 43{,}368.163 = 55.822,$$

$$SSE = SST - SSA - SSB = 630.697 - 478.677 - 55.822 = 96.198$$

이다. 또한 SSA의 자유도는 $I - 1 = 4 - 1 = 3$, SSB의 자유도는 $J - 1 = 3 - 1 = 2$, 그리고 SSE의 자유도는 $(I - 1)(J - 1) = (3)(2) = 6$ 이므로 각각의 평균제곱합은

$$MSA = \frac{SSA}{(I-1)} = \frac{478.677}{3} = 159.559,$$

$$MSB = \frac{SSB}{(J-1)} = \frac{55.822}{2} = 27.911,$$

$$MSE = \frac{SSE}{(I-1)(J-1)} = \frac{96.198}{6} = 16.033$$

이다. 따라서 분산분석표를 작성하면 다음 [표 9.10]과 같다.

표 9.10 [예제 9.3] 자료의 분산분석표

요인	제곱합	자유도	평균제곱	f
처리 A	478.677	3	159.559	$f_A = 159.559/16.033 = 9.952$
처리 B	55.822	2	27.911	$f_B = 27.911/16.033 = 1.741$
오차	96.198	6	16.033	
합계	630.697	11		

첫째, 네 종류의 비료처리(A요인)방법에 따라 수확량에 차이가 있다고 할 수 있는지에 대한 검정은 [부록 표 7]에서

$$F_{\alpha}(I-1, (I-1)(J-1)) = F_{0.05}(4-1, (4-1)(3-1)) = F_{0.05}(3, 6) = 4.76$$

이므로 $f_A = 9.952 > 4.76 = F_{0.05}(3, 6)$가 되어 H_0는 기각된다. 즉 4개의 처리에 따른 밀의 수확량은 다르다. 또한 $P-$값 $= 0.00958$ 이므로 귀무가설 H_0는 유의수준 $\alpha = 0.01$에서도 기각된다.

두 번째, 세 종류의 밀의 품종에 따라 수확량에 차이가 있는지에 대한 검정은

$$F_{\alpha}(J-1, (I-1)(J-1)) = F_{0.05}(3-1, (4-1)(3-1)) = F_{0.05}(2, 6) = 5.14$$

이므로 $f_B = 1.741 < 5.14 = F_{0.05}(2, 6)$가 되어 H_0는 기각할 수 없다. 즉 3개의 처리(세 종류의 밀의 품종)에 따른 밀의 수확량은 다르다고 할 수 없다. 또한 $P-$값 $= 0.25340$ 이므로 위 결과와 동일하게 귀무가설 H_0는 기각되지 않는다. ●

예제 9.4 다음 자료는 미사일에 주입된 연료와 세 지역 발사대별로 미사일의 비행거리(miles)를 기록한 것이다. 이 자료로부터 유의수준 $\alpha = 0.05$에서 첫째, 세 종류의 발사대(요인 A)에 따라 비행거리에 차이가 있다고 할 수 있는지와 둘째, 네 종류의 연료에 따라 비행거리에 차이가 있다고 할 수 있는지를 검정해 보자.

발사대 \ 연료	연료1	연료2	연료3	연료4	평균
발사대 p	41.7	45.9	57.6	52.2	49.35
발사대 q	38.8	46.0	51.0	50.1	46.48
발사대 r	48.1	45.7	56.9	55.3	51.50
평균	42.87	45.87	55.17	52.53	49.11

먼저, [그림 9.5]에서 보는 바와 같이 정규확률도의 선형적 패턴은 비행거리 자료의 정규성 가정을 뒷받침해 준다.

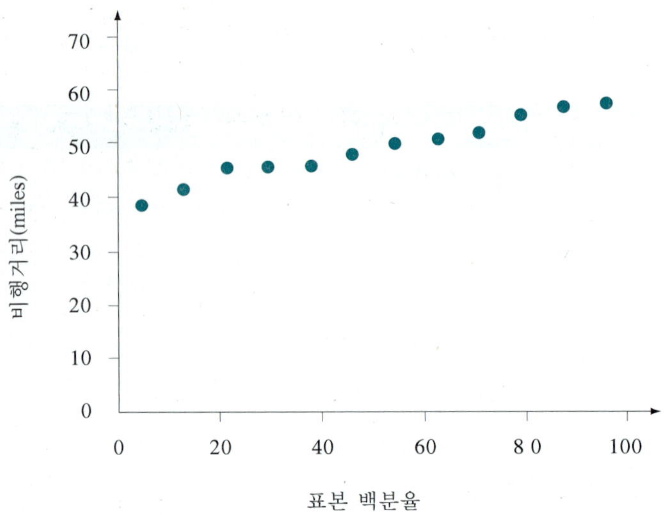

그림 9.5 [예제 9.4] 자료에 대한 정규확률도

위 문제는 α_i를 요인 A의 처리효과, β_j는 요인 B의 처리효과라고 할 때, 다음의 두 가설에 대한 검정이다.

$H_0(A)$: $\alpha_1=\alpha_2=\alpha_3=0$ 대 H_1 : 적어도 하나의 i에 대하여 $\alpha_i \neq 0$이다.
$H_0(B)$: $\beta_1=\beta_2=\beta_3=\beta_4=0$ 대 H_1 : 적어도 하나의 j에 대하여 $\beta_j \neq 0$이다.

이제 $I=3, J=4, \sum_{i=1}^{3}\sum_{j=1}^{4} x_{ij} = 589.30$ 이므로 각각의 제곱합을 계산하면

$$SST = \sum_{i=1}^{3}\sum_{j=1}^{4} x_{ij}^2 - \frac{\left(\sum_{i=1}^{3}\sum_{j=1}^{4} x_{ij}\right)^2}{(3)(4)}$$

$$=[(41.7^2+45.9^2+57.6^2+52.2^2)+\cdots+(48.1^2+45.7^2+56.9^2+55.3^2)] - \frac{(589.30)^2}{12}$$

$$= 29{,}318.550 - 28{,}939.541 = 379.009,$$

$$SSA = \sum_{i=1}^{3} \frac{\left(\sum_{j=1}^{4} x_{ij}\right)^2}{4} - \frac{\left(\sum_{i=1}^{3}\sum_{j=1}^{4} x_{ij}\right)^2}{(3)(4)}$$

$$= \frac{(41.7+45.9+57.6+52.2)^2 + \cdots + (48.1+45.7+56.9+55.3)^2}{4} - \frac{(589.30)^2}{12}$$

$$= 28{,}990.393 - 28{,}939.541 = 50.852,$$

$$SSB = \sum_{j=1}^{4} \frac{\left(\sum_{i=1}^{3} x_{ij}\right)^2}{3} - \frac{\left(\sum_{i=1}^{3}\sum_{j=1}^{4} x_{ij}\right)^2}{(3)(4)}$$

$$= \frac{(41.7 + 38.8 + 48.1)^2 + \cdots + (52.2 + 50.1 + 55.3)^2}{3} - \frac{(589.30)^2}{12}$$

$$= 29{,}233.243 - 28{,}939.541 = 293.703,$$

$$SSE = SST - SSA - SSB = 379.009 - 50.852 - 293.703 = 34.455$$

이다. 또한 SSA의 자유도는 $I-1=3-1=2$, SSB의 자유도는 $J-1=4-1=3$, 그리고 SSE의 자유도는 $(I-1)(J-1)=(2)(3)=6$이므로 각각의 평균제곱합은

$$MSA = \frac{SSA}{(I-1)} = \frac{50.852}{2} = 25.426,$$

$$MSB = \frac{SSB}{(J-1)} = \frac{293.703}{3} = 97.901,$$

$$MSE = \frac{SSE}{(I-1)(J-1)} = \frac{34.455}{6} = 5.743$$

이다. 따라서 분산분석표를 작성하면 다음 [표 9.11]과 같다.

표 9.11 [예제 9.4] 자료의 분산분석표

요인	제곱합	자유도	평균제곱	f
처리 A	50.852	2	25.426	$f_A = 25.426/5.743 = 4.428$
처리 B	293.703	3	97.901	$f_B = 97.901/5.743 = 17.048$
오차	34.455	6	5.743	
합계	379.009	11		

첫째, 세 종류의 발사대(요인 A)에 따라 비행거리의 차이 여부는 [부록 표 7]에서

$$F_\alpha(I-1, (I-1)(J-1)) = F_{0.05}(3-1, (3-1)(4-1)) = F_{0.05}(2, 6) = 5.14$$

이므로 $f_A = 4.428 < 5.14 = F_{0.05}(2, 6)$가 되어 H_0는 기각할 수 없다. 즉 세 종류

의 발사대에 따라 비행거리는 다르다고 보긴 힘들다. 또한 P-값$=0.06589$이므로 귀무가설 H_0는 유의수준 $\alpha=0.10$ 에서는 기각할 수도 있다.

두 번째, 네 종류의 연료(요인 B)에 따라 비행거리에 차이가 있는지 여부는

$$F_\alpha(J-1, (I-1)(I-1)) = F_{0.05}(4-1, (3-1)(4-1)) = F_{0.05}(3, 6) = 4.76$$

이므로 $f_B = 17.048 > 4.76 = F_{0.05}(3, 6)$가 되어 H_0는 기각할 수 있다. 즉 4개의 처리(네 종류의 연료)에 따른 비행거리는 다르다고 할 수 있다. 또한 P-값$=$ 0.00243이므로 유의수준 $\alpha=0.01$에서도 연료에 따라 비행거리에 차이가 난다고 신뢰할 수 있다. ●

정리 9.1

분산분석에서의 다중비교

일원분산분석에서 H_0가 기각되었을 때, 연구자는 어떤 μ_i가 다른지 알아보기 위한 사후검정을 필요로 한다. 이러한 검정을 다중비교절차(multiple comparison procedures)라 하며, 이러한 절차 중에서 가장 많이 사용되는 방법이 튜키의 절차(Tukey's Procedure)이다. 이것은 스튜던트화 범위분포(Studentized range distribution)라 하는 것을 이용하게 되는데, 이 분포는 분자의 자유도 m과 분모의 자유도 ν를 갖는다.

$Q_\alpha(m, \nu)$을 분자의 자유도 $m(=I)$과 분모의 자유도 ν(=총 관측수 $-I$)를 갖는 스튜던트화 범위분포의 윗 꼬리부분 α의 임계값(critical value)이라 하고, 일원배치법에서 처리수가 I, 반복수가 n_i, n_j일 때, $Q_\alpha(m, \nu)$의 값([부록 표 8])을 이용하면 다음과 같이 $\mu_i - \mu_j$의 $100(1-\alpha)$% 신뢰구간을 구할 수 있다.

$$(\overline{X}_{i.} - \overline{X}_{j.}) \pm \frac{Q_\alpha(m, \nu)}{\sqrt{2}} \sqrt{MSE\left(\frac{1}{n_i} + \frac{1}{n_j}\right)}.$$

특히 유의수준 α에서 μ_i와 μ_j가 다르다는 결론은 우리가 7장에서 배운 것과 동일하게 $\mu_i - \mu_j$의 $100(1-\alpha)$% 신뢰구간이 0을 포함하지 않는다.

[예제 9.1]로부터 4개의 공정에 따른 인장강도의 평균은 각각 $\overline{x}_{1.} = 52.60$, $\overline{x}_{2.} = 47.80$, $\overline{x}_{3.} = 36.92$, $\overline{x}_{4.} = 27.92$이고(처리수 $I=4$, 반복수 $n=n_i=n_j=5$, $MSE=99.401$), 그리고 $Q_{0.05}(4, 16) = 4.05$이므로

$$(\overline{X}_{i.} - \overline{X}_{j.}) \pm \frac{Q_\alpha(m, \nu)}{\sqrt{2}} \sqrt{MSE\left(\frac{1}{n_i} + \frac{1}{n_j}\right)} \Leftrightarrow (\overline{x}_{i.} - \overline{x}_{j.}) \pm \frac{4.05}{\sqrt{2}} \sqrt{99.401\left(\frac{1}{5} + \frac{1}{5}\right)}$$

$$\Leftrightarrow (\overline{x}_{i.} - \overline{x}_{j.}) \pm 18.058$$

으로부터 $\mu_1 - \mu_2$의 95% 신뢰구간은 [−13.26, 22.86]이고, 마찬가지로 $\mu_1 - \mu_3$는 [−2.38, 33.74], $\mu_1 - \mu_4$는 [6.62, 42.74], $\mu_2 - \mu_3$은 [−7.18, 28.94], $\mu_2 - \mu_4$는 [1.82, 37.94], $\mu_3 - \mu_4$는 [−9.06, 27.06]이다. 이것들을 그림으로 나타내면 다음과 같다.

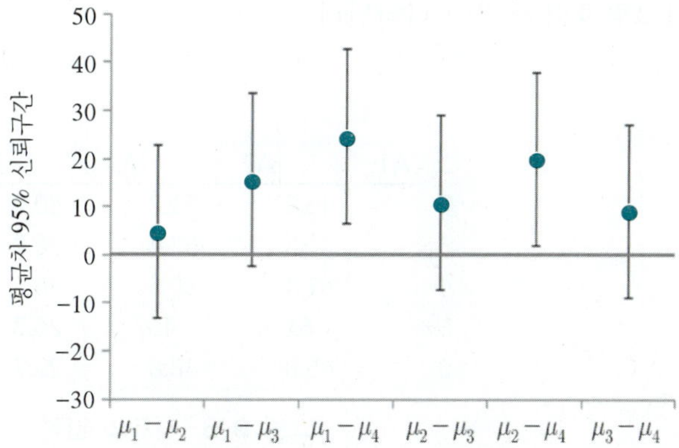

그림에서 보는 바와 같이 두 개의 신뢰구간만이 0을 포함하지 않는다. 따라서 처리1과 처리4, 처리2와 처리4가 유의수준 $\alpha = 0.05$에서 차이가 있다고 할 수 있으며, 표본평균을 오름차(또는 내림차)순으로 정렬하고, $m = I$, $\nu =$ 관측수 $- I$ 에서,

$\omega = \dfrac{Q_\alpha(m, \nu)}{\sqrt{2}}\sqrt{MSE\left(\dfrac{1}{n_i} + \dfrac{1}{n_j}\right)} = 18.058$ 이므로 두 표본 평균차이가 18.058 보다 작은 것을 밑줄을 그어 표현하면 아래와 같다.

$\bar{x}_{4.}$	$\bar{x}_{3.}$	$\bar{x}_{2.}$	$\bar{x}_{1.}$
27.92	36.92	47.80	52.60

이것은 $\mu_1 > \mu_4$, $\mu_2 > \mu_4$ 등이 유의한 차이가 있음을 나타낸다.

[예제 9.2]의 경우에는 $\dfrac{Q_{0.05}(4, 4(8-1))}{\sqrt{2}}\sqrt{6.384\left(\dfrac{1}{8} + \dfrac{1}{8}\right)} = (2.737)(1.263) = 3.457$ 이므로 다음과 같이 표현할 수 있으며,

$\bar{x}_{1.}$	$\bar{x}_{3.}$	$\bar{x}_{2.}$	$\bar{x}_{4.}$
37.00	38.13	39.38	42.00

따라서 $\mu_4 > \mu_3$, $\mu_4 > \mu_1$ 등이 유의한 차이가 있음을 알 수 있다.

Excel을 이용한 분석

Excel 활용 ❶

9.2절의 [예제 9.1]의 자료를 가지고 엑셀을 이용하여 분산분석을 시행해 보자.

풀이 [그림 9.6]과 같이 자료를 입력하고, 데이터 분석도구에서 [그림 9.7]과 같이 [분산 분석: 일원배치법]을 선택하고 [확인]을 클릭하면, 입력과 출력옵션의 대화상자가 나타나고 [그림 9.8]과 같이 입력한 후 [확인]을 클릭하면 분석결과

가 [그림 9.9]와 같이 나타난다.

1	A1	A2	A3	A4
2	46.8	51.2	50.2	21.4
3	58	62.4	38.2	22.1
4	51.4	30.6	46.8	28.2
5	61	46	26.7	42.7
6	45.8	48.8	22.7	25.2

그림 9.6 자료의 입력

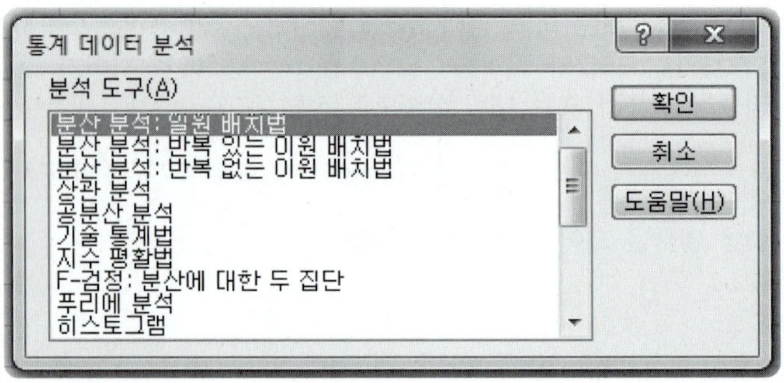

그림 9.7 데이터 분석도구에서 분석방법 [일원배치법] 선택

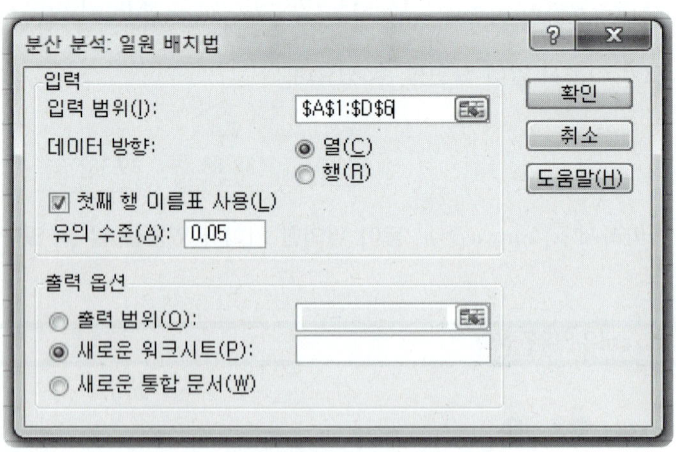

그림 9.8 [일원배치법]의 대화상자

분산 분석: 일원 배치법						
요약표						
인자의 수준	관측수	합	평균	분산		
A1	5	263	52.6	45.26		
A2	5	239	47.8	131.2		
A3	5	184.6	36.92	145.567		
A4	5	139.6	27.92	75.577		
분산 분석						
변동의 요인	제곱합	자유도	제곱 평균	F 비	P-값	F 기각치
처리	1840.742	3	613.5807	6.1728	0.005451	3.2389
잔차	1590.416	16	99.401			
계	3431.158	19				

그림 9.9 분산분석결과

P-값이 0.005451이고 유의수준 $\alpha=0.05$에서 귀무가설을 기각하므로 공장에 따른 철선의 인장강도에 차이가 있음을 알 수 있다.

Excel 활용 ❷

9.3절의 [예제 9.3]의 자료를 가지고 엑셀을 이용하여 분산분석을 시행해 보자.

(풀이) [그림 9.10]과 같이 자료를 입력하고, [그림 9.11]과 같이 데이터 분석도구에서 [분산 분석: 반복이 없는 이원배치법]을 선택하면 [그림 9.12]와 같이 입력 범위, 출력옵션 등을 선택하는 대화창이 나타난다. 선택 또는 데이터 지정 후 [확인]을 클릭하면, [그림 9.13]과 같이 분산분석 결과가 출력된다.

	A	B	C	D	E	F	G
1	밀의 품종		B1	B2	B3	평균	
2	비료처리						
3		A1	64.3	71.8	73.8	69.97	
4		A2	55.2	57.3	47.6	53.37	
5		A3	59.3	65.7	58.1	61.03	
6		A4	57.9	57.6	52.8	56.1	
7		평균	59.18	63.1	58.08	60.12	

그림 9.10 자료의 입력

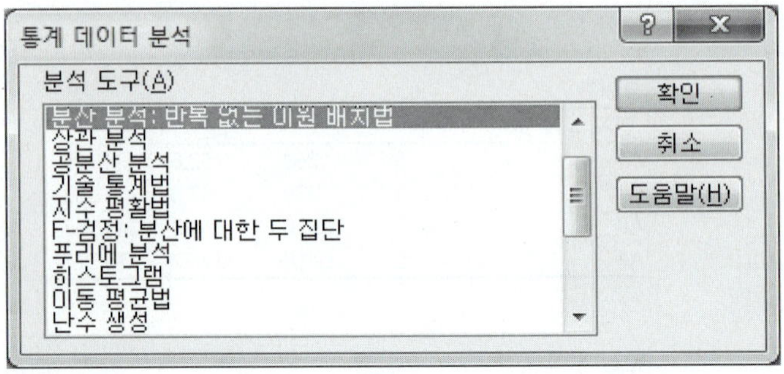

그림 9.11 데이터 분석도구에서 분석방법 [반복이 없는 이원배치법] 선택

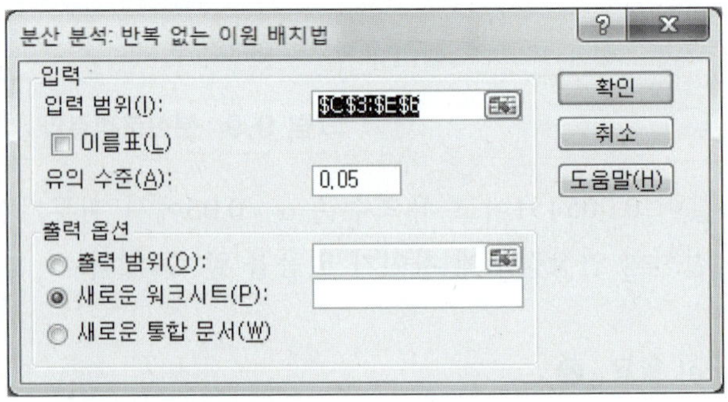

그림 9.12 [반복이 없는 이원배치법]의 대화상자

	A	B	C	D	E	F	G
1	분산 분석: 반복 없는 이원 배치법						
2							
3	요약표	관측수	합	평균	분산		
4	Row 1	3	209.9	69.9667	25.0833		
5	Row 2	3	160.1	53.3667	26.0433		
6	Row 3	3	183.1	61.0333	16.6933		
7	Row 4	3	168.3	56.1000	8.1900		
8							
9	Column 1	4	236.7	59.1750	14.5692		
10	Column 2	4	252.4	63.1000	48.7800		
11	Column 3	4	232.3	58.0750	128.2758		
12							
13							
14	분산 분석						
15	변동의 요인	제곱합	자유도	제곱 평균	F 비	P-값	F 기각치
16	인자 A(행)	478.6767	3.0000	159.5589	9.9519	0.009584	4.7571
17	인자 B(열)	55.8217	2.0000	27.9108	1.7408	0.253396	5.1433
18	잔차	96.1983	6.0000	16.0331			
19							
20	계	630.6967	11				

그림 9.13 분산분석 결과 출력

비료처리방법(A인자)의 경우 P-값이 0.009584이므로 유의수준 $\alpha = 0.05$에서 귀무가설을 기각하고, 따라서 비료처리방법(A인자)에 따라 수확량에 차이가 있다

고 할 수 있다. 또한 밀의 품종(B인자)의 경우 P-값이 0.253396이므로 유의수준 $\alpha=0.05$에서 귀무가설을 기각하지 못하므로 밀의 품종(B인자)에 따른 수확량이 다르다고 할 수 없다.

연습문제

9.1 실험설계의 기본 원리는 어떤 것들이 있는지를 설명하여라.

9.2 완전확률화 실험의 장점을 기술하여라.

9.3 일원배치법 구조모형의 오차항에 대한 기본 가정은 무엇인가?

9.4 다음 분산분석표에서 빈 칸에 알맞은 값들을 채워라.

요인	제곱합	자유도	평균제곱	f
처리	①	2	③	⑤
오차	18.465	②	④	
합계	39.026	11		

9.5 다음 분산분석표에서 빈 칸에 알맞은 값들을 채워라.

요인	제곱합	자유도	평균제곱	f
처리	80.236	②	③	⑤
오차	①	12	④	
합계	142.554	15		

9.6 정규분포를 따르며 분산이 다섯 개의 모집단에서 각 50개씩의 표본을 추출하였다고 가정하자. 분석의 목적은 $\mu_1=\mu_2=\mu_3=\mu_4=\mu_5$이라는 귀무가설을 검정하고자 한다.

(a) 8장의 방법을 이용하여 $\mu_1=\mu_2$, $\mu_1=\mu_3$, $\cdots$, $\mu_4=\mu_5$라는 짝을 이룬 귀무가설을 개별적으로 검정하고자 한다면, 몇 개의 가설을 검정해야 하는가?

(b) 하나의 가설검정에서 제1종 오류를 범하지 않을 확률이 95%라고 한다면, 모든 가설에 대한 검정의 제1종 오류를 범하지 않을 확률은 얼마인가?

(c) 만약 유의수준 5%에서 분산분석을 수행한다면 이 분석방법의 제1종 오류를 범하지 않을 확률은 얼마인가?

(d) 제1종 오류를 범하지 않을 확률을 이용하여 짝을 이룬 방법과 분산분석 방법을 비교하여라.

9.7 다음과 같은 분산분석표는 분산분석의 기본가정을 만족하는 네 개의 모집단으로부터 얻은 3개씩의 표본자료를 가지고 얻어진 결과이다.

요인	제곱합	자유도	평균제곱	f
처리	100.230	3	③	⑤
오차	①	②	④	
합계	202.550	11		

(a) 위 분산분석표를 완성하여라.

(b) 유의수준 5%에서 네 개의 모집단 평균은 모두 같다는 가설에 대해서 통계적 검정을 수행하여라.

9.8 다음과 같은 분산분석표는 분산분석의 기본가정을 만족하는 네 개의 모집단으로부터 얻은 각각의 다섯 개씩의 표본자료를 가지고 얻어진 결과이다.

요인	제곱합	자유도	평균제곱	f
처리	①	④	⑦	8.070
오차	②	⑤	9.215	
합계	③	⑥		

(a) 위 분산분석표를 완성하여라.

(b) 유의수준 1%에서 네 개의 모집단 평균은 모두 같다는 가설을 검정하여라.

9.9 비교하고자 하는 그룹이 네 개인 일원분산분석에서 각 그룹당 8개의 관찰값을 구하였다.

요인	제곱합	자유도	평균제곱	f
처리			80	
오차	560			
합계				

(a) 주어진 분산분석표에 비어 있는 곳을 채워라.

(b) 유의수준을 5%로 할 때 임계값은 얼마인가?

(c) 네 개의 그룹의 모집단 평균들이 모두 동일하다는 가설을 검정하고 통

계적 결론을 도출하여라.

(d) 튜키(Tukey) 다중비교 방법을 사용하려고 한다. 적절한 자유도 m과 ν는 각각 얼마인가? 그리고 유의수준 5%에서 적절한 ω값을 구하여라.

9.10 아동학대는 심각한 사회문제 중 하나로 인식되고 있으며, 특히 그 결과가 단순한 타박상이나 골절에 그치는 것이 아니라 치명적일 수 있다. 이에 사회복지 학자들은 신체적 손상 외에 아동의 사회 · 심리적 발달에 부정적인 결과를 초래하고 나아가 아동의 IQ에도 영향을 주는지를 조사하였다. 다음은 아동학대가 IQ에 미치는 영향을 조사한 결과이다.

학대	무관심	대조집단
$\bar{x}_{1.} = 81.06$	$\bar{x}_{2.} = 78.56$	$\bar{x}_{3.} = 87.81$
$n_1 = 32$	$n_2 = 16$	$n_3 = 16$
$SST = 15{,}432.90$, $SSE = 14{,}199.20$		

(a) 분산분석표를 작성하여라.

(b) 유의수준 5%에서 세 개의 모집단 평균은 모두 같다는 가설을 검정하여라.

9.11 서로 다른 다섯 종류의 구리철사 장력을 비교하는 실험에서, 각 종류에서 각각 4개의 표본이 사용되었다. 각각 $SST = 31{,}206.20$, $MSE = 1{,}394.20$라 할 때, 분산분석표를 작성하고 유의수준 $\alpha = 0.05$에서 서로 다른 다섯 종류의 구리철사 평균장력이 다른지를 검정하여라.

9.12 다른 세 계급(grade)의 제재목에 대한 탄성력($\times 10^6$psi)의 계수에 대한 자료가 아래와 같다고 하자. 세 계급에 대한 탄성의 평균 사이에 차이가 없다는 귀무가설을 유의수준 $\alpha = 0.01$로 하여 검정하여라.

계급 I	반복수 j	표본평균 $\bar{x}_{i.}$	표준편차 s_i
1	10	1.63	0.27
2	10	1.56	0.24
3	10	1.42	0.26

9.13 자동차의 종류에 따라 연비가 서로 다른지를 알아보기 위해 동급의 자동차 네 종류에 대한 1(L) 당 주행거리(km)를 측정하였다. 자동차에 따라 연비가 서로 다르다고 할 수 있는가를 P-값을 구하여 유의수준 $\alpha = 0.05$에서 검정하여라.

자동차A	자동차B	자동차C	자동차D
11.7	13.2	12.3	14.1
11.4	13.6	11.9	13.4
12.1	12.9	12.4	13.8
11.6	14.0	11.8	13.5
	13.3	11.6	

9.14 알루미늄 합금을 생산하는 공장에서 공정에 따른 합금의 인장강도에 차이가 있는지를 알아보기 위하여 네 종류의 공정에서 생산된 합금을 랜덤 추출하여 표본을 취하고 인장강도를 측정하여 다음의 자료를 얻었다.

공정A	공정B	공정C	공정D
6.8	5.2	5.2	2.4
7.0	6.4	3.2	2.1
5.4	3.6	4.8	2.2
6.0	4.0	2.7	4.7
5.8	4.8	2.7	2.2

(a) 분산분석표를 작성하고, 공정에 따라 인장강도가 차이가 있다고 할 수 있는지를 유의수준 $\alpha=0.05$에서 검정하여라.

(b) 정규확률도를 그리고 인장강도의 선형적 패턴은 정규성의 가정을 만족하는지를 검토하여라.

9.15 빵을 만들 때 반죽(dough)의 밀도가 높을수록 빵이 부드러워 식감이 좋아진다. 이러한 관점에서 세 가지의 빵 만드는 방법을 비교하고자 탄산수소듐($NaHCO_3$)의 세 가지 처리 방법에 따라 다섯 개씩의 빵 표본이 주어졌다고 하자.

방법1	방법2	방법3
0.95	0.73	0.69
0.86	0.71	0.68
0.85	0.75	0.51
0.80	0.77	0.62
0.82	0.64	0.44

(a) 만약 빵을 한 번에 하나씩 만들 수 있다면, 그 차례를 어떻게 정하는 것이 좋겠는가?

(b) 빵의 밀도자료의 정규확률도를 그려 보고 정규성의 가정을 만족하는지

를 검토하여라.

(c) 주어진 자료를 가지고 $\alpha=0.05$에서 세 가지의 빵 만드는 방법에 따라 빵의 밀도가 다른지를 검정하여라.

9.16 어느 대학교 신입생 15명을 대상으로 교수방법의 차이에 따라 학생들의 학업 성취도의 차이가 있는지를 알고자 실험을 하였다. 학생들은 세 개 집단으로 나뉘어 같은 시험문항으로 시험을 치루었으며, 각 집단별 학생들의 성적은 다음과 같다.

교수법1	교수법2	교수법3
59	77	95
60	65	83
50	76	85
55	71	90
50	73	87

(a) 위와 같은 실험에 대한 통계분석을 할 때 필요한 가정들에 대해서 말하여라.

(b) 교수방법별로 학생들의 성취도의 차이가 있는지를 검정하여라(유의수준 0.05).

9.17 어떤 지역에서 자라는 네 종류의 잡곡에 여섯 개 표본을 뽑아 티아민(thiamin) 함량을 측정한 값은 아래와 같다고 하자.

밀	5.2	4.5	6.0	6.1	6.7	5.8
보리	6.5	8.0	6.1	7.5	5.9	5.6
옥수수	5.8	4.7	6.4	4.9	6.0	5.2
귀리	8.3	6.1	7.8	7.0	5.5	7.2

(a) 실제 평균 티아민 함량에 대해서 다르다고 할 수 있는가를 P-값을 구하여 유의수준 $\alpha=0.05$로 검정하여라.

(b) 튜키의 절차(Tukey's Procedure)를 이용하여 밑줄 방식으로 네 종류의 잡곡의 티아민 표본평균을 나타내어라.

9.18 어떤 직업알선회사에서는 모든 고객에 대하여 적성검사를 시행하고 있다. 대학의 전공에 따라 적성검사 점수가 유의적으로 차이가 있는지를 검정하기 위해, 다음 표와 같이 다섯 개의 전공분야마다 임의로 7명의 고객을 추출하고, 그 적성검사 점수를 다음과 같이 수집하였다.

대학전공				
상경계	자연	인문	예체능	공학
75	49	59	31	43
69	34	53	41	51
59	45	48	28	49
74	59	47	31	46
68	48	51	35	47
71	44	54	39	54
67	55	56	38	52

(a) 전공에 따라 적성검사 점수가 다르다고 할 수 있는가를 P-값을 구하여 유의수준 $\alpha = 0.05$로 검정하여라.

(b) 튜키의 절차를 이용하여 밑줄 방식으로 다섯 종류 전공의 적성검사 점수의 표본평균을 나타내어라.

9.19 다음의 자료는 네 개의 다른 수준의 염도에 대해 토마토의 산출량을 나타낸다. 즉 염분 수준은 전기전도성(electrical conductivity; EC)에 관계되고, 각각 EC = 1.6, 3.8, 6.0, 10.2이다.

EC: 1.6	EC: 3.8	EC: 6.0	EC: 10.2
59.5	55.2	51.7	44.6
53.3	52.8	48.8	48.5
56.8	54.5	53.9	41.0
63.1		49.0	47.3
58.7			46.1

(a) 다른 염분 수준에 따른 실제 토마토 평균 산출량에 어떤 차이가 있는지를 유의수준 $\alpha = 0.05$로 F 검정하여라.

(b) 튜키의 절차를 이용하여 $\mu_i - \mu_j$에 대한 95% 신뢰구간을 모두 구하고, 밑줄 방식으로 네 종류 염도에 따른 토마토 산출량의 표본평균을 나타내어라.

9.20 다음은 어느 특정지역에서 이용할 수 있는 다섯 개 은행에 대해 각각 네 개 표본의 월평균거래금액(단위: 백만 원) 조사한 결과이다.

은행1	은행2	은행3	은행4	은행5
$\bar{x}_{1.} = 462.0$	$\bar{x}_{2.} = 512.8$	$\bar{x}_{3.} = 437.5$	$\bar{x}_{4.} = 469.3$	$\bar{x}_{5.} = 532.1$
$s_1 = 17.05$	$s_2 = 15.43$	$s_3 = 14.36$	$s_4 = 15.43$	$s_5 = 14.36$

(a) 위 주어진 자료를 이용하여 분산분석표를 작성하여라.

(b) 유의수준 5%에서 다섯 개의 모집단 평균은 모두 같다는 가설을 검정하여라.

(c) 튜키의 절차를 이용하여 밑줄 방식으로 다섯 종류 은행의 월 거래량의 표본평균을 나타내어라.

9.21 다섯 종류의 성장 호르몬을 주사한 후 식물의 성장에 대한 자료가 다음과 같이 주어져 있다고 하자.

호르몬A	호르몬B	호르몬C	호르몬D	호르몬E
13	21	18	7	6
17	13	15	11	11
7	20	20	18	15
14	17	17	10	8
$\bar{x}_{1.} = 12.75$	$\bar{x}_{2.} = 17.75$	$\bar{x}_{3.} = 17.50$	$\bar{x}_{4.} = 11.50$	$\bar{x}_{5.} = 10.00$

(a) 유의수준 $\alpha = 0.05$에서 F 검정을 수행하여라.

(b) 튜키의 절차를 사용했을 때 어떠한 일이 발생하는가를 설명하여라.

9.22 태아심박동(fetal heart rate, FHR) 분석은 임신에서 태아의 안녕을 평가하는 데 중요한 지침이다. 보통 FHR (bpm)은 네 범주로 나누는데, 연구자들은 그 범주에 따라 각각 10명씩 20분간 태동수(no. of fetal movement)를 조사하여 다음 표를 얻었다.

서맥 (100~119 bpm)	정상1 (120~139 bpm)	정상2 (140~159 bpm)	빈맥 (160~179 bpm)
1	1	1	2
0	1	1	2
2	5	2	3
4	1	2	6
0	0	4	5
1	1	4	4
1	2	3	3
2	1	4	3
0	2	3	3
1	2	4	5

(a) 유의수준 $\alpha = 0.05$에서 F 검정을 수행하여라.

(b) 튜키의 절차를 이용하여 밑줄 방식으로 네 범주에서 20분간 태동수의 표본평균을 나타내어라.

9.23 어떤 가전제품 공장에 TV를 생산하는 세 개의 조립라인이 있다고 가정하자. 공장장 P씨는 각 조립라인별 생산량이 서로 다르다고 생각되어 각 조립라인별 생산대수를 조사하기로 하였다. 한 달의 기간 중에 각 조립라인마다 임의로 6일 동안의 생산량을 요약한 표는 다음과 같다.

요약통계량			
조립라인	조사일수	평균생산대수	분산
A라인	6	41.67	0.57
B라인	6	43.33	0.67
C라인	6	41.50	0.70

엑셀을 이용하여 구한 분산분석표는 다음과 같다고 할 때, 다음 물음에 답하여라.

요인	제곱합	자유도	평균제곱	f
처리	12.333	2	6.167	11.327
오차	8.167	15	0.544	
합계	20.500	17		

(a) 엑셀을 활용하여 적절한 P-값을 구하여라.

(b) 유의수준 5%에서 F 분포표를 이용하여 적절한 임계값을 구하여라.

(c) 유의수준 5%에서 각 조립라인별 생산률이 서로 다르다고 결론지을 수 있는가?

(d) Tukey의 다중비교 방법을 사용하여 조립라인 B와 C의 평균생산량의 차이에 대한 99% 신뢰구간을 구하여라.

9.24 세 종류의 식이요법 I, II, III을 영양상태가 다른 네 종류의 동물 A, B, C, D에 대하여 실험은 12회를 완전랜덤하게 실시한 후, 일주일 후의 체중증가량(g)의 변화를 측정하여 다음과 같은 자료를 얻었다.

식이요법 \ 동물	A	B	C	D	평균($\bar{x}_{.j}$)
I	63	62	70	64	64.75
II	70	70	68	71	69.75
III	82	78	80	84	81.00
평균($\bar{x}_{i.}$)	71.67	70.00	72.67	73.00	71.83

이 자료로부터 다음의 두 가지 가설을 유의수준 $\alpha = 0.05$에서 검정하여라.

(a) 세 종류의 식이요법은 체중증가량(g)에 영향을 미친다고 할 수 있는가?
(b) 네 종류의 동물에 따라 체중증가량(g)이 다르다고 할 수 있는가?

9.25 어떤 화학공장에서 제품의 수율(%)에 영향을 미칠 것으로 생각되는 반응온도(℃)와 원료를 함께 비교하기 위하여 반복이 없는 이원배치 실험을 하였다. 실험은 12회를 완전랜덤하게 실시한 후 다음과 같은 자료를 얻었다. 이 자료로부터 다음의 두 가지 가설을 유의수준 $\alpha=0.05$에서 검정하여라.

원료 \ 반응온도	180℃	190℃	200℃	210℃	평균($\bar{x}_{j}$)
A_1	97.6	98.6	99.0	98.0	98.30
A_2	97.3	98.2	98.0	97.7	97.80
A_3	96.7	96.8	97.9	96.5	96.98
평균($\bar{x}_{i.}$)	97.20	97.87	98.30	97.40	97.69

(a) 세 종류의 원료가 수율에 영향을 미친다고 할 수 있는가?
(b) 네 종류의 반응 온도가 수율에 영향을 미친다고 할 수 있는가?

9.26 귤의 비타민 함량이 생산된 지역에 따라, 그리고 품종에 따라 차이가 있는가를 알아보기 위하여 임의로 12개의 표본을 추출하여 비타민 함량을 조사한 결과 다음의 자료를 얻었다. 분산분석표를 작성하여 지역과 품종에 따른 비타민 함량에 차이가 있는지를 유의수준 $\alpha=0.05$에서 검정하여라.

지역 \ 품종	B_1	B_2	B_3	B_4	평균($\bar{x}_{j}$)
A_1	79	72	51	58	65.00
A_2	75	66	48	56	61.25
A_3	69	64	44	51	57.00
평균($\bar{x}_{.j}$)	74.33	67.33	47.67	55.00	61.08

9.27 모경찰서에 새로 취임한 경찰서장은 관내 범죄율을 줄이기 위해 관내지역의 특성을 조사하다 소득수준에 따라 관내구역을 네 개로 나눌 수 있다는 것을 발견하였다. 혹시 범죄가 더 많은 구역이 있다면 그 구역에 단속을 집중하는 것이 범죄를 줄이는 한 방편이 될 것이라 생각한 경찰서장은, 네 구역에서 발생했던 범죄의 수를 지난 6개월간 관찰하여 다음과 같은 표를 얻었다. 또한, 최근 범죄수사 연구에서 월별에 따른 범죄 수가 다르다는 결과도 동시에 확인하고자 하였다.

월 \ 구역	A구역	B구역	C구역	D구역
1월	15	18	15	18
2월	13	13	14	17
3월	12	18	12	16
4월	14	19	13	15
5월	18	23	16	20
6월	14	19	12	18

이 자료로부터 다음의 두 가지 가설을 유의수준 $\alpha=0.05$에서 검정하여라.

(a) 범죄의 발생빈도에서 각 구역 간 유의적 차이가 있다고 결론 지을 수 있는가? 만약 차이가 있다면 어떤 구역(들)이 유의적 차이를 보이고 있는가?

(b) 범죄의 발생빈도는 월별로 차이가 있는가? 만약 차이가 있다면 몇 월에 범죄 발생빈도가 높다고 볼 수 있는가?

10장 상관과 선형회귀

우리는 8장에서 두 표본에 관한 문제로서 x와 y의 분포에 대한 모수를 비교하는 것에 대해 논한 바 있다. 더욱이 관찰값들이 순서 쌍으로 주어졌을 때 우리는 다른 변수들 가운데 다른 하나의 변수에 대한 정보를 사용하지 않았다. 이것은 회귀분석의 목적 중 하나가 된다. 즉, 두 변수 사이의 연관성을 이용하여 알려진 다른 변수를 통해서 그것들 중 다른 하나에 대한 정보를 얻을 수 있다.

대부분의 수학자들은 결정론적인 관계(deterministically related)에 있는 변수들을 다루고 있다. 즉, 하나의 x값이 주어지면 y값은 하나의 값으로 완전하게 고정(결정)된다고 할 수 있다. 예를 들어, 차를 빌린다고 가정하고 빌리는 가격은 25만 원에 킬로미터당 0.3(만 원)이 추가된다고 하자. 여기서 x = 킬로미터 수, y = 빌리는 가격의 변화라고 한다면 $y = 25 + 0.3x$라는 완전한 함수식이 된다. 만일, 차로 100킬로미터를 달린다고 한다면 빌리는 가격은 $y = 25 + 0.3(100) = 55$만 원이 된다. 또 다른 예로서 어느 입자의 초기속도를 v_0라 하고 가속도 a가 변한다고 한다면 시간을 x, 이동거리를 y라고 할 때, $y = v_0 + 0.5ax^2$으로 결정된다. 이렇듯 결정론적인 함수관계식이 존재하지 않는 변수들도 있다. 그 예로서, 현재 고등학교 학생들 성적의 평균을 x라 하고, 미래의 대학입학 후 평균성적을 y라고 하자. 미지의 y값은 현재 알고 있는 x값만으로 결정할 수 없다. 그리고 두 명의 다른 학생이 같은 x의 값을 갖는다고 할지라도 y값은 매우 다를 수 있다. 단지 고등학교 성적이 높은(낮은) 학생은 대학 성적 또한 높은(낮은) 경향을 보일 수 있을 뿐이다. 고등학교의 성적에 대한 정보는 그 학생이 대학교에서 성적이 어떠한지에 대한 예측을 하는 데 도움을 준다는 뜻이다.

그 밖의 예로서, 통화량과 물가는 상호 관련성을 가지고 있고, 경제성장률과 실업률도 일정한 관계를 가지고 있다. 경제변수들의 이러한 관계를 이용하여 특정 경제변수를 예측할 수 있다. 또한 기업의 광고비와 매출액 사이의 관계, 철강제품의 강도와 제조 온도 사이의 관계, 은행금리와 예금의 관계 등은 현실적으로 관심있는 문제들 중 하나이다.

이러한 변수들 간의 관계를 밝히는 방법에는 회귀분석과 상관분석이 있다. **회귀분석(regression analysis)** 이란 한 변수 혹은 여러 변수가 다른 변수에 미치는 영향력의 크기를 회귀방정식이라고 하는 수학적 관계식으로 추정하고 분석하는 통계적 분석방법을 말하며, **상관분석(correlation analysis)** 이란 두 변수 간의 관계를 나타내는, 단지 두 변수가 관련된 정도를 밝히는 것이다.

10.1 상관관계(Correlation)

두 변수의 반응에 대한 연구에서 그들의 상호관련성이 있는지 없는지, 다른 값에 대한 예측이 가능한지 그렇지 않은지에 대한 문제가 자주 대두된다. 이 절에서는 표본 안에서 두 변수 x 와 y 사이에 얼마나 강한 관계가 있는가를 나타내는 수치로서 표본상관계수 r을 구해 본다. 그리고 5장에서 정의하였던 모상관계수 ρ와 그에 대한 추정값 r의 관계에 대해 알아본다.

표본상관계수 r

n개의 관측값의 쌍 $(x_1, y_1), (x_2, y_2), \cdots, (x_n, y_n)$이 주어졌다고 하자. 만약 큰 x값에 대해 큰 y값을, 작은 x값에 대해 작은 y값을 갖는다면, 일반적으로 x와 y는 양의 상관관계가 있다고 말한다. 마찬가지로 만약 큰 x값에 대해 작은 y값을, 작은 x값에 대해 큰 y값을 가지면 음의 상관관계를 갖는다고 말한다. 이를 수치적으로 표현하면 먼저,

$$S_{xy} = \sum_{i=1}^{n}(x_i - \overline{x})(y_i - \overline{y}) = \sum_{i=1}^{n} x_i y_i - \left(\sum_{i=1}^{n} x_i\right)\left(\sum_{i=1}^{n} y_i\right)/n$$

이고, 만일 그 관계가 강하게 양수이면 x_i들은 평균 $\overline{x}$ 위에 있고, y_i들은 평균 $\overline{y}$ 위에 놓이게 되는 경향이 있다.

비록 S_{xy}가 강한 상관관계의 정도를 나타낼지라도 우리는 그 값이 양수(+)인지 음수(−)인지는 알 수 없다. 이것이 S_{xy}의 심각한 단점 중에 하나이다. 또한 x와 y의 수치 단위를 바꾸는 것에 의해 S_{xy}는 제멋대로 크기가 커지거나 0에 가까워질 수도 있다. 예를 들면, x가 미터(meter)로 측정되었을 때 $S_{xy}=25$라면 x를 밀리미터(millimeter)로 계산하면 $S_{xy}=25{,}000$이고 x를 킬로미터(kilometer)로 계산하면

$S_{xy}=0.025$가 된다. x와 y의 상관성이 얼마나 강한가를 수치로 부여하는 적당한 조건은 그것들이 사용된 수치의 특별한 단위에 종속되지 않는 값으로 계산되는 것이다. 이 조건은 **표본상관계수(sample correlation coefficient)**를 얻기 위해 S_{xy}를 수정해야 한다는 것을 말해준다.

> n개의 자료 $(x_1, y_1), (x_2, y_2), \cdots, (x_n, y_n)$에 대한 표본상관계수는
> $$r=\frac{S_{xy}}{\sqrt{\sum(x_i-\overline{x})^2}\sqrt{\sum(y_i-\overline{y})^2}}=\frac{S_{xy}}{\sqrt{S_{xx}}\sqrt{S_{yy}}} \tag{10.1}$$

여기서, $S_{xx}=\sum_{i=1}^{n}(x_i-\overline{x})^2=\sum_{i=1}^{n}x_i^2-(\sum_{i=1}^{n}x_i)^2/n, S_{yy}=\sum_{i=1}^{n}(y_i-\overline{y})^2=\sum_{i=1}^{n}y_i^2$

$-(\sum_{i=1}^{n}y_i)^2/n$ 이다.

예제 10.1 다음 자료 [표 10.1]은 12개국의 가구당 인터넷 보급률과 소셜네트워크(SNS) 사용률(%)을 나타낸다. 여기서 인터넷 보급률과 SNS 사용률 간의 표본상관관계를 구해 보자.

표 10.1 12개국의 가구당 인터넷 보급률과 SNS 사용률(%)

번호	국가	인터넷	SNS
1	캐나다	73.30	53.28
2	중국	22.31	0.06
3	프랑스	65.70	33.92
4	독일	59.33	25.05
5	이탈리아	50.89	22.51
6	일본	74.85	30.33
7	러시아	34.25	8.01
8	대한민국	95.05	47.66
9	스웨덴	88.22	45.52
10	스위스	70.50	35.66
11	미국	78.56	48.50
12	영국	72.11	47.52

먼저, 두 변수 사이에 대한 산점도(scatter plot)인 [그림 10.1]을 보면 분명히 두 변수 간에 양의 상관관계가 있음을 보여 준다. 그리고 가구당 인터넷 보급률과 SNS 사용률을 각각 x, y라고 할 때 기초통계량은

$n = 12$; $\sum x_i = 785.07$, $\sum y_i = 398.02$, $\sum x_i y_i = 29{,}608.31$, $\sum x_i^2 = 56{,}231.59$, $\sum y_i^2 = 16{,}333.18$이고, 따라서 $S_{xx} = 56{,}231.59 - \frac{(785.07)^2}{12} = 4{,}870.347$, $S_{yy} = 16{,}333.18 - \frac{(398.02)^2}{12} = 3{,}131.522$, $S_{xy} = 29{,}608.31 - \frac{(785.07)(398.02)}{12} = 3{,}568.851$이므로 식 (10.1)에 의해

$$r = \frac{3{,}568.851}{\sqrt{4{,}870.347}\sqrt{3{,}131.522}} = 0.914$$

이다. 상관계수 0.914는 [그림 10.1]에서 보는 바와 같이 x, y 사이에 높은 양의 선형관계가 있다는 것을 의미한다. ●

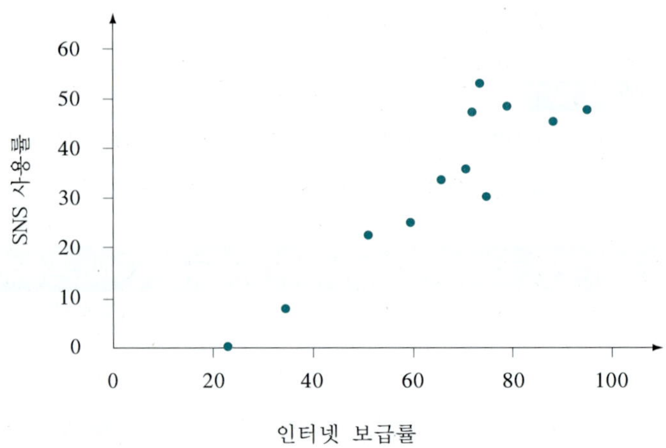

그림 10.1 인터넷 보급률과 SNS 사용률(%)의 산점도

r의 성질

표본상관계수 r은 일반적으로 다음과 같은 성질을 갖는다.

1. r 값은 두 변수 x, y와 종속적이지 않다.
2. r은 x와 y의 단위와 독립이다.
3. $-1 \le r \le 1$.
4. $r = 1$은 모든 (x_i, y_i)가 양의 기울기를 가진 직선, $r = -1$은 음의 기울기를 가진 직선 위에 놓여있다는 것과 동치이다.

5. 표본상관계수 (r) 의 제곱은 적합된 단순선형회귀모형에서의 결정계수 (r^2) 가 된다.

성질 (1)은 다음 절에서 배우게 될 회귀분석에서 관심이 되는 값들(회귀직선의 기울기, 절편, 표본분산 등)은 두 변수 중 하나에 의존한다는 사실과 구별된다. 그러나 성질 (5)는 적합된 단순선형회귀모형에 의해 설명되는 변동비율(설명력)은 독립변수에 의존하지 않는다는 것을 의미한다.

성질 (2)는 만일 cx_i 대신에 x_i, 그리고 dy_i 대신에 y_i으로 '수치의 크기(scale) 변화'를 주는 것뿐만 아니라, $x_i - a$ 대신에 x_i, 그리고 $y_i - b$ 대신에 y_i으로, 즉 '수치의 축을 0으로 위치(location) 변화' 시켜도 r은 불변한다는 것을 뜻한다. 예를 들어 측정 단위가 °F(화씨)이든 °C(섭씨)이든 r은 동일하다.

성질 (3)은 r의 최댓값은 1이고, 반면에 최솟값은 -1임을 의미한다. 이에 대한 증명은 이 절 마지막에 기술하였다. 성질 (4)에 따르면 가장 큰 양의 상관관계와 음의 상관관계는 오직 모든 점들이 직선 위에 놓여 있을 때만 가능하다는 것을 말한다.

[그림 10.2]의 (a)와 (b)는 두 변수 사이에 거의 결정론적인 관계, 즉 근사적으로 r이 ± 1에 가까운 경우를 보여 주며, (c)는 두 변수 사이에 상관관계가 거의 없는 경우를 말한다. 반면에 (d)는 근사적으로 r이 0에 가깝지만 비선형적인 관계가 있음을 보여 준다. 따라서 0에 가까운 r값은 강한 상관관계가 없다거나 부족하다는 의미가 아니라 두 변수 사이에 단지 선형적인 상관관계가 없다는 뜻이므로 r값 그 자체만으로 의미를 부여하여 자료를 해석한다면 오류가 발생할 수도 있음을 의미한다.

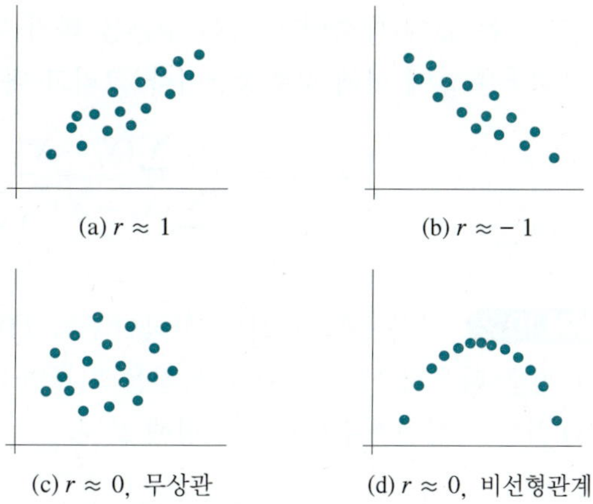

그림 10.2 다른 r값들의 산점도

우리는 보통, "강한 상관관계가 있을 때는 언제이고 약한 상관관계가 있을 때는 언제인가?"라는 질문에 직면하게 되는 경우가 있는데, 일반적으로 상관계수가 $0 \le |r| \le 0.5$이면 약하다, $0.8 \le |r| \le 1$이면 강하다, 그리고 나머지는 적절하다고 말한다. [예제 10.1]에서 12개국의 가구당 인터넷 보급률과 SNS 사용률(%)에서 $r = 0.914$는 강한 상관관계를 말해주고 있다.

모상관계수 ρ와 상관관계에 대한 추론

표본상관계수(sample correlation coefficient) r은 관측된 표본에서 x와 y가 얼마나 강하게 관련되어 있는지를 나타내는 값이다. 즉, 결합 확률분포 $f_{xy}(x, y)$에서의 (X_i, Y_i)를 가지고 모집단의 두 변수로부터 나온 (x_i, y_i)로 생각할 수 있다. 우리는 5장에서와 같이 모상관계수 $\rho_{X \cdot Y}$를 정의한다.

$$\rho = \rho_{X \cdot Y} = \frac{Cov(X, Y)}{\sigma_X \cdot \sigma_Y}$$

여기서 **공분산(covariance)**은

$$Cov(X, Y) = \begin{cases} \sum_x \sum_y (x - \mu_X)(y - \mu_Y) f_{X,Y}(x, y), & (X, Y)\text{가 이산일 때} \\ \int_{-\infty}^{\infty} \int_{-\infty}^{\infty} (x - \mu_X)(y - \mu_Y) f_{X,Y}(x, y)\, dxdy, & (X, Y)\text{가 연속일 때} \end{cases}$$

이고, 만약 우리가 전체 모집단 안의 값들을 주어진 분포로써 $f_{X,Y}(x, y)$를 생각한다면 ρ는 모집단에서 x와 y 간에 얼마나 강하게 관계가 있는가를 나타내는 값이 된다. r과 유사한 ρ의 성질들은 5장에서 배운 바 있다.

모상관계수 ρ는 $\mu_X, \mu_Y, \sigma_X, \sigma_Y$와 같이 모수 또는 모집단의 특성을 나타낸다. 그래서 우리는 ρ에 대하여 다양한 추론을 하기 위해 표본상관계수를 이용할 수 있다. 특히 r은 ρ에 대해 점추정량이다. 그리고 대응된 추정값은 아래와 같다.

$$\hat{\rho} = r = \frac{\sum (X_i - \overline{X})(Y_i - \overline{Y})}{\sqrt{\sum (X_i - \overline{X})^2} \sqrt{\sum (Y_i - \overline{Y})^2}}$$

예제 10.2 다음 [표 10.2]는 한국야구리그(KBO) 10개 구단의 순위와 최근 3년간 평균 타율과 게임당 평균 득점을 기록한 것이다. 구단의 타율(x)과 평균 득점(y) 간의 모상관계수(ρ)를 추정해 보자.

표 10.2 한국야구리그 10개 구단의 순위, 평균 타율과 게임당 평균 득점

순위	구단	타율	득점
1	삼성	0.302	6.26
2	넥센	0.298	6.28
3	두산	0.290	5.60
4	NC	0.289	5.86
5	롯데	0.280	5.31
6	kt	0.273	4.65
7	SK	0.272	4.81
8	한화	0.271	4.98
9	LG	0.269	4.53
10	KIA	0.250	4.50

먼저, 두 변수 사이에 대한 상관관계는 [그림 10.3]과 같이 양의 상관관계가 있는 것으로 판단된다. 그리고 각각의 통계량은

$n = 10$; $\sum x_i = 2.79$, $\sum y_i = 52.78$, $\sum x_i y_i = 14.84$, $\sum x_i^2 = 0.78$, $\sum y_i^2 = 282.85$,

$S_{xx} = 0.78 - \dfrac{(2.79)^2}{10} = 0.002$, $S_{yy} = 282.85 - \dfrac{(52.78)^2}{10} = 4.279$, $S_{xy} = 14.84 - \dfrac{(2.79)(52.78)}{10} = 0.090$ 이므로 식 (10.1)에 의해

$$\hat{\rho} = r = \frac{0.090}{\sqrt{0.002}\sqrt{4.279}} = 0.933$$

이다. 즉 모상관계수 ρ의 추정치는 0.933이고 이 값은 거의 1에 가까워 타율과 게임당 평균 득점은 강한 양의 상관관계가 있음을 알 수 있다. ●

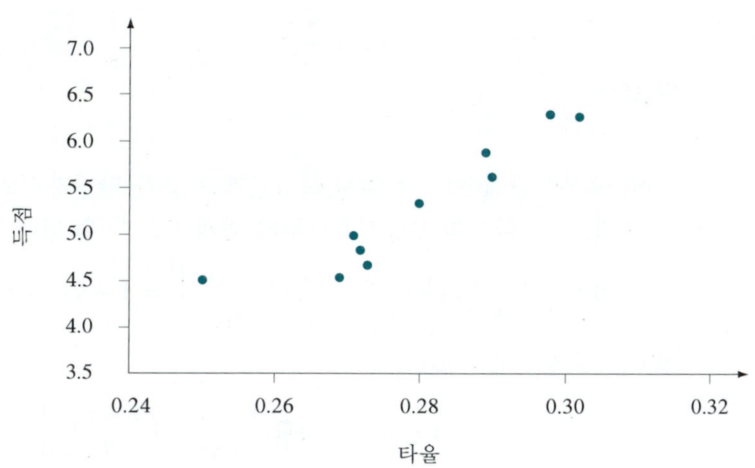

그림 10.3 10개 구단의 타율과 게임당 평균 득점의 산점도

• **표준측도(z−점수)와 상관계수의 관계**

비록 상관계수를 통계패키지(Excel 등)로 쉽게 구할 수는 있지만, 상관계수를 구하는 공식을 이해하는 것도 필요할 수 있을 것이다. 탐색(독립) 변수 x에 대해서 '표준측도(z−점수)'를 z_x라고 하면 이는 1장에서 배웠듯이 x의 평균으로부터 얼마나 떨어져 있는지를 표준편차 s_x 등으로 표현한 것이다. 즉 다음과 같다.

$$z_x = \frac{(\text{관측값} - \text{평균})}{\text{표준편차}} = \frac{(x - \overline{x})}{s_x}.$$

같은 방법으로 반응변수(종속변수) y에 대해서 z−점수를 z_y라고 하고, 각각의 관측값이 $(x_1, y_1), (x_2, y_2), \cdots, (x_n, y_n)$으로 주어져 있다고 하면 표본상관계수 r은 아래와 같이 마치 $z_x z_y$의 평균을 구하는 일정한 형태를 갖는다.

먼저, 각각의 표본분산 $s_x^2 = \frac{1}{n-1}\sum_{i=1}^{n}(x_i - \overline{x})^2$, $s_y^2 = \frac{1}{n-1}\sum_{i=1}^{n}(y_i - \overline{y})^2$에서 각각 $\sum_{i=1}^{n}(x_i - \overline{x})^2 = (n-1)s_x^2$, $\sum_{i=1}^{n}(y_i - \overline{y})^2 = (n-1)s_y^2$ 이므로 표본상관계수 r은

$$\begin{aligned} r &= \frac{\sum_{i=1}^{n}(x_i - \overline{x})(y_i - \overline{y})}{\sqrt{\sum_{i=1}^{n}(x_i - \overline{x})^2}\sqrt{\sum_{i=1}^{n}(y_i - \overline{y})^2}} \\ &= \frac{\sum_{i=1}^{n}(x_i - \overline{x})(y_i - \overline{y})}{\sqrt{(n-1)s_x^2}\sqrt{(n-1)s_y^2}} \\ &= \frac{1}{n-1}\sum_{i=1}^{n}\frac{(x_i - \overline{x})}{s_x}\frac{(y_i - \overline{y})}{s_y} \\ &= \frac{1}{n-1}\sum_{i=1}^{n} z_{x_i} z_{y_i} \end{aligned}$$

와 같다.

특히, 표본상관계수의 값 역시 모상관계수 ρ와 마찬가지로 항상 1과 −1 사이에 있으며, 이는 다음의 부등식으로부터 쉽게 유도할 수 있다.

$$0 \le \frac{1}{n-1}\sum_{i=1}^{n}\left[\frac{(x_i - \overline{x})}{s_x} - (r)\frac{(y_i - \overline{y})}{s_y}\right]^2 = 1 - 2r^2 + r^2 = 1 - r^2$$

참고로, 모상관계수 ρ는

$$\rho = \rho_{X \cdot Y} = E\left[\left(\frac{X - \mu_X}{\sigma_X}\right)\left(\frac{Y - \mu_Y}{\sigma_Y}\right)\right]$$

이므로 다음 부등식에 따른다.

$$0 \le E\left[\left(\frac{X-\mu_X}{\sigma_X}\right)-(\rho)\left(\frac{Y-\mu_Y}{\sigma_Y}\right)\right]^2 = 1-2\rho^2+\rho^2 = 1-\rho^2.$$

10.2 단순선형회귀모형(Simple Linear Regression Model)

과학자, 경제학자, 심리학자, 사회학자들은 항상 예측 문제에 관심이 많다. 회귀방정식(regression equation)이란 하나 또는 그 이상의 독립변수의 값이 주어졌을 때 종속변수의 값을 예측할 수 있도록 하는 수학적인 공식을 말한다. 회귀라는 용어는 역사적으로 영국의 우생학자 프란시스 갈톤(Francis Galton, 1822~1911)이 처음으로 사용하였다고 한다. 그는 부자 간의 키에 대하여 연구한 결과, 아버지의 키가 아주 크면 아들의 키는 평균 키보다는 크지만 아버지의 키보다는 작아서 평균키로 회귀하려는 경향이 있으며, 반대로 아버지의 키가 아주 작으면 아들의 키는 평균키보다는 작지만 아버지의 키보다는 커서 평균키로 회귀하려는 경향이 있음을 알았다. 또한, 1903년 칼 피어슨(Karl Pearson)은 1,078가족의 부자 간 키에 관한 자료를 수집하여 아버지의 키 x와 아들의 키 y 사이에 $y = 33.73 + 0.516x$(단위: 인치)라는 대략적인 관계식을 얻었다. 이상에서 아버지의 키 x를 알면 아들의 키 y를 예측할 수 있다. 이때 예측되는 변수를 **종속변수(dependent variable)** 또는 **반응변수(response variable)** 라 하고, 예측에 사용되는 변수를 **독립변수(independent variable)**, **설명변수(explanatory variable)** 또는 **회귀변수(regressor)** 라고 한다.

이 절에서는 주로 독립변수 x에 의하여 종속변수 y를 예측하는 문제를 다룬다. 만일 입학 이전에 실시한 지능검사점수에 의해 대학 1학년 학생의 수학성적을 예측한다고 해보자. 예측을 위하여 학생들의 지능검사점수에 대한 수학성적의 분포를 먼저 알아야 한다. 지능검사점수를 x, 수학성적을 y로 하면 모집단으로부터 크기 n인 표본은 다음과 같이 나타낼 수 있다.

$$(x_i, y_i);\ i = 1, 2, \cdots, n$$

지능검사점수 50, 55, 65, 70에 대한 수학성적의 분포를 생각해 보자. 아래 표에 12명의 학생에 대한 지능검사점수와 수학성적이 나타나 있고 [그림 10.4]는 표에 대한 **산점도(scatter plot)** 를 나타낸다. 이 산점도를 보면 점들의 분포가 거의 직선에 가까워 두 개의 변수가 선형관계를 가지고 있음을 알 수 있다. 일단 선형관계가 합리적인 것으로 확인되면, 우리는 보통 이것을 **선형회귀직선(linear** regression line) 이라고 하는 직선방정식에 의하여 함수식으로 나타내려고 한다. 즉 이 두 변수의 관계를 수학적으로

$$\hat{y} = b_0 + b_1 x$$

의 형태로 나타낼 수 있다. 여기에서 b_0와 b_1은 $\hat{y}$의 절편과 기울기이다. $\hat{y}$은 회귀직선에 의해 예측된 값으로 x에 대한 관측값 y와 구별하기 위해 사용된다.

학생	1	2	3	4	5	6	7	8	9	10	11	12
지능검사점수(x)	65	50	55	65	55	70	65	70	55	70	50	55
수학성적(y)	85	74	76	90	85	87	94	98	81	91	76	74

[그림 10.4]의 회귀직선에 의해서 지능검사점수가 65점인 학생의 수학성적이 88점임을 예측할 수 있으나, 만약 지능검사점수가 65점인 학생의 수학성적이 정확히 88점이라면 매우 운이 좋은 것이다. 실제로, 주어진 자료에서는 같은 지능검사점수(65)를 받은 3명의 신입생의 수학성적이 85, 90, 94로 나타나 있다. 그러므로, 예측된 수학성적 88점은 지능검사 점수가 65점인 학생으로 수학 강좌를 수강한 모든 학생들에 대한 평균 또는 기댓값으로 해석되어야 한다.

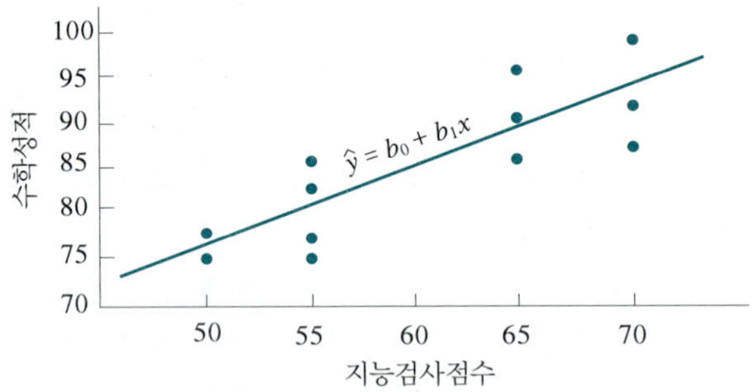

그림 10.4 추정회귀직선과 산점도

선형확률모형

결정론적인 모형 $y = \beta_0 + \beta_1 x$에 대해서 Y의 실제 관측값 y는 x의 선형함수이다. 확률모형의 적절한 일반화는 Y의 기댓값은 x에 관한 선형함수라는 가정이다. 즉 $E[Y \mid x] = \beta_0 + \beta_1 x$이고, 여기서 Y는 확률변수이지만 x는 고정된 하나의 값(상수)이다.

독립변수 x의 어떤 고정된 값에 대해서 x와 관계되는 종속변수 Y는 다음의 모형식에 의하여 모수 β_0, β_1 그리고 σ^2이 존재한다.

$$Y = \beta_0 + \beta_1 x + \varepsilon \tag{10.2}$$

모형식에서 ε은 $E(\varepsilon) = 0$, $Var(\varepsilon) = \sigma^2$인 확률변수로 가정한다.

모형 식 (10.2)에서 $x = x_0$으로 고정할 때, Y의 기댓값 $E[Y \mid x_0]$과 분산 $Var[Y \mid x_0]$은 각각

$$E[Y \mid x_0] = E[\beta_0 + \beta_1 x_0 + \varepsilon] = \beta_0 + \beta_1 x_0 + E[\varepsilon] = \beta_0 + \beta_1 x_0,$$

$$Var[Y \mid x_0] = Var[\beta_0 + \beta_1 x_0 + \varepsilon] = Var[\beta_0 + \beta_1 x_0] + Var[\varepsilon] = 0 + \sigma^2 = \sigma^2$$

이다.

일반적으로 ε을 **랜덤 편차**(random deviation) 또는 **랜덤 오차항**(random error term)이라고 한다. ε 없이 관측된 순서쌍 (x, y)는 직선 $y = \beta_0 + \beta_1 x_0$ 위에 있게 된다. 이 직선을 **참(또는 모) 회귀직선**(true or population regression line)이라고 한다. 그리고 관측자료 (x, y)는 랜덤 오차항이 $\varepsilon > 0$일 때 회귀직선 위쪽에, 또한 $\varepsilon < 0$일 때에는 직선 아래쪽에 위치한다.

독립된 n개의 관측값 $(x_1, y_1), (x_2, y_2), \cdots, (x_n, y_n)$은 [그림 10.5]에서 보이는 것처럼 모회귀직선에 뿌려져 있다. 단순선형회귀모형의 적절성은 이론적인 근거(예를 들면, 랜덤오차 ε를 갖는 두 변수의 완전한 선형관계에 있다)에 의해 선택될 수 있다. 실질적으로 합리적인 모형의 선택은 선형적인 경향을 갖는 산점도로부터 확인할 수 있다.

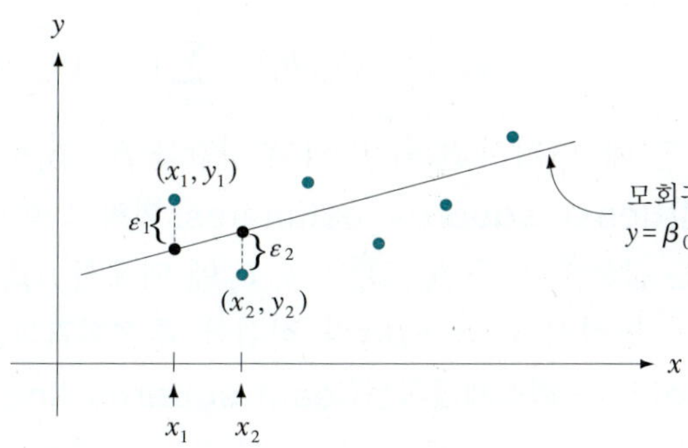

그림 10.5 단순선형회귀모형 $y = \beta_0 + \beta_1 x$로부터 관측된 점들과 오차

10.3 모수추정(Estimating Model Parameters)

이제부터는 변수 x와 y가 단순선형회귀모형을 따른다고 가정하고, β_0, β_1 그리고 σ^2은 미지의 모수라고 하자. 표본자료 $(x_1, y_1), (x_2, y_2), \cdots, (x_n, y_n)$은 서로 독립인 관측값이고 이를 이용하여 미지의 모수를 포함한 회귀모형식을 추정할 수 있다. 즉 y_i는 $y_i = \beta_0 + \beta_1 x_i + \varepsilon_i$이고 실제값 Y_i의 관측값이다. 그리고 서로 독립인 오차 $\varepsilon_1, \varepsilon_2, \cdots, \varepsilon_n$은 실제값이다. $Y_1, Y_2, \cdots, Y_n$의 독립성은 ε_i의 독립성에 따른다.

우리가 앞으로 추정할 회귀모형식은 독일의 수학자 **가우스(Gauss**, 1777~ 1855)가 고안해 낸 **최소제곱법(principle of least squares)**을 이용할 것이다. 이 방법에 따르면, 관측된 점들로부터 직선까지의 수직거리(오차)가 작다면 자료에 가장 알맞은 적합된 직선(fitted line)이라는 것을 알 수 있다([그림 10.5] 참조). 따라서 **적합도(goodness of fit)**의 척도는 이러한 오차들의 제곱합으로 나타내며, 최적의 적합 직선이란 오차의 제곱합이 가장 작은 값을 갖는 직선을 말한다.

최소제곱법의 원리

직선 $y = b_0 + b_1 x$로부터 점 (x_i, y_i)의 수직오차(편차)는

$$(\text{점의 높이}) - (\text{직선의 높이}) = y_i - (b_0 + b_1 x_i)$$

이다. 직선으로부터 각 점들 $(x_1, y_1), (x_2, y_2), \cdots, (x_n, y_n)$ 사이의 수직오차 제곱합을

$$f(b_0, b_1) = \sum_{i=1}^{n} [y_i - (b_0 + b_1 x_i)]^2$$

라 할 때, 여기서 β_0와 β_1의 추정값을 $\hat{\beta}_0$, $\hat{\beta}_1$로 표시하고 이것을 **최소제곱추정값(least squares estimates)**이라고 한다. 이것은 $f(b_0, b_1)$를 최소로 하는 값들이다. 즉 $\hat{\beta}_0$, $\hat{\beta}_1$은 b_0, b_1에 대해서 $f(\hat{\beta}_0, \hat{\beta}_1) \le f(b_0, b_1)$을 만족한다. 특히 방정식 $\hat{y} = \hat{\beta}_0 + \hat{\beta}_1 x$의 직선을 **추정회귀직선(estimated regression line)** 또는 **최소제곱직선(least squares line)**이라고 한다.

b_0와 b_1을 최소화시키는 값은 b_0, b_1에 관하여 $f(b_0, b_1)$의 편도함수를 통해 구한다. 그것들을 0으로 놓고 [일변량 미분에서 유사한 $f'(b) = 0$] 다음 방정식을 푼다.

$$\frac{\partial f(b_0, b_1)}{\partial b_0} = \sum 2(y_i - b_0 - b_1 x_i)(-1) = 0$$

$$\frac{\partial f(b_0, b_1)}{\partial b_1} = \sum 2(y_i - b_0 - b_1 x_i)(-x_i) = 0$$

이를 **정규방정식(normal equation)** 이라고 한다.

$$nb_0 + (\sum x_i)b_1 = \sum y_i,$$
$$(\sum x_i)b_0 + (\sum x_i^2)b_1 = \sum x_i y_i.$$

정규방정식은 두 개의 b_0, b_1을 알지 못하는 직선이다. 최소제곱추정량은 이 방정식에서 유일한 해가 된다.

회귀직선의 기울기 b_1의 최소제곱추정량은 다음과 같다.

$$b_1 = \hat{\beta}_1 = \frac{\sum (x_i - \overline{x})(y_i - \overline{y})}{\sum (x_i - \overline{x})^2} = \frac{S_{xy}}{S_{xx}} \tag{10.3}$$

식 (10.3)에서 $\hat{\beta}_1$의 분자 분모를 계산하면

$$S_{xy} = \sum x_i y_i - (\sum x_i)(\sum y_i)/n, \quad S_{xx} = \sum x_i^2 - (\sum x_i)^2/n$$

이고, 회귀직선의 절편 b_0의 최소제곱추정량은 아래 식 (10.4)와 같다.

$$b_0 = \hat{\beta}_0 = \frac{\sum y_i - \hat{\beta}_1 \sum x_i}{n} = \overline{y} - \hat{\beta}_1 \overline{x} \tag{10.4}$$

계산식 S_{xy}와 S_{xx}는 요약통계량 $\sum x_i$, $\sum y_i$, $\sum x_i^2$, $\sum x_i y_i$로부터 구한다. 우리는 $\hat{\beta}_0$과 $\hat{\beta}_1$를 계산하기 전에 선형 확률모형이 적절한지 아닌지를 보기 위해 산점도를 통해 조사해야 한다는 것을 강조하였다. 만약 점들이 모든 x에 대해 같은 정도로 퍼져 있는 직선 위에 찍혀 있지 않다면 다른 모형을 검토해 보아야 한다.

예제 10.3 앞에서 주어진 12명의 학생들의 지능검사점수(x)와 수학성적(y)에 대한 회귀직선을 구해보자.

먼저, [그림 8.4]에서 보는 바와 같이 두 변수 x, y 간 선형관계가 있어 보인다. 그리고, 다음과 같이 각각의 통계량

$$n = 12; \sum x_i = 725, \sum y_i = 1{,}011, \sum x_i^2 = 44{,}475, \sum y_i^2 = 85{,}905,$$
$$\sum x_i y_i = 61{,}685, S_{xx} = 672.917, S_{yy} = 728.250, S_{xy} = 603.750$$

으로부터, 표본상관계수는

$$r = \frac{603.750}{\sqrt{672.917}\sqrt{728.250}} = 0.862$$

로서 양의 상관성을 보임을 알 수 있다. 또한

$$\bar{x} = 725/12 = 60.417,\quad \bar{y} = 1{,}011/12 = 84.250$$

이므로 각각의 추정회귀계수는

$$\hat{\beta}_1 = \frac{S_{xy}}{S_{xx}} = \frac{603.750}{672.917} = 0.897,$$

$$\hat{\beta}_0 = \bar{y} - \hat{\beta}_1\bar{x} = 84.250 - (0.897)(60.417) = 30.056$$

이다. 그러므로 추정회귀직선은

$$\hat{y} = 30.056 + 0.897x$$

로 주어진다. 또한 $x = 68$일 때의 수학 추정점수는 $\hat{y} = 30.056 + (0.897)(68) = 91.052$이고 이 값은 $\hat{E}[Y \mid x = 68] = \hat{\beta}_0 + \hat{\beta}_1(68) = 91.052$임을 뜻한다. ●

예제 10.4 다음의 [표 10.3]은 14개 지역의 습지에서 환경복원능력을 평가하기 위하여 습지 내에 여러 심각한 다른 화학적 성분을 제거한 양(ppm)과 생화학적 산소요구량(ppm)에 대한 연구 자료이다. 생화학적 산소요구량(Biochemical Oxygen Demand, BOD; ppm)은 물속에 있는 미생물이 유기물을 분해하는 데 필요한 산소 소모량을 말하며, BOD가 높을수록 유기물이 많이 포함된 오염된 물이다. 여기서 x = 기타 화학성분제거량, y = BOD 생성량이라고 할 때 최소제곱직선 식을 구해 보자.

표 10.3 습지환경복원능력 평가자료

관찰값	화학성분제거량(x)	BOD 생성량(y)
1	3.39	102.30
2	4.44	96.22
3	8.48	97.89
4	11.55	92.60
5	15.46	87.71
6	15.63	89.01
7	24.53	80.59
8	28.82	69.08
9	31.19	76.19
10	12.39	88.93
11	40.61	66.62
12	46.61	54.68
13	71.30	30.45
14	88.04	15.57
합	402.44	1,047.84

먼저, $n = 14$; $\sum x_i = 402.44$, $\sum y_i = 1{,}047.84$, $\sum x_i^2 = 19{,}934.86$, $\sum y_i^2 = 87{,}074.62$, $\sum x_i y_i = 21{,}662.78$에서 $\overline{x} = 402.44/14 = 28.745$, $\overline{y} = 1{,}047.84/14 = 74.845$이고 $\hat{\beta}_0$과 $\hat{\beta}_1$은 각각 다음과 같이 계산할 수 있다.

$$\hat{\beta}_1 = \frac{S_{xy}}{S_{xx}} = \frac{21{,}662.78 - (402.44)(1{,}047.84)/14}{19{,}934.86 - (402.44)^2/14} = \frac{-8{,}458.127}{8{,}366.439} = -1.011,$$

$$\hat{\beta}_0 = \overline{y} - \hat{\beta}_1 \overline{x} = 78.845 - (-1.011)(28.745) = 103.907.$$

여기서 우리는 BOD 생성량(y)이 화학성분제거량(x)에 대한 1.011의 비율로 감소된다는 것을 알 수 있으며, 따라서 추정회귀직선의 방정식은 $\hat{y} = 103.907 - 1.011x$임을 말해 준다. ●

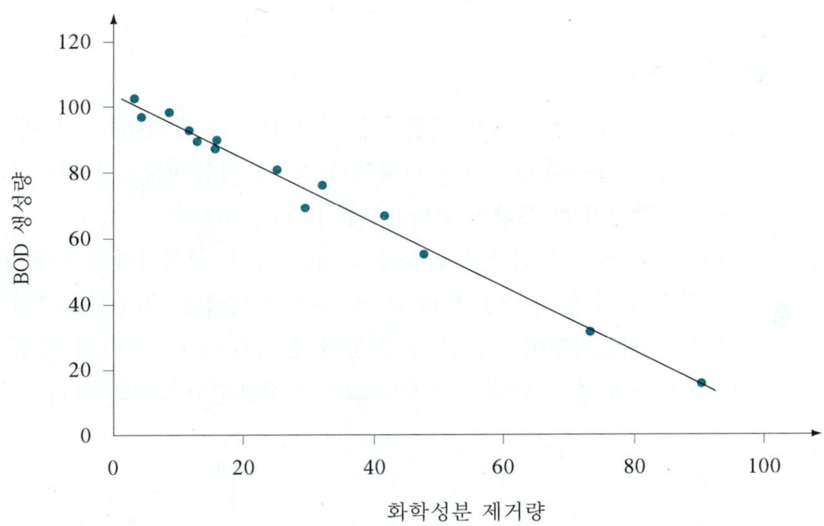

그림 10.6 Excel을 이용하여 구한 최소제곱회귀직선과 산점도

통계패키지 Excel에 의한 [그림 10.6]은 최소제곱직선이 두 변수 사이에 음의 상관관계가 있음을 나타내고 있다. 또한 습지에서의 기타 화학성분제거량에 따라 생화학적 산소요구량(BOD)의 생성량이 감소하는 경향을 선형회귀방정식으로 잘 설명할 수 있음을 보여 준다.

예제 10.5 [예제 10.4]의 기타 화학성분제거량 – BOD 생성량 자료에서 화학성분제거량이 60.0(ppm)인 모든 습지에서 BOD 생성량의 평균에 대한 점 추정값은

$$\hat{E}[Y \mid x = 60.0] = \hat{\beta}_0 + \hat{\beta}_1(60.0) = 103.907 - 1.011(60.0) = 43.247\text{(ppm)}$$

이다. 마찬가지로 화학성분제거량이 200.0(ppm)인 경우에 BOD 생성량의 점 추정값은 $\hat{E}[Y \mid x = 200.0] = \hat{\beta}_0 + \hat{\beta}_1(200.0) = -98.293$(ppm)이다. 과연 이 추정량은 옳은 것인지를 생각해 보자.

앞선 [예제 10.4]에서 구한 최소제곱직선은 어떤 화학성분제거량이 200.0(ppm)과 같이 자료의 범위(3.39 ~ 88.04 ppm 이내)를 크게 넘어버리면 x값에 대한 추정값은 옳지 않거나 구할 수 없다는 것에 주의할 필요가 있다. **외삽법의 위험(danger of extrapolation)**이라는 말은 기존의 적합된 관계(여기서는 회귀직선을 의미)에 의한 x값에 대해서 유효하지 않은 예측값임을 뜻한다. 즉 우리가 구한 회귀방정식을 이용하여 관측 범위 내에 있지 않은 $x = 200.0$(ppm)일 때의 추정값 $\hat{y} = -98.294$(ppm)은 분명히 BOD 생성량의 터무니없는 값이다. ●

σ^2의 추정

모수 σ^2은 회귀모형에서 변동량을 결정한다. 큰 값의 σ^2은 회귀직선에서 많이 흩어져 있는 관측된 (x_i, y_i)를 나타낸다. σ^2이 작을 때는 관측된 점들이 회귀직선에 매우 가깝게 있는 경향이 있다([그림 10.7] 참조).

σ^2의 추정은 신뢰구간 공식들 그리고 가설-검정절차에 사용한다. 이는 다음의 두 절에서 다룰 것이다. 또한 σ^2의 추정은 추정된 직선으로부터 표본관측값들이 벗어나 있는 거리에 기초를 두고 있다. **잔차(residuals)**가 매우 크면 σ^2값도 크다는 것을 뜻하고, 반대로 잔차의 크기가 작으면 σ^2값도 작다는 것을 암시한다.

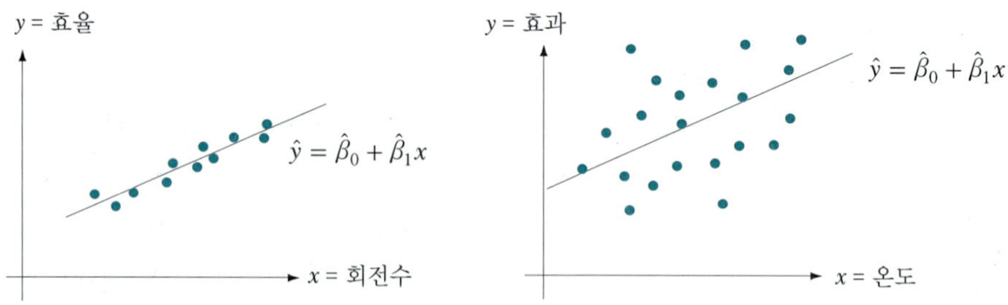

그림 10.7 σ^2에 대한 대표적인 표본: (a) 작은 σ^2값, (b) 큰 σ^2값

> 예측된 값들 $\hat{y}_1, \hat{y}_2, \cdots, \hat{y}_n$는 추정된 회귀직선 방정식에서 $x_1, x_2, \cdots, x_n$으로 얻을 수 있다.
>
> $$\hat{y}_1 = \hat{\beta}_0 + \hat{\beta}_1 x_1,\ \ \hat{y}_2 = \hat{\beta}_0 + \hat{\beta}_1 x_2, \cdots,\ \ \hat{y}_n = \hat{\beta}_0 + \hat{\beta}_1 x_n$$
>
> 잔차(residuals) $e_i\,(i = 1, 2, \cdots, n)$는 추정된 직선으로부터의 수직변동량
>
> $$y_1 - \hat{y}_1,\ \ y_2 - \hat{y}_2, \cdots,\ \ y_n - \hat{y}_n$$
>
> 이다.

다시 말하자면, 예측값 $\hat{y}_i$는 추정된 회귀직선을 이용한 i번째 관측값 x_i에 대한 y_i의 예측값 또는 기댓값이다. 즉 $\hat{y}_i$는 i번째 관측값 x_i 위에서 추정회귀직선의 높이를 말하며, 이때 잔차 $e_i = y_i - \hat{y}_i (i = 1, 2, \cdots, n)$는 관측값 y_i와 예측값 $\hat{y}_i$의 차이이다. 만일 모든 잔차들이 매우 작다면 이는 x와 y 사이에 선형적 관계로 인한 y에서의 분산이 작다고 할 수 있으며, 반면에 잔차들이 크다면 선형관계로 인한 분산에 비해 상대적으로 y에서의 분산이 크다는 뜻이다. 따라서 추정선형회귀직선 위에 관측값이 많이 모여 있다면(잔차가 작다면) 선형적인 모형의 선택이 적절하다는 것을 말해준다. [그림 10.8]은 최소제곱직선이고, 잔차 e_i들은 직선 위에 관측된 점들로부터 수직선분–거리임을 보여준다.

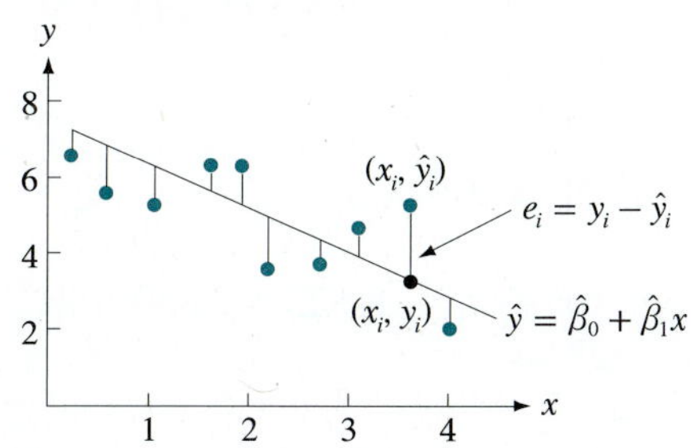

그림 10.8 $\hat{y} = \hat{\beta}_0 + \hat{\beta}_1 x$ 로부터 관측된 자료의 오차(잔차)

한 개의 표본에서 평균으로부터 편차들은 추정량 $s^2 = \sum (x_i - \bar{x}_i)^2 / (n-1)$을 얻기 위해 필요하다. 회귀분석에서 σ^2의 추정값은 오차의 합과 제곱에 근거를 둔다. 우리는 이 추정된 분산에 대해 s^2을 계속 사용할 것이다. 그러므로 이전에 s^2과 혼돈하지 않도록 한다.

오차제곱합(error sum of squares or residual sum of squares)은 SSE라 쓰며

$$SSE = \sum (y_i - \hat{y}_i)^2 = \sum [(y_i - (\hat{\beta}_0 + \hat{\beta}_1 x_i)]^2 = \sum y_i^2 - \hat{\beta}_0 \sum y_i - \hat{\beta}_1 \sum x_i y_i$$

이다. 그리고 σ^2의 추정량은

$$\hat{\sigma}^2 = s^2 = \frac{SSE}{n-2} = \frac{\sum (y_i - \hat{y}_i)^2}{n-2}$$

가 된다.

추정량 s^2은 β_0와 β_1를 먼저 추정해야 하며, 이것은 자유도(df)가 $n-2$인 t분포를 따른다.

예제 10.6 이전 예제인 습지생태계에 유해한 기타 화학성분제거량과 BOD 생성량 자료에서 i = 5번째 측정된 화학성분제거량이 15.46(ppm)일 때, BOD 생성량의 오차(잔차) e_5를 구해 보면,

$$\hat{y}_5 = \hat{\beta}_0 + \hat{\beta}_1(15.46) = 103.907 - (1.011)(15.46) = 88.277 \approx 88.28\,(\text{ppm})$$

이므로 e_5 = 실제값 − 추정값 = 87.71 − 88.28 = −0.57이다. 여기서 전체 14개 자료의 분산 σ^2과 표준편차 σ의 추정량을 구해 보자. 먼저, $\sum y_i^2 = 87{,}074.62$, $\sum x_i y_i = 21{,}662.78$이므로 오차제곱합 SSE는 다음과 같다.

$$\begin{aligned} SSE &= \sum y_i^2 - \hat{\beta}_0 \sum y_i - \hat{\beta}_1 \sum x_i y_i \\ &= 87{,}074.62 - (103.907)(1{,}047.84) - (-1.011)(21{,}662.78) \\ &= 97.471 \end{aligned}$$

그러므로 σ^2의 추정량은 $\hat{\sigma}^2(=s^2) = \dfrac{SSE}{n-2} = \dfrac{97.471}{12} = 8.123$이고, 따라서 표준편차의 추정량($\hat{\sigma}$)은 $s = \sqrt{8.123} = 2.850$이다. ●

결정계수(Coefficient of Determination)

[그림 10.9]는 두 변량자료의 서로 다른 세 개의 산점도를 보여 준다. 이 세 개의 그림에서 다른 점들의 높이는 실제로 바뀐다. 그리고 관측된 y값들은 많은 변동성(분산)이 있다는 것을 가리킨다. 첫 번째 [그림 10.9(a)]의 점들은 정확히 직선 위에 찍혀 있다. 이 경우 y의 표본변동의 모든 것(100 %)은 x 변동의 결합에서 선형적 관계가 있다는 사실을 말해 준다. [그림 10.9(b)]에서 점들은 정확히 직선에 찍혀 있지 않다. 그러나 모든 y의 변동성에 비해 최소제곱직선으로부터의 편차는 작을 수 있다. 이 경우에는 단순회귀모형에 의해 변수들 사이에 점근적 선형관계를 갖는다고 할 수 있다. 산점도가 [그림 10.9(c)]와 같은 경우에는 y의 변동과 최소제곱직선에 의한 변동과의 편차가 꽤 클 것으로 추측된다. 그래서 단순회귀모형은 x와 y의 관계에 의해 변동을 설명하기에 부적절할 수 있다.

오차제곱합 SSE는 주어진 모형이 y의 변동 중에 설명할 수 없는 변동이 얼마나 많은지를 이해할 수 있는 척도(measure)이다. 즉, 선형적 관계의 기여도를 나타낸다고 할 수 있다.

[그림 10.9(a)]에서 $SSE = 0$이고, 따라서 설명되지 않는 변동은 없다. 반면에 설명할 수 없는 변동은 (b)에서는 작고 (c)의 경우에는 매우 크게 나타난다.

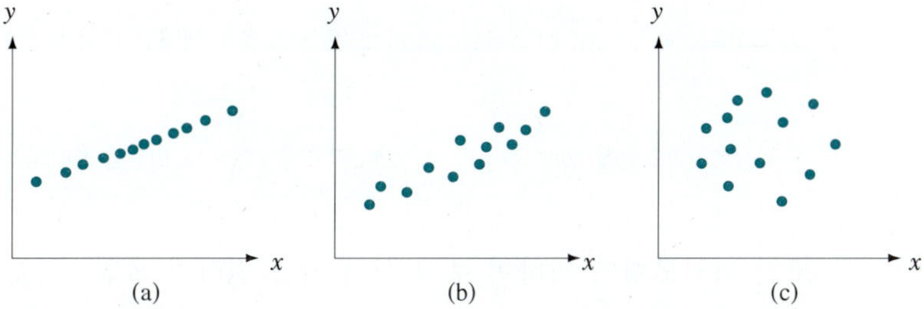

그림 10.9 y의 변동을 설명하기 위해 사용된 모형. (a) 모든 변동을 설명할 수 있는 자료, (b) 많은 변동을 설명할 수 있는 자료, (c) 적은 변동을 설명할 수 있는 자료.

y 값의 총 변동의 양적 수치는 **총 제곱합(total sum of squares; SST)**에 의해 주어진다.

$$SST = S_{yy} = \sum (y_i - \overline{y})^2 = \sum y_i^2 - (\sum y_i)^2 / n$$

총 제곱합은 관측된 값의 표본평균에 대한 편차의 제곱합이다. 그러므로 SST는 각각의 y_i로부터 $\overline{y}$을 뺀 값이다. 반면에 **오차제곱합(error sum of squares; SSE)**은 관측된 y_i값에 대응한 값부터 각각의 다른 예측된 $\hat{y}_i$값을 뺀 것이며, 단지 최소제곱직선 $\hat{y} = \hat{\beta}_0 + \hat{\beta}_1 x$에 대한 편차의 제곱합이다. SST는 [그림 10.10]에 그려진 높이 $\overline{y}$의 수평선에 대한 편차의 제곱합이다. 또한 최소제곱직선에 관한 편차의 제곱합은 다른 어떤 직선의 편차의 제곱합보다 작기 때문에 수평선 그 자체가 최소제곱직선이 아니면 $SSE < SST$가 된다. 비율 SSE/SST은 단순선형회귀모형에 의해 설명할 수 없는 총 변동의 비율이다. 그리고 $1 - SSE/SST$ (0에서 1 사이의 수)는 모형에 의해 설명되는 관측된 y의 변동의 비율, 즉 **설명력(결정계수; coefficient of determination)**을 나타낸다.

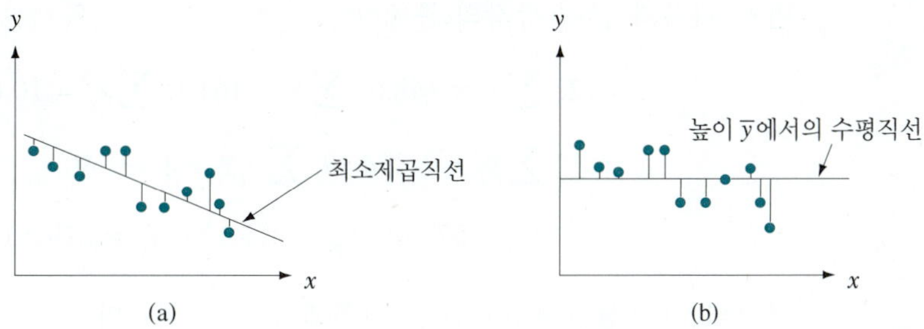

그림 10.10 (a) SSE = 최소제곱직선에 대한 편차의 제곱합. (b) SST = 수평선에 대한 편차의 제곱합

결정계수(coefficient of determination)는 r^2으로 나타내고 다음과 같이 정의된다.

$$r^2 = 1 - \frac{SSE}{SST}$$

단순선형회귀모형에 의해 설명될 수 있는 관측된 y 값들의 비율을 의미한다.

또한 회귀모형에 의하여 추정 시 오차를 얼마나 줄일 수 있는가를 나타내는 척도로서 **회귀제곱합(regression sum of squares; SSR)** 을 사용하며, 회귀제곱합은 모형에 의해 설명되는 모든 변동의 양으로 이해할 수 있다.

결정계수는 $SSR = SST - SSE$ 의 관계로부터

$$r^2 = 1 - SSE/SST = (SST - SSE)/SST = SSR/SST$$

임을 알 수 있고, 이는 전체변동에서 설명되는 비율로 해석할 수도 있다. 특히 더 크고 성공적인 r^2의 값은 y의 변동을 잘 설명하는 단순선형회귀모형임을 말해준다. 통계 패키지를 사용하여 회귀분석할 때 r^2이나 $100r^2$(단위: %)은 중요한 출력물 중 하나이다. 만약 r^2이 작다면 분석자는 항상 y 의 변동을 더 효과적으로 설명할 수 있는 둘 중 하나의 모형(비선형 모형이거나 하나의 독립변수보다 많은 복합적인 회귀모형)을 찾아야 할 것이다.

예제 10.7 아래 자료는 어떤 기계공정에서 공정의 효율(y, %)은 특수 장착된 모터의 회전수(x, rpm)에 따라 달라진다는 실험 결과이다.

회전수(x)	18	20	22	24	26	28	30	32	34	36	38	40
효율(y)	3.1	9.5	11.8	10.4	13.3	14.8	13.2	14.7	16.4	16.5	18.9	18.5

여기서 모상관계수 ρ의 점추정량 r을 이용하여 결정계수를 구해 보자.
먼저, 다음과 같이 각각의 통계량

$$n = 12;\ \sum x_i = 348.0,\ \sum y_i = 161.1,\ \sum x_i^2 = 10{,}664.00,$$

$$\sum y_i^2 = 2{,}374.19,\ \sum x_i y_i = 4{,}991.40,$$

$$S_{xx} = 572.00,\ S_{yy} = 211.423,\ S_{xy} = 319.50$$

으로부터, 표본상관계수 $r(\hat{\rho})$은 다음과 같이 주어진다.

$$r = \frac{S_{xy}}{\sqrt{S_{xx}}\sqrt{S_{yy}}} = \frac{319.50}{\sqrt{572.00}\sqrt{211.423}} = 0.9187.$$

따라서 결정계수는 $r^2 = (0.9187)^2 = 0.844$이다.

한편 $\overline{x}$ = 29.00, $\overline{y}$ = 13.425이므로 $\hat{\beta}_0$과 $\hat{\beta}_1$은 각각 다음과 같이 계산할 수 있다.

$$\hat{\beta}_1 = \frac{S_{xy}}{S_{xx}} = \frac{319.50}{572.00} = 0.559,$$

$$\hat{\beta}_0 = \overline{y} - \hat{\beta}_1 \overline{x} = 13.425 - (0.559)(29.00) = -2.773.$$

또한 $\sum y_i = 161.10$, $\sum y_i^2 = 2{,}374.19$, $\sum x_i y_i = 4{,}991.40$으로부터

$$SST = \sum y_i^2 - \frac{(\sum y_i)^2}{12} = 2{,}374.19 - \frac{(161.10)^2}{12} = 211.423\,(= S_{yy}),$$

$$\begin{aligned} SSE &= \sum y_i^2 - \hat{\beta}_0 \sum y_i - \hat{\beta}_1 \sum x_i y_i \\ &= 2{,}374.19 - (-2.773)(161.10) - (0.559)(4{,}991.40) \\ &= 32.961 \end{aligned}$$

이다. 마찬가지로 결정계수는

$$r^2 = 1 - \left(\frac{32.961}{211.423}\right) = 0.844$$

이 된다. 즉 두 가지 방법으로 구한 결정계수는 동일하다. 이것은 위 예제에서 주어진 기계공정에서 관측된 총 변동 중에서 84.4%는 공정의 효율과 특수 장착된 모터의 회전수가 근사적으로 선형관계에 기인한다고 볼 수 있다. ●

회귀효과(Regression Effect)

회귀분석의 도입시기는 19세기 후반으로, 아버지의 키 x와 아들의 키 y 사이의 관계에 대한 연구로서 **갈톤**(Francis Galton, 1822 ~ 1911)은 이끌어낸 회귀직선에서 만약 아버지가 평균키보다 크다면 아들 역시 평균보다 클 것으로 예상하였다. 그러나 아버지만큼은 크지 않다는 사실도 찾아냈다. 마찬가지로 아버지가 평균키보다 작다면 작은 아들은 평균보다 키가 작을 거라고 예상하였다. 하지만 아버지만큼은 작지 않다고 분석하였다. 그러므로 예측된 아들의 키는 "pulled back in" 평균을 향한다. 왜냐하면 회귀는 가고 돌아오는 것을 의미하기 때문이다. 갈톤은 술어학에서 회귀직선을 사용하여 설명하였다. 평균을 향해 가는 "pulled back in" 현상은 다른 많은 상황에서 관찰되곤 한다(예: 야구에서 일년에 치는 타율). 그리고 이를 **회귀효과(regression effect)**라고 한다.

이러한 효과는 결국 평균으로의 회귀(regression toward the mean) 현상으로 나타나기 때문에 회귀직선은 항상 평균점 $(x, y) = (\overline{x}, \overline{y})$을 지나게 된다. 이는 앞에서 정리된 내용으로서 절편 $\hat{\beta}_0$을 구하는 식 $\hat{\beta}_0 = \overline{y} - \hat{\beta}_1 \overline{x}$의 의미는 추정회귀직선 $\hat{y} = \hat{\beta}_0 + \hat{\beta}_1 x$에서 $(\overline{x}, \overline{y})$을 대입했을 때 등식이 성립한다는 것을 말하고 있다.

한편 갈톤(1889)은 그의 저서 'Natural Inheritance'에 부자 간의 키와 비슷한 콩의 문제를 다루어 흥미로운 결론을 도출하여 발표하였다. 1875년 갈톤은 무게별로 7개의 그룹으로 나눈 콩(sweet pea)들을 각각 10개씩 7명의 사람들에게 나누어 주고 재배하게 하였다. 즉 갈톤은 490개(7명×7종×10개)의 콩 모종으로부터 얻은 콩들의 무게를 측정하여 다음과 같은 결론을 얻었다. 콩 종류의 모집단으로부터 얻은 콩의 2세들의 무게 분포가 정규분포를 따르지만, 2세들의 평균은 각 모집단의 평균에 가까운 것이 아니라 전체 모집단에 가까웠다. 이 모형을 수식으로 나타내면 다음과 같다.

$$y - M = \beta(x - M) + \varepsilon$$

여기서 x와 y는 각각 모종 콩과 2세 콩의 무게이고, M은 모종 콩의 평균값, ε은 오차항이다. 이에 대한 분석결과로 회귀기울기의 추정값 $\hat{\beta}$이 0과 1 사이였는데, 그는 이를 첫째, 추정값 $\hat{\beta}$이 0보다 크므로 1세대 모종 콩의 무게는 2세대 콩의 무게에 영향을 준다–모종 콩의 무게가 무거우면(가벼우면) 2세대 콩의 무게도 무겁다(가볍다)–고 해석하였다. 둘째, 추정값 $\hat{\beta}$이 1보다 작으므로 모종 콩의 무게보다는 2세 콩의 무게가 더 평균값 M에 가까워지는 경향이 있다고 하였다. 갈톤은 이러한 현상, 즉 콩의 무게는 평균값 M으로 회귀한다(regress)고 기술하였다.

10.4 기울기 모수 β_1에 대한 추정

모집단의 회귀직선의 기울기 β_1은 독립변수 x의 1단위 증가에 대한 종속변수 y의 평균 변화량이다. 최소제곱직선의 기울기 $\hat{\beta}_1$은 β_1의 점추정량이다. 일반적으로 표본평균이나 표본표준편차는 표본으로부터 벗어날 것이다. 또한 β_1값도 벗어나 오차가 존재할 것이다.

예를 들어, 모집단의 실제 기울기가 $\beta_1 = 25.0$이라고 해도 표본추출에 따라 최소제곱직선 추정식의 기울기는 $\hat{\beta}_1 = 24.3$일 수도 있고, 25.8 또는 25.4일 수도 있다. [예제 10.3]에서, 지능검사 점수가 65일 때 수학성적이 85점, 90점, 94점 등으로 다양하게 (표본)추출될 수 있기 때문이다. 이러한 상황은 μ의 신뢰구간을 구하거나 μ에 대한 가설검정도 표본평균 $\overline{X}$의 분포에 의존한다는 것으로 확장될 수 있다. 또한 β_1의 추정은 β_1의 통계적 개념에 기본을 두고 그것의 표본분포로부터 구하게 될 것이다.

x_i의 값은 실험을 수행하기 전에 선택된 값(상수)이라 하고, Y_i값들은 임의의 확

률표본이다. β_0와 β_1의 추정량은 10.3절의 식 (10.3)과 (10.4)에서 확률변수 Y_i의 측정값 y_i들로부터 아래와 같이 구할 수 있다.

$$\hat{\beta}_1 = \frac{\sum(x_i - \overline{x})(Y_i - \overline{Y})}{\sum(x_i - \overline{x})^2},$$
$$\hat{\beta}_0 = \frac{\sum Y_i - \hat{\beta}_1 \sum x_i}{n}.$$

마찬가지로 σ^2의 추정량은 확률변수 Y_i에 의한 S^2과 각각의 y_i로부터 구할 수 있다.

$$\hat{\sigma}^2 = S^2 = \frac{\sum Y_i^2 - \hat{\beta}_0 \sum Y_i - \hat{\beta}_1 \sum x_i Y_i}{n-2}$$

$\hat{\beta}_1$의 분모 $S_{xx} = \sum(x_i - \overline{x})^2$는 확률변수 Y_i와 무관하고, 단지 x_i에만 관련된 상수이다. 따라서 $\sum(x_i - \overline{x})\overline{Y} = \sum(x_i - \overline{x})\overline{Y} = \overline{Y} \cdot 0 = 0$이므로 기울기의 추정량은

$$\hat{\beta}_1 = \frac{\sum(x_i - \overline{x})Y_i}{S_{xx}} = \sum c_i Y_i$$

이고, 여기서 $c_i = (x_i - \overline{x})/S_{xx}$이다. 즉, $\hat{\beta}_1$은 정규분포를 따르는 서로 독립인 확률변수 $Y_1, Y_2, \cdots, Y_n$의 선형함수이다. 앞에서 논의된 확률변수들의 선형함수의 성질은 다음과 같다.

1. $\hat{\beta}_1$의 평균은 $E(\hat{\beta}_1) = \mu_{\hat{\beta}_1} = \hat{\beta}_1$이고, 따라서 $\hat{\beta}_1$은 β_1의 불편추정량이다.
2. $\hat{\beta}_1$의 분산과 표준편차는 다음과 같다.

$$Var(\hat{\beta}_1) = \sigma^2_{\hat{\beta}_1} = \frac{\sigma^2}{S_{xx}}, \quad \sigma_{\hat{\beta}_1} = \frac{\sigma}{\sqrt{S_{xx}}} \qquad (10.5)$$

   여기서, $S_{xx} = \sum(x_i - \overline{x})^2 = \sum x_i^2 - (\sum x_i)/n$이고, σ 대신에 추정값 s를 대입하면 $\hat{\beta}_1$의 추정된 표준편차는 아래와 같다.

$$s_{\hat{\beta}_1} = \frac{s}{\sqrt{S_{xx}}}$$

3. 추정량 $\hat{\beta}_1$은 정규분포를 따른다.

식 (10.5)에서 보면, $\hat{\beta}_1$의 분산은 랜덤오차항의 분산 σ^2을 $\sum(x_i - \overline{x})^2$으로 나눈 것으로 나타나는데, 그 이유는 $\sum(x_i - \overline{x})^2$은 x_i들이 $\overline{x}$으로부터 얼마나 떨어져 있는가를 의미하기 때문이다.

앞에서 이미 논의되었던 추정, 검정들은 먼저 추정량을 표준화하였다. 특히 7장

에서 정규분포로부터 모평균 μ에 대한 검정과 신뢰구간을 구할 때, 표준화된 $(\overline{x}-\mu)/(s/\sqrt{n})$을 사용하였고, $(\overline{x}-\mu)/s_{\hat{\mu}}$은 자유도가 $n-1$인 t 분포를 따랐다. 마찬가지로 그러한 성질은 β_1에 대한 추론에서도 사용하게 된다.

정리 10.1

단순선형회귀모형의 가설들은 자유도 $n-2$ 인 t분포

$$T=\frac{\hat{\beta}_1-\beta_1}{s/\sqrt{S_{xx}}}=\frac{\hat{\beta}_1-\beta_1}{s_{\hat{\beta}_1}}$$

를 따른다.

β_1의 신뢰구간

앞의 신뢰구간의 유도된 공식에 따르면 다음과 같이 확률계산을 할 수 있다.

$$P\left[-t_{\alpha/2}(n-2)\le\frac{\hat{\beta}_1-\beta_1}{s_{\hat{\beta}_1}}\le t_{\alpha/2}(n-2)\right]=1-\alpha$$

β_1의 괄호 안에 부등식과 추정량들의 자리에 추정한 값을 대체하여 신뢰구간 공식을 유도할 수 있다.

회귀직선의 기울기 β_1에 대한 $100(1-\alpha)\%$ 신뢰구간은 다음과 같다.

$$\hat{\beta}_1\pm t_{\alpha/2}(n-2)\cdot s_{\hat{\beta}_1}$$

이 구간은 이전의 많은 신뢰구간들의 형태와 비슷하다. 모수를 추정한 값이 중심이 되고 원하는 신뢰한계(임계값 t를 통해)와 추정량 $\hat{\beta}_1$의 변동의 양에 따라 구간의 폭이 변한다($s_{\hat{\beta}_1}$을 통해서 $\hat{\beta}_1$의 분포에 작은 변동이 있을 때 작게 확장될 것이고 그렇지 않으면 커지게 된다).

예제 10.8 앞의 [예제 10.7]에서 먼저, 모분산의 추정값 $\hat{\sigma}^2$을 구해 보자. 각각의 통계량을 이용하여 오차제곱합 SSE을 구한 후 추정값을 계산하면

$$\hat{\sigma}^2=s^2=\frac{SSE}{n-2}=\frac{\sum Y_i^2-\hat{\beta}_0\sum Y_i-\hat{\beta}_1\sum x_iY_i}{n-2}$$

$$=\frac{2{,}374.19-(-2.773)(161.10)-(0.559)(4{,}991.40)}{12-2}$$

$$= \frac{32.961}{12-2}$$

$$= 3.296$$

이고, 따라서 표준편차의 추정량은 $s = \sqrt{3.296} = 1.816$이다. 또한 SST = 211.423이므로 SSR = 211.423 − 32.961 = 178.462, 오차의 자유도(df)는 12 − 2 = 10, 그러므로 추정된 $\hat{\beta}_1$의 표준편차는

$$s_{\hat{\beta}_1} = \frac{s}{\sqrt{S_{xx}}} = \frac{1.816}{\sqrt{572.0}} = 0.076$$

이 된다. 따라서 기울기 β_1에 대한 95% 신뢰구간([부록 표 4], 임계값 $t_{0.025}(10)$ = 2.228)은 다음과 같이 구할 수 있다.

$$\hat{\beta}_1 \pm t_{\alpha/2}(n-2)\cdot s_{\hat{\beta}_1} = 0.559 \pm (2.228)(0.076)$$

$$\text{또는 } [0.389,\ 0.728].$$

이것은 95% 신뢰도를 가지고 특수 장착된 모터의 회전수(rpm) 1 증가에 따라 0.389와 0.728 사이의 비율로 기계공정의 효율(%)이 증가된다고 추론할 수 있다. 따라서 우리는 이 기계공정에서 장착된 모터의 회전수 증가는 공정효율을 증가시키는 경향을 신뢰할 수 있다. ●

가설검정절차

앞선 8장에서 공부한 β_1에 관한 검정의 귀무가설은 동일하다. 귀무값(β_1의 값은 귀무가설에서 참일 때)을 β_{10}이라고 하자. 통계적 검정은 β_{10} 값에 의한 표준화된 변수 T에서 β_1 대신에 쓴다. 즉, 표준화된 추정량 β_1로부터 가설 H_0는 참이다. H_0가 참일 때 통계적 검정은 자유도 $n-2$인 t 분포를 따른다. 따라서 제1종 오류의 가능성은 적당한 임계값 t를 사용하여 원하는 수준 α로 조절된다.

일반적으로 대응하는 β_1에 대한 가설은 $H_0: \beta_1 = 0$ 대 $H_1: \beta_1 \neq 0$이다. 이 귀무가설이 참일 때 반응변수의 기댓값 $E[Y \mid x] = \beta_0 + \beta_1 x = \beta_0$이 되어 x와 무관하게 되므로 독립변수 x를 이용하여 종속변수를 예측하는 데 전혀 정보를 제공하지 못하기 때문에 위 가설검정은 중요하다. 위 두 가설을 단순선형회귀에서 **모형 유효성 검정(model utility test)**이라고도 한다.

표본수 n이 아주 작지 않다면 r^2이 상당히 클 때 간단히 모형의 유효성이 확인된 것으로 간주되어 H_0는 기각될 것이고, 만일 귀무가설 $H_0: \beta_1 = 0$이 기각되지 않을 경우 산점도를 통하여 곡선관계가 있는지를 확인하고, 그 해석은 두 변수 사이에 관계가 없다고 하기보다는 직선관계가 없다고 분석해야 한다.

귀무가설 : $H_0 : \beta_1 = \beta_{10}$

계산된 검정통계량 : $t_0 = \dfrac{\hat{\beta}_1 - \beta_{10}}{s_{\hat{\beta}_1}}$

대립가설	α 수준 검정에 대한 기각역
$H_1 : \beta_1 > \beta_{10}$	$t_0 \geq t_\alpha(n-2)$
$H_1 : \beta_1 < \beta_{10}$	$t_0 \leq -t_\alpha(n-2)$
$H_1 : \beta_1 \neq \beta_{10}$	$\lvert t_0 \rvert \geq t_{\alpha/2}(n-2)$

여기서, 자유도 $n-2$인 P–값은 이전에 했던 t 검정으로 계산할 수 있다.

검정통계량값 t_0는 $t_0 = \beta_1 / s_{\hat{\beta}_1}$인 경우($\beta_{10} = 0$)에 $H_0 : \beta_1 = 0$ 대 $H_1 : \beta_1 \neq 0$를 검정한다.

예제 10.9 어떤 주조된 특수합금의 강도평가(tensile strength)에서 초기 재료의 길이 분에 파괴될 때까지의 길이변화량, 즉 연신율(elongation, %)이 규소화합물 함량(mg)에 영향을 받는 실험을 하였다.

규소화합물 함량(x)	2.9	2.4	4.1	5.6	6.5	6.8	6.0	7.9	8.5	8.5
연신율(y)	9.6	3.5	12.7	9.8	15.1	17.7	20.9	18.2	24.7	21.9

위 10개의 표본 x = 규소화합물(mg), y = 연신율(%)에 대해서 산점도가 선형관계에 있음을 확인하고, 최소제곱법으로 회귀 방정식을 얻을 수 있다. 유의수준 $\alpha = 0.05$에서 검정을 시행해 보자.

주어진 자료에서 최소제곱법을 적용하여 모수의 추정값을 구하기 위하여 먼저 각각의 통계량

$$n = 10;\ \sum x_i = 59.20,\ \sum y_i = 154.10,\ \sum x_i^2 = 393.74,\ \sum y_i^2 = 2{,}760.79,\ \sum x_i y_i = 1{,}026.98$$

으로부터

$$\bar{x} = 59.20/10 = 5.92,\ \bar{y} = 154.10/10 = 15.41,$$

$$S_{xx} = \sum x_i^2 - \frac{(\sum x_i)^2}{n} = 393.74 - \frac{(59.20)^2}{10} = 43.276,$$

$$S_{yy} = \sum y_i^2 - \frac{(\sum y_i)^2}{n} = 2{,}760.79 - \frac{(154.10)^2}{10} = 386.109,$$

$$S_{xy} = \sum x_i y_i - \frac{(\sum x_i)(\sum y_i)}{n} = 1{,}026.98 - \frac{(59.20)(154.10)}{10} = 114.708$$

이므로 $\hat{\beta}_0$과 $\hat{\beta}_1$은 각각 다음과 같다.

$$\hat{\beta}_1 = \frac{S_{xy}}{S_{xx}} = \frac{114.708}{43.276} = 2.6506,$$

$$\hat{\beta}_0 = \overline{y} - \hat{\beta}_1 \overline{x} = 15.41 - (2.6506)(5.92) = -0.2816.$$

따라서 [그림 10.11]과 같이 추정회귀직선의 방정식은 $\hat{y} = -0.2816 + 2.6506x$ 이고, 여기서 어떤 주조된 특수합금의 연신율(elongation, %)은 규소 화합물 함량이 1단위 (mg)로 증가할 때 2.6506 의 비율로 증가(%)된다는 것을 알 수 있다.

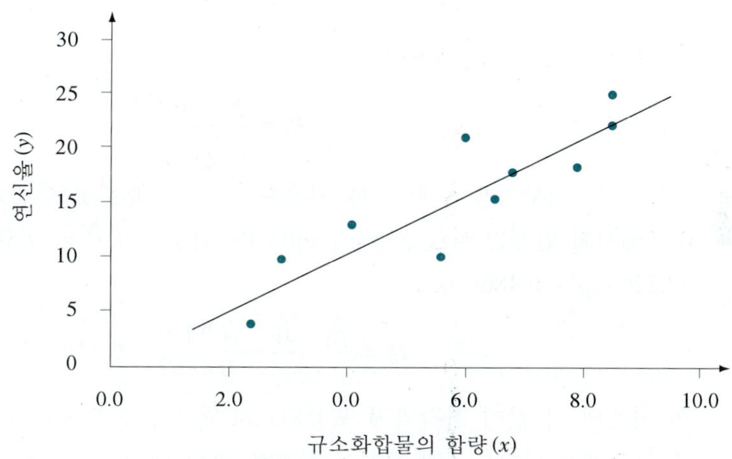

그림 10.11 규소화합물 함량과 연신율의 산점도와 추정된 선형회귀직선

다음으로 기울기 β_1의 95% 신뢰구간을 구해 보자. 먼저 모분산의 추정값 $\hat{\sigma}^2$은 오차제곱합 SSE을 구한 후 계산하면

$$\hat{\sigma}^2 = s^2 = \frac{SSE}{n-2} = \frac{\sum y_i^2 - \hat{\beta}_0 \sum y_i - \hat{\beta}_1 \sum x_i y_i}{n-2} = \frac{82.062}{10-2} = 10.258$$

이고, 따라서 표준편차의 추정량은 $s = \sqrt{10.258} = 3.2028$이다. 오차의 자유도 (df)는 $10 - 2 = 8$, 그러므로 추정된 $\hat{\beta}_1$의 표준편차는

$$s_{\hat{\beta}_1} = \frac{s}{\sqrt{S_{xx}}} = \frac{3.2028}{\sqrt{43.276}} = 0.4869$$

이 된다. 따라서 β_1에 대한 95% 신뢰구간([부록 표 4], 임계값 $t_{0.025}(8) = 2.306$)은 다음과 같이 구할 수 있다.

$$\hat{\beta}_1 \pm t_{\alpha/2}(n-2) \cdot s_{\hat{\beta}_1} = 2.6506 \pm (2.306)(0.4869) \text{ 또는 } [1.528, 3.773].$$

따라서 규소화합물 함량(mg)을 1단위 증가시키는 데 따라 평균적으로 증가되는 특수합금의 연신율(%)은 1.528과 3.773 사이의 한 값이라고 신뢰수준 95%에서 말할 수 있다.

우리는 [그림 10.11]로부터 모집단의 기울기 β_1이 증가하는 패턴을 가지고 있음을 알았다. 여기서는 엄밀하게 통계적인 증거를 확보하기 위해 다음의 검정절차를 시행하게 된다. 즉 규소화합물 함량(mg)이 증가함에 따라 특수 합금의 연신율(%)이 증가하는지 유의수준 $\alpha = 0.05$에서 검정해 보자.

만약 증가하는 관계가 있다면 $\beta_1 > 0$이 된다. 따라서 검정하고자 하는 가설은

$$H_0 : \beta_1 = 0 \quad \text{대} \quad H_1 : \beta_1 > 0$$

가 된다. 이때 검정통계량은

$$t_0 = \frac{\hat{\beta}_1 - 0}{s_{\hat{\beta}_1}}$$

이고, t_0는 귀무가설이 참일 때 자유도가 8인 t 분포를 따른다. 따라서 유의수준 0.05에서의 임계값은 $t_{0.05}(8) = 1.860$이다. 위로부터 $\hat{\beta}_1 = 2.6506$, $s = 3.2028$, $S_{xx} = 43.276$, $s_{\hat{\beta}_1} = 0.4869$이므로

$$t_0 = \frac{\hat{\beta}_1 - 0}{s_{\hat{\beta}_1}} = \frac{2.6506}{0.4869} = 5.444$$

이 되는데 이 값이 기각역에 포함되므로 유의수준 5%로 H_0를 기각할 수 있다. 즉 자료에서 나타난 규소화합물 함량을 범위 내에서 그 양을 증가시키면 특수합금의 연신율도 증가한다는 뚜렷한 증거가 있다고 할 수 있다.

참고로 Excel을 이용하면 P-값 $= P(T > 5.444) = 0.000307$이므로 유의수준 5%는 물론 1%에서도 귀무가설 H_0은 기각된다. ●

10.5 절편 β_0에 대한 추론

앞의 β_1 의 경우와 마찬가지로 β_0 의 추정량 $\hat{\beta}_0$ 을 바탕으로 β_0 에 대한 추론이 이루어진다. 따라서 $\hat{\beta}_0$ 의 분포를 구할 필요가 있는데, 그 결과를 정리하면 다음과 같다.

정리 10.2

추정된 표준오차: $s\sqrt{\dfrac{1}{n}+\dfrac{(\bar{x})^2}{S_{xx}}}$

표본분포: $T=\dfrac{(\hat{\beta}_0-\beta_0)}{s\sqrt{\dfrac{1}{n}+\dfrac{(\bar{x})^2}{S_{xx}}}}\sim t(n-2)$

절편 β_0 에 대한 추론은 위의 t 통계량을 이용하여 기울기 β_1 에서와 마찬가지 방법으로 이루어진다. 특히 β_1 에 대한 검정의 경우와 검정통계량의 분포가 같으므로 기각역은 똑같이 구할 수 있다. 따라서 여기서는 다음과 같이 간략하게 요약하기로 한다.

β_0의 신뢰구간

다음과 같이 확률계산에서

$$P\left[-t_{\alpha/2}(n-2)\le\frac{\hat{\beta}_0-\beta_0}{s_{\hat{\beta}_0}}\le t_{\alpha/2}(n-2)\right]=1-\alpha$$

신뢰구간 공식을 유도할 수 있다. 여기서 추정된 표준오차는 $s_{\hat{\beta}_0}=s\sqrt{\dfrac{1}{n}+\dfrac{(\bar{x})^2}{S_{xx}}}$ 임에 유의한다.

회귀직선의 절편 β_0 에 대한 $100(1-\alpha)\%$ 신뢰구간은 다음과 같다.

$$\hat{\beta}_0\pm t_{\alpha/2}(n-2)\cdot s_{\hat{\beta}_0}$$

귀무가설 $H_0 : \beta_0 = \beta_{00}$

계산된 검정통계량 : $t_0 = \dfrac{\hat{\beta}_0 - \beta_{00}}{s_{\hat{\beta}_0}}$

대립가설	α 수준 검정에 대한 기각역
$H_1 : \beta_0 > \beta_{00}$	$t_0 \geq t_\alpha(n-2)$
$H_1 : \beta_0 < \beta_{00}$	$t_0 \leq -t_\alpha(n-2)$
$H_1 : \beta_0 \neq \beta_{00}$	$\lvert t_0 \rvert \geq t_{\alpha/2}(n-2)$

여기서 자유도 $n-2$인 P-값은 이전에 했던 t 검정으로 계산할 수 있다.

검정통계량값 t_0는 $t_0 = \hat{\beta}_0 / s_{\hat{\beta}_0}$인 경우$(\beta_{00} = 0)$에 대해 $H_0 : \beta_0 = 0$ 대 $H_1 : \beta_0 \neq 0$를 검정한다.

예제 10.10 [예제 10.9]의 자료에서 회귀직선의 절편 β_0의 95% 신뢰구간을 구하고, β_0가 0인지 아닌지를 유의수준 5%에서 검정해 보자.

절편 β_0에 대한 95% 신뢰구간은

$$\hat{\beta}_0 \pm t_{\alpha/2}(n-2) \cdot s_{\hat{\beta}_0} = \hat{\beta}_0 \pm t_{\alpha/2}(n-2) \cdot s\sqrt{\frac{1}{n} + \frac{(\bar{x})^2}{S_{xx}}}$$

$$= -0.2816 \pm (2.306)(3.2028)\sqrt{\frac{1}{10} + \frac{(5.92)^2}{43\,276}}$$

$$= -0.2816 \pm 7.0448 \text{ 또는 } [-7.326, 6.763]$$

이다. 또한 검정하고자 하는 것은 β_0가 0인지 아닌지를 판단하고자 하는 것이므로 적절한 가설은

$$H_0 : \beta_0 = 0 \quad \text{대} \quad H_1 : \beta_0 \neq 0$$

이다. 이때 검정통계량은

$$t_0 = \frac{\hat{\beta}_0 - 0}{s_{\hat{\beta}_0}} = \frac{\hat{\beta}_0}{s\sqrt{\frac{1}{n} + \frac{(\bar{x})^2}{S_{xx}}}} = \frac{-0.2816}{(3.2028)\sqrt{\frac{1}{10} + \frac{(5.92)^2}{43.276}}} = -0.092$$

이고, 이 통계량의 자유도는 8이므로 유의수준 5%에서의 기각역 $\lvert t \rvert \geq t_{0.025}(8) = 2.306$에 포함하지 않으므로 귀무가설 $H_0 : \beta_0 = 0$을 기각할 수 없다.

참고로, 여기서도 8장에서 배웠던 것처럼 신뢰구간으로부터 양측검정의 결과와 동일한 결론을 내릴 수 있다. 위의 결과에서, 95% 신뢰구간 [−7.326, 6.763]이 0을 포함하고 있으며, 또한 유의수준 5%에서 귀무가설 $H_0 : \beta_0 = 0$을 기각하지 못한 것과 동일한 결과를 나타낸다.

회귀와 분산분석

총 제곱합 분해의 한 부분인 SSE는 설명하지 못하는 변동을 나타내고, 선형관계에 의해 설명되는 변동을 측정한 SSR은 일원배치법을 강하게 암시한다. 사실은 귀무가설 $H_0 : \beta_1 = 0$(대립가설, $H_1 : \beta_1 \neq 0$)에 대해서 검정하게 된다. 그리고 만약 $f \geq F_\alpha(1, n-2)$이면 H_0는 기각한다.

표 10.4 단순선형회귀분석의 분산분석표

변동요인	자유도	제곱합	제곱평균	f
회귀	1	SSR	$MSR = \dfrac{SSR}{1}$	$\dfrac{MSR}{MSE}$
잔차	$n-2$	SSE	$MSE = \dfrac{SSE}{n-2}$	
합계	$n-1$	SST		

F 검정은 t 검정으로 정확히 같은 결과를 준다. 왜냐하면 $t^2 = f$과 $t^2_{\alpha/2} = F_\alpha(1, n-2)$이기 때문이다. 사실상 회귀분석 옵션을 가진 모든 컴퓨터 패키지는 분산분석표를 출력한다. 예를 들어, [예제 10.9]의 연신율(elongation) 자료에 대한 Excel을 이용하면 분산분석결과를 [표 10.5]와 같이 $f = 29.641$이고, P-값 = 0.00061을 얻을 수 있다. 이것은 유의수준 $\alpha = 0.001$ (99.9%)에서도 귀무가설 $H_0 : \beta_1 = 0$을 기각할 수 있음을 보여 준다.

표 10.5 Excel을 이용한 연신율 자료의 분산분석 표

변동요인	자유도	제곱합	제곱평균	f	P-값
회귀	1	304.047	304.047	29.641	0.00061
잔차	8	82.062	10.258		
합계	9	386.109			

10.6 잔차분석

회귀분석의 단계로서 지금까지 다룬 내용을 살펴보면, 먼저 하나의 모형을 가정하여 최소제곱법으로 그 모형에서 모수를 추정하고, 신뢰구간이나 가설검정 등의 추론에 관한 문제를 다루었다. 회귀모형에서의 추론은 가정된 모형이 타당할 때 그 추론에 대한 이론적 근거가 성립한다. 그러므로 회귀모형에서의 통계적 추론은 가정된 모형이 타당한 경우에만 행해져야 할 것이다. 따라서 모형의 가정에 대한 타당성의 검토 또는 **진단(diagnostics)**이 필요하다.

단순선형회귀모형

$$Y_i = \beta_0 + \beta_1 x_i + \varepsilon_i, \ \ i = 1, 2, \cdots, n$$

에서 오차 ε_i에 대한 가정은 다음과 같다.

1. ε_i의 평균은 0이다.
2. ε_i들은 서로 독립이다(독립성).
3. ε_i의 분산은 σ^2이다(등분산성).
4. ε_i는 정규분포 $N(0, \sigma^2)$을 따른다(정규성).

여기서 (3)의 조건을 살펴보면, 모든 오차 ε_1, ε_2, $\cdots$, ε_n의 분산이 σ^2으로 같게 되므로 이 조건은 등분산성이라고 한다. 한편, 이들 조건 중에서 (1)은 모형에서 절편이 있으므로 우리는 항상 오차의 평균이 0이 되게 만들 수 있다. 그러나 모형에서 (2), (3), (4)는 우리가 만들 수 있는 것은 아니다. 만약 이들 조건들이 만족하지 않는다면 앞 절에서 행하는 추론은 옳지 않은 결론을 내릴 수도 있다. 따라서 이들 조건이 잘못된 것인지 아닌지 점검할 필요가 있다. 오차는 측정되는 것이 아니기 때문에 오차에 대한 가정을 점검하기 위해서는 오차의 추정량인 잔차 $e_i(\hat{\varepsilon}_i)$를 살펴볼 필요가 있다. 잔차 e_i를 이용하여 오차항들이 위의 (2), (3)과 (4)에서 언급된 독립성, 등분산성, 정규성을 만족하는지를 조사하여 그 모형의 타당성을 확인하게 된다. 이러한 기본 가정을 **잔차(residual)** e_i를 사용하여 나타내면 다음과 같다.

1-1. $E(Y \mid x) = \beta_0 + \beta_1 x$: 직선관계
2-1. $e_1, e_2, \cdots, e_n$은 서로 독립: 독립성
3-1. $Var(e_1) = Var(e_2) = \cdots = Var(e_n)$: 등분산성
4-1. $e_i \sim N(0, \sigma^2)$: 정규성

이들 오차항의 분포에 대한 가정은

$$\frac{e_i}{\sigma} = \frac{Y_i - (\beta_0 + \beta_1 x_i)}{\sigma} \sim N(0,\, 1)$$

이고, 서로 독립이라고 묶어서 나타낼 수 있다. 따라서 **표준화 잔차(standardized residual)**인

$$e_{is} = \frac{e_i}{\hat{\sigma}} = \frac{y_i - \hat{y}_i}{\hat{\sigma}}, \quad i = 1, 2, \cdots, n$$

을 마치 e_i/n의 관측값인 것처럼 생각하며, $e_1/\hat{\sigma}$, $e_2/\hat{\sigma}$, $\cdots$, $e_n/\hat{\sigma}$이 표준정규분포에서 n개의 관측값과 유사하게 나타날 것으로 기대할 수 있다. 이러한 논리에 기초하여 오차항의 분포에 대한 가정을 검토하는 것을 **잔차분석(analysis of residuals)**이라고 한다.

일반적으로 표준화 잔차값 e_{is}은 다음과 같은 조건을 만족한다.

1-2. 선형성: 대략 0에 관하여 대칭이고,
2-2. 등분산성: 설명변수의 값에 따른 잔차의 산포가 크게 다르지 않으며,
3-2. 독립성: 점들이 산재된 모양에 특별한 경향이 없고,
4-2. 정규성: 대부분의 점들이 ±2의 범위 내에 있다.

여기서 조건 (4-2)는 자료의 수가 많아지면 표준화 잔차는 표준정규분포를 따른다고 알려져 있고, 표준정규분포에서 절댓값이 2보다 큰 관측값이 나올 확률은 대략 5%로 작기 때문에 대략 −2와 2 범위 내에 표준화 잔차값이 포함되어 있지 않다면 오차의 정규성 가정을 의심하는 것도 하나의 대안이 될 수 있음을 뜻한다.

잔차와 예측값의 산점도

잔차와 예측값의 산점도는 수평축에 예측값, 수직축에 잔차로 하여 좌표평면으로 형성하고, 각 관측자료에 대응되는 잔차와 예측값을 좌표평면에 그려 넣어 작성한다. 이렇게 작성된 잔차 e_i와 예측값 $\hat{y}_i$의 산점도는 흔히 가정된 함수관계의 부적당함이나 가정된 등분산성이 위배됨을 지적하는 데 도움이 된다. 예를 들어, [그림 10.12(a)]에서 산점도는 0을 중심으로 수평축에 평행한 띠를 형성하는 전형적인 형태를 보여주는 경우로서, 이 그림에서 특별한 비정상성을 발견할 수 없으므로 모형이 잘못되었다는 것을 말할 수 없다. [그림 10.12(b)]의 산점도에서는 $\hat{y}$값이 증가함에 따라 잔차의 띠의 폭도 증가함을 알 수 있다. 이것은 종속변수의

값이 커짐에 따라 오차의 퍼진 정도가 증가하는 경향이 있음을 뜻하므로, 등분산의 가정이 위배되는 경우라고 할 수 있다. [그림 10.12(c)]에서의 산점도는 잔차들이 처음에는 계속 증가하지만 다음에는 계속 감소하는 체계적인 경향을 나타내고 있다. 이런 경우 선형모형이 부적합한 것으로 짐작되며, 독립변수의 제곱항이나 비선형의 항이 고려되어야 한다.

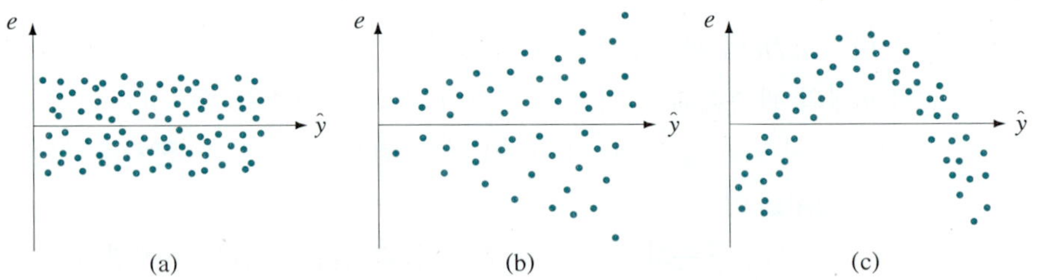

그림 10.12 잔차 e와 예측값 $\hat{y}$의 산점도

오차의 정규성 검정

오차의 분포를 파악하는 방법으로, 잔차의 히스토그램을 그려보아 정규분포를 따른다고 할 수 있는지를 개략적으로 검토할 수 있다. 정규분포는 대칭이라는 성질을 가지고 있으므로 만약 잔차의 히스토그램에서 분포의 모양이 대칭이 아니라면 오차가 정규분포를 따른다고 보기 힘들다. 그러나 분포가 대칭이라고 하여 정규분포를 따른다고 할 수는 없다. 이때 **정규확률도(normal probability plot)**가 정규성을 파악하는 데 더 적합하므로 보통 정규성을 검정하기 위하여 정규확률도를 이용한다. 잔차에 대한 정규확률도에서 점들이 직선에 가깝게 위치하여 있으면 잔차는 정규분포를 따른다고 할 수 있으나, 곡선의 형태를 가지고 있으면 잔차가 정규분포를 따른다는 가정은 옳다고 할 수 없다.

오차의 독립성 검정

회귀모형의 가장 중요한 가정은 오차 ε_i가 서로 독립이라는 것이다. 실제에서 오차의 독립성을 보장하기 위하여 관측값을 얻는 순서를 임의로 정하는 등의 방법을 사용함으로써 실험을 할 때 각 추출단위(sampling unit)가 독립이 되도록 실험을 설계하기도 한다. 그러나 물가, 주식가격과 같이 시간에 따라 관측값을 얻는 경우 관측값의 순서를 임의로 정할 수 없으므로 오차 ε_i가 독립이라는 가정이 위배되는 경우가 흔하다. 또한 실험자료의 경우 연속적인 시점에서 행하여져 수집될 때 독립의 가정이 위배되기 쉽다.

독립의 가정을 확인하는 또 다른 방법으로 연속적인 잔차의 쌍(e_i, e_{i-1})들의 산점도를 그려보는 방법을 생각할 수 있다. [그림 10.13(a)]에서와 같이 산점도에서 특별한 경향이 나타나지 않는 군집을 형성하면 독립이라 할 수 있고, [그림 10.13(b)]에서와 같이 점들이 직선을 따라 모여 있으면 잔차 e_i는 직전의 잔차 e_{i-1}과 상관관계가 있다고 생각되므로 오차의 독립성이 위배된다고 할 수 있다.

독립성의 가정은 흔히 더빈-왓슨(Durbin-Watson) 검정 또는 샤피로-윌크 검정(Shapiro-Wilk test) 등을 통해서 이루어지는데 본 교재의 범위를 넘으므로 다른 전문서적을 참고하기 바란다.

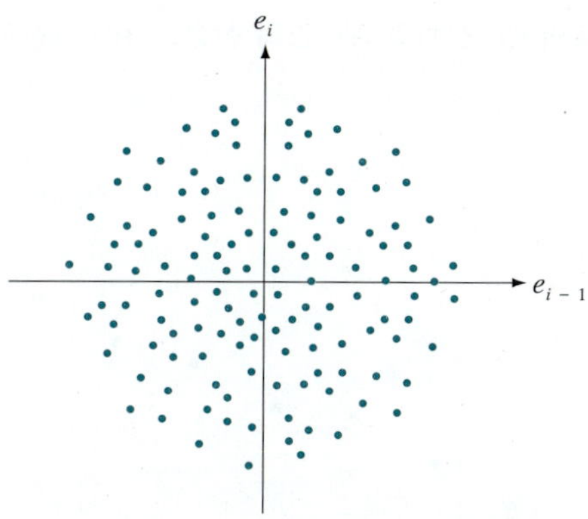

(a) 상관관계가 없는 경우

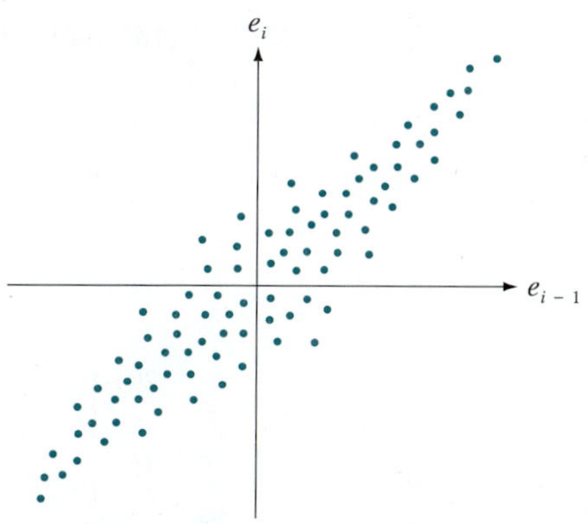

(b) 상관관계가 있는 경우

그림 10.13 e_i와 e_{i-1}의 산점도

예제 10.11 [예제 10.9]의 자료에서 추정회귀직선의 방정식은 $\hat{y} = -0.2816 + 2.6506x$이었다. 여기서 모형에 대한 타당성을 잔차를 이용하여 검토해 보자.

먼저 추정된 잔차값의 합은 2.19485 + (−2.57983) + 2.11412 + ⋯ + (−0.34859) = 0.0000이고, 엑셀을 이용하여 [그림 10.14]와 같이 잔차도를 그릴 수 있는데, 먼저 종속변수 연신율의 예측값$(\hat{y})$과 잔차(e_i)에 대한 산점도는 (a)에서 보는 바와 같이 0-선을 중심으로 골고루(랜덤하게) 퍼져 있으며, 어떠한 뚜렷한 경향을 발견할 수 없기 때문에 선형모형 가정과 오차의 독립성이 위배될 만한 증거가 없다. 그리고 (b)에서 보는 것처럼 표준화 잔차도를 보면, 표준화 잔차값 e_{is}가 −2와 +2 사이의 범위 내에 모두 포함되어 있는 것을 확인해 볼 수 있다. 그러므로 오차에 대한 정규성 가정이 크게 위배된다고 볼 수 없으며, 더욱이 오차에 대한 정규성 가정을 검토하기 위한 정규확률도 [그림 10.15]에서 보면, 거의 직선의 형태를 띠므로 오차가 정규분포를 따른다고 판단할 수 있다.

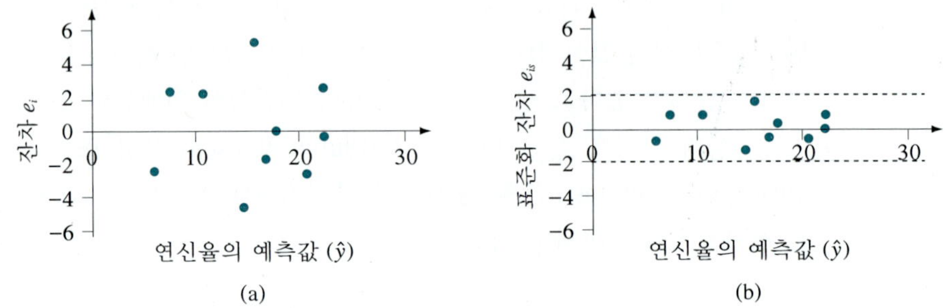

그림 10.14 [예제 10.9] 자료의 (a) 잔차와 예측값의 산점도, (b) 표준화 잔차도

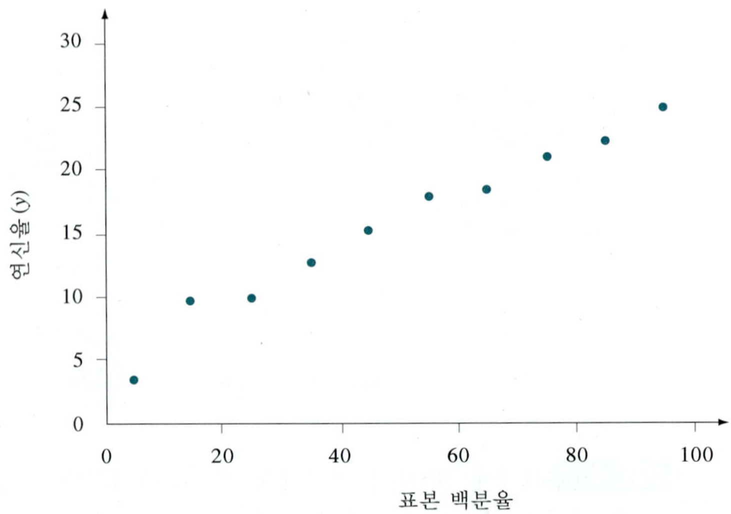

그림 10.15 [예제 10.9] 자료의 잔차에 대한 정규확률도

독립성을 확인하는 또 다른 방법으로서 잔차의 순서쌍 (e_{i-1}, e_i)들의 산점도 [그림 10.16]을 살펴보면, 특정한 경향을 갖지 않고 잔차들 사이에 상관관계가 없는 군집이 형성되어 보인다. 따라서 독립성 가정을 만족한다고 할 수 있다. ●

참고로, 잔차에 대한 독립성 만족여부를 검정하기 위해 샤피로-윌크스(Shapiro-Wilks) 검정을 시행하면, 귀무가설(H_0 : 정규분포를 따른다)을 기각하지 못한다(통계량 = 0.968, P-값 = 0.8684).

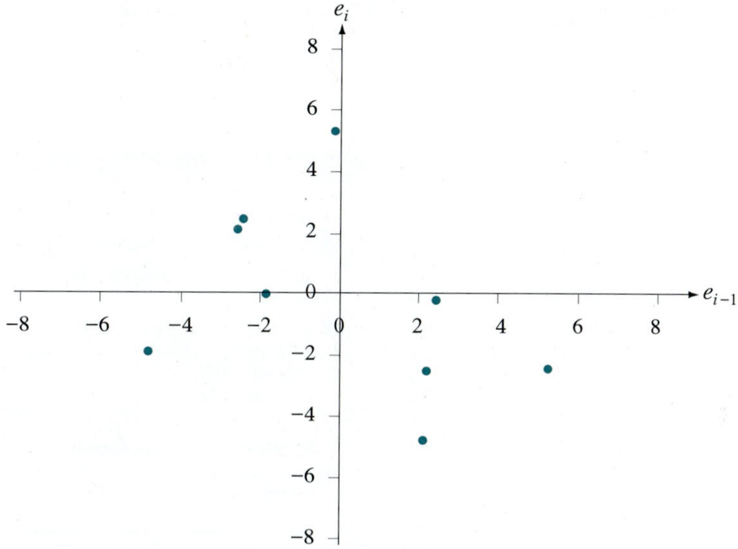

그림 10.16 [예제 10.9] 자료의 잔차 e_{i-1}와 e_i의 산점도

지금까지 잔차를 이용하여 모형의 타당성을 검토하는 방법을 알아보았다. 만약 잔차의 검토단계에서 모형의 가정이 심각하게 위배되지 않는다면 우리는 그 모형이 타당하다고 평가하고, 관련된 추론을 행하게 된다. 그렇지 않은 경우에는 더 적당한 모형을 찾아야 할 것이다. 이러한 과정에서 꼭 기억해야 할 것은 모형의 가정이 심각하게 위배될 때 그것을 고려하지 않고 기계적으로 행한 추론은 잘못된 결론으로 유도하기 쉽다는 것이다.

Excel을 이용한 분석

Excel 활용 ❶

엑셀을 이용하여 10.3절의 [예제 10.7]을 시행해 보자.

[예제 10.7]은 어떤 기계공정에서 공정의 효율(%)은 특수 장착된 모터의 회전수(rpm)에 따라 달라진다는 실험이다. 여기서 x(rpm) = 장착된 모터의 회전수, y(%) = 기계공정에서 공정의 효율이다. 우리는 두 변수 간 산점도가 선형관계에 있 음을 보여 주고, 따라서 최소제곱법으로 추정회귀식을 얻을 수 있다고 하자. 이를 유의수준 $\alpha = 0.01$에서 검정을 해 보자.

풀이 엑셀에서 A열과 B열에 회전수(x)와 공정의 효율(y)값을 입력 후 [데이터(A)] ⇒ [데이터분석(Y11)] ⇒ [회귀분석] ⇒ [확인] 순으로 클릭하면 [그림

10.17]과 같이 회귀분석에 관한 대화상자가 나타난다.

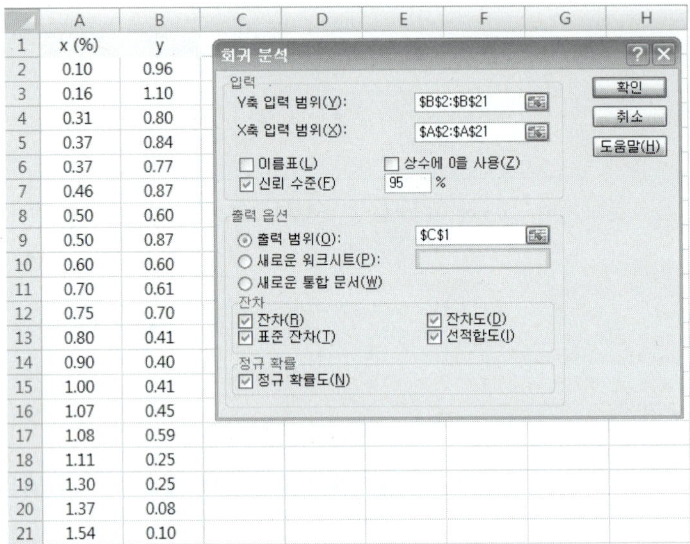

그림 10.17 회귀분석의 대화상자

[그림 10.17]과 같이 입력한 후 확인 버튼을 누르면 [그림 10.18]과 같은 결과를 얻을 수 있고, 동시에 [그림 10.19]와 같이 잔차도, 선적합도, 그리고 정규확률도를 구할 수 있는데, 정규확률도는 앞에서 공부한 정규확률 그림과 그리는 방법에 있어서 약간의 차이가 있으나 해석방법은 동일하다.

요약 출력

회귀분석 통계량	
다중 상관계수	0.9342
결정계수	0.8727
조정된 결정계수	0.8657
표준 오차	0.1049
관측수	20

분산 분석

	자유도	제곱합	제곱 평균	F 비	유의한 F
회귀	1	1.358	1.358	123.422	1.73E-09
잔차	18	0.198	0.011		
계	19	1.556			

	계수	표준 오차	t 통계량	P-값	하위 95%	상위 95%	하위 95.0%	상위 95.0%
Y 절편	1.0693	0.0497	21.5313	2.69E-14	0.9650	1.1736	0.9650	1.1736
X 1	-0.6488	0.0584	-11.1096	1.73E-09	-0.7715	-0.5261	-0.7715	-0.5261

그림 10.18 [그림 10.17]에 대한 결과

[그림 10.18]에서 계수는 β의 추정값인데, Y절편(β_0)이 −2.7734이고, 회전수의 값(β_1)이 0.5586이므로 직선의 추정식은

$$\text{공정 효율} = -2.7734 + 0.5586 \times \text{회전수}$$

가 된다. 결정계수가 0.8441이므로 공정 효율의 약 84.4%가 회전수의 변동에 의해 설명될 수 있다는 것을 알 수 있다. 검정통계량 t_0은 가설

$$H_0 : \beta_1 = 0 \quad \text{대} \quad H_1 : \beta_1 \neq 0$$

에 대한 검정통계량이다. 즉

$$t_0 = \frac{\hat{\beta}_0 - 0}{\frac{s}{\sqrt{S_{xx}}}} = \frac{0.5586}{0.0759} = 7.3583$$

이 됨을 알 수 있다. 이때의 P-값은 0.000024로 매우 작은 값이므로 귀무가설을 기각할 수 있다. 각 β_0와 β_1에 대한 95% 신뢰구간은 하위 95%와 상위 95%의 이름으로 주어져 있다. β_1의 95% 신뢰구간은 [0.3894, 0.7277]이다. 회귀분석의 결과로 얻은 세 개의 그림을 적당히 조정하여 다음 [그림 10.19]에 정리하여 놓았다.

주어진 그림을 요약하면, 먼저 직선의 선적합도는 독립변수(회전수)와 종속변수(공정 효율)의 산점도에 추정한 회귀직선을 그려 넣은 것이다. 회전수에 대한 잔차도는 잔차와 독립변수값의 산점도인데, 어떤 특별한 경향을 띠지는 않아 보인다. 또한 오차의 정규성을 검정하기 위하여 정규확률도가 주어지는데, 거의 직선의 형태를 이루고 있으므로 정규분포를 따른다고 할 수 있다.

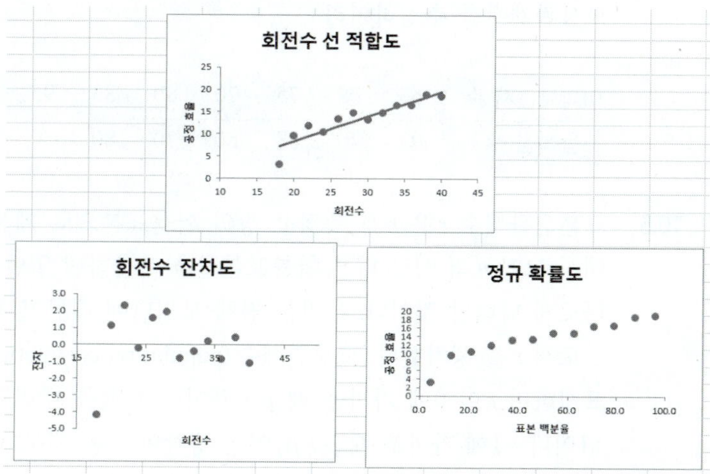

그림 10.19 [그림 10.17]의 선택에 의한 선적합도, 잔차도, 정규확률도

연습문제

10.1 다음 자료를 이용하여 산점도와 상관계수를 구하고 그 의미를 설명하여라.

x	4	5	9	14	18	22	24	26
y	16	22	11	13	7	3	5	2

10.2 다음 자료는 임의로 선정된 10명의 학생들의 성적이다. 산점도를 그려보고 상관관계를 예측해 보자. 그리고 상관계수를 구하여 이를 설명하여라.

미적분학	70	92	80	74	65	83	97	88	84	77
확률통계학	74	88	78	80	79	80	95	90	70	82

10.3 아래 자료는 소화약제를 대체할 수 있는 청정소화약제인 질소가스를 생산하는 산업용 질소발생기의 방사압력(단위: MPa)에 따른 방사량의 산소농도(%)를 측정한 자료이다. 여기서 산점도를 그리고 두 개의 변수 사이의 선형적 관계에 대하여 설명하여라.

방사압력	1.72	4.38	4.06	1.26	5.31	0.57	3.37	3.44	0.74	1.24
산소농도	1.88	5.93	5.54	2.67	6.53	0.74	4.94	4.89	0.69	1.42

10.4 다음 자료는 서울시 행정구역 내 아파트단지 수와 음식점 수를 조사한 것이다. 여기서 산점도를 그리고 두 변수 아파트단지 수와 음식점 수 사이에 모상관계수를 추정하여라.

아파트단지 수	65	88	75	70	80	83	95	82	77	86
음식점 수	92	70	88	80	70	80	89	90	85	90

10.5 표본상관계수 r은 n개 측정값 쌍의 확률표본으로 계산되므로 같은 모집단에서 크기 n의 서로 다른 확률표본들을 추출하면 일반적으로 r 값들은 서로 다르게 나타날 것이다. 우리는 전체 모집단에 대한 실제 상관계수의 추정값으로서 r을 생각한다. 모상관계수(population correlation coefficient)는 ρ로 표시하며 r이 0에 가까울 때 $\rho = 0$이라고 결론 내려지게 된다. 그러나 r이 +1이나 −1에 가까울 때 $\rho \neq \rho_0$이라 생각이 드는 경우가 있을 것이다. 문제는 r이 어떤 특정한 값 ρ_0에서 멀리 떨어져 있을 때 적절한 대립가설은 H_1 :

$\rho > \rho_0$ 이거나 $\rho < \rho_0$ (또는 $\rho \neq \rho_0$) 이고, 그에 대한 귀무가설은 $H_0 : \rho = \rho_0$ 이다. 귀무가설 H_0 의 검정은 평균이 $\frac{1}{2}\ln\left(\frac{1+\rho}{1-\rho}\right)$ 이고 분산이 $\frac{1}{(n-3)}$ 인 근사 정규분포를 따르는 확률변수인 다음과 같은 값에 근거한다(즉, 검정통계량 z_0).

$$z_0 = \frac{1}{2}\ln\left(\frac{1+r}{1-r}\right)$$

여기서 표본수가 작은 경우에는 (X, Y) 가 이변량 정규분포(bivariate normal distribution)를 따른다는 가정하에서 상관계수 r 의 표준오차

$$s_r = \sqrt{\frac{1-r^2}{n-2}}$$

는 자유도가 $n-2$인 t 분포를 따른다. 따라서 귀무가설 $H_0 : \rho = 0$ 하에서 검정통계량 t_0는

$$t_0 = \frac{r-0}{s_r} = \frac{r\sqrt{n-2}}{\sqrt{1-r^2}}$$

이다. 참고로 귀무가설 $H_0 : \rho = \rho_0 (\rho \neq 0)$에서는 검정통계량의 식이 너무 복잡하여 이 책의 수준을 넘으므로 생략하기로 한다. 이때 [예제 9.1]에서 변수 간의 선형관계가 없다는 귀무가설 $H_0 : \rho = 0$을 유의수준 0.05에서 검정하여라.

10.6 다음 자료는 초등학교 입학생 60명의 신장과 체중에 관한 자료이다. 아래 주어진 통계량을 이용하여 다음 물음에 답하여라.

신장(x)	90.3	96.7	⋯	87.8	100.9
체중(y)	26.0	27.3	⋯	28.4	31.5

$$\sum x_i = 5{,}952.70, \quad \sum y_i = 1{,}822.00, \quad \sum x_i y_i = 181{,}839.43,$$

$$\sum x_i^2 = 593{,}101.23, \quad \sum y_i^2 = 56{,}249.94$$

(a) 학생들의 신장(cm)과 체중(kg)의 표본상관계수를 구하여라.

(b) 두 변수 간에 양의 상관관계가 존재한다는 것을 유의수준 $\alpha = 0.01$에서 검정하여라.

10.7 강우량의 정도에 따른 대기오염 제거의 정도를 알아보기 위한 연구에서 다음과 같은 표를 얻었다. 다음 물음에 답하여라.

강우량(x)	0.9	1.1	1.2	1.3	⋯	8.2	8.3	8.6
대기오염 제거정도(y)	101.9	104.6	106.2	107.7	⋯	138.6	142.8	145.2

$$n = 100;\ \sum x_i = 482.90,\quad \sum y_i = 12{,}271.80,\quad \sum x_i y_i = 60{,}589.33,$$

$$\sum x_i^2 = 2{,}579.11,\quad \sum y_i^2 = 1{,}513{,}497.04$$

(a) 주어진 통계량을 이용하여 모집단의 상관계수 ρ의 점추정값을 구하여라.

(b) 위 (a)에서 구한 모집단의 상관계수 ρ의 점추정값을 이용하여 대립가설 $H_1 : \rho > 0.50$에 대한 귀무가설 $H_0 : \rho = 0.50$을 유의수준 $\alpha = 0.01$에서 검정하여라.

(c) 최소제곱직선 식을 구하여라.

10.8 다음 자료는 어떤 공정에서 온도변화에 따른 변화된 당(glucose)의 양을 나타낸 것이다.

온도(x)	1.0	1.1	1.2	1.3	1.4	1.5	1.6	1.7	1.8	1.9	2.0
변화된 당의 양(y)	8.1	7.8	8.5	9.8	9.5	8.9	8.6	10.2	9.3	9.2	10.5

(a) 표본상관계수와 회귀직선의 방정식을 구하여라.

(b) 산점도 위에 추정회귀직선을 그려라.

(c) 주어진 공정에서 온도가 $x = 1.75$일 때 변화된 당(glucose)의 양 Y의 기댓값 $E[Y \mid x = 1.75]$을 추정하여라.

10.9 연습문제 10.3을 참조하여 다음 물음에 답하여라.

(a) 회귀직선의 방정식을 구하여라.

(b) 산점도 위에 추정회귀직선을 그려라.

(c) 기술적으로 산업용 질소발생기의 방사압력이 2 ~ 3(MPa)일 때 산소농도(%)를 측정할 수 없었다. 여기서 압력이 $x = 2.0, 2.5, 3.0$(단위: MPa)일 때 각각의 방사량의 산소농도(%) 기댓값을 추정하여 보아라.

10.10 균일한 규격인 굵은 골제와 시멘트와 물로 만들어진 콘크리트는 엄청난 비가 오는 지역에서 배수성 때문에 유리하다고 알려져 있다. 다음 표는 콘크리트 견본에서 y = 다공성(%)이 x = 단위무게에 어떻게 관련이 있는지에 관한 연구 자료이다.

관찰값	단위무게(x)	다공성(y)
1	99.0	28.8
2	101.1	27.9
3	102.7	27.0
4	103.0	25.2
5	105.4	22.8
6	107.0	21.5
7	108.7	20.9
8	110.8	19.6
9	112.1	17.1
10	112.4	18.9
11	113.6	16.0
12	113.8	16.7
13	115.1	13.0
14	115.4	13.6
15	120.0	10.8

(a) 최소제곱직선 식을 구하여라.

(b) 위에서 구한 직선을 산점도에 나타내고 이에 대하여 설명하여라.

10.11 연습문제 10.10의 콘크리트 단위무게-다공성 자료에 대해 다음 물음에 답하여라.

(a) 단위무게가 110인 모든 견본품에 대해 다공성의 평균에 대한 점추정값을 구하여라. 또한 단위무게가 135일 때의 다공성의 점추정값을 구할 수 있는지를 설명하여라.

(b) 모분산의 추정값 $\hat{\sigma}^2$을 구하여라.

(c) 모상관계수 ρ의 점추정량 r을 이용하여 결정계수를 구하여라.

10.12 어느 연구에 의하면, 인산비료 탱크 안에 가라앉은 강철 견본의 효과비율은 금속의 손실에 의해 나타나는 인산비료의 탱크 안의 온도에 의해 변한다고 한다. 다음 표는 탱크의 온도(℃)에 따른 효과비율(%)에 관한 자료이다.

자료	온도(x)	비율(y)	자료	온도(x)	비율(y)
1	170	1.08	13	180	0.90
2	172	0.84	14	181	1.94
3	173	1.04	15	181	3.08
4	174	1.08	16	182	0.84
5	174	2.15	17	182	1.31
6	175	1.49	18	182	1.87
7	176	1.43	19	182	1.60
8	177	2.52	20	184	1.61
9	180	2.13	21	184	1.81
10	180	1.42	22	185	2.68
11	180	1.03	23	186	1.45
12	180	1.07	24	188	3.00

(a) 온도와 효과비율 모두를 보여 주는 줄기-잎-그림(stem-and-leaf)을 그려 보아라. 그리고 흥미 있는 점에 대해 서술하여라.

(b) 효과비율의 값은 완전하고 유일하게, 즉 결정론적으로 탱크의 온도에 의해 결정되는가? 이를 설명하여라.

(c) 온도(x)와 효과비율(y) 자료의 산점도를 그려 보아라. 효과비율은 온도의 값에 의해 잘 예측된다고 판단할 수 있는가?

(d) 표본상관계수 r을 구하고, 온도의 증가에 따라 효과비율도 증가한다고 볼 수 있는지를 유의수준 $\alpha = 0.01$에서 검정하여라.

(e) 모상관계수 ρ의 점추정량 r을 이용하여 결정계수를 구하여라.

10.13 다음 자료는 태어날 때 신생아의 체중(kg)과 가슴둘레(cm)를 나타낸 것이다. 다음 물음에 답하여라.

체중(x)	2.75	2.15	4.41	5.52	3.21	4.32	2.31	4.30	3.71
가슴둘레(y)	29.5	26.3	32.2	36.5	27.2	27.7	28.3	30.3	28.7

(a) 산점도와 표본상관계수 r을 구하여라.

(b) 신생아의 체중 증가에 따라 가슴둘레도 증가하는지를 검정하기 위한 가설을 세우고, 유의수준 $\alpha = 0.05$에서 검정을 시행하여라.

(c) 최소제곱직선 방정식을 구하여라.

10.14 어느 연구에 의하면, 공기의 양을 계산하는 장치에서 공기가 흐르는 비율(y)은 장치의 필터를 지나는 감소압력(x)에 관련되어 있다고 알려져 있다.

특히 감소 압력 x가 5와 20 사이의 값이라고 할 때, 두 변수 사이의 모집단의 회귀직선은 $y = -0.12 + 0.095x$라고 가정하자. 이때 장치에서 공기가 흐르는 비율 y는 정규분포를 따른다고 가정하고 다음 물음에 답하여라.

(a) 감소압력이 1(단위) 증가할 때 장치와 관련하여 공기가 흐르는 비율에 기대할 수 있는 변화는 무엇인가? 이를 설명하여라.

(b) 감소압력이 5(단위) 감소할 때 기대할 수 있는 공기가 흐르는 비율의 변화를 구하여라.

(c) 감소압력이 각각 10, 15일 때 기대되는 공기가 흐르는 비율은 얼마인가?

(d) 모표준편차 $\sigma = 0.025$와 감소압력이 10이라고 가정하자. 이때 공기가 흐르는 비율의 관측값이 0.835를 넘을 확률을 구하여라.

(e) 감소압력이 10일 때 공기가 흐르는 비율의 관측값이 감소압력이 11일 때 공기가 흐르는 비율을 넘을 확률을 구하여라. 그 결과에 대해서 설명하여라.

10.15 어느 한 연구결과에 의하면 x = 힘의 세기에 대한 y = 28일간의 표준화시킨 힘의 측정값에 대한 모회귀직선의 방정식은 $y = 1{,}800 + 1.30x$라고 한다.

(a) 힘이 2,500(단위)으로 세질 때 28일간의 힘의 기댓값을 구하여라.

(b) 힘의 세기가 1(단위) 증가할 때 28일간의 표준화시킨 힘은 얼마나 변하는가?

(c) 힘의 세기가 100 증가에 대한 (b)의 답을 구하여라.

(d) 힘의 세기가 100 감소에 대한 (b)의 답을 구하여라.

10.16 연습문제 10.15에서 표준편차 σ가 350(psi)라고 가정하자.

(a) 세어지는 힘이 2,000일 때 28일간의 표준화시킨 힘이 5,000을 넘을 확률을 구하여라.

(b) 힘의 세기가 2,000일 때에 28일간의 표준화시킨 힘이 2,500을 넘을 확률을 구하여라.

(c) $x_1 = 2{,}000$일 때와 $x_2 = 2{,}500$일 때의 독립된 관측값을 고려할 때 두 번째 관측된 28일간의 표준화시킨 힘이 첫 번째 관측된 힘보다 1,000만큼 많을 확률을 구하여라.

10.17 다음 표는 어떤 알레르기 증세에 효과가 있다고 하는 새로 개발된 약품의 복용량(mg)에 따른 약 효과가 지속되는 시간(day)을 조사하여 기록한 것이다. 여기서 x = 약품의 복용량(mg), y = 약 효과가 지속되는 시간(day)으로 할 때 다음 물음에 답하여라.

복용량(x)	1.0	1.1	1.2	1.3	1.4	1.5	1.6	1.7	1.8	1.9	2.0
기간(y)	8.1	7.8	8.5	9.0	9.5	8.9	9.2	9.8	9.3	9.9	10.5

(a) 약품의 복용량(mg)에 따른 약 효과가 지속되는 시간(day)에 대한 산점도를 그려라.

(b) 모상관계수 ρ의 점추정량 r을 구하고, 이를 이용하여 결정계수를 구하여라.

(c) 추정 회귀직선의 방정식을 구하고, 이 직선은 두 변수의 평균 점$(\overline{x}, \overline{y})$을 지나는지를 확인하여라.

(d) 약 효과가 지속되는 추정 시간이 9일이 되도록 하려면 복용량(mg)을 얼마로 하는 것이 좋은가?

10.18 연습문제 10.12의 자료에 대해 다음 물음에 답하여라.

(a) 회귀직선의 방정식과 결정계수를 구하여라. 그리고 이를 설명하여라.

(b) 주어진 자료의 14번째, 15번째 자료인 탱크의 온도가 181(℃)일 때 효과비율(%) Y의 기댓값을 추정하고 각각의 잔차를 구하여라.

(c) 7번째 자료인 탱크의 온도가 176(℃)일 때 효과비율(%)의 기댓값을 추정하고 오차를 구하여라. 또한 (b)에서 구한 추정값과 오차들과 비교하여라.

(d) 모표준편차의 추정값(표준오차) $\hat{\sigma}$을 구하여라. 또한, 이 추정값을 이용하여 (c)에서 구한 잔차(오차)들을 과대추정 여부를 평가하여라.

10.19 연습문제 10.13을 참조하여 다음 물음에 답하여라.

(a) 회귀직선의 방정식과 결정계수를 구하여라.

(b) $x = 3.0$(kg)일 때 신생아의 가슴둘레(cm) Y의 기댓값을 추정하여라.

(c) $x = 100$일 때 신생아의 가슴둘레의 추정치를 말하여라.

(d) 기대되는 신생아의 가슴둘레가 35인 경우에 신생아의 체중은 얼마로 추정되는지를 말하여라.

10.20 연습문제 10.7을 참조하여 다음 물음에 답하여라.

(a) 강우량이 7.5일 때 모든 가능한 대기오염 제거정도의 평균에 대한 점추정값을 구하여라.

(b) 모표준편차의 추정값 $\hat{\sigma}$을 구하여라.

(c) 총제곱합(SST)과 회귀제곱합(SSR)을 구하고, 이를 이용하여 결정계수를 구하여라.

10.21 어느 한 심리학 실험에 관한 연구논문에서, 지능지수(x)와 최면에 민감한 정도를 나타내는 지표(y)에 관한 다음의 통계량을 갖는 자료가 보고되었다.

$$n = 32;\ \sum x_i = 3{,}893,\quad \sum y_i = 290,\quad \sum x_i y_i = 36{,}473,$$

$$\sum x_i^2 = 478{,}537,\quad \sum y_i^2 = 4{,}160$$

다음 물음에 답하여라.

(a) 표본상관계수를 구하고, 이를 이용하여 결정계수를 구하여라.

(b) 최소제곱 추정식을 구하여라.

(c) 모표준편차의 추정값 $\hat{\sigma}$을 구하여라.

(d) 총제곱합(SST)과 회귀제곱합(SSR)을 구하고, 이를 이용하여 결정계수를 구하여라.

10.22 다음 회귀직선은 y = 칼슘량(g/L), x = 녹은 재료량(mg/cm^2)이라고 할 때, n = 23개의 관측값으로부터 얻은 것이다.

$$y = 3.678 + 0.144x\ (\text{단},\ r^2 = 0.860).$$

(a) 추정된 기울기 0.144와 결정계수 0.860을 각각 해석하여라.

(b) 녹은 물질의 양이 50(mg/cm^2)일 때 기대되는 칼슘량(g/L)을 추정하여라.

(c) 총제곱합이 SST = 320.398일 때 단순회귀모형에서 오차에 대한 모표준편차 σ의 점추정량을 구하여라.

10.23 다음은 어느 특정지역에 대한 x = 강수량, y = 유거수량(runoff volume)에 관한 자료이다.

강수량(x)	5	12	14	17	23	30	40	47	55	67	72	81	96	112	127
유거수량(y)	4	10	13	15	15	25	27	46	38	46	53	70	82	99	100

(a) 이 자료의 산점도를 그리고, 이것이 단순회귀모형으로 적합한지를 설명하여라.

(b) 모회귀직선의 기울기와 절편의 점추정량을 구하여라. 여기서 강수량이 100일 때 평균 유거수량의 점추정량을 구하여라.

(c) 표준편차 σ의 점추정량을 구하여라.

(d) 강수와 유거수량 사이의 단순회귀직선관계에 기인한 유거수량의 관측된 변동의 비율(결정계수)을 구하여라.

(e) 회귀직선의 기울기 β_1에 대한 95% 신뢰구간을 구하여라.

10.24 연습문제 10.8을 참고하여 다음 물음에 답하여라.

(a) 회귀직선의 기울기 β_1에 대한 95% 신뢰구간을 구하여라.

(b) 추정값 $\hat{\beta}_1 = 1.809$를 사용하여 유의수준 0.01에서 귀무가설 $H_0 : \beta_1 = 0$에 대한 대립가설 $H_1 : \beta_1 > 0$을 검정하여라.

(c) 회귀직선의 절편 β_0에 대한 99% 신뢰구간을 구하여라.

(d) 추정값 $\hat{\beta}_0 = 6.414$를 사용하여 유의수준 0.01에서 귀무가설 $H_0 : \beta_0 = 0$에 대한 대립가설 $H_1 : \beta_0 \neq 0$을 검정하여라.

10.25 연습문제 10.9를 참조하여 다음 물음에 답하여라.

(a) 회귀직선의 기울기 β_1에 대한 99% 신뢰구간을 구하여라.

(b) 추정값 $\hat{\beta}_1 = 1.310$을 사용하여 유의수준 0.01에서 귀무가설 $H_0 : \beta_1 = 0$에 대한 대립가설 $H_1 : \beta_1 > 0$을 검정하여라.

(c) 회귀직선의 절편 β_0에 대한 95% 신뢰구간을 구하여라.

(d) 추정값 $\hat{\beta}_0 = 0.105$를 사용하여 유의수준 0.05에서 귀무가설 $H_0 : \beta_0 = 0$에 대한 대립가설 $H_1 : \beta_1 \neq 0$을 검정하여라.

10.26 연습문제 10.17을 참조하여 다음 물음에 답하여라.

(a) 회귀직선의 기울기 β_1에 대한 99% 신뢰구간을 구하여라.

(b) 추정값 $\hat{\beta}_1 = 2.191$을 사용하여 유의수준 0.01에서 귀무가설 $H_0 : \beta_1 = 0$에 대한 대립가설 $H_1 : \beta_1 > 0$을 검정하여라.

(c) 회귀직선의 절편 β_0에 대한 99% 신뢰구간을 구하여라.

(d) 추정값 $\hat{\beta}_0 = 5.850$을 사용하여 유의수준 0.01에서 귀무가설 $H_0 : \beta_0 = 0$에 대한 대립가설 $H_1 : \beta_0 \neq 0$을 검정하여라.

10.27 연습문제 10.23을 참조하여 다음 물음에 답하여라.

(a) 회귀직선의 기울기 β_1에 대한 95% 신뢰구간을 구하여라.

(b) 회귀직선의 절편 β_0에 대한 95% 신뢰구간을 구하여라.

(c) 추정값 $\hat{\beta}_1 = 0.827$을 사용하여 유의수준 0.01에서 귀무가설 $H_0 : \beta_1 = 0$에 대한 대립가설 $H_1 : \beta_1 \neq 0$을 검정하여라.

(d) 추정값 $\hat{\beta}_0 = -1.1283$을 사용하여 유의수준 0.05에서 귀무가설 $H_0 : \beta_0 = 0$에 대한 대립가설 $H_1 : \beta_0 \neq 0$을 검정하여라. 이에 대한 결과는 (b)의 결과와 동일한 의미를 갖는지를 설명하여라.

10.28 어느 코끼리에 관한 연구결과에 따르면 치아를 이용하여 연령을 결정할 수 있다고 한다. 다음 자료는 x = 투명한 상아질의 비율(%)이고 y = 연령(년)이다.

상아질 비율(x)	15	19	31	39	41	44	47	48	55	64
연령(y)	23	52	65	55	32	60	78	59	61	60

(a) 최소제곱직선의 방정식을 구하여라.

(b) 투명한 상아질이 1% 증가할 때 나이의 변화율에 대한 95% 신뢰구간을 구하여라.

(c) 분산분석(ANOVA)표를 작성하여라.

(d) P-값을 이용하여 모형의 유의성을 검정하여라. 투명한 상아질(%)로부터 나이를 예측하기 위해 최소제곱직선을 사용할 수 있는가를 설명하여라.

10.29 연습문제 10.17에서 구한 최소제곱직선의 방정식을 참조하여 다음 물음에 답하여라.

(a) 분산분석(ANOVA)표를 작성하여라.

(b) P-값을 이용하여 모형의 유의성을 검정하여라. 어떤 알레르기 증세에 효과가 있다고 하는 새로 개발된 약품의 복용량(mg)으로부터 약 효과가 지속되는 시간(day)을 예측하기 위해 최소제곱직선의 타당성에 대해 설명하여라.

10.30 연습문제 10.9에서 구한 최소제곱직선의 방정식을 참조하여 다음 물음에 답하여라.

(a) 분산분석(ANOVA)표를 작성하여라.

(b) P-값을 이용하여 모형의 유의성을 검정하여라. 어떤 소화약제를 대체할 수 있는 청정소화약제인 질소가스를 생산하는 산업용 질소발생기의 방사압력(단위: Pa)에 따른 방사량의 산소농도(%)를 예측하기 위해 최소제곱직선의 타당성에 대해 설명하여라.

(c) 표준화 잔차와 설명변수의 산점도, 그리고 표준화 잔차와 예측값과의 산점도를 각각 그려 보고, 우리의 가정이 위배된 것은 없는지를 검토하여라.

(d) 잔차의 순서쌍(e_{i-1}, e_i)들의 산점도를 그리고, 그 의미를 해석하여라.

(e) 정규확률도를 그리고, 그 의미를 해석하여라.

10.31 다음의 자료를 이용하여 다음 물음에 답하여라.

x	100	160	260	360	400	650	1,000	1,600
y	30	25	20	15	13	9	7	6

(a) 단순선형회귀모형을 가정하고, 추정회귀직선을 구하여라.

(b) (a)의 결과에 대하여 분산분석(ANOVA)표를 이용하여 모형의 타당성

을 검토하여라.

(c) (a)의 모형에 대한 결정계수를 구하고, 또한 선적합도를 그려보아라. 만족스러운 모형으로 평가할 수 있는지를 설명하여라.

(d) x 값을 $x' = \log_{10}x$ 로 변환하고, y 와 x' 의 산점도를 그려라. 또한 표본상관계수 r 을 계산하여라.

(e) 변환된 자료 x' 과 y 를 이용하여 추정회귀직선을 구하여라. 또한 그 모형의 타당성을 검토하여라.

10.32 주어진 자료를 단순선형회귀모형으로 적합시켜 구한 잔차와 예측값이 다음과 같다고 하자.

예측값	11.3	14.8	18.4	22.0	25.5	27.0	31.2	32.7
잔차	−0.3	0.2	−5.4	2.0	0.5	5.0	−9.2	6.3

예측값	34.1	36.2	39.8	43.4	45.5	46.2	46.9	46.9
잔차	12.9	−4.2	−14.8	7.6	−1.5	15.8	1.1	−16.9

(a) 잔차의 순서쌍(e_{i-1}, e_i)들의 산점도를 그리고 그 의미를 해석하여라.

(b) 잔차와 예측값의 산점도를 그리고, 어떤 가정이 위배된 것으로 나타나는지를 밝혀라.

10.33 태아심박동(fetal heart rate, FHR) 분석은 임신에서 태아의 안녕을 평가하는 데 중요한 지침이다. 특히 두 개의 변이도(AMP = amplitude, 단위 = bpm; MMR = mean minute range, 단위 = ms)는 FHR 분석에서 중요한 변수인데, 연구자들은 두 변수에 의해 FHR이 결정된다고 생각하여 다음의 20개의 자료를 추출하였다. 엑셀을 이용하여 다음 물음에 답하여라.

자료	FHR (bpm)	AMP (bpm)	MMR (ms)	자료	FHR (bpm)	AMP (bpm)	MMR (ms)
1	131	17	63	11	133	24	87
2	137	16	51	12	116	24	124
3	141	20	65	13	142	19	60
4	141	19	58	14	146	14	42
5	140	19	60	15	145	7	20
6	141	21	65	16	137	17	58
7	129	7	27	17	133	7	23
8	144	23	71	18	124	10	40
9	130	15	53	19	145	14	41
10	146	24	69	20	137	12	37

(a) 변이도 중에서 AMP(bpm)를 독립변수로 하여 FHR(bpm)을 잘 예측할 수 있는지를 상관계수를 구하고, 산점도를 그려서 판단하여 보아라.

(b) 상관계수와 산점도를 이용하여 변이도 MMR(ms)를 독립변수로 하여 FHR(bpm)를 잘 예측할 수 있는지를 판단하고, 또한 모형의 타당성을 검토하여라.

(c) 두 개의 변이도의 비 AMP/MMR(bpm/ms)를 새로운 독립변수로 하여 FHR(bpm)를 잘 예측할 수 있는지를 판단하고, 선형회귀모형 식을 구하여라.

(d) (c)에 대한 표준화 잔차와 설명변수의 산점도, 표준화 잔차와 예측값과의 산점도, 그리고 잔차의 순서쌍(e_{i-1}, e_i)들의 산점도를 각각 그려보고, 우리의 가정이 위배된 것은 없는지를 검토하여라.

10.34 한 연구자는 x를 선반공간의 양으로 하고, 그에 따른 y를 판매수익이라고 가정하였다. 이 연구자는 선형회귀직선이 (0, 0)을 지나는 것이 알맞다고 생각하여, 적절한 단순선형모형을 $y = \beta_1 x + \varepsilon$이라고 하였다. 모형으로부터 생성된 순서쌍을 $(x_1, y_1), (x_2, y_2), \cdots, (x_n, y_n)$이라고 가정할 때 다음 물음에 답하여라.

(a) 최소제곱추정량 β_1을 구하여라.

(b) (a)를 이용하여 연습문제 10.27에서 절편이 없는 단순선형회귀모형을 구하여라.

(c) (b)에서 구한 단순선형회귀모형을 분산분석표를 작성하고 잔차도를 그려 보아 모형의 타당성을 검토하여라.

10.35 우리가 알고 있는 선형모형 $y_i = \beta_0 + \beta_1 x_i + \varepsilon_i (i = 1, 2, \cdots, n)$ 대신에 $y_i = \beta_0^* + \beta_1^*(x_i - \overline{x}) + \varepsilon_i$이 적절한 모형이라고 가정하자. 이때 최소제곱추정량 β_0^*와 β_1^*를 구하여라.

11장 범주형 자료분석

변수가 취할 수 있는 값이 **범주(category)**로 주어지는 경우에 그 변수를 **범주형 변수(categorical variable)**라고 하며, 이러한 변수로 이루어진 자료를 **범주형 자료(categorical data)**라고 한다. 즉 자료 집합이 범주에 대한 도수(frequency counts)로 구성되도록 관측값이 범주에 따라 분류된다. 각각의 관측값들을 유한 개의 범주들 중 하나에 속하도록 분류하는 경우를 생각해 보자. 혈액형은 반드시 O, A, B, AB형 등 4개의 범주 중 하나에 속하게 된다. 일반적으로 범주 I에 속한 어떤 특정 관측값의 확률(상대도수)을 p_i라 표시할 때, 우리는 모든 p_i값들이 정해진 하나의 귀무가설(H_0)을 검정하고자 한다. 예를 들면 공장에서 생산된 제조품에 대해서 합격품, 약간불량, 불량 등으로 분류할 수 있는데 과거 자료에 비추어 각각의 비율이 80%, 15%, 5%라고 하면, 3개의 범주에 대해 귀무가설은 $H_0: p_1 = 0.80, p_2 = 0.15, p_3 = 0.05$가 된다. 공학 분야뿐만 아니라 여러 분야에 걸쳐 다양한 문제들을 생각할 수 있는데, 어떤 지역에서 종교별 분류라든가 정치인의 선호도 및 당별 지지도, 그리고 어느 정책에 대한 찬성 및 반대(적극지지, 중립, 반대 등) 의견에 대한 연령대(10대, 20대, 30대 등)에 따른 분류가 있을 수 있다.

다음의 세 가지 예를 통하여 앞으로 우리가 공부할 내용을 정리하도록 하자.

예제 11.1 (유전자 형태의 분류). 우리가 단일 유전자에 의해 통제된 각각의 유전체 두 개의 다른 특성에 초점을 맞추고, 유전자형이 AABB인 하나의 순수한 단일가닥과 유전자형이 aabb인 또 하나의 순수한 단일가닥을 교차 반응시키면 (대문자는 우성, 소문자는 열성 유전자) 결과적으로 생기는 유전자형은 AaBb가 된다. 만약에 이 첫 세대의 유전체가 그들 자신과 교차결합을 한다면(동형접합), 이것은 각각의 유형에 우성 유전자가 존재하는지, 존재하지 않는지에 따라 네 개의 표현형이 생길 것이다. 멘델의 유전 법칙은 이 네 개의 표현형이 나오는 발생빈도가 9 : 3 : 3 : 1의 비율로 발생한다. 예를 들어 토마토를 키가 큰(tall) 것과 작은(dwarf) 토마토로 나누고, 잎의 모양새는 두 종류, 'cut-leaf' 와 'potato-leaf' 등 전체 4종류(범주 $I = 4$; 1 = 키 큰 cut-leaf, 2 = 키 큰 potato-leaf, 3 = 작은 cut-leaf, 4 = 작은 potato-leaf)를 고려해 보자. 여기서 키가 큰 'cut-leaf' 토마토와 작은 'potato-leaf' 를 동형접합시킨 것의 표현형의 비율이 다음과 같다고 하자.

$$H_0 : p_1 = \frac{9}{16}, p_2 = \frac{3}{16}, p_3 = \frac{3}{16}, p_4 = \frac{1}{16}$$

아래의 [표 11.1]은 실제 $n = 1{,}611$개 교배실험 표본으로서 토마토의 경우에 위와 같은 귀무가설을 따르는지 또는 통계적으로 일치 여부를 검정하게 되는데, 이러한 검정을 **적합도검정(goodness-of-fit tests)** 이라고 하며 11.1절에서 다루게 될 것이다.

표 11.1 토마토 자료에 대한 각 칸의 관측값

토마토 종류	키 큰 cut-leaf	키 큰 potato-leaf	작은 cut-leaf	작은 potato-leaf	합계
관측값	926	288	293	104	1,611

예제 11.2 (몇 개의 범주로 분류된 두 개의 독립 표본 문제). 어느 회사에서는 1일 3교대로 작업을 하고 있다. 작업조에 따라 불량률이 다른지를 알아보기 위해 주간조에서 생산한 150개, 야간조에서 120개와 심야조에서 130개를 뽑아 불량품과 양호품의 개수를 조사한 결과가 다음 [표 11.2]와 같다.

표 11.2 작업조에 따른 불량품, 양호품의 관측도수

상태	작업조			합계
	주간	야간	심야	
불량품	25	25	15	65
양호품	125	95	115	335
합계	150	120	130	400

위의 자료에서 우리의 관심은 각 범주 작업조(주간, 야간, 심야)에 따라 불량률이 동일한지 또는 그렇지 않은지에 있다. 즉 이에 따른 가설은 다음과 같다.

H_0 : 작업조에 따른 불량률이 동일하다.

H_1 : 작업조에 따른 불량률이 동일하지 않다.

이와 같이 독립인 두 그룹이 각 범주별로 동일한 반응형태를 보이는가를 검정하는 것을 **동질성검정(testing for homogeneity)** 이라고 하며, 11.2절에서 자세하게 배우게 될 것이다.

예제 11.3 (한 표본을 두 가지 특성에 따라 분류하는 문제). 현 정부에서 새롭게 반영하고자 하는 A 정책에 대한 의견이 연령과 서로 관련이 있는지를 알아보기 위하여 1,000명을 대상으로 조사하여 다음 [표 11.3]을 얻었다.

표 11.3 정책 A에 대한 여론조사

연령 \ 의견	찬성	중립	반대	합계
10대	74	42	51	167
20대	75	44	55	174
30대	70	40	53	163
40대	22	40	185	247
50대 이상	28	41	180	249
합계	269	207	524	1,000

위의 자료에서는 각각의 대상자를 두 가지 특성인 연령과 의견(찬성, 중립, 반대)에 대해 조사한 것이다. 우리의 관심은 과연 새롭게 제시한 정책 A는 의견과 연령이 서로 독립인가에 있다. 이와 같이 두 가지 특성이 서로 독립이라는 귀무가설을 검정하는 것을 **독립성검정(testing for independence)**이라고 한다. 독립성검정은 한 표본을 두 가지 특성에 따라 분류하는 문제이며 이는 11.3절에서 다룬다.

11.1 적합도검정

가장 간단한 범주형 자료 형태인 어느 특정한 성질을 가지고 있는지와 없는지에 따라 정의되는 오직 두 가지의 범주를 갖는 이항반응(이항분포)은 이미 3장에서 다룬 바 있다. 여기서는 다항반응(분포)에 대한 실험을 생각해 보자. 다항반응 실험에서 범주 $i(i = 1, 2, \cdots, k)$에 의해 결정되는 시행횟수는 임의의 확률변수가 된다. 이는 이항실험에서 성공 횟수와 실패의 횟수가 임의의 확률변수가 되는 것과 같다. 여기서 임의의 확률변수를 N_i라고 표시하고, 실제 관측값(**관측도수, observed frequency**)을 n_i라고 하자. 각각의 시행은 k개의 범주 중 반드시 하나에서 결정되므로 $\sum n_i = n$이다. 예를 들어 $k = 3$인 경우에 귀무가설을 $H_0 : p_1 = 0.5, p_2 = 0.3, p_3 = 0.2$라고 하자. 대립가설 H_1은 p_i들 중 적어도 하나의 값은 귀무가설이 주장하는 값이 아니다(즉 p_i들 중 하나가 다른 경우는 최소한 2개가 참이 아닐 것이다). 우리는 $n = 100$일 때 $k = 3$인 경우에 대해 $n_1 = 46, n_2 = 35, n_3 = 19$인 관측값을 가지고 위 귀무가설을 검정할 수 있다.

다항실험에서 귀무가설을 $H_0 : p_1 = p_{10}, p_2 = p_{20}, \cdots, p_k = p_{k0}$ 라 하고, i 범주에서 결정된 시행의 기댓값(**기대도수, expected frequency**)은 $E[N_i] = np_i (i = 1, 2, \cdots, k)$ 이다. 따라서 위 예에서는 귀무가설 $H_0 : p_1 = 0.5, p_2 = 0.3, p_3 = 0.2$이 참일 때, $n = 100$에서 기댓값(기대도수)은 각각 $E[N_1] = np_1 = 100(0.5) = 50$, $E[N_2] = np_2 = 100(0.3) = 30$, $E[N_3] = np_3 = 100(0.2) = 20$이 된다. 실제 관측값 n_i는 [표 11.4]에서처럼 각각의 범주 중 하나를 k개의 행으로 구성된 표 형태로 나타낼 수 있다. H_0가 참일 때의 기댓값은 관측값의 아래쪽에 나타낸다. N_i와 n_i는 항상 관측된 칸(cell)의 수(또는 비율)라 할 수 있고, $np_{10}, np_{20}, \cdots, np_{k0}$는 H_0에서의 칸의 기대할 수 있는 도수(빈도)를 말한다.

표 11.4 각 칸의 관측값과 기댓값

범주	$i=1$	$i=2$	$\cdots$	$i=k$	행 합계
관측값	n_1	n_2	$\cdots$	n_k	n
기댓값	np_{10}	np_{20}	$\cdots$	np_{k0}	n

H_0가 참일 때 n_i는 대응된 np_i와 가깝게 되며, 반면에 귀무가설에서 주장하는 값과 현저하게 다를 때, 즉 n_i와 np_i의 차이가 크면 귀무가설을 기각한다. 따라서 검정통계량은 n_i와 np_i의 편차 제곱의 합에서 상대적 크기를 고려한 다음의 값

$$\frac{(n_1 - np_{10})^2}{np_{10}} + \frac{(n_2 - np_{20})^2}{np_{20}} + \cdots + \frac{(n_k - np_{k0})^2}{np_{k0}}$$

을 이용한다. 이처럼 몇 개의 범주([표 11.4]에서는 k개)로 분류된 한 표본의 비율 문제에 대한 검정을 **적합도검정(goodness-of-fit tests)**이라고 한다.

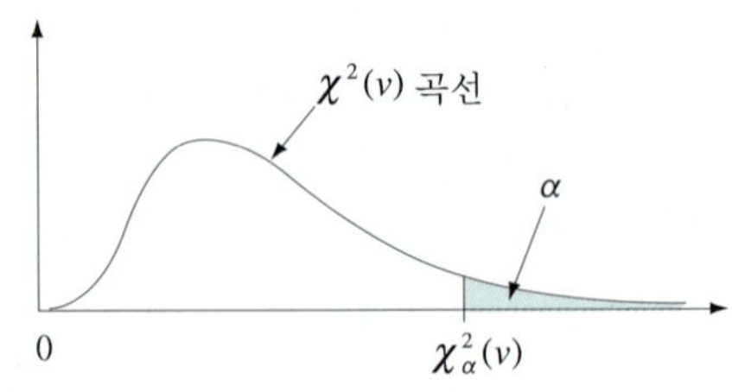

그림 11.1 카이제곱분포에서의 임계값(critical value)

우리는 먼저 카이제곱(Chi-squared, χ^2) 분포는 5장에서 소개하였고, 정규모집단의 분산 σ^2에 의한 신뢰구간을 얻기 위해 7장에서 사용했었다. 마찬가지로 여기서도 자유도(df)가 ν인 카이제곱분포에서 오른쪽꼬리 영역 면적이 α인 **임계값(critical value)** $\chi^2_\alpha(\nu)$은 [그림 11.1]과 같이 정의된다.

정리 11.1

모든 $i\,(i = 1, 2, \cdots, k)$에 대해 $np_i \geq 5$일 때 확률변수

$$\chi_0^2 = \sum_{i=1}^{k} \frac{(N_i - np_i)^2}{np_i} = \sum_{\text{모든 칸}} \frac{(\text{관찰값} - \text{기댓값})^2}{\text{기댓값}}$$

은 자유도(df)가 $k-1$인 χ^2 분포를 따른다.

검정통계량이 자유도(df)가 $k-1$인 것은 $\sum N_i (= \sum n_i) = n$으로 제한된 결과에 의한 것이고, 귀무가설에 따른 기각역은 유의수준 α에서 $\chi_0^2 \geq \chi_\alpha^2(k-1)$이 된다.

귀무가설 $H_0 : p_1 = p_{10}, p_2 = p_{20}, \cdots, p_k = p_{k0}$
대립가설 H_1 : 적어도 하나의 p_i는 p_{i0}와 다르다.

검정통계량 : $\chi_0^2 = \sum_{\text{모든 칸}} \frac{(\text{관찰값} - \text{기댓값})^2}{\text{기댓값}} = \sum_{i=1}^{k} \frac{(N_i - np_{i0})^2}{np_{i0}}$

기각역 W_α : $\chi_0^2 \geq \chi_\alpha^2(k-1)$

이상에서 적합도검정을 간략히 요약하면 다음과 같다.

첫째, 관측 분포가 미리 생각된 또는 가설상의 분포와 불일치하는지를 결정하는 데 적절한 방법으로 활용된다.

둘째, 귀무가설은 주어진 자료의 분포가 가설상의 분포를 따른다. 예를 들어 정규분포, 이항분포, 포아송분포, 기타 다른 분포에서도 같은 방식으로 적합도검정이 가능하다.

마지막으로, 작은 기댓값(기대도수)의 문제로서, Cochran(1950)에 의하면 χ^2 검정을 적용할 때 정규분포와 같은 단일분포의 적합도검정에 있어서는 기대도수의 최솟값이 1 정도라도 가능하다. 실제적으로는 1보다 작은 기대도수를 갖는 경우는 인접하는 구간끼리 합하여 앞의 최소기준을 만족시킬 수 있다.

예제 11.4 (유전자 형태의 분류). 아래는 [예제 11.1]에 대한 귀무가설이다. 이를 유의수준 $\alpha = 0.10$에서 검정해 보자.

$$H_0 : p_1 = \frac{9}{16},\ p_2 = \frac{3}{16},\ p_3 = \frac{3}{16},\ p_4 = \frac{1}{16}$$

먼저 [표 11.1]에서 $n = 1{,}611$개 교배실험 표본에 대해서 [표 11.5]와 같이 나타낼 수 있다.

표 11.5 토마토 자료에 대한 관측값과 기댓값

토마토 종류 ($I = 4$)	키 큰 cut-leaf	키 큰 potato-leaf	작은 cut-leaf	작은 potato-leaf	합계
관측값	926	288	293	104	1,611
H_0의 확률	9/16	9/16	9/16	9/16	1
기댓값	906.188	302.063	302.063	100.688	1,611

따라서 검정통계량은

$$\chi_0^2 = \sum \frac{(\text{관측값} - \text{기댓값})^2}{\text{기댓값}} = \sum_{i=1}^{k} \frac{(n_i - np_{i0})^2}{np_{i0}}$$

$$= \frac{(926 - 906.188)^2}{906.188} + \frac{(288 - 302.063)^2}{302.063} + \frac{(293 - 302.063)^2}{302.063} + \frac{(104 - 100.688)^2}{100.688}$$

$$= 1.469$$

이다. 귀무가설하에서 χ^2의 분포는 자유도(범주의 수 $k = 4$)가 $k - 1 = 3$인 $\chi^2(3)$분포를 따르며, 임계값은 $\chi^2_{0.10}(3) = 6.251$([부록 표 5])로부터

$$\chi_0^2 = 1.469 < \chi^2_{0.10}(3) = 6.251$$

이므로 유의수준 $\alpha = 0.10$에서 H_0를 기각할 수 없다. 따라서 이 자료는 멘델의 유전법칙과 거의 일치한다고 볼 수 있다. ●

위에서 두 번째로 정리하였던, 귀무가설이 주어진 자료의 분포를 따르는 경우에 적합도검정의 예를 다루어 보자.

예제 11.5 (확률분포의 예). 확률질량함수가 $f(x) = \frac{1}{10}$ $(x = 1, 2, 3, 4)$인 어떤 모집단으로부터 실제로 크기 30인 표본을 추출하여 다음과 같은 결과를 얻었다.

x	1	2	3	4	합계
관측값	3	5	10	12	30

우리는 실제 관측값과 기댓값은 적합한지 유의수준 $\alpha = 0.05$에서 검정해 보자.

먼저, $p_{x0} = \frac{x}{10}$ $(x = 1, 2, 3, 4)$에서 귀무가설은

$$H_0 : p_1 = p_{10},\ p_2 = p_{20},\ p_3 = p_{30},\ p_4 = p_{40}$$

이라고 하자. [표 11.6]을 이용하면, 검정통계량은

표 11.6 각 칸의 관측값과 기댓값

x	1	2	3	4	합계
관측값	3	5	10	12	30
H_0의 확률	1/10	2/10	3/10	4/10	1
기댓값	3	6	9	12	30

$$\begin{aligned}\chi_0^2 &= \sum \frac{(\text{관측값} - \text{기댓값})^2}{\text{기댓값}} = \sum_{i=1}^{k} \frac{(n_i - np_{i0})^2}{np_{i0}} \\ &= \frac{(3-3)^2}{3} + \frac{(5-6)^2}{6} + \frac{(10-9)^2}{9} + \frac{(12-12)^2}{12} \\ &= 0.278\end{aligned}$$

이다. 귀무가설하에서 자유도가 $k-1=3$인 $\chi^2(3)$ 분포를 따르며, 임계값은 $\chi^2_{0.05}(3) = 7.815$ ([부록 표 5])로부터

$$\chi_0^2 = 0.278 < \chi^2_{0.05}(3) = 7.815$$

이므로 유의수준 $\alpha = 0.05$에서 H_0를 기각할 수 없다. 따라서 이 자료는 확률질량함수가 $f(x) = \frac{1}{10}(x = 1, 2, 3, 4)$인 모집단의 표본으로 볼 수 있다. ●

11.2 동질성검정

앞 절에서 우리는 적합도검정에 관한 문제들을 살펴보았다. 그것은 각 표가 하나의 행과 나누어진 범주에 상응하는 특정한 열들로 구성되어 있었다. 이제 우리는 자료가 도수로 구성되어 있지만 자료의 표는 I개의 행 ($I \geq 2$)과 J개의 열, 즉 $I \times J$의 표로 구성된 좀 더 일반적인 형태의 문제들에 대해 공부해 보기로 한다. 그러한 자료가 갖는 보편적으로 직면하게 되는 두 가지 상황을 고려해 보자.

1. 표의 서로 다른 행에 대응하는 I개의 모집단과 J개의 범주로 나뉘어진 각각의 모집단이 있다. 이때 표본은 i번째 모집단 ($i = 1, 2, \cdots, I$)과 i번째 행의 칸에 채워진 수만큼 취하도록 한다.
2. 서로 다른 두 가지 요인으로 범주화된 한 개의 모집단이 있을 때 첫 번째 요인

과 결합된 I 범주와 두 번째 요인과 결합된 J 범주가 있다. 요인 1의 범주 i 와 요인 2의 범주 j 각각에 해당하는 수는 i 번째 행과 j 번째 열의 칸에 들어가게 된다 ($i = 1, 2, \cdots, I\,;\, j = 1, 2, \cdots, J$).

n_{ij} 를 표에서 각각 i 번째 행, j 번째 열의 칸에 들어갈 수라고 할 때 [표 11.7]은 **이원분할표(two-way contingency table)** 를 나타낸다.

먼저 첫 번째 상황에서 우리는 모든 모집단들이 각 범주에 대하여 같은 확률을 보이는지 아닌지를 검정하고자 한다. 이러한 것을 **동질성검정(testing for homogeneity)** 이라고 하고, 귀무가설은 각각 범주에 대해 모집단들이 동일하다는 것이다. 두 번째 상황에서 우리는 두 요인의 범주가 서로 독립인지 아닌지를 조사하게 된다. 이는 11.3절에서 다루게 될 것이다.

I 모집단 각각은 정확하게 J 의 범주 중 하나에 속한다고 가정하고, 표본 n_i 는 i 번째 모집단에서 추출한다. $n = \sum n_i$ 라고 할 때,

$$n_{ij} = j \text{ 범주 안의 } i \text{ 번째 표본의 수}$$

$$n_{\cdot j} = \sum_{i=1}^{I} n_{ij} = j \text{ 범주 안의 표본수의 합}$$

이라고 하면 n_{ij} 는 이원분할표의 I 행과 J 열에 기록된다. i 번째 행의 n_{ij} 합은 $n_{i\cdot}$, j 번째 열의 합이 $n_{\cdot j}$ 라고 하면 $p_{ij} = i$ 모집단이 j 범주에 속할 확률이 된다.

표 11.7 이원분할표

	1	2	$\cdots$	j	$\cdots$	J
1	n_{11}	n_{12}	$\cdots$	n_{1j}	$\cdots$	n_{1J}
2	n_{21}	n_{22}	$\cdots$	n_{2j}		n_{2J}
$\vdots$	$\vdots$	$\vdots$		$\vdots$		$\vdots$
i	n_{i1}	n_{i2}	$\cdots$	n_{ij}	$\cdots$	n_{iJ}
$\vdots$	$\vdots$	$\vdots$		$\vdots$		
I	n_{I1}	n_{I2}	$\cdots$	n_{Ij}	$\vdots$	n_{IJ}

따라서 모집단 1에 대해 J 비율은 $p_{11}, p_{12}, \cdots, p_{1J}$ (합은 1)이고 다른 모집단도 마찬가지로 표현할 수 있다. 동질성검정의 귀무가설은 각 j 범주의 비율은 각각 모집단에 대해 동일하고, 이는 모든 범주에 대해서도 성립한다는 것이다. 즉, 모든 j 에 대해 $p_{1j} = p_{2j} = \cdots = p_{Ij}$ 이다.

H_0 가 참일 때, J 개의 다른 범주에서 모집단 비율을 $p_1, p_2, \cdots, p_J$ 로 나타낸다. 이들 비율은 모든 I 개의 모집단에 공통적이다. H_0 가 참일 때, j 번째 범주 i 번째 표본

의 기댓값은 $E(N_{ij}) = n_i \cdot p_j$ 이다. $E(N_{ij})$를 추정하기 위해 우리는 먼저 j 범주의 비율인 p_j를 추정해야 한다. 모든 표본 사이에서 $N_{\cdot j}$는 j 범주에 있으므로 추정량으로 $\hat{p}_j = N_{\cdot j} / n$을 사용한다(이는 p_j의 최대우도추정량이다).

$$\hat{e}_{ij} = i \text{행} \cdot j \text{열에서의 추정된 기댓값} = \frac{n_{i\cdot} \cdot n_{\cdot j}}{n}$$
$$= \frac{(i \text{번째 행의 합})(j \text{번째 열의 합})}{n} \tag{11.1}$$

검정통계량은 이전 문제의 상황에서와 같다. 또한 자유도는 쉽게 얻어질 수 있다. 즉, [표 11.7]의 각 행에는 $J-1$개의 자유롭게 정해지는 칸이 있고(각 표본의 크기 n_i는 고정되어 있음), 총 $I(J-1)$개의 칸이 자유롭게 결정된다. 모수 $p_1, p_2, \cdots, p_J$ 값들은 추정되지만, $\sum p_i = 1$이므로 $J-1$개만이 독립이다. 따라서 자유도(df)는 $I(J-1)-(J-1)=(J-1)(I-1)$ 이다.

귀무가설 $H_0 : p_{1j} = p_{2j} = \cdots = p_{Ij}\ (j = 1, 2, \cdots, J)$
대립가설 $H_1 : H_0$가 거짓일 때
검정통계량:

$$\chi_0^2 = \sum_{\text{모든 칸}} \frac{(\text{관측값} - \text{추정된 기댓값})^2}{\text{추정된 기댓값}} = \sum_{i=1}^{I}\sum_{j=1}^{J} \frac{(n_{ij} - \hat{e}_{ij})^2}{\hat{e}_{ij}}$$

기각역 $W_\alpha : \chi_0^2 \geq \chi_\alpha^2((I-1)(J-1))$
이 검정은 보통 $\hat{e}_{ij} \geq 5$일 경우에만 적용된다.

참고로, 만약 기대도수가 5보다 작은 칸이 많은 경우에는 가능하면 여러 칸을 합하여 기대도수를 크게 하거나 **피셔의 정확 검정(Fisher's exact test)**을 사용하게 된다.

예제 11.6 (몇 개의 범주로 분류된 두 개의 독립 표본 문제). 앞의 [예제 11.2]는 작업조에 따라 불량률이 다른지를 알아보기 위한 자료로서, 이에 대한 귀무가설과 대립가설은 다음과 같다.

H_0 : 작업조에 따른 불량률이 동일하다.
H_1 : 작업조에 따른 불량률이 동일하지 않다.

이를 유의수준 $\alpha = 0.05$에서 검정해 보자.

먼저 [표 11.2]의 첫 번째 범주를 보면, 식 (11.1)로부터 주간조가 생산한 불량품의 기대도수($\hat{e}_{11}$)는

$$\frac{\text{(첫 번째 행의 합계)(첫 번째 열의 합계)}}{\text{전체 표본의 합계}} = \frac{(65)(150)}{400} = 24.375$$

이고, 주간조가 생산한 양호품의 기대도($\hat{e}_{21}$)는

$$\frac{\text{(두 번째 행의 합계)(첫 번째 열의 합계)}}{\text{전체 표본의 합계}} = \frac{(335)(150)}{400} = 125.625$$

이다. 마찬가지로 계산하면 아래 [표 11.8]과 같이 나타낼 수 있으며, 모든 기대도수가 5보다 크므로 검정이 가능하다.

표 11.8 작업조에 따른 추정된 기대도수($\hat{e}_{ij}$)

상태	작업조(도수)			합계	작업조의 기대도수($\hat{e}_{ij}$)			합계($n_{i.}$)
	주간	야간	심야		주간	야간	심야	
불량품	25	25	15	65	24.375	19.500	21.125	65
양호품	125	95	115	335	125.625	100.500	108.875	335
합계($n_{.j}$)	150	120	130	400	150	120	130	400

따라서 검정통계량은

$$\chi_0^2 = \sum \frac{(\text{관측값} - \text{추정된 기대도수})^2}{\text{추정된 기대도수}} = \sum_{i=1}^{I}\sum_{j=1}^{J} \frac{(n_{ij} - \hat{e}_{ij})^2}{\hat{e}_{ij}}$$

$$= \frac{(25 - 24.375)^2}{24.375} + \frac{(125 - 125.625)^2}{125.625} + \cdots + \frac{(115 - 108.875)^2}{108.875}$$

$$= 3.992$$

이다. 귀무가설하에서 자유도($I = 2, J = 3$)가 $(I-1)(J-1) = (2-1)(3-1) = 2$이고, $\chi^2(2)$ 분포를 따르며, 임계값은 $\chi^2_{0.05}(2) = 5.992$ [부록 표 5]로부터

$$\chi_0^2 = 3.992 < \chi^2_{0.05}(2) = 5.992$$

이므로 유의수준 $\alpha = 0.05$에서 H_0를 기각할 수 없다. 따라서 주간조, 야간조, 심야조가 생산하는 제품의 불량률이 다르다는 뚜렷한 증거는 없다.

참고로, Excel의 '1-CHISQ.DIST(3.992, 2, 1)'을 이용하여 P-값 = 0.13589가 되어 유의수준 $\alpha = 0.05$에서 H_0를 기각할 수 없음을 보여 준다. ●

이상에서 동질성검정에 대해서 요약 정리하면 다음과 같다.

첫째, 다음 절에서 다루는 독립성검정과는 달리 연구자가 행과 열의 합계를 미

리 정하고 몇 개의 모집단으로부터 독립적인 표본을 뽑을 수도 있다. 이런 경우 하나의 기준에 의해 한 쪽의 주변합을 고정시킬 수 있고, 또 하나의 기준에 따라 결정되는 다른 쪽의 주변합이 확률적으로 나타난다. 이런 경우는 독립성이 아니라 동질성에 대해 χ^2 검정을 하게 되는 것이다.

둘째, 독립성검정과 동질성검정은 개념과 표본추출과정의 차이는 있으나 수리적으로는 동일하다.

끝으로, 동질성검정에 대한 χ^2 검정의 특징은 다음과 같이 정리된다.

(1) 두 개 또는 그 이상의 모집단을 먼저 결정한 후 각각으로부터 표본을 뽑는다.
(2) 그 표본의 요소들을 분류대상이 되는 변수의 해당 수준으로 분류한다.
(3) 기대도수 산출의 이론적인 배경은 모집단들이 동질의 것이라면 표본의 요소들이 특정수준으로 분류될 확률의 최적 추정값은 표본자료를 모두 합하여 얻을 수 있다.
(4) 가설과 결론은 분석대상의 변수에 관한 모집단의 동질성에 대하여 얻어진다.

11.3 독립성검정

이제 하나의 모집단에서 두 개의 다른 요인 사이의 연관성에 대해 생각해 보자. 첫 번째 요인의 범주 수를 I라 하고 두 번째 요인의 범주 수를 J라고 가정하자. 모집단에서 각 값들은 첫 번째 요인의 I범주 중 하나, 두 번째 요인의 J범주 중 하나에 속한다고 하자. 예를 들면 모집단은 정기적으로 TV에서 뉴스를 시청하는 사람으로, 첫 번째 요인은 선호하는 방송망(KBS, MBC, SBS, EBS, 따라서 $I = 4$), 두 번째 요인은 정치 철학(자유, 중립, 보수, 따라서 $J = 3$)으로 할 수 있다. 동질성검정은 몇 개의 범주로 분류된 두 개의 독립인 표본문제인 반면에, 여기서는 각 단위(뉴스를 시청하는 사람)에 대하여 두 가지 특성(선호하는 방송망, 정치 철학)에 관한 것이다. 우리는 방송망별로 정치 철학과 연관되는지 또는 두 가지 특성이 관계가 없다는, 즉 독립이라는 귀무가설을 검정하는 것을 **독립성검정(testing for independence)**이라고 한다. 독립성검정은 한 표본을 두 가지 특성에 따라 분류하는 문제를 다룬다.

모집단에서 n개를 추출한 표본에 대해 n_{ij}는 n개 중 첫 번째 요인의 i범주 그리고 두 번째 요인의 j범주에 속한 것의 도수라고 하자. n_{ij}는 I행과 J열의 이원분할표로 나타낼 수 있다. I모집단이 동질성을 갖을 경우, 먼저 행 전체는 고정되고 J열 전체는 변하게 된다. 이제 전체 표본크기만이 고정되고, $n_{i\cdot}$와 $n_{\cdot j}$둘 다 확률변수의 관측값이라고 한다면 가설은 다음과 같이 놓을 수 있다.

p_{ij}= 모집단에서 요인 1의 i 범주, 요인 2의 j 범주에 속할 비율
= P(무작위로 추출되어 요인 1의 i 범주, 요인 2의 j 범주에 속한 개체)

그러면,

$p_{i\cdot} = \sum_j p_{ij}$ = P(무작위로 추출되어 요인 1의 i 범주에 속한 개체)

$p_{\cdot j} = \sum_j p_{ij}$ = P(무작위로 추출되어 요인 2의 j 범주에 속한 개체)

만일 $P(A \cap B) = P(A) \cdot P(B)$이라면 두 사상 A와 B는 독립이라는 것은 이미 알고 있다. 여기서의 귀무가설은 두 개의 사상, 즉 요인 1의 범주와 요인 2의 범주가 서로 독립이므로 이를 기호로 나타내면 모든 $(i,\ j)$ 쌍에 대해 $p_{ij} = p_{i\cdot} \times p_{\cdot j}$로 표현할 수 있다.

$(i,\ j)$ 칸에서의 기댓값은 $n \cdot p_{ij}$, 따라서 귀무가설이 참일 때 $E(N_{ij}) = n \cdot p_{i\cdot} \cdot p_{\cdot j}$이다. χ^2 통계량을 얻기 위해 우리는 $p_{i\cdot}(i = 1, 2, \cdots, I)$와 $p_{\cdot j}(j = 1, 2, \cdots, J)$를 추정해야 한다. 최대우도법으로 추정한 값들은

$$\hat{p}_{i\cdot} = \frac{n_{i\cdot}}{n} = \text{요인 1의 } i \text{ 범주 표본비율}$$

그리고

$$\hat{p}_{\cdot j} = \frac{n_{i\cdot}}{n} = \text{요인 2의 } j \text{ 범주 표본비율}$$

이다. 또한 동질성을 갖는 경우 추정기대도수들은 다음 식 (11.2)와 같다.

$$\hat{e}_{ij} = n \cdot p_{i\cdot} \times p_{\cdot j} = n \cdot \frac{n_{i\cdot}}{n} \cdot \frac{n_{\cdot j}}{n} = \frac{n_{i\cdot} \cdot n_{\cdot j}}{n} = \frac{(i\text{번째 행의 합})(j\text{번째 열의 합})}{n} \tag{11.2}$$

검정통계량은 동질성검정을 할 때의 자유도를 구할 때와 동일하다. 왜냐하면 합계 n은 미리 고정되었기 때문에 자유롭게 결정되는 칸의 수는 $IJ-1$개이다. I개의 추정값 $p_{i\cdot}$이 있지만 $\sum p_{i\cdot} = 1$이므로 $I-1$개만이 독립적으로 추정된다. 그리고 마찬가지로 $J-1$개의 $p_{\cdot j}$가 독립적으로 추정되며, 결국 $I+J-2$개의 변수들이 독립적으로 추정된다. 따라서 자유도는 다음과 같다.

$$df = IJ - 1 - (I + J - 2) = IJ - I - J + 1 = (I-1)(J-1)$$

귀무가설 $H_0 : p_{ij} = p_{i\cdot} \cdot p_{\cdot j}\ (i = 1, 2, \cdots, I; j = 1, 2, \cdots, J)$
대립가설 H_1 : H_0가 거짓일 때
검정통계량:

$$\chi_\alpha^2 = \sum_{\text{모든 칸}} \frac{(\text{관측값} - \text{추정된 기댓값})^2}{\text{추정된 기댓값}} = \sum_{i=1}^{I} \sum_{j=1}^{J} \frac{(n_{ij} - \hat{e}_{ij})^2}{\hat{e}_{ij}}$$

기각역 W_α : $\chi^2 \geq \chi_\alpha^2((I-1)(J-1))$
이 검정은 모든 칸에 대한 $\hat{e}_{ij} \geq 5$일 경우에만 적용된다.

예제 11.7 (한 표본을 두 가지 특성에 따라 분류하는 문제). 앞의 [예제 11.3]의 정부에서 새롭게 반영하고자 하는 정책 A에 대한 의견이 연령대와 서로 관련이 있는지 또는 없는지를 유의수준 $\alpha = 0.05$에서 검정해 보자.

이에 대한 귀무가설과 대립가설은 다음과 같다.

H_0 : 정책에 대한 의견은 연령과 서로 관련이 없다(서로 독립이다).
H_1 : 정책에 대한 의견은 연령과 서로 관련이 있다(서로 종속이다).

먼저 [표 11.3]의 첫 번째 범주를 보면, 식 (11.2)로부터 정책에 찬성한 10대의 기대도수$(\hat{e}_{11})$는

$$\frac{(\text{첫 번째 행의 합계})(\text{첫 번째 열의 합계})}{\text{전체 표본의 합계}} = \frac{(167)(269)}{1{,}000} = 44.923$$

이고, 정책에 찬성한 20대의 기대도수$(\hat{e}_{21})$는

$$\frac{(\text{두 번째 행의 합계})(\text{첫 번째 열의 합계})}{\text{전체 표본의 합계}} = \frac{(174)(269)}{1{,}000} = 46.806$$

이다. 마찬가지로 계산하면 아래 [표 11.9]와 같이 나타낼 수 있으며, 모든 기대도수가 5보다 크므로 검정이 가능하다.

표 11.9 정책 A에 대한 조사에 따른 추정된 기댓도수$(\hat{e}_{ij})$

연령 \ 의견	관측값(도수)			합계	추정된 기댓값$(\hat{e}_{ij})$			합계$(n_{i\cdot})$
	찬성	중립	반대		찬성	중립	반대	
10대	74	42	51	167	44.923	34.569	87.508	167
20대	75	44	55	174	46.806	36.018	91.176	174
30대	70	40	53	163	43.847	33.741	85.412	163
40대	22	40	185	247	66.443	51.129	129.428	247
50대 이상	28	41	180	249	66.981	51.543	130.476	249
합계$(n_{\cdot j})$	269	207	524	1,000	269	207	524	1,000

따라서 검정통계량은

$$\chi_0^2 = \sum \frac{(\text{관측값} - \text{추정된 기댓값})^2}{\text{추정된 기댓값}} = \sum_{i=1}^{I}\sum_{j=1}^{J}\frac{(n_{ij}-\hat{e}_{ij})^2}{\hat{e}_{ij}}$$

$$= \frac{(74-44.923)^2}{44.923} + \frac{(75-46.806)^2}{46.806} + \cdots + \frac{(180-130.476)^2}{130.476}$$

$$= 197.465$$

이다. 귀무가설하에서 자유도 $(I = 5, J = 3)$가 $(I-1)(J-1) = (5-1)(3-1) = 8$이고, $\chi^2(8)$ 분포를 따르며, 임계값은 $\chi^2_{0.05}(8) = 15.507$[부록 표 5]으로부터

$$\chi_0^2 = 197.465 > \chi^2_{0.05}(8) = 15.507$$

이므로 유의수준 $\alpha = 0.05$에서 H_0를 기각할 수 있다. 따라서 정책에 대한 의견은 연령과 서로 관련이 있다(서로 독립적이지 않다). 실제로 자료를 살펴보면, 정책 A는 젊은 연령대에서 찬성률이 높고, 반면에 40대 및 50대 이상에서 반대 의견이 높다는 것을 확인해 볼 수 있다.

참고로 Excel의 '1–CHISQ.DIST(197.465, 8, 1)'을 이용하여 P–값을 구하면 <0.00001이므로 유의수준 $\alpha = 0.05$에서뿐만 아니라 $\alpha = 0.01$에서도 H_0를 기각할 수 있다. ●

예제 11.8 다음은 어느 공정과정에서 세대의 기계로부터 얻어진 제품을 두 등급으로 분류한 분할표이다.

등급 \ 기계	기계 A	기계 B	기계 C	합계
1등급	78	65	68	211
2등급	22	8	30	60
합계	100	73	98	271

여기서, 먼저 귀무가설과 대립가설은 각각

H_0 : 기계의 종류와 등급은 독립이다.
H_1 : 기계의 종류와 등급은 관련이 있다(서로 종속이다).

가 될 것이다. 또한 이제 우리는 식 (11.2)을 이용하여 다음 [표 11.10]과 같이 기대 분할표를 작성할 수 있다. 표에서 모든 기대도수가 5보다 크므로 검정이 가능하다.

표 11.10 공정과정에서 3대의 기계와 제품등급에 대한 추정된 기대도수 ($\hat{e}_{ij}$)

기계 / 등급	관측값(도수)			합계	추정된 기댓값($\hat{e}_{ij}$)			합계($n_{i\cdot}$)
	기계 A	기계 B	기계 C		기계 A	기계 B	기계 C	
1등급	78	65	68	211	77.860	56.838	76.303	211
2등급	22	8	30	60	22.140	16.162	21.697	60
합계($n_{\cdot j}$)	100	73	98	271	100	73	98	271

따라서, 검정통계량은

$$\chi_0^2 = \sum \frac{(\text{관측값} - \text{추정된 기댓값})^2}{\text{추정된 기댓값}} = \sum_{i=1}^{I}\sum_{j=1}^{J}\frac{(n_{ij}-\hat{e}_{ij})^2}{\hat{e}_{ij}}$$

$$= \frac{(78-77.860)^2}{77.860} + \frac{(22-22.140)^2}{22.140} + \cdots + \frac{(30-21.697)^2}{21.697}$$

$$= 9.376$$

이다. 귀무가설하에서 자유도($I = 2, J = 3$)가 $(I-1)(J-1) = (2-1)(3-1) = 2$이고, $\chi^2(2)$ 분포를 따르며, Excel에서 '1–CHISQ.DIST(9.376, 2, 1)'을 이용하면 P–값 = 0.00921이 되어 유의수준 $\alpha = 0.01$에서 H_0를 기각할 수 있다. 따라서 제품의 등급과 기계종류 간 차이가 존재한다고 볼 수 있다. 실제로, 기계 A와 기계 B에서는 1등급 제품이 각각 78 %, 69 %이지만 기계 C에서는 89 %로 매우 높다. ●

이상에서 독립성검정을 요약 정리해 보면 다음과 같다.

첫째, 자료를 분류하는 두 가지의 기준들이 서로 독립적인가에 대한 귀무가설을 검정한다.

둘째, 표본이 추출된 뒤에 한 대상을 두 가지 기준에 의해 분류한다. 즉 각 칸의 관찰도수는 연구자에 의해서가 아니라 분류기준에 의해 결정되며, 따라서 이런 경우 표본은 단일모집단에서 뽑힌 단일표본으로 간주할 수 있다.

셋째, 가장 중요한 가정은 한 표본은 하나의 칸에만 속할 수 있으며, 분석 시 사용되는 표본은 대상모집단에서 얻어진 단순 확률표본이라고 가정한다.

넷째, 표본수와 작은 기대도수의 문제:

(1) 최소한 전체 표본수가 20개는 되어야 검정통계량이 χ^2 분포에 근사하게 된다.

(2) 작은 기대도수 문제는 Cochran(1950)에 의하면 자유도가 1 이상인 분할표에서 기댓값이 5 미만인 칸의 수가 전체의 20 %를 넘지 않을 때이며, 최소의 기댓값이 1 이상이면 무관하다. 이 원칙에 맞추기 위해 논리적으로 이상이 없는 인접행이나 열을 합해도 무방하다.

Excel을 이용한 분석

Excel 활용 ❶

11.1절의 [예제 11.5]에서 $p_{x0} = \frac{x}{10}\,(x = 1, 2, 3, 4)$일 때, 귀무가설

$H_0 : p_1 = p_{10}, p_2 = p_{20}, p_3 = p_{30}, p_4 = p_{40}$을 Excel을 이용하여 검정해 보자.

(풀이) 먼저, [그림 11.2]와 같이 관측값과 기댓값 자료를 입력한다.

	A	B	C	D	E	F
1	관측값	3	5	10	12	
2	기댓값	3	6	9	12	

그림 11.2 [예제 11.5]의 자료 입력

[그림 11.3]과 같이 [수식(M)] ⇒ [함수삽입(F)] ⇒ [함수 검색] ⇒ [CHITEST]를 선택하여 범위를 입력하고 확인을 누르면 P–값 = 0.964152를 얻는다. 이 값은 유의수준 5% 또는 10%보다 큰 값이므로 이 자료는 확률밀도함수가 $p_{x0} = \frac{x}{10}\,(x = 1, 2, 3, 4)$인 모집단의 표본으로 볼 수 있다.

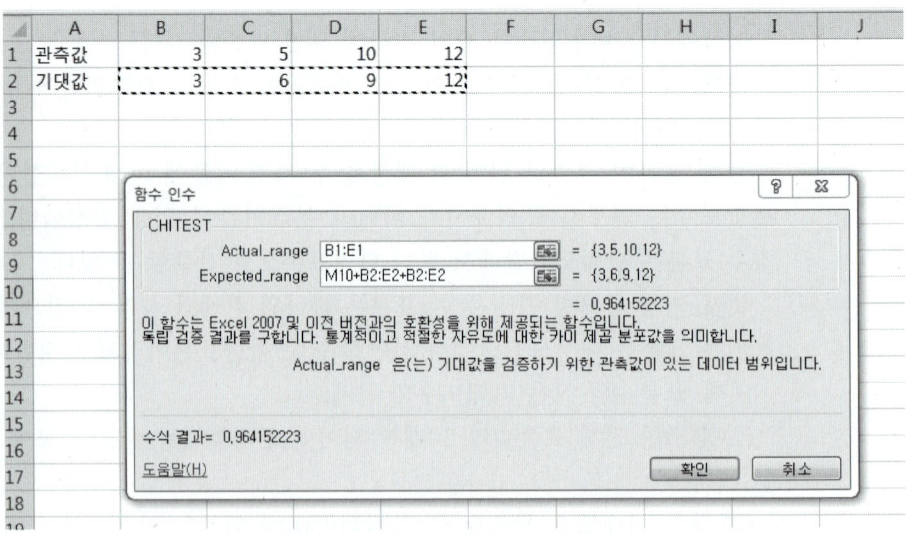

그림 11.3 함수 CHITEST 사용 결과

참고로 χ^2-검정통계량의 값을 구하려면 [그림 11.4]와 같이 B4셀에 "= ((B1-B2)^2)/B2"를 입력하고 자동 채우기를 이용하여 나머지 오른쪽 셀 C4, D4, E4를 채운 후, F4셀에 " = sum(B4:E4)"를 입력하면 χ_0^2값 0.2778을 얻을 수 있다.

F4 | f_x | =SUM(B4:E4)

	A	B	C	D	E	F	G
1	관측값	3	5	10	12		
2	기댓값	3	6	9	12		
3							
4		0	0.166667	0.111111	0	0.277778	
5							

그림 11.4 χ^2-검정통계량 계산

귀무가설하에서 자유도가 3인 $\chi^2(3)$ 분포를 따르므로 셀에 "= CHISQ.INV.RT (0.05,3)"을 입력하여 유의수준 $\alpha = 0.05$에서 $\chi^2_{0.05}(3)$의 임계값을 구하면 7.8147을 얻게 되어 $\chi_0^2 = 0.2778 < \chi^2(3) = 7.8147$이므로 귀무가설 H_0를 기각할 수 없다. 따라서 이 자료는 $p_{x0} = \dfrac{x}{10}(x = 1, 2, 3, 4)$인 모집단의 표본이라고 할 수 있다.

Excel 활용 ❷

11.2절의 [예제 11.6]에서 귀무가설 H_0: '작업조에 따른 불량률이 동일하다'를 Excel을 이용하여 검정해 보자.

(풀이) 먼저 다음의 [그림 11.5]와 같이 관측값과 기댓값 자료를 입력한다.

	A	B	C	D	E	F	G	H	I	J
1	상태	작업 조			합계	상태	작업 조의 기대도수			합계
2		주간	야간	심야			주간	야간	심야	
3	불량품	25	25	15	65	불량품	24.375	19.5	21.125	65
4	양호품	125	95	115	335	양호품	125.625	100.5	108.875	335
5	합계	150	120	130	400	합계	150	120	130	400

그림 11.5 [예제 11.6]의 자료 입력

관측값과 기댓값이 입력되었으면, [수식(M)] ⇒ [함수삽입(F)] ⇒ [함수 검색] [CHITEST]를 선택하고 Actual_range에 "B3:D4"를 입력하고 Expect_range 부분에 "G3:I4"를 입력하고 확인을 누르면 다음 [그림 11.7]과 같은 결과를 얻을 수 있다.

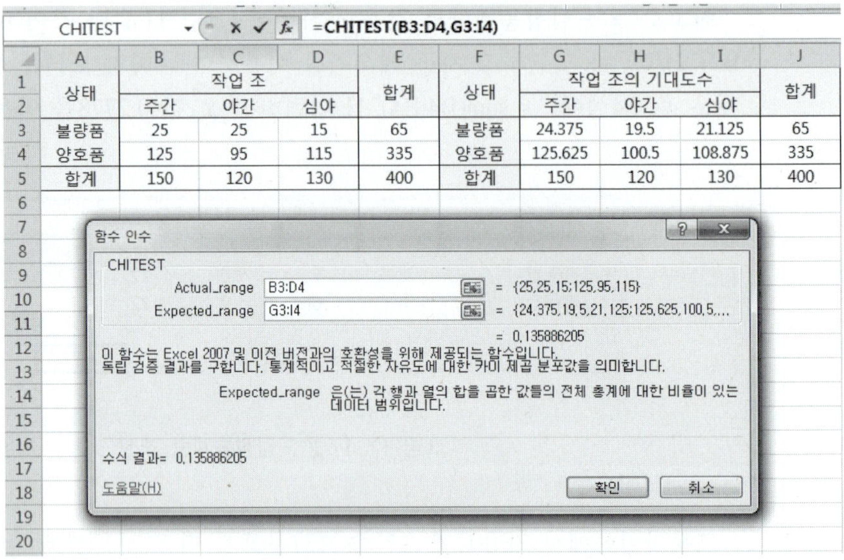

상태	작업 조			합계	상태	작업 조의 기대도수			합계
	주간	야간	심야			주간	야간	심야	
불량품	25	25	15	65	불량품	24.375	19.5	21.125	65
양호품	125	95	115	335	양호품	125.625	100.5	108.875	335
합계	150	120	130	400	합계	150	120	130	400

그림 11.6 [예제 11.6]의 동질성검정 결과

P-값이 0.13589이므로 유의수준 $\alpha = 0.05$에서 기각할 수 없으므로 작업조에 따른 불량률이 다르다고 말할 수 없다.

연습문제

11.1 다음 상황 각각은 우측꼬리(upper-tailed) χ^2 검정에서 어떤 결정이 적절한가를 설명하여라.

(a) $\alpha = 0.05,\ df = 4,\ \chi_0^2 = 12.258$

(b) $\alpha = 0.01,\ df = 4,\ \chi_0^2 = 2.725$

(c) $\alpha = 0.10,\ df = 2,\ \chi_0^2 = 6.365$

(d) $\alpha = 0.01,\ df = 6,\ \chi_0^2 = 2.929$

11.2 다음 각각에서 우측 χ^2 검정의 P-값을 구하여라.

(a) $df = 2,\ \chi_0^2 = 7.502$

(b) $df = 6,\ \chi_0^2 = 8.001$

(c) $df = 9,\ \chi_0^2 = 4.365$

(d) $df = 5,\ \chi_0^2 = 18.321$

11.3 어느 대학의 통계학과에서는 예비적인 서비스 과정으로 학생에게 튜터링 서비스(tutoring services)를 하고 있다. 그 서비스는 의뢰인의 40%가 경영통계 관련으로 오고, 30%는 공학통계, 20%는 사회과학 학생을 위한 통계과정으로 그리고 다른 10%는 농경제학을 위한 과정으로 올 것으로 예상하고 있다. 이를 알아보기 위하여 의뢰인(n = 120)의 무작위표본은 4개의 과정이 각각 52, 38, 21, 9로 나타나 있다고 할 때, 이 자료를 기본으로 직원의 퍼센트 예상이 옳지 않다고 할 수 있는지를 유의수준 $\alpha = 0.05$에서 검정하여라.

11.4 멘델의 유전 법칙에 의하면 어떤 종의 꽃에서 순종의 빨간 꽃과 순종의 흰 꽃을 교배시키면 두 개의 유전자를 하나씩 가지는 잡종인 분홍 꽃이 핀다고 한다. 그리고 그 분홍 꽃을 교배시키면 세 가지 꽃이 피는데, 각각의 색의 꽃이 필 확률은 빨간 꽃과 흰 꽃이 각각 1/4, 분홍 꽃이 1/2이라고 한다. 실제로 교배시켜서 나온 꽃의 수가 빨간색이 141, 분홍색이 291, 흰색이 132였다. 이 실험 결과가 멘델의 유전 법칙에서 벗어난 것이라고 할 수 있는가? 유의수준 0.05로 검정하여라.

11.5 범죄학자들은 날씨 상태와 폭력 범죄의 발생률 사이의 관계를 알아보기 위해, "살인을 위한 계절이 있는가?"라는 의문을 가지고 계절에 따른 1,361가지의 살인행위를 분류하였다. 그 결과 다음과 같은 자료를 얻었다. P-값을 구하여 귀무가설을 검정하여라.

겨울	봄	여름	가을
328	334	372	327

11.6 아래 표는 공정한 주사위(fair die) 여부를 판단하기 위해 500번을 던지는 시행을 한 결과이다. 유의수준 $\alpha = 0.05$에서 검정하여라.

주사위 눈	1	2	3	4	5	6
관측도수	95	79	80	92	65	89

11.7 ABO식 혈액형을 보면 우리나라 사람은 A형이 34%, B형이 27%, O형이 28%, AB형이 11%라고 한다. 어느 특정 지역에서 2016년도 신생아 208명을 조사한 결과 아래의 결과를 얻었다고 하자. 이 지역에서 태어난 신생아는 일반인과 같은 비율의 혈액형을 갖는지를 유의수준 $\alpha = 0.05$에서 검정하여라.

혈액형	A	B	O	AB
관측도수	62	58	70	18

11.8 어느 한 유전학 실험에서 특별한 유형의 200개 염색체는 각각 서로 교환한 딸 염색체수에 따라 다음 표와 같이 나타났다고 하자. 다음 물음에 답하여라.

교환수	0	1	2	3	4	5	6	7
관측도수	21	54	63	37	19	3	2	1

(a) 서로 교환한 딸 염색체수의 평균 λ를 추정하여라.

(b) 서로 교환한 딸 염색체수를 확률변수 X라고 할 때, X는 포아송분포를 따르는지를 검정하고자 할 때, 기대도수를 구하고 검정 조건을 만족하는지를 검토하여라.

(c) 위에서 교환수 $X = 6, 7$을 통합하여 유의수준 $\alpha = 0.01$에서 포아송분포의 적합성을 검정하여라.

11.9 초파리 불임에 대한 연구로서 1,388마리 각각의 암컷 초파리에 발달된 난소의 수를 확률변수 X라고 할 때, $X(= 0, 1, 2)$에 따라 조사한 자료가 다음과 같다(참고로 초파리 한 마리당 난소는 두 개가 있다). 각각 난소의 발달 확률이 $p\,(0 < p < 1)$이고, 다른 난소에는 독립적으로 발달하게 된다고 하자. 이때 주어진 모형의 적합성을 유의수준 $\alpha = 0.01$에서 검정하여라.

발달한 난소의 수	0	1	2
관측도수	1,201	174	13

11.10 어느 회사 전등은 모두 4개의 배터리 유형과 함께 팔린다고 하자. 150개의 무작위 전등 표본이 주어질 때 각각의 배터리는 불량품이 포함되어 있다고 가정하자. 확률변수 X를 무작위하게 선택된 전등의 배터리 불량품의 수라고 하자.

불량품 수	0	1	2	3	4
관측도수	26	51	47	16	10

여기서 X의 분포는 이항분포 $B(4, \theta)$를 따른다는 귀무가설을 검정하자. 즉 확률 $p_i = P[X = i]\,(i = 0, 1, 2, 3, 4)$을 갖는

$$H_0 : p_i = \binom{4}{i}\theta^i(1-\theta)^{4-i} \qquad (i = 0, 1, 2, 3, 4)$$

를 검정하여라.

11.11 난수 발생기(random number generator)의 성능을 점검하기 위해 0부터 9까지의 500개 난수를 생성하여 아래의 표와 같이 정리하였다. 유의수준 $\alpha = 0.05$에서 난수 발생기의 성능을 평가하여라.

난수	0	1	2	3	4	5	6	7	8	9
관측수	43	58	51	59	39	56	45	37	60	52

11.12 다음은 종합편성채널 A사 방송국의 최신 영화 방영 횟수(많음, 적당, 적음)에 대한 남녀의 의견을 설문한 자료이다. 영화 방영에 대한 의견과 성별이 서로 관계가 있는지를 유의수준 $\alpha = 0.05$에서 검정하여라.

성별 \ 방영횟수	많음	적당	적음
여자	388	196	175
남자	454	150	137

11.13 비타민 C가 감기예방에 효과가 있는지를 알아보기 위해 279명을 대상으로 비타민을 복용하지 않는 집단(대조군; control group)과 복용집단(실험군; experimental group)으로 각각 140명과 139명을 임의로 분류하였다. 다음 물음에 답하여라.

집단 \ 감기	감염	비감염
대조군	31	109
실험군	17	122

(a) 귀무가설을 세워라.

(b) 독립성검정인가? 동질성검정인가?

(c) 유의수준 $\alpha = 0.05$에서 (a)의 귀무가설을 검정하여라.

11.14 정신적인 스트레스를 많이 받는 직종에 근무하는 근로자 185명을 면담하여 우울증 및 습관적 음주 여부에 따라 분류한 표이다. 다음 물음에 답하여라.

스트레스 \ 음주	습관적 음주	정상
우울증	54	27
정상	22	82

(a) 귀무가설을 세워라.

(b) 독립성검정인가? 동질성검정인가?

(c) 유의수준 $\alpha = 0.01$에서 (a)의 귀무가설을 검정하여라.

11.15 새로 개발된 시스템 프로그램이 컴퓨터 환경에 영향을 받는가를 조사하기 위해 세 종류의 환경 A, 환경 B, 환경 C에 각각 65, 60, 60개의 프로그램을 장착하여 실행 속도를 측정하고, 실행 속도 불량, 보통, 우량 등으로 나누어 다음과 같은 표를 작성하였다. 컴퓨터 환경이 프로그램의 실행 속도에 영향을 미친다고 할 수 있는가? 유의수준 $\alpha = 0.01$에서 세 가지 환경의 동질성을 검정하여라.

실행 속도 \ 컴퓨터 환경	A	B	C
불량	19	7	14
보통	31	16	21
우량	15	37	25

11.16 인간의 관점에서 언어능력, 인지능력, 사고력, 그리고 도구사용 능력 등으로 지능지수를 추정하면, 개는 60, 돼지는 65, 고양이는 50 정도로 알려져 있다. 학자들은 이러한 동물의 능력을 간접적으로 평가하기 위하여 각각 100마리, 83마리, 65마리씩 하나의 미로를 통과하는 실험을 하였는데, 통과시간에 따라 우수, 보통 이하로 구분하여 나타낸 결과를 아래 표와 같이 정리하였다. 동물에 따라 미로 통과 우수 여부는 동질한가를 각각 유의수준 $\alpha = 0.05$, $\alpha = 0.01$에서 검정하여라.

지능지수 \ 동물	개	돼지	고양이
우수	81	74	46
보통 이하	19	9	19

11.17 다음은 긴 목초지역과 짧은 목초지역에서 추출한 흰 토끼풀(white clover) 잎의 형태(L, LL, Y + YL, O, 기타)에 대한 자료이다. 잎의 형태의 실제 비율이 두 지역에서 일치하는지를 유의수준 $\alpha = 0.01$에서 검정하여라.

채취지역 \ 잎의 형태	L	LL	Y + YL	O	기타
긴 목초지역	400	20	25	12	281
짧은 목초지역	202	14	13	17	216

11.18 다음은 지역별 혈액형의 분포에 차이가 있는지를 알아보기 위하여 전국 농어촌 및 도시지역에서 1,000명 추출하여 조사한 자료이다. 혈액형의 분포가 두 지역에서 차이가 있는지를 유의수준 $\alpha = 0.01$에서 검정하여라.

지역 \ 혈액형	A	B	O	AB
도시지역	179	131	127	61
농어촌지역	161	139	153	49

11.19 대기오염물질 중 황산화물(sulfur Oxide)은 식물의 잎을 손상시키는 것으로 알려져 있다. 다음의 표는 세 종류의 채소에 대해서 온실에 황산화물을 투입하여 채소 잎의 손상정도를 기록한 자료이다. 이때 심하게 손상된 잎의 비율이 채소의 종류에 따라 차이가 있는지를 알아보고자 한다. 다음 물음에 답하여라.

채소 \ 잎의 손상 정도	심각	없거나 미미
시금치	31	19
양상추	43	7
토마토	28	22153

(a) 귀무가설을 세워라.

(b) 유의수준 $\alpha = 0.01$에서 (a)의 귀무가설을 검정하여라.

11.20 사회복지기금 수령자 중에 이의 신청은 자신에 대한 대우가 부적당하다고 느낄 때 신청 가능하다. 이때 이의 신청을 자신이 직접 하거나 변호사에게 전 과정을 위임한다. 이의 신청 후 사회복지기금의 수령액은 증가하거나 줄거나 그리고 변화가 없게 된다고 하자. 법원은 330건의 이의 신청에 대한 결과를 다음과 같이 정리하였다. 본인의 직접 신청 여부와 수령액 증감 변화가 관계가 있다고 할 수 있는가를 알아보고자 할 때, 다음 물음에 답하여라.

수령방법 \ 수령액	증가	변화 없음	감소
자신이 직접 수령	59	118	16
변호사에게 위임	80	53	4

(a) 귀무가설을 세워라.

(b) 유의수준 $\alpha = 0.01$에서 (a)의 귀무가설을 검정하여라.

11.21 아래의 자료는 여섯 개의 서로 다른 남성 유전자형으로부터 두 개의 유전자 재조합으로 인한 성의 세 가지 조합에 대해 조사한 것이다. 이 자료로부터 세 가지 성의 조합(M/M, M/F, F/F)이 갖는 도수는 서로 다른 유전자형(α, β, γ, δ, ε, ζ)에 대해 동일한 값을 갖는다고 할 수 있는가? 적절한 귀무가설과 대립가설을 설정하여 분석하여라.

유전자형 \ 성의 조합	M/M	M/F	F/F
α	34	79	38
β	40	82	44
γ	33	87	31
δ	8	26	8
ε	7	11	7
ζ	30	65	20

11.22 대도시에서 자가운전으로 혼자 직장까지 출퇴근하는 사람을 표본으로 차량의 크기와 통근거리(km)와의 관계를 범주화하였다. 다음의 자료로부터 모집단에서 차량 크기와 통근거리가 연관성이 있다고 할 수 있는가? 유의수준 $\alpha = 0.01$로서 적절한 가설을 설정하고 검정하여라.

차종 \ 통근거리	0 ~ 10 미만	10 ~ 20 미만	20 이상
경차	6	30	19
소형차	10	36	17
중형차	30	45	10
대형차	20	18	9

11.23 골다공증(osteoporosis)이나 뼈에서의 무기질(minerals) 손실이 노인에게 있어서의 일반적인 골절의 원인이 된다. 이 무기질의 손실을 막기 위해서 물리치료나 운동이 효과가 있다고 한다. 이를 알아보기 위하여 임의로 노

인들을 선택하여 세 집단으로 나누어 한 집단은 물리치료를 시행하고, 또 다른 집단은 운동요법을 시행하고, 나머지 한 집단은 아무런 조치를 취하지 않은 상태로 일정기간을 보낸 후 무기질의 양을 측정한 결과가 아래의 표와 같다. 각 노인집단에서 무기질의 변화에 차이가 있는지 유의수준 $\alpha = 0.01$로 검정하여라.

실험 제품 \ 무기질의 변화	상당한 손실	작은 변화	상당한 증가
아무런 조치가 없는 집단	62	28	10
물리치료 집단	22	50	28
운동요법 집단	19	46	35

간단한 엑셀(Excel)의 사용법

마이크로소프트사에서 개발한 엑셀은 현재 가장 많이 보급되어 있는 스프레드시트 프로그램으로, 이 책에서는 통계계산이나 통계분석의 보조수단으로 이용하고자 한다. 여기서는 엑셀의 기본적인 사용법에 대하여 알아보고, 좀 더 자세한 내용은 각 장의 마지막 부분에서 다루기로 한다. 이 책에서 설명하는 엑셀의 사용법은 오피스-2010 또는 오피스-2013에 들어 있는 두 개의 엑셀 프로그램 모두에서 사용할 수 있다. 참고로, 엑셀에 내장되어 있는 비주얼 베이직(Visual Basic)을 사용하면 좀 더 깨끗한 형태의 그림이나 결과물을 얻을 수 있으나, 그것을 이용하기 위한 설명은 작업의 양이 방대하므로 이 책에서는 엑셀에서 기본적으로 제공하는 함수 및 그래프를 그대로 사용할 것이며, 통계분석을 위주로 설명하고자 한다.

1.0 기호의 약속 및 단어의 정의

클릭: 마우스의 왼쪽단추를 빨리 한 번 누름.

끌기: 마우스의 왼쪽 단추를 누른 상태로 마우스를 화면의 일정 부분까지 끌고 감.

활성 셀(Active cell): 워크시트(Work Sheet) 내에서 임의의 한 칸을 마우스로 선택하면 와 같이 두꺼운 테두리가 표시되는데(그림 2 참조) 이곳에 자료를 입력하거나 출력할 수 있다. 오른쪽 아랫부분에 자그마한 검은 사각형( )을 자동채우기 핸들이라 하고, 이 부분을 마우스로 누르고 끌기를 하면 같은 내용이 복사되어 채워진다.

[……]: 메뉴에서 ……를 선택

⇒ : 순서대로 메뉴를 선택
(예: **[데이터] ⇒ [데이터 분석]** : 메뉴 표시줄에서 **[데이터]** 를 클릭하고 부 메뉴에서 **[데이터 분석]**을 클릭)

1.1 엑셀의 시작

엑셀을 기동시키는 가장 보편적인 방법은 작업 표시줄의 시작 버튼을 이용하는 것 이다. [시작] ⇒ [프로그램(P)] ⇒ [Microsoft Office](Microsoft Excel 2010)을 클릭하면, 그림 1과 같은 엑셀의 초기화면을 얻는다.

엑셀을 이용해서 자료를 통계적으로 분석하기 위해서는 통계적 데이터분석 기능을 추가할 필요가 있다. 이를 위해서는 우선 엑셀 화면의 맨 윗줄에 있는 [파일] ⇒ [옵션]을 클릭하고 추가기능을 선택하면 추가기능의 창이 뜨는데, 그 창의 사용 가능한 추가기능 중에서 분석도구를 선택한 후 [확인]을 클릭하면 통계적 데이터분석 기능이 추가된다. 이 기능을 활용하기 위해서는 위의 **[데이터]** 에서 새로 추가된 데이터 분석을 선택하면 분산분석, 회귀분석, z-검정, t-검정 등의 원하는 기능을 이용할 수 있다.

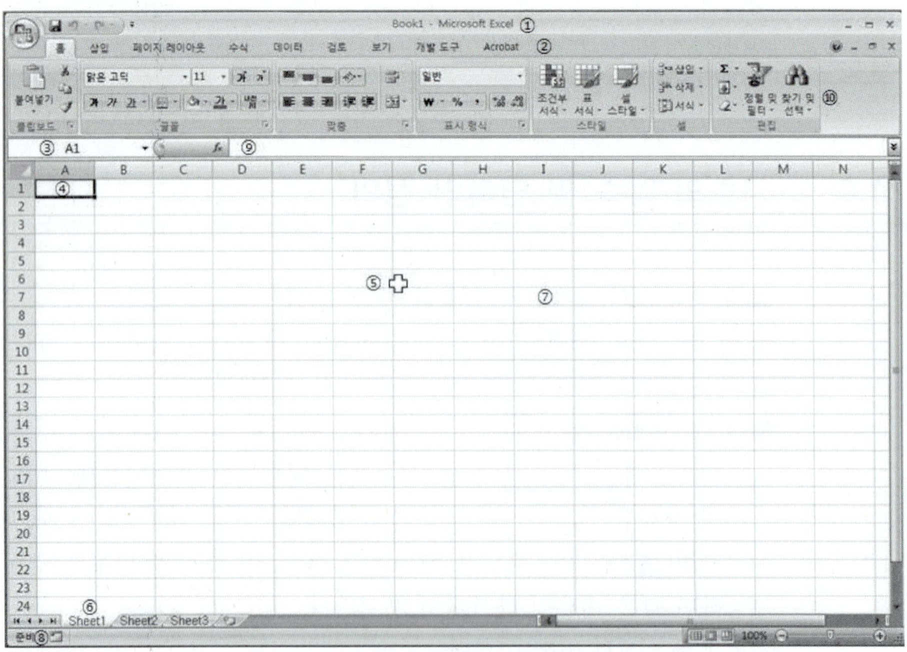

그림 1 마이크로소프트 오피스 엑셀 화면 구성

엑셀을 이용하여 자료를 분석하려면 먼저 분석하고자 하는 자료를 입력하여야 하는데, 이런 작업을 할 수 있는 영역이 바로 워크시트이다. 워크시트에는 빈칸이 많이 있는데, 모든 빈칸의 맨 처음 행(맨 위쪽)에는 A, B, C, … 등의 이름이 있고, 맨 처음 열(맨 왼쪽)에는 1, 2, 3, …과 같이 번호가 있다. 열과 행이 만나는 지점의 빈칸을 셀(cell)이라고 하는데, 각 셀에는 A1(A와 1이 만나는 위치라는 뜻)처럼 열과 행의 위치를 나타내는 정보(참조 영역)가 있다. 선택된 셀은 두꺼운 테두리로 표시되는데, 활성셀(active cell)이라고 한다. 그림 2에서는 셀 B2가 활성화되어 있음을 알 수 있다. 사용자는 활성셀에 숫자, 문자 등의 정보(자료)를 입력할 수 있다.

그림 1에서 각 부분의 명칭은 다음과 같다.

① **제목표시줄**: 활성화된 워크북의 이름이 표시된다.

② **메뉴선택줄**: 메뉴의 모든 명령을 일정한 기준으로 모아 놓은 것이다.

③ **이름상자**: 현재 선택한(또는 활성화 된) 셀 주소가 표시된다.

④ **활성화된 셀** : 현재 선택한 셀(그 주소가 이름 상자에 나타낸다). 입력하려는 자료 위치를 나타낸다.

⑤ **마우스 포인터**: 한글 엑셀이 새로운 작업을 할 수 있는 준비가 완료되면 이러한 모양으로 된다. 마우스 포인터는 위치에 따라 모양이 달라지며 작업 내용에 따라 모습이 바뀐다.

⑥ **시트 탭**: 각 워크시트 탭을 클릭하면 이 시트에서 저 시트로 이동할 수 있다. 각 워크시트에 담겨 있는 내용을 기억하기 쉽도록 더블클릭하여 시트 이름을 다시 지정할 수도 있다.

⑦ **셀**: 하나의 열과 행이 서로 만나는 교차점이 셀이다. 각 셀은 열문자(A B C)와 행문자(1 2 3)에 의하여 결정되는 고유의 주소가 있다. 예를 들면 셀 B10은 열 B와 행 10의 교차점이다.

⑧ **상태표시줄**: 선택한 명령이나 작업 상황에 대한 정보를 보여 준다.

⑨ **수식 입력줄**: 활성화된 셀 안에 있는 모든 데이터가 표시된다.

⑩ **도구 버튼과 도구 모음**: 도구 버튼은 자주 사용하는 명령들의 특정 기능을 실행하기 위한 것이다. 도구 모음은 이러한 도구 버튼들을 일정한 기준으로 한 곳에 모아 놓은 것이다.

입력한 자료를 엑셀을 이용하여 처리하면 결과물(계산 결과 혹은 그림표 등)을 얻게 되는데, 이런 결과물들 역시 워크시트에 기록할 수 있다. 그림표 등은 차트시트라는 곳에 저장할 수도 있다. 또한 엑셀에는 비주얼 베이직이 내장되어 있어서 비주얼 베이직 편집창을 통하여 매크로(Macro) 작업을 할 수 있다. 한가지 작업에 관련된 이들 모든 것을 하나의 이름으로 묶어 놓을 수 있는데, 엑셀에서는 이런 개념으로 묶어진 전체를 통합문서 또는 워크북(Workbook)이라고 한다. 엑셀을 처음 가동시키면 제목 표시줄에 Book1이란 이름을 볼 수 있을 것이다. 하나의 워크북에는 여러 장의 워크시트가 포함될 수 있는데, 각 워크시트에는 그림 1에서 보는 것과 같이 Sheet1, Sheet2, Sheet3이란 이름의 워크시트가 3장 있으나, 원하면 [삽입 (I)] 메뉴의 [워크시트(W)]를 선택하면 여러 장의 워크시트를 사용할 수 있다. 원하는 시트 탭, [Sheet 2]을 두 번 빨리 클릭하면 그림 3의 왼쪽과 같이 변하는데, 이때 원하는 이름을 적어 넣으면 워크시트의 이름을 바꿀 수 있다.

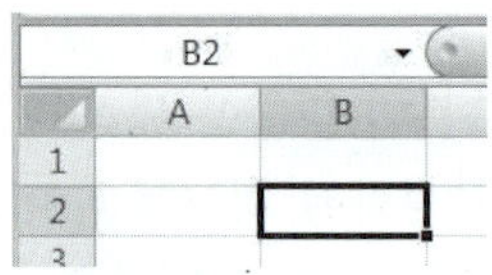

그림 2 활성 셀

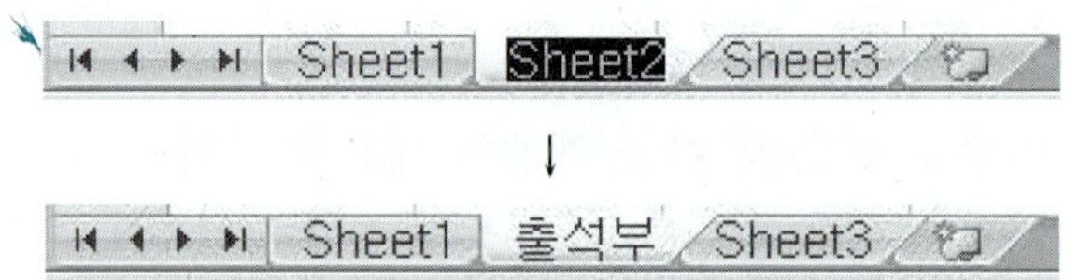

그림 3 워크시트의 이름을 바꿈

1.2 자료의 입력

엑셀에 자료를 입력하는 방법은 크게 두 가지이다. 한 가지는 엑셀의 워크시트에서 직접 입력하는 방법이고 다른 방법은 외부에서 파일로 저장된 자료를 읽어 들이는 것이다. 먼저 엑셀에서 직접 입력하는 방법을 오른편의 자료를 이용하여 알아보자.

키	무게
181	78
161	49
170	52
160	53
158	50
168	57
162	53
179	54
183	71
178	73

자료를 정리할 때에 통상적으로 열은 변수를, 행은 관측값을 나타내므로 위의 자료를 입력하려면 원하는 위치의 셀을 활성화시키고, 숫자 또는 제목을 입력한 후 [Enter] 키를 누르면 입력이 되고 다음 (아래쪽) 셀이 활성화되어 새로운 입력을 기다리고 있음을 볼 수 있다. 또는 원하는 만큼의 영역을 활성화시킨 후 자료와 [Enter] 키를 누르면 영역

안에서만 입력이 됨을 알 수 있을 것이다. 아래의 그림 4는 한 셀씩 활성화시켜 자료를 입력한 것이다. 먼저 1행에 제목을 입력하고 그림 5와 같이 영역을 활성화시킨 후 자료를 181부터 73까지 입력하면 된다. 다른 셀을 활성화시키기 전에 계속하여 숫자를 입력하고 [Enter] 키를 누르면 어떻게 되는가를 눈여겨보기 바란다.

그림 4 자료입력

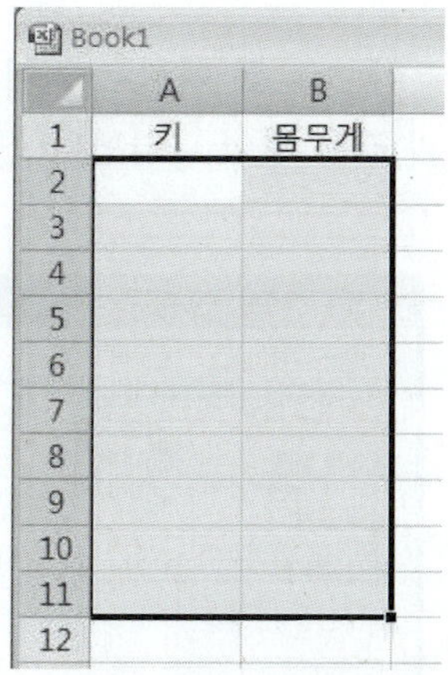

그림 5 자료입력 2

엑셀에서 일정한 틀에 따라 변하는 자료를 직접 입력하는 경우, 즉 1부터 50까지 의 숫자를 입력하는 경우에는 자동채우기하는 방법이 있다. D1에 제목, D2와 D3에 각 1과 2를 입력한 후 그림 6과 같이 D2~D3셀을 활성화시키면 오른쪽 아랫부분에 생기는 채우기 핸들을 왼쪽 마우스로 누르고 D50셀까지 끌기를 하면 2, 3, ⋯, 50 까지의 자료가 자동으로 입력된다.

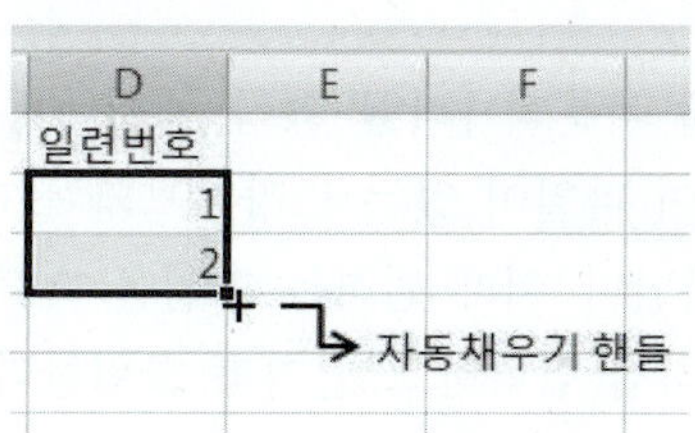

그림 6 자동채우기

E2에 0.0, E3에 0.5를 입력하고 E50까지 자동채우기를 실습해 보아라. 한편, 엑셀에서는 외부에 저장된 다양한 형태의 자료를 엑셀로 읽어 들일 수 있는데 여기

서는 텍스트 또는 ASCII 형태로 저장된 자료를 읽어 들이는 방법만을 다루기로 한다. 아래의 자료가 C 드라이브의 data 폴더에 test.txt라는 형태로 저장되어 있다고 하자.

174 57
167 62
171 65

이 자료를 엑셀로 읽어 들이려면 **[파일] ⇒ [열기]**를 선택한다. 그러면 그림 7과 같은 창이 나타난다.

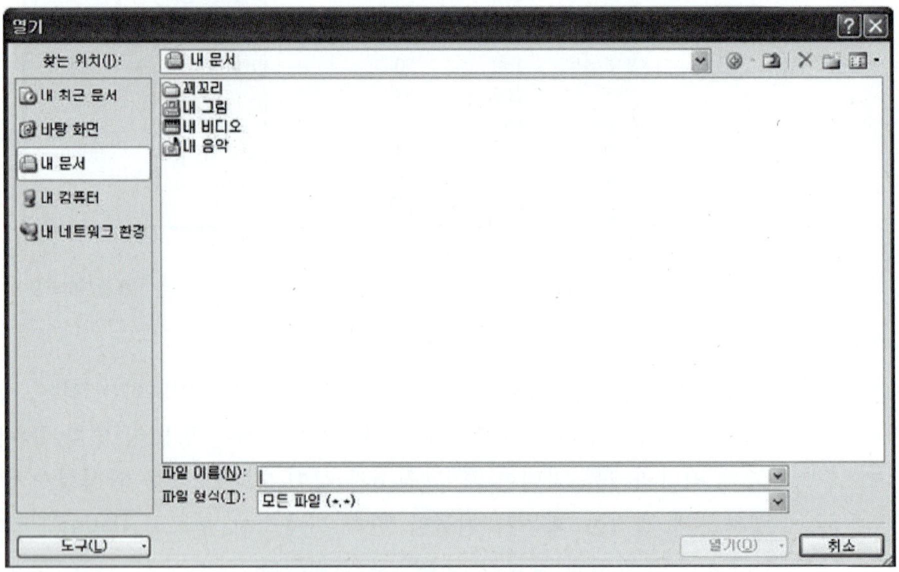

그림 7 [파일] ⇒ [열기] 또는 메뉴 선택

여기서 아래 부분의 **[파일 형식]**에서 **[텍스트 파일]**을 선택하고 위쪽의 **[찾는 위치]**를 통하여 파일이 있는 드라이브와 폴더를 선택하면 아래에 그 폴더에 있는 파일들이 나타난다. 이때 원하는 파일을 더블 클릭하여 선택하거나 **[파일 이름]**에 파일 이름을 직접 입력하고 열기를 클릭한다. 그러면, 아래와 같은 창이 나타나는데 자료가 쉼표나 탭으로 분리되어 있으면 **[구분 기호로 분리됨(D)]**을 선택하고 자료가 각 너비가 일정하면 **[너비가 일정함(W)]**을 선택한 후, **[다음]**을 클릭한다.

그때 나타나는 창에서 자료가 원하는 위치에서 분리되어 있으면 **[다음]**을 선택하고, **[마침]**을 선택하면 원하는 자료가 엑셀로 들어오게 되어 그림 8의 미리보기와 같이 자료가 입력될 것이다.

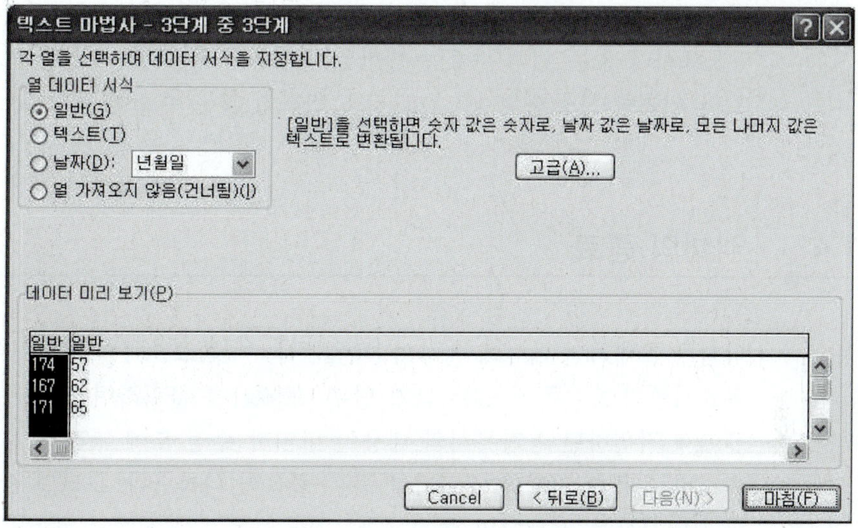

그림 8 외부 파일로부터 자료를 입력하는 텍스트 마법사

1.3 참조 주소(절대주소와 상대주소)

엑셀에서 자동채우기를 할 때에 참조 영역으로서 상대주소와 절대주소라고 하는 것이 있는데, 앞에서 입력한 키와 몸무게의 자료를 가지고 설명하겠다.

우선 비만도를 다음과 같이 정의한다고 하자.

$$\text{비만도} = \frac{\text{몸무게}}{\text{키}} \times 100$$

이 값을 계산할 때에 모든 사람에 대하여 각각 계산할 필요가 없다. 다음 그림과 같이 C2 셀에 "=B2/A2*100"을 입력하고 자동채우기 핸들을 사용하여 C11셀까지 자동채우기를 하면 원하는 작업을 할 수 있다.

자동채우기가 끝났으면 C11셀을 활성화시켜서 수식 입력줄을 보면 "=B11/A11*100"이 입력되어 있고 값은 73/178 100=41.01임을 알 수 있다. 이것은 처음의 셀주소 B2와 A2가 각각 B11과 A11로 바뀐 것인데, 이런 주소를 상대주소라고 한다. 그러나 각 셀에 대하여 계산할 때 어떤 값은 변하지 않아야 하는 경우도 있는데 그런 경우 이용하는 것이 절대주소이다. 절대주소를 쓰기 위해서는 $ 표시를 이용하는데, 예를 들어 다음의 그림과 같이 D2셀과 E2셀에 수식을 입력하고 11행까지 자동 채우기를 한 후, D11셀과 E11셀의 수식 입력줄을 보면 각각 "=$B$2/A11*100"와 "=B11/$A$2*100"로 되어 있음을 알 수 있다.

$ 표시가 없는 셀의 주소는 변하였는데, $ 표시가 있는 셀의 주소는 변하지 않았다. 이처럼 자동채우기를 하더라도 변하지 않는 주소를 절대주소라 한다.

1.4 엑셀의 종료

작업을 끝내려면 메뉴에 의하여 **[파일(F)] ⇒ [종료(X)]** 를 선택하여 끝내거나, 제목표시줄의 오른쪽에 있는 닫기 단추 [x]를 클릭하여 끝낼 수 있다. 이때 엑셀에서 작업하던 통합문서의 내용이 마지막 수정 후에 저장되지 않은 상태라면, 변경된 내용을 저장할 것인가를 묻는 물음이 나타난다. 그러면 상황에 따라 **[예]** 나 **[아니오]** 를 선택하면 종료된다. 만약 사용자가 실수로 종료를 선택하였다면 [취소]를 누르면 다시 엑셀 화면으로 돌아간다.

해답

1장

1.1 (a) 52.3 (b) 50.5

1.3 (a) 509.17 (b) 225 (c) 310

(d) 중앙값(225) < 절단평균(310) < 평균값(509.17)

1.5 (a) 14.53 (b) 2.519 (c) 2.519

1.7 (a)

혈액형	도수	상대도수(%)
A	13	26
B	14	28
O	14	28
AB	9	18
합계	50	100

(b)

도수

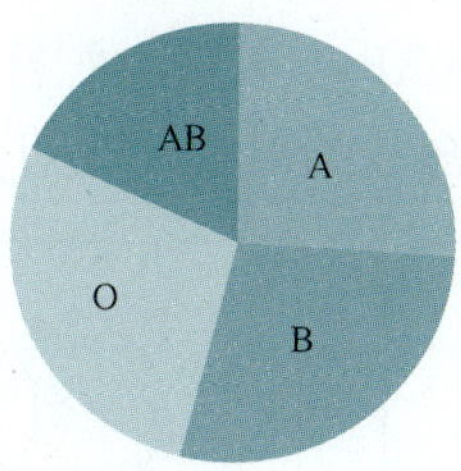

1.9

단위: 10

제2 도수	제1 도수	줄기 ↓	잎 ↓
2	2	86	00 20
2	0	87	
2	0	88	
5	3	89	00 55 70
6	1	90	40
10	4	91	00 50 60 60
12	2	95	00 60
14	2	96	10 60
16	2	97	00 90
19	3	98	70 85 85
(9)	9	99	15 15 30 30 40 5 55 95 95
2	1	100	80
1	1	101	60

2장

2.1 (a) $S = \{4, 8, 12, 16, 20, 24, 28\}$

(b) $S = \{-4, 1\}$

(c) $S = \{H, TH, TT\}$

(d) $S = \{(1, 1), (1, 3), (3, 1), (2, 2), (1, 5), (5, 1), (2, 4), (4, 2), (3, 3), (2, 6), (6, 2), (4, 4), (3, 5), (5, 3)\}$

2.3 (a) $S = \{HH1, HH2, HH3, HH4, HH5, HH6,$
$TT1, TT2, TT3, TT4, TT5, TT6,$
$HT11, HT12, HT13, HT14, HT15, HT16, HT21, HT22, HT23, HT24,$
$HT25, HT26, HT31, HT32, HT33, HT34, HT35, HT36, HT41, HT42,$
$HT43, HT44, HT45, HT46, HT51, HT52, HT53, HT54, HT55, HT56,$
$HT61, HT62, HT63, HT64, HT65, HT66, TH11, TH12, TH13, TH14,$
$TH15, TH16, TH21, TH22, TH23, TH24, TH25, TH26, TH31, TH32,$
$TH33, TH34, TH35, TH36, TH41, TH42, TH43, TH44, TH45, TH46,$
$TH51, TH52, TH53, TH54, TH55, TH56, TH61, TH62, TH63, TH64,$
$TH65, TH66\}$

(b) $A = \{HT11, HT22, HT33, HT44, HT55, HT66,$
$TH11, TH22, TH33, TH44, TH55, TH66\}$

2.5 (a) 벤 다이어그램을 이용하면, $A \cap B$은 그림 1과 같이, $A \cap B^C$은 그림 2와 같이 나타내어지고, 이 두 영역을 합하면 A가 됨을 알 수 있다.

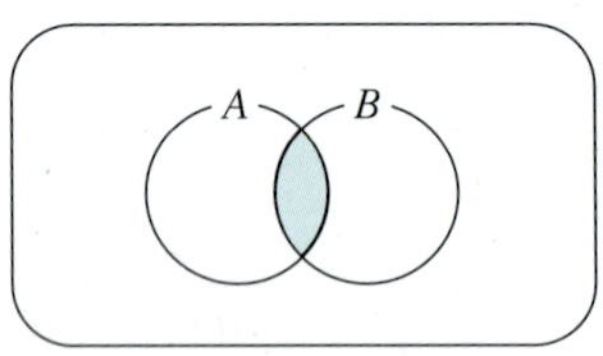

그림 1

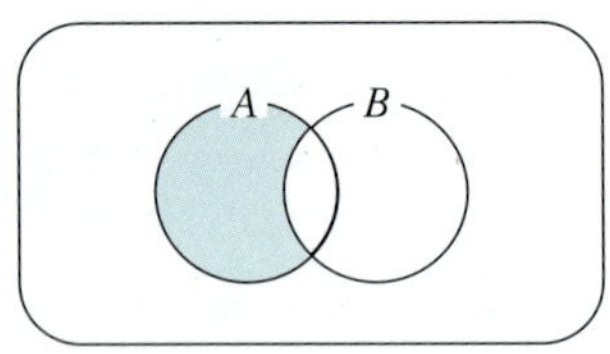

그림 2

(b) (a)와 같은 방법으로 벤 다이어그램을 이용해 증명할 수 있다.

2.7 (a) 1번, 2번, 3번이 성공, 실패를 하는 경우를 각각 $S1, S2, S3, F1, F2, F3$ 라고 하면,

$A = \{(S1, S2, F3), (S1, F2, S3), (F1, S2, S3), (S1, S2, S3)\}$

(b) $C = \{(S1, S2, F3), (S1, F2, S3), (S1, S2, S3)\}$

2.9 (a) 0.40 (b) 0.10 (c) 0.10 (d) 0.80

2.11 (a) 0.88 (b) 0.06 (c) 0.05 (d) 0.99

2.13 (a) 0.92 (b) 0.94

2.15 (a) 0.99 (b) 0.01 (c) 0.14 (d) 0.7

2.17 (a) 0.99 (b) 0.83 (c) 0.08

2.19 $P((A\cup B)\cap C) = P((A\cap C)\cup(B\cap C)) = P(A\cap C) + P(B\cap C) - P(A\cap B\cap C)$

이고, 양변을 $P(C)$로 나누면,

$$\frac{P((A\cup B)\cap C)}{P(C)} = \frac{P((A\cap C)\cup(B\cap C))}{P(C)}$$

$$= \frac{P(A\cap C)}{P(C)} + \frac{P(B\cap C)}{P(C)} - \frac{P(A\cap B\cap C)}{P(C)}$$

가 되고, 이를 조건부 확률로 나타내면,

$P(A\cup B|C) = P(A|C) + P(B|C) - P(A\cap B|C)$가 된다.

2.21 (a) 0.857 (b) 0.58 (c) 0.825

2.23 (a) 0.08 (b) 0.676 (c) 0.079 (d) 0.672

2.25 (a) 0.33 (b) 0.94

2.27 (a) 0.7 (b) 0.5

(c) A, B, C가 서로 배반인 사상이므로 $P(B\cup C^C) = 1 - P(C)$이다.

2.29 (a) 0.054 (b) 0.68 (c) 0.74 (d) 0.79

2.31 0.802

2.33 (a) 0.22 (b) 0.78

2.35 0.9998

2.37 0.389

2.39 (a) 3/10 (b) 1/3

3장

3.1

x	0	1	2	3	4	합
$P(X=x)$	1/81	8/81	24/81	32/81	16/81	1

3.3 $P(X=0) = 91/204$, $P(X=1) = 91/204$, $P(X=2) = 21/204$, $P(X=3) = 1/204$

$E(X) = 2/3$

3.5 표본공간은 $S = \{TTT, HTT, THT, TTH, HHT, HTH, THH, HHH\}$이며, 벌어들이는 돈의 액수를 X라고 하면, X는 5000, − 3000의 값을 취할 수 있다.

$P(X = 5000) = 1/4$, $P(X = -3000) = 3/4$이므로 $E(X) = -1000$

3.7

$g(x)$	1	9	25	49
$P(X=g(x))$	0.3	0.1	0.4	0.2

$E[g(X)] = 21$, $\mathrm{Var}[g(X)] = 297.6$

3.9 (a) 회복되는 환자의 수를 X라고 하면, $X \sim B(15, 0.3)$이다. $P(X=3) = 0.17$

(b) $P(5 \le X \le 8) = 0.263$

(c) $P(9 \le X) = 0.015$

3.11 $\dfrac{{}_3C_1 \times {}_5C_1}{{}_8C_2} = \dfrac{15}{28}$

3.13 (a) 음이항분포를 이용하면, $x = 6$, $k = 3$, $p = 0.4$ 이다.

$Nb(6; 3, 0.4) = {}_5C_2(0.4)^3(0.6)^3$ 이다.

(b) 기하분포를 이용하면, $x = 4$, $p = 0.4$ 이다. $g(4, 0.4) = (0.4)(0.6)^3$ 이다.

3.15 이 경우의 성공 확률 p는 $p = P(HTT, THT, TTH, HHT, HTH, THH) = \dfrac{3}{4}$ 이다.

성공할 때까지 동전을 던지는 횟수를 X라고 하면, X는 $p = \dfrac{3}{4}$인 기하분포를 따른다.

$P(X \le 3) = \displaystyle\sum_{x=1}^{3} \left(\frac{3}{4}\right)\left(\frac{1}{4}\right)^{x-1} = \frac{63}{64}$ 이다.

3.17 1년 동안 휴교하는 날짜의 수를 X라고 하면, $X \sim Poi(\lambda = 3)$이다.

$P(X = 5) = 0.101$이다.

3.19 1,500명당 0.75명이 당첨되는 꼴이므로, $\lambda = 0.75$이다.

$P(3 \le X) = 0.0405$이다.

4장

4.1 (a) $c = 3/8$ (b) $\dfrac{1}{2}$

4.3 $c = 3/2$이고, $E(X) = 3/8$, $E(X^2) = \dfrac{1}{5}$이므로, $Var(X) = \dfrac{19}{320}$

4.5 (a) 0.5403 (b) 0.9544 (c) k = 10

4.7 (a) X는 구간 (0, 10) 에서 균일분포를 따르므로,

$$f(x) = \begin{cases} \dfrac{1}{10}x^2, & 0 < x < 10 \\ 0 \ , & \text{기타} \end{cases} \text{ 이다.}$$

따라서 $P(2 \le X \le 8) = \displaystyle\int_2^8 \frac{1}{10}\,dx = \frac{3}{5}$

(b) $E(X) = 5$

(c) $Var(2X) = 100/3$

4.9 $f(x; \lambda) = \begin{cases} 3e^{-3x}, & x \ge 0 \\ 0 \ , & x < 0 \end{cases}$ 이다.

1개월 이내에 한 번도 고장나지 않을 확률은

$P(X>1) = 1 - P(X \le 1) = e^{-1} = 0.37$

4.11 (a) 0.0838 (b) 0.3847 (c) 0.2643

4.13 $X \sim B(300, 0.1)$ 이므로 $X \sim N(30, 27)$ 근사

$P(X \ge 20) \approx 0.9783$

4.15 확률변수 X는 $X \sim B\left(300, \dfrac{5}{36}\right)$이다.

n이 충분히 크고, $np \ge 5$ 이므로 이항분포의 확률값을 정규분포로 근사해서 구할 수 있다. 이때 $\mu = np = 300(5/36) = 41.7$, $\sigma^2 = np(1-p) = 35.9$이므로 $\sigma = \sqrt{35.9} = 6$ 이 된다.

(a) 0.6336

(b) 0.0256

4.17 이항분포를 이용하여 정확히 구하면,

$$\sum_{x=1}^{4} b(x; 20, 0.25) = \sum_{x=0}^{4} b(x; 20, 0.25) - \sum_{x=0}^{0} b(x; 20, 0.25)$$
$$= 0.415 - 0.003 = 0.412\text{이다.}$$

표준정규분포를 이용하여 근사적으로 구하면 $\mu = np = 20(0.25) = 5$, $\sigma^2 = np(1-p) = 3.75$ 이므로 $\sigma = \sqrt{3.75} = 1.94$ 가 된다.

$P(1 \le X \le 4) \approx 0.2818$

그러므로, 정규곡선에 근사시킬 때 오차는 $0.412 - 0.2818 = 0.1302$이다.

4.19 확률변수 X는 평균이 $1/\lambda$ 인 지수분포를 따르므로,

$$\begin{aligned} P(X>s+t \mid X>t) &= \frac{P(X>s+t, X>a)}{P(X>t)} \\ &= \frac{P(X>s+t)}{P(X>t)} \\ &= \frac{1-P(X \le s+t)}{1-P(X \le t)} \\ &= \frac{1-[1-e^{-\lambda(s+t)}]}{1-[1-e^{-\lambda t}]} \\ &= \frac{e^{-\lambda(s+t)}}{e^{-\lambda t}} \\ &= e^{-\lambda s} = 1-[1-e^{-\lambda s}] \\ &= 1-P(X \le s) = P(X>s) \end{aligned}$$

5장

5.1 (a) $p(0,0)=\dfrac{{}_5C_3}{{}_{12}C_3}=\dfrac{10}{220},\ p(0,1)=\dfrac{{}_4C_1\times{}_5C_2}{{}_{12}C_3}=\dfrac{40}{220}$

$$p(0,2)=\frac{{}_4C_2\times{}_5C_1}{{}_{12}C_3}=\frac{30}{220},\ p(0,3)=\frac{{}_4C_3}{{}_{12}C_3}=\frac{4}{220}$$

$$p(1,0)=\frac{{}_3C_1\times{}_5C_3}{{}_{12}C_3}=\frac{30}{220},\ p(1,1)=\frac{{}_3C_1\times{}_4C_1\times{}_5C_1}{{}_{12}C_3}=\frac{60}{220}$$

$$p(1,2)=\frac{{}_3C_1\times{}_4C_2}{{}_{12}C_3}=\frac{18}{220},\ p(2,0)=\frac{{}_3C_2\times{}_5C_1}{{}_{12}C_3}=\frac{15}{220}$$

$$p(2,1)=\frac{{}_3C_2\times{}_4C_1}{{}_{12}C_3}=\frac{12}{220},\ p(3,0)=\frac{{}_3C_3}{{}_{12}C_3}=\frac{1}{220}$$

(b) $P(X\geq 3)=\dfrac{28}{220}$

(c) $p_Y(1)=\dfrac{112}{220}$ 이므로,

$$p_{X|Y}(0|1)=\frac{p(0,1)}{p_Y(1)}=\frac{40/220}{112/220}=\frac{40}{112}$$

$$p_{X|Y}(0|1)=\frac{p(1,1)}{p_Y(1)}=\frac{60/220}{112/220}=\frac{60}{112}$$

$$p_{X|Y}(2|1)=\frac{p(2,1)}{p_Y(1)}=\frac{12/220}{112/220}=\frac{12}{112}$$

5.3 (a) $c=1/14$

(b) $p_X(-2)=\dfrac{8}{14},\ p_X(0)=\dfrac{4}{14},\ p_X(2)=\dfrac{2}{14}$

(c) $p_Y(1)=\dfrac{5}{14},\ p_Y(3)=\dfrac{9}{14}$

(d) $\rho=-0.026$

5.5 (a) $c=4/7$

(b) $f_Y(y)=\begin{cases}\dfrac{36}{7}+\dfrac{6}{7}y, & 0<y<3\\ 0, & \text{기타}\end{cases}$

(c) $f_X(x)=\begin{cases}\dfrac{4}{7}x^2+\dfrac{2}{21}x, & 0<x<1\\ 0, & \text{기타}\end{cases}$

$$P(X>0.5) = \frac{17}{84}$$

(d) $\frac{1855}{63}$

5.7 (a) $c = 2$

(b) $f_Y(y) = \frac{1}{2} + y,\ 0<y<1$

$P(0<X<0.5 \mid 0<Y<0.3) = 0.1056$

(c) $P(|X-Y|<0.3) = 0.7$

6장

6.1 (a)

$\bar{x}$	1	2	3	4	합계
$p(\bar{x})$	$\frac{1}{6}$	$\frac{1}{6}$	$\frac{2}{6}$	$\frac{2}{6}$	1

(b) $\mu = \frac{17}{6}$, 일치한다.

(c)

$\bar{x}$	$\frac{9}{4}$	$\frac{10}{4}$	$\frac{11}{4}$	$\frac{12}{4}$	$\frac{13}{4}$	$\frac{14}{4}$	합계
$p(\bar{x})$	$\frac{1}{15}$	$\frac{4}{15}$	$\frac{3}{15}$	$\frac{4}{15}$	$\frac{2}{15}$	$\frac{1}{15}$	1

(d) 표본평균 $\frac{11}{4}$, 표본오차 $-\frac{1}{12}$

6.3 0.954

6.5 (a) 0.0179

(b) 0.9642

(c) 67점 이상

6.7 (a) 0

(b) 0.9330

(c) 0.0668

6.9 0.954

6.11 (a) 0.6

(2) 0.22

6.13 (a) 1.383

(b) −1.833

6.15 (a) 23.685
(b) 6.571
(c) 29.141

6.17 (a) 0.05
(b) 0.05

6.19 0.05

6.21 0.8532

7장

7.1 생략

7.3 생략

7.5 (a) [4.6298, 6.0102]
(b) 96.68 %

7.7 (a) [7.752, 7.938]
(b) 95 % 신뢰구간에 8이 포함되지 않으므로 8온스보다 평균량이 적다고 주장하는 것이 옳다.

7.9 $\mu \in [33.133, 34.283]$

7.11 (a) (0.2871,0.3529)
(b) (0.2808, 0.3592)
(c) (0.2685, 0.3715)
(d) 감소한다.

7.13 (a) (0.0956,0.1524)
(b) 385 이상

7.15 (a) 271 이상
(b) 423 이상

7.17 [0.039, 0.201]

7.19 (a) 0.05
(b) 0.94

7.21 (a) 34.805
(b) 16.147
(c) 13.277

8장

8.1 (a) 0.1018

(b) 0.6732

8.3 0.11

8.5 $z_0 = -0.54 \notin W_\alpha$, H_0를 기각할 수 없다.

8.7 $z_0 = 3.14 \notin W_\alpha$, H_0를 기각할 수 있다.

8.9 $t_0 = 0.257 \notin W_\alpha$, H_0를 기각할 수 없다.

8.11 $z_0 = 2.62 \notin W_\alpha$, H_0를 기각할 수 있다.

8.13 $t_0 = -2.99 \notin W_\alpha$, H_0를 기각할 수 있다.

8.15 P-값이 0.01보다 작으므로 H_0는 기각된다.

8.17 P-값이 매우 작으므로 유의수준 5%, 1% 아래서 H_0를 기각할 수 있다.

8.19 $f_0 = 1.81 \notin W_\alpha$, H_0를 기각할 수 없다.

등분산 가정은 타당하다.

8.21 $\chi_0^2 = 16 \notin W_\alpha$, H_0를 기각할 수 없다.

9장

9.1 ① 실험의 랜덤화: 실험의 측정오차가 상쇄되며 자료의 독립성 보장.

② 실험의 반복: 측정오차를 줄일 수 있으며, 반복을 하면 인자효과를 추정하는 데 평균을 사용할 수 있으므로 좀 더 정밀한 효과의 추정량을 얻을 수 있음.

③ 실험의 블록화: 실험의 처리내용을 제외하고 다른 조건을 동일하게 유지.

9.3 정규성, 독립성, 등분산성

9.5 ① 62.318 ② 3 ③ 26.745 ④ 5.193 ⑤ 5.150

9.7 (a) ① 102.320 ② 8 ③ 33.410 ④ 12.790 ⑤ 2.612

(b) $f = 2.612 < 4.07 = F_{0.05}(3, 8)$가 되어 H_0 기각 못함

9.9 (a)

요인	제곱합	자유도	평균제곱	f
처리	240	3	80	4.00
오차	560	28	20	
합계	800	31		

(b) $F_{0.05}(3, 28) = 2.95$.

(c) $f = 4.00 > 2.95 = F_{0.05}(3, 28)$가 되어 H_0는 기각. 따라서 4개의 집단 중에서 적어도 두 쌍은 평균이 다르다.

(d) $m = 4$, $\nu = 28$. $MSE = 20.0$, [부록 표 8]에서 $Q_{0.05}(4, 28) \approx 3.87$,

$$\therefore \omega = \frac{Q_{0.05}(4, 28)}{\sqrt{2}}\sqrt{20\left(\frac{1}{8}+\frac{1}{8}\right)} = 6.119.$$

9.11

요인	제곱합	자유도	평균제곱	f
처리	10,293.20	4	2,573.30	$MStr/MSE = 1.846$
잔차	20,913.00	15	1,394.20	
계	31,206.20	19		

$f = 1.846 < 3.06 = F_{0.05}(2, 61)$가 되어 H_0는 기각 못함

9.13

요인	제곱합	자유도	평균제곱	f
처리	12.90	3	4.30	35.00
잔차	1.72	14	0.12	
계	14.62	17		

P-값< 0.00001이므로 H_0는 기각

9.15 (a) 무작위로, 같은 종류의 빵을 연속으로 만들지 않도록 하면 될 것이다.

(b) 정규확률도를 보면 빵의 밀도의 선형적 패턴은 정규성의 가정을 만족한다고 볼 수 있다.

(c)

요인	제곱합	자유도	평균제곱	f
처리	0.180	2	0.090	15.133
잔차	0.071	12	0.006	
계	0.251	14		

P-값 $= 0.00052$이므로 H_0는 기각

9.17 (a)

요인	제곱합	자유도	평균제곱	f
처리	8.983	3	2.994	3.957
잔차	15.137	20	0.757	
계	24.120	23		

P-값 $= 0.02293$이므로 유의수준 $\alpha = 0.05$에서 H_0는 기각

(b) $m = 4$, $\nu = 20$. $MSE = 0.757$, $Q_{0.05}(4, 20) = 3.96$,

$$\therefore \omega = \frac{Q_{0.05}(4, 20)}{\sqrt{2}}\sqrt{0.757\left(\frac{1}{6}+\frac{1}{6}\right)} = 1.407.$$

$\overline{\text{티아민}}_{\text{옥수수}}$	$\overline{\text{티아민}}_{\text{밀}}$	$\overline{\text{티아민}}_{\text{보리}}$	$\overline{\text{티아민}}_{\text{귀리}}$
5.50	5.72	6.60	6.98

9.19 (a)

요인	제곱합	자유도	평균제곱	f
처리	427.778	3	142.593	17.447
잔차	106.245	13	8.173	
계	534.022	16		

P−값 = 0.000076 이므로 유의수준 $\alpha = 0.05$에서 H_0는 기각

(b) $Q_\alpha(m, \nu) = Q_{0.05}(4, 17-4) = 4.15$, $MSE = 8.173$, $\bar{x}_{1.} - \bar{x}_{2.} = 4.11$

$$\therefore\ \omega = \frac{Q_{0.05}(4,13)}{\sqrt{2}}\sqrt{8.713\left(\frac{1}{5}+\frac{1}{3}\right)} = 6.13.$$

95% 신뢰구간 [−2.01, 10.24], 마찬가지로 $\mu_1 - \mu_3$은 [1.80, 13.06], $\mu_1 - \mu_4$은 [7.47, 18.09], $\mu_2 - \mu_3$은 [−3.09, 9.72], $\mu_2 - \mu_4$은 [2.54, 14.79], $\mu_3 - \mu_4$은 [−0.28, 10.98]

$\bar{x}_{1.}$	$\bar{x}_{2.}$	$\bar{x}_{3.}$	$\bar{x}_{4.}$
58.28	54.17	50.85	45.50

9.21 (a)

요인	제곱합	자유도	평균제곱	f
처리	200.3	4	50.075	3.485
잔차	215.5	15	14.367	
계	415.8	19		

$f = 3.485 > 3.06 = F_{0.05}(4, 15)$이므로 H_0 기각

(b) $MSE = 14.367$, $\omega = 8.28$ 이므로 튜키의 방법을 사용하여 다중비교를 해 보면, 평균 차가 가장 큰 $\bar{x}_{2.}$와 $\bar{x}_{5.}$의 차 값이 7.75로 $\omega = 8.28$ 보다 작으므로 집단의 구분은 이루어지지 않는다.

$\bar{x}_{5.}$	$\bar{x}_{4.}$	$\bar{x}_{1.}$	$\bar{x}_{3.}$	$\bar{x}_{2.}$
10.00	11.50	12.75	17.50	17.75

9.23 (a) $P = 0.001005$

(b) $F_{0.05}(2, 15) = 3.68$

(c) $f = 11.327 > 3.68 = F_{0.05}(2, 15)$이므로 H_0 기각. 즉, 각 조립라인별 생산율이 다르다고 할 수 있다.

(d) [0.228, 3.432]

9.25

요인	제곱합	자유도	평균제곱	f
처리 (원료)	3.582	2	1.791	$f_A = 17.192$
처리 (온도)	2.183	3	0.728	$f_B = 6.984$
오차	0.625	6	0.104	
합계	6.389	11		

(a) $f_A = 17.192 > 5.14 = F_{0.05}(2, 6)$ 가 되어 H_0 는 기각

(b) $f_B = 6.984 > 4.76 = F_{0.05}(3, 6)$ 가 되어 H_0 는 기각

9.27

요인	제곱합	자유도	평균제곱	f
처리(구역)	92.500	3	30.833	$f_A = 13.406$
처리(월별)	66.833	5	13.367	$f_B = 5.812$
오차	34.500	15	2.300	
합계	193.833	23		

(a) $f_A = 13.406 > 3.29 = F_{0.05}(3, 15)$ 가 되어 H_0 는 기각

$\overline{x}_{B.}$	$\overline{x}_{D.}$	$\overline{x}_{A.}$	$\overline{x}_{C.}$
18.33	17.33	14.33	13.67

(b) $f_B = 5.812 > 2.90 = F_{0.05}(5, 15)$ 가 되어 H_0 는 기각

$\overline{x}_{5월.}$	$\overline{x}_{1월.}$	$\overline{x}_{6월.}$	$\overline{x}_{4월.}$	$\overline{x}_{3월.}$	$\overline{x}_{2월.}$
19.25	16.50	15.75	15.25	14.50	14.25

10장

10.1 두 변수 사이에 음의 상관관계가 있다($r = -0.924$).

10.3 질소발생기의 방사압력(x)과 방사량의 산소농도(y) 사이에 강한 양의 상관관계가 있다($r = 0.980$).

10.5 $n = 12$는 소표본, $H_0 : \rho = 0$ 하에서 $t_0 = 7.124 > 2.306 = t_{0.025}(8)$이므로 귀무가설 기각

10.7 (a) $\hat{\rho}(r) = 0.974$

(b) $n = 100$은 대표본, $H_0 : \rho = 0.50$(대 $H_1 : \rho > 0.50$), $z_0 = 15.91 > 2.33 = z_{0.01}$이므로 귀무가설 기각

(c) $\hat{y} = 96.759 + 5.376x$

10.9 (a) $\hat{y} = 0.105 + 1.310x$

(b) 산점도 위에 추정회귀직선을 보면 비교적 잘 적합되어 보인다(산점도 생략).

(c) $\hat{E}[Y \mid x = 2.0] = 2.725$, $\hat{E}[Y \mid x = 2.5] = 3.380$, $\hat{E}[Y \mid x = 3.0] = 4.035$

10.11 (a) $\hat{E}[Y \mid x = 110] = 19.36$, $x = 135$일 때는 유효한 추정값이 아님(danger of extrapolation).

(b) $\hat{\sigma}^2 (= s^2) = 0.880$

(c) $r^2 = (-0.987)^2 = 0.974$

10.13 (a) $r = 0.784$(산점도 생략).

(b) $H_0: \rho = 0$ 대 $H_1: \rho > 0$, $t_0 = 3.341 > 1.895 = t_{0.05}(7)$ 이므로 귀무가설 기각

(c) $\hat{y} = 21.696 + 2.186x$

10.15 (a) $\mu_{y|2,500} = 5,050$

(b) $\mu_{y|1} - \mu_{y|0} = 1.30$(모회귀직선식의 기울기)

(c) $\mu_{y|100} - \mu_{y|0} = 130$

(d) $\mu_{y|0} - \mu_{y|100} = -130$

10.17 (a) 생략

(b) $r^2 = (0.9093)^2 = 0.827$

(c) $\hat{y} = 5.850 + 2.191x$, $\hat{y} - 9.136 = 9.136 + 2.191(x - 1.500)$

(d) 1.438(mg)

10.19 (a) $\hat{y} = 21.696 + 2.286x$, $r^2 = (0.784)^2 = 0.615$

(b) $\hat{E}[Y|x = 3.0] = 28.254$(cm)

(c) $\hat{E}[Y|x = 100.0] = 303.296$(cm) 이지만, 이것은 유효하지 않은 추정값이다.

(d) 4.724(kg)

10.21 (a) $r^2 = (0.4340)^2 = 0.188$

(b) $\hat{y} = -20.378 + 0.242x$

(c) 6.441

(d) $r^2 = 1 - \left(\dfrac{SSE}{SST}\right) = 0.188\left(= \dfrac{SSR}{SST}\right)$

10.23 (a) 산점도의 분포가 직선의 형태에 가까우므로 단순선형회귀모형을 제안할 수 있다(산점도 생략).

(b) $\hat{y} = -1.1283 + 0.8270x$. $\hat{y}(x = 100) = 81.572$

(c) s = 5.240

(d) $r^2 = 1 - \left(\dfrac{SSE}{SST}\right) = 0.975$

(e) [0.748, 0.906]

10.25 (a) [0.991, 1.629]

(b) $t_0 = 13.771 > t_{0.01}(8) = 2.896$이므로 H_0를 기각

(c) [−0.568, 0.778]

(d) $t_0 = 0.360$이 기각역 $|t| \geq t_{0.025}(8) = 2.306$에 포함되지 않으므로 귀무가설 기각할 수 없음. 이것은 위의 (c)에서, 95% 신뢰구간이 0을 포함하고 있는 결과와 동일함.

10.27 (a) [0.748, 0.906]

(b) [−6.244, 3.987]

(c) $t_0 = 22.642 > t_{0.005}(13) = 3.012$이므로 H_0 기각

(d) $t_0 = -0.477$이 기각역 $|t| \geq t_{0.025}(13) = 2.160$에 포함되지 않으므로 귀무가설 $H_0 : \beta_0 = 0$을 기각할 수 없음. (b)에서 [−6.244, 3.987]에 0이 포함되어 같은 결과임.

10.29 (a)

변동요인	자유도	제곱합	제곱평균	f
회귀	1	5.2801	5.2801	42.991
잔차	9	1.1054	0.1228	
계	10	6.3855		

(b) P−값 = 0.00010 이므로 모형이 타당함.

10.31 (a) $\hat{y} = 23.6115 - 0.0141x$.

(b)

변동요인	자유도	제곱합	제곱평균	f
회귀	1	360.098	360.098	12.578
잔차	6	171.777	28.630	
계	7	531.875		

P−값 = 0.012123 으로 유의수준 $\alpha = 0.05$에서 모형은 타당하나 유의수준 $\alpha = 0.01$에서는 유의하지 않음.

(c) $r^2 = 0.677$. 아래의 선 적합도(산점도와 추정직선)를 보면 만족스러운 선형회귀직선이 아닌 것으로 판단됨.

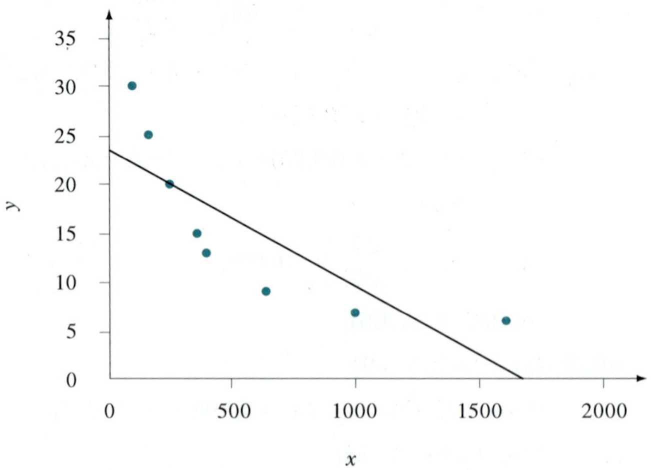

(d) 주어진 독립변수를 $\log_{10}$ 변환하여 $x'(= \log_{10} x)$와 y의 산점도를 그려보면, 원 자료에 비해 두 변수 x'와 y 사이에 더 선형적인 관계가 있어 보임(산점도 생략). $r^2 = (-0.9737)^2 = 0.948$ 이므로 (c)에서 보다 크게 향상됨.

(e) $\hat{y} = 70.703 - 21.189(\log_{10} x)$.

변동요인	자유도	제곱합	제곱평균	f
회귀	1	504.292	504.292	109.698
잔차	6	27.583	4.597	
계	7	531.875		

P-값 = 0.000044 이므로 유의수준 $\alpha = 0.001$에서도 모형은 타당함.

10.33 (a) $r = 0.087$, 산점도를 그려보면 선형회귀모형으로 적합시키기에 부적절해 보임.

(b) $r = -0.336$, 산점도를 보면 선형회귀모형으로 FHR를 잘 예측할 수 없을 것으로 판단.

추정회귀식 $\widehat{FHR} = 143.26 - 0.0114 \times MMR$ 이고, P-값 = 0.14694 로 유의한 모형이 아님.

(c) $r = 0.959$, 산점도를 보면 선형회귀모형으로 FHR를 잘 예측할 수 있으리라 판단.

$\widehat{FHR} = 76.570 + 199.265 \times \left(\frac{AMP}{MMR}\right)$, P-값 < 0.00001 으로 유의한 모형임.

또한 $r^2 = (0.959)^2 = 0.920$ 이므로 모형은 92.0 % 를 설명.

(d) 표준화 잔차와 설명변수(FHR)의 산점도, 표준화 잔차와 예측값의 산점도를 그려보면 선형모형 가정과 독립성, 등분산성, 그리고 정규성에서 위배될 만한 증거가 없음. 또한 잔차의 순서쌍 (e_{i-1}, e_i)들의 산점도에서도 특정한 경향을 갖지 않고 잔차들 사이에 상관관계가 없는 군집이 형성. 따라서 독립성 가정을 만족한다고 할 수 있음.

10.35 $\beta_1^* = \dfrac{\sum(y_i - \overline{y})x_i}{\sum(x_i - \overline{x})^2}$, $\beta_0^* = \overline{y} - \left(\dfrac{\sum(y_i - \overline{y})x_i}{\sum(x_i - \overline{x})^2}\right)\overline{x}$.

11장

11.1 (a) $\chi_0^2 > \chi_{0.05}^2(4) = 9.488$, 기각

(b) $\chi_0^2 < \chi_{0.01}^2(4) = 13.277$, 기각 못 함.

(c) $\chi_0^2 > \chi_{0.10}^2(2) = 4.605$, 기각

(d) $\chi_0^2 < \chi_{0.01}^2(6) = 16.812$, 기각 못 함.

11.3 $\chi_0^2 = 1.569 < 7.815 = \chi_{0.05}^2(3)$이므로 H_0를 기각 못 함.

11.5 P-값 = $P[\chi^2(3) > 4.0345] = 0.2578$ 이므로 유의수준 $\alpha = 0.05$에서 기각 못 함.

11.7 P-값 = $P[\chi^2(3) > 4.5509] = 0.2078$ 이므로 $\alpha = 0.05$에서 기각 못 함.

11.9 $\chi_0^2 = 5.420 < 9.210 = \chi_{0.01}^2(2)$ 이므로 H_0 기각 못 함.

11.11 $\chi_0^2 = 13.000 < 16.919 = \chi_{0.05}^2(9)$ 이므로 H_0 기각 못 함.

11.13 (a) H_0 : 집단별 감기의 감염여부는 동일한 값을 갖는다(동질이다)

대 H_1: 집단별 감기의 감염여부는 동일한 값을 갖지 않는다.

(b) 동질성

(c) $\chi_0^2 = 4.8114 > 3.843 = \chi_{0.05}^2(1)$ 이므로 H_0 기각

11.15 $\chi_0^2 = 15.735 > 13.277 = \chi_{0.01}^2(4)$ 이므로 H_0 기각

11.17 $\chi_0^2 = 16.740 > 13.277 = \chi_{0.01}^2(4)$ (또는 P-값 = 0.00217) 이므로 유의수준 $\alpha = 0.01$에서 H_0 기각

11.19 (a) H_0 : 채소의 종류에 따라 잎의 손상비율은 동일하다(동질이다)

대 H_1 : 채소의 종류에 따라 다르다.

(b) $\chi_0^2 = 11.581 > 9.210 = \chi_{0.01}^2(2)$ (또는 P-값 = 0.0031) 이므로 유의수준 $\alpha = 0.01$에서 H_0 기각

11.21 H_0: 유전자에 따른 성의 조합은 동일하다(동질성)

대 H_1: 유전자에 따른 성의 조합은 동일하지 않다.

$\chi_0^2 = 7.0923 < 15.987 = \chi_{0.10}^2(10)$ (또는 P-값 = 0.7167) 이므로 유의수준 $\alpha = 0.10$에서도 H_0을 기각하지 못함.

11.23 H_0 : 세 노인집단과 무기질변화와는 관계가 없다(독립이다)

대 H_1 : 관계가 있다.

$\chi_0^2 = 53.889 > 13.277 = \chi_{0.01}^2(4)$ (또는 P-값 < 0.0001) 이므로 유의수준 $\alpha = 0.01$에서 H_0 기각

부록

표 1. 누적이항분포표

$$B(x; n, p) = \sum_{y=0}^{x} b(y; n, p)$$

a. $n = 5$

		p														
		0.01	**0.05**	**0.10**	**0.20**	**0.25**	**0.30**	**0.40**	**0.50**	**0.60**	**0.70**	**0.75**	**0.80**	**0.90**	**0.95**	**0.99**
	0	.951	.774	.590	.328	.237	.168	.078	.031	.010	.002	.001	.000	.000	.000	.000
	1	.999	.977	.919	.737	.633	.528	.337	.188	.087	.031	.016	.007	.000	.000	.000
x	2	1.000	.999	.991	.942	.896	.837	.683	.500	.317	.163	.104	.058	.009	.001	.000
	3	1.000	1.000	1.000	.993	.984	.969	.913	.812	.663	.472	.367	.263	.081	.023	.001
	4	1.000	1.000	1.000	1.000	.999	.998	.990	.969	.922	.832	.763	.672	.410	.226	.049

b. $n = 10$

		p														
		0.01	**0.05**	**0.10**	**0.20**	**0.25**	**0.30**	**0.40**	**0.50**	**0.60**	**0.70**	**0.75**	**0.80**	**0.90**	**0.95**	**0.99**
	0	.904	.599	.349	.107	.056	.028	.006	.001	.000	.000	.000	.000	.000	.000	.000
	1	.996	.914	.736	.376	.244	.149	.046	.011	.002	.000	.000	.000	.000	.000	.000
	2	1.000	.988	.930	.678	.526	.383	.167	.055	.012	.002	.000	.000	.000	.000	.000
	3	1.000	.999	.987	.879	.776	.650	.382	.172	.055	.011	.004	.001	.000	.000	.000
	4	1.000	1.000	.998	.967	.922	.850	.633	.377	.166	.047	.020	.006	.000	.000	.000
x	5	1.000	1.000	1.000	.994	.980	.953	.834	.623	.367	.150	.078	.033	.002	.000	.000
	6	1.000	1.000	1.000	.999	.996	.989	.945	.828	.618	.350	.224	.121	.013	.001	.000
	7	1.000	1.000	1.000	1.000	1.000	.998	.988	.945	.833	.617	.474	.322	.070	.012	.000
	8	1.000	1.000	1.000	1.000	1.000	1.000	.998	.989	.954	.851	.756	.624	.264	.086	.004
	9	1.000	1.000	1.000	1.000	1.000	1.000	1.000	.999	.994	.972	.944	.893	.651	.401	.096

표 1. 누적이항분포표(계속)

$$B(x; n, p) = \sum_{y=0}^{x} b(y; n, p)$$

c. n = 15

x	0.01	0.05	0.10	0.20	0.25	0.30	0.40	0.50	0.60	0.70	0.75	0.80	0.90	0.95	0.99
0	.860	.463	.206	.035	.013	.005	.000	.000	.000	.000	.000	.000	.000	.000	.000
1	.990	.829	.549	.167	.080	.035	.005	.000	.000	.000	.000	.000	.000	.000	.000
2	1.000	.964	.816	.398	.236	.127	.027	.004	.000	.000	.000	.000	.000	.000	.000
3	1.000	.995	.944	.648	.461	.297	.091	.018	.002	.000	.000	.000	.000	.000	.000
4	1.000	.999	.987	.836	.686	.515	.217	.059	.009	.001	.000	.000	.000	.000	.000
5	1.000	1.000	.998	.939	.852	.722	.402	.151	.034	.004	.001	.000	.000	.000	.000
6	1.000	1.000	1.000	.982	.943	.869	.610	.304	.095	.015	.004	.001	.000	.000	.000
7	1.000	1.000	1.000	.996	.983	.950	.787	.500	.213	.050	.017	.004	.000	.000	.000
8	1.000	1.000	1.000	.999	.996	.985	.905	.696	.390	.131	.057	.018	.000	.000	.000
9	1.000	1.000	1.000	1.000	.999	.996	.966	.849	.597	.278	.148	.061	.002	.000	.000
10	1.000	1.000	1.000	1.000	1.000	.999	.991	.941	.783	.485	.314	.164	.013	.001	.000
11	1.000	1.000	1.000	1.000	1.000	1.000	.998	.982	.909	.703	.539	.352	.056	.005	.000
12	1.000	1.000	1.000	1.000	1.000	1.000	1.000	.996	.973	.873	.764	.602	.184	.036	.000
13	1.000	1.000	1.000	1.000	1.000	1.000	1.000	1.000	.995	.965	.920	.833	.451	.171	.010
14	1.000	1.000	1.000	1.000	1.000	1.000	1.000	1.000	1.000	.995	.987	.965	.794	.537	.140

d. n = 20

x	0.01	0.05	0.10	0.20	0.25	0.30	0.40	0.50	0.60	0.70	0.75	0.80	0.90	0.95	0.99
0	.818	.358	.122	.012	.003	.001	.000	.000	.000	.000	.000	.000	.000	.000	.000
1	.983	.736	.392	.069	.024	.008	.001	.000	.000	.000	.000	.000	.000	.000	.000
2	.999	.925	.677	.206	.091	.035	.004	.000	.000	.000	.000	.000	.000	.000	.000
3	1.000	.984	.867	.411	.225	.107	.016	.001	.000	.000	.000	.000	.000	.000	.000
4	1.000	.997	.957	.630	.415	.238	.051	.006	.000	.000	.000	.000	.000	.000	.000
5	1.000	1.000	.989	.804	.617	.416	.126	.021	.002	.000	.000	.000	.000	.000	.000
6	1.000	1.000	.998	.913	.786	.608	.250	.058	.006	.000	.000	.000	.000	.000	.000
7	1.000	1.000	1.000	.968	.898	.772	.416	.132	.021	.001	.000	.000	.000	.000	.000
8	1.000	1.000	1.000	.990	.959	.887	.596	.252	.057	.005	.001	.000	.000	.000	.000
9	1.000	1.000	1.000	.997	.986	.952	.755	.412	.128	.017	.004	.001	.000	.000	.000
10	1.000	1.000	1.000	.999	.996	.983	.872	.588	.245	.048	.014	.003	.000	.000	.000
11	1.000	1.000	1.000	1.000	.999	.995	.943	.748	.404	.113	.041	.010	.000	.000	.000
12	1.000	1.000	1.000	1.000	1.000	.999	.979	.868	.584	.228	.102	.032	.000	.000	.000
13	1.000	1.000	1.000	1.000	1.000	1.000	.994	.942	.750	.392	.214	.087	.002	.000	.000
14	1.000	1.000	1.000	1.000	1.000	1.000	.998	.979	.874	.584	.383	.196	.011	.000	.000
15	1.000	1.000	1.000	1.000	1.000	1.000	1.000	.994	.949	.762	.585	.370	.043	.003	.000
16	1.000	1.000	1.000	1.000	1.000	1.000	1.000	.999	.984	.893	.775	.589	.133	.016	.000
17	1.000	1.000	1.000	1.000	1.000	1.000	1.000	1.000	.996	.965	.909	.794	.323	.075	.001

표 2. 누적포아송분포표

$$F(x;\lambda)=\sum_{y=0}^{x}\frac{e^{-\lambda}\lambda^{y}}{y!}$$

	λ										
x	**2.0**	**3.0**	**4.0**	**5.0**	**6.0**	**7.0**	**8.0**	**9.0**	**10.0**	**15.0**	**20.0**
0	.135	.050	.018	.007	.002	.001	.000	.000	.000	.000	.000
1	.406	.199	.092	.040	.017	.007	.003	.001	.000	.000	.000
2	.677	.423	.238	.125	.062	.030	.014	.006	.003	.000	.000
3	.857	.647	.433	.265	.151	.082	.042	.021	.010	.000	.000
4	.947	.815	.629	.440	.285	.173	.100	.055	.029	.001	.000
5	.983	.916	.785	.616	.446	.301	.191	.116	.067	.003	.000
6	.995	.966	.889	.762	.606	.450	.313	.207	.130	.008	.000
7	.999	.988	.949	.867	.744	.599	.453	.324	.220	.018	.001
8	1.000	.996	.979	.932	.847	.729	.593	.456	.333	.037	.002
9		.999	.992	.968	.916	.830	.717	.587	.458	.070	.005
10		1.000	.997	.986	.957	.901	.816	.706	.583	.118	.011
11			.999	.995	.980	.947	.888	.803	.697	.185	.021
12			1.000	.998	.991	.973	.936	.876	.792	.268	.039
13				.999	.996	.987	.966	.926	.864	.363	.066
14				1.000	.999	.994	.983	.959	.917	.466	.105
15					.999	.998	.992	.978	.951	.568	.157
16					1.000	.999	.996	.989	.973	.664	.221
17						1.000	.998	.995	.986	.749	.297
18							.999	.998	.993	.819	.381
19							1.000	.999	.997	.875	.470
20								1.000	.998	.917	.559
21									.999	.947	.644
22									1.000	.967	.721
23										.981	.787
24										.989	.843
25										.994	.888
26										.997	.922
27										.998	.948
28										.999	.966
29										1.000	.978
30											.987
31											.992
32											.995
33											.997
34											.999
35											.999
36											1.000

표 3. 정규분포표

$\Phi(z) = P(Z \leq z)$

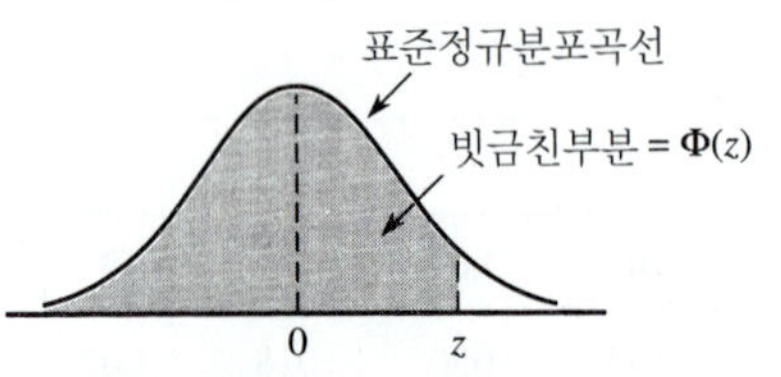

z	**0.00**	**0.01**	**0.02**	**0.03**	**0.04**	**0.05**	**0.06**	**0.07**	**0.08**	**0.09**
−3.4	0.0003	0.0003	0.0003	0.0003	0.0003	0.0003	0.0003	0.0003	0.0003	0.0002
−3.3	0.0005	0.0005	0.0005	0.0004	0.0004	0.0004	0.0004	0.0004	0.0004	0.0003
−3.2	0.0007	0.0007	0.0006	0.0006	0.0006	0.0006	0.0006	0.0005	0.0005	0.0005
−3.1	0.0010	0.0009	0.0009	0.0009	0.0008	0.0008	0.0008	0.0008	0.0007	0.0007
−3.0	0.0013	0.0013	0.0013	0.0012	0.0012	0.0011	0.0011	0.0011	0.0010	0.0010
−2.9	0.0019	0.0018	0.0017	0.0017	0.0016	0.0016	0.0015	0.0015	0.0014	0.0014
−2.8	0.0026	0.0025	0.0024	0.0023	0.0023	0.0022	0.0021	0.0021	0.0020	0.0019
−2.7	0.0035	0.0034	0.0033	0.0032	0.0031	0.0030	0.0029	0.0028	0.0027	0.0026
−2.6	0.0047	0.0045	0.0044	0.0043	0.0041	0.0040	0.0039	0.0038	0.0037	0.0036
−2.5	0.0062	0.0060	0.0059	0.0057	0.0055	0.0054	0.0052	0.0051	0.0049	0.0038
−2.4	0.0082	0.0080	0.0078	0.0075	0.0073	0.0071	0.0069	0.0068	0.0066	0.0064
−2.3	0.0107	0.0104	0.0102	0.0099	0.0096	0.0094	0.0091	0.0089	0.0087	0.0084
−2.2	0.0139	0.0136	0.0132	0.0129	0.0125	0.0122	0.0119	0.0116	0.0113	0.0110
−2.1	0.0179	0.0174	0.0170	0.0166	0.0162	0.0158	0.0154	0.0150	0.0146	0.0143
−2.0	0.0228	0.0222	0.0217	0.0212	0.0207	0.0202	0.0197	0.0192	0.0188	0.0183
−1.9	0.0287	0.0281	0.0274	0.0268	0.0262	0.0256	0.0250	0.0244	0.0239	0.0233
−1.8	0.0359	0.0352	0.0344	0.0336	0.0329	0.0322	0.0314	0.0307	0.0310	0.0294
−1.7	0.0446	0.0436	0.0427	0.0418	0.0409	0.0401	0.0392	0.0384	0.0375	0.0367
−1.6	0.0548	0.0537	0.0526	0.0516	0.0505	0.0495	0.0485	0.0475	0.0465	0.0455
−1.5	0.0668	0.0655	0.0643	0.0630	0.0618	0.0606	0.0594	0.0582	0.0571	0.0559
−1.4	0.0808	0.0793	0.0778	0.0764	0.0749	0.0735	0.0722	0.0708	0.0694	0.0681
−1.3	0.0968	0.0951	0.0934	0.0918	0.0901	0.0885	0.0869	0.0853	0.0838	0.0823
−1.2	0.1151	0.1131	0.1112	0.1093	0.1075	0.1056	0.1038	0.1020	0.1003	0.0985
−1.1	0.1357	0.1335	0.1314	0.1292	0.1271	0.1251	0.1230	0.1210	0.1190	0.1170
−1.0	0.1587	0.1562	0.1539	0.1515	0.1492	0.1469	0.1446	0.1423	0.1401	0.1379
−0.9	0.1841	0.1814	0.1788	0.1762	0.1736	0.1711	0.1685	0.1660	0.1635	0.1611
−0.8	0.2119	0.2090	0.2061	0.2033	0.2005	0.1977	0.1949	0.1922	0.1894	0.1867
−0.7	0.2420	0.2389	0.2358	0.2327	0.2296	0.2266	0.2236	0.2206	0.2177	0.2148
−0.6	0.2743	0.2709	0.2676	0.2643	0.2611	0.2578	0.2546	0.2514	0.2483	0.2451
−0.5	0.3085	0.3050	0.3015	0.2981	0.2946	0.2912	0.2877	0.2843	0.2810	0.2776
−0.4	0.3446	0.3409	0.3372	0.3336	0.3300	0.3264	0.3228	0.3192	0.3156	0.3121
−0.3	0.3821	0.3783	0.3745	0.3707	0.3669	0.3632	0.3594	0.3557	0.3520	0.3482
−0.2	0.4207	0.4168	0.4129	0.4090	0.4052	0.4013	0.3974	0.3936	0.3897	0.3859
−0.1	0.4602	0.4562	0.4522	0.4483	0.4443	0.4404	0.4364	0.4325	0.4286	0.4247
−0.0	0.5000	0.4960	0.4920	0.4880	0.4840	0.4801	0.4761	0.4721	0.4681	0.4641

(continued)

표 3. 정규분포표(계속)

$\Phi(z) = P(Z \le z)$

z	**0.00**	**0.01**	**0.02**	**0.03**	**0.04**	**0.05**	**0.06**	**0.07**	**0.08**	**0.09**
0.0	0.5000	0.5040	0.5080	0.5120	0.5160	0.5199	0.5239	0.5279	0.5319	0.5359
0.1	0.5398	0.5438	0.5478	0.5517	0.5557	0.5596	0.5636	0.5675	0.5714	0.5753
0.2	0.5793	0.5832	0.5871	0.5910	0.5948	0.5987	0.6026	0.6064	0.6103	0.6141
0.3	0.6179	0.6217	0.6255	0.6293	0.6331	0.6368	0.6406	0.6443	0.6480	0.6517
0.4	0.6554	0.6591	0.6628	0.6664	0.6700	0.6736	0.6772	0.6808	0.6844	0.6879
0.5	0.6915	0.6950	0.6985	0.7019	0.7054	0.7088	0.7123	0.7157	0.7190	0.7224
0.6	0.7257	0.7291	0.7324	0.7357	0.7389	0.7422	0.7454	0.7486	0.7517	0.7549
0.7	0.7580	0.7611	0.7642	0.7673	0.7704	0.7734	0.7764	0.7794	0.7823	0.7852
0.8	0.7881	0.7910	0.7939	0.7967	0.7995	0.8023	0.8051	0.8078	0.8106	0.8133
0.9	0.8159	0.8186	0.8212	0.8238	0.8264	0.8289	0.8315	0.8340	0.8365	0.8389
1.0	0.8413	0.8438	0.8461	0.8485	0.8508	0.8531	0.8554	0.8577	0.8599	0.8621
1.1	0.8643	0.8665	0.8686	0.8708	0.8729	0.8749	0.8770	0.8790	0.8810	0.8830
1.2	0.8849	0.8869	0.8888	0.8907	0.8925	0.8944	0.8962	0.8980	0.8997	0.9015
1.3	0.9032	0.9049	0.9066	0.9082	0.9099	0.9115	0.9131	0.9147	0.9162	0.9177
1.4	0.9192	0.9207	0.9222	0.9236	0.9251	0.9265	0.9278	0.9292	0.9306	0.9319
1.5	0.9332	0.9345	0.9357	0.9370	0.9382	0.9394	0.9406	0.9418	0.9429	0.9441
1.6	0.9452	0.9463	0.9474	0.9484	0.9495	0.9505	0.9515	0.9525	0.9535	0.9545
1.7	0.9554	0.9564	0.9573	0.9582	0.9591	0.9599	0.9608	0.9616	0.9625	0.9633
1.8	0.9641	0.9649	0.9656	0.9664	0.9671	0.9678	0.9686	0.9693	0.9699	0.9706
1.9	0.9713	0.9719	0.9726	0.9732	0.9738	0.9744	0.9750	0.9756	0.9761	0.9767
2.0	0.9772	0.9778	0.9783	0.9788	0.9793	0.9798	0.9803	0.9808	0.9812	0.9817
2.1	0.9821	0.9826	0.9830	0.9834	0.9838	0.9842	0.9846	0.9850	0.9854	0.9857
2.2	0.9861	0.9864	0.9868	0.9871	0.9875	0.9878	0.9881	0.9884	0.9887	0.9890
2.3	0.9893	0.9896	0.9898	0.9901	0.9904	0.9906	0.9909	0.9911	0.9913	0.9916
2.4	0.9918	0.9920	0.9922	0.9925	0.9927	0.9929	0.9931	0.9932	0.9934	0.9936
2.5	0.9938	0.9940	0.9941	0.9943	0.9945	0.9946	0.9948	0.9949	0.9951	0.9952
2.6	0.9953	0.9955	0.9956	0.9957	0.9959	0.9960	0.9961	0.9962	0.9963	0.9964
2.7	0.9965	0.9966	0.9967	0.9968	0.9969	0.9970	0.9971	0.9972	0.9973	0.9974
2.8	0.9974	0.9975	0.9976	0.9977	0.9977	0.9978	0.9979	0.9979	0.9980	0.9981
2.9	0.9981	0.9982	0.9982	0.9983	0.9984	0.9984	0.9985	0.9985	0.9986	0.9986
3.0	0.9987	0.9987	0.9987	0.9988	0.9988	0.9989	0.9989	0.9989	0.9990	0.9990
3.1	0.9990	0.9991	0.9991	0.9991	0.9992	0.9992	0.9992	0.9992	0.9993	0.9993
3.2	0.9993	0.9993	0.9994	0.9994	0.9994	0.9994	0.9994	0.9995	0.9995	0.9995
3.3	0.9995	0.9995	0.9995	0.9996	0.9996	0.9996	0.9996	0.9996	0.9996	0.9997
3.4	0.9997	0.9997	0.9997	0.9997	0.9997	0.9997	0.9997	0.9997	0.9997	0.9998

표 4. *t* 분포의 기각값

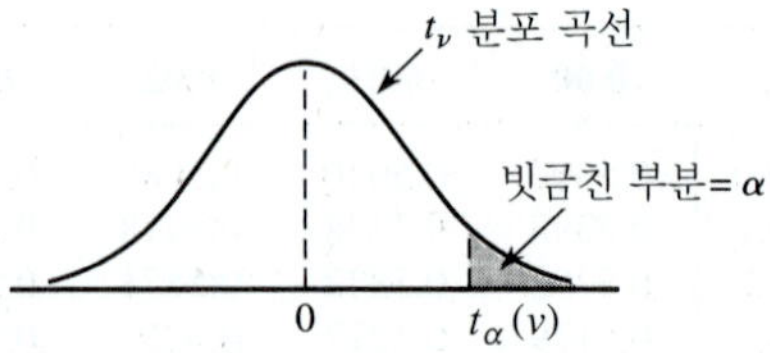

				α			
ν	.10	.05	.025	.01	.005	.001	.0005
1	3.078	6.314	12.706	31.821	63.657	318.31	636.62
2	1.886	2.920	4.303	6.965	9.925	22.326	31.598
3	1.638	2.353	3.182	4.541	5.841	10.213	12.924
4	1.533	2.132	2.776	3.747	4.604	7.173	8.610
5	1.476	2.015	2.571	3.365	4.032	5.893	6.869
6	1.440	1.943	2.447	3.143	3.707	5.208	5.959
7	1.415	1.895	2.365	2.998	3.499	4.785	5.408
8	1.397	1.860	2.306	2.896	3.355	4.501	5.041
9	1.383	1.833	2.262	2.821	3.250	4.297	4.781
10	1.372	1.812	2.228	2.764	3.169	4.144	4.587
11	1.363	1.796	2.201	2.718	3.106	4.025	4.437
12	1.356	1.782	2.179	2.681	3.055	3.930	4.318
13	1.350	1.771	2.160	2.650	3.012	3.852	4.221
14	1.345	1.761	2.145	2.624	2.977	3.787	4.140
15	1.341	1.753	2.131	2.602	2.947	3.733	4.073
16	1.337	1.746	2.120	2.583	2.921	3.686	4.015
17	1.333	1.740	2.110	2.567	2.898	3.646	3.965
18	1.330	1.734	2.101	2.552	2.878	3.610	3.922
19	1.328	1.729	2.093	2.539	2.861	3.579	3.883
20	1.325	1.725	2.086	2.528	2.845	3.552	3.850
21	1.323	1.721	2.080	2.518	2.831	3.527	3.819
22	1.321	1.717	2.074	2.508	2.819	3.505	3.792
23	1.319	1.714	2.069	2.500	2.807	3.485	3.767
24	1.318	1.711	2.064	2.492	2.797	3.467	3.745
25	1.316	1.708	2.060	2.485	2.787	3.450	3.725
26	1.315	1.706	2.056	2.479	2.779	3.435	3.707
27	1.314	1.703	2.052	2.473	2.771	3.421	3.690
28	1.313	1.701	2.048	2.467	2.763	3.408	3.674
29	1.311	1.699	2.045	2.462	2.756	3.396	3.659
30	1.310	1.697	2.042	2.457	2.750	3.385	3.646
32	1.309	1.694	2.037	2.449	2.738	3.365	3.622
34	1.307	1.691	2.032	2.441	2.728	3.348	3.601
36	1.306	1.688	2.028	2.434	2.719	3.333	3.582
38	1.304	1.686	2.024	2.429	2.712	3.319	3.566
40	1.303	1.684	2.021	2.423	2.704	3.307	3.551
50	1.299	1.676	2.009	2.403	2.678	3.262	3.496
60	1.296	1.671	2.000	2.390	2.660	3.232	3.460
120	1.289	1.658	1.980	2.358	2.617	3.160	3.373
∞	1.282	1.645	1.960	2.326	2.576	3.090	3.291

표 5. 카이제곱분포의 기각값

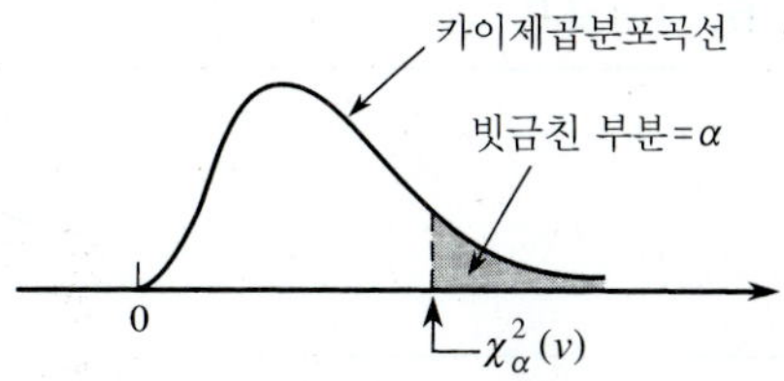

ν \ α	.995	.99	.975	.95	.90	.10	.05	.025	.01	.005
1	0.000	0.000	0.001	0.004	0.016	2.706	3.843	5.025	6.637	7.882
2	0.010	0.020	0.051	0.103	0.211	4.605	5.992	7.378	9.210	10.597
3	0.072	0.115	0.216	0.352	0.584	6.251	7.815	9.348	11.344	12.837
4	0.207	0.297	0.484	0.711	1.064	7.779	9.488	11.143	13.277	14.860
5	0.412	0.554	0.831	1.145	1.610	9.236	11.070	12.832	15.085	16.748
6	0.676	0.872	1.237	1.635	2.204	10.645	12.592	14.440	16.812	18.548
7	0.989	1.239	1.690	2.167	2.833	12.017	14.067	16.012	18.474	20.276
8	1.344	1.646	2.180	2.733	3.490	13.362	15.507	17.534	20.090	21.954
9	1.735	2.088	2.700	3.325	4.168	14.684	16.919	19.022	21.665	23.587
10	2.156	2.558	3.247	3.940	4.865	15.987	18.307	20.483	23.209	25.188
11	2.603	3.053	3.816	4.575	5.578	17.275	19.675	21.920	24.724	26.755
12	3.074	3.571	4.404	5.226	6.304	18.549	21.026	23.337	26.217	28.300
13	3.565	4.107	5.009	5.892	7.041	19.812	22.362	24.735	27.687	29.817
14	4.075	4.660	5.629	6.571	7.790	21.064	23.685	26.119	29.141	31.319
15	4.600	5.229	6.262	7.261	8.547	22.307	24.996	27.488	30.577	32.799
16	5.142	5.812	6.908	7.962	9.312	23.542	26.296	28.845	32.000	34.267
17	5.697	6.407	7.564	8.682	10.085	24.769	27.587	30.190	33.408	35.716
18	6.265	7.015	8.231	9.390	10.865	25.989	28.869	31.526	34.805	37.156
19	6.843	7.632	8.906	10.117	11.651	27.203	30.143	32.852	36.190	38.580
20	7.434	8.260	9.591	10.851	12.443	28.412	31.410	34.170	37.566	39.997
21	8.033	8.897	10.283	11.591	13.240	29.615	32.670	35.478	38.930	41.399
22	8.643	9.542	10.982	12.338	14.042	30.813	33.924	36.781	40.289	42.796
23	9.260	10.195	11.688	13.090	14.848	32.007	35.172	38.075	41.637	44.179
24	9.886	10.856	12.401	13.848	15.659	33.196	36.415	39.364	42.980	45.558
25	10.519	11.523	13.120	14.611	16.473	34.381	37.652	40.646	44.313	46.925
26	11.160	12.198	13.844	15.379	17.292	35.563	38.885	41.923	45.642	48.290
27	11.807	12.878	14.573	16.151	18.114	36.741	40.113	43.194	46.962	49.642
28	12.461	13.565	15.308	16.928	18.939	37.916	41.337	44.461	48.278	50.993
29	13.120	14.256	16.147	17.708	19.768	39.087	42.557	45.772	49.586	52.333
30	13.787	14.954	16.791	18.493	20.599	40.256	43.773	46.979	50.892	53.672
31	14.457	15.655	17.538	19.280	21.433	41.422	44.985	48.231	52.190	55.000
32	15.134	16.362	18.291	20.072	22.271	42.585	46.194	49.480	53.486	56.328
33	15.814	17.073	19.046	20.866	23.110	43.745	47.400	50.724	54.774	57.646
34	16.501	17.789	19.806	21.664	23.952	44.903	48.602	51.966	56.061	58.964
35	17.191	18.508	20.569	22.465	24.796	46.059	49.802	53.203	57.340	60.272
36	17.887	19.233	21.336	23.269	25.643	47.212	50.998	54.437	58.619	61.581
37	18.584	19.960	22.105	24.075	26.492	48.363	52.192	55.667	59.891	62.880
38	19.289	20.691	22.878	24.884	27.343	49.513	53.384	56.896	61.162	64.181
39	19.994	21.425	23.654	25.695	28.196	50.660	54.572	58.119	62.426	65.473
40	20.706	22.164	24.433	26.509	29.050	51.805	55.758	59.342	63.691	66.766

For $\nu > 40$, $\chi^2_\alpha(\nu) \approx \nu\left(1 - \frac{2}{9\nu} + z_\alpha\sqrt{\frac{2}{9\nu}}\right)^3$

표 6. t분포표

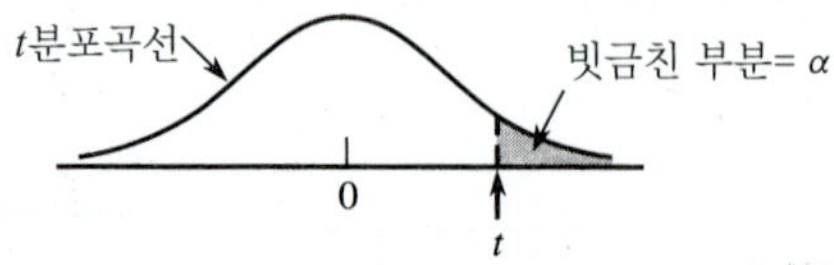

t \ ν	1	2	3	4	5	6	7	8	9	10	11	12	13	14	15	16	17	18
0.0	.500	.500	.500	.500	.500	.500	.500	.500	.500	.500	.500	.500	.500	.500	.500	.500	.500	.500
0.1	.468	.465	.463	.463	.462.	.462	.462	.461	.461	.461	.461	.461	.461	.461	.461	.461	.461	.461
0.2	.437	.430	.427	.426	.425	.424	.424	.423	.423	.423	.423	.422	.422	.422	.422	.422	.422	.422
0.3	.407	.396	.392	.390	.388	.387	.386	.386	.386	.385	.385	.385	.384	.384	.384	.384	.384	.384
0.4	.379	.364	.358	.355	.353	.352	.351	.350	.349	.349	.348	.348	.348	.347	.347	.347	.347	.347
0.5	.352	.333	.326	.322	.319	.317	.316	.315	.315	.314	.313	.313	.313	.312	.312	.312	.312	.312
0.6	.328	.305	.295	.290	.287	.285	.284	.283	.282	.281	.280	.280	.279	.279	.279	.278	.278	.278
0.7	.306	.278	.267	.261	.258	.255	.253	.252	.251	.250	.249	.249	.248	.247	.247	.247	.247	.246
0.8	.285	.254	.241	.234	.230	.227	.225	.223	.222	.221	.220	.220	.219	.218	.218	.218	.217	.217
0.9	.267	.232	.217	.210	.205	.201	.199	.197	.196	.195	.194	.193	.192	.191	.191	.191	.190	.190
1.0	.250	.211	.196	.187	.182	.178	.175	.173	.172	.170	.169	.169	.168	.167	.167	.166	.166	.165
1.1	.235	.193	.176	.167	.162	.157	.154	.152	.150	.149	.147	.146	.146	.144	.144	.144	.143	.143
1.2	.221	.177	.158	.148	.142	.138	.135	.132	.130	.129	.128	.127	.126	.124	.124	.124	.123	.123
1.3	.209	.162	.142	.132	.125	.121	.117	.115	.113	.111	.110	.109	.108	.107	.107	.106	.105	.105
1.4	.197	.148	.128	.117	.110	.106	.102	.100	.098	.096	.095	.093	.092	.091	.091	.090	.090	.089
1.5	.187	.136	.115	.104	.097	.092	.089	.086	.084	.082	.081	.080	.079	.077	.077	.077	.076	.075
1.6	.178	.125	.104	.092	.085	.080	.077	.074	.072	.070	.069	.068	.067	.065	.065	.065	.064	.064
1.7	.169	.116	.094	.082	.075	.070	.065	.064	.062	.060	.059	.057	.056	.055	.055	.054	.054	.053
1.8	.161	.107	.085	.073	.066	.061	.057	.055	.053	.051	.050	.049	.048	.046	.046	.045	.045	.044
1.9	.154	.099	.077	.065	.058	.053	.050	.047	.045	.043	.042	.041	.040	.038	.038	.038	.037	.037
2.0	.148	.092	.070	.058	.051	.046	.043	.040	.038	.037	.035	.034	.033	.032	.032	.031	.031	.030
2.1	.141	.085	.063	.052	.045	.040	.037	.034	.033	.031	.030	.029	.028	.027	.027	.026	.025	.025
2.2	.136	.079	.058	.046	.040	.035	.032	.029	.028	.026	.025	.024	.023	.022	.022	.021	.021	.021
2.3	.131	.074	.052	.041	.035	.031	.027	.025	.023	.022	.021	.020	.019	.018	.018	.018	.017	.017
2.4	.126	.069	.048	.037	.031	.027	.024	.022	.020	.019	.018	.017	.016	.015	.015	.014	.014	.014
2.5	.121	.065	.044	.033	.027	.023	.020	.018	.017	.016	.015	.014	.013	.012	.012	.012	.011	.011
2.6	.117	.061	.040	.030	.024	.020	.018	.016	.014	.013	.012	.012	.011	.010	.010	.010	.009	.009
2.7	.113	.057	.037	.027	.021	.018	.015	.014	.012	.011	.010	.010	.009	.008	.008	.008	.008	.007
2.8	.109	.054	.034	.024	.019	.016	.013	.012	.010	.009	.009	.008	.008	.007	.007	.006	.006	.006
2.9	.106	.051	.031	.022	.017	.014	.011	.010	.009	.008	.007	.007	.006	.005	.005	.005	.005	.005
3.0	.102	.048	.029	.020	.015	.012	.010	.009	.007	.007	.006	.006	.005	.004	.004	.004	.004	.004
3.1	.099	.045	.027	.018	.013	.011	.009	.007	.006	.006	.005	.005	.004	.004	.004	.003	.003	.003
3.2	.096	.043	.025	.016	.012	.009	.008	.006	.005	.005	.004	.004	.003	.003	.003	.003	.003	.002
3.3	.094	.040	.023	.015	.011	.008	.007	.005	.005	.004	.004	.003	.003	.002	.002	.002	.002	.002
3.4	.091	.038	.021	.014	.010	.007	.006	.005	.004	.003	.003	.003	.002	.002	.002	.002	.002	.002
3.5	.089	.036	.020	.012	.009	.006	.005	.004	.003	.003	.002	.002	.002	.002	.002	.001	.001	.001
3.6	.086	.035	.018	.011	.008	.006	.004	.004	.003	.002	.002	.002	.002	.001	.001	.001	.001	.001
3.7	.084	.033	.017	.010	.007	.005	.004	.003	.002	.002	.002	.002	.001	.001	.001	.001	.001	.001
3.8	.082	.031	.016	.010	.006	.004	.003	.003	.002	.002	.001	.001	.001	.001	.001	.001	.001	.001
3.9	.080	.030	.015	.009	.006	.004	.003	.002	.002	.001	.001	.001	.001	.001	.001	.001	.001	.001
4.0	.078	.029	.014	.008	.005	.004	.003	.002	.002	.001	.001	.001	.001	.001	.001	.001	.000	.000

(continued)

표 6. t분포표(계속)

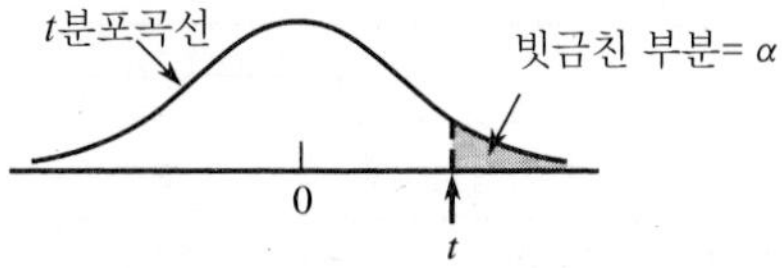

t \ ν	19	20	21	22	23	24	25	26	27	28	29	30	35	40	60	120	∞(= z)
0.0	.500	.500	.500	.500	.500	.500	.500	.500	.500	.500	.500	.500	.500	.500	.500	.500	.500
0.1	.461	.461	.461	.461	.461	.461	.461	.461	.461	.461	.461	.461	.460	.460	.460	.460	.460
0.2	.422	.422	.422	.422	.422	.422	.422	.422	.421	.421	.421	.421	.421	.421	.421	.421	.421
0.3	.384	.384	.384	.383	.383	.383	.383	.383	.383	.383	.383	.383	.383	.383	.383	.382	.382
0.4	.347	.347	.347	.347	.346	.346	.346	.346	.346	.346	.346	.346	.346	.346	.345	.345	.345
0.5	.311	.311	.311	.311	.311	.311	.311	.311	.311	.310	.310	.310	.310	.310	.309	.309	.309
0.6	.278	.278	.278	.277	.277	.277	.277	.277	.277	.277	.277	.277	.276	.276	.275	.275	.274
0.7	.246	.246	.246	.246	.245	.245	.245	.245	.245	.245	.245	.245	.244	.244	.243	.243	.242
0.8	.217	.217	.216	.216	.216	.216	.216	.215	.215	.215	.215	.215	.215	.214	.213	.213	.212
0.9	.190	.189	.189	.189	.189	.189	.188	.188	.188	.188	.188	.188	.187	.187	.186	.185	.184
1.0	.165	.165	.164	.164	.164	.164	.163	.163	.163	.163	.163	.163	.162	.162	.161	.160	.159
1.1	.143	.142	.142	.142	.141	.141	.141	.141	.141	.140	.140	.140	.139	.139	.138	.137	.136
1.2	.122	.122	.122	.121	.121	.121	.121	.120	.120	.120	.120	.120	.119	.119	.117	.116	.115
1.3	.105	.104	.104	.104	.103	.103	.103	.103	.102	.102	.102	.102	.101	.101	.099	.098	.097
1.4	.089	.089	.088	.088	.087	.087	.087	.087	.086	.086	.086	.086	.085	.085	.083	.082	.081
1.5	.075	.075	.074	.074	.074	.073	.073	.073	.073	.072	.072	.072	.071	.071	.069	.068	.067
1.6	.063	.063	.062	.062	.062	.061	.061	.061	.061	.060	.060	.060	.059	.059	.057	.056	.055
1.7	.053	.052	.052	.052	.051	.051	.051	.051	.050	.050	.050	.050	.049	.048	.047	.046	.045
1.8	.044	.043	.043	.043	.042	.042	.042	.042	.042	.041	.041	.041	.040	.040	.038	.037	.036
1.9	.036	.036	.036	.035	.035	.035	.035	.034	.034	.034	.034	.034	.033	.032	.031	.030	.029
2.0	.030	.030	.029	.029	.029	.028	.028	.028	.028	.028	.027	.027	.027	.026	.025	.024	.023
2.1	.025	.024	.024	.024	.023	.023	.023	.023	.023	.022	.022	.022	.022	.021	.020	.019	.018
2.2	.020	.020	.020	.019	.019	.019	.019	.018	.018	.018	.018	.018	.017	.017	.016	.015	.014
2.3	.016	.016	.016	.016	.015	.015	.015	.015	.015	.015	.014	.014	.014	.013	.012	.012	.011
2.4	.013	.013	.013	.013	.012	.012	.012	.012	.012	.012	.012	.011	.011	.011	.010	.009	.008
2.5	.011	.011	.010	.010	.010	.010	.010	.010	.009	.009	.009	.009	.009	.008	.008	.007	.006
2.6	.009	.009	.008	.008	.008	.008	.008	.008	.007	.007	.007	.007	.007	.007	.006	.005	.005
2.7	.007	.007	.007	.007	.006	.006	.006	.006	.006	.006	.006	.006	.005	.005	.004	.004	.003
2.8	.006	.006	.005	.005	.005	.005	.005	.005	.005	.005	.005	.004	.004	.004	.003	.003	.003
2.9	.005	.004	.004	.004	.004	.004	.004	.004	.004	.004	.004	.003	.003	.003	.003	.002	.002
3.0	.004	.004	.003	.003	.003	.003	.003	.003	.003	.003	.003	.003	.002	.002	.002	.002	.001
3.1	.003	.003	.003	.003	.003	.002	.002	.002	.002	.002	.002	.002	.002	.002	.001	.001	.001
3.2	.002	.002	.002	.002	.002	.002	.002	.002	.002	.002	.002	.002	.001	.001	.001	.001	.001
3.3	.002	.002	.002	.002	.002	.001	.001	.001	.001	.001	.001	.001	.001	.001	.001	.001	.000
3.4	.002	.001	.001	.001	.001	.001	.001	.001	.001	.001	.001	.001	.001	.001	.001	.000	.000
3.5	.001	.001	.001	.001	.001	.001	.001	.001	.001	.001	.001	.001	.001	.001	.000	.000	.000
3.6	.001	.001	.001	.001	.001	.001	.001	.001	.001	.001	.001	.001	.000	.000	.000	.000	.000
3.7	.001	.001	.001	.001	.001	.001	.001	.001	.000	.000	.000	.000	.000	.000	.000	.000	.000
3.8	.001	.001	.001	.000	.000	.000	.000	.000	.000	.000	.000	.000	.000	.000	.000	.000	.000
3.9	.000	.000	.000	.000	.000	.000	.000	.000	.000	.000	.000	.000	.000	.000	.000	.000	.000
4.0	.000	.000	.000	.000	.000	.000	.000	.000	.000	.000	.000	.000	.000	.000	.000	.000	.000

표 7. F분포의 기각값

ν_2 = 분모의 자유도	α	ν_1 = 분자의 자유도 1	2	3	4	5	6	7	8	9
1	.100	39.86	49.50	53.59	55.83	57.24	58.20	58.91	59.44	59.86
	.050	161.45	199.50	215.71	224.58	230.16	233.99	236.77	238.88	240.54
	.010	4052.2	4999.5	5403.4	5624.6	5763.6	5859.0	5928.4	5981.1	6022.5
	.001	405284	500000	540379	562500	576405	585937	592873	598144	602284
2	.100	8.53	9.00	9.16	9.24	9.29	9.33	9.35	9.37	9.38
	.050	18.51	19.00	19.16	19.25	19.30	19.33	19.35	19.37	19.38
	.010	98.50	99.00	99.17	99.25	99.30	99.33	99.36	99.37	99.39
	.001	998.50	999.00	999.17	999.25	999.30	999.33	999.36	999.37	999.39
3	.100	5.54	5.46	5.39	5.34	5.31	5.28	5.27	5.25	5.24
	.050	10.13	9.55	9.28	9.12	9.01	8.94	8.89	8.85	8.81
	.010	34.12	30.82	29.46	28.71	28.24	27.91	27.67	27.49	27.35
	.001	167.03	148.50	141.11	137.10	134.58	132.85	131.58	130.62	129.86
4	.100	4.54	4.32	4.19	4.11	4.05	4.01	3.98	3.95	3.94
	.050	7.71	6.94	6.59	6.39	6.26	6.16	6.09	6.04	6.00
	.010	21.20	18.00	16.69	15.98	15.52	15.21	14.98	14.80	14.66
	.001	74.14	61.25	56.18	53.44	51.71	50.53	49.66	49.00	48.47
5	.100	4.06	3.78	3.62	3.52	3.45	3.40	3.37	3.34	3.32
	.050	6.61	5.79	5.41	5.19	5.05	4.95	4.88	4.82	4.77
	.010	16.26	13.27	12.06	11.39	10.97	10.67	10.46	10.29	10.16
	.001	47.18	37.12	33.20	31.09	29.75	28.83	28.16	27.65	27.24
6	.100	3.78	3.46	3.29	3.18	3.11	3.05	3.01	2.98	2.96
	.050	5.99	5.14	4.76	4.53	4.39	4.28	4.21	4.15	4.10
	.010	13.75	10.92	9.78	9.15	8.75	8.47	8.26	8.10	7.98
	.001	35.51	27.00	23.70	21.92	20.80	20.03	19.46	19.03	18.69
7	.100	3.59	3.26	3.07	2.96	2.88	2.83	2.78	2.75	2.72
	.050	5.59	4.74	4.35	4.12	3.97	3.87	3.79	3.73	3.68
	.010	12.25	9.55	8.45	7.85	7.46	7.19	6.99	6.84	6.72
	.001	29.25	21.69	18.77	17.20	16.21	15.52	15.02	14.63	14.33
8	.100	3.46	3.11	2.92	2.81	2.73	2.67	2.62	2.59	2.56
	.050	5.32	4.46	4.07	3.84	3.69	3.58	3.50	3.44	3.39
	.010	11.26	8.65	7.59	7.01	6.63	6.37	6.18	6.03	5.91
	.001	25.41	18.49	15.83	14.39	13.48	12.86	12.40	12.05	11.77
9	.100	3.36	3.01	2.81	2.69	2.61	2.55	2.51	2.47	2.44
	.050	5.12	4.26	3.86	3.63	3.48	3.37	3.29	3.23	3.18
	.010	10.56	8.02	6.99	6.42	6.06	5.80	5.61	5.47	5.35
	.001	22.86	16.39	13.90	12.56	11.71	11.13	10.70	10.37	10.11
10	.100	3.29	2.92	2.73	2.61	2.52	2.46	2.41	2.38	2.35
	.050	4.96	4.10	3.71	3.48	3.33	3.22	3.14	3.07	3.02
	.010	10.04	7.56	6.55	5.99	5.64	5.39	5.20	5.06	4.94
	.001	21.04	14.91	12.55	11.28	10.48	9.93	9.52	9.20	8.96
11	.100	3.23	2.86	2.66	2.54	2.45	2.39	2.34	2.30	2.27
	.050	4.84	3.98	3.59	3.36	3.20	3.09	3.01	2.95	2.90
	.010	9.65	7.21	6.22	5.67	5.32	5.07	4.89	4.74	4.63
	.001	19.69	13.81	11.56	10.35	9.58	9.05	8.66	8.35	8.12
12	.100	3.18	2.81	2.61	2.48	2.39	2.33	2.28	2.24	2.21
	.050	4.75	3.89	3.49	3.26	3.11	3.00	2.91	2.85	2.80
	.010	9.33	6.93	5.95	5.41	5.06	4.82	4.64	4.50	4.39
	.001	18.64	12.97	10.80	9.63	8.89	8.38	8.00	7.71	7.48

(continued)

표 7. F분포의 기각값(계속)

ν_1 = 분자의 자유도										
10	**12**	**15**	**20**	**25**	**30**	**40**	**50**	**60**	**120**	**1000**
60.19	60.71	61.22	61.74	62.05	62.26	62.53	62.69	62.79	63.06	63.30
241.88	243.91	245.95	248.01	249.26	250.10	251.14	251.77	252.20	253.25	254.19
6055.8	6106.3	6157.3	6208.7	6239.8	6260.6	6286.8	6302.5	6313.0	6339.4	6362.7
605621	610668	615764	620908	624017	626099	628712	630285	631337	633972	636301
9.39	9.41	9.42	9.44	9.45	9.46	9.47	9.47	9.47	9.48	9.49
19.40	19.41	19.43	19.45	19.46	19.46	19.47	19.48	19.48	19.49	19.49
99.40	99.42	99.43	99.45	99.46	99.47	99.47	99.48	99.48	99.49	99.50
999.40	999.42	999.43	999.45	999.46	999.47	999.47	999.48	999.48	999.49	999.50
5.23	5.22	5.20	5.18	5.17	5.17	5.16	5.15	5.15	5.14	5.13
8.79	8.74	8.70	8.66	8.63	8.62	8.59	8.58	8.57	8.55	8.53
27.23	27.05	26.87	26.69	26.58	26.50	26.41	26.35	26.32	26.22	26.14
129.25	128.32	127.37	126.42	125.84	125.45	124.96	124.66	124.47	123.97	123.53
3.92	3.90	3.87	3.84	3.83	3.82	3.80	3.80	3.79	3.78	3.76
5.96	5.91	5.86	5.80	5.77	5.75	5.72	5.70	5.69	5.66	5.63
14.55	14.37	14.20	14.02	13.91	13.84	13.75	13.69	13.65	13.56	13.47
48.05	47.41	46.76	46.10	45.70	45.43	45.09	44.88	44.75	44.40	44.09
3.30	3.27	3.24	3.21	3.19	3.17	3.16	3.15	3.14	3.12	3.11
4.74	4.68	4.62	4.56	4.52	4.50	4.46	4.44	4.43	4.40	4.37
10.05	9.89	9.72	9.55	9.45	9.38	9.29	9.24	9.20	9.11	9.03
26.92	26.42	25.91	25.39	25.08	24.87	24.60	24.44	24.33	24.06	23.82
2.94	2.90	2.87	2.84	2.81	2.80	2.78	2.77	2.76	2.74	2.72
4.06	4.00	3.94	3.87	3.83	3.81	3.77	3.75	3.74	3.70	3.67
7.87	7.72	7.56	7.40	7.30	7.23	7.14	7.09	7.06	6.97	6.89
18.41	17.99	17.56	17.12	16.85	16.67	16.44	16.31	16.21	15.98	15.77
2.70	2.67	2.63	2.59	2.57	2.56	2.54	2.52	2.51	2.49	2.47
3.64	3.57	3.51	3.44	3.40	3.38	3.34	3.32	3.30	3.27	3.23
6.62	6.47	6.31	6.16	6.06	5.99	5.91	5.86	5.82	5.74	5.66
14.08	13.71	13.32	12.93	12.69	12.53	12.33	12.20	12.12	11.91	11.72
2.54	2.50	2.46	2.42	2.40	2.38	2.36	2.35	2.34	2.32	2.30
3.35	3.28	3.22	3.15	3.11	3.08	3.04	3.02	3.01	2.97	2.93
5.81	5.67	5.52	5.36	5.26	5.20	5.12	5.07	5.03	4.95	4.87
11.54	11.19	10.84	10.48	10.26	10.11	9.92	9.80	9.73	9.53	9.36
2.42	2.38	2.34	2.30	2.27	2.25	2.23	2.22	2.21	2.18	2.16
3.14	3.07	3.01	2.94	2.89	2.86	2.83	2.80	2.79	2.75	2.71
5.26	5.11	4.96	4.81	4.71	4.65	4.57	4.52	4.48	4.40	4.32
9.89	9.57	9.24	8.90	8.69	8.55	8.37	8.26	8.19	8.00	7.84
2.32	2.28	2.24	2.20	2.17	2.16	2.13	2.12	2.11	2.08	2.06
2.98	2.91	2.85	2.77	2.73	2.70	2.66	2.64	2.62	2.58	2.54
4.85	4.71	4.56	4.41	4.31	4.25	4.17	4.12	4.08	4.00	3.92
8.75	8.45	8.13	7.80	7.60	7.47	7.30	7.19	7.12	6.94	6.78
2.25	2.21	2.17	2.12	2.10	2.08	2.05	2.04	2.03	2.00	1.98
2.85	2.79	2.72	2.65	2.60	2.57	2.53	2.51	2.49	2.45	2.41
4.54	4.40	4.25	4.10	4.01	3.94	3.86	3.81	3.78	3.69	3.61
7.92	7.63	7.32	7.01	6.81	6.68	6.52	6.42	6.35	6.18	6.02
2.19	2.15	2.10	2.06	2.03	2.01	1.99	1.97	1.96	1.93	1.91
2.75	2.69	2.62	2.54	2.50	2.47	2.43	2.40	2.38	2.34	2.30
4.30	4.16	4.01	3.86	3.76	3.70	3.62	3.57	3.54	3.45	3.37
7.29	7.00	6.71	6.40	6.22	6.09	5.93	5.83	5.76	5.59	5.44

(continued)

표 7. F분포의 기각값(계속)

		ν_1 = 분자의 자유도								
ν_2 = 분모의 자유도	α	**1**	**2**	**3**	**4**	**5**	**6**	**7**	**8**	**9**
13	**.100**	3.14	2.76	2.56	2.43	2.35	2.28	2.23	2.20	2.16
	.050	4.67	3.81	3.41	3.18	3.03	2.92	2.83	2.77	2.71
	.010	9.07	6.70	5.74	5.21	4.86	4.62	4.44	4.30	4.19
	.001	17.82	12.31	10.21	9.07	8.35	7.86	7.49	7.21	6.98
14	**.100**	3.10	2.73	2.52	2.39	2.31	2.24	2.19	2.15	2.12
	.050	4.60	3.74	3.34	3.11	2.96	2.85	2.76	2.70	2.65
	.010	8.86	6.51	5.56	5.04	4.69	4.46	4.28	4.14	4.03
	.001	17.14	11.78	9.73	8.62	7.92	7.44	7.08	6.80	6.58
15	**.100**	3.07	2.70	2.49	2.36	2.27	2.21	2.16	2.12	2.09
	.050	4.54	3.68	3.29	3.06	2.90	2.79	2.71	2.64	2.59
	.010	8.68	6.36	5.42	4.89	4.56	4.32	4.14	4.00	3.89
	.001	16.59	11.34	9.34	8.25	7.57	7.09	6.74	6.47	6.26
16	**.100**	3.05	2.67	2.46	2.33	2.24	2.18	2.13	2.09	2.06
	.050	4.49	3.63	3.24	3.01	2.85	2.74	2.66	2.59	2.54
	.010	8.53	6.23	5.29	4.77	4.44	4.20	4.03	3.89	3.78
	.001	16.12	10.97	9.01	7.94	7.27	6.80	6.46	6.19	5.98
17	**.100**	3.03	2.64	2.44	2.31	2.22	2.15	2.10	2.06	2.03
	.050	4.45	3.59	3.20	2.96	2.81	2.70	2.61	2.55	2.49
	.010	8.40	6.11	5.19	4.67	4.34	4.10	3.93	3.79	3.68
	.001	15.72	10.66	8.73	7.68	7.02	6.56	6.22	5.96	5.75
18	**.100**	3.01	2.62	2.42	2.29	2.20	2.13	2.08	2.04	2.00
	.050	4.41	3.55	3.16	2.93	2.77	2.66	2.58	2.51	2.46
	.010	8.29	6.01	5.09	4.58	4.25	4.01	3.84	3.71	3.60
	.001	15.38	10.39	8.49	7.46	6.81	6.35	6.02	5.76	5.56
19	**.100**	2.99	2.61	2.40	2.27	2.18	2.11	2.06	2.02	1.98
	.050	4.38	3.52	3.13	2.90	2.74	2.63	2.54	2.48	2.42
	.010	8.18	5.93	5.01	4.50	4.17	3.94	3.77	3.63	3.52
	.001	15.08	10.16	8.28	7.27	6.62	6.18	5.85	5.59	5.39
20	**.100**	2.97	2.59	2.38	2.25	2.16	2.09	2.04	2.00	1.96
	.050	4.35	3.49	3.10	2.87	2.71	2.60	2.51	2.45	2.39
	.010	8.10	5.85	4.94	4.43	4.10	3.87	3.70	3.56	3.46
	.001	14.82	9.95	8.10	7.10	6.46	6.02	5.69	5.44	5.24
21	**.100**	2.96	2.57	2.36	2.23	2.14	2.08	2.02	1.98	1.95
	.050	4.32	3.47	3.07	2.84	2.68	2.57	2.49	2.42	2.37
	.010	8.02	5.78	4.87	4.37	4.04	3.81	3.64	3.51	3.40
	.001	14.59	9.77	7.94	6.95	6.32	5.88	5.56	5.31	5.11
22	**.100**	2.95	2.56	2.35	2.22	2.13	2.06	2.01	1.97	1.93
	.050	4.30	3.44	3.05	2.82	2.66	2.55	2.46	2.40	2.34
	.010	7.95	5.72	4.82	4.31	3.99	3.76	3.59	3.45	3.35
	.001	14.38	9.61	7.80	6.81	6.19	5.76	5.44	5.19	4.99
23	**.100**	2.94	2.55	2.34	2.21	2.11	2.05	1.99	1.95	1.92
	.050	4.28	3.42	3.03	2.80	2.64	2.53	2.44	2.37	2.32
	.010	7.88	5.66	4.76	4.26	3.94	3.71	3.54	3.41	3.30
	.001	14.20	9.47	7.67	6.70	6.08	5.65	5.33	5.09	4.89
24	**.100**	2.93	2.54	2.33	2.19	2.10	2.04	1.98	1.94	1.91
	.050	4.26	3.40	3.01	2.78	2.62	2.51	2.42	2.36	2.30
	.010	7.82	5.61	4.72	4.22	3.90	3.67	3.50	3.36	3.26
	.001	14.03	9.34	7.55	6.59	5.98	5.55	5.23	4.99	4.80

(continued)

표 7. *F*분포의 기각값(계속)

ν_1 = 분자의 자유도										
10	**12**	**15**	**20**	**25**	**30**	**40**	**50**	**60**	**120**	**1000**
2.14	2.10	2.05	2.01	1.98	1.96	1.93	1.92	1.90	1.88	1.85
2.67	2.60	2.53	2.46	2.41	2.38	2.34	2.31	2.30	2.25	2.21
4.10	3.96	3.82	3.66	3.57	3.51	3.43	3.38	3.34	3.25	3.18
6.80	6.52	6.23	5.93	5.75	5.63	5.47	5.37	5.30	5.14	4.99
2.10	2.05	2.01	1.96	1.93	1.91	1.89	1.87	1.86	1.83	1.80
2.60	2.53	2.46	2.39	2.34	2.31	2.27	2.24	2.22	2.18	2.14
3.94	3.80	3.66	3.51	3.41	3.35	3.27	3.22	3.18	3.09	3.02
6.40	6.13	5.85	5.56	5.38	5.25	5.10	5.00	4.94	4.77	4.62
2.06	2.02	1.97	1.92	1.89	1.87	1.85	1.83	1.82	1.79	1.76
2.54	2.48	2.40	2.33	2.28	2.25	2.20	2.18	2.16	2.11	2.07
3.80	3.67	3.52	3.37	3.28	3.21	3.13	3.08	3.05	2.96	2.88
6.08	5.81	5.54	5.25	5.07	4.95	4.80	4.70	4.64	4.47	4.33
2.03	1.99	1.94	1.89	1.86	1.84	1.81	1.79	1.78	1.75	1.72
2.49	2.42	2.35	2.28	2.23	2.19	2.15	2.12	2.11	2.06	2.02
3.69	3.55	3.41	3.26	3.16	3.10	3.02	2.97	2.93	2.84	2.76
5.81	5.55	5.27	4.99	4.82	4.70	4.54	4.45	4.39	4.23	4.08
2.00	1.96	1.91	1.86	1.83	1.81	1.78	1.76	1.75	1.72	1.69
2.45	2.38	2.31	2.23	2.18	2.15	2.10	2.08	2.06	2.01	1.97
3.59	3.46	3.31	3.16	3.07	3.00	2.92	2.87	2.83	2.75	2.66
5.58	5.32	5.05	4.78	4.60	4.48	4.33	4.24	4.18	4.02	3.87
1.98	1.93	1.89	1.84	1.80	1.78	1.75	1.74	1.72	1.69	1.66
2.41	2.34	2.27	2.19	2.14	2.11	2.06	2.04	2.02	1.97	1.92
3.51	3.37	3.23	3.08	2.98	2.92	2.84	2.78	2.75	2.66	2.58
5.39	5.13	4.87	4.59	4.42	4.30	4.15	4.06	4.00	3.84	3.69
1.96	1.91	1.86	1.81	1.78	1.76	1.73	1.71	1.70	1.67	1.64
2.38	2.31	2.23	2.16	2.11	2.07	2.03	2.00	1.98	1.93	1.88
3.43	3.30	3.15	3.00	2.91	2.84	2.76	2.71	2.67	2.58	2.50
5.22	4.97	4.70	4.43	4.26	4.14	3.99	3.90	3.84	3.68	3.53
1.94	1.89	1.84	1.79	1.76	1.74	1.71	1.69	1.68	1.64	1.61
2.35	2.28	2.20	2.12	2.07	2.04	1.99	1.97	1.95	1.90	1.85
3.37	3.23	3.09	2.94	2.84	2.78	2.69	2.64	2.61	2.52	2.43
5.08	4.82	4.56	4.29	4.12	4.00	3.86	3.77	3.70	3.54	3.40
1.92	1.87	1.83	1.78	1.74	1.72	1.69	1.67	1.66	1.62	1.59
2.32	2.25	2.18	2.10	2.05	2.01	1.96	1.94	1.92	1.87	1.82
3.31	3.17	3.03	2.88	2.79	2.72	2.64	2.58	2.55	2.46	2.37
4.95	4.70	4.44	4.17	4.00	3.88	3.74	3.64	3.58	3.42	3.28
1.90	1.86	1.81	1.76	1.73	1.70	1.67	1.65	1.64	1.60	1.57
2.30	2.23	2.15	2.07	2.02	1.98	1.94	1.91	1.89	1.84	1.79
3.26	3.12	2.98	2.83	2.73	2.67	2.58	2.53	2.50	2.40	2.32
4.83	4.58	4.33	4.06	3.89	3.78	3.63	3.54	3.48	3.32	3.17
1.89	1.84	1.80	1.74	1.71	1.69	1.66	1.64	1.62	1.59	1.55
2.27	2.20	2.13	2.05	2.00	1.96	1.91	1.88	1.86	1.81	1.76
3.21	3.07	2.93	2.78	2.69	2.62	2.54	2.48	2.45	2.35	2.27
4.73	4.48	4.23	3.96	3.79	3.68	3.53	3.44	3.38	3.22	3.08
1.88	1.83	1.78	1.73	1.70	1.67	1.64	1.62	1.61	1.57	1.54
2.25	2.18	2.11	2.03	1.97	1.94	1.89	1.86	1.84	1.79	1.74
3.17	3.03	2.89	2.74	2.64	2.58	2.49	2.44	2.40	2.31	2.22
4.64	4.39	4.14	3.87	3.71	3.59	3.45	3.36	3.29	3.14	2.99

(continued)

표 7. *F*분포의 기각값(계속)

ν_2 = 분모의 자유도	α	ν_1 = 분자의 자유도 1	2	3	4	5	6	7	8	9
25	**.100**	2.92	2.53	2.32	2.18	2.09	2.02	1.97	1.93	1.89
	.050	4.24	3.39	2.99	2.76	2.60	2.49	2.40	2.34	2.28
	.010	7.77	5.57	4.68	4.18	3.85	3.63	3.46	3.32	3.22
	.001	13.88	9.22	7.45	6.49	5.89	5.46	5.15	4.91	4.71
26	**.100**	2.91	2.52	2.31	2.17	2.08	2.01	1.96	1.92	1.88
	.050	4.23	3.37	2.98	2.74	2.59	2.47	2.39	2.32	2.27
	.010	7.72	5.53	4.64	4.14	3.82	3.59	3.42	3.29	3.18
	.001	13.74	9.12	7.36	6.41	5.80	5.38	5.07	4.83	4.64
27	**.100**	2.90	2.51	2.30	2.17	2.07	2.00	1.95	1.91	1.87
	.050	4.21	3.35	2.96	2.73	2.57	2.46	2.37	2.31	2.25
	.010	7.68	5.49	4.60	4.11	3.78	3.56	3.39	3.26	3.15
	.001	13.61	9.02	7.27	6.33	5.73	5.31	5.00	4.76	4.57
28	**.100**	2.89	2.50	2.29	2.16	2.06	2.00	1.94	1.90	1.87
	.050	4.20	3.34	2.95	2.71	2.56	2.45	2.36	2.29	2.24
	.010	7.64	5.45	4.57	4.07	3.75	3.53	3.36	3.23	3.12
	.001	13.50	8.93	7.19	6.25	5.66	5.24	4.93	4.69	4.50
29	**.100**	2.89	2.50	2.28	2.15	2.06	1.99	1.93	1.89	1.86
	.050	4.18	3.33	2.93	2.70	2.55	2.43	2.35	2.28	2.22
	.010	7.60	5.42	4.54	4.04	3.73	3.50	3.33	3.20	3.09
	.001	13.39	8.85	7.12	6.19	5.59	5.18	4.87	4.64	4.45
30	**.100**	2.88	2.49	2.28	2.14	2.05	1.98	1.93	1.88	1.85
	.050	4.17	3.32	2.92	2.69	2.53	2.42	2.33	2.27	2.21
	.010	7.56	5.39	4.51	4.02	3.70	3.47	3.30	3.17	3.07
	.001	13.29	8.77	7.05	6.12	5.53	5.12	4.82	4.58	4.39
40	**.100**	2.84	2.44	2.23	2.09	2.00	1.93	1.87	1.83	1.79
	.050	4.08	3.23	2.84	2.61	2.45	2.34	2.25	2.18	2.12
	.010	7.31	5.18	4.31	3.83	3.51	3.29	3.12	2.99	2.89
	.001	12.61	8.25	6.59	5.70	5.13	4.73	4.44	4.21	4.02
50	**.100**	2.81	2.41	2.20	2.06	1.97	1.90	1.84	1.80	1.76
	.050	4.03	3.18	2.79	2.56	2.40	2.29	2.20	2.13	2.07
	.010	7.17	5.06	4.20	3.72	3.41	3.19	3.02	2.89	2.78
	.001	12.22	7.96	6.34	5.46	4.90	4.51	4.22	4.00	3.82
60	**.100**	2.79	2.39	2.18	2.04	1.95	1.87	1.82	1.77	1.74
	.050	4.00	3.15	2.76	2.53	2.37	2.25	2.17	2.10	2.04
	.010	7.08	4.98	4.13	3.65	3.34	3.12	2.95	2.82	2.72
	.001	11.97	7.77	6.17	5.31	4.76	4.37	4.09	3.86	3.69
100	**.100**	2.76	2.36	2.14	2.00	1.91	1.83	1.78	1.73	1.69
	.050	3.94	3.09	2.70	2.46	2.31	2.19	2.10	2.03	1.97
	.010	6.90	4.82	3.98	3.51	3.21	2.99	2.82	2.69	2.59
	.001	11.50	7.41	5.86	5.02	4.48	4.11	3.83	3.61	3.44
200	**.100**	2.73	2.33	2.11	1.97	1.88	1.80	1.75	1.70	1.66
	.050	3.89	3.04	2.65	2.42	2.26	2.14	2.06	1.98	1.93
	.010	6.76	4.71	3.88	3.41	3.11	2.89	2.73	2.60	2.50
	.001	11.15	7.15	5.63	4.81	4.29	3.92	3.65	3.43	3.26
1000	**.100**	2.71	2.31	2.09	1.95	1.85	1.78	1.72	1.68	1.64
	.050	3.85	3.00	2.61	2.38	2.22	2.11	2.02	1.95	1.89
	.010	6.66	4.63	3.80	3.34	3.04	2.82	2.66	2.53	2.43
	.001	10.89	6.96	5.46	4.65	4.14	3.78	3.51	3.30	3.13

(continued)

표 7. F분포의 기각값(계속)

ν_1 =분자의 자유도										
10	**12**	**15**	**20**	**25**	**30**	**40**	**50**	**60**	**120**	**1000**
1.87	1.82	1.77	1.72	1.68	1.66	1.63	1.61	1.59	1.56	1.52
2.24	2.16	2.09	2.01	1.96	1.92	1.87	1.84	1.82	1.77	1.72
3.13	2.99	2.85	2.70	2.60	2.54	2.45	2.40	2.36	2.27	2.18
4.56	4.31	4.06	3.79	3.63	3.52	3.37	3.28	3.22	3.06	2.91
1.86	1.81	1.76	1.71	1.67	1.65	1.61	1.59	1.58	1.54	1.51
2.22	2.15	2.07	1.99	1.94	1.90	1.85	1.82	1.80	1.75	1.70
3.09	2.96	2.81	2.66	2.57	2.50	2.42	2.36	2.33	2.23	2.14
4.48	4.24	3.99	3.72	3.56	3.44	3.30	3.21	3.15	2.99	2.84
1.85	1.80	1.75	1.70	1.66	1.64	1.60	1.58	1.57	1.53	1.50
2.20	2.13	2.06	1.97	1.92	1.88	1.84	1.81	1.79	1.73	1.68
3.06	2.93	2.78	2.63	2.54	2.47	2.38	2.33	2.29	2.20	2.11
4.41	4.17	3.92	3.66	3.49	3.38	3.23	3.14	3.08	2.92	2.78
1.84	1.79	1.74	1.69	1.65	1.63	1.59	1.57	1.56	1.52	1.48
2.19	2.12	2.04	1.96	1.91	1.87	1.82	1.79	1.77	1.71	1.66
3.03	2.90	2.75	2.60	2.51	2.44	2.35	2.30	2.26	2.17	2.08
4.35	4.11	3.86	3.60	3.43	3.32	3.18	3.09	3.02	2.86	2.72
1.83	1.78	1.73	1.68	1.64	1.62	1.58	1.56	1.55	1.51	1.47
2.18	2.10	2.03	1.94	1.89	1.85	1.81	1.77	1.75	1.70	1.65
3.00	2.87	2.73	2.57	2.48	2.41	2.33	2.27	2.23	2.14	2.05
4.29	4.05	3.80	3.54	3.38	3.27	3.12	3.03	2.97	2.81	2.66
1.82	1.77	1.72	1.67	1.63	1.61	1.57	1.55	1.54	1.50	1.46
2.16	2.09	2.01	1.93	1.88	1.84	1.79	1.76	1.74	1.68	1.63
2.98	2.84	2.70	2.55	2.45	2.39	2.30	2.25	2.21	2.11	2.02
4.24	4.00	3.75	3.49	3.33	3.22	3.07	2.98	2.92	2.76	2.61
1.76	1.71	1.66	1.61	1.57	1.54	1.51	1.48	1.47	1.42	1.38
2.08	2.00	1.92	1.84	1.78	1.74	1.69	1.66	1.64	1.58	1.52
2.80	2.66	2.52	2.37	2.27	2.20	2.11	2.06	2.02	1.92	1.82
3.87	3.64	3.40	3.14	2.98	2.87	2.73	2.64	2.57	2.41	2.25
1.73	1.68	1.63	1.57	1.53	1.50	1.46	1.44	1.42	1.38	1.33
2.03	1.95	1.87	1.78	1.73	1.69	1.63	1.60	1.58	1.51	1.45
2.70	2.56	2.42	2.27	2.17	2.10	2.01	1.95	1.91	1.80	1.70
3.67	3.44	3.20	2.95	2.79	2.68	2.53	2.44	2.38	2.21	2.05
1.71	1.66	1.60	1.54	1.50	1.48	1.44	1.41	1.40	1.35	1.30
1.99	1.92	1.84	1.75	1.69	1.65	1.59	1.56	1.53	1.47	1.40
2.63	2.50	2.35	2.20	2.10	2.03	1.94	1.88	1.84	1.73	1.62
3.54	3.32	3.08	2.83	2.67	2.55	2.41	2.32	2.25	2.08	1.92
1.66	1.61	1.56	1.49	1.45	1.42	1.38	1.35	1.34	1.28	1.22
1.93	1.85	1.77	1.68	1.62	1.57	1.52	1.48	1.45	1.38	1.30
2.50	2.37	2.22	2.07	1.97	1.89	1.80	1.74	1.69	1.57	1.45
3.30	3.07	2.84	2.59	2.43	2.32	2.17	2.08	2.01	1.83	1.64
1.63	1.58	1.52	1.46	1.41	1.38	1.34	1.31	1.29	1.23	1.16
1.88	1.80	1.72	1.62	1.56	1.52	1.46	1.41	1.39	1.30	1.21
2.41	2.27	2.13	1.97	1.87	1.79	1.69	1.63	1.58	1.45	1.30
3.12	2.90	2.67	2.42	2.26	2.15	2.00	1.90	1.83	1.64	1.43
1.61	1.55	1.49	1.43	1.38	1.35	1.30	1.27	1.25	1.18	1.08
1.84	1.76	1.68	1.58	1.52	1.47	1.41	1.36	1.33	1.24	1.11
2.34	2.20	2.06	1.90	1.79	1.72	1.61	1.54	1.50	1.35	1.16
2.99	2.77	2.54	2.30	2.14	2.02	1.87	1.77	1.69	1.49	1.22

표 8. 스튜던트화 범위 분포의 기각값

		m										
ν	α	2	3	4	5	6	7	8	9	10	11	12
5	.05	3.64	4.60	5.22	5.67	6.03	6.33	6.58	6.80	6.99	7.17	7.32
	.01	5.70	6.98	7.80	8.42	8.91	9.32	9.67	9.97	10.24	10.48	10.70
6	.05	3.46	4.34	4.90	5.30	5.63	5.90	6.12	6.32	6.49	6.65	6.79
	.01	5.24	6.33	7.03	7.56	7.97	8.32	8.61	8.87	9.10	9.30	9.48
7	.05	3.34	4.16	4.68	5.06	5.36	5.61	5.82	6.00	6.16	6.30	6.43
	.01	4.95	5.92	6.54	7.01	7.37	7.68	7.94	8.17	8.37	8.55	8.71
8	.05	3.26	4.04	4.53	4.89	5.17	5.40	5.60	5.77	5.92	6.05	6.18
	.01	4.75	5.64	6.20	6.62	6.96	7.24	7.47	7.68	7.86	8.03	8.18
9	.05	3.20	3.95	4.41	4.76	5.02	5.24	5.43	5.59	5.74	5.87	5.98
	.01	4.60	5.43	5.96	6.35	6.66	6.91	7.13	7.33	7.49	7.65	7.78
10	.05	3.15	3.88	4.33	4.65	4.91	5.12	5.30	5.46	5.60	5.72	5.83
	.01	4.48	5.27	5.77	6.14	6.43	6.67	6.87	7.05	7.21	7.36	7.49
11	.05	3.11	3.82	4.26	4.57	4.82	5.03	5.20	5.35	5.49	5.61	5.71
	.01	4.39	5.15	5.62	5.97	6.25	6.48	6.67	6.84	6.99	7.13	7.25
12	.05	3.08	3.77	4.20	4.51	4.75	4.95	5.12	5.27	5.39	5.51	5.61
	.01	4.32	5.05	5.50	5.84	6.10	6.32	6.51	6.67	6.81	6.94	7.06
13	.05	3.06	3.73	4.15	4.45	4.69	4.88	5.05	5.19	5.32	5.43	5.53
	.01	4.26	4.96	5.40	5.73	5.98	6.19	6.37	6.53	6.67	6.79	6.90
14	.05	3.03	3.70	4.11	4.41	4.64	4.83	4.99	5.13	5.25	5.36	5.46
	.01	4.21	4.89	5.32	5.63	5.88	6.08	6.26	6.41	6.54	6.66	6.77
15	.05	3.01	3.67	4.08	4.37	4.59	4.78	4.94	5.08	5.20	5.31	5.40
	.01	4.17	4.84	5.25	5.56	5.80	5.99	6.16	6.31	6.44	6.55	6.66
16	.05	3.00	3.65	4.05	4.33	4.56	4.74	4.90	5.03	5.15	5.26	5.35
	.01	4.13	4.79	5.19	5.49	5.72	5.92	6.08	6.22	6.35	6.46	6.56
17	.05	2.98	3.63	4.02	4.30	4.52	4.70	4.86	4.99	5.11	5.21	5.31
	.01	4.10	4.74	5.14	5.43	5.66	5.85	6.01	6.15	6.27	6.38	6.48
18	.05	2.97	3.61	4.00	4.28	4.49	4.67	4.82	4.96	5.07	5.17	5.27
	.01	4.07	4.70	5.09	5.38	5.60	5.79	5.94	6.08	6.20	6.31	6.41
19	.05	2.96	3.59	3.98	4.25	4.47	4.65	4.79	4.92	5.04	5.14	5.23
	.01	4.05	4.67	5.05	5.33	5.55	5.73	5.89	6.02	6.14	6.25	6.34
20	.05	2.95	3.58	3.96	4.23	4.45	4.62	4.77	4.90	5.01	5.11	5.20
	.01	4.02	4.64	5.02	5.29	5.51	5.69	5.84	5.97	6.09	6.19	6.28
24	.05	2.92	3.53	3.90	4.17	4.37	4.54	4.68	4.81	4.92	5.01	5.10
	.01	3.96	4.55	4.91	5.17	5.37	5.54	5.69	5.81	5.92	6.02	6.11
30	.05	2.89	3.49	3.85	4.10	4.30	4.46	4.60	4.72	4.82	4.92	5.00
	.01	3.89	4.45	4.80	5.05	5.24	5.40	5.54	5.65	5.76	5.85	5.93
40	.05	2.86	3.44	3.79	4.04	4.23	4.39	4.52	4.63	4.73	4.82	4.90
	.01	3.82	4.37	4.70	4.93	5.11	5.26	5.39	5.50	5.60	5.69	5.76
60	.05	2.83	3.40	3.74	3.98	4.16	4.31	4.44	4.55	4.65	4.73	4.81
	.01	3.76	4.28	4.59	4.82	4.99	5.13	5.25	5.36	5.45	5.53	5.60
120	.05	2.80	3.36	3.68	3.92	4.10	4.24	4.36	4.47	4.56	4.64	4.71
	.01	3.70	4.20	4.50	4.71	4.87	5.01	5.12	5.21	5.30	5.37	5.44
∞	.05	2.77	3.31	3.63	3.86	4.03	4.17	4.29	4.39	4.47	4.55	4.62
	.01	3.64	4.12	4.40	4.60	4.76	4.88	4.99	5.08	5.16	5.23	5.29

표 9. 카이제곱곡선의 꼬리 영역

상위 꼬리 영역	$\nu = 1$	$\nu = 2$	$\nu = 3$	$\nu = 4$	$\nu = 5$
> .100	< 2.70	< 4.60	< 6.25	< 7.77	< 9.23
.100	2.70	4.60	6.25	7.77	9.23
.095	2.78	4.70	6.36	7.90	9.37
.090	2.87	4.81	6.49	8.04	9.52
.085	2.96	4.93	6.62	8.18	9.67
.080	3.06	5.05	6.75	8.33	9.83
.075	3.17	5.18	6.90	8.49	10.00
.070	3.28	5.31	7.06	8.66	10.19
.065	3.40	5.46	7.22	8.84	10.38
.060	3.53	5.62	7.40	9.04	10.59
.055	3.68	5.80	7.60	9.25	10.82
.050	3.84	5.99	7.81	9.48	11.07
.045	4.01	6.20	8.04	9.74	11.34
.040	4.21	6.43	8.31	10.02	11.64
.035	4.44	6.70	8.60	10.34	11.98
.030	4.70	7.01	8.94	10.71	12.37
.025	5.02	7.37	9.34	11.14	12.83
.020	5.41	7.82	9.83	11.66	13.38
.015	5.91	8.39	10.46	12.33	14.09
.010	6.63	9.21	11.34	13.27	15.08
.005	7.87	10.59	12.83	14.86	16.74
.001	10.82	13.81	16.26	18.46	20.51
< .001	> 10.82	> 13.81	> 16.26	> 18.46	> 20.51

상위 꼬리 영역	$\nu = 6$	$\nu = 7$	$\nu = 8$	$\nu = 9$	$\nu = 10$
> .100	< 10.64	< 12.01	< 13.36	< 14.68	< 15.98
.100	10.64	12.01	13.36	14.68	15.98
.095	10.79	12.17	13.52	14.85	16.16
.090	10.94	12.33	13.69	15.03	16.35
.085	11.11	12.50	13.87	15.22	16.54
.080	11.28	12.69	14.06	15.42	16.75
.075	11.46	12.88	14.26	15.63	16.97
.070	11.65	13.08	14.48	15.85	17.20
.065	11.86	13.30	14.71	16.09	17.44
.060	12.08	13.53	14.95	16.34	17.71
.055	12.33	13.79	15.22	16.62	17.99
.050	12.59	14.06	15.50	16.91	18.30
.045	12.87	14.36	15.82	17.24	18.64
.040	13.19	14.70	16.17	17.60	19.02
.035	13.55	15.07	16.56	18.01	19.44
.030	13.96	15.50	17.01	18.47	19.92
.025	14.44	16.01	17.53	19.02	20.48
.020	15.03	16.62	18.16	19.67	21.16
.015	15.77	17.39	18.97	20.51	22.02
.010	16.81	18.47	20.09	21.66	23.20
.005	18.54	20.27	21.95	23.58	25.18
.001	22.45	24.32	26.12	27.87	29.58
< .001	> 22.45	> 24.32	> 26.12	> 27.87	> 29.58

(continued)

표 9. 카이제곱곡선의 꼬리 영역(계속)

상위 꼬리 영역	**ν = 11**	**ν = 12**	**ν = 13**	**ν = 14**	**ν = 15**
> .100	< 17.27	< 18.54	< 19.81	< 21.06	< 22.30
.100	17.27	18.54	19.81	21.06	22.30
.095	17.45	18.74	20.00	21.26	22.51
.090	17.65	18.93	20.21	21.47	22.73
.085	17.85	19.14	20.42	21.69	22.95
.080	18.06	19.36	20.65	21.93	23.19
.075	18.29	19.60	20.89	22.17	23.45
.070	18.53	19.84	21.15	22.44	23.72
.065	18.78	20.11	21.42	22.71	24.00
.060	19.06	20.39	21.71	23.01	24.31
.055	19.35	20.69	22.02	23.33	24.63
.050	19.67	21.02	22.36	23.68	24.99
.045	20.02	21.38	22.73	24.06	25.38
.040	20.41	21.78	23.14	24.48	25.81
.035	20.84	22.23	23.60	24.95	26.29
.030	21.34	22.74	24.12	25.49	26.84
.025	21.92	23.33	24.73	26.11	27.48
.020	22.61	24.05	25.47	26.87	28.25
.015	23.50	24.96	26.40	27.82	29.23
.010	24.72	26.21	27.68	29.14	30.57
.005	26.75	28.29	29.81	31.31	32.80
.001	31.26	32.90	34.52	36.12	37.69
< .001	> 31.26	> 32.90	> 34.52	> 36.12	> 37.69

상위 꼬리 영역	**ν = 16**	**ν = 17**	**ν = 18**	**ν = 19**	**ν = 20**
> .100	< 23.54	< 24.77	< 25.98	< 27.20	< 28.41
.100	23.54	24.76	25.98	27.20	28.41
.095	23.75	24.98	26.21	27.43	28.64
.090	23.97	25.21	26.44	27.66	28.88
.085	24.21	25.45	26.68	27.91	29.14
.080	24.45	25.70	26.94	28.18	29.40
.075	24.71	25.97	27.21	28.45	29.69
.070	24.99	26.25	27.50	28.75	29.99
.065	25.28	26.55	27.81	29.06	30.30
.060	25.59	26.87	28.13	29.39	30.64
.055	25.93	27.21	28.48	29.75	31.01
.050	26.29	27.58	28.86	30.14	31.41
.045	26.69	27.99	29.28	30.56	31.84
.040	27.13	28.44	29.74	31.03	32.32
.035	27.62	28.94	30.25	31.56	32.85
.030	28.19	29.52	30.84	32.15	33.46
.025	28.84	30.19	31.52	32.85	34.16
.020	29.63	30.99	32.34	33.68	35.01
.015	30.62	32.01	33.38	34.74	36.09
.010	32.00	33.40	34.80	36.19	37.56
.005	34.26	35.71	37.15	38.58	39.99
.001	39.25	40.78	42.31	43.81	45.31
< .001	> 39.25	> 40.78	> 42.31	> 43.81	> 45.31

표 10. 정규성의 라이언-조이너 검정에 대한 임계값

		α		
		.10	**.05**	**.01**
n	**5**	.9033	.8804	.8320
	10	.9347	.9180	.8804
	15	.9506	.9383	.9110
	20	.9600	.9503	.9290
	25	.9662	.9582	.9408
	30	.9707	.9639	.9490
	40	.9767	.9715	.9597
	50	.9807	.9764	.9664
	60	.9835	.9799	.9710
	75	.9865	.9835	.9757

찾아보기

[ㅎ]

[기타]

|저자 소개|

차경준
한양대학교 수학과 이학사
Univ.of Wisconsin–Madison 통계학석사
Southern Methodist Univ.통계학박사
현)한양대학교 자연과학대학 수학과 교수

동경화
한양대학교 자연과학대학 수학과(이학사)
한양대학교 대학원 수학과(이학석사)
한양대학교 대학원 수학과(이학박사)
University of Maryland, College Park(Post Doctor)
현)한양대학교 공과대학 신소재공학부 강사

최정순
이화여자대학교 통계학과(이학사)
이화여자대학교 대학원 통계학과(이학석사)
North Carolina State University(통계학박사)
현)한양대학교 자연과학대학 수학과 조교수

박영선
한양대학교 대학원 수학과(이학석사)
한양대학교 대학원 수학과(이학박사)
Ohio State University 연구교수
현)한양대학교 자연과학대학 수학과 부교수

Excel을 이용한 현대통계학

|저 자 차경준 · 동경화 · 최정순 · 박영선
|발 행 인 주정희
|발 행 처 자유아카데미
|주 소 경기도 파주시 회동길 37–42 파주출판도시
|전 화 031–955–1321
|팩 스 031–955–1322
|홈페이지 www.freeaca.com
|전자우편 main@freeaca.com(대표)
editor@freeaca.com(편집)
crm@freeaca.com(영업)
|등 록 제406–2003–017호, 1980. 7. 12
|제1판1쇄 2016년 8월 20일 발행
|정 가 28,000원

저자와의 협의하에 인지생략

ISBN 979–11–5808–088–4 93310